Andrea Maurer · Michael Schmid

Erklärende Soziologie

Andrea Maurer · Michael Schmid

Erklärende Soziologie

Grundlagen, Vertreter
und Anwendungsfelder
eines soziologischen
Forschungsprogramms

VS VERLAG

Bibliografische Information der Deutschen Nationalbibliothek
Die Deutsche Nationalbibliothek verzeichnet diese Publikation in der
Deutschen Nationalbibliografie; detaillierte bibliografische Daten sind im Internet über
<http://dnb.d-nb.de> abrufbar.

1. Auflage 2010

Alle Rechte vorbehalten
© VS Verlag für Sozialwissenschaften | Springer Fachmedien Wiesbaden GmbH 2010

Lektorat: Frank Engelhardt

VS Verlag für Sozialwissenschaften ist eine Marke von Springer Fachmedien.
Springer Fachmedien ist Teil der Fachverlagsgruppe Springer Science+Business Media.
www.vs-verlag.de

Umschlaggestaltung: KünkelLopka Medienentwicklung, Heidelberg
Druck und buchbinderische Verarbeitung: Ten Brink, Meppel
Gedruckt auf säurefreiem und chlorfrei gebleichtem Papier
Printed in the Netherlands

ISBN 978-3-531-14013-1

Inhalt

Inhalt

Abbildungsverzeichnis

A
Erklären in der Soziologie

1 Erklärende Soziologie

Weshalb befördern Gerüchte den sozialen Zusammenhalt? Inwiefern sind Eiferer und Zauderer aufeinander angewiesen? Worin hat die enorme Vielfalt kultureller Muster ihre Ursache? Was macht ein kollektives Handeln so schwierig und daher Protest und Revolutionen so selten? Wie entstehen trotz harter Konflikte soziale Beziehungen? Und weshalb stabilisieren sich Macht- und Ungleichheitsstrukturen in einem so erstaunlichen Maße? Hinter all diesen, auf den ersten Blick äußerst undurchsichtigen Zusammenhängen verbergen sich einige der spannendsten sozialen Interdependenzmuster, deren ,Auftritt' im sozialen Zusammenleben das ungeteilte Interesse der Sozialwissenschaften wie auch der gesellschaftlichen Akteure selbst verdient. Wir werden hier dem Geheimnis der Vielfalt kultureller Standards ebenso auf den Grund gehen wie den weit vertrackteren Wegen, auf den denen sich *Koordination* und *Kooperation* bewerkstelligen oder auch harte Konflikte lösen lassen – wozu Gerüchte oder Eiferer mitunter genauso wichtig sein können wie Tausch, Normen oder Herrschaft.

Damit ist schon gesagt, dass wir soziale Paradoxien ebenso wie stabile soziale Beziehungen als *Rätsel* auffassen, deren Auflösung die vornehmste Aufgabe der Soziologie ist. Eine solche Aufklärung verlangt indes, die zugrunde liegenden *Mechanismen* zu identifizieren und angeben zu können, was sie in Gang setzt und hält. In der noch jungen Geschichte der Soziologie war dies ein beständiges Thema, wenngleich dazu verschiedene Vorschläge gemacht wurden. Mit der Wende zum 20. Jahrhundert konnte sich die Soziologie erfolgreich als wissenschaftliche Disziplin etablieren, weil sie auf die enormen gesellschaftlichen Umbruchprozesse aufmerksam machte. Es gelang ihr, einen Zusammenhang zwischen den sich dramatisch verändernden sozio-ökonomischen Strukturen und der Auflösung der alten Integrationsformen Familie, Verwandtschaftssysteme, Religion und dem parallelen Bedeutungszuwachs formaler Freiheiten, großer Märkte und formaler Organisationen herzustellen. Aus der Beobachtung der massiv ansteigenden sozialen Arbeitsteilung und funktionalen Differenzierung im Verbund mit der Ausbreitung moderner kapitalistischer Strukturformen und einer rasanten Herauslösung des sozialen Handelns aus moralisch integrierten Kontexten wurde der wichtige Schluss gezogen, dass sich das soziale Handeln fortan schwieriger und komplexer darstellen würde, aber auch gezielter und flexibler gestalten lassen sollte. Aus diesem Gedanken von der Notwendigkeit auf der einen und der Möglichkeit einer ,sozialen Gestaltung' der realen Welt auf der anderen Seite heraus konnte sich die Soziologie sowohl von der Philosophie als auch von den

Naturwissenschaften emanzipieren. Die Soziologie hat sich daher nicht zufällig von Anfang an als *Handlungs-* und *Realwissenschaft* verstanden, die vom wirklichen sozialen Handeln der Menschen in realen sozialen Kontexten ausgeht und sich mit den dabei auftretenden Problemlagen beschäftigt.

Die beiden Gründerväter Max Weber und Emile Durkheim haben die Soziologie im Wissenschafts- und Universitätsbetrieb erfolgreich etabliert, weil sie ihr zutrauten, aus Sicht formal freier Akteure die Grundlagen, Mechanismen und Formen einer gelingenden sozialen Ordnungsbildung zu behandeln und so Voraussetzungen und Probleme sozialen Zusammenlebens aufzudecken. Webers Vorschlag dazu lautete, das sinnhafte, am Tun und Lassen anderer orientierte Handeln der Menschen zum Ausgangspunkt zu nehmen und aus dessen Ablauf und Folgen soziale Regelmäßigkeiten zu erschließen (Methodologischer Individualismus). Durkheim wiederum hat das Soziale allein durch Soziales erklären wollen und meinte daher, nur aus der Moral einer Gruppe auf ein geregeltes soziales Handeln der Individuen schließen zu können (Holismus). Damit war die Konfliktlinie zwischen Handlungs- und Strukturerklärungen begründet, welche eine wirkmächtige Ausdrucksform bis in die 1970er Jahre im Dualismus zwischen reinen Mikroerklärungen (vor allem die Tauschtheorien von Homans und Blau) und reinen Makroerklärungen (insbesondere Strukturfunktionalismus nach Parsons und kritische Theorien) finden sollte. Erst die wachsende Einsicht in deren grundlegende Defizite und das neu aufflackernde Interesse an den erkenntnistheoretischen Grundlagen der Soziologie – beides bestärkt durch die wachsende Attraktivität und Konkurrenz durch neue ökonomische Theorien – setzte zu Beginn der 1980er Jahre eine intensive und breit wirksame Beschäftigung mit der Anlage soziologischer Erklärungen in Gang. In diesem Kontext wurde dann wieder als wesentliches Ziel soziologischer Arbeit die Erklärung sozialer Phänomene betont und weitergehend beansprucht, dafür weder ausschließlich das Handeln noch die Strukturen als relevant zu erachten; beide Ebenen sollten vielmehr miteinander verbunden werden. Daran wird seither mit unglaublicher Intensität und zunehmender Akzeptanz in den verschiedenen Traditionen gearbeitet. Wie dies allerdings zu geschehen hat und welche Annahmen dabei Verwendung finden können und sollten, ist bis auf den heutigen Tag Gegenstand heftigster Debatten.

Schnell an Resonanz gewann der – auf Weber und Popper zurückgehende – Vorschlag, soziologisches Erklären als *situationslogische Analyse* anzulegen. Damit ist ein wichtiger Vorschlag gemacht, dessen Bedeutung zuvorderst darin liegt, *soziale Verhältnisse* als *Handlungsrahmen* zu betrachten und das *rationale Handeln* der Akteure mit Bezug auf Situationen zu bestimmen. Folgenreich – auch für die vorliegende Abhandlung – war dieser Lösungsweg auf zweifache Weise. Zum einen, weil sich damit soziale Kontexte als ein wesentliches Moment einer genaueren Zielbestimmung wie auch der Zielerreichung benennen lassen. Damit war der erste und entscheidende Hinweis für die Ausarbeitung „mehrstufig" anzulegender Erklärungen getan. Erklärungen sollten dann einerseits ein „Mikrofundament" in Form einer Handlungstheorie und andererseits eine Beschreibung sozialer Situationen vorsehen, um aus deren Verbindung rationale Handlungen angesichts situational vorgegebener Restriktionen ableiten zu können. Zum anderen wird seither auch zunehmend klarer, dass in einem weiteren Schritt aussagekräftige, an relevante gesellschaftliche Themen anschließende Modelle sozialer Situationen entworfen werden müssen und dass zudem in einem eigenen Erklärungsschritt aus den erklärten individuellen Handlungen soziale Phänomene: die uns interessierenden Rätsel, herzuleiten sind.

Es ist gegenwärtig jedoch auch nicht zu übersehen, dass in der Soziologie nach wie vor viele, scheinbar völlig differente Theorien nebeneinander stehen und daher auch eine große Unklarheit hinsichtlich methodologischer Positionen vorherrscht. So wird mitunter noch in Frage gestellt, ob die Soziologie überhaupt allgemeine und kausale Erklärungen vornehmen kann und ob vor diesem Hintergrund eine systematische Theorienintegration und -verbesserung zu betreiben sei. Die direkte Folge davon ist, dass Theorieangebote sowie Theorie und empirisches Wissen immer noch weitgehend unverbunden nebeneinander stehen und dass auch nicht bestimmt ist, wie wer an die gemeinsamen Klassiker ‚andocken‘ kann.[1] Darin sehen wir auch die wesentliche Ursache dafür, dass das Fach bislang über keinen klar konturierten thematischen Kern verfügt, von dem ausgehend Forschungsthemen entfaltbar und eine fruchtbare Arbeitsteilung auch zwischen Theorie und Bindestrichsoziologien begründbar wären.

Wir wollen, „auf den Schultern" der Klassiker stehend, dagegenhalten und unterstreichen, dass die Soziologie sehr wohl über ein ausbaufähiges Erklärungsinstrumentarium verfügt und daher sehr wohl in der Lage ist, theoretisch angeleitet relevante gesellschaftliche Themen integrativ zu bearbeiten; was nichts anderes meint, als aneinander anschließbare Erklärungen sozialer Phänomene vorzulegen. Damit ist auch die Hoffnung verbunden, die soziologische Forschungslandschaft derart zu kartografieren, dass Haupt-, Neben- sowie Irrwege kenntlich werden. Dahinter steht die Auffassung, einen ‚Werkzeugkasten‘ für soziologische Reisende wie auch für Grenzgänger anzulegen, der eine grundsätzliche Gebrauchsanleitung in Form allgemeiner methodologischer Regeln sowie auch einzelne Werkzeuge wie Handlungstheorien, Strukturmodelle und Verbin-

---

[1] Die Forschungslandschaft stellt sich heute als ein Sammelbecken aus allgemeinen Erklärungsprogrammen (Boudon 1980a; Coleman 1990a; Esser 1993), Sozial- und Gesellschaftstheorien (Elias 1976/1939; Bourdieu 1979; Giddens 1992; Beck et al. 1996 u. a.), systematisierenden Begriffsgebäuden (Luhmann 1987), Theorien mittlerer Reichweite (Merton 1948; Hedström 2005), einer unüberschaubaren Menge gegenstandsbezogener Konzepte sowie einer nicht minder umfangreichen Zahl empirischer Studien dar (vgl. Esser 1989; Haller 1999; Lepsius 2003; Maurer 2004a).

dungsteile für konkrete ‚Reisewege' verfügbar macht. Eine solche Arbeitsweise erfordert zwar die mühsame Pflege der methodologischen Regeln und Werkzeuge, sie belohnt aber auch dadurch, dass aktuellen gesellschaftlichen Fragen ein theoretisch bestimmbarer Platz eingeräumt wird und die vielfältigen Facetten des sozialen, politischen und wirtschaftlichen Lebens als Varianten bestimmter Grundprobleme eingeordnet und auch im Rückgriff auf schon vorliegende Einsichten bearbeitet werden können. Die Frage sozialer Ordnungsmechanismen verspräche so völlig neu konturiert zu werden, indem soziale Problemlagen in ihren empirischen Variationen durch allgemeine Modelle in theoretische Fragen übersetzt würden; zum Beispiel, wenn aus der Auflösung kleiner Gruppen und der Zunahme anonymer Beziehungen die doppelte Schwierigkeit gefolgert werden kann, dass mehr und weitreichendere Koordinationen sowie die Sicherung kooperativer Handlungen zwischen Fremden oder sozial entbetteten Akteuren in großen Gruppen immer weniger durch Moral hergestellt werden können. Diese Linie möchten wir hier starkmachen. Dazu werden wir soziologisch gehaltvolle Situationen als ‚gestaltungsbedürftig' aus Sicht intentionaler Akteure erschließen und nach passenden sozialen Lösungen suchen.

Damit ist uns auch eine klare Verortung im Koordinatensystem der Soziologie allgemein wie auch innerhalb ‚erklärender Ansätze' möglich. Aus unserer Beschreibung des Erklärungsfeldes und des Erklärungsanspruchs folgt unmittelbar, dass wir der Soziologie mehr zumuten, aber auch mehr zutrauen wollen als reine Beschreibungen, Typenbildung oder das Aufstellen von Orientierungshypothesen (wie die von einer „Industriegesellschaft" oder „Risikogesellschaft"). Darin sehen wir zwar wichtige Vorarbeiten für Erklärungen, da sich in Typologien und Orientierungshypothesen oftmals bedeutsame Problemstellungen aktueller gesellschaftlicher Art verbinden und auffinden lassen; sie geben aber keine Auskunft darüber, warum das so ist. Wir verhehlen gleichzeitig auch nicht unser ähnlich begründetes Unbehagen an rein statistisch ermittelten Kausalzusammenhängen oder der hermeneutischen Interpretation von Interaktionssequenzen, weil Erstere wiederum keine Gründe für die festgestellten Zusammenhänge auf der Strukturebene geben und Letztere Strukturphänomene gar nicht erst in den Blick nehmen. Kurzum: Wir gehen davon aus, dass die Soziologie ‚erklären' kann und dies auch tun sollte, indem sie mehrstufige Erklärungen anstrebt. Dabei kann die Tradition des *Methodologischen* oder *institutionellen Individualismus*, wie sie im Geiste der Schottischen Aufklärung, Webers und Poppers entstanden ist, wichtige Hilfestellungen geben. Wir stellen uns bewusst in diese Tradition und unterscheiden uns entsprechend von soziologischen Theorien, die zwar Handlung und Struktur verbinden wollen, dabei aber mit der Annahme starten, dass schon immer ‚sozialisierte' Akteure aufeinandertreffen, welche die vorgegebenen gesellschaftlichen Verhältnisse durch ihr Handeln reproduzieren, sei es, dass sie Regeln und Herrschaft (Giddens) oder Felder und Kapitalausstattungen

(Bourdieu) stabilisieren. Demgegenüber plädieren wir dafür, Handlungs- und Strukturebene analytisch klar zu differenzieren, d. h. beide Ebenen getrennt zu beschreiben, und in der Handlungstheorie den erklärenden mikrofundierenden Kern zu sehen, der zunächst immer möglichst einfach anzulegen ist. Es müssen dann nämlich neben der Beschreibung der Handlungssituation auch Verbindungen zwischen Handlungs- und Strukturebene hergestellt werden. Zwar sehen wir, dass die gängigen Rational-Choice-Theorien sowie auch die Standardtheorie der Ökonomie diesem Anspruch folgen, würden diese jedoch als ‚harte Varianten' oder auch Spezialfälle dieser Erklärungsform ansehen, weil sie sich gegen soziologisch oftmals wichtige Erweiterungen der Situations- wie auch der Handlungsbeschreibungen wehren. Unser Anliegen ist indes, die analytische Stärke einer Handlungstheorie als Fundament mehrstufiger Erklärungen zu nutzen, dabei aber die empirische Ausbaufähigkeit unserer Erklärungen durch Erweiterungen der Annahmen im Auge zu behalten.

Wir wollen hierzu die klassische Ordnungsfrage der Soziologie aufgreifen und weiterführen, indem wir im ersten Schritt die Ordnungsproblematik präzisieren – und das meint, diese als *soziale Abstimmungsproblematiken* aufzufassen, auf die intentionale und rationale Akteure in ihrer sozialen Welt treffen. Soziale Verhältnisse werden von uns aus Sicht der Handelnden und ihrer Absichten und Ziele als gestaltbare und gestaltungsbedürftige Situationen beschrieben. Dabei greifen wir die klassische Prämisse der Soziologie auf, wonach die Einzelnen ihre Absichten und Ziele in sozialen Kontexten realisieren müssen, worunter wir hier die Tatsache fassen wollen, dass sie damit konfrontiert sind, das Handeln der anderen als wichtigen Erfolgsfaktor in Rechnung stellen zu müssen. Soziales Handeln ist der Ausgangspunkt und die Gestaltung sozialer Beziehungen durch wechselseitige Erwartungen unser Zielpunkt. Diesem Grundsatz folgen wir, indem wir soziale Verhältnisse als *Interdependenzen* beschreiben und diese aus Sicht der Akteure nach sozialen Gestaltungsoptionen und deren Effekten befragen. Durch den Nachweis problematischer sozialer Interdependenzen aus Akteurssicht wollen wir sowohl stabile, gelungene soziale Beziehungsmuster als auch unerwartete Dynamiken erklären. In dem Maße, in dem es uns auf diesem Weg gelingt, verschiedene Problemkonstellationen und soziale Mechanismen aneinander anzuschließen, können wir von integrierten Erklärungen sprechen und so auch präzise Anschlussstellen an die klassischen Gesellschafts- und Verbandsmodelle Webers, Durkheims usw. markieren.

Ebenso nutzen wir zwar für unsere Arbeit verschiedentlich formale Modelle der Spieltheorie, vor allem um die feine Logik sozialer Interdependenzen präzise offenlegen zu können, wir wollen hier aber weder für eine formale Soziologie plädieren noch eine solche betreiben. Vielmehr sehen wir die Stärke des hier vorgestellten Programms einer erklärenden Soziologie darin, die mehrstufige Erklärungslogik dazu einzusetzen, allgemeine, aber empirisch immer noch näher zu fassende Situationskonstellationen als die entscheidenden Ursachen für soziale Phänomene anzugeben. Allgemeine Modelle, die solche Zusammenhänge fassen, können einerseits übergreifend eingesetzt, andererseits aber eben auch immer noch situationsspezifisch gefasst werden. Ein wichtiges Anliegen ist uns, gegenüber den Klassikern und insbesondere dem ‚altehrwürdigen' Rationalprogramm, emergente Effekte und Paradoxien auf der Strukturebene zu thematisieren und diese aus dem Handeln intentionaler Akteure in sozialen Interdependenzen zu folgern. Damit sollte es möglich sein, ebenso einleuchtende wie nachvollziehbare Gründe für gelungene oder misslungene normative Gruppenlösungen, für den Erfolg wie auch den Misserfolg von Wettbewerbsmärkten oder auch die vertrackten Nebenwirkungen und Fallstricke von Herrschaftslösungen anzugeben und diese als sich ablösende Formen einer Ordnungsbildung zu kennzeichnen. Verallgemeinert folgt daraus die wichtige These, dass keiner der drei sozialen Mechanismen immer und ohne Weiteres zu einer dauerhaften oder gar vorteilhaften Lösung führen muss, weshalb wir gut beraten sind, unser Wissen interdisziplinär anzulegen und ständig empirisch fundiert zu erweitern.

Dem Problemaufriss entsprechend bündeln wir im vorliegenden Band unsere Argumente auf zwei miteinander verwobenen und nur im Wechsel zu erschließenden Ebenen. Die erste Ebene ist die des ‚Werkzeugkastens'; hier werden wir grundsätzlich über die Logik von Erklärungen nachdenken *(Abschnitt A)*, um sodann die Logik mehrstufiger Erklärungen vorzustellen *(Abschnitt B)*. Die zweite Ebene spricht die soziologische Erklärungspraxis und ihre Anwendungsfelder an und dort findet dann auch die Erklärung und Analyse sozialer Mechanismen ihren Platz *(Abschnitt C)*.

Wir beginnen *Abschnitt A* im folgenden *zweiten Kapitel* mit der mehr als nur rhetorisch gemeinten Frage, ob und wie die Soziologie als erklärende Wissenschaft erfolgreich betrieben und im Kanon der Sozialwissenschaften verankert werden kann. Dazu stellen wir die *klassischen Grundlagen* der *sozialwissenschaftlichen Methodologie* vor, wie sie sich im Hempel-Oppenheim-Schema zusammengefasst finden; neben präzisen Begriffsdefinitionen geht es dabei vor allem um Logik und Modellbau. Wir resümieren, inwiefern sich das Hempel-Oppenheim-Modell der Erklärung aus einer soziologischen Sicht verstehen und anwenden lässt.

Aus der kritischen Betrachtung deduktiv-nomologischer Erklärungen nach Hempel und den Defiziten reiner Mikro- und Makroerklärungen erschließen wir in *Abschnitt B* die Logik mehrstufiger Erklärungen und deren Bedeutung für die Soziologie. Im *dritten Kapitel* werden wir dazu die Logik und die Grundregeln handlungstheoretisch fundierter Mehrebenenmodelle skizzieren und auf die Bedeutung des handlungstheoretischen Kerns näher eingehen. Wir schlagen hierfür die *Theorie intentionalen Handelns* vor, die in den Intentionen, Zielen oder Interessen der Akteure die treibenden Kräfte annimmt, weil damit – der besonderen

Anlage soziologischer Tiefenerklärungen entsprechend – präzise Verbindungen zwischen dem Handeln und der Strukturebene herzustellen sind. Ein weiterer Schwerpunkt dieses Kapitels ist die *Methode der abnehmenden Abstraktion*, die besagt, dass Annahmen zunächst einfach zu halten sind, um möglichst viele und möglichst gehaltvolle Aussagen auf der Strukturebene machen zu können. Wie dies konkret geschehen kann, demonstrieren wir im *vierten Kapitel*, indem wir die allgemeinen methodologischen Regeln auf die Ausarbeitung der Bausteine und der Verbindungselemente anwenden und erläutern, wie diese komplexer angelegt und auch zu umfassenden Erklärungsargumenten zusammengefügt werden können. Wir werden mögliche und adäquate Annahmen zur Kennzeichnung der beiden Ebenen: *Handlungstheorie* und *Situationsmodelle*, sowie die beiden Verbindungselemente in Form von ausgearbeiteten Brückenhypothesen und Transformationsmodellen bzw. Transformationsregeln darstellen und deren jeweilige methodologische Bedeutung konkret erläutern. Dazu werden wir nochmals genauer auf den handlungstheoretischen Kern und seine Erweiterbarkeit eingehen. Daneben gilt unser Augenmerk der Modellierung sozialer Interdependenzen und der Überführung wechselseitiger Handlungserwartungen und Handlungen in kollektive Effekte.

Der *Hauptteil C* ist der entsprechenden Erklärungspraxis gewidmet. Wir werden im *fünften Kapitel* nochmals auf die Klassiker zu sprechen kommen und herausarbeiten, dass sich eine heuristisch starke und integrationsfähige soziologische Erklärungspraxis daraus gewinnen lässt, vor dem Hintergrund der Handlungsprämisse eines an sich intentionalen und rationalen Handelns soziale Problemkonstellationen zu explizieren und zum Ausgangspunkt der Erklärung sozialer Mechanismen und Institutionen zu machen. Dazu nutzen wir das in den ersten Kapiteln entwickelte Handwerkszeug auf zweierlei Art und Weise: Erstens werden wir eine allgemeine Handlungstheorie einsetzen, die besagt, dass das Handeln der Akteure eine Folge ihrer Ziele unter Nutzung von bestimmten Fähigkeiten ist. Zweitens werden wir dazu vier allgemeine Problemtypiken differenzieren: die *individuelle Orientierungssuche*, das Realisieren *ertragreicher Koordinationen*, das *Dilemma sozialer Kooperation* und *reine Konflikte*. Diese werden in den folgenden Kapiteln durch klar gekennzeichnete Zusatzannahmen genauer beschrieben und so im Problemgrad sukzessive gesteigert, wodurch entsprechend größere Schwierigkeiten und Ansprüche an die Lösungen zu behandeln sind. Um dies deutlich hervorzuheben, haben wir für alle Problemtypiken in den folgenden Kapiteln zunächst immer die *klassische Problemkontur* und die dafür passenden Lösungen beschrieben, sodann die *Grundlogik* der jeweils behandelten sozialen Interdependenz auf Basis der Theorie intentional-rationalen Handelns offengelegt, um so *Spezifikationen* und *Variationen* des *Problemgehalts* vorzunehmen und die dafür möglichen und *nötigen Lösungen* entlang des Schwierigkeitsgrades und der zu erwartenden Effekte zu ordnen.

Wir beginnen im *sechsten Kapitel* mit der jedem sozialen Handeln vorgelagerten Schwierigkeit der Orientierung der Einzelnen in der Welt und adressieren damit, dass wir davon ausgehen, dass menschliche Akteure keinem Handlungsprogramm (vollständig) unterworfen sind, sondern dass sie Bewertungen ausbilden, in Motive, Absichten, Ziele, Interessen usw. übersetzen und unter Einsatz spezifischer Fähigkeiten zu realisieren haben. Damit sind zwei Grundprobleme eines intentionalen Handelns angesprochen: das Setzen und Reflektieren von Bewertungen sowie deren Umsetzung in situationsbezogene Ziele und das daraufhin erfolgende ‚Scannen' der sozialen Welt als erfolgsrelevanter Handlungsrahmen, wozu unterschiedliche Fähigkeiten angesetzt werden können. Mit dieser Brille stellt sich das in der Ökonomie verwendete Modell des Wettbewerbsmarktes mit dem Marktpreis als eine relativ einfache, problemlose Orientierungslösung dar, wohingegen die in der Soziologie dafür vorgeschlagenen Sinnzusammenhänge mit vielfältigen Erschließungsproblemen behaftet sind. Wir zeigen dann, wie diese so ausgebaut und aneinander angeschlossen werden können, dass sich sowohl die bewusste wie unbewusste Orientierung an kollektiven Deutungsmustern als auch die konsequenzenorientierte Erschließung aller Handlungsmöglichkeiten erfassen lässt.

Mit dem *siebten Kapitel* wenden wir uns der Koordination zu und behandeln die Vorteile wie die Schwierigkeiten von raum-zeitlichen Abstimmungen, funktionaler Spezialisierung, sozialer Arbeitsteilung, Auftragshandeln, Stellvertretung usw. Wir werden darauf aufmerksam machen, dass sich dahinter zwei wohlweislich zu unterscheidende Logiken verbergen, die ganz unterschiedliche soziale Prozesse bewirken. Zum einen findet sich darin das basale Erfordernis, beliebige Koordinationspunkte zu markieren, um sich ̄erfolgreich zu koordinieren. Solche „reinen Koordinationen" sind relativ einfach durch zufällig herausragende Fokalpunkte, private Erfahrungen, kollektives Wissen und eben durch die so variantenreich auftretenden sozialen Konventionen (Kleiderregeln, Grußformeln, Sprache usw.) möglich, weil jeder beliebige Hinweis hilfreich ist und – einmal gefunden – als Orientierungspunkt nicht mehr fallen gelassen wird. Davon abzuheben sind Koordinationsprobleme, deren Lösung zwar auch alle begrüßen, die aber nunmehr den Einzelnen je nach gewähltem Lösungsweg unterschiedliche Erfolge bescheren. Dann hilft nur die genaue Analyse der divergierenden Interessen, um Aussagen über Lösungen und deren Effekte treffen zu können. Stabile, allgemein vorteilhafte Gleichgewichte sind dann nicht mehr in jedem Fall zu erwarten, vielmehr sind auf diesem Weg nun auch instabile und ineffiziente Lösungen oder dynamische Prozesse zu erklären.

Mit der eigenständigen Behandlung des *Kooperationsproblems* im *achten Kapitel* thematisieren wir eine Interdependenzform, die den allermeisten soziologischen Arbeiten zugrunde liegt: Viele Akteure teilen ein gemeinsames Ziel, das sie allein nicht realisieren können, sodass ein wechselseitig aufeinander abgestimmtes, kooperatives Handeln Vorteile für alle hätte. Im Unterschied zur klassischen Soziologie wollen wir aber den Fehlschluss vermeiden, aus der Vorteilhaftigkeit des kollektiven Zustands und der Annahme intentionalen Handelns direkt und allgemein auf den Erfolg von Kooperationen zu schließen. Vielmehr werden wir mit dem bewährten Modell „kollektiver Güter" darauf hinweisen, dass dieses Interdependenzmuster gerade wegen der gemeinsamen Interessen problematisch ist, wenn sich die Einzelnen nicht sicher sein können, ob die anderen kooperativ handeln werden, weil erkennbar Anreize zum Trittbrettfahren vorliegen. Diese Grundlogik illustrieren wir am Beispiel von öffentlichen Gütern, der „Tragik der Allmende" und Clubgütern. Wir zeigen durch empirische Zusatzannahmen wiederum, wie sich unterschiedliche Problemgrade theoriegeleitet entfalten und so dafür notwendige und mögliche Lösungswege präzise aufzeigen und in ihren kollektiven Folgewirkungen entschlüsseln lassen. Wann spontane Lösungen durch wiederholte Kontakte, das richtige Mischungsverhältnis von Zauderern und Eiferern oder eben Norm- und Herrschaftslösung nötig und möglich werden, lässt sich dann genau angeben und begründen.

Im *neunten* und letzten Anwendungskapitel wenden wir uns schließlich der geheimen Königsdisziplin der Soziologie zu: Konflikten. Wir werden auf eine Interdependenz aufmerksam machen, die Akteure dadurch miteinander in Beziehung setzt, dass der eine nur das bekommen kann, was einem anderen entzogen wird; Kriege, antagonistische Interessengegensätze oder auch Duelle entsprechen dem. Wir werden sodann nach verschiedenen Lösungen dafür suchen und darlegen, dass und wie auch spontane Lösungen möglich sind, weil ein Akteur seinen minimalen Gewinn maximiert und der andere Konfliktpartner dazu passend seinen maximalen Verlust minimiert. Keiner der beiden ‚Streithähne' wird einen solchen Gleichgewichtszustand wieder aufgeben können, wodurch die Konfliktdynamik von selbst zum Ruhen kommt. Der abstrakten Darstellung hauchen wir soziologischen Geist durch die Berücksichtigung unterschiedlicher Anfangsausstattungen (Macht) und insbesondere durch die Annahme ein, dass Konflikte oftmals zwischen vielen Akteuren und Gruppen ausgetragen werden, sodass Koalitionen, Fraktionierungen oder Staffelungen die Lösungen vorgeben. Als These folgt daraus, dass neben spontanen Lösungen reine Konflikte auch durch soziale Selektionsmechanismen in Form von Macht-, Preis- oder Exklusionsmechanismen zustande kommen können. In beiden Fällen sind indes markante Struktureffekte sich steigernde und sich selbst erhaltende Ungleichheitsstrukturen.

Wir hoffen auf diesem Weg einerseits, die Heuristik und Ausbaufähigkeit handlungstheoretisch fundierter Erklärungen in der Soziologie nachweisen und begründen zu können. Andererseits soll auch demonstriert werden, dass Soziologie, Ökonomie und Politikwissenschaft mit denselben allgemeinen Modellen und einer verbindenden Grundlogik arbeiten können. Das soll gerade nicht so verstanden werden, dass „nachts alle Katzen grau sind", sondern vielmehr als

Appell, diese Erklärungspraxis auch und bewusst dazu zu verwenden, das soziologische Kernthema der *Ausbildung wechselseitiger Handlungserwartungen*
in präzisere Forschungsfragen zu übersetzen, Parallelen in anderen Disziplinen
zu erkennen und so die Entstehungsbedingungen, die Formen und die Kollektiveffekte sozialer Mechanismen besser als bislang zu erklären. Dies wäre aus unserer Sicht auch der Weg, wie wir heute den soziologischen Klassikern begegnen
und von diesen lernen können. Es sollte sich im Laufe unserer Ausführungen
nämlich erkennen lassen, dass und inwiefern die normative Integration auf
Grundlage gegebener Werte sowie stabile und vorteilhafte Tauschbeziehungen
auf Wettbewerbsmärkten „Ecklösungen" sozialer Ordnungsbildung sind, die nur
unter bestimmten Bedingungen zu erwarten und erfolgreich sind. Demgegenüber können ‚verbesserte' mehrstufige Erklärungen nicht nur die einmalige und
erfolgreiche Einsetzung eines Ordnungsmechanismus, sondern auch den Wechsel zwischen einzelnen Ordnungsmechanismen, deren Misslingen und vor allem
deren ungeplante, emergente kollektive Effekte aufzeigen und erklären.

2 Das klassische Erklärungsprogramm

In den nächsten Kapiteln wollen wir klären, was unter einer *sozialwissenschaft-lichen Erklärung* zu verstehen ist. Zu diesem Zweck werden wir einen kurzen Blick in die Wissenschaftsphilosophie werfen und das von Carl G. Hempel ge-meinsam mit Paul Oppenheim (s. Hempel 1965, S. 168; Hempel und Oppenheim 1948) entwickelte klassische Erklärungsmodell sichten, das bis heute auch in den Sozialwissenschaften große Resonanz findet. Zur Vorbereitung unserer metho-dologischen Überlegungen werden wir in gebotener Kürze die von Hempel auf-gezeigten Erkenntnisziele und die Logik seines Erklärungsmodells skizzieren, die daran geübte Kritik darstellen und die Konsequenzen resümieren, die sich daraus für die weitere soziologische Erklärungsarbeit ergeben.

2.1 Erkenntnisziele einer erklärenden Wissenschaft

Unserer Auffassung nach zeichnet sich die Soziologie – wie alle Sozialwissen-schaften – durch das Ziel aus, die soziale Realität *theoretisch* zu erkennen und zu erklären. Damit sind zunächst zwei Zugänge verwehrt: Es kann einer Wis-senschaft nicht darum gehen, die Gegenstände, Prozesse und Zusammenhänge, die sie erforschen möchte, in erster oder gar ausschließlicher Weise bewerten oder normativ beurteilen zu wollen; die Wissenschaften haben eine *kognitive*, keine normative oder wertbestimmende Aufgabe. Max Webers (1988/1922) Pe-titum zugunsten einer werturteilsfreien Wissenschaft, über das viel geschrieben wurde, halten wir für einsichtig und verpflichtend (vgl. Albert 1976, S. 160 ff.). Sodann kann es nicht das alleinige Ziel der theoretischen Wissenschaften sein, zu erheben und darzustellen, was es gibt oder gegeben hat. Die theoretischen Wissenschaften erschöpfen sich nachdrücklich nicht in *Beschreibungen* und *Erzählungen*,[1] sondern sind auch und vor allem darauf aus, mithilfe allgemeiner Begriffe und theoretischer Aussagen der Frage nachzugehen, welche (kausalen) *Prozesse*, die der unmittelbaren Beobachtung nur auszugsweise zugänglich sind, erklärungsbedürftigen oder rätselhaften Sachverhalten zugrunde liegen. Als rät-selhaft oder problematisch gelten einer theoretischen Wissenschaft bestimmte

---

[1] Narrationen werden in erster Linie durch die Geschichtswissenschaften angeboten. Zur Frage, inwieweit (auch) die Geschichtswissenschaften eine Erklärungsaufgabe haben, ist Hempel (1965, S. 239) aufschlussreich.

Phänomene so lange, als offen bleibt, was ihre Ursachen sind, und bis verstanden ist, *warum* sie bestimmte Eigenschaften besitzen, *warum* sie in bestimmter Weise entstanden sind und *warum* sie sich verändern und umgestalten. Darüber, welche Phänomene erklärungsbedürftig erscheinen, kann aufgrund lebenspraktischer, politischer, gesellschaftlicher oder auch rein theoretischer Gesichtspunkte entschieden werden. So können soziologische Fragestellungen direkt durch die Wahrnehmung sozialer Ungleichheit oder die Feststellung verstärkter sozialer Protestbewegungen initiiert sein, sie können sich aber auch aus offenen Fragen innerhalb von Theorieprogrammen speisen und soziale Bewegungen als ein „öffentliches Gut" oder soziale Ungleichheit als „Paradox moderner Gesellschaften" thematisieren. Wir werden im weiteren Fortgang unserer Überlegungen solche offenen *theoretischen Problemlagen* aufgreifen, die sich im Zusammenhang mit der Suche nach vorteilhaften sozialen Ordnungsmechanismen eingestellt haben (vgl. zusammenfassend Kap. 5), und daran ausgerichtet ein Erklärungsprogramm entwickeln, das gegenüber den Klassikern unseres Fachs verbesserte Erklärungen vorlegt. Wir wollen auf diese Weise ein theoriegeleitetes Forschungsprogramm (vgl. Lakatos 1970) vorantreiben, dessen Logik für die Natur- wie für die Sozialwissenschaften gleichermaßen Geltung beansprucht (vgl. Albert 1964).

Um (wiederholt beobachtbare) soziale Prozesse und die mit ihnen verbundenen Folgen zu erklären, benötigen wir *Theorien*, die Auskunft darüber geben, welche *Kräfte* das Prozessgeschehen vorantreiben oder energetisieren. Theorien, die dies leisten, sind (logisch mehr oder minder streng verknüpfte) Systeme von Aussagen, die Ursachen und Wirkungen in *allgemeiner Form*, d. h. für alle Sachverhalte eines bestimmten Typs oder einer bestimmten Menge, miteinander in Beziehung setzen und dabei unterstellen, dass sich der theoretisch postulierte Zusammenhang *zwangsläufig* – also mit Notwendigkeit – immer dann einstellt, wenn bestimmte (hinreichende) Bedingungen erfüllt sind.[2] Aussagen, die diese Voraussetzungen erfüllen, können als nomologische Aussagen oder als „Gesetze" betrachtet werden.[3] Wir werden deren syntaktische Form noch näher besprechen, wollen aber bereits an dieser Stelle festhalten, dass Gesetze – bzw. die *Theorien*, die verschiedene Gesetze miteinander verbinden – Ereignisse oder Phänomene *nicht* in deren voller Einzigartigkeit erfassen, sondern nur jene Eigenheiten herausgreifen, von denen Theoretiker annehmen, dass sie in einem

---

[2] Für die Notwendigkeitsbedingung vgl. Rescher (1970) und Achinstein (1971, S. 39 ff.). Wir wollen demnach mithilfe von Erklärungen nicht erfahren, „how things work [...] but we want to know how things ‚must work'" (Wallace 1971, S. 90). Oft spricht man in diesem Zusammenhang auch von „Regelmäßigkeiten". Man sollte aber darauf achten, dass die wiederholte Beobachtung bestimmter Zusammenhänge nicht logisch zwingend auf deren Notwendigkeit schließen lässt.

[3] Bislang hat sich noch keine eindeutige bzw. unstrittige Festlegung dieses Begriffs gefunden (vgl. Stegmüller 1969, S. 274; Albert 1980, S. 233).

notwendigen oder gesetzmäßigen (kausalen) Zusammenhang stehen. Dies setzt seinerseits als selbstverständlich voraus, dass man die kausal wichtigen Faktoren von Neben- und Hintergrundbedingungen unterscheiden bzw. isolieren kann (vgl. Schlicht 1985). In diesem Sinne sind alle theoretischen Aussagen *abstrakt* und müssen erst daraufhin konkretisiert oder spezifiziert werden, ob und in welchem Umfang ein empirisch vorliegender Sachverhalt einem theoretischen Satz entspricht. Diese Spezifikationen oder „empirischen Interpretationen" (Hempel 1965, S. 446) sind wiederum nicht selbstverständlich, sondern erfordern bisweilen Verfahren, die ihrerseits nicht immer zweifelsfrei geklärte Voraussetzungen besitzen (vgl. Hempel 1965, S. 168).[4]

Man hat die Abstraktheit theoretischer Annahmen immer wieder dazu benutzt, um ihren Behauptungscharakter zu bestreiten bzw. um zu leugnen, dass theoretische Sätze etwas über die Realität *aussagen* bzw. dass sie empirischen Gehalt oder „Informationsgehalt" (Popper 1966, S. 15, 77) besitzen können.[5] Die wichtigste Implikation einer solchen anti-realistischen Sichtweise ist, dass man Theorien für unwiderlegbar hält bzw. zu „Konstruktionen ohne Darstellungswert" deklariert (Albert 1980, S. 228). Wir teilen diese Sichtweise nicht, sondern gehen davon aus, dass Theorien (im Prinzip widerlegbare) Behauptungen darüber enthalten, dass Zusammenhänge wirklich bestehen – wobei sich Wissenschaftler freilich sowohl bezüglich der Voraussetzungen, unter denen solche Annahmen gelten, als auch hinsichtlich deren Implikationen und Folgerungen irren können (vgl. Albert 1980). Die „theoretische Vernunft" ist *immer* fehlbar (vgl. Albert 1982).

Gleichwohl reagieren wir auf die offenkundigen Begrenztheiten unseres Erkenntnisvermögens nicht mit skeptizistischem Rückzug, sondern vertreten eine *realistische Deutung von Theorien* (vgl. dazu Hooker 1987; Hedström 2005; Manicas 2006), obgleich diese Position mit kostenträchtigen methodologischen Konsequenzen verbunden ist. Zum einen zwingt uns die zugestandene grund-

---

[4] Die Wissenschaftstheorie diskutiert solche Verfahren (noch heute) unter der Bezeichnung „Operationalisierung", „Korrespondenzregeln", „Messungen" usf. Dass solche Verfahren einen (rein) logischen oder metawissenschaftlichen Status haben können, hat Hempel – in unseren Augen zu Recht – bestritten (vgl. Hempel 1970, S. 158 ff.). Tatsächlich liegen ihnen Annahmen entweder über die Gültigkeit von Erhebungsverfahren oder prüfungsbedürftige Hypothesen über faktische Zusammenhänge zugrunde (vgl. Hempel 1974b).

[5] Vgl. Nagel, E. (1961, S. 129 ff.), Suppe (1974), Popper (1979) und Schmid (2004, S. 33 ff.) für Listen nicht-realistischer Theoriedeutungen. So hat man Theorien verstanden als: Instrumente, die nicht wahr oder falsch, sondern allenfalls (unterschiedlich) nützlich sein können; ökonomische Zusammenfassungen von Einzelbeobachtungen, deren Gehalt nicht über diese hinausreicht; „Ableitungslizenzen", die keine inhaltlichen Behauptungen darstellen, sondern logische Regeln der Deduktion; Konstruktionen, auf die sich bestimmte Forscherkreise im Verlauf ihres Meinungsaustausches konventionell geeinigt haben usf. Eine Kritik anti-realistischer Theoriedeutungen, der wir zustimmen, findet sich bei Trigg (1985), Bunge (1996), Kuipers (2000; 2001) und Manicas (2006).

sätzliche *Fallibilität unseres Wissens* nämlich dazu, theoretische Annahmen als *Hypothesen* zu betrachten, die wir zu prüfen haben, bevor wir sie zur Erklärung interessierender Sachverhalte verwenden (vgl. Popper 1963b, S. 97 ff.). Und zum Zweiten sollten wir uns darauf gefasst machen, dass es keine wahrheitsverbürgenden Verfahren gibt, mit deren Hilfe man die Richtigkeit theoretischer Hypothesen *zweifelsfrei* feststellen könnte (vgl. Albert 1968). Es existieren unserer Auffassung folgend keine *Feststellungsmethoden* für die Wahrheit theoretischer Annahmen (vgl. Albert 1978, S. 4; 1980, S. 231 f.). Alles, was wir tun können, um sicher zu sein, dass unsere Theorien keine fehlerhaften Annahmen enthalten, ist, sie zu testen, indem wir ihre (logischen) Implikationen mit der Absicht empirisch überprüfen, zu entdecken, welche ihrer Annahmen falsch sind *und* wie wir sie verbessern können (Popper 1963b; Albert 1964; 1980, S. 233). Um beurteilen zu können, ob die Erklärungsleistung einer Theorie verbesserungsfähig ist, ist es unabdingbar, aus ihr wiederholt Aussagen über bislang unbekannte Sachverhalte abzuleiten, die wir erfolgreich bestätigen können. Wir werden in diesem Buch keine Methodologie der Überprüfung vorstellen,[6] glauben aber, dass es keinen erkenntnisförderlichen Zweck hat, unsere Theorien vor Widerlegungen zu bewahren, weshalb wir nachdrücklich dafür eintreten, unser theoretisches Wissen dem Risiko seines Scheiterns auszusetzen, indem wir es revisionsoffen halten und gegebenenfalls korrigieren und umformulieren. In Extremfällen, wenn gegenläufige Beobachtungen überhandnehmen und es immer deutlicher wird, dass unsere Hypothesen und Theorien zu fehlerhaft sind, um sie durch Erweiterungen und Umformulierungen retten zu können, sind wir auch bereit, sie gänzlich zu verwerfen (vgl. dazu Albert 2000; Schmid 2004, S. 23 ff.). Da wir indessen fest darauf zählen, die meisten unserer Theorien kontinuierlich korrigieren zu können,[7] hegen wir keinerlei Bedenken, auch der theoretischen Soziologie aufzutragen, die Verbesserung *ihrer Theorien* anzustreben (vgl. Albert 1980)[8] und jede Immunisierung des gerade vorhandenen und historisch zufälligen Theorienbestands gegenüber gegenläufigen Erfahrungen und Kritiken zu vermeiden (vgl. Albert 1964, S. 27 ff., 53 ff.; 1968). *Bewähren* sich unsere theoretischen Annah-

---

[6] Vgl. für die Grundlagen einer am Realismus orientierten Methodologie der Kritik Musgrave (1979; 1980; 1993) und vor allem die Arbeiten von Gadenne (1998; 2001). Eine solche Methodologie zu entwickeln, *ohne* am Realismus theoretischer Annahmen festzuhalten, ergibt keinen erkenntnistheoretischen Sinn (vgl. Albert 1980, S. 240).

[7] Vgl. für die soziale Organisationsform dieses kontinuierlichen Prozesses der Theoriekritik Kitcher (1993) und Jarvie (2001).

[8] Die Hoffnung, logisch kennzeichnungsfähige Verfahren der Wahrheitsannäherung oder „Wahrheitsähnlichkeit" (vgl. Popper 1963a) zu finden, hat sich nicht erfüllt; stattdessen aber kann man versuchen, unser theoretisches Wissen *strengen Prüfungen* auszusetzen, mit der Absicht, seine Mängel und Fehler zu entdecken (vgl. Albert 1964, S. 22 ff.).

men bei der Erklärung möglichst heterogener Phänomene hingegen, so spricht nichts dagegen, sie auch weiteren Erklärungsversuchen zugrunde zu legen.

Dieses Interesse an möglichst bewährten, in jedem Fall aber revisionsoffenen Theorien ist kein akademischer Selbstzweck, sondern speist sich aus zwei Quellen: Zum einen sind kontinuierliche Revisionen allein deshalb sinnvoll, weil alle Theorien fehlerhaft sind (vgl. Popper 1963b, S. 97 ff.) und wir sicher sein wollen, möglichst gut bewährte Theorien für Erklärungen heranziehen zu können. Und zum anderen teilen wir die Auffassung, dass es, ohne auf halbwegs zutreffende Theorien zurückgreifen zu können, unmöglich, ja verantwortungslos wäre, Eingriffe in den gesellschaftlichen Ablauf vorzunehmen (vgl. Albert 1976, S. 11 ff.; 1980, S. 243). Selbstverständlich steht nicht in allen Fällen fest, ob unsere Theorien die Bedingungen (genau) benennen, die wir willentlich – und politisch durchsetzbar – manipulieren können. Ist dies aber möglich, dann können wir zutreffend formulierte Theorien als Grundlage zur Formulierung „technologischer Aussagen" (Albert 1964, S. 66 ff.; 1978) verwenden, die angeben, was wir tun müssen, um bestimmte Effekte zu erreichen. Wenn wir etwa die unerwünschten Folgen bestimmter Institutionen vermeiden oder erwünschte Effekte provozieren oder fördern wollen, so müssen wir in Erfahrung zu bringen suchen, *wie* bzw. auf der Basis *welcher* Prozesse soziale Institutionen, Mechanismen und Organisationsformen in unterschiedlichen Handlungsfeldern funktionieren (vgl. ausführlich Kap. 6–9). Im Verlauf dieser Suche mag sich herausstellen, dass es wichtig ist, zu wissen, welche Anreize bestimmte Regelungen auf die Einzelnen haben und welche Verteilungseffekte zu erwarten sind, wenn die untersuchten Akteure in Übereinstimmung mit derartigen Regeln agieren oder nicht. Theorien, die nichts über ihren Gegenstand besagen wollen oder können, sind bei institutionellen Reformen eher hinderlich. Oder anders: Die praktische Gestaltung sozialer Regeln, Institutionen, Mechanismen oder Organisationsformen kann nur dann zielführend und kontrollierbar vorgenommen werden, wenn wir aufgrund unserer Theorien erfolgsorientiert abschätzen können (vgl. Albert 1964, S. 62), mit welchen Konsequenzen Gestaltungseingriffe verbunden sein werden – wobei es nicht verboten sein kann, dass Theoretiker die Folgewirkungen von Interventionen besser oder genauer abschätzen können als die Beteiligten selbst. Es gibt in der Tat nichts Praktischeres als eine gut bestätigte und erklärungstaugliche Theorie.

Worin aber besteht die Erklärungskraft einer Theorie, was sind Erklärungen überhaupt und wann können wir sicher sein, eine angemessene wissenschaftliche Erklärung vorgelegt zu haben?

2.2   Das Hempel-Modell der Erklärung

Über die logischen und inhaltlichen Voraussetzungen wissenschaftlicher Erklärungen wird seit Langem debattiert.[9] Tatsächlich ist für das Erklärungsverständnis der Sozialwissenschaften vor allem ein Vorschlag wichtig geworden, der auf Carl G. Hempel und Paul Oppenheim zurückgeht (Hempel und Oppenheim 1948, wiederabgedruckt in Hempel 1965, S. 245 ff.) und später von Hempel ausgebaut und verfeinert wurde.[10] Im Verlauf dieser Ausarbeitung war Hempel immer wieder darauf bedacht, die Auffassungen zahlreicher Wissenschaftsphilosophen seiner Zeit zusammenzuführen bzw. zu synthetisieren und dabei auch die Einwände seiner Kritiker zu berücksichtigen.[11]

Folgen wir seiner Rekonstruktion des Erklärungsproblems, dann müssen Erklärungen zumindest *zwei* eng miteinander verbundene Voraussetzungen erfüllen: Zunächst stellt sich eine *inhaltliche* bzw. *pragmatisch* zu nennende Aufgabe, der zufolge eine Erklärung zu geben darin besteht, solche Bedingungskonstellationen ausfindig zu machen, die die Wissenschaftler dazu befähigen, *Rätsel* zu lösen,[12] bzw. ihr Verständnis dafür erhöhen, *warum* ein bislang undurchsichtiges Phänomen zu erwarten ist (vgl. Hempel 1965, S. 161 ff.). Die Antwort auf die Frage nach dem *Warum* eines erklärungsbedürftigen Sachverhalts wird wiederum darin bestehen, die Ursachen bzw. die *generativen Prozesse* – oder den „inner mechanism of a phenomenon" (Hempel 1965, S. 259) – anzugeben, von denen man annimmt, dass sie ihn bewirken oder *hervorbringen*. Infolgedessen stellen sich zwei weitere Probleme ein: Zum einen muss man das zu erklärende Phänomen eindeutig beschreiben; dazu sind *Begriffe* zu verwenden, die diejenigen seiner Eigenschaften – in möglichst messbarer Weise – benennen, an denen der nach Erklärungen suchende Wissenschaftler interessiert ist.[13] Zum anderen müssen Forscher zu diesem Zweck *zugleich* auch dazu in der Lage sein, die betreffenden Ereignisse oder Sachverhalte zu identifizieren, denen sie eine *ursächliche*

---

[9] Für die historische Genese der wichtigsten Argumente vgl. Wallace (1971).

[10] Vgl. vorzugsweise Hempel (1962; 1965; 1967; 1974a). Ähnliche, aber zum Teil weniger ausgearbeitete „Theorien der Erklärung", die das sozialwissenschaftliche Erklärungsverständnis in unterschiedlichem Maße mitgeprägt haben, finden sich bei Braithwaite (1953), Nagel, E. (1961) und Popper (1963b; 1966).

[11] Vgl. zur Geschichte des Hempel-Programms Salmon (1989) und Psillos (2002).

[12] In der Soziologie hat sich Raymond Boudon für das Erklären paradoxer Phänomene eingesetzt (vgl. Boudon 1979, S. 188; 1980a, S. 99). Es gibt auch Versuche, das Gelingen von Erklärungen daran zu knüpfen, dass bestimmte Adressaten wissenschaftlicher Erklärungen diese vor dem Hintergrund ihrer (in aller Regel begrenzten) Informationen ,verstehen'. Derartige ,pragmatische' Erklärungen verfolgen wir nicht weiter (vgl. dazu Hempel 1965, S. 425 f.). Die an Hempel anschließende Debatte um die „Logik" pragmatischer Erklärungen begann mit Bromberger (1966) und hat zur Produktion einer umfangreichen Literatur geführt (vgl. für einen Überblick Schurz 1988).

[13] Zur Begriffsbildung vgl. Hempel (1965, S. 155 ff.; 1974b).

Bedeutung für die Eigenheiten, die Entstehung oder die Veränderung eines zu erklärenden Phänomens zuschreiben. Auch diese *Ursachen* sind genau zu beschreiben, wobei es darauf ankommt, jene Merkmale zu erheben, denen die Forscher
die *kausale Kraft* (vgl. Harré und Madden 1975; Bhaskar 1975) zuschreiben, das
erklärungsbedürftige Phänomen zu bewirken.

Zur näheren Kennzeichnung derartiger ursächlicher Zusammenhänge – darauf hat bereits John Stuart Mill bestanden – sollte es möglich sein, jene Wirk-
ursachen als hinreichende Bedingungen zu kennzeichnen, die das zu erklärende
Faktum nomologisch zwingend (oder *deterministisch*) nach sich ziehen (vgl. Hempel 1965, S. 351 f.).[14] Für den Fall, dass dies in einer Mehrzahl von Fällen bzw.
regelmäßig gelingt, glaubt man, die deterministischen *Kausalgesetze* zu kennen,
denen ein bestimmtes Geschehen folgt. Solche Gesetze lassen sich – folgt man
Hempel – formal und in logisch-syntaktischer Sprache als sogenannte „Wenn-
dann-Aussagen" charakterisieren, in denen die Wenn-Komponente die Ursachen
angibt und die Dann-Komponente deren Wirkungen (vgl. zur Logik von Gesetzen
auch Albert 1964, S. 19 ff.). Diese logische Kennzeichnung ist mit der Behauptung
gleichzusetzen, dass der Satz, der einen derartigen konditionalen Zusammenhang
beschreibt,[15] immer dann wahr ist, wenn die Bedingungen der Wenn- wie der
Dann-Komponente erfüllt sind, hingegen als widerlegt und entsprechend falsch
gelten muss, wenn die Wenn-Komponente zutrifft, die Dann-Komponente aber
nicht.[16] Gilt ein solcher nomologischer Satz für *alle* Phänomene einer bestimmten
Art, dann spricht man von „allgemeinen" Gesetzen, wobei deren Allgemeinheit
in zweierlei Hinsicht zum Ausdruck kommen kann: Im einen Fall bedeutet „Allgemeinheit", dass entsprechende Gesetze nur allgemeine Prädikate – und keine

---

[14] Der Determinismus eines Zusammenhangs ist nicht mit der Allgemeinheit der Aussagen gleichzusetzen, die ihn beschreiben. Allgemeine Aussagen brauchen nicht deterministisch zu sein, und
singuläre Aussagen müssen nicht notwendig nur kontingente Zusammenhänge behandeln.

[15] Zur gängigen logischen Nomenklatur verschiedener Satzklassen vgl. Stegmüller (1969).

[16] In der Notation von Hempel heißt dies: (x) (Fx ⊃ Gx) ≡ ¬ (Fx und ¬ Gx). Gesetzesformulierungen
behaupten demnach nicht, dass bestimmte Sachverhalte existieren, sondern dass Faktorenkonstellationen *nicht* möglich sind; Gesetze gleichen demnach nicht „Behauptungen", sondern „Verboten".
Auf dieser logischen Tatsache beruht jede Methodologie der Theorieüberprüfung (vgl. dazu Gadenne
2001) bzw. die Möglichkeit experimenteller Forschungen (vgl. Chalmers 2001, S. 25 ff., 155 ff.).
Nach der Veröffentlichung seines schulbildenden Aufsatzes fiel Hempel auf, dass es möglich sei,
den „Determinismus" von Gesetzen auch durch die Möglichkeit zu bestimmen, sogenannte „coun-
terfactuals" abzuleiten (vgl. Hempel 1965, S. 162, 339). Als „konterfaktisch" gilt die Ableitung der
Behauptung, dass ein in der Dann-Komponente beschriebener Sachverhalt dann eintreten *würde*,
wenn die in der Wenn-Komponente eines Gesetzes genannten Bedingungen erfüllt *wären*, was nur
dann zutreffen kann, wenn das betreffende Gesetz wahr ist (vgl. Hempel 1965, S. 339). Es konnte
allerdings nicht abschließend geklärt werden, ob man den gegenfaktischen Charakter einer Behauptung unabhängig von den Gesetzen bestimmen kann, aus denen diese Behauptungen abgeleitet werden sollten (vgl. als Problemüberblick Achinstein 1971).

individuellen Namen oder singulären Kennzeichnungen – enthalten dürfen. Damit ist gesagt, dass die durch Gesetzesaussagen erfassten Sachverhalte mithilfe sogenannter *theoretischer Terme* (oder theoretischer Begriffe) beschrieben werden müssen, deren Bedeutung sich nicht in der Beschreibung empirischer und kontingenter Einzelerscheinungen – oder in (mit ihrer Hilfe erfassten) raum-zeitlich begrenzten Einzelbeobachtungen – erschöpft (Hempel 1965, S. 177 ff.).[17] Im anderen, damit durchaus zu vereinbarenden Fall besteht die Allgemeinheit eines Gesetzes darin, dass sein sogenannter „Wertbereich", d. h. die Menge seiner möglichen Anwendungen, im Prinzip offen und unabschließbar oder unendlich ist (vgl. Hempel 1965, S. 175).[18]

Die wichtigste Implikation dieser Festlegungen für ein angemessenes Erklärungsverständnis ist infolgedessen, dass Erklärungen nur dann vorliegen, wenn man zu diesem Zweck auf allgemeine nomologische Annahmen oder *universale Gesetze* (vgl. Hempel 1965, S. 175 f., 338 ff.) zurückgreifen kann. Deren mögliche Anwendung ist freilich in allen Fällen daran gebunden, dass sich Umstände finden, in denen die Wenn-Komponente des betreffenden Gesetzes erfüllt ist und das Vorliegen oder Nichtvorliegen des Sachverhalts, der in der Dann-Komponente beschrieben ist, *eindeutig* festgestellt werden kann.[19] Damit ist gesagt, dass Gesetze konditionalisierte Sachverhalte behaupten; sie stellen nicht notwendig Beschrei-

---

[17] Hempel hat immer wieder untersucht, ob es Messverfahren gibt, die ihrerseits in einer *allgemeinen* Form – und d. h. im Lichte allgemeiner Gesetzmäßigkeiten – gekennzeichnet werden können und die man dazu verwenden kann, das Vorliegen theoretisch behaupteter Sachverhalte zu prüfen (vgl. Hempel 1965, S. 101 ff., 123 ff.). Ursprünglich nutzte Hempel die auf Carnap zurückgehende Unterscheidung zwischen einer (rein) empirischen Sprache, in der Beobachtungsbefunde beschrieben werden können, und einer theoretischen Sprache, die erfahrungsmäßig nur indirekt zugängliche Sachverhalte zu bezeichnen hätte. Dieses „Zweisprachenmodell" hat sich – wie auch Hempel sehen musste (vgl. Hempel 1974a, S. 250) – nicht halten lassen, weil jeder Beobachtungssatz (wie: „Hier steht ein Glas Wasser") theoretische Terme enthält. Die Bedeutung „theoretischer Begriffe" wird u. a. durch die theoretischen Sätze bestimmt, in denen sie vorkommen, und kann auf jede denkbare Weise – nicht nur durch Definitionen oder Messanweisungen – eingeführt und erlernt werden (vgl. Hempel 1970, S. 162 f.). Diese und andere Folgen dieser Einsicht behandelt Bayertz (1980).

[18] Implikation dieser Bestimmung ist dann offenbar, dass es Grade der Allgemeinheit geben kann. Die Tatsache freilich, dass es tatsächlich – aber vielleicht unbekannterweise – nur eine endliche Anzahl von Sachverhalten gibt, über die das betreffende Gesetz Auskunft erteilt, ist für dessen logisch allgemeinen Charakter *nicht* ausschlaggebend. Gleichwohl hat Hans Albert zur Bezeichnung des Falls, dass man nur eine endliche, raum-zeitlich begrenzte Menge von gesetzesrelevanten Sachverhalten kennt, vorgeschlagen, von „Quasigesetzen" zu sprechen (vgl. Albert 1964, S. 40). In solchen Fällen sinkt zwar die Menge der Möglichkeiten, das betreffende „Quasigesetz" zu testen – „allgemein" im hier verteidigten Sinne ist es dennoch.

[19] Lässt man bei der Formulierung von Erklärungen Gesetze unerwähnt, weil man sie als selbstverständlich voraussetzt, gewinnen Erklärungen einen notwendig „elliptischen" (oder „unvollständigen") Charakter (vgl. Hempel 1965, S. 415). Solche elliptischen Formulierungen sollten grundsätzlich zu vollständigen Argumenten ergänzbar sein. In den Sozialwissenschaften ist allerdings oftmals unklar, ob sich hinter den Behauptungen, dass bestimmte Zusammenhänge bestehen,

bungen realer Vorkommnisse dar. Die von ihnen angegebenen „strukturellen Eigenschaften unserer Welt" (Popper 1966, S. 387) besagen nur, dass bestimmte Faktorenkonstellationen *nicht* existieren können. Das aber erlaubt seinerseits keinen Schluss darauf, dass wir für jeden eindeutig beschreibbaren Sachverhalt ein Gesetz kennen müssten.[20] In diesem Sinne *abstrahiert* jedes Gesetz von der empirischen Vielgestaltigkeit der Erscheinungswelt. Wir können somit beobachtbare Einzelgeschehnisse nur in dem Umfang erklären wollen, in dem sie uns *im Lichte einer Theorie* als problematisch erscheinen (vgl. Popper 1963b, S. 67, 191).

Mit dem Nachweis, dass Erklärungen gesetzesfundiert und entsprechend selektiv verlaufen müssen, ist aber nur eine erste Voraussetzung genannt, die Erklärungen erfüllen sollten. Die andere ergibt sich als Antwort auf die Frage, welche logische Struktur eine kausale oder nomologische Erklärung haben muss bzw. wie das Argument auszusehen hat, das wir als eine gültige Erklärung akzeptieren können (vgl. Hempel 1965, S. 245, 412). Die klassische, auch von Hempel verteidigte Antwort auf diese Frage weist darauf hin, dass Erklärungen nicht nur auf Gesetze zurückgreifen, sondern zudem einen *deduktiven Charakter* aufweisen sollen bzw. müssen. Zur Klärung dieser Forderung, wonach jede gelungene Kausalerklärung logisch-deduktiv aufgebaut werden muss, hat Hempel vorgeschlagen, dass jedes Erklärungsargument *vier* sogenannten *Adäquatheitsbedingungen* gerecht werden muss, die im Übrigen verdeutlichen, weshalb er sein Erklärungsschema als „deduktiv-nomologisches Erklärungsmodell" oder kurz als: „DN-Modell" bezeichnet hat (vgl. Hempel 1965, S. 174, 232 ff., 247 ff., 298 ff., 335 ff.).[21]

Die *erste Adäquatheitsbedingung* legt fest, dass sich der *Explanandumsatz*, der den zu erklärenden Sachverhalt beschreibt, aus dem sogenannten *Explanans* logisch ableiten lassen muss. Das Explanans umfasst zumindest ein (möglichst allgemeines) Gesetz – oder mehrere davon – und zudem Angaben über dessen oder deren Anwendungsbedingungen, die festhalten, wann die betreffende(n) Wenn-Komponente(n) tatsächlich realisiert ist (sind). Fehlt eine dieser beiden Komponenten des Explanans, sind Erklärungen unzureichend und es entfällt die Möglichkeit, im angeführten Explanans einen *adäquaten Grund* für das Explanandum zu sehen. Die gegebene Erklärung wäre demnach unbegründet und letztlich unverständlich. Das gilt vor allem für jeden Versuch, Erklärungen ohne Angabe eines Gesetzes, alleine mithilfe der (isolierten) ‚Ursachen' des Explanandumsachverhalts zu geben. Solche Erklärungsversuche sind trotz ihrer weiten

---

nomologische Annahmen verbergen oder nicht – was vor allem jenen Autoren entgegenkommt, die *nicht* an die Existenz sozialwissenschaftlich verwertbarer Gesetzesannahmen glauben.

[20] Boudon (1986) hat verschiedentlich auf die Existenz von sogenannten „Cournot-Effekten" hingewiesen, die daraus resultieren, dass sich von unterschiedlichen Gesetzmäßigkeiten ‚vorangetriebene' Ereignisketten ‚kreuzen'. Es ist indessen sehr schwierig, sich die jeweiligen Effekte auszumalen, weshalb sie auch Boudon als „zufällig" beschreibt (Boudon 1986, S. 179).

[21] Damit legt Hempel das vor, was Rudolf Carnap (1956, S. 8) eine „Begriffsexplikation" nannte.

Verbreitung wenig zufriedenstellend, weil man, ohne Gesetze zu konsultieren, nicht wissen kann, ob man die ‚richtigen‘, weil zwingenden Ursachen ausgewählt hat oder doch nur eine beliebige, unvollständige oder gar falsche Auswahl von Bedingungsfaktoren. Andererseits wird man nicht immer alle Gesetze (genau) kennen (vgl. Hempel 1965, S. 237, 453 ff.), die man zur Erklärung eines Sachverhalts benötigt. In diesem Fall muss man sich mit sogenannten „Partialerklärungen" (Hempel 1965, S. 415 ff.) zufriedengeben, die allerdings nur schwer prüfbar sind, weil sie die eventuellen Störwirkungen der nicht beachteten Kausalfaktoren außer Acht lassen müssen und deshalb *nicht* zulassen, das betreffende Explanandum *eindeutig* aus dem partiellen Prämissensatz abzuleiten.

Die *zweite Adäquatheitsbedingung* besagt, dass die im Explanans angeführten Gesetzesannahmen zur Deduktion des betreffenden Explanandums logisch *notwendig* sein sollten.[22] Sinn dieser Regelung ist es, ein vorgeschlagenes Erklärungsargument simpel und übersichtlich zu gestalten bzw. die Prüfung von Erklärungsargumenten dadurch zu erleichtern,[23] dass man für den Fall, dass sich ein Explanandum als falsch erweist, die Überprüfung auf jene Gesetzesannahmen beschränken darf, die man zu dessen Ableitung (de facto) benutzt hat.[24] In

---

[22] Man muss „logische" Notwendigkeiten, die sich daraus ergeben, dass ein Satz aus einem anderen logisch zwingend gefolgert werden kann, von „materialen" Notwendigkeiten, wie man sie Gesetzesbeschreibungen unterlegt, nachdrücklich unterscheiden.

[23] Hinter dieser Bedingung versteckt sich ein logisch-technisches Problem. Wie angedeutet kann man Gesetze als eine Subjunktion der Form „(x) (Fx $\supset$ Gx)" verstehen. Ergänzt man die Wenn-Komponente *adjunktiv* (d. h. mit Hilfe des Junktors „oder") durch einen (*völlig*) *beliebigen* Faktor „Hx", dann ergibt sich die Formel: (x) (Fx v Hx $\supset$ Gx). Diese Aussage hat zwar keinen geringeren Gehalt als die Ausgangsformulierung, muss aber als *nomologische Aussage* keinerlei Sinn machen. Daher ergibt sich die Forderung, nur solche Gesetzesfomulierungen zuzulassen, die keine „nicht-nomologischen" (oder nicht-notwendigen) Erweiterungen beinhalten.

[24] Mit dieser zweiten Adäquatheitsbedingung versucht Hempel, das sogenannte „Duhem-Quine-Problem" zu lösen, das darin besteht, dass die Widerlegung eines Explanandums offenlässt, auf welche Bestandteile des zu seiner Herleitung benötigten Explanans man den Fehler zurückrechnen soll, der zu der Ableitung des offenbar falschen Explanandums geführt hatte. Wenn ein gewisses Gesetz z. B. den Wortlaut haben sollte: (x)(Fx $\wedge$ Gx $\wedge$ Hx $\supset$ Ix), und es gilt $\neg$ Ix, dann ist unklar, welcher der Terme der Wenn-Komponente falsch ist; wir wissen nur, dass zumindest eine der drei Bedingungen nicht zutrifft (für dieses Duhem-Quine-Problem vgl. Harding 1976). Andersson (1988) zeigt, dass es im Prinzip lösbar ist und es deshalb unberechtigt ist, es für das grundsätzliche Scheitern von Erklärungen verantwortlich zu machen. Unlösbar ist das Problem nur, solange nicht feststeht, *wie* die verschiedenen, in der Wenn-Komponente eines Gesetzes genannten Faktoren lauten. Beliebt ist in diesem Zusammenhang, die Wenn-Komponente durch den Hinweis zu erweitern, dass der im Gesetz genannte Zusammenhang nur „ceteris paribus" (also unter nicht benannten Zusatzbedingungen) gilt. Hans Albert hat bereits vor geraumer Zeit auf die erkenntniskritischen Folgen einer solchen „Immunisierungsstrategie" hingewiesen (vgl. Albert 1967; gehaltvolle Gesetze werden auf diesem Weg zu nicht-widerlegbaren „Aussagefunktionen". Allerdings verteidigen einige Autoren die Notwendigkeit solcher „Ceteris-paribus-Klauseln" mit dem Argument, dass alle unsere Gesetze ‚unvollständig‘ – und damit streng genommen falsch – sind (vgl. Cartwright 1999; Lakatos 1970,

dem Umfang, in dem tatsächlich alle Explanannahmen identifiziert werden können, die man zur zwingenden Ableitung des Explanandums benötigt, spricht Hempel von deduktiv *vollständigen Erklärungen* (Hempel 1965, S. 416 ff., 421 ff.). Diese Vollständigkeit kann im faktischen Forschungsprozess nicht vorausgesetzt werden; in vielen Fällen werden Erklärungsversuche zunächst mit einer groben *Erklärungsskizze* (Hempel 1965, S. 424) beginnen, die erhoffen lässt, dass man sie im Verlauf der weiteren Forschungsarbeit ausbauen, ergänzen und sodann auch anhand empirischer Belege prüfen kann. Das gilt auch für zahlreiche sozialwissenschaftliche Forschungsprogramme, die zunächst mit tastenden *Orientierungsannahmen* (Homans 1967a, S. 14; Merton 1976, S. 52) beginnen, die kaum mehr enthalten als vage Andeutungen über mögliche kausale Zusammenhänge, aus denen sich spezifizierte Gesetzesformulierungen erst als Resultat weiterer Forschungen ergeben können (aber natürlich nicht müssen).

Die *dritte Adäquatheitsbedingung* hält fest, dass das Explanans *empirischen Gehalt* haben muss. Das bedeutet, dass sowohl die unterlegten Gesetzesannahmen als auch deren Anwendungsbedingungen durch experimentelle bzw. Beobachtungsverfahren eindeutig getestet und endlich auch widerlegt oder falsifiziert[25] werden können müssen.[26] Tautologisch formulierte Gesetze[27] oder metaphysische Annahmen[28], die man allein aus logischen Gründen nicht widerlegen kann, sind entsprechend ebenso wenig als erklärungstaugliche Prämissen zuzulassen wie sogenannte Selbsterklärungen eines Explanandums aus Randbedingungen, die dieses logisch bereits enthalten (Hempel 1965, S. 274, 293 f.). Unter „Randbedingungen" versteht man in der Regel jene Bedingungen, die das untersuch-

---

S. 101 ff.). Das ist sicher richtig, berechtigt aber nicht dazu, gegebenenfalls auf eine Korrektur bzw. eine Erweiterung derartiger Gesetze zu verzichten.

[25] Diese Präzisierung verdankt sich Karl R. Poppers Theorie der Bewährung (vgl. Popper 1966). Seiner berühmten Festlegung folgend (vgl. Popper 1966, S. 47 ff.) bedeutet „Gehalt" einer Aussage, dass sie eine Menge von Folgerungen enthält, die empirisch falsch sein *können*. Die Menge „möglicher Falsifikatoren" ist demnach nicht leer. Ist das nicht der Fall, gilt eine Aussage als empirisch gehaltlos.

[26] Anwendungsbedingungen stellen *singuläre Existenzsätze* darüber dar, dass die in der Wenn-Komponente genannten Sachverhalte oder Ereignisse vorausgesetzt werden dürfen. Sie sind dann falsifizierbar, wenn sie Raum-Zeit-Koordinaten enthalten, die zu prüfen erlauben, ob die behaupteten Sachverhalte realisiert sind (oder nicht). Dass man zu diesem Zweck die Bedeutung der verwendeten Begriffe (oder Prädikate) kennt, ist selbstverständlich.

[27] Solche Tautologien haben die logische Form: $(x)(Fx \supset Gx \lor \neg Gx)$; da die Dann-Komponente keinen Zustand ausschließt, kann die Gesamtaussage allein aus logischen Gründen nicht widerlegt werden.

[28] „Metaphysisch" können Aussagen aus zwei Gründen sein. Im einen Fall haben sie eine logische Struktur, die jede Falsifikation verhindert, was auf „universelle Existenzbehauptungen" (wie: „Es gibt schwarze Löcher") sowie auf „All-and-some-statements" (wie: „Für jedes Ereignis gibt es eine Ursache") zutrifft (vgl. Popper 1963a; b; Watkins 1975). Im anderen Fall enthalten sie „Begriffe" (oder Bezeichnungen) ohne (empirisch) prüfbare Referenz bzw. mit nur ungeklärter Bedeutung. Beide Merkmale können zusammen auftreten (z. B.: „Es gibt Einhörner").

te Geschehen zwar von anderen Sachverhaltsbereichen abgrenzen und isolieren, die aber nicht Bestandteil der jeweils verwendeten Gesetze sind. Sind Erklärungen – wie dies in den Sozialwissenschaften nahezu durchgängig der Fall ist – von derartigen Randbedingungen abhängig, auf die die verwendeten Gesetze keine Hinweise enthalten, so bedeutet die Forderung nach gehaltvollen Erklärungen überdies, dass diese „boundary conditions" nicht die Form von inhaltlich unbestimmten „Ceteris-paribus-Klauseln" (vgl. Albert 1967, S. 355 ff., 341 ff.) oder von „indeterminate background conditions" (Hempel 1965, S. 348) annehmen dürfen, die letztlich offenlassen, in welcher Weise die von ihnen behaupteten Sachverhalte das untersuchte Geschehen beeinflussen. Logisch vollständige und damit auch prüfbare Erklärungsargumente sind demnach nur formuliert, solange man die (gesetzesunabhängig zu identifizierenden) Randbedingungen und damit die (kanalisierenden, d. h. ermöglichenden wie einschränkenden) Wirkungen tatsächlich kennt, die von ihnen auf das zu erklärende Geschehen ausgehen.[29] Die Prüfung eines vorgeschlagenen Erklärungsarguments würde zusätzlich erleichtert, wenn man ausschließen könnte, dass die betreffenden Randbedingungen das untersuchte Geschehen verzerren oder unkontrolliert beeinflussen. Mit dieser Erleichterung darf man rechnen, wenn man den Einfluss der Randbedingungen als eine *Konstante* bewerten und sie somit als externe *Parameter* (Hempel 1965, S. 446) einstufen darf, die aus den jeweils verwendeten Gesetzesannahmen gewissermaßen ‚ausgeklammert' werden dürfen (vgl. Hempel 1965, S. 315, 366, 410).[30] Die Überprüfbarkeit eines Erklärungsarguments erfordert demnach, dass (alle) seine Prämissen *Informationsgehalt* besitzen und dass deren *empirische Kontrolle* nicht von vornherein an ihrer logischen Form oder infolge der inhaltlichen Unbestimmtheit der angegeben Einflussfaktoren scheitert.[31]

---

[29] Inwieweit es möglich (und notwendig) ist, solche (zunächst isolierten) Randbedingungen in die benutzten Gesetze einzugliedern (oder zu endogenisieren), muss die theoretische Forschung klären. Erfolgreiche Endogenisierungen halten viele Theoretiker für einen Ausweis der Fruchtbarkeit der von ihnen vertretenen Theorien. Wir unternehmen keine solche Eingliederungsversuche, sondern werden die *unterschiedliche* Wirkungsweise solcher Randbedingungen mithilfe von sogenannten „Brückenhypothesen" oder „Transformationsmodellen" zu erfassen suchen, ohne im Einzelfall – wie Hempel angeraten hätte – deren „Verallgemeinerbarkeit" zu prüfen.

[30] Wir plädieren demnach dafür, die Anwendungsbedingungen eines Gesetzes *eindeutig* von dessen Randbedingungen zu unterscheiden, welche gesetzesexterne Faktoren bezeichnen und im vorliegenden Erklärungszusammenhang nicht selbst erklärt zu werden brauchen. Man sollte sie aber kennen, um beurteilen zu können, ob Fehlanwendungen der betreffenden Gesetze diesen selbst oder aber den Randbedingungen zuzuschreiben sind. Es ist letztlich unentscheidbar, ob man als ableitungsrelevanten Rand- oder Hintergrundbedingungen tatsächlich kennt (vgl. Popper 1966, S. 387).

[31] Eine Feststellung des Informationsgehalts wissenschaftlicher Aussagen mag natürlich bereits daran scheitern, dass die verwendeten Begriffe vage, unscharf, vieldeutig oder dunkel sind. Wir gehen darauf nicht eigens ein, weil wir mit Hempel der Meinung sind, dass die Bedeutung eines (zumal: theoretischen) Begriffs weitgehend von der Theorie, in der er vorkommt, und von den

Die *vierte Adäquatheitsbedingung* besagt, dass die Sätze des Explanans *wahr* sein sollten. Wir müssen in der Folge auf vollständige Erklärungen verzichten, solange wir die Wahrheit der Anfangs- und Randbedingungen nicht sicherstellen können und damit nicht wissen, ob unser nomologisches Wissen auf das vorliegende Erklärungsproblem angewendet werden kann. Erwiesenermaßen falsche Gesetze eignen sich nicht zur Generierung eindeutiger prognostischer Ableitungen.[32] Da es auf der anderen Seite – wie wir bereits einsehen mussten – keine Möglichkeit gibt, die Wahrheit erklärungsnotwendiger Annahmen abschließend zu klären oder vermittels logischer Verfahren gar zu beweisen,[33] hat sich Hempel – wie viele seiner Mitstreiter und Nachfolger – darauf beschränkt, einen mehr oder minder hohen Bewährungs- oder Bestätigungsgrad der verwendeten Gesetze einzufordern (vgl. Hempel 1965, S. 338).[34] Weiß man andererseits,

---

empirischen Belegen, die zugunsten der theoretischen Sätze sprechen, bestimmt ist – und sich entsprechend wandelt (vgl. Hempel 1974a, S. 72 ff.). „Begriffe werden im Zusammenhang der Formulierung von Hypothesen oder umfassenderen Theorien eingeführt und die Art und Weise, in der sie gekennzeichnet und im folgenden modifiziert oder insgesamt aufgegeben werden, muß den allgemeinen Erfordernissen für wissenschaftliche Hypothesen und Theorien entsprechen: Testfähigkeit, Verzahnung mit wichtigen Daten, Verträglichkeit mit gut fundierten Theorien, Einfachheit usf." (Hempel 1974a, S. 88).

[32] Aus wahren Theorien können logisch wahre Aussagen folgen; das schließt aber nicht aus, dass auch aus falschen Theorien wahre Annahmen deduziert werden können (vgl. dazu Popper 1969, S. 116 f.; Albert 1968; vgl. auch Coleman 1990a, Kap. 1). „Ein gültiges deduktives Argument sagt nichts über die Wahrheit seiner Komponenten, das heißt genauer: In einem solchen Argument können alle Komponenten falsch sein, es können auch die Prämissen falsch und die teilweise falsch und die Konklusionen wahr oder falsch sein; nur ein Fall kann nicht eintreten: aus ausschließlich wahren Prämissen können nicht falsche Konklusionen folgen." (Albert 1968, S. 14) Diese Feststellung muss nicht heißen, dass wir nicht falsche Gesetzesannahmen in den Fällen verwenden können, in denen wir abschätzen können, dass die Faktoren, die ein verwendetes Gesetz ‚übersieht‘, de facto keine Rolle spielen (vgl. dazu Schmid 2004, S. 23 ff.). Auch dürfen wir jederzeit an der Identifikation der Folgerungsmenge interessiert sein, die aus spezifischen Anwendungsszenarien (sogenannten „Modellen") auch dann abgeleitet werden können, wenn wir dazu erwiesenermaßen falsche Annahmen verwenden, die nicht unter allen Bedingungen zu wahren Prognosen führen. Was viele Soziologen als „idealtypische Methode" akzeptieren, lässt sich in dieser Weise wissenschaftslogisch einordnen (vgl. Schmid 1994).

[33] Hempel sieht deutlich, dass es logisch unmöglich ist, ein (streng) allgemeines Gesetz vermittels einer (immer und unvermeidlich) endlichen Anzahl von „empirischen Evidenzen" abschließend und endgültig zu verifizieren (vgl. Hempel 1965, S. 4, 39).

[34] Bedauerlicherweise ist es Hempel nicht gelungen, eine haltbare Theorie der Bestätigung zu entwickeln. Das Hauptproblem besteht darin, dass es logisch gleichwertige bzw. gehaltsgleiche Formulierungen nomologischer Aussagen gibt, von denen wir nur ungern glauben, dass sie durch einen gegebenen Datensatz wirklich ‚bestätigt‘ werden (vgl. Hempel 1965, S. 3 ff.). Diesen Tatbestand kann man als einen Hinweis darauf lesen, dass eine ausschließlich logische Charakterisierung der „theory of confirmation" letztlich nicht überzeugt. Dass wir an die Richtigkeit von Gesetzesannahmen glauben, weil ihr (vielleicht mehrfacher) Test gezeigt hat, dass sie nicht falsch zu sein scheinen, ist ein Faktum der Psychologie, nicht aber der „Erklärungslogik", um die es Hempel und

dass die eingesetzten Gesetze einen allenfalls beschränkten Bewährungsgrad besitzen und insoweit verbesserungsbedürftig sind, möchte aber an der Erklärbarkeit des Explanandums wenigstens prinzipiell festhalten, dann besitzt ein entsprechendes Argument den Charakter dessen, was Hempel eine „potenzielle Erklärung" nennt (vgl. Hempel 1965, S. 338). Damit ist gesagt, dass die offensichtlich falschen Gesetzesannahmen allenfalls als „lawlike sentences" gelten dürfen,[35] die gelegentlich einer Korrektur unterzogen werden müssen, um als (echte) Gesetze zu zählen (vgl. Hempel 1974b, S. 253).[36]

Auch bedeutet die Forderung nach Wahrheit der unterstellten Erklärungsprämissen nicht, dass man alle deren Bestandteile ihrerseits zu erklären hätte. Zum einen würde eine solche Anweisung zu einem unendlichen Überprüfungsregress führen und zum anderen spricht wenig gegen die Vermutung, dass jedes Erklärungsargument zu jedem Zeitpunkt auf eine Menge von „most fundamental laws" bzw. auf theoretische Aussagen zurückgreifen muss, für deren Erklärung keine tiefere Theorie zur Verfügung steht (vgl. Hempel 1965, S. 423 f.).[37]

Um den deduktiven Charakter des Erklärungsschemas sichtbar zu machen, hat es Hempel mehrfach in der folgenden Form zur Diskussion gestellt.[38]

$L_1, L_2, \ldots L_r$ Allgemeine Gesetze

$C_1, C_2, \ldots C_k$ Sätze über Anwendungsbedingungen   }   *Explanans*

$R_1, R_2, \ldots R_n$ Sätze über Randbedingungen

——————————————————————————————   logische Ableitung

E   Beschreibung des zu erklärenden
empirischen Phänomens   *Explanandum*

Abbildung 2-1   Das deduktiv-nomologische Erklärungsmodell
nach Hempel (1974a; 1962; 1965)

---

seinen Mitstreitern ging. Für eine Methodologie der Bewährung, die diese Schwierigkeit umgeht und löst, vgl. Gadenne (1998; 2001).

[35] Diese Korrektur ist unerlässlich, weil es im Rahmen der Hempel'schen Erklärungslogik keinen Sinn macht, von falschen Naturgesetzen zu sprechen (vgl. Hempel 1965, S. 338).

[36] Wir referieren diesen Bezeichnungsvorschlag, weil wir annehmen müssen, dass die meisten sozialwissenschaftlichen Erklärungsangebote allenfalls auf derartige „gesetzesähnliche Annahmen" zurückgreifen können.

[37] Was ein „fundamentales Gesetz" ist, wird deshalb nur mit Blick auf den aktuellen Forschungsstand zu entscheiden sein und nicht allein aufgrund seiner logischen Struktur (vgl. Schmid 1996, S. 149 f.).

[38] Wir kompilieren dieses Schema aus Hempel (1974a; 1962; 1965, S. 249, 299, 336) und aus den damit verbundenen Erläuterungen Hempels. Vgl. für eine leicht modifizierte Darstellung Esser (1993, S. 43).

Dieses deduktiv-nomologische Erklärungsmodell enthält einige ebenso nicht-triviale wie diskussionswürdige Implikationen und Erweiterungsmöglichkeiten. Zum einen fällt ins Auge, dass sich Erklärungen von Vorhersagen nur danach unterscheiden, zu welchem Zeitpunkt welche Annahmen als bekannt oder gegeben betrachtet werden können, nicht aber bezüglich ihrer „logischen Struktur" (vgl. Hempel 1963; 1965, S. 234, 367 ff., 406 ff.). Genauer: Eine rätsellösende Erklärung zu geben, heißt, dass man zunächst den Explanandumsachverhalt kennt und nach dem Explanans sucht, aus dem man den ihn beschreibenden Satz logisch ableiten kann. Im Fall einer (echten) Prognose hingegen gilt das Explanans als gegeben und man kann es dazu nutzen, aus ihm hypothetische Vermutungen über bislang unbekannte Sachverhalte zu deduzieren. Solche Prognosen zerfallen in zwei Teilklassen: Zum einen finden wir Retrodiktionen,[39] mit deren Hilfe bislang unbedachte Sachverhalte, die bereits in der Vergangenheit stattfanden, hergeleitet werden können – was die Historiker interessieren dürfte.[40] Zum anderen haben wir es mit Vorhersagen (oder Prädiktionen) zu tun, die auf einen Sachverhalt zu schließen erlauben, der erst noch stattfinden wird. In beiden Fällen kann man solche Prognosen zum *Testen* eines gegebenen Explanans verwenden. Dabei gilt, dass die Testbarkeit in Abhängigkeit zur Allgemeinheit bzw. zum Umfang der Wertbereiche der verwendeten Gesetze zunimmt. Hempel hat vorgeschlagen, sich diesen Zusammenhang dafür nutzbar zu machen, die *relative Erklärungskraft* verschiedener Theorien abzuschätzen (vgl. Hempel 1965, S. 278).[41]

Zudem gilt, dass sich das von Hempel entwickelte DN-Modell der Erklärung in erster Linie zur Erklärung individueller Sachverhalte oder von *Einzelereignissen* eignet.[42] Möchte man allgemeine (nomologische) Zusammenhänge und nicht etwa Einzeltatsachen erklären, so sind die Anwendungs- bzw. Randbedingungen durch Gesetzesannahmen zu ersetzen, mit der logischen Folge, dass sich aus einem derartigen Argument nunmehr Gesetzesannahmen ableiten lassen. Ein Nachweis solcher Ableitungsbeziehungen zwischen nomologischen Annahmen ist besonders dort wichtig, wo es den Forschern um die Beantwortung der Frage

---

[39] Hempel (1965, S. 174) unterscheidet „prediction" und „postdiction".

[40] Konsequenz dieser logischen Tatsache ist, dass sich die Testtheorie der Historik *nicht* von jener der Naturwissenschaften unterscheidet (vgl. Goldstein 1976).

[41] Zusammen mit Popper, der ein paralleles Programm zum Vergleich des theoretischen Gehalts angestoßen hat (vgl. Popper 1966, S. 77 ff.; 1963b, S. 215 ff.), wurde Hempel damit zum Initiator der Idee, Leistungsvergleiche zwischen unterschiedlichen Theorieangeboten einzufordern. In der Soziologie sind diese allerdings nicht sehr verbreitet (vgl. Schmid 2004, S. 23 ff.; 2006). Als Ausnahme können Greshoff und Schimank (2006) sowie Bonacker et al. (2008) gelten.

[42] William Dray (1957, S. 58 ff.) hat das Hempel-Schema deshalb als „covering law model" bezeichnet, weil eine Erklärung eines Ereignisse zu geben, heißt, es unter ein Gesetz zu subsumieren bzw. den es beschreibenden Satz als durch (mindestens) ein Gesetz ‚gestützt' zu betrachten. Hempel aber hat diese Bezeichnung nie akzeptiert (vgl. Hempel 1965, S. 345 f.).

geht, auf welche Weise bereits vorliegende Gesetze miteinander verknüpft sind
bzw. welche weiteren Gesetzesannahmen gelten müssen, damit man eine bestimmte Menge von Gesetzen als *gegeben* voraussetzen darf. Im Idealfall lassen
sich auf diese Weise *Theorien* gewinnen und logisch systematisieren, die mehrere Gesetze enthalten.[43]

Solche *Theorien*, die als ein über Ableitungsbeziehungen logisch geordnetes System von Gesetzesaussagen zu verstehen sind, müssen von *Modellen*
unterschieden werden, die durch die Angabe der speziellen (und d. h. entsprechend unterschiedlichen) Randbedingungen zu gewinnen sind, unter denen sich
die betreffende Theorie anwenden lässt.[44] Solche *theoretischen Modelle* nutzen
dabei nicht immer alle theoretischen Annahmen oder nur verkürzte Versionen
bestimmter Gesetze (vgl. Hempel 1965, S. 445 ff.) und werden daher bisweilen
auch als „vereinfachte Theorien" oder – in Anlehnung an eine Bezeichnung von
Robert K. Merton – als „Theorien mit begrenzter Reichweite" (vgl. Esser 2002;
Mackert 2005) oder – um die Differenz zwischen Theorien und Modellen nicht
zu verwischen – besser als „idealisierte Modelle" bzw. kurz als „Idealisierungen"
bezeichnet (vgl. Schmid 1994; 1996, S. 265 ff.). Die Anzahl der möglichen Modelle ist infolge des (logisch) allgemeinen Charakters der unterlegten Gesetze sowie
aufgrund der Unüberblickbarkeit möglicher Randbedingungen faktisch unendlich; man kann sie aber der Art und Eigenheit der jeweils vorgenommenen An-
wendungsspezifikationen nach unterscheiden bzw. danach, welche der Gesetze

---

[43] Die formale Struktur einer solchen Systematisierung besitzt nach Hempel (1965, S. 182 ff.) einen
axiomatischen Charakter. Auch Popper (1966, S. 41 ff.) teilt diese Überzeugung, der zufolge die Gesetze einer Theorie deren „Axiome" darstellen, die – wenigstens im vorliegenden Systematisierungs-
zusammenhang – nicht aus anderen, ‚übergeordneten' (oder allgemeineren) Gesetzesannahmen
abgeleitet werden können. Die aus der Kombinatorik verschiedener Axiome gewonnenen Gesetze
nennt man „Theoreme" und erst diese sind der verbreiteten Auffassung nach testbar (vgl. für diese
‚orthodoxe' Deutung von Theorienstrukturen Feigl 1970). Mittlerweile hat sich herausgestellt, dass
in vielen Fällen, auch in den Naturwissenschaften, streng axiomatische Ordnungen nicht herstell-
bar sind und man deshalb mit lockereren ‚Verbänden' nomologischer Aussagen rechnen muss (vgl.
Heelan 1981). Auch hat es sich eingebürgert, bereits dann von einer „Theorie" zu sprechen, wenn
diese tatsächlich nur *eine einzige* Gesetzesannahme bzw. nur ein Axiom umfasst und entsprechend
keine Theoreme kennt, sondern gleichzusetzen ist mit der logischen Folgerungsmenge der einen
Gesetzesannahme (vgl. Albert 1964, S. 27). Heute wird die Forderung nach Axiomatisierung einer
Theorie kaum noch erhoben, was angesichts der Tatsache, dass auf dem Weg ihrer Formalisierung
weder ihre Wahrheit zu garantieren noch die Bedeutung der theoretischen Begriffe festzulegen ist,
mehr als verständlich ist.
[44] Vgl. zum Modellbegriff auch Kap. 3. Der Modellbegriff ist vieldeutig und meint in anderen Fällen,
dass die logische Struktur einer Theorie T1 ein Modell einer anderen Theorie T2 darstellt, die über
einen inhaltlich ganz anderen Bereich informiert. In wieder anderen Fällen bezeichnet „Modell" den
Tatbestand, dass eine Theorie Prozesse benennt, die als eine *Analogie* für Prozesse anderer Bereiche
dienen können (vgl. für diese und andere Verwendungsweisen des Modellbegriffs Hempel 1965,
S. 433 ff.; Albert 1964, S. 27 ff.).

einer vorliegenden Theorie man dazu verwendet, sie zu erstellen. Der Anwen-
dungsbereich ist demnach durch die Behauptungen der Wenn-Komponenten der
eingesetzten Gesetze und *zugleich* durch die Randbedingungen, für die sie sich
bewähren sollen und die man im Rahmen der Modellbildung (zumeist) als konstant gesetzte *Parameter* verstehen muss, festgelegt.[45]

In Ergänzung seines deduktiv-nomologischen Erklärungsmodells, das
durch die Verwendung deterministischer bzw. allgemeiner Gesetze gekennzeichnet ist, die einen Zusammenhang behaupten, der zwingend bzw. für alle
ihre logisch möglichen Anwendungsfälle gelten soll, hat Hempel späterhin
auch ein von ihm sogenanntes „induktiv-statistisches Erklärungsschema" oder
IS-Modell der Erklärung entwickelt, zu dessen Prämissen Aussagen über statistische Gesetzmäßigkeiten zählen (vgl. Hempel 1962; 1965, S. 376 ff.). Ein-
zelereignisse lassen sich in dessen Rahmen infolgedessen nicht ausnahmslos,
sondern nur mit einer bestimmten *Wahrscheinlichkeit* ableiten. Damit wollte
Hempel der Tatsache gerecht werden, dass die Naturwissenschaften oftmals an
nicht-deterministischen Prozessen interessiert sind, die keine zwingenden Zusammenhänge beschreiben, sondern *stochastische* oder zufallsbedingte *Verteilungen* von Ereignissen, deren Einzelverlauf weder erklärt noch vorhergesagt
werden kann. Wir werden zur Verdeutlichung der uns vornehmlich interessierenden Frage, wie eine erklärungstaugliche soziologische Theorie anzulegen sei
und wie entsprechende Erklärungsargumente zu konstruieren seien, diesen Er-
klärungstypus außer Acht lassen.[46]

---

[45] Wir werden auf diesen Unterschied zwischen erklärenden, theoretischen oder nomologischen Annahmen oder Erklärungsprämissen und der Modellierung von deren Anwendungsbedingungen im
Zusammenhang mit der Klärung der Frage zurückkommen, wie soziologische Erklärungen aufgebaut werden müssten (vgl. Abschnitt 3.1).

[46] Insofern die Soziologie solche „statistischen Gesetze" kennen sollte, kann sie das IS-Modell der
Erklärung übernehmen. Allerdings sollte eines geklärt sein: Hempel versteht die induktiv-statisti-
sche „Wahrscheinlichkeit", mit der ein bestimmtes Explanandum durch die statistischen Gesetze
gestützt wird, als Folge einer subjektiven Einschätzung. Diese Auffassung hat nichts mit der Annahme zu tun, dass das untersuchte Geschehen durch „stochastische Gesetze" gelenkt wird bzw.
durch zufallsgenerierte, glaubens- bzw. einschätzungsunabhängige *Verteilungsgesetze*. Wir sind zu-
rückhaltend bei der Empfehlung, das Hempel'sche IS-Modell zu übernehmen, weil wir nur ungern
an (soziologisch relevante) gesetzmäßig verlaufende Zufallsprozesse – wie sie etwa der Quanten-
mechanik zugrunde liegen – glauben. Mittlerweile existieren Vorschläge, die auch der Soziologie
anraten, Theoriesprachen zu verwenden, die *zugleich* deterministische und nicht-vorhersagbare Er-
eignisverläufe zu erfassen erlauben (vgl. Mayntz 1997); wir sehen aber nicht, dass dieser Vorschlag
befolgt würde.

2.3   Die Kritik am Hempel-Modell der Erklärung

Das Hempel-Modell der Erklärung hat die Auffassungen vor allem jener Sozialwissenschaftler und auch Soziologen nachhaltig geprägt, die der Überzeugung
sind, dass das Geben von Erklärungen zu den zentralen Aufgaben der Sozialwissenschaften gehört, und die daran festhalten, dass jede Erklärung darin besteht,
für das Vorliegen eines bestimmten Sachverhalts eine deduktiv-nomologische
Begründung zu finden, die als eine verbindliche Antwort auf die Frage verstanden werden kann, *warum* wir ihn vorfinden oder beobachten können. Gleichwohl
begannen mit einer etwa zehnjährigen Verzögerung in einer ersten Rezeptions-
welle (und auch späterhin) zahlreiche Sozial- und Handlungswissenschaftler eine
Reihe von Einwänden gegen Hempels Systematisierungsvorschlag zusammen-
zutragen, die sich gegen fast alle seine Bestandteile richten.[47] Wir konzentrieren
unsere Darstellung dieser Bedenken vor allem auf jene Stimmen, die sich gegen
die Anwendung des Hempel'schen Erklärungsmodells in der Soziologie erheben.

Die Frage, ob Erklärungen als deduktive Argumente aufzufassen sind oder
nicht, hat die sozial- und handlungswissenschaftliche Kritik nur indirekt beschäftigt. Im Vordergrund des kritischen Interesses stand und steht vielmehr
das Problem, ob und inwieweit die Sozialwissenschaften, und damit implizit
immer auch die Soziologie, sich damit befassen sollten, nomologische oder erklärende Theorieprogramme aufzulegen, und damit als Forschungsdisziplinen
zu gelten, deren unstrittiges Erkenntnisziel in der Erhebung, Anwendung und/
oder Prüfung von *Gesetzen* zu bestehen habe.[48] Allerdings gilt es dabei, zwei
getrennte Kritikrichtungen zu unterscheiden: Im einen Fall konzentrieren sich
die Einwände auf die Auffassung, dass es *Handlungsgesetze* geben könne,[49]
die man zur Erklärung individueller Handlungsakte heranzuziehen hätte. Im
anderen Fall gerät die seit Beginn der sozialwissenschaftlichen Forschung
popularisierte These ins Zwielicht, dass die Sozialwissenschaften, um soziale
Phänomene in einem Hempel folgenden Sinn erklären zu können, *soziale Gesetze* (vgl. Mandelbaum 1957) identifizieren und anwenden sollen, die Auskunft
über den Entwicklungsgang der menschlichen Gesellschaft bzw. über deren
Struktur- und Wandlungsformen geben.

---

[47] Für eine Zusammenstellung dieser Beanstandungen vgl. Hempel (1965), Salmon (1989), Psillos
(2002) und Schmid (2005, S. 41 ff.).
[48] Für eine jüngere Behandlung dieser Frage vgl. Schimank und Greshoff (2005) und Schmid (2006).
[49] Verteidigungen der handlungstheoretischen Relevanz des Hempel'schen erklärungslogischen
Vorschlags finden sich etwa bei Beckermann (1977a; b), Schmid (1979a), Abel (1983) oder Gadenne
(1984). Die Geschichte der sozialwissenschaftlichen Rezeption des Hempel'schen Erklärungsmodells ist unseres Wissens noch nicht geschrieben worden (vgl. ansatzweise Salmon 1989).

2.3.1   Handlungsgesetze

Wir wollen zunächst einen Blick auf die Debatte um die Existenz und den Einsatz von *Gesetzen des individuellen Handelns* werfen. Vielen Autoren will nicht einleuchten, wie die Existenz deterministischer Handlungsgesetze mit einer anzunehmenden „Willensfreiheit"[50] (vgl. Louch 1966) der Akteure zu vereinbaren sei. Zum anderen wird immer wieder in Frage gestellt, ob mit dem Nachweis oder dem Einsatz solcher Gesetze des individuellen Handelns dem Anliegen der Handlungswissenschaften, den *Sinn* eines Handelns aus den subjektiven Beweggründen der Akteure heraus zu erfassen, gedient werden könne.[51] Und endlich wird aus der augenscheinlichen Komplexität jeder Handlungsmotivation und durchführung gefolgert, dass die Identifikation einzelner Gesetzmäßigkeiten und der Aufbau einer erklärungstauglichen, systematischen Theorie des individuellen Handelns nicht möglich sei (vgl. ausführlich Abschnitt 4.3).

Diese und ähnliche Einwände überzeugen vor allem jene, die Hempels Glauben an die nomologische Erklärbarkeit des menschlichen Handelns nicht teilen wollen und entsprechend Wert darauf legen, die Sozialwissenschaften von Erklärungsaufgaben tunlichst zu befreien.[52] Die damit verbundene Ablehnung von Handlungsgesetzen fand allerdings ganz unterschiedliche Begründungen: Zum einen argumentiert aus *Wittgenstein'scher* Perspektive Peter Winch dafür, dass es hinreiche, das Handeln als Ausdruck einer Orientierung an intersubjektiven, sprachlich vermittelten Regeln zu *beschreiben*, um es angemessen als sozial zu begreifen, sodass Hempel'sche Erklärungsargumente ganz und gar entbehrlich seien (vgl. Winch 1958). Auf Handlungserklärungen wollen auch *Phänomenologen* verzichten. Ihnen reicht es aus, ein Handeln anhand seiner subjektiven Motivationen, Situationsdeutungen und Zielvorstellungen zu *typifizieren* und mithilfe solcher Typologien das Handeln als subjektiv angemessene Antwort auf die Fragwürdigkeiten von Handlungssituationen zu verstehen, ohne dass zu diesem Zweck die logische Ableitung eines Handlungsexplanandums aus einem Satz von Handlungsgesetzen (und deren Anwendungs- oder Randbedingungen) notwendig wäre (vgl. Grathoff 1989, S. 236 ff.). Noch radikaler verweigern sich *Ethnomethodologen* jeder Erklärungsaufgabe und konzentrieren ihre Forschung

---

[50] Diese Diskussion scheint etwas an Schwung verloren zu haben (vgl. für den überkommenen Stand der Debatte Berofsky 1966). Im Zusammenhang mit den modernen Forschungen zur neurophysiologischen Tiefenstruktur des menschlichen Denkens, Fühlens und Handelns gewinnt sie allerdings wieder an Aktualität (vgl. Roth 2003, S. 494 ff.; hier ausführlich Kap. 6).

[51] Zur Sinnfrage ist vor allem die Taktgebung durch Dilthey (1973/1910) und ursprünglich das Werk Max Webers (1980/1922) lesenswert. Eine Zusammenstellung wichtiger Argumente zur Problematik der Sinnbildung und Sinndeutung nach Weber gibt Grathoff (1989).

[52] Hempels eigener Vorschlag lief auf eine Theorie intentional-rationalen Handelns hinaus (vgl. Hempel 1965, S. 463 ff.; 1968), die auch wir favorisieren werden.

darauf, ein Handeln anhand der höchst subjektiven und situationsspezifischen *Gründe* zu *verstehen*, die die Akteure ihrem eigenen Tun zuschreiben, bzw. mit deren Hilfe sie es anderen – entschuldigend oder rechtfertigend – verständlich zu machen suchen (vgl. Garfinkel 1988; Goffman 1971). Gesetze derartiger Fremd- und Selbstzuschreibung gibt es indessen nicht; vielmehr werden die auf diese Weise zugeschriebenen Identitäten – wie vor allem dem Interaktionismus nahestehende Autoren immer wieder betonen – in Abhängigkeit zu variablen Situationsdeutungen eigens *ausgehandelt* und unterliegen dabei fortgesetzten Revisionen und Umdeutungen, die den Glauben an deterministische Handlungs-gesetze unterminieren (vgl. McCall und Simmons 1978).[53]

Mit ähnlichen Schlussfolgerungen beschränken sich manche *Weberianer* darauf, den motivationalen Sinn von Handlungen zu erforschen, und hoffen darauf, dass es gelingen kann, deren Verlauf mithilfe singulärer, die historisch einmaligen Umstände des Handelns berücksichtigender Kausalanalysen zu ver-folgen, ohne dabei auf streng allgemeine Gesetze des menschlichen Handelns zurückgreifen zu müssen.[54]

Im Rahmen der sogenannten *philosophy of history* rechnet man darüber hinaus fest damit, Handlungserklärungen des Hempel'schen Zuschnitts durch gesetzesfrei formulierte Rationalerklärungen ersetzen zu können, wobei ein Handeln als zutreffend erklärt gilt, wenn man die subjektiv geltenden Gründe erhoben hat, die die Akteure ihrem Handeln unterlegen. Solche Erhebungen genügen, auch ohne Rückgriff auf Gesetze des individuellen Handelns, dem Postulat eines situationsangemessenen Handelns (vgl. Dray 1957).[55] Andere Ein-wände hingegen orientieren sich am Postulat der Kreativität der Akteure, die den Bereich der Erklärbarkeit ihres Handelns nachdrücklich einschränkt (vgl. Joas 1992; Popitz 1997).

Weitere Alternativen zum Hempel'schen Erklärungsmodell verfahren noch unbarmherziger, insoweit sie auf Grundsätze glauben zurückgreifen zu können, welche zumal die von Hempel benannten Bedingungen des empirischen Gehalts und der Wahrheit von Gesetzen nicht erfüllen. Damit sind sie im Extremfall sogar

---

[53] Tatsächlich sind Verhandlungsergebnisse nie vorhersehbar, solange sich die Verhandlungspartner wechselseitig prinzipiell unvorhersehbare Zugeständnisse machen müssen (vgl. Schelling 1960; vgl. im Anschluss daran unseren Systematisierungsvorschlag von Koordinationsproblemen in Kap. 7).

[54] Weber selbst hat seine Auffassung im Verlauf weiterer Überlegungen geändert und setzte sich späterhin dafür ein, Erklärungen im Lichte allgemeiner Erfahrungsregeln bezüglich des menschli-chen Handelns vorzunehmen (vgl. Weber 1980/1922, S. 287 ff.). Ob man diese Einlassung im Sinne Hempels verstehen kann, muss aber offenbleiben. Neuere Interpretationen von Webers Auffassung nähern sich einem eher nomologischen Handlungsverständnis an (vgl. Norkus 2001; Maurer 2010a).

[55] Ob derartige nicht-nomologische Erklärungen durch Gründe nicht doch als Kausalerklärungen gelten sollten, hat die Handlungsphilosophie ohne erkennbaren Abschluss über Jahrzehnte beschäf-tigt (vgl. für einen Überblick Beckermann 1977a; b).

dazu bereit, Erklärungen durch sogenannte „Truismen" und analytisch-tautologische Annahmen (vgl. Wright 1971; Scriven 1975; Popper 2000a) zuzulassen bzw. den empirisch-kognitiven Anspruch von Handlungserklärungen durch moralisch-normative Argumente zurückzudrängen.[56] Der Hempel'sche Grundsatz, wonach Erklärungen einer empirischen Überprüfung zugänglich gemacht werden müssen, wäre dann suspendiert.[57]

Unabhängig von ihren jeweiligen Vorschlägen, was an die Stelle einer deduktiv-nomologischen Erklärung zu treten hätte, besteht die übergreifende Gemeinsamkeit all dieser Gegenpositionen zum DN-Modell der Erklärung demnach in der Ablehnung der Prämisse, dass es Handlungsgesetze gibt und dass Handlungen im Hempel'schen Sinne erklärbar sind. In logischer Konsequenz dieser Sichtweise besteht keine Chance, Handlungsgesetze zur Ableitung von Vorhersagen oder zur Retrodiktion bislang unbekannter Vorkommnisse zu verwenden. Handeln ließe sich allenfalls und im Rückblick (seinem Sinn oder seinen jeweils unterlegten Gründen nach) *rekonstruieren* (oder rückblickend deuten), wegen seiner schwankenden Voraussetzungen indessen *keinesfalls vorhersagen*. Dies würde weiterhin bedeuten, dass die Prüfung motivationszuweisender Hypothesen, die zu klären hätten, aufgrund welcher Überlegungen und Zielsetzungen Akteure handeln, ungemein erschwert wäre.[58] Das Ergebnis solcher Vorbehalte ist, dass es eine erklärende Sozialwissenschaft offenbar *nicht* geben könne.

Man wird zwar nicht sagen können, dass alle diese Kritiken völlig haltlos sind, wir glauben aber nicht, dass man den geschilderten Einwänden nur dadurch gerecht werden kann, dass die Sozialwissenschaften auf jeden Erklärungsanspruch verzichteten. So lässt sich in der Tat kaum leugnen, dass unser nomologisches Handlungswissen unvollständig ist und erweitert werden muss; wobei auch die Tatsache Beachtung verdient, dass Akteure mitunter Regeln beachten, moralische Einstellungen verteidigen und Gewohnheiten zur Richtschnur ihres Handelns machen. Aber damit ist nicht entschieden, dass es keine Handlungsgesetze geben könne, die die Bedingungen angeben, angesichts derer Akteure regelgerecht, moralorientiert oder routiniert handeln. Sicher ist auch, dass es zu den basalen Aufgaben der sozialwissenschaftlichen Theoriebildung gehört, die

---

[56] Im deutschen Sprachraum hatte sich zeitweilig eine mit ähnlichen Konsequenzen verbundene Handlungsauffassung durchgesetzt, die sich dem Bereich der „praktischen Vernunft" zurechnet und mit dem Ziel, ein auch *praktisch brauchbares Handlungsverständnis* zu fördern, darauf besteht, den Unterschied zwischen empirischer Erklärung und ‚praktischem' Argumentieren einzuebnen (vgl. Schwemmer 1976).

[57] Dieser Auffassung folgen die Kulturwissenschaften. Empirische Kontrolle und Erklärung, im Hempel'schen Sinne, werden durch rhetorisch verteidigte Handlungsdeutungen ersetzt.

[58] Darin sah man einen Grund, den Sozialwissenschaften eine von den ‚nomologischen' Wissenschaften abweichende Methodologie zu empfehlen, die aus der Sicht einer erfahrungskontrollierten Erkenntnisauffassung immer wieder Anlass zu Kritik gibt.

Beweggründe der Akteure, ihre subjektiven Überzeugungen[59] und Motive zu *verstehen*,[60] aber infolgedessen muss man nicht zwangsläufig darauf verzichten, die derart verstandenen Motive und Situationsdeutungen als Ursachen von Handlungen zu zählen und darüber nomologisches Wissen zu erstellen und zu akkumulieren.[61] Auch spricht wenig dafür, sich mit typifizierenden Beschreibungen der motivationalen Vielfalt des menschlichen Handelns zufriedenzugeben, anstatt mithilfe derartiger Typifizierungen[62] Gesetzesannahmen zu formulieren.[63] Strittig ist in unseren Augen allerdings, inwieweit Erklärungen mittels gehaltleerer Aussagen verteidigt werden können und ob man infolge dieser eigenwilligen Auffassung auf die Formulierung von (empirisch prüfbaren) Gesetzesannahmen verzichten muss (vgl. zur Kritik Schmid 1979a, S. 16 ff.; 1996, S. 195 ff.). Auch die menschliche Fähigkeit zu kreativem Denken und Entscheiden scheint kein Mysterium darzustellen, das sich jeder nomologischen Aufschlüsselung entzieht (vgl. Boden 1992); und dass normative Betrachtungen über die Angemessenheit eines Handelns für die Akteure handlungsrelevant werden können, ist richtig, auch ohne daraus zu folgern, dass Handeln deshalb unerklärbar sei (vgl. dazu Hempel 1965, S. 469 ff.).

Wir werden deshalb davon ausgehen und im nachfolgenden Kapitel näher begründen, dass sich Handlungsgesetze bzw. Handlungstheorien finden und auch methodologisch verteidigen lassen, weshalb wir meinen, an der prinzipiellen Möglichkeit von Handlungserklärungen festhalten zu können. Damit ist auch entschieden, dass wir Hempels Einschätzung folgen wollen, wonach eine gelungene Erklärung davon abhängt, ob und inwieweit wir dazu in der Lage sind, ein bestimmtes Explanandum aus einem Explanans, das auch Handlungsgesetze umfasst, *deduktiv* abzuleiten und dadurch (theoretisch) verständlich zu machen.[64]

---

[59] Vgl. dabei Hempels Hinweise auf die Begrenztheit der menschlichen Informationsverarbeitungsfähigkeiten (vgl. Hempel 1965, S. 89, 464).

[60] „Verstehen" stellt unserer Auffassung nach ein hypothesengeleitetes Verfahren zur Identifikation von Beweggründen und Motiven dar und kann als solches nicht gegen den Versuch ausgespielt werden, Handlungen zu erklären (vgl. Albert 1994). Hempels Deutung nach dient das Verstehen dazu, sich Unvertrautes vertraut zu machen, ohne dass man auf die Prüfung entsprechender Überlegungen verzichten sollte (vgl. Hempel 1965, S. 256 ff.). Mit substanziellen Erklärungen sollte man Verstehensakte *nicht* gleichsetzen (vgl. Hempel 1965, S. 239 ff.).

[61] Vgl. für die Debatte über den Ursachencharakter von „Handlungsgründen" Beckermann (1977b) und Schmid (1979b).

[62] Für die Rolle „klassifikatorischer" Begriffe und der Bedingungen der Theoriebildung vgl. Hempel (1974a); für „typologische Verfahren" und deren Bedeutung für die Entwicklung sozialwissenschaftlicher Theorien vgl. Hempel (1965, S. 155 ff.).

[63] Das haben selbst Phänomenologen nicht bestritten. Vgl. dazu etwa die Deutung der Schütz'schen Erklärungstheorie nach Esser (1991) und hier Kap. 6.

[64] Vgl. Hempels Ausführungen zum „theoretischen Verstehen" (Hempel 1965, S. 161, 171, 240, 257 und 329).

Erklärungen rekurrieren demnach – auch im Bereich des menschlichen Handelns – auf im Prinzip prüfbare, d. h. gehaltvolle Prämissen, die Informationen darüber bereithalten, *weshalb* wir eine bestimmte Handlungsweise beobachten. Wir wollen infolgedessen weiter davon ausgehen, dass der Versuch, sozialwissenschaftlichen Erklärungen eine deduktiv-argumentative Form zu geben, nicht daran scheitern muss, dass wir keine Handlungsgesetze zur Verfügung hätten.

Allerdings werden wir Hempels Gesetzesverständnis – zum Teil wenigstens – insoweit revidieren müssen, als sich mittlerweile zumindest drei Einwände eingestellt haben, deren Gewichtigkeit nicht zu bestreiten ist. So hatte Hempel *zum einen* in der Tat wiederholt empfohlen, Gesetzmäßigkeiten mit Verallgemeinerungen gleichzusetzen (vgl. z. B. Hempel 1965, S. 319, 340),[65] was ihn mit dem Folgeproblem konfrontierte, wie wir solche allgemeinen Gesetze *erkennen* und von kontingenten, d. h. nur zufälligerweise zustande gekommenen Zusammenhängen unterscheiden können (vgl. Hempel 1974a, S. 78 ff.), die allenfalls eine Pseudoerklärung (Hempel 1965, S. 433) zu liefern vermögen. Seine Hoffnung war es gewesen, dass es dem Forscher gelingen könnte, durch systematische Beobachtung von *regelmäßig* auftretenden Verbindungen zwischen Einzelereignissen jene Gemeinsamkeiten zu identifizieren, die ihn dazu berechtigen, induktiv auf die Geltung eines verallgemeinerten kausalen Zusammenhangs zwischen diesen zu schließen (vgl. Hempel 1965, S. 252, 274). Hempel hat die offenkundigen Schwierigkeiten solcher Verfahren geahnt (vgl. Hempel 1965, S. 53 ff.) bzw. gewusst, dass mit solchen induktiven Verfahren der Hypothesenbildung keine Wahrheitsgarantien verbunden sein können (vgl. Hempel 1965, S. 42 ff.). Und in der Tat hat sich gezeigt, dass solche Induktionen logisch gesehen nicht möglich sind.[66] Wir müssen unsere Handlungsannahmen kreativ erfinden oder konstruie-

---

[65] Die Hempel'sche Auffassung von Gesetzen als „Verallgemeinerungen" (von regelmäßig vorliegenden Einzelbeobachtungen) geht auf David Hume zurück, der geglaubt hat, dass uns „Kausalitäten" erfahrungsmäßig unzugänglich sind, weshalb wir dazu gezwungen sind, die (beobachtbare) „regelmäßige Assoziation" von Ereignissen als Indiz für das Vorliegen kausal geordneter Beziehungen zwischen Sachverhalten (oder Ereignissen) zu bewerten. Diese Auffassung ist mittlerweile zugunsten der These bestritten worden, dass es durchaus „causal powers" bzw. dispositionale „capacities" geben könne, die erlauben, dass die „Träger" dieser „Kräfte" dann, wenn angebbare (äußere und innere) Umstände sie freisetzen (oder aktivieren), bestimmte Handlungen „produzieren", auch ohne dass sich dies in beobachtbaren Regelmäßigkeiten niederschlägt (vgl. Cartwright 1999; Psillos 2002; Molnar 2006). In den Sozialwissenschaften hatten bereits Harré und Madden (1975) sowie Bhaskar (1975) darauf hingewiesen, dass die Hume'schen Kausalitätsthesen und die darauf aufbauende Erklärungstheorie revidiert werden müssen. Folge davon ist, dass die Hempel'sche These, Gesetze seien anhand typischer Vorgänge ‚erkennbar', an Überzeugungskraft einbüßt.

[66] Wir vertrauen dabei der wiederholten (logischen) Kritik von Karl Popper (1966, S. 1 ff.; 1972, S. 1 ff.), leugnen aber selbstverständlich nicht, dass Menschen immer wieder versuchen, auf der Basis endlicher Erfahrungen Hypothesen zu bilden (vgl. Holland et al. 1986). Nur haben entsprechende

ren, um sie hernach, möglichst unabhängig von den Bedingungen, unter denen
wir sie gefunden haben, zu testen. (vgl. Popper 1963a; 1966; Lakatos 1970)
    Weniger Aufmerksamkeit hat hingegen die Tatsache gefunden, dass wir
infolge der unausrottbaren Beschränktheit solcher Konstruktionsverfahren
nicht sicher sein können, ob unsere Gesetzeshypothesen tatsächlich *alle Bedingungen* berücksichtigen, die der Hempel'schen Deutung der Sachlage folgend
in ihre Wenn-Komponenten aufzunehmen sind. Im Gegensatz zu seiner, wenn
auch nur hintergründigen Hoffnung, dass eine reife Wissenschaft sich durch die
Vollständigkeit ihrer Erklärungsargumente auszeichnen sollte,[67] besteht begrün-
deter Anlass zu der Vermutung, dass unser handlungsnomologisches Wissen
grundsätzlich unvollständig oder imperfekt ist,[68] was uns dazu zwingt, in allen Anwendungsfällen unserer (möglichen) Handlungsgesetze[69] eine offene und
unbestimmte Zahl von Hintergrundfaktoren zu kontrollieren. Zwar können wir
versuchen, wenn nötig, unsere bisherigen Gesetzesformulierungen dadurch zu
revidieren (oder zu korrigieren), dass wir bislang unbeachtete oder vernachlässigte Zusatzfaktoren mit berücksichtigen und diese Erweiterungen in gezielten
Untersuchungen eigens testen,[70] aber auch auf diesem Wege werden wir zu keinen (wirklich) abschließenden Gesetzesformulierungen gelangen. Auch sollten
wir einsehen, dass zu feinkörnig angelegte Erklärungen dazu neigen, unhandlich
zu werden und die Modellbildung unnötig zu erschweren (vgl. Lindenberg 1992).
    Die Übernahme des Hempel'schen Gesetzesverständnisses erschwert sich in
unseren Augen aber auch dadurch, dass es zwei Komponenten dessen, was wir
unter Kausalität verstehen können, nicht sauber trennt. Dass eine Ursache eine
bestimmte Wirkung nach sich zieht, kann in der Tat zweierlei bedeuten: Zum
einen benennt dieser Begriff sicher nicht zu Unrecht *die Kräfte* oder – eingeschränkt auf die Frage, wie menschliches Handeln zustande kommt – die *Bewertungen und Erwartungen* der Akteure (vgl. Kap. 3), die, verdichtet zu Motiven
oder Beweggründen (vgl. Hempel 1965, S. 472 ff.), deren Handeln gewisserma-

---

Forschungen immer wieder gezeigt, dass die dabei entstehenden „inference rules" nicht zwangsläufig zu richtigen Ergebnissen führen (vgl. Gigerenzer 2000; Boudon 1994).
[67] Diese These wirkte noch in der sogenannten „Finalisierungsdebatte" nach (vgl. Hübner et al. 1976).
[68] Vgl. zur Diskussion der daraus zu ziehenden Folgen für die Geltung von Gesetzen Brodbeck
(1968) und Gadenne (1984). Auch Hempel (1965, S. 250, 415 ff.) behandelt die Unvollständigkeit von
Erklärungen; wir sind uns aber nicht sicher, ob er annahm, dass es vollständige Erklärungen geben
könnte. Tatsächlich impliziert seine Forderung, das Explanans eines Erklärungsarguments sollte
wahr sein, dass es vollständige Gesetze gibt.
[69] Welche dieses sind, werden wir noch klären (vgl. Kap. 3).
[70] Wir vertreten demnach einen – wie es Hans Albert (2000) genannt hat – „Methodologischen Revisionismus", der auf der unablässigen Verbesserung nomologischen Wissens basiert und keinen Wert
auf dessen Dogmatisierung und ‚Immunisierung' gegen widersprechende Erfahrungen legt; für die
Möglichkeit theoretischer Kritik und Revision vgl. Schmid (2004, S. 23 ff.).

ßen *energetisieren* und dadurch in Gang setzen.[71] Zum anderen aber verstehen viele Vertreter einer erklärenden Sozialwissenschaft unter den Ursachen des Handelns auch die situativen Restriktionen und Einschränkungen, die ein Handeln zwar *nicht* „in Bewegung setzen", aber in seinem Verlauf und seiner Richtung kanalisieren bzw. es im Extremfall auch unterbinden oder am erfolgreichen Abschluss hindern.[72] Wir werden, um diesen Unterschied zu verdeutlichen, im nächsten Kapitel dafür plädieren, dass Handlungsgesetze nur die individuellen Dispositionen oder Beweggründe der Akteure bzw. deren individuelle Fähigkeiten und Kapazitäten behandeln, die sie im Verbund dazu befähigen und drängen, ihr Handeln *abzuwägen* und *durchzuführen*.[73] Davon sind die externen (oder situativen) Restriktionen zu unterscheiden, denen ihr Handeln unterliegt und an denen sie ihr Handeln orientieren können oder auch nicht.

Der nachhaltigste Mangel aller handlungstheoretischen Erklärungen des Hempel'schen Zuschnitts aber, der die Entwicklung eines *sozialwissenschaftlichen Erklärungs- bzw. Forschungsprogramms* nachhaltig beeinträchtigt hat, liegt woanders. Hempel erläutert die Logik von sozialwissenschaftlichen (und historischen) Erklärungen in erster Linie anhand der Frage,[74] wie man ein individuelles Handeln als rationales Handeln in Situationen erklären könne, die einen Akteur dazu motivieren, auf der Basis festliegender Erwartungen und gegebener Bewertungen Ziele zu realisieren (vgl. Hempel 1965, S. 463 ff.; 1968).[75] Um auf diese Weise Handlungen einzelner Akteure erklären zu können, sind wir gezwungen, die sozialen oder gesellschaftlichen Bedingungen, angesichts derer sie ihr Handeln entwerfen und durchführen, *vorauszusetzen*. Damit müssen wir die sozial vermittelten Möglichkeiten und Beschränkungen des Handels bereits kennen, um abschätzen zu können, wie die Akteure handeln, und um zu beurteilen, ob ihr Handeln als rationales Anpassungshandeln oder als rationalitätsfernes Verhalten

---

[71] Vgl. hierzu nochmals Cartwright (1999), Psillos (2002) und Molnar (2006) bzw. Harré und Secord (1972), aber auch Bhaskar (1975) und die sich an diesen Autor anschließende Debatte.

[72] Hempel selbst behandelt diese „psychological and environmental conditions" vornehmlich als Behinderungen der rationalen Kalkulationen eines Akteurs, die sein Handeln generieren (vgl. Hempel 1965, S. 418), was man freilich als Hinweis darauf lesen kann, dass er im Prinzip wenigstens bereit ist, zwischen den „conditioning powers of society" und den „agency powers of humans" (vgl. Lichbach 2003, S. 127) zu unterscheiden. Wir werden zudem zwischen handlungsursächlichen Motiven und (variablen) Handlungsfähigkeiten unterscheiden (vgl. Kap. 3 und 4).

[73] Damit ist nicht entschieden, ob und inwieweit es sinnvoll ist, zwischen veränderbaren und unveränderbaren internen Handlungsvoraussetzungen zu unterscheiden. Das gilt für die Beweggründe eines Akteurs ebenso wie für die unterlegten Handlungsfähigkeiten (vgl. Kap. 3 und 4).

[74] Hempel äußert sich auch zu genetischen Erklärungen historischer Ereignisfolgen und zu sogenannten funktionalistischen Erklärungen (vgl. Hempel 1965, S. 231 ff., 297 ff.).

[75] Hempel stellt sich damit in die Tradition Max Webers und versucht, die instrumentelle Rationalität des menschlichen Handelns und dessen Emotionalität innerhalb ein und derselben Theorie zu behandeln.

verstanden werden kann (vgl. Hempel 1965, S. 476) und ob es als erfolgreich oder als gescheitert eingestuft werden sollte. Diese Einschränkung ist dann ganz unerwünscht, wenn es uns darum geht, jene sozialen Verhältnisse, Handlungssysteme oder organisatorischen Beziehungen bzw. deren Entstehungs- und Umgestaltungsumstände zu erklären, die das Hempel'sche Erklärungsargument allenfalls als eine (feststehende) Randbedingung in Rechnung stellen kann. Aus Sicht der Handlungstheorie liegt der wunde Punkt dieses Vorschlags vor allem darin, dass es *keine Möglichkeit* gibt, jene erfolgskanalisierenden sozialen Handlungsumstände oder Strukturen und deren mögliche Wirkungen auf die Akteure aus den Handlungsprämissen einer Hempel-kompatiblen Handlungserklärung direkt herzuleiten. Der Grund hierfür liegt darin, dass die normalerweise verwendeten Handlungstheorien – auch die Hempel'sche Theorie des dispositional-rationalen Entscheidungshandelns – zwar die psychischen Prozesse der Handlungsentscheidung benennen und auf die dafür relevanten Akteurseigenschaften zu sprechen kommen, nicht aber auf die externen Umstände, unter denen die Akteure handeln müssen und die ihre Entscheidungen gewissermaßen ‚informieren'. Und ebenso wenig sagen sie im Weiteren über die Folgen der Handlungsversuche. Wir benötigen daher Annahmen und Begriffe zur Kennzeichnung *zusätzlicher*, nicht auf die Akteure bezogener Eigenschaften, um kollektiv generierte soziale Tatsachen zu beschreiben (vgl. Mandelbaum 1973, S. 221 ff.), und überdies *zusätzliche* bzw. eigenständige Annahmen über die Struktur der sozialen Verhältnisse, innerhalb derer die Akteure ihr Handeln organisieren und die sie durch ihr Handeln ständig reproduzieren. Welchen Charakter aber haben solche makrosozialen Annahmen?

2.3.2   Soziale Gesetze

Wir gehen davon aus, dass es für die Soziologie weniger darauf ankommt, individuelle Handlungen zu erklären, als vielmehr „soziale Phänomene" wie die Ausbildung und den Erhalt sozialer Ordnung, die Aufrechterhaltung und den Wandel sozialer Beziehungen, die Reproduktionsbedingungen von Regeln oder Institutionen, Organisationsformen, Gesellschaftsformationen und dergleichen. Die Anforderungen des Hempel'schen DN-Erklärungsmodells wären am leichtesten dann zu erfüllen, wenn sich die Vermutung bestätigen ließe, dass diese sozialen Muster und Dynamiken einer *eigenständigen Gesetzmäßigkeit* folgen, die ohne Bezug auf die Handlungsmotivationen der einzelnen Akteure und deren Rationalität formuliert werden kann. Gelänge ein solcher Nachweis, dann könnten diese *sozialen Gesetze* als Erklärungsprämissen eingesetzt und unter der Voraussetzung, dass deren Wenn-Komponenten realisiert sind, dazu genutzt werden, makrosoziale Ereignisse oder Ereigniskonstellationen – im üblichen Sinne des Hempel'schen Erklärungsvorschlags – logisch abzuleiten und dadurch zu erklären.

Tatsächlich sind die Anstrengungen der Sozialwissenschaften vielfach darauf gerichtet, zu klären, ob man derartige gesellschaftliche *Entwicklungs-* oder *Strukturgesetze* finden könnte, die sich als Prämissen eines deduktiv-nomologischen Erklärungsarguments verwenden ließen und mit deren Hilfe es möglich sein sollte, zu erklären, *warum* ein bestimmter, beobachtbarer gesellschaftlicher Entwicklungsstand vorliegt oder nicht.[76] Wie Popper (1961) zeigen konnte, war der Glaube, die Erklärungsmethode der Sozialwissenschaften an das naturwissenschaftliche Erklärungsideal angleichen zu können, nachdrücklich darauf angewiesen, dass es derartige System-, Geschichts- und Evolutionsgesetze gibt. Im Extremfall wollte man sich auch die Hoffnung nicht verbieten, die zukünftigen Umstrukturierungen einer Gesellschaft vorherzusehen und ihren Strukturwandel zu prognostizieren. Noch in jüngerer Zeit suchten insbesondere im Kontext der sogenannten Makrosoziologie Theorien gesellschaftlicher Rationalisierung, die Modernisierungstheorie, die Theorie strukturellen Wandels oder die Evolutionstheorie nach eigenständigen sozialen Gesetzen.

Obgleich sich demnach immer noch Stimmen finden, die an der möglichen Existenz sozialer Gesetze festhalten und die sozialtheoretische Forschungspraxis auf deren Identifikation festschreiben möchten (vgl. Mandelbaum 1957; Münch 1992; McIntyre 1996), hat sich mit zunehmender Deutlichkeit gezeigt, dass sich derartige Geschichts- oder Gesellschaftsgesetze nicht identifizieren lassen. Weder die induktivistisch verfahrende Datenforschung (vgl. dazu kritisch Boudon 1986; Coleman 1990a; Mayntz 2002) noch funktionalistische Analysen (vgl. Merton 1974), die Evolutionstheorie (vgl. Nisbet 1969; Sanderson 1992) oder die neuere Transformationsforschung (vgl. Schmid 2004, S. 299 ff.) waren in der Lage, derartige makroskopische Gesetze zu finden. Das Gleiche gilt für die verschiedenen Varianten der soziologischen Systemtheorie. Dieses Scheitern hat mehrere Gründe. Ein erster Grund liegt darin, dass Gesellschafts- oder Handlungssysteme, deren Mitglieder dazu befähigt sind und das Recht haben, sich intentional und dabei auch innovativ oder kreativ durch das Erlernen neuer oder das Ändern alter Handlungsweisen auf ihre sozialen Verhältnisse und deren Veränderlichkeit einzustellen, sich nicht durch Gesetze erfassen lassen (Buchanan 1965a), zu deren Formulierung man das zukünftige Wissen der Akteure bereits kennen müsste (vgl. Popper 1961, S. v f.). Als ebenso misslich hat sich der Umstand erwiesen, dass die Akteure die Reaktionen ihrer Mitmenschen oftmals ebenso wenig vor-

---

[76] Bereits Condorcet suchte nach den Entwicklungsgesetzen der menschlichen Gattung, Comte träumte davon, den Fortgang der menschlichen Zivilisation mithilfe seines „Dreistadiengesetzes" zu erkunden, Marx wollte die Bewegungsgesetze der menschlichen Geschichte identifizieren, Spengler konfrontierte die damit verbundene Hoffnung mit seiner Menetekeltheorie des beständigen Verfalls der Kulturen und noch Alfred Weber fahndete nach den Entwicklungslinien des Geschichtsstroms (vgl. zur Kritik dieser Suche nach Geschichtsgesetzen zusammenfassend Popper 1961).

hersagen können wie die unabsehbaren und mitunter emergenten kollektiven Handlungsfolgen, die sich aus ihren gemeinsamen Entscheidungen ergeben; man kann sich nur schwerlich Gesetze vorstellen, die benennen müssten, was die Akteure – inklusive der sozialwissenschaftlichen Theoretiker – nicht wissen können.

Ergänzend dazu hat eine Reihe von Autoren wiederholt darauf hingewiesen, dass sich Annahmen über gesetzmäßige Verknüpfungen zwischen verschiedenen makrostrukturellen Phänomenen oder Verteilungsstrukturen, die man mithilfe induktiver Verfahren zu bestätigen hoffte, mit Regelmäßigkeit als falsch herausstellen (vgl. Boudon 1986; Esser 2002). Tatsächlich standen dem erfolgreichen Abschluss dieser Forschungen zwei Hindernisse im Weg: Zum einen erlauben statistische Erhebungs- und Prüfverfahren keine Rückschlüsse darauf, ob die auf diesem Wege gefundenen Korrelationen zwischen Makro- und Verteilungsdaten als kausale Beziehungen gedeutet werden können.[77] Und zum anderen ließ sich die Einsicht nicht vermeiden, dass makrostrukturelle bzw. gesellschaftsdynamische Annahmen unvermeidlich *unvollständig* sind, d.h. mit stetiger Regelmäßigkeit nicht alle Bedingungen benennen, die für einen beobachtbaren Zusammenhang verantwortlich gemacht werden können, was sich dadurch bestätigt, dass – wie bereits Gibson (1960, S. 121) beobachtet hatte – jede empirische Überprüfung zu fehlerhaften Folgerungen führt. Man kann solche Widerlegungen natürlich als wenig relevante Ausnahmen von an sich wertvollen und bedenkenswerten theoretischen Einsichten deuten bzw. zu ihrer Entschärfung den Geltungsbereich der bisherigen Thesen beschränken oder mit Ceteris-paribus-Klauseln versehen, muss sich dann aber eingestehen, dass auf diesem Wege ein heuristisch fruchtbares Forschungsprogramm – das auf Widerlegungen mit Revisionsangeboten und nicht mit Ad-hoc-Argumenten zu reagieren hat (vgl. dazu Lakatos 1970, S. 116 ff.; Schmid 2008a) – kaum entworfen und vorangetrieben werden kann. Das gilt zumal so lange, als offenbleibt, auf welche Einflussgrößen man das offenkundige Scheitern der Ausgangsannahmen zurückführen könnte. Ein paralleler Einwand findet sich in dem Versuch, die fehlerhaften Ergebnisse makrosoziologischer Forschungen dadurch zu entkräften, dass man darauf verzichtet, in den unterstellten sozialen Gesetzen deterministische Zusammenhänge zu sehen, um sie stattdessen als *probabilistische Gesetze* einzustufen. Eine derartige Theoriestrategie hat aber den Nachteil, dass solche probabilistischen Annahmen von schlechterdings falschen Hypothesen nicht unterschieden werden können, solange nicht gezeigt werden kann, welche Kausalprozesse die betreffenden Wahrscheinlichkeitsverteilungen generieren.[78]

---

[77] Vor allem ist nicht plausibel zu machen, in welchem Sinne „Strukturen" gesellschaftliche Zustände hervorbringen (vgl. Coleman 1990a, S. 1 ff.).

[78] Diese Kritik wurde im Rahmen der Philosophie der Naturwissenschaften entwickelt und geht auf Jeffrey (1969), Railton (1981) und Salmon (1984) zurück. Sie gilt aber auch für die Sozialwissen-

Wir fürchten angesichts dieser Sachlage, dass es keine eigenständigen, gegenüber den Handlungen der Akteure unabhängigen, makrosozialen Gesetze gibt[79] und dass ein auf der gegenteiligen Auffassung aufbauender „Strukturalismus" kein vielversprechendes Erklärungsprogramm formulieren kann (vgl. Boudon 1973b). Die Anwendbarkeit des Hempel'schen Erklärungsmodells von der erfolgreichen Suche nach derartigen Strukturgesetzen abhängig zu machen, führt in unseren Augen überdies zu einer dilemmabehafteten Resignationslösung des sozialwissenschaftlichen Erklärungsproblems: Entweder man ist infolgedessen dazu gezwungen, gegen jede mögliche und bessere Erkenntnis daran festzuhalten, dass die weitere Fahndung nach sozialen Gesetzmäßigkeiten letzten Endes zu einem positiven Ergebnis führt, oder man gibt die Suche nach makrosoziologischen Erklärungen auf und zieht sich – wie es Luhmann vorschlug – auf Beschreibungen der gesellschaftlichen Verhältnisse zurück,[80] wenn man es nicht vorzieht, seine Aufmerksamkeit stattdessen auf die Verfertigung einer Gesellschaftsgeschichte[81] zu konzentrieren oder eine narrative historische Soziologie zu betreiben,[82] die Erklärungsargumenten keinen Platz zuweisen möchte.

Auf der anderen Seite aber wollen wir einem einst viel beachteten Vorschlag, der zur Auflösung des genannten Dilemmas empfohlen wurde, nicht folgen: In Reaktion auf die vergebliche Suche nach funktionalistischen *Systemgesetzen* hatte George Caspar Homans angeraten, die Suche nach derartigen Gesetzen einzustellen und sich zur Konstruktion valider soziologischer Erklärungen auf Gesetze des individuellen Handelns – worunter er in erster Linie die nomologischen Grundannahmen einer an Skinner angelehnten Verhaltens- oder Lerntheorie verstehen wollte – zu beschränken (vgl. Homans 1972; 1974; für eine Gegenüberstellung von System- und Verhaltenstheorie Vanberg 1975; Schmid 1993).[83] Die logische Besonderheit dieses Ratschlags bestand darin, Aussagen über Makrostrukturen oder soziale Phänomene auf nomologische Verhaltensgrundsätze zu

---

schaften, soweit diese „probabilistische Gesetze" zu kennen glaubt, wofür – derzeit wenigstens – sehr wenig spricht.

[79] Das gilt vor allem für Gesetze, die implizieren, dass soziale „Ganzheiten" eigenständige Ziele und Interessen haben können (vgl. Agassi 1960).

[80] Vgl. für eine Beurteilung dieser Theoriestrategie Schmid (2001).

[81] Vgl. dazu Wehler (1996), der die Geschichtswissenschaft an das Forschungsprogramm von Max Weber anschließen und durch die „Synthese" verschiedener historischer Themenbereiche dazu befähigen will, eine flexible erzählende Darstellung historischer Konstellationen zu geben.

[82] Vgl. dazu Gallie (1964), der strikt leugnet, dass die Logik „historischer Erzählungen" im Rahmen Hempel'scher Gedankengänge entwickelt werden könne. Wie geschichtliche Darstellungen mit der soziologischen Erklärungspraxis und den dazu benötigten Gesetzen des menschlichen Handelns verbunden werden könnten, ist immer noch umstritten. Für eine Antwort, die unseren Vorstellungen nahekommt, vgl. Abrams (1982), Tilly (1984), Lloyd (1986), Kiser und Hechter (1991), Goldthorpe (1998) oder Collins (1999).

[83] Homans (1967a, S. 23) gesteht zu, dass er Hempels Erklärungstheorie folgen möchte.

reduzieren. Im Verlauf der auf diesen Vorschlag folgenden Debatte hat sich aber
gezeigt, dass dieses Reduktionsprogramm nicht durchführbar ist. Das Haupthin-
dernis resultiert daraus, dass die programmatisch unterstellte *Logik der Reduktion* (vgl. dazu Spinner 1973; Erlenkämper1976; Rott 1991) zu einem kardinalen
Mangel führt: Wenn man unter Reduktion eine *logische Operation* versteht, vermittels derer die Sätze über das Vorliegen makrostruktureller Phänomene auf
Sätze, in denen ausschließlich Verhaltensprädikate Verwendung finden (sollen),
zurückgeführt werden sollen, dann stellt sich ein doppeltes Problem ein. Zum
einen muss man fragen, welchen Sinn die logische Reduktion von Systemgesetzen auf Handlungsgesetze machen kann, wenn man voraussetzen muss, dass
es Struktur- oder Systemgesetze erwiesenermaßen nicht gibt. Und zum anderen
bleibt zweifelhaft, wie man eine logische Reduktion makroskopischer oder struktureller Annahmen auf Sätze, die ausschließlich individuelle oder Handlungs-
prädikate enthalten, vornehmen möchte, ohne die Bedeutungsgleichheit beider
Prädikatklassen vorauszusetzen (vgl. Danto 1973, S. 329).

Diese Schwächen reduktionistischer Erklärungen lassen sich überwinden,
wenn wir an der Möglichkeit festhalten, menschliches Handeln mithilfe einer
Theorie des individuellen Handelns zu erklären, dabei den Einfluss der Situationsfaktoren zu berücksichtigen und beide Ebenen mithilfe theoretischer und
empirischer Annahmen so miteinander in Verbindung zu setzen, dass sowohl die
strukturbildende Kraft der individuellen Intentionalität als auch die Eigenmäch-
tigkeit des Sozialen sichtbar wird. Wie ein entsprechendes Erklärungsargument
aussehen muss und welche Rolle makroskopische Aussagen dabei spielen, zeigen
wir im nächsten Kapitel.

2.4   Fazit

Wir wollten in diesem Kapitel zu der auch in der Soziologie immer wieder auf-
flammenden Diskussion Stellung beziehen, ob es ihr möglich ist, Erklärungen
vorzulegen oder nicht. Wir haben uns zugunsten einer derartigen Möglichkeit
ausgesprochen und zur Beantwortung der daraufhin fälligen Frage, wie wir uns
die Logik eines gültigen Erklärungsarguments vorstellen, das von Carl Hempel präzisierte deduktiv-nomologische Erklärungsmodell konsultiert und die von
ihm formulierten Adäquatheitsbedingungen einer gelungenen Erklärung resümiert. Um die Reichweite des deduktiv-nomologischen Erklärungsmodells abzu-
stecken, haben wir zwei Kritiken verfolgt, denen es ausgesetzt war. Zum einen
sind wir der Frage nachgegangen, ob es Gesetze des individuellen Handelns gibt,
und haben sie bejaht; und zum anderen haben wir uns mit dem Problem beschäftigt, ob eigenständige Strukturgesetze – oder allgemeiner: soziale Gesetze – auf-

findbar sind, und waren zu der Auffassung gelangt, dass die Suche nach solchen Makrogesetzlichkeiten vergeblich ist.

Diese Ergebnisse sind deshalb wichtig, weil wir die beiden folgenden Sachverhalte festhalten können. Zum Ersten müssen Erklärungen einen deduktiv-nomologischen Charakter aufweisen, und wir sind angesichts der Tatsache, dass es keine sozialen oder strukturellen Gesetze, wohl aber Handlungsgesetze gibt, bereit zuzugestehen, dass sich unser erklärungsnotwendiges nomologisches Wissen ausschließlich auf die Ursachen – fundiert in Bewertungen und Erwartungen bzw. in entsprechenden menschlichen Dispositionen und „guten Gründen" – bezieht, die das menschliche Handeln hervorbringen. Um Erklärungen geben zu können, müssen wir demnach auf eine Kausaltheorie des menschlichen Handelns zurückgreifen. Zweitens müssen wir davon ausgehen, dass sich zwischen dem menschlichen Handeln und den Strukturen, innerhalb derer es sich vollzieht, Wechselbeziehungen finden, die weder auf individuelle noch auf soziale Eigenschaften reduzierbar sind. Strukturen besitzen gegenüber individuellen Handlungen einen eigenständigen bzw. einen emergenten Charakter (vgl. Brodbeck 1975); und Strukturen als solche legen das individuelle Handeln keinesfalls fest (Esser 2004c, S. 38; Boudon 1973a, S. 49). Aus beidem folgern wir, dass gültige Erklärungen nur dann vorliegen, wenn wir auf Handlungsgesetze zurückgreifen und zudem zeigen können, wie man dem Zusammenhang zwischen individuellem Handeln und der Wirkmächtigkeit struktureller Faktoren gerecht werden kann, über die unsere Handlungstheorien keine Informationen geben.

Um die mit dieser Programmatik verbundenen Fragen zu beantworten, wollen wir uns im nächsten Kapitel den Anforderungen zuwenden, die eine Erklärung sozialer Phänomene mit sich bringt, die weder den Sirenengesängen des logischen Reduktionismus noch des Strukturalismus erliegen will, wohl aber dem deduktiv-nomologischen Erklärungsanspruch – wie ihn Hempel vertreten hat – folgen möchte. Wir werden aber sehen, dass wir, um darstellen zu können, wie und warum gesellschaftliche Verhältnisse (oder „soziale Phänomene") aus Handlungen entstehen und auf diese zurückwirken und sich insoweit *wechselseitig* bedingen, sein DN-Schema erweitern und entsprechend umgestalten müssen.

B
Erklärungslogik

3   Die Logik mehrstufiger Erklärungen

Die Soziologie stand von Anfang an vor der Herausforderung, klären zu müssen, ob und wie *soziale Phänomene* analysiert und erklärt werden können und in welcher Weise sie sich auf das individuelle bzw. soziale Handeln der Menschen auswirken. Die damit verbundene methodologische Grundfrage, wie man das Wechselverhältnis von Individuen und Gesellschaft zu bearbeiten habe, durchzieht die soziologische Theoriedebatte bis heute und hat in der Diskussion um *Struktur-Handlungs-Verknüpfungen* in den letzten Dekaden eine breite und vielschichtige Aufmerksamkeit gefunden. Allerdings kann man nicht verschweigen, dass die anfänglichen Lösungen des sogenannten Makro-Mikro-Makro-Problems, das uns die klassischen Autoren hinterlassen haben, jedenfalls aus heutiger Sicht, nicht durchweg befriedigen. Vielmehr sind die überkommenen Vorschläge vor allem dadurch geprägt, dass die klassischen Autoren zum einen mit unvollständigen, wenn nicht sogar untauglichen Handlungstheorien gearbeitet, zum anderen aber auch teilweise darauf verzichtet haben, jene komplexen Prozesse und Mechanismen zu erfassen, die einen Zusammenhang zwischen gesellschaftlichen Strukturen und dem Handeln der Akteure herzustellen erlauben. Entsprechend wollen wir dafür plädieren, die orthodoxe und noch heute relevante Fragestellung nach dem Wechselverhältnis von Handeln und Struktur unter veränderten Vorzeichen neu zu thematisieren. Wir werden dazu in diesem Kapitel die erforderlichen *methodologischen Regeln und Verfahren* und im darauffolgenden vierten Kapitel die Grundbausteine eines tauglichen Erklärungsarguments vorstellen.

Zu diesem Zweck beginnen wir mit einigen grundsätzlichen Überlegungen zur *logischen Form von Mehrebenenmodellen*, die sowohl die oben vorgestellten Einwände gegen das Hempel-Oppenheim-Schema als auch die Kritiken an reinen Makro- und Mikroerklärungen aufgreifen, und werden dazu auch die Fallstricke darlegen, die bereits in den klassischen soziologischen Arbeiten zutage treten (Abschnitt 3.1). Davon ausgehend werden wir sodann neuere methodologische Einsichten skizzieren, die den Rahmen handlungstheoretisch fundierter, mehrstufiger Erklärungen abstecken. Dazu werden wir die logische Struktur derartig mikrofundierter Erklärungen sozialer Sachverhalte identifizieren und die für die Verbindung von Handlungs- und Strukturebene notwendigen *methodologischen Regeln* darstellen (Abschnitt 3.2) und abschließend die Fruchtbarkeit dieses Vorgehens für die Soziologie resümieren (Abschnitt 3.3).

3.1   Besonderheiten von Mehrebenenmodellen

Wir haben im letzten Kapitel die Grundzüge des klassischen Erklärungsprogramms dargestellt, wie es vor allem Hempel entwickelt und vorangetrieben
hat. Dabei stellte sich heraus, dass von Erklärungen in letzter Instanz nur dann
die Rede sein kann, wenn wir ein interessierendes Explanandum aus einem Explanans logisch ableiten können, das zumindest eine Gesetzesannahme enthält.
Es soll jedoch nicht verschwiegen werden, dass das deduktiv-nomologische Erklärungsmodell (auch DN-Modell) nicht alle Ansprüche erfüllt, die aus Sicht einer sozialwissenschaftlichen Erklärungspraxis zu fordern sind. Wenn wir nach
wie vor daran festhalten, dass es die Aufgabe der Sozialwissenschaften im Allgemeinen und der Soziologie im Besonderen ist, *makrosoziale Ereignisse* wie
soziale Regelmäßigkeiten (Weber und Merton), soziale Institutionen (Durkheim),
sozialen Wandel (Marx), soziale Figurationen (Elias) usf. zu erklären, so lassen
sich zwei zusammenhängende Mängel des Hempel'schen Modells nur schwer
übersehen: Zwar hält es an der Möglichkeit fest, durch Verweis auf nomologische
Handlungsprämissen, die Auskunft über die Motive und Fähigkeiten der Akteure geben, individuelle Handlungen erklären zu können, kann aber andererseits
weder zeigen, wie aus den Handlungen einer Vielzahl von Akteuren jene kollektiven oder situativen Handlungsumstände entstehen, die jede Handlungstheorie
wiederum voraussetzen muss, um das individuelle Handeln als eine rationale
oder angemessene Reaktion auf diese Umstände erklären zu können, noch auf
welchem Wege Makrosachverhalte Eingang in die individuellen Handlungsab-
wägungen der Akteure finden.
    In beiden Fällen erfahren wir nichts über die fraglichen Zusammenhänge
und Einflüsse, weil individuelle Handlungsgesetze keine Informationen über
soziale Strukturen und handlungsbestimmende Umstände bereithalten. Zum
anderen hat es sich aber auch nicht bewährt, dem Hempel'schen Erklärungsvor-
schlag durch die Suche nach eigenständigen, kontrafaktisch belastbaren sozialen
Gesetzmäßigkeiten gerecht werden zu wollen, die es ersparen würden, auf die
individuellen Beweggründe der Akteure und deren Sicht der Handlungssituation
einzugehen und stattdessen soziale Strukturen und Prozesse als Resultat davon
unabhängiger, autonomer Entwicklungs- oder Strukturgesetze zu erklären.[1] Alle

---

[1] Autoren wie Archer (1988) oder Sawyer (2005) halten an der Existenz eigenständiger Makrogesetzlichkeiten fest, ohne leugnen zu wollen, dass diese ohne das Zutun der Akteure selbstverständlich
nicht zustande kommen. Die Beurteilung dieser These hängt von der Klärung schwieriger philosophischer Fragen ab, die wir an dieser Stelle nicht behandeln können (vgl. Schmid 2006). Unser
wichtigster Einwand besteht darin, dass wir Gesetze nur dort vermuten, wo ‚aktive Kräfte' wirken,
die die Handlungen der Akteure ‚produzieren'. *Strukturen* handeln in diesem Sinne nicht, weshalb
ihr ‚Gesetzescharakter' auch anders begründet werden müsste. Dass Strukturen das Handeln der
Akteure ‚leiten' oder ‚kanalisieren' können, gestehen wir selbstredend zu.

gegenteiligen Behauptungen haben sich als fehlerhaft erwiesen und den Verdacht genährt, dass es keine derartigen Strukturgesetze gibt, weshalb auch jeder Versuch, sie logisch auf individuelle Gesetzmäßigkeiten zu reduzieren, sich selbst dann erübrigt, wenn man außer Betracht lässt, dass solchen Reduktionsverfahren strenge logische Bedenken entgegenstehen.[2]

Wir hoffen, diese Mängel beheben zu können, müssen uns zu diesem Zweck aber dazu bereitfinden, das Hempel'sche Erklärungsmodell zu erweitern und entsprechend umzugestalten, indem wir dessen einfachen subsumtionslogischen Aufbau aufgeben. Diese Vereinfachung hatte bereits William Dray im Auge, als er Hempels Erklärungsmodell als „Covering-Law-Modell" bezeichnet hat (vgl. Dray 1957, S. 22 ff.), um auf die Begrenztheit des Versuchs hinzuweisen, ein bestimmtes Explanandum mittels *eines einzigen Ableitungsschritts* aus einer Gesetzesprämisse und deren Anwendungsbedingungen herzuleiten bzw. nur dann für erklärt zu halten, wenn es sich einem Gesetz *subsumieren* lässt. In der Tat hat die Subsumtionsbedingung zur Konsequenz, dass man zur Erklärung zumal makrosozialer Explananda grundsätzlich keine oder – wie Dray (1957), aber auch Popper (1961, S. 6) vermuteten – allenfalls triviale, wenn nicht tautologische Gesetze finden wird. Wir unterstützen daher den Vorschlag, sozialwissenschaftliche Erklärungen als *Mehrstufen-* oder *Mehrebenenerklärungen* anzulegen, die die verschiedenen Ebenen: die *Ebene des individuellen Handelns* und die *Strukturebene*, durch zusätzliche Zwischenschritte verbinden und so einen erklärungsfähigen und empirisch gehaltvollen Zusammenhang zwischen den Handlungen einzelner Akteure und den kollektiven Konsequenzen bzw. Voraussetzungen ihres Tuns herstellen.

Wir werden zunächst die Logik eines solchen mehrstufigen Erklärungsmodells charakterisieren und auf eine Reihe von Besonderheiten aufmerksam machen, die Mehrstufenerklärungen von rein deduktiv-nomologischen Erklärungsargumenten Hempel'schen Zuschnitts unterscheiden.

3.1.1 Mehrstufigkeit soziologischer Erklärungen

Mehrstufige Erklärungen basieren zunächst auf der Annahme, dass es zwei unterscheidbare Ebenen gibt: die (mikroskopische) Ebene *individueller Akteure* und die (makroskopische) Ebene *sozialer Handlungssituationen*. Ein Erklärungsargument besteht demzufolge aus Annahmen, die beide Ebenen berücksichtigen, und aus Verbindungsschritten zwischen diesen, die so angelegt sein müssen, dass sie ein erklärendes Argument dafür bieten, wie sich die Situation auf das Han-

---

[2] Vgl. die Darstellung der Unableitbarkeit von Handlungs- und Strukturannahmen sowie die dafür jeweils benutzten Begrifflichkeiten in Kapitel 2.

deln auswirkt und wie das derart bestimmte Handeln seinerseits auf die Situation
zurückwirkt. Sind die Handlungen mehrerer Akteure auf diese Weise miteinander verkoppelt, so entsteht eine „soziale" Situation, die wiederum *als solche*
sogenannte kollektive Handlungsfolgen oder (emergente) Effekte aufweist. Das
wiederum gibt Anlass zu fragen, welche Rückwirkungen solche Effekte auf die
Akteure und deren anfängliche Handlungssituation haben können. Es gilt also,
die einzelnen Handlungen von ihrer situationsvermittelten Wechselwirkung zu
unterscheiden und beide von deren Kollektivfolgen. Der Ausbau solcher mehrstufiger Erklärungsargumente bedarf, um die jeweils nächste Ebene zu erreichen,
Zusatzannahmen, über die die vorherige Ebene keine Auskunft gibt. So enthalten
Handlungserklärungen keine Informationen über die betreffenden Situationsgegebenheiten, und Beschreibungen von Situationen sind auch ohne Kenntnisse bezüglich ihrer Makroeffekte möglich, wohingegen diese wiederum erfasst werden
können, ohne zu wissen, wie sie sich auf die Bestimmungsgrößen des Einzelhandelns auswirken. Entsprechend folgt die Entwicklung eines mehrstufig angelegten Erklärungsarguments einer logischen Reihenfolge, der zufolge die vorherigen
Ausformulierungen jeweils nur die notwendigen, nicht aber die hinreichenden
Elemente des nächstfolgenden Schritts enthalten, wohingegen die auf einer bestimmten Ebene wirksamen Sachverhalte als Beschränkung dafür gelten können,
was sich auf der darunterliegenden Ebene abspielt. Der Übergang zwischen den
Ebenen erfordert einen jeweils eigenständigen Erklärungsschritt.

Der erste Erklärungsschritt behandelt die (erklärende) Ableitung der Handlungen einzelner Akteure; individuelle Handlungserklärungen sind demnach *wesentlicher Bestandteil* jeder mehrstufigen Erklärung, um nicht zu sagen: deren
logischer Ausgangspunkt. Um solche Erklärungen vorlegen zu können, benötigen wir eine *nomologische Handlungstheorie*, die Angaben über die handlungsgenerierenden Kräfte enthält. Entsprechend ist eine solche individualistische
Handlungstheorie hinreichend allgemein anzulegen und sollte das Handeln aus
Sicht eines (ideal-)typischen Akteurs eindeutig erklären (Watkins 1973, S. 154 ff.),
indem sie als Ursachen die Motive oder Gründe der Einzelhandlung angibt. Wir
werden sehen, dass es in der Soziologie (und den übrigen Sozialwissenschaften)
eine ausgedehnte Reihe unterschiedlicher Handlungstheorien gibt, die ganz heterogene und divergierende handlungsbestimmende Faktoren einführen und diskutieren wollen. Gleichwohl hat man sich offenbar darauf einigen können, dass jede
Handlungstheorie darauf abstellt, das Handeln eines individuellen Akteurs als
absichtsgeleitetes oder *intentionales Handeln* zu erklären. Handlungstheorien jeder Couleur suchen die Gründe eines Handelns – oder dessen Sinnhaftigkeit – in
den *Bewertungen* oder den *Absichten* des Akteurs. Der Rekurs auf Absichten und
die darin enthaltenen Gründe reicht zur Erklärung einer Einzelhandlung aber
nicht aus. Zur näheren Kennzeichnung der handlungsbestimmenden „inneren
Prozesse des Individuums" (Coleman 1991, S. 1) liegt es vielmehr nahe, zumin-

dest zwei – in unterschiedlichen Theorieangeboten unterschiedlich bezeichnete –[3] zentrale Erklärungsfaktoren in Form von basalen *Handlungsannahmen* oder
Handlungsprämissen anzuführen und auseinanderzuhalten: zum einen Bewertungen bzw. die daraus folgenden *Zielsetzungen* und zum anderen *Erwartungen*
in Form von Informationen, Wissen, Deutungen über die Welt, welche sich auf
die Bewertungen beziehen.[4]

Unter den Begriff *Ziel* fallen all jene Zustände, die ein Akteur gerne realisiert sehen würde und die er dem Grad ihrer Erwünschtheit nach ordnen und in
genau diesem Sinn *bewerten* kann. Eine derartige Bewertungsordnung ist vor
allem dann vonnöten, wenn ein Akteur nicht darauf hoffen kann, alle seine Ziele
zu verwirklichen bzw. wenn er die Welt als Restriktion seines Tuns wahrnimmt.
Den Wunsch, ein als vorrangig bewertetes Ziel zu erreichen, kann man sodann
als das *Motiv* des Akteurs oder seinen *Antrieb* begreifen, der uns *ursächlich* verstehen lässt, warum und weshalb ein Akteur eine Handlung ausführt.[5]

Von den Bewertungen und Zielen und den darauf gerichteten Motiven oder
Realisationsinteressen müssen wir Annahmen über den Umfang des dafür erforderlichen *Wissens* abheben, auf das die Akteure zurückgreifen, um ihr Handeln
zieldienlich und erfolgssicher zu planen und auszuführen. In diesem Zusammenhang spielen zwei Faktorengruppen eine Rolle. Zum einen muss jeder Akteur seine Umwelt eigenständig und in einem hinreichenden Maß richtig und zutreffend
zur Kenntnis nehmen. Für die Sozialwissenschaften sind zum anderen aber auch
sozial geleitete Wahrnehmungen und Einschätzungen der Welt oder der Handlungssituation relevant (vgl. Kap. 6). Sofern es möglich ist, unterschiedliche In-
formationsgrade zu erkennen, spricht die Handlungstheorie auch von subjektiven
Wahrscheinlichkeiten, mit denen ein Akteur bestimmte Ereignisse, unter anderem auch die Folgen des eigenen Handelns, erwartet. In vielen Fällen vermag
ein Akteur solche Wahrscheinlichkeiten nicht abzuschätzen und muss dann unter
entsprechend undurchsichtigen Voraussetzungen agieren.

---

[3] Die verschiedenen Entscheidungstheorien sprechen zumeist von *Präferenzen* und *Erwartungen*;
Max Weber hat *Ziele* von *Mitteln* unterschieden, die philosophische Handlungstheorie bedient sich
der Differenz zwischen *Wünschen* und *Überzeugungen* (oder *beliefs*), die phänomenologische Handlungstheorie unterscheidet zielführende *Motive* von (wahrgenommenen) *Typiken und Relevanzen*.
In vielen Handlungstheorien fließen diese beiden Komponenten aber ineinander (vgl. Etzrodt 2003,
S. 90) oder werden nur fallweise getrennt.
[4] Zwischen Bewertungen und Erwartungen bestehen Beziehungen, die wir nicht eigens behandeln
(vgl. Boudon 1994).
[5] Handlungstheorien lassen sich danach ordnen, ob und in welchem Ausmaß sie den Akteuren die
Fähigkeit zubilligen, über ihre eigenen Intentionen bewusst zu entscheiden, diese zu reflektieren
und auch logisch konsistent zu ordnen. Rational-Choice-Theorien beruhen entsprechend auf der Annahme rational geordneter Intentionen, wohingegen Praxistheorien zumindest die Annahme einer
bewussten Zielverfolgung ablehnen dürften (vgl. noch ausführlich Kap. 4 und 6).

Für die meisten Handlungstheorien sind Bewertungen bestimmter Zielzustände und die darauf ausgerichteten Erwartungen oder Wissensbestände für die Ableitung von Einzelhandlungen *hinreichend*. Bewertungen und Erwartungen stellen Variablen dar, die unterschiedliche Werte annehmen können und mit deren Hilfe sich die Akteure mit der Welt in Beziehung setzen. Unterschiedliche Handlungstheorien sehen zur Bewältigung dieser Aufgabe verschiedenartige *Funktionen* vor, nehmen aber in der Regel an, dass die Festlegung eines Handelns den Akteur vor zwei Probleme stellt: Zum einen sollte er in der Lage sein, seine unterschiedlich bewerteten Zielsetzungen mit deren Realisierungsaussichten zu verknüpfen, um zum anderen auf dieser Basis entscheiden zu können, welcher seiner möglichen Handlungen er ausführt.

Darüber hinaus wird jede intentionale Handlungstheorie behaupten wollen, dass ein Akteur sein Handeln auf der Grundlage bestimmbarer interner *Kapazitäten* oder *Handlungsfähigkeiten* plant und durchführt; allerdings muss man festhalten, dass die meisten Handlungstheorien nur gelegentlich erkunden, welches diese Kapazitäten im Einzelnen sind.[6] Wenn dies geschieht, dann legen die geschilderten Grundlagen einer allgemeinen Theorie absichtsgeleiteten Handelns nahe, folgende Handlungskapazitäten zu berücksichtigen: Erstens die Fähigkeit, Zielzustände explizit zu formulieren und konsistent und logisch zu *bewerten*, zweitens die dafür relevanten Eigenheiten der externen Umwelt *wahrzunehmen*, diese drittens mit den Handlungszielen in Verbindung zu setzen und daraus viertens unter Verwendung einer Auswahlregel Handlungsentscheidungen zu treffen.[7] In jedem Fall sind diese Handlungsfähigkeiten *notwendige Voraussetzungen* dafür, dass ein Akteur sich auf einen eindeutigen Handlungsverlauf festlegen kann. Aus der Gegenperspektive heißt dies, dass wir einen Mangel an Handlungskapazitäten dafür verantwortlich machen können, wenn ein Akteur in einer Weise handelt, die uns angesichts der Situationserfordernisse, mit denen er konfrontiert ist, als unangemessen erscheint.

Wir vermuten demnach, dass sich alle soziologischen Handlungstheorien dieser allgemeinen Bestimmung dessen, was *typischerweise* unter einer individualistischen Handlungserklärung zu verstehen ist, zuordnen lassen, dass aber keine Einigkeit darüber besteht, welche der genannten Faktoren, Funktionen und Fähigkeiten eine bestimmte Handlungstheorie berücksichtigen sollte, welche sie konstant setzen und damit eher im Hintergrund halten kann und wel-

---

[6] Manche Handlungstheorien beschränken sich auf eine Analyse dieser Handlungsfähigkeiten, ohne Handlungsfunktionen anzugeben; Erklärungen stehen dann nur ex post zur Verfügung und bleiben auf die Analyse historischer Explananda beschränkt. In anderen Fällen rücken einzelne Handlungstheorien nur bestimmte Handlungsfähigkeiten in den Vordergrund, und bisweilen werden sie völlig im Hintergrund der Betrachtungen gelassen.

[7] Mit diesen Annahmen kann der Rationalitätsgrad der Akteure bezüglich ihrer Zwecksetzung spezifiziert werden.

che sie gänzlich übersehen darf. Um die Erklärungsleistungen verschiedener Theorievorschläge beurteilen zu können, werden wir deshalb einigen Aufwand in die Erhellung des Problems zu investieren haben, inwiefern sich die *Handlungsannahmen*, die im jeweiligen Zentrum verschiedener Theorievorschläge stehen – und mit deren Hilfe die verschiedenen Theorielager ihre paradigmatische Identität und Eigenständigkeit verteidigen –, voneinander unterscheiden und welche methodologische Deutung verschiedene Handlungstheorien den jeweils ausgewählten Handlungsannahmen geben. Wir konzentrieren uns in der Folge auf die methodologische Frage, inwiefern und in welchem Umfang sie sich zur Bewältigung von Erklärungsaufgaben eignen (vgl. ausführlich Abschnitt 4.3).

Annahmen über Absichten und Fähigkeiten reichen zur Erklärung eines individuellen Handelns nur so lange hin, als wir uns darauf beschränken können, in Erfahrung zu bringen, aufgrund welcher *subjektiver Faktoren* ein Akteur sein Handeln durchführt. Ob er so Handlungseffekte bewirken kann, die seinen Zielen entsprechen, ist damit noch nicht geklärt. Um die weiterführende Frage, ob ein Akteur sein Handeln zum Erfolg führen kann oder nicht, beantworten zu können, benötigen wir in einem zweiten Erklärungsschritt zusätzliche Hypothesen darüber, was die relevanten Situationseigenschaften sind und wie sie sich auf den möglichen Handlungserfolg auswirken. Bei der Formulierung derartiger Situationsannahmen spielen zumindest zwei Aspekte eine entscheidende Rolle: Zum einen gehen die Sozialwissenschaften davon aus, dass die Akteure die erfolgsbestimmenden Eigenheiten ihrer Handlungssituation und die damit verbundenen Möglichkeitsspielräume (oder Opportunitäten) einschätzen oder deuten müssen. Zum anderen will gerade die Soziologie seit Max Weber das soziale, an den Handlungen eventueller Mitakteure orientierte Handeln erfassen und muss deshalb Annahmen finden, wie und in welchem Umfang die Handlungen der Akteure wechselseitig voneinander abhängen, welche Rationalität die Akteure einander unterstellen können und welche wechselseitigen Erwartungen sie benötigen und ausbilden können, um ihr Handeln zum Erfolg zu führen.

Im ersten Fall sind Aussagen darüber zentral, ob ein Akteur im Lichte seiner Intentionen und Ziele die objektive Realität adäquat und problemlos erschließen kann oder ob er dazu sozialer Hilfsmittel bedarf und ob bzw. in welchem handlungsrelevanten Ausmaß seine Wahrnehmungen von den ‚objektiven Daten' abweichen (vgl. dazu ausführlich Kap. 6). Im zweiten Fall benötigen wir Aussagen darüber, wie sich die Zielerreichungsbemühungen der einzelnen Akteure zueinander verhalten bzw. inwieweit das Handeln der anderen den eigenen Handlungserfolg mitbestimmt, d. h. fördert oder behindert (vgl. dazu ausführlich Kap. 7–9). Zumal dieser letztgenannte Punkt ist wichtig, weil uns keine individualistische Handlungstheorie – aus sich heraus und ohne Zuhilfenahme von Zusatzhypothesen – Aufklärung darüber geben kann, mit welchen individuellen, aber auch mit welchen kollektiven Folgen wir zu rechnen haben, wenn zwei oder mehrere intentional agierende Akteure ihre Handlungsziele in Abhängigkeit voneinander verfolgen. Wir benötigen offenkundig nicht nur ein Modell, das die sachlichen oder materiellen Opportunitäten und Beschränkungen der Akteure beschreibt, sondern eines, das vor allem darüber Auskunft gibt, in welchem Umfang und in welcher Richtung die Akteure ein- oder wechselseitig ihre Handlungsbedingungen beeinflussen. Um erfolgreich agieren zu können, müssen die Akteure dann wissen, was sie von ihren Mitakteuren erwarten können, weshalb, um angemessene Erklärungen ihres Handelns geben zu können, Annahmen über die Kompatibilität ihrer Ziele und über die Wechselwirksamkeit ihrer Handlungserwartungen bedeutsam werden. Offenbar hängt der jeweilige Handlungserfolg eines Akteurs davon ab, was andere tun werden, weshalb ihr wechselwirksames Handeln einen *strategischen Charakter* gewinnt. Demnach sind Modelle über Interaktions- bzw. *Interdependenzformen* zu präferieren, die zeigen, welchen Abhängigkeiten das wechselseitige Handeln in einer bestimmten Situation unterliegt und wie sich diese Interdependenzen auf die Handlungsmöglichkeiten und entscheidungen der Akteure auswirken.

Die Konstruktion solcher Interaktions- und Interdependenzmodelle ist mit dem weiteren theoretischen Problem verbunden, dass die Akteure aufgrund der *sozialen Situiertheit* ihres Handelns emergente Effekte produzieren, die von ihren Motiven durchaus losgelöst sein können; d. h., wir sollten davon ausgehen, dass die genannten Kollektiveffekte des sozialen Handelns nicht immer – oder doch nur teilweise – den Intentionen und Erwartungen Einzelner oder auch den gemeinsamen Zielen mehrerer Akteure entsprechen und dass sie diese nur ungenau kennen oder vorhersehen können. In der Sprache der Soziologie heißt dies, dass kollektive oder Struktureffekte – wie die Entstehung sozialer Ordnung, aber auch Konfliktdynamiken – sich aus dem situationsabhängigen Wechselspiel von Einzelhandlungen ergeben müssen. Wir werden noch sehen, dass nicht wenige Sozialtheoretiker an der Entwicklung von Modellen interessiert waren und sind, die Auskunft über solche strukturbildenden Prozesse bzw. *Mechanismen* geben (vgl. Schmid 2006). Dahinter steht die Absicht, Erklärungen dafür anbieten zu können, warum und in welcher Weise sich die Akteure aufeinander beziehen und welche sozialen Prozess- und Verteilungsmuster sie damit in Gang setzen; etwa Machtkonzentrationen (Elias, Coleman), Ungleichheiten (Marx, Boudon), Hierarchisierungen (Bourdieu, Popitz), Vertragsbeziehungen (Williamson, O. 1990) oder auch Segregations- und Diffusionsprozesse (Schelling 1978; Hirschman 1974). Wir können die Überführung miteinander verwobener individueller Handlungseffekte in kollektive Strukturen als einen weiterführenden Erklärungsschritt verstehen, den wir durch die Konstruktion von *Aggregationsmodellen* – auch *Transformationsregeln* genannt – bewältigen (vgl. Abschnitt 4.4). Solche kollektiven Effekte und die ihnen zugrunde liegenden Zusammenhänge zu erkennen und zu beschreiben, ist nicht leicht, weil sie zumeist als nicht-intendierte, den

Ziel- und Erwartungshorizont der Akteure weit überschreitende Handlungseffekte auftreten,[8] über die unsere Handlungstheorien keine Informationen bereithalten. Auch sind präzisere Aussagen darüber erst dann möglich, wenn man die genauen situativen Umstände kennt, unter denen Akteure aufeinandertreffen, sowie die Möglichkeiten, die ihnen daraufhin offenstehen. Wir werden zu diesem Zweck spieltheoretischen Überlegungen folgen. So kann etwa dadurch, dass man eine Handlungssituation als „Gefangenendilemma" beschreibt, gezeigt werden, welche Handlungs- und welche Kollektivfolgen dadurch zu erwarten sind, dass die Akteure durch gemeinsame und konfligierende Interessen miteinander verbunden sind. Wir gehen davon aus, dass sich alle Interdependenztypen nach diesem Grundmuster näher bestimmen lassen, etwa indem man die Eigenschaften des erwünschten Zustands konkretisiert (soziale Ordnung, Brückenbau, Gemeinschaftsgefühl oder individuelle Ertragssteigerung usw.), die Anzahl der Interaktionen variiert oder aber Gruppenkonstellationen näher kennzeichnet (wie das geht, illustrieren wir in den Abschnitten 7.3, 8.3 und 9.3).

Dass diese Folgen wiederum von den Akteuren wahrgenommen werden und wie sie darauf reagieren, wäre in einem nachgelagerten Erklärungsschritt zu bestimmen, für den wir eine (formale) Funktion darüber entwickeln müssen, ob und wie die erklärten Struktureffekte des Handelns die Handlungssituation verändern und damit die weiteren Handlungschancen der Akteure umgestalten oder erhalten. Zur Durchführung dieses vierten Erklärungsschritts benötigen wir *Modellannahmen* über typische, systematische Rückwirkungen oder *Rekursionseffekte* der Verteilungsfolgen des situationsabhängigen Handelns der Akteure auf die relevanten Eigenschaften der Handlungssituation, die sich infolge der in den vorherigen Erklärungsschritten identifizierten Interdependenzen einstellen werden.[9]

Ein *mehrstufiges Erklärungsargument* des geschilderten Formats hat eine Reihe von *logischen Eigenheiten.* Zum einen wird auffallen, dass der vierte Erklärungsschritt dem ersten logisch gleicht; in beiden Fällen erklären wir das Handeln individueller Akteure angesichts der Gegebenheiten ihrer Handlungssituation. Gleichwohl ist es durch das Durchschreiten des vierstufigen Erklärungsarguments möglich, systematische Rückwirkungen auf die Ausgangssituation zu erfassen und Erklärungen damit zu *dynamisieren.* Wir lernen so zu verstehen, dass und wie die Akteure durch ihr zielorientiertes, zumeist mit unabsehbaren Konsequenzen verbundenes Handeln die Umstände, unter denen sie handeln, mitunter so verändern, dass sie sich dem daraus resultierenden Veränderungsdruck nicht länger entziehen können. So kann etwa durch die schrittweise Akku-

---

[8] Vgl. für die weit zurückreichende Tradition dieses Arguments Přibram (1912) und neuerdings Udéhn (2001).

[9] Vgl. dazu etwa die Arbeiten von Coleman et al. (1976), Schelling (1978), Hedström (2005, Kap. 5), Macy (1991), Macy und Flache (2002); vgl. zur Logik Schmid (2006).

mulation von kleinen Handlungschancen „aus wenig Macht viel Macht" werden (Popitz 1992; Elias 1976/1939), und so kann sich durch den Wegzug einzelner Familien, die mit der Zusammensetzung ihrer Nachbarschaft unzufrieden sind, die Situation der zurückgeblieben Familien so verändern, dass es für sie zunehmend attraktiver wird, desgleichen wegzuziehen, was am Ende in eine vollständige Segregation der Gesamtpopulation in unterschiedliche, jeweils homogene Nachbarschaftsgruppen mündet (Schelling 1978). Demgegenüber können sich die kollektiven Effekte des gemeinsamen Handelns vieler aber auch so auswirken, dass keiner ein Interesse daran hat, seine anfänglichen Überlegungen zu revidieren. Natürlich haben wir das Recht und – vor allem dann, wenn uns nur bestimmte Teilexplananda interessieren – auch Anlass, darauf zu verzichten, alle Erklärungsschritte zu vollziehen; gleichwohl ist es uns wichtig, darauf hinzuweisen, dass sozialwissenschaftliche Erklärungen in letzter Instanz *rekursiv* angelegt sind: die Explananda der Teilschritte lassen sich als Voraussetzungen des nachfolgenden Erklärungsschritts behandeln und der vierte und letzte als Anwendungsbedingung für die Wiederaufnahme des ersten.

Da wir zur Fortführung einer jeweils erreichten Erklärungsstufe Zusatzhypothesen benötigen, kann man fragen, woher wir diese beziehen können. Zwei Wege scheinen dabei offenzustehen: Zum einen können wir die betreffenden Hypothesen auf jeder Modellierungsstufe jeweils (neu) erfinden und sodann prüfen, welche testbaren Folgerungen ableitbar sind. In anderen Fällen kann es ratsam sein, bereits vorliegende Modelle daraufhin zu befragen, ob sie über zuvor geprüfte Annahmen verfügen, auf denen unsere aktuelle Modellbildung aufbauen kann. Dieses zuletzt genannte Verfahren eröffnet die Möglichkeit, verschiedene Modelle in der Hoffnung zu verzahnen, dass wir damit ein *integriertes Forschungsprogramm* auflegen können, das uns zeigt, welche logischen Verbindungen zwischen unterschiedlichen Handlungstheorien oder deren Anwendungsmodellen bestehen. Wir vermuten, dass eine sorgsame Rekonstruktion solcher Verbindungslinien zeigt, dass die meisten soziologischen Modellierungsversuche, zumal solange sie gemeinsame Annahmen auf der Handlungsebene enthalten, aber auch, falls sie über geteilte Situationsannahmen und sich ergänzende Aggregierungs- bzw. Transformationsmodelle verfügen – wenn auch in aller Regel nur locker und auf indirekten Wegen –, miteinander logisch verknüpft und zu einem einheitlichen Forschungsprogramm integriert werden können (vgl. Kap. 5 und 10).[10] Sofern sich infolge dieser Verzahnung zeigt, dass bestimmte

---

[10] Wir widersprechen damit den Darstellungen der soziologischen Theoriegeschichte, wie sie in den 1970er Jahren üblich waren und noch heute verbreitet werden, in denen von der Existenz divergierender Schulen ausgegangen wird, zwischen denen keine (logischen) Beziehungen bestehen (vgl. Menell 1974; Turner 1974 u. a.), und plädieren stattdessen für eine integrative Sozialwissenschaft (vgl. Albert 1998). Dass und wie dies vonstatten gehen kann, lässt sich überaus eindrucksvoll an

Ableitungen sich widersprechen und sich bei näherer Betrachtung als unhaltbar erweisen, können wir sie auch zur wechselseitigen Kritik unserer vereinzelten Modellierungsversuche verwenden und das auf die geschilderte Weise initiierte Forschungsprogramm fortschreitend und erfahrungskontrolliert verbessern.

Es dürfte zudem deutlich geworden sein, dass nur der erste Erklärungsschritt dem originalen HempelSchema entspricht; nur dort werden Gesetze in Anspruch genommen und nur bei der situationsbezogenen Erklärung von individuellen Handlungen rekurrieren wir auf nomologische Aussagen. Wir unterstellen also nicht, dass die Situationsmodelle und die Aggregierungs- und Rekursionsannahmen nomologische (oder auch nur ‚gesetzesähnliche‘) Zusammenhänge darstellen. Oder genereller: Es gibt keine „kausalen Verbindungen" zwischen Verteilungsgrößen (vgl. Coleman 1990a, S. 27 f.). Stattdessen schlagen wir vor, makrostrukturelle Explananda nur dann für erklärt anzusehen, wenn die mithilfe von Explanandumsätzen beschriebenen sozialen Sachverhalte oder kollektiven Ereignisse und Struktureffekte aus Aussagen über typische Handlungssituationen und damit aus den interdependenten Handlungen einzelner Akteure gefolgert werden können und wenn zudem gezeigt werden kann, unter Annahme welcher Zusatzinformationen sich erklärungsrelevante Folgen ihres aufeinander bezogenen Handelns ableiten lassen, die wiederum das weitere Handeln strukturieren, kanalisieren und beschränken können. Die Folgerung aus diesen Überlegungen ist zwingend: Soziale Prozesse und Sachverhalte resultieren aus den aktiven, erfolgsorientierten Bemühungen von Akteuren, die ihre individuellen Ziele im Rahmen vorgegebener sozialer Strukturen – als deren zentrales Charakteristikum aus soziologischer Sicht die Interdependenz des sozialen Handelns bearbeitet werden sollte – verfolgen müssen. Die zu erwartende Vielgestaltigkeit und die strategische Unbestimmtheit des wechselseitigen sozialen Handelns besagen dann, dass die gesellschaftlichen Verkehrsformen sich nicht in gesetzmäßiger Weise entwickeln, dass aber dem faktischen Verlauf des sozialen Geschehens durchaus *Gesetze des individuellen Handelns zugrunde liegen*, ohne die wir weder wüssten, *weshalb* die Akteure in bestimmter Weise handeln, noch *wie* sich die Konsequenzen ihres Tuns auf ihren zukünftigen Handlungserfolg *auswirken*. Bewegen wir uns im Rahmen der Nomenklatur unseres mehrstufigen Erklärungsarguments, dann heißt dies, dass wir die makrosozialen Explananda nur unter Rekurs auf die darunterliegende Stufe erklären dürfen; in diesem Sinne sind sozialwissenschaftliche Erklärungen ‚Tiefenerklärungen‘, die nur unter der

---

der Behandlung „kollektiven Handelns" nachvollziehen (vgl. Olson 1968), die dazu geführt hat, dass in der Soziologie die Frage nach sozialer Ordnungsbildung (Hechter 1987; Maurer 2004a), Revolutionen und Rebellionen (Opp et al. 1993; Coleman 1990a) und in der Politikwissenschaft Wahlen und Demokratie (für viele Scharpf 2000) völlig neu konturiert werden konnten (vgl. hier ausführlich Kap. 8).

Voraussetzung gültig sind, dass wir die strukturelle Gestalt und die Dynamik gesellschaftlicher Verhältnisse als eine zumeist nichtintendierte und keineswegs von allen erwünschte Konsequenz des individuellen Handelns einer Mehrzahl von interdependenten Akteuren verstehen können.

Die ‚Ursachen' sozialer Prozesse und deren Verteilungswirkungen sind auf der *darunterliegenden Ebene* individueller Handlungen zu suchen (Coleman 1991, S. 4 f.), weshalb wir in Übereinstimmung mit einem Bezeichnungsvorschlag, den Daniel Little popularisiert hat, von der Notwendigkeit handlungstheoretisch fundierter „Mikroerklärungen" bzw. von sogenannten „Mikrofundierungen soziologischer Erklärungen" sprechen wollen (vgl. u. a. Little 1998, S. 3 ff., 24 ff.), die die Beweggründe des sozialen Geschehens in den „structured circumstances of choice of intentional agents *and nothing else*" suchen (Little 1998, S. 203). Mit Peter Manicas wäre zu ergänzen: „in the social sciences, the generative mechanisms of social outcomes are the actions of persons and no further reduction is either plausible or demanded" (Manicas 2006, S. 75; vgl. auch Coleman 1991, S. 4). Die zentrale Konsequenz dieser Festlegung besteht in unseren Augen darin, dass wir zur methodologisch-technischen Absicherung sozialwissenschaftlicher Erklärungen einen wohlverstandenen *Methodologischen Individualismus*[11] akzeptieren, dessen zentrale Regel einfordert, alle sozialwissenschaftlichen Erklärungen als mikrofundierte Erklärungen anzulegen. Sich einer solchen forschungsheuristischen Leitvorstellung anzuvertrauen, heißt nicht, dass wir infolgedessen die Forderung vertreten, die Sozialwissenschaften hätten ein Reduktionsprogramm zu verfolgen. Im Gegenteil dazu gehen wir davon aus, dass Existenz und Entwicklung sozialer Regelmäßigkeiten bzw. makrostruktureller Verhältnisse als eigenständige „soziale Tatsachen"[12] gelten dürfen und dass deren Erklärung zum unstrittigen Kern des soziologischen Alltagsgeschäfts zu zählen ist. Bemüht man sich aber um solche Erklärungen, dann gilt die Anweisung: „Wo immer Soziologen versuchen einen *Mechanismus* anzugeben, der erklärt, wie ein sozialer Tatbestand einen bestimmten anderen zur Folge hat, greifen sie explizit oder implizit auf individuelle Präpositionen zurück […]. Will man einen sozialen Tatbestand nicht nur ad hoc einem anderen als Ursache zuweisen, dann muß man explizit auf individualistische Propositionen zurückgreifen und zu allererst klären, wie ein sozialer Tatbestand auf einzelne (oder typisierte einzelne) einwirkt." (Lindenberg 1977, S. 48)

---

[11] Vgl. schon Weber (1980/1922); zur neueren Diskussion Schmid (1996, S. 56 ff., 82 ff.), Albert (1998), Little (1998, S. 25 ff.); zum Verlauf der neueren Debatte O'Neill (1973), Vanberg (1975) sowie Udehn (2001).

[12] Vgl. zur Diskussion des vielschichtigen Problems „sozialer Tatsachen" Gilbert (1989), Collin (1997) oder Greshoff et al. (2003).

3.1.2   Handlungs- und Strukturannahmen in klassischen Ansätzen

Auf diesem Weg ist dann auch das umfangreich debattierte „Makro-Mikro-Makro-Problem" zu bearbeiten, das die sozialwissenschaftliche Theoriebildung seit langer Zeit beschäftigt. Dass das Verhältnis von „Individuum" und „Gesellschaft" im Mittelpunkt der soziologischen Analyse stehen muss und dass die Entwicklung der Gesellschaft ohne das Zutun ihrer Mitglieder nicht denkbar ist, stand von Beginn der soziologischen Theoriearbeit an fest. Daraus folgt, dass die kleinste Einheit soziologischer Analysen das Individuum und dessen Wollen und Tun ist, dass aber die Erklärungsbemühungen sozialen Sachverhalten gelten. Gleichwohl haben sich bei dem Versuch, das Wechselspiel von Akteur und sozialer Situation bzw. die Fernfolgen des sozialen Handelns der Akteure zu bestimmen, Vorstellungen verbreitet, die im Lichte neuerer Erkenntnisse und vor allem handlungstheoretisch fundierter Erklärungsmodelle, für die wir uns aussprechen, nicht haltbar sind. Dabei sind mehrere, logisch eng miteinander verbundene Unzulänglichkeiten zu benennen: Zum einen glaubte die Klassik, auf die Entwicklung einer Handlungstheorie und damit auf Erklärungen subjektiver Handlungseffekte gänzlich verzichten zu können; oder sie wollte sich zur Erklärung gesellschaftlicher Verhältnisse nur mit einer halbherzigen und entsprechend mangelhaften Ausarbeitung der Handlungstheorie zufriedengeben; oder aber man versuchte, um diese Mängel zu beheben, das Handeln der Akteure unter ausschließlichem Verweis auf gesellschaftliche Strukturen und Positionen (materielle Interessen und Ressourcen oder Ideen und Deutungsmuster) zu erklären, was erlauben sollte, ein genuin makro-strukturalistisches Forschungsprogramm aus der Taufe zu heben. Wir wollen unsere Bedenken durch einen Blick auf die Auffassungen von Max Weber, Emile Durkheim und Pierre Bourdieu plausibel machen.

Im Anschluss an Weber plädieren Vertreter zahlreicher soziologischer Denktraditionen dafür, das *sinnhafte Tun* der Menschen zum Ausgangspunkt einer Erklärung der sozialen Welt zu machen und die Handlungsrelevanz sozialer Situationen bzw. sozialstruktureller Faktoren ebenso zu berücksichtigen wie den handlungskanalisierenden Einfluss von Ideen und Wertüberzeugungen. Weber ging davon aus, dass die Menschen angesichts der Komplexität der Welt einerseits ein Orientierungsbedürfnis haben und andererseits als Kulturmenschen Sinn setzen und auf diese Weise die Vielfalt der sozialen Welt in kulturbedeutsame Ausschnitte zerlegen und für die angemessene Organisation ihres Handelns verwerten können (vgl. noch ausführlicher Kap. 6). Daraus bezog die Soziologie ihre Grundfrage nach den Bedingungen wechselseitiger, verständlicher und verlässlicher Handlungserwartungen, an denen sich die Akteure sinnhaft orientieren, um auf diese Weise Ordnung immer wieder herstellen zu können. Erklärungen sozialer Regelmäßigkeiten sind demnach nur unter Verweis auf das deutende Verstehen des sinnhaften Handelns der Subjekte möglich.

Allerdings ist damit keinesfalls abschließend geklärt, wann und wie Handlungserklärungen von der Annahme eines bewusst und intentional verlaufenden Handelns abweichen dürfen und sollen und vor allem, wie die Handlungsebene mit der Strukturebene jeweils zu verbinden ist.[13] Für die Diskussion der Frage, wie in diesem Zusammenhang eine *adäquate Handlungstheorie* auszusehen hat, ist eine Anregung Max Webers bedeutsam geworden, der sich viele angeschlossen haben. Da Weber die grundsätzliche Sinnhaftigkeit des Handelns zur Grundlage seiner Gesellschaftsanalysen macht, hat er vorgeschlagen, Handlungen nach ihrem *Rationalisierungsgrad* – und damit nach dem Grad ihrer (sinnhaften) Versteh- und Nachvollziehbarkeit – zu ordnen. Entsprechend ist ein Handeln sinnhaft und ohne Einschränkungen verstehbar – eben in einem Höchstmaß „evident" –, dessen Ziele bewusst gewählt und gegen Nebenfolgen abgewogen sind und das in diesem Sinn als ein *rationales Mittel* zur Erreichung dieser Ziele gewählt ist. Demgegenüber lässt sich ein wertrationales Handeln als ein von allen Bedenken möglicher Handlungsfolgen losgelöstes Handeln verstehen, das alleine gesinnungsethisch ausgerichtet ist. Das gewohnheitsorientierte, rein traditionale Handeln wiederum, das latent bleibenden Mustern dumpfer „Eingelebtheit" und „Fügsamkeit" folgt, ist noch um einen weiteren Grad schwerer zu verstehen, wohingegen affektuelles, von wechselnden und unvorhersehbaren Gefühlslagen geleitetes Handeln kaum noch sinnhaft nachzuvollziehen ist. Weber (1980/1922; 1988/1913) hat diese unterschiedlich rationalen und daher auch unterschiedlich verstehbaren Handlungsmotive und orientierungen auf der Mikroebene im Rahmen seiner idealtypischen Begriffsbildung behandelt und zu diesem Zweck eine vielfach kopierte *Handlungstypologie* vorgeschlagen, wobei er annimmt, dass jedes real vorfindbare Handeln einer theoretisch zunächst unbestimmten Mischung der vier genannten Typen entspricht, die für die jeweilige Situation eigens zu bestimmen ist. Zu diesem Zweck hat Weber wiederholt angeraten, die soziologische Erklärungsarbeit aus *Evidenzgründen* mit der Annahme zu beginnen, dass das Handeln der Akteure einer zweckrationalen Orientierung folgt, um empirisch unabweisbare Abweichungen davon sodann mittels der These zu deuten, dass in konkreten Situationen auch andere Handlungsorientierungen beginnen eine Rolle zu spielen.

---

[13] Es ist auch noch ausführlich darauf einzugehen, wie die hier vertretene Position, dass soziologische Erklärungen durchaus einen nomologischen Kern in Form allgemeiner Aussagen über das individuelle Handeln haben müssen, sich mit dem von Weber empfohlenen Vorgehen verträgt, die Handlungsorientierung für konkrete Situationen empirisch zu ermitteln bzw. aus gesellschaftlichen Strukturen auf vorgegebene, typische Handlungsweisen zu schließen (Habitustheorie von Bourdieu, Strukturaktionstheorie von Giddens). Davon abermals abzugrenzen sind Analysen und Konzepte, die mit Ad-hoc-Annahmen über das individuelle Handeln arbeiten und die daher keine systematische Erklärungsarbeit anstreben und keine eindeutigen handlungsrelevanten Situationsfaktoren benennen.

Dieser Hinweis wird in jüngster Zeit verschiedentlich aufgegriffen, so auch von Verteidigern einer Theorie der rationalen Wahl und von kritischen Interessenten an den Modellwelten des *homo oeconomicus* (vgl. Norkus 2001; Maurer 2007a; 2007b; Erlei 2010), die bislang die Wertsetzungen der Akteure als eine Konstante betrachtet haben. Allenfalls gewohnheitsmäßiges Handeln zog insoweit einige Aufmerksamkeit auf sich, da es sich als ein trivialer Grenzfall rationalen Handelns für den Fall deuten lässt, dass die Akteure keinen Anlass sehen, ihren bisherigen Handlungspfad zu verlassen (vgl. Esser 1991, S. 14). Weber selbst hätte diesen Vorschlägen wahrscheinlich nicht folgen wollen, vernachlässigte es aber, eine handhabbare Alternative zu formulieren, weil er offenließ, aufgrund welcher genauen Funktion sich die unterschiedenen Handlungsorientierungen mischen bzw. wann welche von ihnen dominant wird; was mit der Folge verbunden ist, dass man die generative Funktion des Handelns nur schwer erkennen kann und deshalb die Prüfung handlungstypologisch gewonnener Annahmen nicht möglich ist. Weber hat es versäumt, seine Handlungstypologie zu einer heuristisch fruchtbaren Handlungstheorie mit einem benennbaren nomologischen Kern auszugestalten und damit auch die Wirkung materieller und ideeller Faktoren theoriegeleitet zu adressieren. Präzise und kritikfähige mikrofundierte Erklärungen sind damit unmöglich.

Zur Kompensation dieses Mangels haben Soziologen die Ansicht vertreten, dass die soziale Welt nicht den Allgemeinheitscharakter naturwissenschaftlicher Phänomene aufweist. Vielmehr sei die Eigenart der sozialen Welt ihre *Einmaligkeit* und *historische Einzigartigkeit*, die sowohl den Rückgriff auf allgemeine Aussagen bzw. universell gültige Handlungstheorien, wie sie der Rational-Choice-Theorie oder Lerntheorien vorschweben, als auch die Suche nach sich wiederholenden Regelmäßigkeiten verbietet. Anzustreben sei stattdessen, die wirksamen, kontingenten Handlungsmotive und die historisch-sozialen Besonderheiten der Situation zu rekonstruieren und daraus allenfalls konstellationstypische Zusammenhänge zu folgern, was die Erfassung vielfältigster empirischer Details und spezifischer Eigenheiten der untersuchten Handlungssituationen, kaum aber die Kenntnis von weitreichenden handlungstheoretischen Gesetzmäßigkeiten erforderlich mache. Eine solche Auffassung zieht allerdings das von Hans Albert als kritisch eingestufte Problem nach sich, dass solche Rekonstruktionen aufgrund ihrer völlig unzulänglichen Kontrolle durch die Annahmen einer bewährten Handlungstheorie für beliebige Situationsfaktoren offen und daher heuristisch nicht fruchtbar sind (vgl. Albert 1998; Maurer 2007a). Tatsächlich vertreten viele Anhänger eines Weber'schen Forschungsprogramms die These, dass konkrete historisch-idealisierende Situationsanalysen nicht falsifiziert werden können und sich neue Forschungsfragen nicht im Gefolge von empirisch widerlegten Anwendungsmodellen, sondern allenfalls daraus ergeben, dass das „Licht der großen Kulturprobleme [...] weiter gezogen" ist (Weber 1988/1904, S. 214).

Auch Webers Modellierung des Zusammenhangs zwischen der Handlungs- und der Strukturebene lässt Wünsche offen. Weber will, ausgehend vom Typus des zweckrationalen Handelns, idealtypische Rekonstruktionen empirisch-historischer Situationen vornehmen, die Wahrscheinlichkeitsaussagen über das dort typischerweise und regelmäßig zu erwartende soziale Handeln zu formulieren erlauben, und daraus auf soziale Regelmäßigkeiten schließen. Allerdings kann er das Entstehen derartiger Regelmäßigkeiten nur sehr begrenzt erklären, weil seine Theorie des sinnhaften individuellen Handelns keine strategischen Interdependenzen berücksichtigt (vgl. Hernes 1989; Coleman 1990a; Norkus 2001) und damit auch die Abstimmungsprobleme im Dunkeln lassen muss, vor die sich die Akteure für den Fall gestellt sehen, dass sie strategisch agieren müssen. Stattdessen behilft sich Weber damit, eine legitime, anerkannte Ordnung zu unterstellen, an der sich die Akteure vorbehaltlos orientieren und aus der sich die Zweckhaftigkeit des kollektiven Handelns ohne Weiteres ableiten lässt (vgl. Maurer 2004a).

Eine solche Vorgehensweise postuliert, dass es erlaubt sei, aus anerkannten Ordnungen auf ein regelgeleitetes Handeln zu schließen und diesen Befund auf analoge Situationen zu übertragen (vgl. etwa Weber 1988/1920). Zwar ist dies keineswegs völlig abwegig, bleibt aber unbefriedigend, solange die Analyse des stabilitätsgenerierenden Mechanismus: der anerkannten Ordnung, handlungstheoretisch unbestimmt bleibt, da Weber kein Argument angibt, worin die Anerkennung begründet ist und weshalb sich Akteure daher in allen Fällen regelorientiert und damit in ordnungsstabilisierender Weise verhalten sollten. Mit Sicherheit ist es richtig, dass Verbandsordnungen auf den geteilten Legitimationsglauben der Verbandsmitglieder angewiesen sind bzw. dass Akteure die Widersprüchlichkeit und Konfliktbehaftetheit ihrer wechselseitigen Erwartungen durch die Beachtung gemeinsamer Regeln beseitigen können; Weber verfügt aber über keine Handlungstheorie, die ihm die wahrscheinlich höchst variablen Bedingungen nennt, angesichts derer seine Akteure soziale Ordnungen aufbauen oder dabei scheitern.

Auch Emile Durkheim geht davon aus, dass soziale Problemlagen oder Gefahren daraus entstehen können, dass keiner der Akteure erkennen kann, ob und unter welchen Umständen seine Mitakteure zur Durchsetzung ihrer Bedürfnisse und Absichten zu inakzeptablen Mitteln greifen. Die Lösung sieht er darin, dass die Akteure dazu in der Lage sind, eine gemeinsame Moral zu entwickeln, die ihnen den Verzicht auf schädigungsträchtige Manöver zwingend nahelegt. „Ich kann nur in dem Maße frei sein, in dem ein anderer daran gehindert wird, seine physische, ökonomische oder andere Überlegenheit, die er besitzt, auszunützen, um meine Freiheit zu unterdrücken; nur soziale Regeln können einen Mißbrauch der Macht verhindern." (Durkheim 1988/1893, S. 43) Zur Beantwortung der Frage, wie angesichts des Zerfalls der überkommenen mechanischen Solidarität „eine neue Moral zu bilden sei" (Durkheim 1988/1893, S. 480), hat sich

Durkheim mit Nachdruck zu zeigen bemüht, wie die Neigung, sich moralisch bzw. regelorientiert zu verhalten, durch die sozialen Umstände bestimmt wird, in denen sich die Akteure wiederfinden und die darauf hinwirken, jene Gefühle der wechselseitigen Verpflichtung entstehen zu lassen, die eine erfolgreich integrierte Gesellschaft voraussetzen muss. Seine Analyse der Entstehung von Moral aus der Notwendigkeit, eine arbeitsteilige Organisation der gesellschaftlichen Reproduktion vorzunehmen (vgl. Durkheim 1988/1893), ist ebenso bekannt geworden wie seine Beschreibung des rituellen Handelns, in dessen repetitivem Vollzug die Akteure sich immer wieder das integrationsdienliche, gemeinsame inhaltliche und moralische Wissen zu beschaffen verstehen, das – wie Durkheim an einer Stelle schreibt – „die Individuen in ihrer Natur als soziale Wesen bestätigt" (Durkheim 1981/1912, S. 505) und sie dazu befähigt, als moralische Agenten den Gefährdungen der Selbstzerstörung oder Selbstauflösung ihrer gesellschaftlichen Beziehungsformen zu entgehen.

Die für die Theoriegeschichte der Soziologie außerordentlich einflussreiche Implikation dieser Sichtweise ist nun, dass sich das ordnungsdienliche Handeln der Akteure aus eben jenen gesellschaftlichen Bedingungen notwendigerweise ergibt, deren Regulierung in Frage steht, mit der Konsequenz, dass sich die gesellschaftlichen Verhältnisse prägend oder – wie Bourdieu vermutet – *habitualisierend* (vgl. Bourdieu 1979) auf die Handlungsmotivationen der Akteure auswirken. Entsprechend kann man ihr Handeln jederzeit als Ausdruck eben jener gesellschaftlichen Positionen erklären, die sie einnehmen und insoweit ihr Handeln auch erwartbar machen. Eine solche These führt aber nur unter höchst spezifischen Bedingungen zu zutreffenden Vorhersagen bezüglich des wahrscheinlichen Handelns der Akteure, nämlich dort, wo unveränderliche Beziehungsverhältnisse und konstante Bedürfnisse aufeinandertreffen und den Akteuren gar keine andere Wahl lassen, als sich ordnungsgemäß und damit ordnungsstabilisierend zu verhalten. Selbstverständlich gibt es solche Situationen zumal dort, wo sie durch Herrschaftsverhältnisse (Bourdieu 1998), nachhaltig wirksame Sozialisationspraktiken (Bourdieu 1970) und sozial geteilte Lebensformen (Bourdieu 1982) gestützt werden; aber daraus den Schluss zu ziehen, dass die Akteure auf die Ausweglosigkeit ihrer Handlungssituation mit Gewohnheitsbildung reagieren und die Suche nach alternativen Optionen, vor allem moralisch anrüchiger Art, vollständig einstellen,[14] dürfte an der Realität vorbeizielen. Die eventuelle Ordnung einer Gesellschaft verdankt sich nicht der nomologischen Verzahnung von Strukturen oder unverrückbaren Institutionen, sondern entwe-

---

[14] Die sogenannten Praxistheorien neigen zur Generalisierung dieses Gesichtspunktes (vgl. Reckwitz 2000), haben allerdings infolgedessen mit der Schwierigkeit zu kämpfen, die Aufgabe von Gewohnheiten mithilfe einer leider völlig unentwickelten Theorie des kreativen Handelns bearbeiten zu wollen.

der der von den Akteuren wahrgenommenen Unmöglichkeit von bzw. ihrem mangelnden Interesse an Veränderungen.

Die ordnungssichernden Umstände müssen aber nicht so bleiben, wie sie sind, weshalb die Annahme, die Gesellschaftsentwicklung folge dem gesetzmäßigen Gang einer unverrückbaren Reproduktionsdynamik, sofort als falsch erkennbar ist, wenn sich die Anreizstruktur der Akteure verändert. Dieser Tatbestand ruft in Erinnerung, dass Akteure bei aller unleugbaren gesellschaftlichen Gebundenheit und der Wirksamkeit latenter, hintergründiger und ihrem bewussten Zugriff entzogener Handlungsvoraussetzungen[15] letztlich freie und intentionale Akteure sind, die sich allenfalls dann Beschränkungen auferlegen, wenn ihnen eine solche Handlungsstrategie durch ihre Beziehungsverhältnisse aufgedrängt und entsprechend unausweichlich wird. Zugleich steht jede sich an Durkheim anlehnende Handlungsauffassung vor allem dann vor einem unvermittelten Rätsel, wenn sich die Optionsräume der Akteure erweitern, weil ihre einzige Erklärung dafür, dass die Akteure ordnungsdienlich handeln, darin besteht, dass diese selbst ihre Freiheiten beschränken. In der Konsequenz müssen Durkheimianer daran glauben, dass jede Erweiterung der Handlungsspielräume zum Zusammenbruch der überkommenen moralischen Ordnung führen muss, und sie haben keine handlungstheoretischen Mittel, um verändernde Strukturqualitäten auch für jene Fälle zu modellieren, in denen die Integrationswirksamkeit einer habitualisierten „geteilten Moral" nachlässt. Eine Theorie, die Handeln als erwartungskompatibles, habituelles Handeln erklärt, kann nicht sagen, womit die Akteure rechnen sollten, wenn sich Gewohnheiten als dysfunktional oder unvorteilhaft erweisen und habituell gestaltete Wechselerwartungen, ihrer verdeckten Nebenfolgen wegen, täuschen und enttäuschen.[16] Solche Vorkommnisse sollten den Rückschluss nahelegen, dass statistisch sauber erhobene Strukturzusammenhänge auch dann *kontingent* sind, wenn sie sich wiederholt und über längere Beobachtungszeiträume nachweisen lassen.

3.2   Methodologische Regeln

Wir haben zu Beginn des Kapitels bereits vermerkt, dass die Erklärungsgegenstände der Soziologie: soziales Handeln und dessen Folgen (Weber), Institutionen

---

[15] Diesen Tatbestand betonen zahlreiche Kultursoziologien (vgl. etwa Alexander, J. et al. 1987). Hinderlich ist freilich die oftmalige Implikation, dass durch Latenzen beeinflusste Akteure keine Opportunisten sein könnten. Rationaltheorien tun sich in dieser Frage leichter.

[16] Lindenberg (1975; 1985b) hat auf die Unzulänglichkeiten einer Theorie verwiesen, die darauf abstellt, dass die Akteure unter allen Umständen dazu tendieren, die Erwartungen ihrer Mitakteure zu erfüllen.

und Moral (Durkheim) oder soziale Beziehungsformen (Simmel, Elias), auf der Makroebene angesiedelt sind, dass aber gleichwohl als Träger und Motor des Sozialen[17] die Akteure und ihr Handeln angesehen werden. Diese Konstellation hat der gegenwärtigen soziologischen Theorienlandschaft ein schillerndes Erbe hinterlassen. So meinen nicht wenige Fachvertreter noch immer, aus den Besonderheiten der sozialen Welt und deren Gegensätzlichkeit zur Natur ableiten zu müssen, dass in der Soziologie Erklärungen gar nicht möglich seien, dass diese dem naturwissenschaftlichen Methodenideal somit nicht folgen könne und letztlich auch auf die Verwendung von Prüfungsregeln verzichten dürfe. Erschwerend kommt hinzu, dass die soziologische Theoriediskussion von verschiedenen Theorieentwürfen und Paradigmen – mit jeweils eigenen erkenntnistheoretischen Positionen und Prämissen – durchzogen ist,[18] die sich scheinbar einer einheitlichen Systematisierung (wie in den Naturwissenschaften) entziehen und ihre Manifestation in scheinbar unaufhebbaren Dualismen wie dem zwischen Handlungs- und Strukturtheorien finden (vgl. dazu Vanberg 1975; Alexander, J. et al. 1987). Daraus wird dann mitunter gefolgert, dass ein integratives Erklärungsprogramm in der Soziologie ebenso unmöglich wie unerwünscht sei.

Bewegung kam in die verschiedenen, sich vielfach kreuzenden Konfliktlinien der 1970er Jahre, als auch die Soziologie – wie schon zuvor die Ökonomie und die Politikwissenschaft – die Verbindung von Handlungs- und Strukturtheorien zu bearbeiten begann, was seinerseits die Bemühungen um eine erklärende, analytisch vorgehende Soziologie stärkte (vgl. Lindenberg et al. 1986; Esser und Troitzsch 1991a; Hedström und Swedberg 1998; Schmid 2006).[19] Ins Zentrum soziologischer Theoriearbeit rückte damit wieder die Frage nach der Anlage allgemeiner Erklärungen sozialer Sachverhalte und das Bestreben, ein heuristisch fruchtbares, soziologisch integrierendes und disziplinenübergreifend orientiertes Forschungsprogramm auf der Grundlage wissenschaftlicher Kriterien zu begründen und Warum-Fragen beantworten zu können. „Soziologische Erklärungen bedeuten *immer* mehr als die noch so genaue Beschreibung von Sachverhalten und Abläufen. Man will ja auch den *allgemeinen* Mechanismus verstehen, aufgrund dessen ein spezielles kollektives Ereignis auf eine spezielle soziale Situation folgte." (Esser 1993, S. 119)

---

[17] Vgl. zum Begriff des „Sozialen" als soziologischer Grundkategorie etwa Greshoff (1999) oder Greshoff et al. (2003).

[18] Nach dem Zerfall der Parsons-Schule (vgl. dazu Alexander, J. 1983) bildete sich zunächst eine Unzahl verschiedener „Paradigmata" (vgl. für viele Turner 1974; Münch 2003; 2004), deren Verhältnis weitgehend ungeklärt ist. Neuerdings lassen sich sowohl Konfrontationen als auch Konvergenzen feststellen (vgl. etwa Kron 2010).

[19] Vgl. für eine ausführlichere Darstellung der Literatur Schmid (2006).

3.2.1   Modellbildung: Methode der abnehmenden Abstraktion

Soziologische Erklärungen, die Aussagen über soziale Sachverhalte mithilfe von allgemeinen Handlungsannahmen ableiten wollen, sind immer mit der grundsätzlichen Frage konfrontiert, ob und wie lange sie mit möglichst einfachen, analytisch starken oder ableitungsreichen Annahmen arbeiten können und wann und wie sie die zugrunde liegenden Annahmen erweitern müssen, um möglichst aussagekräftige und empirisch prüfbare Thesen auf der Strukturebene vorzulegen. Die durch Konstanzannahmen kontrollierte *Einfachheit* der fundierenden Annahmen ist erforderlich, weil erst damit Varianzen der zu erklärenden Sachverhalte sichtbar gemacht werden können; und ihre *Allgemeinheit* wird man postulieren müssen, um sie unter zahlreichen Umständen anwenden bzw. prüfen und die so gewonnenen Modellierungsvorschläge in einem integrativen Forschungsprogramm verorten zu können.

Die Frage, wie allgemein oder konkret und wie einfach oder komplex die Ausgangsannahmen sein sollten, stellt sich auf *jeder Ebene* eines mehrstufig angelegten Erklärungsmodells und konfrontiert die Forscher mit einem *Optimierungsproblem*, dessen Lösung sie dazu zwingt, bestimmte Faktorengruppen konstant zu halten, sodann möglichst reichhaltige Anwendungen zu suchen, um endlich zu prüfen, ob die Ergebnisse der Untersuchungen verlangen, bestimmte Annahmen aufzugeben oder zu revidieren. Die *Methode der abnehmenden Abstraktion*[20] schlägt dazu vor, im ersten Schritt eine durch die Handlungstheorie angeleitete Beschreibung der als zentral erachteten erklärungsrelevanten Struktur- und Situationsfaktoren vorzunehmen und dann sukzessive zusätzliche, realitätsnähere Faktoren – die zunächst als weniger relevant erachtet werden – mit einzubeziehen, falls die Überprüfung der Ausgangsannahmen dies erfordert. Dabei ist immer abzuwägen, ob und mit welchem Aufwand eine größere Realitätsnähe und damit letztlich eine bessere empirische Prüfbarkeit der Aussagen zu erreichen ist und ab wann komplexer angelegte Handlungstheorien oder Modellannahmen nicht gerechtfertigt sind. Dem liegt das Gütekriterium zugrunde, mit möglichst einfachen und allgemeinen Hypothesen möglichst viele Phänomene zu erklären, was letztlich heißt, die für den zu erklärenden Sachverhalt zentralen Erklärungsfaktoren[21] zu erfassen und aus der komplexen sozialen Welt *nur diese* herauszuheben,

---

[20] Vgl. zu deren Darstellung und Anwendung insbes. Lindenberg (1991), Coleman (1991, S. 28 f.), Büschges et al. 1995, Kap. 3), Esser (1993, Kap. 7), Kuipers (1984; 2001), Opp (2005) und Wittek (2006).

[21] Frank H. Knight (2006/1921), der die ökonomische Erklärung auf die Relevanz von Risiko- und Unsicherheitssituationen aufmerksam gemacht und damit wesentlich zur Verbesserung der ökonomischen Modellbildung beigetragen hat, wollte in der ökonomischen Theorie den Hiatus zwischen deduktiven Modellen und induktivem Vorgehen aufbrechen, indem er vorschlug, nach einigen wenigen allgemeinen Faktoren zu suchen, die in einer großen Gruppe von Problemsituationen domi-

um eine überprüfbare analytische Beschreibung kausalrelevanter Zurechnungen herstellen zu können. Zur Bearbeitung des letztlich unaufhebbaren Spannungsverhältnisses zwischen Allgemeinheit und Realitätsnähe wird so ein erkenntnistheoretisch begründetes *Effizienzkriterium* verwendet, das den Aufwendungen zusätzlicher Theorie- oder Modellerweiterungen den damit erreichbaren Erklärungsgehalt gegenüberstellt. Bedeutsam ist entsprechend die Empfehlung, methodologisch griffige Heuristiken zu erarbeiten, die Auskunft darüber geben können, wann im Verlauf der Forschungsarbeit und an welcher Stelle der Theorie- bzw. der Modellbildung *realitätsgerechtere Annahmen* sinnvoll sind, weil sie zu einem vertretbaren Mehr an Erklärung führen, und wie diese anzulegen sind (vgl. Esser et al. 1977; Esser 1989; Lindenberg 1989; 1991; Opp 2005).[22]

Wir wollen diese Vorgehensweise für die verschiedenen Erklärungsebenen getrennt behandeln und dann nach ihrem übergreifenden methodologischen Gewinn fragen. Wir folgen dabei der Empfehlung, mehrstufige Erklärungen sozialer Sachverhalte in letzter Instanz durch Handlungsgesetze zu fundieren, die das Handeln in allen Fällen als eine nomologische Funktion der Bewertungen und der Fähigkeiten der Akteure betrachten, Strukturen oder Handlungssituationen daraufhin wahrzunehmen und Erwartungen auszubilden. Das formulierte Handlungsgesetz wird auf verschiedene Situationskonstellationen angewandt, um aus Sicht der Akteure zentrale, d. h. handlungsrelevante Situationsfaktoren zu benennen und um Aussagen über deren handlungsleitende Wirkungen bzw. über die für diese Situationen charakteristischen Handlungsalternativen zu machen, die den untersuchten Akteuren oder Akteursgruppen zur Verfügung stehen. Aus dem Anspruch, die soziale Welt bzw. soziale Situationen in einige wenige handlungsleitende Situationsfaktoren und konstellationen zu zerlegen und deren Effekte zu analysieren, entspringt die methodologische Regel, auf der Handlungsebene mit *allgemeinen, sparsam formulierten* (und möglichst gut bestätigten) Gesetzen zu arbeiten und diese als einen Suchscheinwerfer einzusetzen, der auf möglichst zahlreiche und relevante Situationen aufmerksam macht. Die Festlegung auf ein

---

nant sind und es daher erlauben, allgemeine Aussagen zu machen und diese zu konkretisieren. Als klassischer Referenzpunkt für diese Argumentation gilt Milton Friedman (vgl. dazu Lindenberg 1991, S. 35), der Hypothesen für wissenschaftlich umso wertvoller hält, je mehr Phänomene sie durch allgemeine Faktoren erklären.

[22] Die in der Soziologie geübte Kritik am ökonomischen Wettbewerbsmarktmodell kann daher so verstanden werden, dass die dort unterstellte parametrische Entscheidungssituation, in der ein autonomer und sozial isolierter Akteur seine Entscheidungen trifft, als eine Idealisierung eingestuft und zugunsten der Modellierung sozialer Interdependenzen verworfen wird. Davon zu unterscheiden wären die in der Soziologie vielfach geforderten Erweiterungen der Theorie rationalen Handelns um eine wertrationale und gewohnheitsmäßige Handlungsorientierung (vgl. dazu Schmid und Maurer 2003a; Maurer 2008). Ob die jeweiligen Idealisierungen nicht am Ende doch eine hinreichend zutreffende Beschreibung der zu erklärenden Sachverhalte darstellen und ob sie tatsächlich in jedem Fall erweitert werden *müssen*, ist dann die Frage.

möglichst einfaches Handlungsgesetz – oder, wenn angebracht, auf mehrere, über Funktionen verbundene Handlungsprinzipien (vgl. Esser 1999; 2010) – ist unabdingbar, um auf dieser Grundlage die handlungsrelevanten Situationsfaktoren zu identifizieren bzw. theoretisch angeleitete Erweiterungen von Situationsmodellen vorzunehmen. Ohne genau fixierte handlungstheoretische Annahmen können wir keine Brückenannahmen bzw. Transformationsregeln formulieren. Solche Brückenhypothesen dienen im ersten Schritt dazu, das Handlungsgesetz oder die Handlungsprinzipien mit den Situationsannahmen so zu verknüpfen, dass empirische Bezüge hergestellt werden können, und Transformationsregeln sollen in einem weiteren Erklärungsschritt das so gewonnene Wissen über die Situation dazu nutzen, um individuelle Handlungen in kollektive Effekte zu überführen, deren Eigenheiten weder alleine aus den handlungsnomologischen Kernannahmen noch aus den Merkmalen der Handlungssituation abgeleitet werden können.

In der Soziologie werden bislang ganz heterogene Situationstypen modelliert, weil ihr eine klare Problemkonturierung fehlt, wie sie etwa die Ökonomie in der Frage der effizienten Ressourcennutzung oder die Politikwissenschaft in der Bildung einer guten Regierung haben. Wir werden versuchen, diese Lücke auszufüllen, indem wir als Leitlinie die ‚vorteilhafte Bearbeitung' unterschiedlich bedrängender sozialer Abstimmungsprobleme wählen, die sich aus dem intentionalen Handeln der Akteure erschließen lassen. In diesem Sinne folgen wir Raymond Boudon und James S. Coleman, die in den frühen 1980er Jahren vorgeschlagen haben, Situationsmodelle anhand unterschiedlicher Interessenkonstellationen zu entwerfen (vgl. Abschnitt 4.1). So hat Boudon unorganisierte von organisierten *Interaktionssystemen* (Boudon 1979; 1980a) und Coleman (1990a) Konstellationen gemeinsamer von solchen komplementärer Interessen unterschieden, und beide haben mithilfe der daraus folgenden typischen Handlungsformen unterschiedliche *Handlungssysteme* bzw. *Systemeffekte* abgeleitet.[23] Zunehmende Bedeutung gewannen in den letzten Jahren – vor allem dort, wo Soziologen explizit mit einer Handlungs- und Entscheidungstheorie arbeiten (vgl. Schimank 2002; Schmid 2006; Diekmann 2009) – formalisierte spieltheoretische Modelle oder doch zumindest die daraus ableitbaren Situationslogiken. Auch in dieser Tradition werden Situationen sozialer Interdependenz identifiziert und oftmals einem Vorschlag von Thomas Schelling folgend als Konstellationen typisiert, die von vollständig übereinstimmenden Zielen über gemischte Motive bis hin zu reinen Konflikten reichen (vgl. Schelling 1960; hier Kap. 7–9). Dass damit soziologisch relevante Interdependenzen erfasst werden können, scheint trotz einiger Kritik an dieser Vorgehensweise inzwischen weitgehend akzeptiert zu sein (vgl. Ullmann-Margalit 1977; Hechter 1992; Swedberg 2001; Hedström 2005). Wichtig ist dabei

---

[23] Politikwissenschaftler verwenden dazu noch Verhandlungssysteme (vgl. etwa Scharpf 2000).

festzuhalten, dass die verwendeten Situationsmodelle nicht auf eine möglichst vollständige, detailgetreue Beschreibung und Abbildung der empirischen Wirklichkeit abzielen; vielmehr sollen sie sich darauf beschränken, die für die Handlungsentwürfe der Akteure relevanten oder notwendigen Situationsfaktoren zu benennen und zueinander in Beziehung zu setzen und nur dann zu verändern, wenn die bisherigen Modellierungsversuche zu keinem haltbaren Ergebnis geführt haben. Das Konstruktionskriterium von Situationsmodellen ist und bleibt deren analytische Stärke und damit die Fähigkeit, eine Vielzahl interessierender Explananda (möglichst) eindeutig zu folgern bzw. im Lichte der unterlegten, möglichst einfachen Handlungsprämissen sagen zu können, *warum* daraus *welche Effekte* hervorgehen. Damit ist angemahnt, möglichst verallgemeinerungsfähige und empirisch prüfbare Aussagen über die Effekte möglichst weniger, dafür aber in jedem Fall *handlungsrelevanter Situationsfaktoren* zu formulieren.[24]

Auch *Brückenhypothesen,* die der Verbindung von Handlungs- und Strukturebene dienen (vgl. Abschnitt 4.2), brauchen in vielen Fällen zunächst nur wenig ausgearbeitet zu sein, können aber sukzessive realitätsnäher ausformuliert werden, um die Handlungssituation aus Sicht der Akteure genauer oder auch abstrakter wiederzugeben. So kann die grundlegende handlungstheoretische Annahme, der zufolge jeder Akteur intentional handelt, mithilfe der These spezifiziert werden, dass sein Handeln in allen oder bestimmten Situationen eine Eigennutzorientierung aufweist und dass sich diese zunächst inhaltsleere Behauptung in verschiedenartigen sozialen Kontexten als Streben der Akteure nach sozialer Wertschätzung oder physischem Wohlbefinden beschreiben lässt (vgl. Lindenberg 1991, S. 58; Esser 1993). Solche Annahmen über die handlungsprägenden Wirkungen der Handlungssituation müssen gegebenenfalls wieder zurückgenommen und durch Alternativen ersetzt oder aber korrigiert werden, falls sie sich nicht bewähren. Das übergreifende Ziel der erklärenden Theorie- und Modellbildung bleibt aber in jedem Fall, zu theoriegeleiteten, gehaltvollen und prüfbaren Aussagen über die Auswirkungen der konkreten sozialen Welt auf das Handeln zu gelangen, die diese zunehmend besser erklären, wenn dazu

---

[24] „Unter einem (formalen) *Modell* versteht man ein deutlich stilisiertes und stark vereinfachendes Muster, das einen bestimmten *Typ* von Zusammenhängen und Mechanismen für *typische* Fälle ganzer Klassen von Situationen oder Prozessen angibt." (Esser 1993, S. 119) Die idealtypische Begriffsbildung Webers kann so gesehen und als eine Form der Modellbildung betrachtet werden (vgl. Esser 1989; 1993; Schmid 1994; Norkus 2001; Wittek 2006; Maurer 2006; 2007b). Das Modell des modernen rationalen Kapitalismus fokussiert bei Weber sehr eindrucksvoll die Wirkung eines Situationsfaktors: religiöse Ideen, unter bewusster Ausblendung sozialstruktureller und materieller Ressourcen (vgl. Collins 1980; hier Kap. 6). Ein weiteres analytisch starkes Situationsmodell, auf das wir noch öfters zu sprechen kommen werden, ist das „Theorem der öffentlichen Güter" (vgl. zu dessen soziologischer Relevanz und Interpretation Esser 1993; Coleman 1992a; Maurer 2004a; Wittek 2006 u. a.).

bestimmte Explananannahmen revidiert, ausgewechselt oder komplexer gestaltet werden müssen, als dies anfänglich beabsichtigt gewesen sein mochte (vgl. Wippler 1978a; b; Opp 2005).

Diese grundsätzliche methodologische Regel zur theoriegeleiteten Situationsmodellierung lässt sich um einen weiteren Aspekt bereichern. In vielen Fällen, in denen es nicht darum geht, die volle Komplexität der handlungsgenerierenden und formierenden inneren Prozesse zu kennen, und in denen man davon ausgehen kann, dass Akteure aus Gründen handeln, die als solche nur wenig Informationen über ihre Handlungen und deren Folgen enthalten, ist es angebracht, zur realitätsgerechteren Anlage von Erklärungen zuerst die Situationsmodelle und die Brückenhypothesen in den Blick zu nehmen und zu versuchen, diese durch zusätzliche Annahmen über die Verteilung oder die Ausprägung der handlungstheoretisch erschlossenen Situationsfaktoren sachnäher zu gestalten (vgl. Kuipers 1984). Die Forscher entnehmen der Handlungstheorie Hinweise darüber, welche Faktoren und denkmöglichen Einflüsse sie unbeachtet lassen können. In solchen Fällen schöpfen handlungsbasierte Erklärungen sozialer Sachverhalte ihre Heuristik und ihren Gehalt offenbar *zur Gänze* aus den zugrunde liegenden *Situationsfaktoren*. Erweiterungen oder Veränderungen sollten daher zuerst, wenn auch weiterhin durch den *nomologischen Kern* angeleitet, auf der Ebene der *Situationsmodellierung* vorgenommen werden. Die grundlegende methodologische Empfehlung ist angesichts der unterstellten Problemlage, den nomologischen Kern in Form der individualistischen Handlungstheorie *so lange wie möglich konstant* zu halten und Zusatzannahmen zuallererst bei der Situationsbeschreibung und deren Übersetzung in Handlungsmöglichkeiten und Handlungsanreize einzusetzen bzw. diese bei Bedarf auch zu variieren. Schon Frank H. Knight hat die Grundzüge dieser Auffassung skizziert, als er meinte: „The laws of these few elements, therefore, enable us to reach an approximation to the law of the situation as a whole. They give us statements of what ‚tends' to hold true or ‚would' hold true under ‚ideal' conditions, meaning merely in a situation where the numerous and variable but less important ‚other things' which our laws do not take into account were entirely absent." (Knight, F. 2006/1921, S. 4)[25]

Gleichwohl verbietet diese Auffassung nicht, wenn nötig, auch die Handlungsannahmen selbst zu revidieren und komplexer anzulegen. Auch der nomologische Kern mehrstufiger soziologischer Erklärungen kann erweitert werden, um den Realitätsgehalt von Erklärungen zu erhöhen. Dabei helfen Vorschläge, die

---

[25] Knight steht damit in einer metawissenschaftlichen Tradition, die immer darauf verwiesen hat, dass wissenschaftliche Theorien keine vollständigen Beschreibungen liefern können, sondern die selektive Konstruktion von Anwendungsmodellen erlauben sollen und insoweit als „idealisierte" Theorien gelten müssen (vgl. Schmid 1994; 1996, S. 265 ff.). Dem in Knights Zitat implizierten Hinweis auf die Existenz „situationaler Gesetze" werden wir aber nicht folgen.

vereinfachte Annahme, dass Akteure ausschließlich ihre materiellen Erträge zu steigern suchen, dahingehend zu erweitern, dass dabei auch emotionale Prozesse eine bestimmende Rolle spielen (vgl. Collins 2004). Eine solche Erweiterung führt den Forscher dann zur Frage, ob sich das Streben nach materiellem Gewinn nicht am Ende nur dort finden lassen wird, wo es mit, wie anzunehmen ist, positiven Gefühlsqualitäten verbunden ist. Andererseits unterstellen etwa Framing-Modelle (vgl. Esser 2000e; 2003a; 2005; hier Abschnitt 4.3.2), dass die Akteure sich die handlungsrelevanten Eigenheiten ihrer jeweiligen Handlungssituation erschließen müssen und dazu teils ihren eigenen Überlegungen vertrauen, teils auf „mentale Modelle" (vgl. Denzau und North 1994; Eggertsson 2005), „kulturelle Muster" und „Deutungsgewohnheiten" (Esser 2000e; 2010) zurückgreifen, die keinesfalls unter allen Bedingungen ,objektiv' richtig sein werden. Diese Erweiterung schlichterer Handlungstheorien beinhaltet weitergehende Aussagen darüber, wann und warum Akteure eine Situation bewusst reflektieren oder weitgehend unbewusst kulturellen Deutungsschemata folgen bzw. diese ganz bewusst als Mittel ihres intentionalen Handelns einsetzen (vgl. ausführlich Kap. 6). Mentale Modelle erweitern die allgemeine Handlungsannahme des intentionalen Handelns, indem sie die Vorstellungen der Akteure zum Thema machen und vorschlagen, für spezifische Situationen die Annahme einer Übereinstimmung von subjektiver und objektiver Realität aufzubrechen. Solche Annahmen über die Wirkung mentaler Modelle finden sich bereits bei den Klassikern der Soziologie und haben nach unserem Dafürhalten für die beiden folgenden Erklärungsschritte weitgehende Implikationen, die wir im Weiteren noch ausführlich diskutieren werden.

Mithilfe von mehr oder weniger einfachen Zusatzannahmen wird auch das Überführen der Einzelhandlungen (und deren individueller Effekte) in kollektive Effekte theoretisiert. Auch bei der Ausarbeitung dieser Transformationsregeln stellt sich die Frage, wann mit einfachen und wann mit komplexeren Aggregationsmodellen gearbeitet werden sollte und wie sich deren Erweiterung systematisch anleiten ließe. Eine Steigerung des Realitätsgehalts ist bei diesem dritten Erklärungsschritt insbesondere durch die Modifikation bzw. das Fallenlassen der in zahlreichen Modellierungen bevorzugten Annahme möglich, dass alle Handlungen unabhängig voneinander zustande kommen und deshalb durch einfaches Aufsummieren in Strukturen oder kollektive Effekte übersetzt werden können. So lässt sich etwa die Akkumulation von Kapital als eine direkte Folge des effizienten Gewinnstrebens vereinzelter protestantischer Unternehmer oder die Verteilung von Gütern auf Märkten als Folge jeweils autonomer Kaufentscheidungen festlegen. Demgegenüber stellen etwa Regeln des kollektiven Entscheidens, wie die einfache oder die absolute Mehrheitsregel, eine komplexere Transformation dar, die sich zusätzlich durch die Verwendung von Schwellenwert- und Stufenmodellen steigern lässt (vgl. Granovetter 1978), welche das vorausgehende Handeln der anderen berücksichtigen. Demgegenüber stellen spieltheoretische

Interdependenzmodelle schon aufeinander bezogene Strategien in Rechnung, die zu stabilen Gleichgewichten führen können, aber nicht zwangsläufig müssen. Die Soziologie scheint im Unterschied zur Ökonomie bei der Transformation von Einzelhandlungen in kollektive Effekte auch von empirisch informierten Institutionentheorien profitieren zu können, die nochmals eine höhere Komplexitätsstufe erreichen und Zusatzannahmen verwenden (vgl. dazu exemplarisch Coleman 1992a; b; 1994; Esser 2000d; vgl. ausführlicher Abschnitt 4.4). Die beobachtbaren Kollektiveffekte werden in diesem Zusammenhang weniger den individuellen Handlungserfolgen selbst zugerechnet, sondern deren situationsspezifischem Wechselspiel. Auch Transformationserklärungen kollektiver Effekte können demnach, wie wir im folgenden vierten Kapitel noch ausführlich zeigen werden, schrittweise, entsprechend der hier dargelegten Methode der abnehmenden Abstraktion, erweitert und verbessert werden.

Derselben Regel folgt am Ende auch die Modellierung von Rückwirkungsschleifen und damit die Beantwortung der Frage, wie sich die Kollektiveffekte des interdependenten Handelns der Akteure auf die Wahrscheinlichkeit auswirken, dass sich die Reproduktionsbedingungen jener Mechanismen und Prozesse erhalten, in die das Handeln eingebunden ist (vgl. dazu exemplarisch Hedström 2005; Schmid 2005; 2006; Maurer und Schmid 2008). Auch die Modellierung von Rückwirkungsfunktionen sollte möglichst einfach gehalten sein, um die wirksamen Faktoren und Zusammenhänge darzulegen, muss jedoch dann komplexer gefasst werden, wenn einfache Modelle die Richtung und Stärke nicht eindeutig zu beurteilen erlauben.

Die Kernregel der *Methode der abnehmenden Abstraktion* besagt demnach, dass jeder einzelne Erklärungsschritt die Methode der abnehmenden Abstraktion anzuwenden hat. Sie gilt für die Entwicklung der handlungstheoretischen Kernannahmen ebenso wie für den nachgeordneten Modellbau, dem sie auf jeder Ebene empfiehlt, mit möglichst einfachen und hinreichend allgemeinen Annahmen zu beginnen und durch die *Handlungstheorie informierte* Brückenannahmen, Situationsmodelle, Transformationsregeln und Rekursionshypothesen aufzustellen und diese bei Bedarf sukzessive aus- und umzubauen. Solange man davon ausgehen kann, dass die verwendete Handlungstheorie (im Großen und Ganzen) zutrifft, sollten *Realitäts- und Komplexitätssteigerungen* zunächst auf die Aussagen zur Verbindung von Struktur- und Handlungsebene – Brückenhypothesen und Transformationsregeln – und auf die Annahmen zur Situationsbeschreibung ausgerichtet sein. Beim Modellbau geht es zu gleichen Teilen darum, die Wirkung sozialer Faktoren auf die durch die Handlungstheorie beschriebenen Akteure zu erfassen wie daraus kollektive Effekte abzuleiten, deren Wirkung auf die Ausgangssituation hernach durch Rekursionsargumente erschlossen werden kann. Das Vorgehen will die Wirkung *variierender sozialer Konstellationen* bzw. *Strukturen* über das intentionale Handeln der Akteure erfassen und dabei insbesondere vermeiden, soziale Sachverhalte wie Handlungsparadoxien, Rätsel und unerwartete Ergebnisse, aber auch geplante und erwünschte Strukturen oder geglückte Formen sozialen Handelns und stabile soziale Verhältnisse mit häufig tautologieverdächtigen Ad-hoc-Änderungen der Handlungsannahmen erklären zu müssen.

Erst wenn die sozialstrukturellen Faktoren als wirksame Handlungskonstellationen und Rückwirkungen hinreichend konkret und komplex beschrieben sind und dennoch nicht geklärt ist, wie diese sozialen Phänomene aus dem als sinnhaft und rational unterstellten Handeln der Akteure resultieren, sind *zusätzliche* bzw. *veränderte Annahmen* über die kognitiven und anderweitige Kapazitäten der Akteure, über deren Situationsdeutungen und eventuell auch rationalitätsfernen (oder ‚unlogischen') Bewertungen einzuführen und zu spezifizieren oder gar entscheidungs- und handlungsrelevante Behinderungen zu berücksichtigen. Solche zusätzlichen theoretischen Annahmen und korrigierenden Erweiterungen müssen sich indessen am nomologischen Kern der Handlungstheorie orientieren bzw. sich in diesen einfügen.

Der methodologische Gewinn, den man sich infolge der bislang geschilderten Schritte versprechen kann, scheint uns darin zu liegen, dass handlungstheoretisch fundierte, mehrstufige Erklärungen in Form der jeweils unterlegten Handlungstheorie über eine Heuristik verfügen, die dazu anhält, Erweiterungen bei der Verbindung von Handlungs- und Strukturebene bzw. bei der Beschreibung der Makroebene vorzunehmen. Da die Handlungstheorie angibt, welche Situationsfaktoren und Kollektiveffekte aus Sicht der Akteure als zentral oder weniger zentral anzusehen sind, kann auf beiden Ebenen gezielt und systematisch mit Zusatzannahmen gearbeitet werden, ohne dass der Kern zu schnell verändert werden muss (vgl. Lakatos 1970). Im Sinne *effizienter Erklärungen* ist dabei immer nach dem zusätzlichen Ertrag zu fragen und darüber hinaus auch zu klären, ob die eventuellen Erweiterungen in einfachere Modelle eingebaut werden können, was in der Regel nichts anderes bedeutet, als dass ein erweitertes oder umgebautes Modell zusätzliche Variablen in der Wenn-Komponente benennt, ohne dass deshalb zu befürchten ist, dass man das einfachere Modell nicht für jene Fälle beibehalten kann, in denen der erkannte Zusatzfaktor keine erklärende Rolle spielt (vgl. dazu Schmid 1993; 2004, S. 21 ff.; Wittek 2006, S. 435).

Theoriegesteuerte Modelle eröffnen eine integrative, disziplinenübergreifende Perspektive, zumal wenn sie im Lichte der verwendeten Handlungstheorie *typische* sozialstrukturelle Konstellationen bzw. institutionelle Settings hervorheben, die auch für andere Handlungsfelder als jene aussagekräftig sind, für die sich Soziologen kontingenterweise interessieren (Esser 2002; Scharpf 2002). Empirisch bewährte und heuristisch fruchtbare Modelle können so gezielt verallgemeinert und zur Erklärung strukturähnlicher, wenngleich verschieden kontextualisierter Situationen und sozialer Phänomene benutzt werden. Insofern sie in ihren bisherigen Verwendungen erfolgreich geprüft werden konnten, stellen sie empirisch-theoretisches Wissen über Fachgrenzen hinweg zur Verfügung, wie dies der multidisziplinäre Einsatz des Modells „kollektiven Handelns" oder die zahlreichen Versuche bezeugen, hinter augenscheinlich ganz heterogenen Szenarien die Logik eines Versicherungsspiels (vgl. Abschnitt 7.2), eines Gefangenendilemmas (vgl. Abschnitt 8.2) oder eines Nullsummenspiels (vgl. Abschnitt 9.2.2) zu entdecken.

Im Ergebnis können wir einige wesentliche Empfehlungen für die Arbeit mit soziologischen Modellen formulieren (vgl. Lindenberg 1990; 1991). Als Erstes ist festzuhalten, dass – solange die Akteure als Träger sinnhafter Handlungen angesehen werden – der *theoretische Primat* der Soziologie auf der Mikroebene und damit auf der Ebene einer erklärungstauglichen Theorie des individuellen Handelns anzusetzen ist, der erklärende Kern mithin eine Ebene unter dem Erklärungsgegenstand angesiedelt ist. Über nomologisches Wissen verfügt die Soziologie nur in Form von allgemeinen und deterministischen Gesetzen des individuellen Handelns. Da ihr Erklärungsinteresse nachweislich und in erster Linie *sozialen Sachverhalten* oder *sozialen Phänomenen* gilt, engagiert sie sich zu Recht wenig bei der systematischen Entwicklung ihrer Kerntheorie (vgl. etwa Balog 2006; Mayntz 2009). Wünschenswert ist indessen gleichwohl, dass der handlungstheoretische Kern die Ergebnisse anderer Disziplinen – v.a. der Psychologie und neuerdings der Neurowissenschaften – *im Prinzip* aufnehmen kann und dass die gewählte Handlungstheorie derart ausbaufähig ist, dass sie durch die Berücksichtigung weiterer Erklärungsfaktoren: etwa Gefühle (vgl. Sousa 1990; Elster 1999; Collins 2004), Werte und Gewohnheiten (Esser 1991; 2003b) oder altruistische Motive (vgl. Mansbridge 1992; Field 2004), bei Bedarf auch komplexer angelegt werden kann.

3.2.2   Die ‚Badewanne'

Das Programm einer *erklärenden Soziologie* ist dem Anspruch verbunden, zu einem besseren Verständnis der sozialen Welt beizutragen, und will dazu methodologisch begründete, forschungstechnisch nachvollziehbare und – an den Erkenntniszielen einer theoriegeleiteten Wissenschaft gemessen – effiziente Regeln der Theorie- und Modellbildung verfolgen, die die Besonderheiten des Erklärungsgegenstandes berücksichtigen. Diese Programmatik kann zwar auf eine gediegene Tradition zurückblicken, aber erst mit den Arbeiten von *Raymond Boudon* in Frankreich, *Robert K. Merton* und *James S. Coleman* in den USA, *Siegwart Lindenberg* und *Reinhard Wippler* in den Niederlanden sowie *Hartmut Esser* u. a. in Deutschland liegen heute wichtige Weiterentwicklungen vor, die für den systematischen Ausbau eines handlungstheoretisch fundierten

Erklärungsprogramms konstitutiv werden konnten.[26] Unter der Bezeichnung *struktur-individualistische Erklärungen* (Lindenberg 1977; Wippler 1978b; Boudon 1980a), *rationale Sozialtheorie* (Coleman 1990a), *Rational-Choice-Ansatz in den Sozialwissenschaften* (Diekmann und Voss 2004b; Diekmann et al. 2008), *Modell soziologischen Erklärens* (Esser 1993; 1999; 2000a-e; 2001a; b), *Analytical Sociology* (Hedström 2005; Bearman und Hedström 2009) oder *Erklärende Soziologie* (Schmid und Maurer 2003a; 2004; 2008; Schmid 2006) haben diese und weitere Autoren mehrstufige Erklärungen sozialer Sachverhalte vorgelegt, erprobt und systematisch ausgebaut, die der verallgemeinerungsfähigen Form der sogenannten *Badewanne* entsprechen (vgl. Abb. 3-1). Da dieses Boudon-Coleman-Diagramm (Bunge 1998, S. 77 f.) mittlerweile zu einer Art Markenzeichen für das Programm einer mikrofundierten Erklärungslogik geworden ist (vgl. Norkus 2001), wollen wir daran zeigen, dass die implizite Logik dieses Programms in Struktur und Zielrichtung unserem mehrstufigen Erklärungsargument entspricht.

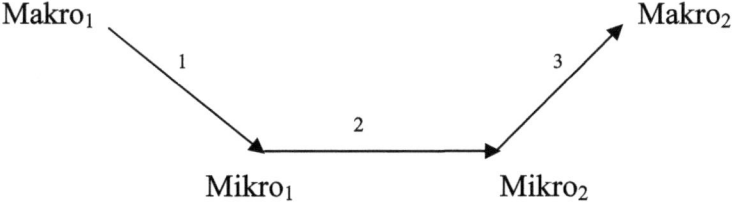

Abbildung 3-1   ‚Badewanne‘ (vgl. Boudon 1980a; Coleman
                  1987; 1990a; 1991; Esser 1993)

Im Kern umfasst das Schema der ‚Badewanne‘ *drei Erklärungsschritte* und *zwei Analyseebenen*, die durch sequenzielle Abfolgen (vgl. Esser 1993, S. 107 ff.) oder rekursive Schleifen (Schmid 2006) ausgebaut und dynamisiert werden können. Dabei wird sichtbar, dass es sich um ein Mehrebenenmodell handelt, das soziale Regelmäßigkeiten, Rätsel, Paradoxien oder unerwartete bzw. nicht-intendierte Verteilungsstrukturen aus allgemeinen Annahmen über das Handeln der Einzelnen ableitet, ohne dabei jedoch Sachverhalte auf der Strukturebene auf Individualeigenschaften zu reduzieren und ohne das individuelle Handeln durch Strukturen determiniert zu sehen. Vielmehr sollen Handlungsannahmen und da-

---

[26] Vgl. zur Begründung der methodologischen Grundregeln Boudon (1974; 1980b), Wippler (1978b), Lindenberg (1991; 1996), Coleman (1986a; 1990a), Esser und Troitzsch (1991a) sowie Hedström und Swedberg (1998).

durch angeleitete Situationsmodelle so miteinander verbunden werden, dass die zu erklärenden sozialen Sachverhalte als geplante oder auch als ungeplante Folge des *situational gebundenen, intentionalen Handelns* der Individuen gefolgert werden können. „In allen diesen Fällen bewegt sich die Analyse auf einer Ebene, die unterhalb der Systemebene liegt, und erklärt das Verhalten des Systems über das Verhalten seiner Bestandteile." (Coleman 1991, S. 3)

Für die Erklärungsarbeit ist die im Bild der ‚Badewanne' explizierte analytische Unterscheidung von Struktur- und Handlungsebene und deren theoriegeleitete Verbindung in drei aufeinanderfolgenden Schritten charakteristisch. Im Unterschied zu einstufigen Ableitungen, wie sie die Logik des Hempel-Oppenheim-Schemas vorsieht (vgl. Kap. 2), in denen die Beschreibung der Situation – im ‚Badewannen'-Schema als „Makro$_1$" eingeführt – als Anwendungsbedingungen eines Gesetzes verstanden wird, das den durch „Makro$_2$" bezeichneten Zustand direkt erzeugt, werden nun allgemeine Aussagen auf der Handlungsebene mit empirisch angereicherten Situations- und Transformationsmodellen so miteinander verbunden, dass jeweils konkrete, als „Makro$_1$" bezeichnete Situationsbedingungen in ihren handlungsrelevanten Wirkungen und die daraus folgenden Struktureffekte („Makro$_2$") für typische Struktur- oder Situationskonstellationen analysiert werden können, was aus den Handlungstheorien alleine nicht ableitbar ist. „Strukturelle Unterschiede und (struktureller) Wandel werden so als *indirekte Folge* von *Differenzen* in *Situationen* und *der Folgen* von Handlungen in Situationen erklärt." (Esser und Troitzsch 1991b, S. 16, eigene Hervorh.)

Der *erste Erklärungsschritt* besteht darin, die Strukturebene bzw. die soziale Situation („Makro$_1$") mit der Handlungsebene („Mikro$_1$") zu verbinden. Dies geschieht, indem mithilfe der in der Handlungstheorie benannten Variablen (Bewertungen und darauf bezogene Wahrnehmungen und Deutungsfähigkeiten der Akteure) relevante Situationsfaktoren (die Verteilung materieller Ressourcen, von sozialem Ansehen, Normen oder Positionen und dergleichen) bzw. deren spezifische Ausprägung und Verteilung identifiziert, benannt und in handlungsleitende Wirkungen sowie in mögliche Handlungsalternativen übersetzt werden. Für diesen Schritt von der Makro- zur Mikroebene werden *hypothetische Brückenannahmen* eingesetzt (vgl. Lindenberg 1996; Esser 1993), die die Handlungstheorie konkretisieren, diese auf spezifische Handlungssituationen anwenden und damit die aktuellen bzw. für die Modellbildung relevanten, situativen Handlungsoptionen der Akteure bestimmen und ordnen.

Im *zweiten Schritt* wird durch Anwendung des Handlungsgesetzes aus dem dargestellten Möglichkeitsraum diejenige Handlung gefolgert, die der Handlungstheorie zufolge von den jeweiligen Akteuren ergriffen wird, z. B. diejenige, die ihnen unter den gegebenen Bedingungen den höchsten Nutzenwert, die optimale Situationsadäquanz, den höchsten Gefühlswert, den hinreichenden Grad der Angemessenheit usw. verspricht. Die Rationalitätsannahme wird auf diese

Weise in eine „situationale Rationalität" (vgl. Boudon 1988, S. 242) überführt,[27]
welche die Bewertungen der Akteure mit Bezug auf konkrete empirische Situationen spezifiziert. Die „guten Gründe" für das Handeln sind demzufolge in den
Situationen und den handlungsleitenden Faktoren und deren Ausprägungen zu
suchen (Boudon 1988; 1994). Für die Verwendung einer Theorie der rationalen
Handlungswahl als *nomologischen Kern* spricht an dieser Stelle zum einen ihre
Einfachheit (Coleman 1991, Kap. 1) und zum anderen die mit ihrer Hilfe herstellbare *funktionale Beziehung* zwischen Handlungsvariablen: den Intentionen
der Akteure und ihrem Wissen bzw. den dahinterliegenden Handlungsfähigkeiten, und den behandelten Situationsfaktoren: materiellen oder sozialen Opportunitäten, kulturellen Deutungsmustern usw. (vgl. Boudon 1980a; Esser 1993).
Der erklärende Kern enthält in diesem Fall *eine* allgemeine, deterministische
Aussage (bzw. ein *Handlungsprinzip* mit Auskunft) darüber, *warum* Akteure
handeln; sie besagt, dass Akteure handeln, weil sie dazu motiviert sind, ihre
Intentionen (Güterkonsum, Anerkennung, Positionen usw.) zu realisieren, und
welchem Handlungsprinzip sie dabei genau folgen: nämlich zu maximieren, zu
optimieren oder – wie Herbert Simon vorschlug – ein subjektiv „zufriedenstel-
lendes" Anspruchsniveau zu realisieren. „Dieses Handlungsprinzip bildet dann
einen notwendigen festen Kern, aus dem verschiedenartiges Systemverhalten
bzw. verschiedene soziale Phänomene erwachsen, wenn es in unterschiedlichen
sozialen Kontexten lokalisiert ist und wenn die Handlungen verschiedener Personen auf verschiedene Weise verknüpft werden." (Coleman 1991, S. 13) Das Schema der ‚Badewanne' berücksichtigt diesen Schritt als Übergang von „Mikro$_1$"
zu „Mikro$_2$", mit dessen Hilfe nachgezeichnet wird, wie die handlungsbestimmenden Überlegungen der Akteure in ein spezifisches Handeln münden.

Mit dem *dritten Erklärungsschritt* werden die zuvor erklärten Einzelhandlungen in soziale oder kollektive Sachverhalte, d. h. in Phänomene der
Strukturebene, überführt oder transformiert. Dies geschieht mithilfe von *Transformationsregeln* und *Aggregationsmodellen*, die angeben, *wie* sich die Handlungen der Akteure zu sozialen oder kollektiven Effekten zusammenfügen bzw.
wie sie sich in den relevanten *Makrovariablen* („Makro$_2$") niederschlagen. Dieser Schritt stellt nach wie vor insoweit eine große Herausforderung dar, als es
dafür jeweils konkrete Transformationsregeln zu formulieren gilt bzw. weil es
bislang noch keinen Konsens darüber gibt, welche der bereits verwendeten Transformationsregeln wann einzusetzen sind. „Das Hauptproblem bei Erklärungen
von Systemverhalten, die auf Handlungen und Einstellungen auf der Ebene unterhalb der Systemebene basieren, ist der Übergang von der unteren Ebene zur
Systemebene." (Coleman 1991, S. 7; vgl. auch Boudon 1980a; Esser 1993; Lin-

---

[27] Dies bedeutet die Aufgabe der oft vorzufindenden Dichotomie zwischen intentionalen (z. B. Marx,
Weber, Simon) und irrationalen, nicht-logischen Handlungen (z. B. Pareto, Durkheim, Levi-Strauss).

denberg 1996, S. 126 f.) Die Behandlung solcher Übergänge von der Mikro- zur Makroebene ist auch dadurch erschwert, dass Transformationen oftmals implizit vorgenommen oder allenfalls als einfaches Aufsummieren der Handlungsfolgen vereinzelter Akteure in Absehung aller möglichen Wechselwirkungen angelegt werden. Komplexe formale Regeln wie Wahlmodi, Pareto-Optima oder Nash-Gleichgewichte, Schwellen- oder Stufenwertmodelle sowie Netzwerkanalysen sind zwar durchaus bekannt und werden auch schon seit längerer Zeit genutzt, um Handlungen in kollektive Effekte zu transformieren, allerdings vor allem in der Ökonomie und in der nur vereinzelt betriebenen mathematischen oder mit Simulationen arbeitenden Soziologie (vgl. dazu Boudon 1973a; Coleman 1964; 1990d; Kron und Dittrich 2002; Hedström 2005). Stattdessen greifen Soziologen bevorzugt auf Institutionentheorien zurück, weil sie darauf hoffen, den Übergang von Einzelhandlungen in Struktureffekte mithilfe von *sozialen Regeln* (oder Institutionen) modellieren zu können, denen das Handeln der Akteure in fixierten Raum-Zeit-Kontexten tatsächlich folgt (vgl. ausführlich Kap. 4).

In einem möglichen *vierten Erklärungsschritt* kann man versuchen, mithilfe rekursiver *Funktionen* die erschlossenen Makroeffekte („Makro$_2$") auf die Ausprägungen der relevanten Faktoren der Ausgangssituation rückzubeziehen, um auf diesem Wege zu Prozessanalysen übergehen zu können. Solche rekursiven Funktionen beschreiben Schleifendynamiken, die angeben, wie durch das situationale Handeln eine systematische Umstrukturierung der Ausgangsverteilung zustande kommt. Auf diese Art und Weise kann etwa die sukzessive Entstehung eines Gewaltmonopols aus einer anfänglichen Gleichverteilung von Macht erklärt werden (vgl. Elias 1976/1939; hier Abschnitt 9.3.1), die unaufhaltsame Entstehung und Staffelung von Machtgruppen (vgl. Popitz 1992) oder auch die Auflösung von Organisationen bei Unzufriedenheit der Mitglieder (vgl. Hirschman 1974).[28] Wenn man die (bildhafte) Konstruktion von ‚Badewannen' nicht mit dem Problem belasten möchte, dass der vierte Erklärungsschritt natürlich genau besehen nicht den Zustand „Makro$_1$" wiederherstellen muss, kann man den Vorschlag Hartmut Essers übernehmen und die ‚Ausgangsbadewanne' durch eine weitere ergänzen, die mit der ersten über den (gemeinsamen) Zustand „Makro$_2$" verknüpft wird (vgl. Esser 1993, S. 102 ff; 1999, S. 17).

---

[28] Coleman hat eine spezifische Variante dieser „rekursiven Schließung" von Erklärungen im Sinn gehabt, als er vorschlug, die Erklärung der Entstehung spezifischer Handlungssysteme dadurch weiterzuführen, dass man aus deren Eigenschaften auf ihr internes Funktionieren und auf die damit verbundenen Folgeprobleme schließt (vgl. dazu ausführlich Maurer 2004a, Kap. 4).

3.3 Heuristik und Ausbaumöglichkeiten

Soziologische Erklärungen vorzulegen, bedeutet nicht mehr und nicht weniger, als die soziale Welt – angeleitet durch eine allgemeine Handlungstheorie und somit aus der Sicht von Akteuren – durchschaubar zu machen und sowohl vorteilhafte, stabile soziale Verhältnisse als auch unerwünschte Prozesse und ungeplante Entwicklungsdynamiken zu erklären und damit die „black box" sozialer Beziehungsverhältnisse zu öffnen (Boudon 1998). Wer Aussagen darüber machen kann, warum etwas so geschieht oder nicht, ist auch in der Lage, die Entstehung der vielfältigen sozialen Institutionen und Mechanismen zu analysieren und damit Normen, Herrschaft, Markt, Organisation und soziale Bewegungen unter einem theoretischen Dach zu erklären und zueinander in Beziehung zu setzen.

Wir haben die Logik und die Methodologie handlungstheoretisch angeleiteter Erklärungen in der Soziologie dargestellt und dabei ganz im Sinne unseres Wissenschaftsverständnisses vor allem die auf diesem Feld üblichen Fehler und Kurzschlüsse thematisiert, um daraus Forderungen für eine adäquate soziologische Erklärungslogik zu gewinnen. Diese haben wir dann in Form mehrstufiger Erklärungen vorgestellt und die dafür bestimmende logische Form sowie die zentralen methodologischen Regeln skizziert und systematisiert den einzelnen Problemen zugeordnet. Nach unserem Dafürhalten können soziologische Erklärungen mit einem nomologischen Kern auf der Handlungsebene arbeiten, müssen dann aber theoriegeleitete Aussagen über die Verbindungen zur Strukturebene erarbeiten und einsetzen. Da die Soziologie ihren Erklärungsgegenstand auf der Makroebene hat, ist der Erklärungsanspruch auf diese Ebene ausgerichtet. Darüber hinaus haben wir dargelegt, dass auch die Soziologie analytisch verfahren und möglichst einfache Modelle verwenden sollte, um die Komplexität der Welt zu reduzieren und mithilfe einer simplen, wenn auch allgemeinen Handlungstheorie die handlungsleitende und strukturgenerierende Wirkung einiger weniger zentraler Faktoren auf der Makroebene darzulegen. Damit ist nicht gesagt, dass die soziologische Forschung darauf verzichten darf oder gar muss, unleugbaren Widersprüchlichkeiten oder empirischen Widerlegungen durch eine theoretisch angeleitete, systematische und nachvollziehbare Erweiterung ihrer Annahmen und Modelle gerecht zu werden, um auf diesem Weg realitätsgerechtere Thesen vorlegen zu können. Um überdies tautologische Argumente und Ad-hoc-Annahmen zu vermeiden – die einer systematischen Theorieverbesserung den Weg verschließen –, ist es zudem unerlässlich, die erforderlichen Modellerweiterungen und -umgestaltungen im Lichte einer bewusst und kritisch praktizierten Heuristik vorzunehmen.

4   Die Bausteine mikrofundierter Erklärungen

Der Anspruch, soziale Sachverhalte ausgehend von allgemeinen Annahmen über das individuelle Handeln und mithilfe der die Handlungsumstände spezifizierenden Situationsmodelle zu erklären, könnte der Zersplitterung der Soziologie in scheinbar unvereinbare Paradigmen und Bindestrichsoziologien sowie deren Ablösung von den anderen sozialwissenschaftlichen Teildisziplinen entgegenwirken (vgl. Boudon 1980b; Esser 1989; Maurer 2004b). Methodologische Regeln und ausgearbeitete, transferierbare Bausteine könnten zugleich eine systematische Theoriearbeit und ein integratives Erklärungsprogramm entscheidend befördern. In den nächsten Abschnitten wollen wir daher die *Elemente* und die *notwendigen Verbindungsstücke* handlungstheoretisch fundierter Erklärungen darstellen. Wir werden dazu eine ausschließlich *methodologische* Sichtweise der Elemente mehrstufiger Erklärungen vorlegen und deren auf empirische Fälle bzw. soziologische Themen bezogene Anwendung in den Kapiteln 5 bis 9 zum Thema machen. Im vorliegenden Kapitel werden wir unter Anwendung der im dritten Kapitel skizzierten Regeln der Modellbildung zeigen, wie sich unserer Auffassung folgend allgemeine Erklärungen anlegen lassen. Dafür werden wir Situationsmodelle (Abschnitt 4.1), Brückenhypothesen (Abschnitt 4.2), den handlungstheoretischen Kern (Abschnitt 4.3), Transformationsregeln und modelle (Abschnitt 4.4) und umfassende rekursive Erklärungsargumente (Abschnitt 4.5) unterscheiden und systematisieren. Erste Hinweise auf soziologisch interessante Erweiterungen und Anwendungen der besprochenen Grundelemente werden ebenfalls aufgezeigt und im Ergebnis kritisch resümiert (Abschnitt 4.6).

4.1   Situationsmodelle

Situationsmodelle stellen eine *abstrahierende* und *typisierende Beschreibung* der im Lichte des zu erklärenden Gegenstandes relevanten Faktoren der Makroebene dar. Sie beschreiben makrostrukturelle Konstellationen, indem sie erklärungsrelevante Größen wie Rechte, Normen, Werte, soziale Positionen, materielle Ressourcen oder kollektive Vorstellungen benennen und deren Verteilung und Ausprägungen angeben. Dabei unterscheiden sich verschiedenartige sozialwissenschaftliche Disziplinen danach, welche Faktoren sie für ergebnisrelevant einstufen. So wird in der Ökonomie, die sich grundsätzlich der Frage nach einer effizienten Ressourcennutzung angesichts unbegrenzter menschlicher Bedürfnisse und endlicher materieller Güter widmet, die Makroebene über Güterpreise und Gütermengen bzw. deren jeweilige Verteilungen beschrieben und daraus entsprechende bilaterale Tauschhandlungen der Akteure abgeleitet, die wiederum in Makroeffekte übersetzt werden. Dass die Akteure ihr Handeln zu diesem Zweck ausschließlich an ihren individuellen Erträgen orientieren und keinerlei persönliche Beziehungen zueinander aufnehmen müssen, ist eine meist unausgesprochene Voraussetzung solcher Modellierungen. Kritisiert wird diese Annahme vor allem beim Modell des vollkommenen Wettbewerbsmarktes und der damit verbundenen Beschreibung des Handelns als autonom und aus *sozialen Interdependenzen* wie Macht oder kollektiven Zwecken herausgelöst. Der Vorwurf gegen die Ökonomie und die Verwendung von Modellen des vollkommenen Wettbewerbsmarktes konzentriert sich auf den Hinweis, dass viele Sozialbeziehungen nicht als Marktbeziehungen verstanden werden können. Weite Teile der Soziologie richten ihr Erklärungsinteresse deshalb auf die Entstehung sozialer Regeln und die Ausbildung sozialer Positions-, Macht- und auch Ungleichheitsstrukturen. Dieser Gegenüberstellung kann man einen ersten entscheidenden Hinweis auf die anzustrebenden Charakteristika soziologischer Situationsmodellierungen entnehmen. Freilich übersieht die soziologische Kritik dabei vielfach, dass das ökonomische Grundmodell und seine Idealisierungen (autonomes Entscheiden und problemfreie Erfassung der Welt als Opportunitätsstruktur) für zahlreiche, insbesondere ökonomische Erklärungsprobleme hinreichend und zudem analytisch stark sind und – was viel wesentlicher ist – dass das Modell des rationalen Tauschhandelns in unterschiedlichster Richtung erweiterbar ist, sodass durch Zusatzannahmen im engeren Sinne auch soziale Interdependenzen in einer Weise erfasst werden können, dass andere sozialwissenschaftliche Disziplinen daran anknüpfen können.

4.1.1   Soziales Handeln und Interdependenzen

Aus Sicht der Soziologie ist indes wichtig festzuhalten, dass sich ihre Gegenstände ganz im Sinne Max Webers (1980/1922) nur als *soziales Handeln* bestimmen lassen, mithin als ein Tun oder Unterlassen, das ein Akteur sinnhaft am Handeln anderer orientiert. In den meisten soziologischen Erklärungen finden wir daher seit jeher den Bezug auf Handlungskontexte – allerdings oftmals, ohne dies handlungstheoretisch explizit zu machen –, in denen das Handeln der anderen für das individuelle Tun nicht nur vermittelt über anonyme Marktbeziehungen, sondern in einem höchst direkten Sinn relevant ist. Soziales Handeln kann dadurch spezifiziert werden, dass man sich verschiedene Formen *sozialer Interdependenz* ansieht, in denen das angestrebte Ergebnis des eigenen Handelns von dem anderer abhängt. „Figurationen" (Elias 1976/1939), „Handlungssysteme" (Coleman 1990a), „hierarchische Interaktionssysteme" (Boudon 1979; 1980; Hirschman

1974; Weber 1980/1922) usw. sind soziologische Situationsmodelle, in denen die modellierten sozialen Interdependenzen (bei Elias etwa Macht- und Nullsummenspiele, bei Coleman die Probleme gemeinsamer bzw. komplementärer Interessen, bei Hirschman und Boudon die Effekte hierarchischer Positionssysteme) zu Verteilungswirkungen führen, die den Gleichgewichtsprognosen ökonomischer Wettbewerbsmarktanalysen – laut denen ein hintergründiger Preis- und Konkurrenzmechanismus dezentral eine wünschenswerte soziale Ordnung hervorbringt – so gar nicht entsprechen. Damit sind zwei wichtige Schlussfolgerungen für mikrofundierte Erklärungen verbunden: Erstens wäre festzuhalten, dass der *soziologische Gehalt* in der Modellierung typischer problembehafteter Formen sozialer Interdependenz liegt, wofür Modelle zu entwickeln sind, wenn nicht auf bereits vorliegende und empirisch gut bewährte Modellierungen zurückgegriffen werden kann. Zweitens folgt daraus, dass *einfache Aggregationsregeln*[1] nicht mehr greifen, sondern dass komplexere Transformationsregeln formaler oder empirischer Art entwickelt und eingesetzt werden müssen, um das Handeln so in kollektive Effekte zu übersetzen, dass auch die Wirkung der sozialen Struktur berücksichtigt wird bzw. unintendierte und auch ungeplante Effekte und Dynamiken auf der Makroebene erklärt werden können.

Max Weber hat der Soziologie eine sehr weit gefasste Ordnungsproblematik vorgegeben, die zudem von individuellen Ausstattungen weitgehend losgelöst ist, als er darauf aufmerksam gemacht hat, dass das soziale Handeln und insbesondere die Aufrechterhaltung sozialer Beziehungen *wechselseitig verständliche und stabile Erwartungen* benötigen. Diese These hat Weber in seiner Herrschafts- und Verbandssoziologie durch den Hinweis ergänzt, dass ein geregeltes und abgestimmtes Handeln vieler in Verbänden eines *Erzwingungs-* und *Verwaltungsstabs* bedarf, der die Durchsetzung der legitimen Verbandsordnung zur Aufgabe hat. Der Problemaufriss wie die Lösung Webers basieren auf der Vorstellung, dass situationsbezogene Interessen und Ausstattungsunterschiede durch die Ordnung gerahmt werden bzw. darin aufgehoben sind, sodass weder die Definition noch der Erhalt der Ordnung durch die Interessendivergenzen der beteiligten Akteursgruppen gefährdet werden.[2]

Dieser Modellierungsvorschlag war in mehrfacher Hinsicht stilbildend für weite Bereiche des soziologischen Denkens. Seither interessiert sich die Sozio-

---

[1] Beispielhaft dafür wären die in der Ökonomie verwendeten Algorithmen zur Bestimmung von Pareto-Optima oder auch von Nash-Gleichgewichten zu nennen (vgl. dazu Binmore 2007; Erlei 2007; Diekmann 2009). In der Soziologie wäre hierzu der direkte Analogieschluss von Handlungseffekten auf Struktureffekte wie etwa in der „Protestantischen Ethik" von Weber anzuführen (vgl. Coleman 1991, S. 16 f.).

[2] Ähnlich wie ökonomische Modelle führt Weber in seinem Bürokratie- und Wirtschaftsmodell formale Ordnungen als erwartungsbildenden Mechanismus ein und unterstellt dabei, dass sich darin die individuellen Interessen aufgehoben finden.

logie grundsätzlich für Situationen, in denen die Akteure ihr Handeln an dem ihrer Mitakteure ausrichten wollen oder müssen, d. h., in denen der Erfolg einer Handlung vom ebenso orientierten Tun der anderen abhängt. *Wechselseitige Erwartungen* werden so zur *Voraussetzung* eines jeden intentionalen Handelns und *Mechanismen der wechselseitigen Erwartungsbildung und stabilisierung* daher auch grundlegend für die Lösung sozialer Abstimmungsprobleme. Soziale Ordnungsbildung kann damit als ein Problem spezifiziert werden, vor dem die Akteure dann stehen, wenn sie ihr Handeln im Rahmen von Interdependenzen aufeinander abstimmen müssen und diese Abstimmung vor dem Hintergrund individueller Intentionen und Bewertungen erfolgt. Lösungen des so bestimmbaren allgemeinen Ordnungsproblems erfordern das Erkennen sozialer Prozesse, in deren Verlauf es gelingt, Institutionen bzw. Mechanismen zu entwickeln und zu festigen, die Erwartungssicherheit bewirken. Das kann die einfache Reduktion von individueller Unsicherheit sein, das kann aber auch den weit schwierigeren Fall umfassen, dass jeder nur bereit sein wird, Gewalthandlungen zu unterlassen, wenn er sicher sein kann, dass auch alle anderen dies tun werden. Soziologische Erklärungen müssen nach unserer Einschätzung demnach in der Lage sein, verschiedene Situationen als *problematisch* zu kennzeichnen und sie darüber hinaus als Variationen eines Grundproblems sowie auch als Zuspitzungen von Problemen anzulegen und davon ausgehend dann zu klären, welche sozialen Effekte – erfolgreiche Regelungen, ungeplante Dynamiken oder auch unvorteilhafte Zustände – in der Folge zu erwarten sind. In diesem Kontext können dann sowohl ordnungsgenerierende als auch ordnungsgefährdende Eigenschaften sozialer Situationen mit Bezug auf die Intentionen und Bewertungen der Akteure ausgewiesen werden. Grundsätzlich sollten Situationsmodelle, die auf ein intentionales Handeln bezogen werden, allgemeine Handlungs- und Abstimmungsprobleme der Akteure darstellen, diese aber auch sukzessive und systematisch spezifizieren und konkretisieren können, um daraus ordnungsstabilisierende oder schwächende Handlungen abzuleiten und auf den Bedarf an sozialen Regeln schließen zu können.

4.1.2 Problemvariationen und -grade

So lässt sich etwa die bei Weber dargestellte grundsätzliche *Unbestimmtheit wechselseitiger Erwartungen*, die sich aus der Vielfalt und Labilität individueller Motive und der unendlichen Komplexität der Welt speist, durch eine im Sinne Poppers (1966) vorgenommene *situationslogische Analyse* aus Sicht der Akteure spezifizieren. Solche Analysen sind darauf ausgerichtet, von der unterstellten Intentionalität der einzelnen Akteure ausgehend spezifische individuelle Zwecke und auch Interessenkonstellationen zwischen den Akteuren auf ihren

Problemgehalt hin zu befragen und deren Handeln bezogen auf Situationen als Problemlösungsversuche zu verstehen (vgl. erläuternd Albert 1998; kommentierend Esser 1993 und Schmid 1996, S. 151 ff.). Soziologische Situationsmodelle sind daher dann heuristisch gut angelegt, wenn sie *Akteurs-* und *Sachkonstellationen* aus Sicht problemorientiert agierender Akteure beschreiben und wie oben ausgeführt problembehaftete soziale Interdependenzformen abbilden, die sich aus den Intentionen und den Bewertungen der Akteure herleiten. Der soziologische Gehalt liegt dann darin, spezifische Handlungsweisen wie das Abtreten von Handlungsrechten, das Einhalten von Regeln oder die Beteiligung an Verbänden und sozialen Bewegungen als Versuch zu erklären, solche Interdependenzen zu nutzen, aufzulösen oder in ihren negativen Effekten zu begrenzen. Dazu muss eine dominante Interdependenzlogik in individuelle Handlungen überführt und diese dann etwa in Verteilungen sozialer Rechte oder Normen zwischen Akteuren, in Gruppen und Organisationen übersetzt werden; wie wir dies hier auch in den Anwendungskapiteln (vgl. Kap. 6–9) darstellen werden.

Wichtig ist, dass immer dann, wenn mit Handlungstheorien gearbeitet wird, die als Handlungsmotiv das individuelle Bestreben der Akteure, *Ziele* zu verwirklichen, annehmen, soziale *Interdependenzen* entsprechend als *Ziel-* oder *Interessenkonstellationen* zu modellieren sind. „Mit anderen Worten, die zwischen den Parametern des Interaktionssystems und dem Verhalten der Akteure beobachtete Kausalitätsbeziehung wird erst dann verstehbar, wenn man aus ihr die Resultante des teleologischen Verhaltens der mit Autonomie versehenen Akteure bildet." (Boudon 1980a, S. 29; vgl. auch Esser 2003d, S. 526) Werden Intentionen und Problemlösungsabsichten als private Interessen spezifiziert, wie dies Rationalwahl- und vor allem Nutzentheorien tun, dann können zumindest drei allgemeine Interessenkonstellationen benannt und mithilfe weiterer Zusatzannahmen in zunehmend spezifischere Handlungs- und Abstimmungsprobleme übersetzt werden. Als eine Grundtypologie sozialer Interdependenzen hat sich die Klassifikation von Situationen danach bewährt, ob die Akteure über a) ausschließlich gemeinsame, b) unterschiedliche, aber komplementäre oder c) über strikt konfligierende *Interessen* und *Zielsetzungen* verbunden sind.[3] So hat etwa Thomas Hobbes (1966/1651) die Bedingungen des sozialen Zusammenlebens vor dem Hintergrund der Frage problematisiert, weshalb es den Akteuren trotz gemeinsamem Interesse an geordneten Verhältnisses nicht gelingt, diese aus eigener Kraft herbeizuführen, was neuere Arbeiten wie die von James S. Coleman aufgreifen, wenn sie nach den Eigenheiten von kollektiven Entscheidungen, Verträgen und daraus hervorgehenden kollektiven Akteuren fragen (Coleman 1987; 1990a).

---

[3] Situationen, in denen der Handlungserfolg nicht in irgendeiner Weise vom Tun der anderen abhängt, sind unter der Maßgabe, dass wir vom intentionalen Handeln der Akteure ausgehen und dass die Soziologie sich ausschließlich für die Folgen des *sozialen* Handelns interessiert, auszublenden.

Viele Sozialtheoretiker (Karl Marx, Norbert Elias, Heinrich Popitz oder Pierre Bourdieu) haben indes Situationsbeschreibungen zugrunde gelegt, die konfligierende und antagonistische Interessen an knappen gesellschaftlichen Ressourcen bei gleichzeitig wirksamen Machtungleichgewichten behandeln.

Vertiefen können wir unser Verständnis sozialer Interdependenzen, wenn wir nicht nur die faktische Wechselabhängigkeit der Ziele und Interessen berücksichtigen, sondern darüber hinaus den Tatbestand im Auge behalten, dass die Akteure sich dieser Abhängigkeiten tatsächlich bewusst sind und bei ihren Handlungsplanungen berücksichtigen.[4] Dann haben wir es mit sogenannten ‚strategischen Interdependenzen' (vgl. Ullmann-Margalit 1977) zu tun, in denen die Entscheidungsfindung in dem Umfang erschwert ist, in dem „the choice of each depends on the choice of all" (Elster 1986b, S. 7.[5] Wir werden diese Grundtypologie aus Sicht der Handlungstheorie auszubauen suchen, indem wir sie einerseits soziologisch inspiriert variieren und andererseits auch aus Sicht der Akteure zuspitzen und dann fragen, wie und mithilfe welcher sozialer Mechanismen eine vorteilhafte Umgestaltung gelingen kann und wann zu erwarten ist, dass ‚erträgliche' Lösungen nicht in Reichweite stehen.

4.1.3   Heuristik

Wir meinen, dass eine aus Akteurssicht vorgenommene *problemorientierte Situationsmodellierung* darin stark ist, *Situationen* mithilfe der Handlungsvariablen als „handlungsauslösende" und „handlungsrahmende" Konstellationen zu erschließen und die entscheidungsrelevanten Situationsfaktoren durch die Brille des handlungstheoretischen Kerns erkennbar zu machen und mehr noch zwischen beiden eine funktionale Beziehung formulieren zu können (vgl. Abschnitt 4.3). Die Theorie intentionalen Handelns eröffnet darüber hinaus die Option, Situationen als den individuellen Interessen mehr oder weniger dienlich oder hinderlich zu erkennen und macht es infolgedessen möglich, durch eine gezielte Variation der Situationsvariablen besonders problematische soziale Verhältnisse zu identifizieren

---

[4] In der Ökonomie werden im Anschluss an die bahnbrechende Arbeit „Risk, Uncertainty and Profit" von Frank H. Knight (2006/1921) die Behandlung von Situationen im Hinblick auf die verfügbaren Informationen und damit die Sicherheit, die Unsicherheit bzw. das Risiko einer Handlung thematisiert. In der Soziologie wird die Relevanz von Entscheidungen unter Unsicherheit mitunter so hoch angesetzt, dass daraus die Ablehnung der Rational-Choice-Theorie insgesamt gefolgert wird, da dort die Anwendungsbedingungen für Rationalerklärungen nicht mehr erfüllt sind (vgl. Elster 1986a; Schmid 2006; 2008a).
[5] Eine für Sozialwissenschaftler zugängliche Einführung in die Spieltheorie liegt von Dixit und Nalebuff (1997) vor und eine Weiterentwicklung der spieltheoretischen Bearbeitung von Kooperationsproblemen etwa von Sugden (1995, S. 534 f.) und Diekmann (2009).

und in ihrem Wirkmechanismus zu verstehen. Angesichts dieser Möglichkeit will
das hier vorgetragene Forschungsprogramm konkretisierte Situationsmodelle aus
allgemeinen Modellen durch eine Spezifikation der relevanten Situationsfaktoren
sowie durch die Berücksichtigung weiterer, bislang unbeachtet gebliebener Faktoren – immer aus Sicht der Handlungsvariablen – gewinnen und damit systematisch auf eine Verbesserung des anfänglichen Erklärungsarguments hinarbeiten
können. Situationsmodelle können daher aneinander angeschlossen, sukzessive
ausgebaut und auch in übergreifende Modelle eingeordnet werden, sodass sie für
verschiedene Handlungsfelder und Disziplinen nutzbar werden. Der geschilderten
Logik sparsamer Modellbildung folgend sind Zuspitzungen oder Dramatisierun-
gen verschiedenartiger Interdependenzen zuerst durch eine situationsspezifische
Einordnung und Deutung der Intentionen und Ziele der Akteure und anhand der
für deren Realisierung relevanten Situationsfaktoren vorzunehmen. Das schließt
aber nicht aus, im zweiten Schritt zusätzliche Annahmen über spezifische und
unter Umständen begrenzte Fähigkeiten der Akteure einzuführen und deren Bedeutung für beschriebene Situation zu ergänzen.[6]

In der Soziologie wurde, nicht zuletzt angeregt durch die Klassiker Weber
und Durkheim, von Anfang an dafür plädiert, bei der Erklärung sozialer Sachverhalte neben materiellen Ressourcen (und damit materiellen Nutzenerwägungen) auch Einfluss und Wirkung sozial-kultureller bzw. sozialstruktureller
Konstellationen zu berücksichtigen. Die Soziologie kann und sollte sich deshalb
für die Verteilung materieller Faktoren ebenso interessieren wie für die von Ideen
oder Institutionen (vgl. Esser 1993; 2000e). Die Realisierung dieses Vorschlags
ist allerdings mit zwei notwendigen Einsichten verbunden: Zum einen sollten
sich Soziologen nicht darauf versteifen, diese nicht-materiellen Faktoren beliebig
oder ad hoc einzuführen, vielmehr sind sie – jedenfalls solange sie im Rahmen
eines mikrofundierten Erklärungsprogramms arbeiten wollen – darauf angewiesen, deren Relevanz sowie die Problematik ihrer jeweiligen Ausprägungen
und Verteilungen aus der zugrunde liegenden Handlungstheorie bzw. dem jeweils unterlegten Handlungsmodell abzuleiten. Auf der anderen Seite bedeutet
die Zulassung idealer Faktoren entweder, dass man auch Ideen in Erfolgs- und
sogar Nutzenargumente[7] übersetzt und dann analog zum Streben nach materiellen Konsumchancen fasst, oder dass man die Handlungstheorie korrigiert und

---

[6] Dass auch solche Erweiterungen mittels „minorer Faktoren" die Welt der Wissenschaft bewegen
können, zeigt sich an der Resonanz, die Herbert A. Simon (1959) mit der Annahme der begrenzten
individuellen Rationalität – der bekannt gewordenen „bounded rationality" – gefunden hat. Diese
Annahme half ihm zu klären, wie begrenzt rationale Akteure ihre Ziele kollektiv in Organisationen
möglichst gut realisieren; Bürokratie, Hierarchie, Standardisierung sind dann Mittel, um die eingeschränkten kognitiven Fähigkeiten zu mildern, sagen aber noch nichts über Wege, Trittbrettfahreranreize bei kollektivem Handeln zu überwinden.

[7] „Nutzen" wird klassisch definiert als kardinal bewertete Interessen.

derart erweitert, dass auf Wertideen beruhende Motive eine handlungsleitende Rolle spielen können (vgl. Granovetter 1985; Esser 2010), wozu es aber, der hier geforderten Erklärungslogik folgend, notwendig ist, eine Funktion zwischen beiden Handlungsmotiven anzugeben und deren jeweilige Logik darzustellen (vgl. weitergehend Abschnitt 4.3.2).

Damit wäre auch die Option verbunden, auf Grundlage einer verallgemeinerten Handlungstheorie die Unterscheidung zwischen ökonomischen, auf materielle Restriktionen beschränkte Situationskonstellationen, und soziologischen Modellen, die die Behandlung ideeller und/oder sozialstruktureller Faktoren zu ihrem Markenzeichen gemacht haben, aufzugeben. Entscheidet man sich für einen solchen Schritt, dann eröffnet sich damit die Chance, – quer zu jeder disziplinären Verankerung – jede Art sozialer Interdependenz bzw. ganz unterschiedliche institutionelle Settings, soziale Einbettung ebenso wie Konflikte und Interessenkonstellationen in gleicher Weise wie Wertgemeinschaften (oder Wertauseinandersetzungen) im Rahmen einer *vereinheitlichten Modellierungstechnik* zu erforschen. Ökonomische Analysen zeichnen sich dann allein dadurch aus, dass man an der Untersuchung von auf knappe Güter und Leistungen bezogenen Markttransaktionen vereinzelt agierender Akteure interessiert ist, während soziologische Analysen dadurch gekennzeichnet wären, dass sie die typischen Beschränkungen solcher ökonomischen Modelle nicht akzeptieren, sondern soziale Institutionen ebenso erfassen und behandeln wollen wie sozial-kulturelle Ziele und die institutionellen Voraussetzungen, unter denen Akteure ihre (unterschiedlichen) Zwecke verfolgen. Man besitzt dann die Freiheit, jene Modellierungen zu entwickeln, die für den jeweiligen Situationskontext am angemessensten erscheinen, und kann „soziale Güter" wie Normen und Konventionen, Handlungs- und Eigentumsrechte oder Reputation und Sozialkapital in den Mittelpunkt rücken und versuchen nachzuzeichnen, in welchen Verteilungsstrukturen und Makroeffekten sich deren Verfolgung niederschlägt (vgl. Lindenberg 1991; Coleman 1994; Esser 2000d; Abschnitt 4.4.2).[8] Es hängt von der Handlungstheorie ab, ob dies unter absoluten, normativen Gesichtspunkten oder aber unter Ertrags- und Kostengesichtspunkten geschieht.

Welchen Weg die soziologische Modellbildung dabei gehen kann, lässt sich wiederum beispielhaft anhand des von Weber dargelegten allgemeinen Problems wechselseitiger Erwartungen verdeutlichen, das er auch dazu verwendet, um das Problem eines auf *kollektive Zwecke abgestimmten* Handelns (in Form eines ‚rationalen' Zweckverbands) zu diskutieren. Dabei hat sich im Verlauf der Debatten um die Reichweite der Weber'schen Erklärung legitimer Ordnungsbildung ge-

---

[8] Wir konstatieren ein zunehmendes Zusammenwachsen ökonomischer und soziologischer Theoriebestände und sehen in einer derartigen Entwicklung ein großes Potenzial für beide Fächer (vgl. Schmid und Maurer 2003a).

zeigt, dass sein Vorschlag keineswegs alle Zusammenhänge hat erfassen können, die bei der Bildung von Verbänden und Organisationen eine Rolle spielen, bzw. dass er die Bedeutsamkeit der Restriktionen, denen die Organisation des kollektiven Handelns vieler Akteure unterliegt, erheblich unterschätzt hat. So konnten – ausgehend von einer Theorie der rationalen Handlungswahl – Autoren wie Herbert A. Simon, Mancur Olson, James S. Coleman, Albert O. Hirschman, Oliver E. Williamson u. v. a. zunehmend präziser zeigen, dass der Organisation und Abstimmung menschlichen Handelns ganz unterschiedliche, mehr oder weniger problematische Interessenkonstellationen und damit verdeckte Erfolgsbedingungen zugrunde liegen, die Weber nicht thematisiert hatte.[9] Darüber hinaus haben sie darauf aufmerksam gemacht, dass auch das Setzen von Verbandszwecken als Problem *kollektiven Entscheidens* mit jeweils ganz eigenen Voraussetzungen und Folgeproblemen verbunden sein kann, die Weber verborgen geblieben waren (Wiesenthal 2000).

Mancur Olson hat aufgedeckt, dass das Verfolgen *gemeinsamer Zwecke* in *großen Gruppen* – einerlei, um welche Zwecke es sich konkret handelt – systematische Trittbrettfahreranreize birgt, was nichts anderes meint, als dass die Gemeinsamkeit der Versorgungsinteressen nicht in allen Fällen dazu hinreicht, die optimale Bereitstellung der entsprechenden Güter sicherzustellen (vgl. Olson 1968). Sofern nämlich die individuelle Beitragsleistung nicht direkt mit dem Genuss des Gutes gekoppelt ist, ist auch die Motivation für Beiträge bei rationalen Akteuren nicht mehr zwingend gegeben – was auch alle Akteure wissen. Diese Grundproblematik kollektiver Zweckverfolgung wurde und wird mit viel Erfolg zur Modellierung eines verfeinerbaren und auf verschiedenste Felder übertragbaren sozialen Interdependenzmusters eingesetzt. James S. Coleman (1990a) und Yoram Barzel (2002) haben damit das ‚alte‘ und gerade für demokratische Organisationen so problematische Faktum behandelt, hierarchische Instanzen einsetzen zu wollen, aber dann auch gleichzeitig demokratisch gestalten und kontrollieren zu müssen. Eine weitergehende Problemkonturierung hat Albert O. Hirschman (1974) mit der Frage angestoßen, wie und wann kollektive Kritik zur Verbesserung von kollektiven Entscheidungen oder Herrschaftsstrukturen beiträgt bzw. wann ihr Unterbleiben zum Niedergang von Parteien, Unternehmen oder auch Nationalstaaten führt, weil deren Mitglieder abwandern (vgl. ausführlich Maurer 2001; 2006c)

---

[9] In diesen Theorien wird neben zusätzlichen Annahmen auf der Situationsebene auch mit Zusatzannahmen auf der Handlungsebene gearbeitet, die unter Beibehaltung des Kerns: der Motive, zusätzliche Annahmen über die Fähigkeiten der Akteure treffen, z. B. die bekannte Annahme unvollständiger Information oder der „bounded rationality" (Simon 1983) oder der Interessenverfolgung als Opportunisten (Williamson, O. 1990).

Alle diese Bemühungen lassen sich als Präzisierungsversuche der von Weber allgemein dargestellten Situation lesen, ein organisiertes Zweckhandeln zu begründen und effizient zu gestalten, auch wenn keine gemeinsame Legitimitätsbindung vorliegt. Wie dann das Erfordernis wechselseitig verlässlicher Erwartungen gelöst wird, bildet eine *gemeinsame Heuristik*, die unterschiedliche *Abstimmungsprobleme* und darauf folgende Kontrollprobleme zu identifizieren erlaubt und deutlich macht, dass durch eine systematische Variation der Situationsbedingungen neue Erkenntnisse darüber eintreten, wann rationale Akteure zweckgerichtete Organisationen erfolgreich bilden und durch deren Nachgestaltung auch aufrechterhalten. So wird etwa durch die Annahme eines gemeinsamen Interesses zwischen rationalen Egoisten das allgemeine Problem des Trittbrettfahrens aufgeworfen, das im Weiteren durch Zusatzannahmen zur Gruppengröße, zur Homogenität der Gruppe, zu Nebenzielen und individuellen Anreizen usw. präzisiert, problematisiert oder auch entschärft werden kann (vgl. Abschnitt 8.3), was je unterschiedliche institutionelle Rahmungen und entsprechend unterschiedliche Makroeffekte erklärt. Welche Situationsfaktoren dabei ins Blickfeld geraten, wird durch die jeweils verwendete Handlungsprämisse gesteuert, die angibt, *wie* die hervorgehobenen Situationseigenschaften in Handlungen zu übersetzen sind und wie sie wirken. So betonen Handlungstheorien, die von einem rationalen, egoistisch-zweckorientierten Handeln ausgehen, Situationsfaktoren, die sich in privat aneigenbaren Erträgen und Kosten niederschlagen, wohingegen Handlungstheorien, die von einem kognitiv oder normativ geleiteten Handeln ausgehen, Ideen oder Normen betonen und auf die handlungsleitende Wirkung von Symbolen, Ritualen oder Ideologien abheben. Nach unserem Dafürhalten wäre soziologisch interessant, dass die verschiedenen Situationsmodellierungen auf Handlungskonstellationen aufmerksam machen, in denen die Einzelnen ihre Absichten nicht autonom und spontan – sozusagen nebenkostenfrei – umsetzen können, sondern dazu das Handeln und die Absichten der anderen zu berücksichtigen haben, sodass mitunter soziale Institutionen und regulatorische Mechanismen erforderlich bzw. vorteilhaft werden (vgl. Schmid 1998; 2004; Maurer 2004a; 2006a).

Dieses Ziel kann sowohl durch diverse *Erweiterungen des Wettbewerbsmarktmodells* als auch durch eigenständige *Modelle sozialer Interdependenz* erreicht werden. Besondere Aufmerksamkeit hat die Soziologie dabei schon immer auf Macht- und Konfliktkonstellationen verwandt, die soziale Interdependenzen einfangen, in denen einige Akteure die Fähigkeit besitzen, das Handeln ihrer Mitakteure zum eigenen Vorteil und gegen deren Intentionen zu bestimmen – was unvorhersehbare Dynamiken in Gang setzen kann. Auch diese erweiterte und realitätsnähere Darstellung sozialer Handlungskonstellationen kann sowohl im Rahmen ausgebauter Tausch- oder Marktmodelle als auch in sozialen, anerkennungsbasierten Ordnungskonzepten erfolgen und durchaus in einer Theorie der rationalen Handlungswahl fundiert sein (vgl. Blau 1977; Schelling 1978;

Coleman 1990a; Popitz 1980; Goffman 1981). Daher wäre zwar der Deutung einiger Soziologen zuzustimmen, dass der Wettbewerbsmarkt nur eine Spezialform
einer Konkurrenzsituation abbildet und aufgrund hoch voraussetzungsvoller Bedingungen – etwa weil die Kontrolle von Betrügern und Opportunisten möglich
wird – zu wohlfahrtssteigernden Effekten für alle führt,[10] dass es aber für allge-
meinere Fragestellungen sinnvoll ist, die implizierte ‚Kurzatmigkeit' bzw. die
‚idealisierenden Rahmenbedingungen' aufzubrechen. Konkurrenzsituationen
wären dann eben nicht als Tausch unter Gleichen zu modellieren, sondern es wären sozial bewertete, ungleiche Anfangsausstattungen anzusetzen; ebenso wäre
nicht nur die konkurrierende Auseinandersetzung um private, beliebig teil- und
herstellbare Güter zu analysieren, sondern auch und gerade der konkurrierende
Wettbewerb um ‚soziale Güter' wie Rechte, Anerkennung, Positionen usw. (vgl.
z. B. Elias 1976/1939; Schelling 1978; Bourdieu 1979). Beide Szenarien heben
die Bedeutsamkeit ein- oder wechselseitiger Abhängigkeiten hervor und erlauben
zudem die Erfassung von sozialen Organisationsvorteilen; dies werden wir insbesondere in Kapitel 9 noch ausführlich darstellen.

Halten wir also fest, dass „die Strukturen der sozialen Situationen zuallererst durch die Interdependenz der Akteure, durch die Art der Verteilung von
Interesse und Kontrolle bestimmt" sind (Esser 2000b, S. 14; vgl. ähnlich Coleman
1990a). Genau dies können mehrstufige, handlungstheoretisch fundierte Erklärungen berücksichtigen, da sie relevante Situationsfaktoren handlungstheoretisch
erschließen, womit je nach Handlungstheorie materielle, ideelle und/oder sozialstrukturelle Faktoren berücksichtigt und in Interdependenzen und entsprechende
Handlungen übersetzt werden können. Dies ermöglicht es, eine *soziale Situation*
als Spezialfall eines allgemeineren Typus zu fassen bzw. umgekehrt aus allgemeinen Modellen spezifischere, problemschärfere Situationsanalysen zu gewinnen. Die heuristische Stärke mikrofundierter Erklärungen sozialer Sachverhalte
ist es, *Situationskonstellationen* und *Handlungsvariablen* systematisch miteinander in Beziehung setzen und so für Situationsklassen spezifische Handlungsweisen und kollektive Effekte erklären zu können.

4.2   Makro-Mikro-Verbindung: Brückenhypothesen

Brückenhypothesen werden als zusätzliche *hypothetische Annahmen* eingeführt,
um den jeweiligen *handlungstheoretischen Kern* mit den Situationsmodellen zu
verbinden. Ihre Aufgabe ist es daher, den handlungstheoretischen Kern so zu

---

[10] Die Neue Institutionenökonomik hat etwa die „idealisierende Annahme" kosten- und problem-
freier Transaktionen hinterfragt und die neue Wirtschaftssoziologie die der beziehungslosen und
institutionenfreien Umwelt neoklassischer Markttransaktionen (Maurer 2008).

spezifizieren, dass Vorhersagen über Handlungen und deren *Erfolg* für konkrete Situationen möglich werden. Brückenhypothesen konkretisieren die Handlungs-variablen – Intentionen sowie die Fähigkeit, Situationen in deren Lichte wahr-zunehmen – im Hinblick auf spezifische Handlungssituationen und beschreiben deren Auswirkungen auf die jeweilige Zielerreichung (z.B. Positionserhalt, Konsummaximierung, Pflichterfüllung, Anerkennungsoptimierung usw.). Zur Erstellung von Brückenhypothesen benötigen wir Aussagen über die Wirkung relevanter Situationsvariablen auf das Handeln, sei es, dass sie Ziele konkreti-sieren, Zweck-Mittel-Relationen beschreiben oder über die Wahrscheinlichkeit von bestimmten Handlungsfolgen informieren. Brückenhypothesen nutzen empi-risches Wissen, sind aber theoretisch informiert und sollten je nach Erklärungs-zweck komplexer bzw. einfacher formuliert werden können. Ihre Hauptaufgabe bleibt jedoch, die in den Makromodellen benannten Situationsfaktoren mit dem Handeln so zu verbinden, dass der handlungstheoretische Kern mit dem zu erklä-renden Sachverhalt in Beziehung gesetzt wird.

4.2.1 Aufgabe und Grundstruktur

Im Unterschied zum Hempel-Oppenheim-Schema geht man dabei also nicht einfach nur davon aus, dass die empirischen Situationsbeschreibungen die An-wendungsbedingungen des Handlungsgesetzes darstellen – somit nur sagen, dass das Handlungsgesetz zum Einsatz gebracht werden darf –, vielmehr stellen sie insoweit einen wesentlichen Bestandteil der Theorie dar, als sie Aussagen dar-über machen, *welche Faktoren* der Handlungssituation aus Sicht der Akteure relevant sind und *wie* das unterlegte Handlungsgesetz mit dem zu erklärenden Sachverhalt in Verbindung steht. „Wichtig ist, daß es ohne Kenntnis der Zusatz-annahmen (d.h. der Brückenhypothesen) nicht möglich ist anzugeben, was die Theorie (zu der die Zusatzannahmen eingeführt werden) überhaupt mit dem zu erklärenden Sachverhalt zu tun hat!" (Lindenberg 1996, S. 128) Lindenberg hat darauf aufmerksam gemacht, dass der handlungstheoretische Kern durch eigene Zusatzannahmen konkretisiert werden kann, indem weniger erklärungsrelevante Individualeigenschaften – im Falle der Annahme eines individuell-intentiona-len Handelns die dazu vorhandenen Fähigkeiten der Individuen (s. noch Ab-schnitt 4.3) – ‚realistischer' beschrieben werden. Wichtig ist dabei indes, den erklärenden Kern und die erweiternden Zusatzannahmen explizit zu kennzeich-nen und zu unterscheiden, um im Falle empirischer Widerlegungen zu wissen, was falsch ist und entsprechend wie und mit welchen Folgen zu verändern wäre.

Bei der Arbeit mit einer einfachen Nutzentheorie, die relativ wenige, stark vereinfachende Informationen über die Akteure voraussetzt und ‚nur' davon aus-geht, dass sie auf der einen Seite durch den *erwarteten Nutzen* einer Handlung *motiviert* sind und auf der anderen Seite ihre Zwecke und die Situation kennen und auch richtig einschätzen, dienen Brückenhypothesen dazu, einen *direkten Zusammenhang* zwischen der Handlungsvariable „Nutzen" und den nutzenstiftenden Situationsfaktoren herzustellen. Dazu werden entsprechend Situationsmerkmale als Restriktionen oder Kosten und als Opportunitäten oder Erträge interpretiert und so einerseits Handlungsmöglichkeiten kenntlich gemacht und andererseits auch über ihren Nutzenwert unterschieden. Sowohl materielle Ressourcen als auch Normen, Rechte, Anerkennung, Positionen, Macht usw. werden durch geeignete Brückenhypothesen in Erträge und Kosten übersetzt und Handlungsalternativen entsprechend mit einem Nutzenwert versehen und in eine Reihung gebracht. Die Brückenhypothesen identifizieren die in einer Situation möglichen Handlungen und erlauben so, die kardinal oder auch ordinal erhobenen Nutzenwerte in eine eindeutige Rangfolge (Präferenzordnung) zu bringen. Das unterstellte Handlungsgesetz (oder Auswahlprinzip) besagt dann nicht mehr, aber auch nicht weniger, als dass aufgrund eines *Richtmaßes* – das Maximierung sowie Optimierung oder Standarderreichung sein kann – die Akteure sich eindeutig zwischen den in der Situation möglichen Handlungen entscheiden und rationalerweise jene mit dem maximalen, optimalen oder zufriedenstellenden Nutzen ergreifen (vgl. Weise 1989; Zintl 1997).

Wird mit einer erweiterten Fassung der Theorie rationalen Handelns wie etwa dem RREEMM-Modell[11] gearbeitet, kann zusätzlich berücksichtigt werden, dass die Akteure die Situation nicht richtig, nicht objektiv oder auch nicht in ihrer ganzen Komplexität erfassen, sondern das Eintreten der erwünschten oder befürchteten Handlungsfolgen ‚nur' subjektiv als mehr oder minder wahrscheinlich veranschlagen. Damit werden Annahmen über die Fähigkeiten der Akteure, Wahrscheinlichkeiten abzuschätzen, relevant,[12] und folglich können Handlungen nicht mehr einfach und direkt in Nutzen übersetzt werden, sondern nur unter Zuhilfenahme eines Faktors p, der die problem- bzw. situationsabhängigen Wahrscheinlichkeitsbeurteilungen der Individuen erfasst. Das RREEMM-Modell bietet auf diese Weise Anschluss für Brückenhypothesen, die die Kosten und Erträge von Informationsbeschaffungsbemühungen erfassen,

---

[11] Das RREEMM-Modell (vgl. Meckling 1976; Lindenberg 1991, S. 55; Esser 1993, S. 217) beschreibt den Menschen *(man)* als ein Wesen, das aktiv nach Möglichkeiten sucht, seine Ziele zu realisieren *(resourceful),* über knappe Ressourcen verfügt *(restricted),* Handlungszustände bewertet *(evaluative)* und die Eintrittwahrscheinlichkeit von Ereignissen abschätzt *(expecting).* Das allgemeine Prinzip der Handlungswahl lautet weiterhin, dass die Menschen versuchen, angesichts ihrer Sicht der Situation, das Beste zu tun, d. h. jene Handlung zu wählen, die ihrer Ansicht nach in dieser Lage den maximalen Nutzen erbringt *(maximizing).*

[12] Darüber, wie sie dies tun, existiert eine aufschlussreiche Literatur (vgl. als Überblick Kahneman et al. 1982; Gigerenzer 2000). Das Hauptergebnis dieser Untersuchungen bestätigt die Tatsache, dass Akteure notorisch unfähig sind, objektive Wahrscheinlichkeiten richtig zu erheben.

die wahrscheinlichen Gewinne gegen möglicherweise unbestimmte Verluste ge-
wichten, sichere und unsichere Ereignisse differenzieren oder auch Annahmen
über das Verhältnis von kurzfristigen gegenüber mittel- und langfristigen Nutzenüberlegungen nahelegen.

Der entscheidende *empirische Bezug* – und damit die wichtige Möglichkeit
situationsspezifischer Erweiterungen – durch Brückenhypothesen ergibt sich jedoch aus der Möglichkeit, *Handlungsziele* zu konkretisieren. Mithilfe entsprechender Annahmen definieren zumal Theorien der rationalen Wahl den genauen
Inhalt von Präferenzfunktionen bzw. Nutzenüberlegungen der Akteure und legen
damit die Rationalität des Handelns mit Blick auf die erwartbaren Einflüsse der
Situationsgegebenheiten fest. Sowohl der abstrakte Rationalitätsbegriff als auch
der inhaltlich zunächst unbestimmte Nutzen- und Interessenbegriff[13] erhalten
dadurch empirischen Bezug, denn: „ohne Brückenannahmen ist die Theorie der
rationalen Wahl trotz ihres starken nomologischen Kerns relativ zu den meisten Explananda leer" (Lindenberg 1996, S. 129). Ein soziologisch bedeutsames
Beispiel für eine solche Zusatzannahme wäre etwa die These Webers, wonach
für die modernen Stadtbürger des 17. Jahrhunderts die individuelle „Sinnsuche"
und das „Heilserwarten" zum zentralen Lebensproblem werden, weil ihre sozio-
ökonomische Lage sie von Naturabhängigkeiten entbindet und damit Raum für
die Sinnproblematik schafft (Weber 1980/1922, S. 251 ff.), und die Handlungssicherheit im Befolgen von Regeln suchen, um ihre Erfolgsaussichten besser kalkulieren zu können.

4.2.2   Soziale Produktionsfunktionen

Mit der auf Klassiker wie Adam Smith und Karl Marx zurückgehenden Annahme, dass die Menschen durch *zwei essenzielle Bedürfnisse* bestimmt sind: den
Wunsch nach *physischem Wohlbefinden* und nach *sozialer Wertschätzung* (vgl.
Lindenberg 1990; 1991; 1996; Esser 1993; 2000b), eröffnet sich die Option, Brückenhypothesen als *soziale Produktionsfunktionen* zu fassen. Soziale Produktionsfunktionen beziehen die grundsätzliche Intentionalität der Akteure allgemein
auf diese beiden Grundbedürfnisse und konkretisieren diese mit Bezug auf soziale Handlungssituationen, indem sie diese einerseits in Ober- und Unterziele übersetzen und indem sie andererseits Aussagen darüber machen, was dafür dann die
zielrelevanten Situationsfaktoren sind und welche zieldienlichen Eigenschaften
diese haben. Allgemeiner gefasst, werden allgemeine Hypothesen über Zweck-
Mittel-Relationen in der konkret-gesellschaftlichen Handlungssituation einge-

---

[13] Vgl. zur Kritik am ‚leeren' Nutzenbegriff und dem ‚Modellplatonismus' der Ökonomie Albert
(1965; 1998) und Lindenberg (1994).

führt, die empirisch angelegt und prüfbar sind. Die für die aktuelle Situation beschriebenen Handlungsziele und die dafür als ‚adäquat' eingestuften Handlungen werden als effizienter Weg zur Erreichung der Grundintentionen in Form von Produktionsfunktionen abgebildet. Soziale Produktionsfunktionen formulieren eine situationsspezifische Relation zwischen Zwecken und Mitteln, indem sie angeben, welche Handlungen in welchem Maß das Erreichen der situationsspezifischen Bedürfnisse und darüber auch der Grundbedürfnisse befördern oder auch einschränken. Soziale Produktionsfunktionen, die soziale und materielle Bedürfnisse vorsehen, können zudem auch Aussagen über das Verhältnis beider Ziele treffen und etwa Situationen markieren, in denen sich die Befriedigung sozialer und jene materieller Bedürfnisse wechselseitig stützen oder behindern.

Im Lichte einer problemorientierten Analyse geben soziale Produktionsfunktionen an, welches Handeln die Akteure in einer Situation ergreifen können und in welchem Maße sie damit ihren situationsbezogenen und zugleich ihren letztlich unveränderbaren, allgemeinen Oberzielen dienen. Die sozialwissenschaftliche Heuristik sozialer Produktionsfunktionen besteht entsprechend darin, die *sozialstrukturellen Situationsfaktoren* zu erfassen, die für die Herstellung, die Aneignung und die Nutzung der Mittel relevant zu sein scheinen, welche die Akteure zur Erreichung der unterstellten Oberziele aktivieren müssen. So werden beispielsweise Unternehmer durch eine rationale Unternehmensstrukturierung und Geschäftsführung eine Maximierung ihres Gewinns erreichen wollen, während Wissenschaftler zur Mehrung ihres Ansehens nach möglichst zahlreichen und qualitativ hochwertigen Publikationen, Rufen und Auszeichnungen streben, wohingegen Alpinisten Wert darauf legen, möglichst ‚klassische' bzw. technisch aufregende Routen zu steigen, um in den Augen ihrer Mitstreiter und Konkurrenten Beachtung und Wertschätzung zu finden.[14]

Fassen wir nochmals kurz zusammen: Soziale Produktionsfunktionen konkretisieren und verbinden die allgemeine, für alle Akteure gültige Annahme eines intentionalen, auf die individuelle (materielle und soziale) Existenzsicherung ausgerichteten Handelns mit den Opportunitäten und Restriktionen der Handlungssituation. Eine solche funktionale Beziehung kann z. B. durch soziale Produktionsfunktionen beschrieben werden, die sowohl situationsspezifische Ziele als auch die dafür passenden Handlungen als Zweck-Mittel-Relation festlegen. „Technically speaking, there is only one utility function for all mankind but there are systematically different production functions for different kinds of people." (Lindenberg 1990, S. 741) Soziale Produktionsfunktionen beinhalten daher eine einfach zu lesende, aber auch ausbaufähige Gebrauchsanweisung, die

---

[14] Anhand dieser Beispiele kann man sehen, dass oftmals das materielle Wohlbefinden und die Maximierung der Wertschätzung anderer, aber auch Sinnfindung Hand in Hand gehen können, dass dies aber nicht sein muss.

genau angibt, wann und welche zusätzlichen Aussagen über Situationsfaktoren möglich und sinnvoll sein können.[15]

Eine solche Vorgehensweise löst zwei Probleme: Zum einen müssen die Forscher, um Handlungsvariationen zu erklären, keine theoretisch nur schwer kontrollierbaren Veränderungen der Handlungsprämissen vornehmen, sondern können sich auf den Einfluss beschränken, den divergente Problemlagen ausüben. Zum anderen wird verständlich, wie man den Vorschlag ökonomischer Erklärungsangebote verstehen kann, wonach die Präferenzen der Akteure als „Daten" oder „Konstanten" angesehen werden sollten. Diese Festlegung macht insoweit Sinn, als damit unterstellt ist, dass Akteure ihre materielle und psychische Wohlfahrt in *allen* Handlungssituationen verfolgen, dass sie die daraus resultierenden Entscheidungsprobleme aber angesichts variabler Umstände mithilfe unterschiedlicher Konkretisierungen ihrer Unterziele bewältigen.[16] Die damit verbundene Diskussion um die Reichweite ökonomischer Erklärungen, die Nutzen meist allein auf den Konsum materieller Güter beziehen, ließe sich entkrampfen, wenn es gelänge, sich darauf zu einigen, dass sich, gleichviel welche Handlungstheorie man benutzt, eine situationsspezifische Bestimmung der Erwartungen und Ziele der Akteure nicht vermeiden lässt, dass sich verschiedene Paradigmen und Forschungstraditionen aber offenbar darin unterscheiden, welche Ziele und welche Erwartungen sie jeweils berücksichtigen wollen.[17]

Die Entwicklung von Brückenhypothesen gehört somit zu den zentralen Bausteinen einer mehrstufigen Erklärungspraxis, die die Aufgabe zu lösen hat, wie die handlungstheoretischen Grundannahmen mit den Modellhypothesen über die situativen Handlungsumstände verknüpft werden sollen. Im Lichte einer allgemeinen Handlungstheorie, die als entscheidende Variable die Intentionen der Akteure annimmt (vgl. Abschnitt 4.3), werden sich Brückenannahmen darauf beziehen müssen, welche Ziele die Akteure in bestimmten Situationen zu realisieren beabsichtigen und welche Erfolgserwartungen sie aufgrund der situativen Opportunitäten und Restriktionen hegen. Theorien rationaler Wahl präzisieren

---

[15] Zur Vereinfachung des Modells kann die Zusatzannahme eingeführt werden, dass die subjektive Wahrnehmung der objektiven Situation – was der Prämisse eines realistischen Programms entspricht, dass es eine objektive, von den Menschen und ihrer Wahrnehmung unabhängige Realität gibt – angemessen ist, was dadurch Evidenz bekommt, dass die Akteure, die langfristig und in wichtigen Punkten die Realität ‚falsch‘ beurteilen, aus dem Spiel herausfallen bzw. sich um eine bessere Einschätzung ihrer Erfolgsumstände bemühen werden (vgl. Esser 1993; 2000d, S. 14ff.; Lindenberg 1989).

[16] Vgl. Frey (1990), Kirchgässner (1991), Lazear (2000), Sandler (2001) u. a.

[17] Man kann diese Forderung auch so beschreiben, dass es nicht in allen Fällen Sinn macht, auf die Klärung der Frage zu verzichten, wie die Akteure zu ihren Präferenzen kommen können und welche Rolle dabei genau die Handlungsumstände spielen, angesichts derer sie handeln müssen. Das heißt, dass man nicht immer gut daran tut, konsistente Handlungsziele zu unterstellen, sondern deren Genese ‚historisierend‘ erheben sollte (vgl. Hirschman 1980; Weber 1980/1922).

diese Handlungsvoraussetzungen, um zeigen zu können, welche Handlungen in
einer angebbaren Situation rational sind, weil sie als entsprechend zieldienliches
Mittel verstanden werden können; Nutzentheorien setzen bestimmte Handlungsziele als nutzensteigernd ein und bewerten die Situationsumstände anhand der
erwartbaren Erträge und Kosten. Die RREEMM-Theorie verfährt genauso, unterscheidet sich aber von den beiden erstgenannten Theorien durch schwächere Annahmen darüber, was die Akteure über ihre Erfolgsbedingungen wissen
können. Soziale Produktionsfunktionen bieten theoriegeleitete, empirisch prüfbare Brückenhypothesen, die die konkreten Ziele und die verfügbaren Mittel in
einer bestimmten, historisch gegebenen Situation identifizieren und daraus auf
adäquate Handlungen schließen können.

4.3   Der handlungstheoretische Kern

Der Sozialtheorie war immer geläufig, dass man zum Durchleuchten gesellschaftlicher Verhältnisse zumindest eine minimal haltbare Vorstellung über
den Menschen benötigt, sofern dieser als Träger der sozialen Verhältnisse gesehen wird. Anthropologische Menschenbilder, empirisch gewonnene Handlungstypologien und Handlungstheorien sind deshalb seit jeher ein integraler
Bestandteil aller Sozialwissenschaften.[18] Auf der einen Seite verbinden sich mit
derartigen Bestimmungen politische und weltanschauliche Debatten: wer zu
den Freien und Gleichen zählt (Aristoteles), wer die Geschicke des Staates bzw.
des Gemeinwesens lenken darf (Platon), wer zur Erkenntnis des Guten, Wahren
und Schönen auserkoren ist (Kant). Auf der anderen Seite stellen Akteurs- und
Handlungstheorien bzw. die jeweils dahinter stehende Ontologie auch theoretische Werkzeuge dar, über deren methodologischen Stellenwert und methodologische Ausarbeitung eifrig gestritten wird. Obgleich kaum bezweifelt wird, dass
Erklärungen ohne Rekurs auf Handlungstheorien kaum möglich sind, bleibt immer fraglich, ob soziologische Erklärungen ihren theoretischen Primat allein
auf der Handlungsebene finden können und damit, ob die Soziologie überhaupt
mit – und wenn ja: mit welchen – allgemeinen Handlungsannahmen arbeiten
kann und ob diese Gesetzescharakter haben oder nicht. Die notwendige Klärung
dieser Fragen wird durch den Tatbestand erschwert, dass viele Erklärungsangebote relativ offen lassen, was normative Vorstellungen, was empirisch-induktiv
gewonnene Handlungstypologien und was analytische Handlungstheorien und

---

[18] Vgl. zu einer bereits klassischen Sichtung von Handlungstheorien Lenk (1977a) und für neuere
Bestandsaufnahmen Schmid (1993), Gabriel (2004) bzw. Miebach (2006). Vgl. für neuere Bestandsaufnahmen von Handlungstheorien und modellen in der Ökonomie Priddat (2005) und in der Politikwissenschaft Führ et al. (2007).

modelle sind und welchen Stellenwert sie in Erklärungen sozialer Sachverhalte haben (vgl. Schmid 2006).

Wir haben bereits darauf hingewiesen (vgl. Abschnitt 3.1.2), dass die Soziologie nach der langen Vorherrschaft eines makrosozialen, funktionalistischen bzw. marxistischen Theorieverständnisses spätestens seit den achtziger Jahren des 20. Jahrhunderts „die Akteure wiederentdeckt" und eine „mikrosoziologische Revolution" (Esser 1987; Heintz 2004) durchlebt hat. Damit ging zwar die relativ unstrittige Erkenntnis einher, dass soziologische Erklärungen Handlungs- und Strukturannahmen zu verbinden hätten, nicht jedoch eine Klärung der unterschiedlichen methodologischen Auffassungen darüber, was eine Handlungstheorie sei und welche Aufgabe sie in Erklärungen habe sowie welche Handlungstheorie zu diesem Zweck zu bevorzugen sei und in welchem Grad die betreffenden Handlungsannahmen ausgearbeitet sein müssten, um ihre Erklärungsfunktion angemessen erfüllen zu können.[19] Man kann daher vermuten, dass „hinter den verschiedenen Begriffen, die einen sprechen von ‚Akteuren' (RationalChoiceTheorien), die anderen von ‚Individuen' (Figurationstheorie) und wieder andere von ‚Subjekten' (Praxistheorien), divergente Forschungsstrategien und verschiedene methodologische Ansichten über die Möglichkeiten und die Grenzen einer interdisziplinären Verständigung" stehen (Maurer 2007b, S. 183).

Die Diskussion um den methodologischen Stellenwert und die adäquate Ausarbeitung von Handlungsannahmen und modellen ist daher nach wie vor von höchst divergenten programmatischen Auseinandersetzungen geprägt, die es nur zu oft versäumen, ihre erkenntnistheoretischen Wurzeln und Prämissen offenzulegen und ihre Vorstellungen aufeinander zu beziehen. Infolge dieser verdunkelten Voraussetzungen der sozialwissenschaftlichen Theoriebildung leidet die Soziologie nach wie vor unter der grundsätzlichen Unsicherheit, welchen methodologischen Platz und welche erklärungsrelevanten Aufgaben sie Handlungsannahmen und modellen zuschreiben will. Darüber hinaus fehlt bislang eine kanonische oder wenigstens systematische Darstellung der vorliegenden Theorien und Modelle des Handelns (vgl. Boudon 1980b; Esser 1989; Maurer 2004b). Obwohl inzwischen viele die Soziologie – durchaus im Einvernehmen mit den Klassikern – eindeutig als *Handlungswissenschaft* betreiben wollen, die ihren Ausgangspunkt bei den Individuen und deren Motiven, Erwartungen und Fähigkeiten zu nehmen hat, ist nicht geklärt, wie eine erklärungsadäquate Handlungstheorie auszusehen hat und wie sich bestimmte soziologische Handlungsannahmen auf die Beschreibung und Modellierung des Verhältnisses von Handlung und Situation auswirken bzw. wie und in welchem Umfang ver-

---

[19] In der Ökonomie haben sich der Methodologische Individualismus und die Theorie der rationalen Wahl als Standard durchgesetzt, weil der Theorie der rationalen Wahl dabei eine klare Aufgabe zukommt: „its purpose is to predict human behaviour, and nothing more" (Sugden 1995, S. 751).

schiedene solcher Modellierungen auf Basis einer gemeinsamen Handlungstheorie aneinander angeschlossen werden können.[20]

Dies ist nicht zuletzt der Tatsache geschuldet, dass die Soziologie ihre Handlungsannahmen vielfach aus philosophischen und anthropologischen Kontexten bezieht, die darauf abstellen, das ‚wahre Wesen' des Menschen zu bestimmen, und nicht zwangsläufig das Problem der Erklärung sozialer Sachverhalte vor Augen haben. So ist sicher zutreffend, dass „der Mensch, nach Gehlen und Schütz ‚das handelnde Wesen' – also das durch bewußtes, zielorientiertes oder planendes Handeln vor anderen Lebewesen ausgezeichnete Wesen –, [...] das planende, soziale Wesen" ist (Lenk 1977b, S. 8); es bleibt aber durchaus unsicher, ob man mithilfe einer solchen These erklären kann, was Akteure in unterschiedlichen Problemlagen tun werden. So hat Max Weber im Anschluss an Rickert, ausgehend von der unendlichen Mannigfaltigkeit und Komplexität der Welt auf der einen Seite und der Fähigkeit des Menschen zur Sinnsetzung und zu einer denkenden Ordnungsleistung auf der anderen Seite, das sinnhaft am anderen orientierte, *soziale Handeln* zum Gegenstand und die Rekonstruktion der Motive des Handelns zum methodologischen Ausgangspunkt der Soziologie gemacht. Damit hat er zwar den zu erklärenden Sachverhalt allgemein umrissen, aber weder ein inhaltlich kritisierbares Erklärungsangebot unterbreitet noch die Frage geklärt, wie infolgedessen eine adäquate Handlungstheorie aussehen kann. Stattdessen hat er eine Typologie von vier Handlungsorientierungen vorgeschlagen, welche die Handlungen der Akteure – auch das soziale Handeln – entsprechend des Rationalitätsgrades ihrer Motive in vier reine Typen einteilt: a) das zweckrationale, b) das wertrationale, c) das traditionale und d) das affektuelle Handeln (vgl. Weber 1980/1922, S. 12 f.; s. auch hier S. 70). Daraus lässt sich ableiten, was Weber selbst verschiedentlich formuliert hat, dass das Handeln auf vielfache Weise motiviert sein kann, dass aber Erklärungen mit einer Darstellung der jeweiligen Handlungsorientierung beginnen sollten. Aus Gründen der Nachvollziehbarkeit schlägt Weber dabei vor, mit der Annahme des zweckrationalen Handelns zu beginnen und andere, real dominante Handlungsorientierungen bei Bedarf aus den konkreten Gegebenheiten der historisch geprägten Situation zu erschließen.[21] Weber hat darauf verzichtet, eine allgemeine Handlungstheorie zu entwickeln und einzusetzen,[22] die es ihm erlaubt hätte, allgemeine, prüfbare

---

[20] Anfänge finden sich bei Schimank (2002), Kron (2005), Wolf (2005) oder Schulz-Schaeffer (2007), auch wenn sich nicht verbergen lässt, dass diese Autoren keine gemeinsame methodologische Bewertung der soziologischen Theoriearbeit vornehmen.

[21] Weber geht davon aus, dass das zweckrationale Handeln aufgrund des gesellschaftlichen Wissens über mögliche Zwecke und Mittel und deren effektive Relationierung dem Forscher objektiv zugänglich ist und daher nachvollziehbarer ist als andere Handlungsformen (vgl. Weber 1980/1922).

[22] Wiewohl er sich intensiv mit der Nutzentheorie der Ökonomie beschäftigt hat (vgl. Weber 1988/1922, S. 1–145, 384–399; 1980/1922, Kap. 2).

Aussagen darüber zu machen, wann und warum die Akteure zweckrational und wann sie wertrational oder wann sie nicht mehr rational bzw. traditional oder affektuell handeln. Er hat deshalb auch die nachgelagerte Frage unbeantwortet lassen müssen, unter welchen Umständen Akteure etwa von einer unhinterfragten Einhaltung von Regeln aufgrund einer wertrationalen Orientierung auf ein rein durch zweckrationales Erwägen motiviertes Handeln umschalten und wann dann die Einhaltung sozialer Ordnungen zweifelhaft oder sogar erwartbar prekär wird. Davon zu unterscheiden wäre der Übergang zum unbewussten Festhalten an Gewohnheiten (Esser 1999), den Weber ebenfalls nicht theoretisch begründet. Man wird zwar nicht leugnen können, dass Weber mit diesen idealtypischen Begriffen der Hypothesenbildung über soziale Sachverhalte den Weg hatte weisen wollen und damit eine lang anhaltende Kontroverse um die Bedeutsamkeit bzw. die Adäquanz von zweck- und wertrationalem Handeln mitinitiiert hat. Er trug auf diese Weise aber nur wenig dazu bei, der Auffassung zum Durchbruch zu verhelfen, dass allgemeine Erklärungen sozialer Sachverhalte eine ausgearbeitete Handlungstheorie benötigen, um prüf- und korrigierbare Aussagen über relevante Situationsfaktoren machen zu können; ebenso wenig wie er erkannt hat, dass es eines eigenständigen Erklärungsschrittes bedarf, um das erklärte individuelle Handeln in kollektive Effekte übersetzen zu können, und dass dafür mitunter ‚komplexe Zusammenhänge' formuliert werden müssen (vgl. Abschnitt 4.4). Dass es solche Kollektiveffekte gibt und dass sie sich vielfach unbewusst und absichtslos einstellen, war ihm selbstverständlich geläufig, nur hat er das damit verbundene Ableitungsproblem nicht wirklich behandelt.

Talcott Parsons hat mehr oder weniger darauf aufbauend in den dreißiger Jahren des 20. Jahrhunderts eine idealtypisch angelegte „General Theory of Action" entwickelt, die festlegt, dass ein Verhalten dann als Handlung gelten kann, wenn es auf Ziele ausgerichtet ist und sich an situativen Gegebenheiten und vor allem an handlungsregulierenden „Standards" orientiert (vgl. dazu Lenk 1977a; Münch 1982). Damit war zwar gesagt, dass die Soziologie als Handlungswissenschaft zu betreiben (vgl. Parsons 1968/1937, Bd. 1, S. 43 ff.; 1951, S. 3 ff.) und „the actor in situation" als die basale Analyseeinheit zu wählen ist, aus der alle weiteren Begriffe zur Erfassung menschlicher Interdependenz- und Interaktionsformen und deren reproduktionstauglichen „Mechanismen" zu entwickeln sind. Gleichwohl ist es auch Parsons nicht gelungen, eine erklärungstaugliche Handlungstheorie auf den Weg zu bringen, weshalb er sich immer wieder hat vorwerfen lassen müssen, allenfalls ein – wenn auch beeindruckendes – Begriffssystem zur Beschreibung von Handlungssystemen vorgelegt zu haben (vgl. für viele Merton 1948; Homans 1972; Coleman 1990b).

Obgleich die Soziologie bereits bei einigen Klassikern eindeutig als Handlungswissenschaft angelegt ist, sind bis heute ihre handlungstheoretischen Grundannahmen nicht abschließend geklärt und ist auch nach wie vor offen, wie

man die verschiedenen Theorievorschläge vergleichen und eventuell vereinheit-
lichen kann. Eine wesentliche Ursache dafür sind – neben den bereits genannten Unterschieden ihrer philosophischen Herkunft – die oftmals unklaren und
in der Regel divergenten methodologischen Vorstellungen über die Logik soziologischer Erklärungen und damit auch die auseinanderlaufenden Auffassungen
über den methodologischen Platz von Handlungsannahmen (vgl. Maurer 2004b;
2007b). Diskussionen über diese Fragen werden nur selten geführt und leiden
allzu oft unter theoriepolitischen, wenn nicht sogar ideologischen Aspekten, was
insbesondere für die immer wieder aufflammende Debatte um die Beziehung
zwischen soziologischen und ökonomischen Theorien und zwischen den Modellen des *homo sociologicus* bzw. des *homo oeconomicus* gilt (vgl. Schmid und
Maurer 2003a). Darüber hinaus ziehen „Analysen, die mit der heuristischen Hypothese operieren, kollektive Zustände könnten Interaktionseffekte von absichtsvoll gewählten Individualhandlungen sein, [...] noch immer den Verdacht eines
pastoralen Theorieverständnisses auf sich, eine Lanze für die gesellschaftliche
Privilegierung egoistischer Werthaltungen zu brechen. [...] Ein Gutteil der Skepsis und Ablehnung, die Rational-Choice-Erklärungen erfahren, mag unzulässi-
gen Verallgemeinerungen, den Eigenheiten und Färbungen der Theoriesprache
sowie einer gewissen Intransparenz des nomologischen Gehalts und der empirischen Prämissen geschuldet sein." (Wiesenthal 1997, S. 75)

Auch die Auseinandersetzung um das Postulat des *Methodologischen Individualismus*, das in den Debatten um handlungstheoretisch fundierte Erklärungen
eine wichtige Rolle spielt,[23] ist von politischen Deutungen und methodologischen
Missverständnissen nicht gänzlich frei. Nur zu oft wird der Methodologische Individualismus unbesehen mit dem Einsatz der RationalChoiceTheorie oder gar
der einfachen Nutzentheorie gleichgesetzt[24] und ist zudem wiederholt mit dem
Missverständnis belastet worden, man könne in seinem Rahmen keine sozialen Beziehungen modellieren und repliziere deshalb fortwährend das ‚atomis-
tische' Menschenbild einer neo-liberalen Ökonomik. Tatsächlich vertreten die
Befürworter des Methodologischen Individualismus keine individualistische
Ontologie, sondern die metatheoretische Prämisse, dass jede Erklärung sozialer

---

[23] Für einen Problemüberblick vgl. Schmid (1996, S. 56 ff.), zur Geschichte des Methodologischen
Individualismus Udéhn (2001).

[24] Der Grundannahme des Methodologischen Individualismus, dass soziale Gebilde immer Aggre-
gate von Individuen und individuellen Vorstellungen und Handlungen darstellen und daher nicht
unabhängig von den Individuen existieren, steht im Holismus bzw. der kollektivistischen Soziologie
die Grundannahme gegenüber, dass soziale Gebilde für die Individuen eine vorgängige und von diesen unabhängige Wirklichkeit darstellen und dass daher Modelle und Theorien auch ohne Rückgriff
auf Annahmen bzw. Gesetze über die Individuen formuliert werden können und dass stattdessen
soziale Gesetze zu suchen und für Erklärungen sozialer Sachverhalte einzusetzen sind (vgl. dazu
Vanberg 1975; Lindenberg 1977).

Sachverhalte *im Kern* Individualannahmen benötigt und dass mikrofundierte Erklärungsprogramme sozialstrukturelle Konstellationen bzw. soziale Situationen unter der Anleitung von Aussagen über die Akteure, und d. h. anhand der dazu angenommenen Handlungsvariablen (etwa Ziele und Vorstellungen), zu erschließen haben. Soziale Sachverhalte, so die Prämisse, „should be explained in terms of individuals with aims, objectives and knowledge acting in a social situation" (Latsis 1983, S. 124).

Der Methodologische Individualismus verträgt sich in der Tat gut mit der Theorie der rationalen Handlungswahl (vgl. etwa Kromka 1984; Udéhn 2001; Kunz 2004), da diese vorsieht, Situationen oder Makrostrukturen vor dem Hintergrund individueller Handlungsziele zu erschließen, und sie dabei sowohl privat nutzbare Güter als auch soziale Güter als Richtpunkt einsetzen und damit Handlungssituationen auf die ertragsförderlichen bzw. auch hinderlichen Wirkungen sozialer wie materieller wie kultureller Situationsfaktoren beziehen kann. Auf diese Weise lässt sich eine soziale Situation vor dem Hintergrund individueller Ziele in wert- und erfolgsrelevante Restriktionen und Opportunitäten übersetzen, deren auf gesellschaftliche Verhältnisse bezogene Kenntnis Aussagen darüber erlaubt, welche Handlungen die Akteure wählen werden. Aber es wäre ein Irrtum, zu glauben, dass die Festlegung auf eine individualistische Erklärungspraxis die Zusammenarbeit mit einem rationalistischen Erklärungsprogramm erzwinge. Methodologisch individualistisch verfahren *alle* mikrofundierten Erklärungen sozialer Sachverhalte, insoweit sie einer (beliebigen) Handlungstheorie die doppelte Aufgabe zuschreiben, einerseits relevante Situationsfaktoren zu kennzeichnen und die Beschreibung handlungsrelevanter Konstellationen anzuleiten, andererseits aber auch Thesen über die soziale Verbundenheit von Handlungen aufzustellen und daraus *soziale Sachverhalte* (Prozesse, Regelmäßigkeiten, Strukturen, Institutionen usw.) abzuleiten.[25] Das heißt, der Methodologische Individualismus schließt die ‚Selbstbewegung‘ sozialer Systeme aus und fordert dazu auf, soziale Dynamiken, Regelmäßigkeiten, Strukturen usw. als Ausfluss individueller Handlungen zu erklären.

Zu diesem Zweck stellen auch wir uns in die Tradition, Handlungstheorien als allgemeine und empirisch gehaltvolle Systeme nomologischer Aussagen anzulegen, die über das intentionale und daher zielgesteuerte Handeln informie-

---

[25] Vor allem die Soziologie beherbergt daneben eine lange und breite Forschungstradition, die das Subjekt mit all seinen Handlungsfähigkeiten in den Mittelpunkt rückt, die interpretative Erschließung der Welt und das Aushandeln sozialer Interaktionen thematisiert oder auch Individualisierungstendenzen in gesellschaftsdiagnostischer Perspektive fokussiert (vgl. zu Überblicken Gabriel 2004 oder Miebach 2006). Klärend in diesem Kontext sind auch die von Boudon (1980a) und Esser (1984; 1991; 2003b; 2003d) vorgeschlagenen Brücken zwischen verschiedenen Handlungstheorien und Programmen in der Soziologie, die für nicht wenig Aufregung und Kritik gesorgt haben (vgl. dazu Maurer und Schmid 2004).

ren, mit dem die Akteure auf unterschiedliche Situationen und die dort vorfindli-
chen Handlungsprobleme reagieren. So wird David Hume gern als der Klassiker
bemüht, der Bedürfnisse *(desires)* als Ausdruck einer allgemeinen Handlungs-
intention eingeführt und damit betont hat, dass Handlungen durch Bedürfnisse
verursacht seien und dass Gründe nur insoweit eine Rolle spielen, als sie bestehende Bedürfnisse rechtfertigen und motivieren (vgl. Hume 1973/1739–1740).
Bereits in dieser frühen Fassung eines handlungstheoretisch fundierten Erklärungsprogramms geht es nicht darum, die Vielfältigkeit und die Idiosynkrasien
menschlichen Tuns zu erfassen, eine normative Idealvorstellung menschlichen
Handelns zu entwerfen oder bestimmte Handlungsformen als gesellschaftlich
‚gut' oder ‚schlecht' zu klassifizieren, sondern einzig darum, von einem allgemeinen Handlungsziel ausgehend Situationen zu beschreiben und die dafür typischen Handlungen – Hume dachte dabei vornehmlich an kooperationsdienliche
Handlungen – vorherzusagen und daraus auf soziale Sachverhalte zu schließen.

Ob Bewertungen und die daraus folgenden Ziele der Akteure als a) soziale
Konstrukte (Weber, Schütz), b) anthropologische Konstanten (Marx, Lindenberg)
oder c) exogen gegeben (neo-klassische Ökonomie) aufgefasst werden, ist so lange unerheblich, als die Art, wie sich Ziele ausbilden und im Handlungsrepertoire
eines Akteurs verankert werden, für die Handlungswahl nicht relevant ist; erst
wenn davon auszugehen ist, dass sich Handlungsziele nur angesichts spezifischer
historischer Umstände ausbilden, wären entsprechende Zusatzannahmen sinnvoll,
die für aktuelle Erklärungsaufgaben selbstverständlich auch unausgesprochen
im Hintergrund bleiben dürfen (vgl. Schmid 2008a). Mikrofundierende Handlungstheorien müssen nicht notwendigerweise die gesellschaftliche Genese der
Handlungsintentionen und Handlungsziele mitbedenken, um Erklärungskraft zu
reklamieren.[26] Jede Anforderung in diese Richtung würde sie schnell zu komplex
werden lassen und überdies den Blick von dem Tatbestand ablenken, dass viele
Handlungsmotive gar nicht gesellschaftlich verursacht, sondern allenfalls infolge
aktueller Erfahrungen der Akteure in ihrem Erscheinungsbild „sozial geprägt"
sind (vgl. Lindenberg 1994; Vanberg 2000; Cosmides und Tooby 2006).

---

[26] Praxistheorien des Handelns bestehen hingegen genau hierauf und möchten ein Handeln nur als
erklärt ansehen, solange man weiß, wie die Akteure zu ihren „Zwecken und Interessen" (vgl. Reckwitz 2004, S. 315) gekommen sind. Unserer Auffassung nach sollte es sich die Handlungstheorie
ersparen, eine derart starke Voraussetzung zu machen, womit natürlich nicht verboten ist, sich um
die sozialstrukturelle Genese von Zielsetzungen (und Erwartungen) zu kümmern. Nur: Erweitert
man die Wenn-Komponente von Handlungsgesetzen auf die praxistheoretisch gewünschte Weise,
werden Handlungsannahmen gehaltloser, Erklärungen entsprechend umständlicher und bleiben auf
die Bedingungen beschränkt, in denen sich der Nachweis der Zielgenese tatsächlich führen lässt
(vgl. Schmid 2008a). Wir nehmen an, dass die Praxistheorien aber letztlich nicht nach nomologischen Handlungsprinzipien suchen, sondern nach den historischen und zumeist latenten Kontingenzen des Handelns.

Handlungstheorien sollten, um das Explanans einer mehrstufigen Erklärung nicht von vornherein zu überfrachten, zunächst ein möglichst einfaches und allgemeines Handlungsmodell formulieren, das im ersten Schritt nur *einige wenige zentrale Annahmen* über die Akteure und deren sinnhaftes Handeln berücksichtigt, um davon ausgehend einerseits zentrale Situationseigenschaften hervorheben und um andererseits dann auch funktionale Beziehungen zwischen Situationseigenschaften und Handlungen herstellen zu können. Das handlungstheoretische Fundament muss indessen auf alle Fälle dazu hinreichen, das Handeln mit Bezug auf typische, aber auch einmalige soziale Situationen zu konkretisieren. Zu diesem Zweck bietet es sich an, die Akteure allgemein über *Bewertungen* (Ziele, Zwecke, Bedürfnisse, Werte) und die dazu benötigten *Fertigkeiten* zu beschreiben, *Erwartungen* über deren Erfolg auszubilden, d.h., sie allgemein als *intentionale Akteure* zu verstehen und daran anschließend für typische oder auch einmalige Situationen (empirisch) zu klären, welches Handeln in bestimmten Situationen ihren Intentionen und Bewertungen am besten entspricht.[27] Dahinter stehen einige, zumeist verdeckte Prämissen, die nicht alle Sozialtheorien teilen (vgl. etwa Bourdieu 1979), nämlich dass die Akteure ihren Handlungen bewusste Motive und Absichten zurechnen können, dass sie die Folgen ihrer Handlungen identifizieren und zu diesem Zweck Erfolgserwartungen ausbilden können und nicht zuletzt, dass Motive und Intentionen den tatsächlich kausal wirksamen Handlungsgrund liefern (vgl. Abel 1983; Elster 1986a).

Im nachfolgenden Abschnitt wollen wir unsere bisherigen Überlegungen zusammenführen und eine Reihe miteinander verwandter Handlungstheorien besprechen, die die methodologischen Bedingungen, die wir für eine mikrofundierte Erklärung sozialer Sachverhalte voraussetzen wollen, in einem ausreichenden Maße erfüllen und die als Ausgangspunkt für erfahrungskontrollierte Erweiterungen dienen können.

4.3.1   Theorie der rationalen Handlungswahl

Eine Handlungstheorie muss, um in dem bislang dargestellten Erklärungsmodell Verwendung finden zu können, erstens möglichst allgemeine und deterministische Aussagen über das menschliche Handeln machen, um eindeutige Ableitungen von Handlungen möglichst vieler gleichartiger Akteure vornehmen zu können: „If many similarly placed people do the rational thing, we can assume that with few exceptions they do it because it is rational." (Elster 1986b, S. 16) Und sie soll zweitens analytisch stark in dem Sinne sein, dass sie möglichst reich-

---

[27] Vgl. ausführlich zur Rekonstruktion und zur Ausarbeitung von Handlungstheorien in der Soziologie Schmid (1979b; 1996).

haltige und empirisch prüfbare Thesen auf der Makroebene anzuleiten vermag (vgl. Coleman 1990a). Das leistet eine Handlungstheorie dadurch, dass sie einige wenige, für die Erklärung des sozialen Sachverhalts relevante, handlungswirksame Faktoren der betreffenden Handlungssituation entdecken und benennen hilft; sogenannte „major factors" der Erklärung: „There is analytical interest in the individual but only as an instrument for coming up with explanations on the social system level." (Lindenberg 1990, S. 736)[28]

Die *Theorie der rationalen Wahl* ist aufgrund ihrer formalen Eigenschaften auch für soziologische Erklärungsmodelle insoweit zu bevorzugen, als „there are strong a priori grounds for assuming that people, by and large, behave rationally" (Elster 1986b, S. 27; vgl. auch Schmid 1993; 1996) – was im Umkehrschluss besagt, dass sich die Annahme, die Akteure hätten keine Vorstellungen über die Bedingungen ihres Handelns und seien daher nicht dazu in der Lage, zielorientiert zu handeln, zur Fundierung sozialwissenschaftlicher Erklärungen nicht wirklich bewährt hat.[29] Infolge ihres sparsamen und restriktiven axiomatischen Kerns[30] kann eine Rationaltheorie der modelltechnisch erwünschten Funktion

---

[28] Lindenberg hat vorgeschlagen, zwischen „major issues", die notwendig für eine adäquate Erklärung bzw. Situationswahrnehmung und Problemlösung der Akteure sind, und „minor issues", die nicht essenziell für die Erklärung bzw. Situationswahrnehmung der Akteure sind, aber doch die Erklärung bzw. die Problemlösung verbessern könnten, wie etwa Informationskosten, zu unterscheiden (vgl. Lindenberg 1990, S. 733 ff.). Essenzielle Faktoren können noch dahingehend typisiert werden, ob sie für eine große Klasse an Erklärungsproblemen relevant sind („common issues") oder nur für eine Unterklasse („minor issues"). Mit dieser Unterscheidung kann Lindenberg für eine theoriegeleitete Forschung plädieren, der es aber immer offenstehen sollte, erweiternde und ergänzende Faktoren mithilfe einer Heuristik einzubeziehen bzw. auch wieder auszugrenzen. Ein essenzieller und allgemeiner Faktor auf Märkten wären demnach die Preise der von den Akteuren begehrten Güter, ein spezieller Faktor wären die Informationskosten beim Kauf von Gütern wie Gebrauchtwagen.
[29] Die Soziologie bedient sich deshalb solcher Theorien, die behaupten, dass die Akteure nicht wüssten, was sie tun, nur in Ausnahmefällen und wird versuchen, gegenläufige Vorschläge mit dem Modell rationalen oder begründeten Handelns zu vereinbaren (vgl. etwa für die rationalistische Rezeption der Psychoanalyse Sherwood 1969; Alexander, P. 1968). Dass Akteure *auch* aufgrund von Einflussfaktoren handeln, über die sie nicht zu entscheiden haben, ist natürlich richtig, unterminiert aber nicht die (metaphysische, forschungsleitende) Annahme, dass jeder Handlung eine Entscheidung zugrunde liegt. Theoretiker, die gerne den nicht-rationalen Charakter des Handelns betonen (vgl. Alexander, J. 2006; Joas 1992), halten diesen Tatbestand irrtümlich für eine „Beschränkung" des entscheidungstheoretisch fundierten Erklärungsprogramms, die durch die Analyse der Frage, wie die (sozialen) Voraussetzungen des Entscheidens entstehen, aufgehoben werden müsse. Da es auch nicht-soziale Voraussetzungen des Entscheidens gibt, müsste die Aufnahme solcher ‚Voraussetzungen' in die Wenn-Komponente einer Entscheidungstheorie diese völlig unübersichtlich werden lassen. Unsere Modelltheorie zwingt zu einer derartigen Ausweitung der Erklärungsfaktoren nicht, hält dem Forscher aber dazu an, sich auf jene Variablen zu konzentrieren, in denen er eine hinreichende Ursache des Handelns sieht.
[30] „Rational-Choice-Theorie" meint eine Handlungstheorie, deren harter Kern aus drei Aussagen besteht: Akteure verfolgen ihre Ziele auf der Basis einer Präferenzordnung und gegebener Kapa-

gut entsprechen, den Kern derart auf handlungsrelevante und allgemeine Situationsfaktoren zu beziehen, dass sich soziale Sachverhalte als das geplante wie auch als das ungeplante Ergebnis eines individuell rationalen Entscheidungshandelns vieler Akteure in einer bestimmten Situation erklären lassen. „Die soziologische Qualität der individuellen Präpositionen ist daran abzulesen, wie gut sie soziale Tatbestände als Ursachen erfassen können." (Lindenberg 1977, S. 48) Die Verwendung der Theorie der rationalen Wahl in diesem Kontext wird deshalb auch oft als „choice under constraint approach" bezeichnet (vgl. Wiesenthal 1997; Franz 1986), insoweit ihre allgemeine Handlungsprämisse dazu anhält, Situationen auf deren Vorteilhaftigkeit bzw. Erfolgswert im Hinblick auf die individuellen Bewertungen und Ziele zu scannen.

Die Theorie des rationalen Entscheidens erklärt Handlungen als bewusste Wahl einer Handlungsmöglichkeit mit Verweis auf die Ziele und Erfolgserwartungen der Akteure und unterstellt als Auswahlprinzip, dass die Handlung mit dem höchsten Zielerreichungsgrad gewählt wird. Wird davon ausgegangen, dass die Ziel- oder Interessenrealisierung das zentrale Handlungsziel ist, dann sagt die Theorie, dass die Handlung mit dem maximalen Erfolg oder Nutzenwert ergriffen wird; das kann Statuszuwachs (vgl. dazu Reisch 1995; Brennan und Pettit 2004) ebenso sein wie Angstvermeidung (vgl. dazu Riesman et al. 1956; Giddens 1984). Eine solche Erfolgs- bzw. Nutzenmaximierung setzt voraus, dass die Akteure über ihre Problemlage und deren Lösungsmöglichkeiten sicheres Wissen veranschlagen können. Die Theorie der rationalen Wahl ist damit erkennbar auf Situationen bezogen – und dadurch in ihrer Reichweite begrenzt –, in denen ein ziel- und zweckorientiertes Handeln möglich ist, weil Ziele und Mittel bestimmbar und erwartungskontrolliert aufeinander beziehbar sind, oder in denen sichere Erwartungen es ermöglichen, die Handlung mit dem maximalen Erfolg zu identifizieren.

Im einfachsten Fall (vgl. Abbildung 4-1) wird das individuelle Handeln aus den *Präferenzen* der Akteure[31] und aus gegebenen Kosten unter der Nebenbedingung eines gegebenen Einkommens deduziert („choice within constraints"); die Handlung mit dem höchsten Nutzen ist insoweit rational, als sie angesichts der gegebenen Bedingungen oder Restriktionen den Präferenzen der Akteure am besten entspricht. Nutzentheorien besagen nichts anderes, als dass rationale Akteure in Situationen, die sie vollständig überblicken, aus allen möglichen

---

zitäten, ihre Handlungen sind durch die Restriktionen der Situation begrenzt und sie wählen unter den gegebenen Bedingungen die Handlung mit dem größten Nutzen. Davon ausgehend haben sich diverse Ausarbeitungen und Erweiterungen ergeben (vgl. Wiesenthal 1997).

[31] Als Akteure werden neben den einzelnen Menschen auch sogenannte kollektive Akteure, also Haushalte, Organisationen und Staaten begriffen (vgl. Coleman 1990a, S. 325 ff.; Elster 1986a; Diekmann und Voss 2004b).

Handlungsalternativen diejenige auswählen, die – bezogen auf ihre Ziele und die gegebenen Bedingungen – den höchsten Nutzenwert besitzt. In zahllosen konkreten Anwendungen – etwa in der Ökonomie –[32] werden weitere und genauere Annahmen über die Ziele (Bedürfnisse) und die Ausstattung (Kapazitäten, Wissen, Vorstellungen) der Akteure eingeführt; unverändert beibehalten bleiben aber das Selektionskriterium: (Interessen und) Nutzen, sowie zumeist auch die Wahlregel oder das Selektionsprinzip, diesen Nutzen zu maximieren. „To act rationally, then, simply means to choose the highest-ranked element in the feasible set." (Elster 1986b, S. 4)

Explanans

Antecedenzbedingungen

1. Ziele des Handelnden
    *   Akteur A zieht Z_1 gegenüber Z_2 ... Z_n vor.
2. Handlungsmöglichkeiten bzw. beschränkungen
    *   A hält H_1 und H_2 für geeignete Alternativen, um Z_1 zu erreichen.
    * H_1 erfordert einen wesentlich höheren Aufwand (an Zeit, Ressourcen, Anstrengung etc.) als H_2.

Gesetzesaussage
3. Annahme der Nutzenmaximierung
    *   Alle Akteure versuchen, mit ihren Handlungen ihre (gegebenen) Ziele in höchstem Maße zu realisieren.

Explanandum
A wählt und realisiert H_2.

Abbildung 4-1 Rationalerklärung von Handlungen (Becker, G. 1993b, S. 100 ff.; Schmid 1979a, S. 61 ff.; Kunz 2004, S. 42)

---

[32] So wird dem *homo oeconomicus* in Wettbewerbssituationen unterstellt, dass er die Verfügung über bestimmte Güterbündel anstrebt, dass er über ein bestimmtes Einkommen verfügt, dass er über seine Handlungssituation bzw. die Handlungsmöglichkeiten vollständig und eindeutig informiert ist und auf eine exogen gegebene Präferenzordnung zurückgreifen kann, in der seine Ziele – in Form materieller Güter – logisch konsistent benannt sind. Er wird dann bei gegebenen Bedingungen (fixen Preisen, erreichbaren Güterbündeln und gegebenem Einkommen) die Menge an Gütern zu erwerben versuchen, die ihm den größten Nutzen erbringt.

Eine für soziologische Erklärungen wichtige Erweiterung stellt die Wert-Erwartungs-Theorie *(expected utility)* dar, die empfiehlt, zur Erklärung des individuellen Handelns entscheidungsrelevante Erwartungshorizonte (vgl. Albert 1967) in Form subjektiver Erwartungen und deren erfahrungs- bzw. lernabhängige Veränderung zu berücksichtigen, womit das Theorem von der „vollständigen Informiertheit" der Akteure modifiziert wird. Das RREEMM-Modell unterstellt ja zusätzlich, dass der Mensch nicht alles im Voraus sicher weiß, sondern Zustände bewertet und die Eintrittswahrscheinlichkeit von Ereignissen abschätzt (vgl. hier S. 102).

Theorien der rationalen Wahl setzen demnach voraus, 1) dass die realisierbaren Handlungen den Akteuren bekannt sind, 2) dass die Akteure eine Vermutung über den Zusammenhang von Handlungen und Handlungsfolgen haben und 3) dass die Akteure alle ihre Handlungsmöglichkeiten in eine eindeutige Rangordnung bringen können.[33] Oder allgemeiner formuliert: Die Theorie der rationalen Wahl sagt, dass ein rationaler Akteur sein Handeln an seinen Präferenzen und gegebenen, zur Beurteilung der Realisierungschancen dieser Präferenzen relevanten Umständen orientiert und jene Handlung ergreift, die seinen Präferenzen am besten entspricht. „Die Nutzentheorie (ist) die einzige Theorie des Handelns, die alle nötigen Eigenschaften für eine (nomologische) Erklärung des Handelns menschlicher Akteure aufweist, da sie eine *explizit* funktionale Verbindung zwischen ihren Antezedenz-Variablen (Erwartungen und Bewertungen) und ihrem Explanandum – den individuellen Handlungen – herstellt." (Esser 2003d, S. 527) Oder wie Coleman argumentiert: „Indem man präzisiert, was mit ‚zielgerichteter Handlung' gemeint ist, wird [...] ein größeres Maß an Erklärungskraft erreicht. Jedes teleologische Prinzip, das beschreibt, daß eine Quantität maximiert oder minimalisiert werden soll, hat größere Erklärungskraft als ein weniger spezifisches Prinzip" (Coleman 1991, S. 23).

Die Theorie der rationalen Wahl zeichnet sich durch die Einfachheit der Handlungsprämissen, insbesondere durch die allgemeine deterministische Annahme eines zielgerichteten Handelns aus. „Für eine Sozialtheorie, die aus drei Komponenten – nämlich einer Makro-Mikro-Komponente, einer Komponente der individuellen Handlungen und einer Mikro-Makro-Komponente – besteht, ist es von besonderer Bedeutung, daß die Komponente der individuellen Handlun-

---

[33] Jon Elster hat Mindest- und Optimalbedingungen an eine Rationalerklärung von Handlungen formuliert: „Ideally, then, a rational-choice explanation of an action would satisfy three sets of requirements. First, there are three optimality conditions. The action is the best way for the agent to satisfy his desire, given his belief; the belief is the best he could form, given the evidence; the amount of evidence collected is itself optimal, given his desire. Next, here is a set of consistency conditions. The agent must not act on a desire that, in his own opinion, is less weight than other desires which are reasons for not performing the action. Finally, there are a set of causal conditions. The action must not only be rationalized by the desire and the belief; it must also be caused by them and, moreover, caused ‚in the right way'." (Elster 1986b, S. 16)

gen einfach gefaßt ist" (Coleman 1991, S. 23), damit die erklärungsbedürftigen Eigenheiten der Makroebene aus den individuellen Einzelhandlungen abgeleitet werden können, wozu mehrere Schritte und Verbindungselemente erforderlich sind.[34] Sozialforscher können so von einer einfach gehaltenen Theorie rationaler Wahl ausgehend verschiedene Situationstypiken als Entscheidungs- oder *Wahlsituationen* beschreiben.

Diese Vorteile dürfen freilich nicht darüber hinwegsehen lassen, dass Rationaltheorien einer ganzen Reihe von Kritiken ausgesetzt sind. Den Anfang machten Frank H. Knight (2006/1921) und Herbert A. Simon (1957; 1983), die darauf hinwiesen, dass die Akteure nicht nur aktuelle Informationsbeschaffungsprobleme haben, auf die sie mit Risikoerwägungen reagieren könnten, sondern auch aufgrund ihrer begrenzten Kalkulationsfähigkeiten keine Möglichkeit besitzen, sich vollständig über ihre Problemlage und deren Lösungsmöglichkeiten schlauzumachen. Folgt man Simon, dann zwingt sie diese Begrenzung dazu, ihre Handlungsbemühungen auf einen, wenn auch veränderlichen Suchraster (vgl. Norkus 2003, S. 147) zu beschränken, weshalb sie nicht maximieren, sondern allenfalls optimieren können und deshalb als „begrenzt rational Akteure" einzustufen sind.[35]

Vor allem die Experimente von Kahneman und Tversky (1979; 1984) haben diese Kritik fortgeführt und verdeutlicht, dass Handlungsparadoxien bzw. Rationalitätseinschränkungen in der Tat unvermeidbar sind. Diese Forscher zeigen, dass Akteure Ereigniswahrscheinlichkeiten nur schwer abschätzen können, in

---

[34] Verschiedene Gründe für ein Modell zielgerichteten Handelns finden sich bei Coleman, der erstens darauf hinweist, dass Verstehen dann in der Angabe von Gründen und adäquaten Mitteln bestehen kann, dass sich damit zweitens ein humanistisches Menschenbild – die Vorstellung von Menschen, die ihre Welt und im Übrigen auch ihre Theorien bewusst und zielgerichtet erschaffen – verbindet und der Mensch nicht als Spielball blinder Zwänge gesehen wird, dass, so drittens, eine teleologische Argumentation vermieden wird, weil die Gründe und Ziele auf der Mikroebene formuliert werden und nicht auf der Makroebene, und dass darüber hinaus viertens auch der Anschluss an die anderen Sozialwissenschaften möglich wird, die ebenfalls mit einer Theorie zielgerichteten, rationalen Handelns und deren Spezifikationen arbeiten (vgl. Coleman 1991, S. 16 ff.). Ein Vergleich verschiedener Handlungstheorien im Hinblick auf deren Einbau in Erklärungen sozialer Sachverhalte liegt von Lindenberg (1975; 1977) sowie von Schmid (1993; 1996) vor.
[35] Soziologen haben diesen Hinweis mit Begeisterung aufgegriffen, weil er sie in ihren Bemühungen zu unterstützen schien, die hypertrophen Ansprüche des ökonomischen Forschungsprogramms zu kritisieren, haben dabei aber übersehen, dass Simon nicht von „sozialen" Beschränkungen der Rationalität spricht, sondern von gehirnphysiologischen. Innerhalb der Ökonomik übernehmen vor allem Organisations- und Institutionenökonomen gerne die Simon'sche Kritik an strengen Rational-Choice-Theorien, weil sie sich davon eine Plausibilisierung ihres Versuchs versprechen, auf die handlungsleitende Wirksamkeit von Institutionen hinzuweisen. Stimmt das Simon'sche Argument, dann ist es für ökonomisch interessierte Akteure in einem theoretisch bestimmbaren Sinne *rational* und *effizient*, institutionelle Regeln, mentale Modelle und sozial stabilisierte Heuristiken zu benutzen (vgl. Denzau und North 1994; Williamson, O. 1990; Furubotn und Richter 2005 u. v. a.).

Risikosituationen zuweilen Präferenzumkehrungen vornehmen und zudem Verluste höher bewerten als in Aussicht stehende Gewinne des gleichen Umfangs, was auch verbunden ist mit ihrer Neigung, kurzfristige Gewinne längerfristigen vorzuziehen (vgl. auch Weede 1992) und ihre Präferenzen bzw. Erfolgswahrscheinlichkeiten in einer Weise zu verfälschen, die im Lichte strenger Rationalitätskriterien nicht zu erwarten wäre (vgl. dazu etwa Boudon 1994; Kuran 1995; Hedström 2005, S. 34 ff.).

Grenzen der Anwendung der Rational-Choice-Theorie[36] werden somit erstens durch Situationen abgesteckt, in denen das beobachtete Handeln dem theoretisch vorhergesagten nicht entspricht, d. h., in denen die Menschen nicht im Sinne der Theorie und deren Vorhersagen rational handeln; in solchen Fällen kann aber nach weiteren Situationsfaktoren gesucht werden, deren bislang übersehene Eigenschaften das Handeln als rational angemessen erklären können. Ein bekanntes Beispiel hierfür wäre die Beobachtung, dass zahlreiche Wahlberechtigte zur Wahl gehen, obgleich sie realistischerweise abschätzen müssten, dass ihr Handeln für das Gesamtergebnis unerheblich ist. Diesen auffälligen Befund könnte man dann damit erklären, dass die Wahlberechtigten einem Gruppenzwang und Fairnessnormen folgen (vgl. dazu Johnson 1991, S. 133 ff.; Abell 1991; Coleman und Fararo 1992; Friedman, J. 1996) oder aber Signale darüber senden wollen, dass sie zuverlässige Demokraten sind (vgl. etwa Posner, E. 2000).[37]

Rationaltheorien finden zweitens aber auch dort eine Grenze, wo Situationen durch Vagheiten, Zweideutigkeiten und Unsicherheiten gekennzeichnet sind, in denen es nicht möglich ist, anzugeben, worin eine rationale Wahl besteht, d. h., in denen die Mindestanwendungsbedingungen der Theorie – konstante, geordnete Ziele und handlungsdienliche Vorstellungen oder Erwartungen bzw. feststehende Erwartungswahrscheinlichkeiten – nicht gegeben sind und daher weder eine eindeutig beste Handlung identifiziert werden kann noch den Akteuren Vorstellungen darüber zur Verfügung stehen, ob sie sich durch zusätzliche Informationen

---

[36] Es ist sinnvoll, an dieser Stelle zwischen programmimmanenten bzw. methodologisch ausgerichteten und externen bzw. auch politischen Kritiken zu unterscheiden. Während die ersteren (vgl. aus der Fülle vorliegender Arbeiten Coleman und Fararo 1992; Druwe und Kunz 1998; Diekmann und Voss 2004a) darum bemüht sind, die Grenzen der Rational-Choice-Theorie im Hinblick auf methodologische Probleme und Anwendungsgrenzen zu diskutieren, werden auf der anderen Seite zumeist normative Aspekte bzw. politische Implikationen erörtert (vgl. dazu bspw. Green und Shapiro 1994). Eine gute Einführung in die Anwendung der Rational-Choice-Theorie findet sich in Kunz (2004) bzw. in Hedström und Swedberg (1996); eine abwägende Darstellung verschiedener Handlungstheorien in Schmid (1993), Wiesenthal (1997) und Miebach (2006).

[37] Posners Signalisierungstheorie (Posner, E. 1998; 2000) verbleibt im Übrigen *völlig* im Rahmen des ökonomischen Forschungsprogramms, dem zufolge die Akteure konstante Präferenzen besitzen und vollständig über ihre Situation informiert sind; sie haben nur die Schwierigkeit, anderen Akteuren mitzuteilen, ob sie Kooperateur sind oder nicht. Zur soziologischen Adaption der „Signaling Theory" vgl. etwa Gambetta und Bacharach (2001).

aus ihrer Misere befreien könnten. Trotz dieser beiden zentralen Beschränkungen und Schwächen der Theorie rationaler Wahl wird von verschiedenen Seiten betont, dass sie im Vergleich zu den vorliegenden alternativen Handlungstheorien der Soziologie für die Verwendung in soziologischen Erklärungen immer noch die relativ ‚beste‘ sei, vor allem im Kontrast zum Modell des *homo sociologicus* (vgl. dazu Boudon 1980a; Elster 1986a; Coleman 1990a; Esser 1993; Schmid 1993; Wiesenthal 1997) und zu allen strukturalistischen Theorien, die nur zu gerne bereit sind, die Handlungsspielräume und Optionsoffenheit der Akteure zu unterschätzen (etwa Bourdieu 1987).

4.3.2 Framing-Modelle

Gleichwohl folgt aus den relativen Vorteilen der Theorie der rationalen Wahl nicht, dass man auf ihre Verbesserung und ihre Korrektur verzichten sollte.[38] Ein solcher Dogmatismus lässt sich aus unserer oben verhandelten methodologischen Regel nicht ableiten, wonach soziologische Erklärungen, um für ausbaufähige und korrekturtaugliche Spezifikationen der jeweiligen Handlungssituationen offenzubleiben, an ihrem nomologisch-erklärenden Kern und damit an der Konstanz der zentralen Handlungsvariablen festhalten sollten. Diese Anweisung hat zunächst nur den Sinn, die Versuchung abzuwehren, Handlungsvariationen – anstatt durch die Varianz der Handlungssituation und deren Problemgehalt – vorschnell mit Präferenzänderungen zu erklären, ohne dafür mehr Berechtigung zu haben als die Beobachtung, dass sich das zu erklärende Handeln verändert hat, und ohne dafür eine Heuristik zu haben. Daraus folgt nicht, dass die Akteure ihre Erwartungen nicht aufgeben und durch andere ersetzen oder aber auf ein vollständiges Scannen aller Handlungsmöglichkeiten nicht verzichten – also lernen – könnten.

In der Tat lässt sich kaum leugnen, dass Rationaltheorien eine beschränkte Reichweite besitzen (vgl. Elster 1986b, S. 22 ff.). Auch Ökonomen erkennen dies neuerdings an, wenn sie kulturelle Deutungsmuster, mentale Modelle, „rationale Ideologien" und kulturell verbürgtes „common knowledge" einführen, um ihren *homo oeconomicus* zu einem *homo socio-oeconomicus* auszubauen (vgl. Lindenberg 1985a; Weise 1989) – der die Welt nicht allein anhand objektiver Fakten wahrnimmt und auch nicht nur am Konsum materieller Güter interessiert ist –, oder wenn sie nach Wegen suchen, um unsichere, offene und undurchsichtige Handlungssituationen ihrer entscheidungshemmenden Nebelhaftigkeit zu berauben (vgl. für viele Boudon 1990; Denzau und North 1994; Chong 2000).

---

[38] Vgl. zu diesem Anspruch, ‚realistisch‘ zu arbeiten, auch Hedström (2005, Kap. 2) sowie die hier vorgestellten Erweiterungen des handlungstheoretischen Kerns.

Damit richtet sich die Forderung nach einer realitätsgerechteren Modellierung der untersuchten Zusammenhänge auch an die *erklärungsrelevanten Prämissen* der präferierten Handlungstheorie selbst; und tatsächlich haben viele an sozialwissenschaftlichen Erklärungen interessierte Theoretiker längst damit begonnen, an gezielten Erweiterungen und Spezifikationen von Handlungstheorien zu arbeiten. Besondere Bedeutung hat bei der Behebung der *Anomalien der Theorie rationaler Wahl* der Vorschlag Webers erhalten, dass Handlungstheorien die *subjektive Weltsicht* der Akteure zu erfassen haben, mithin berücksichtigen können sollten, dass sie die ‚objektive Situation' subjektiv erschließen müssen und dass sie dazu oftmals nur über beschränkte Mittel oder eingeschränkte Rationalität verfügen. Da ihnen dies nicht immer gelingt, werden sie ein Interesse daran haben, auf individueller wie kollektiver Ebene auf entsprechende Schemata oder Mechanismen zurückgreifen zu können, um zu eindeutigen Entscheidungen gelangen zu können. Die Soziologie kann die Begrenztheit des Wissens und der Informationsverarbeitungskapazitäten der Akteure ‚theoretisch' nutzen, um auf kollektive Vorstellungen und Wertideen hinzuweisen und um auf diese Weise die Wirkungen der damit einhergehenden sozial-kulturellen Wahrnehmungs-, Deutungs- und Handlungsmuster in die Erklärung sozialer Phänomene einzubauen (vgl. Esser 2000b; 2003c; hier Kap. 6).

Allerdings stößt diese Neigung, auch den nomologischen Kern notwendigen Korrekturen und Erweiterungen zu unterziehen, auf eine spezifisch methodologische Schwierigkeit. In vielen Fällen führt die Anerkennung der Tatsache, dass die bislang verwendete Theorie offenbar nicht ausreicht, um bestimmte Handlungen zu erklären, zu der Gefahr, sie etwa rein additiv und intuitiv um einzelne Zusatzfaktoren zu erweitern und damit die Menge der erklärungswichtigen Faktoren zu erhöhen. Im schlimmsten Fall rekurriert man dabei auf Faktoren, die allein jene Befunde erklären, die anfänglich zur Kritik der Ausgangstheorie geführt haben. Eine solche Strategie hat zwei Nachteile: Zum einen vermindert sich auf diese Weise der Gehalt der Kernaussagen, was nicht unter allen Bedingungen erwünscht sein kann, zumal sich dadurch die Kontrolle der Thesen, die man über den Zusammenhang zwischen Handlungsneigungen und situativen Gegebenheiten ausfindig machen muss, erschwert; zum anderen aber verfehlt man auf diese Weise die Forderung, die neu gefundenen Erklärungsfaktoren in die vorhandene Theorie zu *integrieren* oder zu endogenisieren. Um einen solchen Einbau zusätzlicher Erklärungsfaktoren zum Erfolg zu führen, müssen zwei eng miteinander zusammenhängende Bedingungen erfüllt werden. Einerseits muss man infolge der Berücksichtigung neuer Faktoren zeigen können, wo, wann und inwiefern die bisherigen Handlungsannahmen zu korrigieren sind, und andererseits muss man zeigen, wie sich die berücksichtigungswürdigen Zusatzfaktoren mit den überkommenen Variablen *funktional verbinden* lassen; es ist demnach zu dokumentieren, in welche Art von Beziehung die erforderlichen Erweiterungen mit den

bisherigen Überlegungen zu setzen sind und inwieweit überkommene Thesen
infolgedessen verändert, erweitert oder aufgegeben werden müssen.

In welcher Richtung und mit welchen Folgen für den Ausbau der Ausgangstheorie eine derartige Kernerweiterung vorgenommen werden kann, zeigen die
sogenannten *Framing-Modelle* (vgl. Lindenberg 1990; Esser 1993; 2000d; 2010).
Diese geben Auskunft über die eine Situation „rahmenden" Faktoren und suchen
dem Tatbestand Rechnung zu tragen, dass Handlungserklärungen sowohl *ideelle*
als auch *materielle* Handlungsziele berücksichtigen sollten, und zwar ohne dass
man der These Raum geben muss, dass die Verfolgung ideeller Ziele den Akteur dazu zwingt, irrationale Entscheidungsverfahren zu akzeptieren.[39] Dahinter
verbirgt sich eine lange Diskussion zwischen Vertretern der Soziologie und der
Ökonomie, den Verteidigern idealistischer und materialistischer Handlungstheorien sowie auch zwischen den Verfechtern analytisch starker, erklärungstaug-
licher Handlungsannahmen und den Befürwortern einer narrativen Soziologie.
In dieser Debatte ging es unter anderem um die Frage, ob die Soziologie Erklärungen vorlegen solle oder besser beraten sei, sich auf reichhaltige empirische
Handlungsbeschreibungen zu beschränken, was besonders naheliegt, wenn man
von der Irrationalität von Wertungen auszugehen bereit ist oder wenn man glaubt,
dass es einen theorierelevanten Unterschied zwischen einem zweck- und nutzen-
orientierten Handeln einerseits und einem wertrationalen oder (auch) traditional
orientierten Handeln andererseits gibt.[40]

In dem hier dargestellten Erklärungsmodell kann diese mehrschichtige
Kontroverse dadurch geklärt werden, dass der grundsätzlichen Empfehlung des
Modellbaus folgend erstens mit einer möglichst einfachen, allgemeinen Handlungsannahme begonnen wird, die es erlaubt, einen leicht rekonstruierbaren
funktionalen Zusammenhang zwischen den handlungsgenerierenden Größen
und den variablen Situationsfaktoren herzustellen (bei Theorien rationaler Wahl
zu deren Ertrags- und Erfolgsaspekten). Erst im zweiten Schritt wären weitere
relevante Faktoren in die Nutzenfunktion aufzunehmen, z. B. neben materiellen auch soziale (Normen, Sozialkapital, Reputation, Position) oder kulturelle
(Deutungsmuster, Symbole, Rituale) Aspekte, die sich in getrennten Frames niederschlagen. Sieht man eine derartige Erweiterung vor, wäre allerdings eine
zusätzliche Brückenthese zu formulieren, die angibt, wann und warum welcher

---

[39] Diese These ist in der Durkheim-Schule geläufig und wurde in letzter Zeit vor allem von Jeffrey
Alexander verteidigt (vgl. Alexander, J. 1988a).

[40] Vgl. dazu bereits die Kritik Durkheims an utilitaristischen Tauschtheorien bzw. die Kritik individualistischer Theoretiker am Funktionalismus und Strukturdeterminismus Durkheims; eine
Zusammenstellung der Argumente findet sich in Vanberg (1975) oder in Lindenberg (1975). Neuerdings flammt diese Diskussion auch in der Positionierung einer „eigenständigen Wirtschaftssoziologie" gegen die ökonomische Theorie wieder auf (vgl. dazu Maurer 2008; Schmid 2008a), auch als
Forderung danach, die Rational- und Nutzentheorien durch Praxistheorien zu ‚überwinden'.

Frame für das Handeln relevant wird, d.h., wann materielle Nutzenerwägungen von allgemeinen Wohlfahrtsaspekten, wann die Orientierung eines Handelns am Nutzen des materiellen Güterkonsums von kulturellen Gesichtspunkten und/ oder normativen Wertorientierungen abgelöst bzw. überlagert wird oder wann statt Interessen Normen das Handeln leiten bzw. wie sich das Vorhandensein unterschiedlicher Rahmungen auf das Wahl- und Entscheidungsgeschehen im Einzelnen auswirkt. Framing-Modellen gelingt dies durch die Bereitstellung zusätzlicher Aussagen über die Ziele und Mittel, die in einer Situation relevant sind, und deren handlungsleitende Wirkung, was es erlaubt, deren jeweiligen Nutzen bzw. die verfolgten Werte, Gewohnheiten und Gefühle[41] zu berücksichtigen. Für uns ist bedeutsam, welche Handlungs- oder Abstimmungsprobleme der betreffende Akteur in unterschiedlichen Situationen lösen möchte und welche Faktoren dafür wichtig werden.

Damit wird zugleich die für die neo-klassische Ökonomie kennzeichnende Annahme korrigiert, dass ausschließlich der Nutzen materieller Güter und Leistungen handlungsrelevant ist, aber auch die in der soziologischen Theorie verwendete These, dass allein die normativen Erwartungen der Mitakteure oder gemeinsame Wertüberzeugungen für das Handeln der ausschlaggebende Bezugspunkt sind. Indem Framing-Modelle Thesen darüber vorschlagen, unter welchen Bedingungen welche Ziele aktiviert werden, welche Mittel dafür in Frage kommen und wie die Zweck-Mittel-Relationen aussehen, können sie die genannten, (offenbar) fachspezifischen Blindheiten überwinden. „Frames should change the way in which the discussion about egoism versus altruism is conducted [...] because frames explain how certain utility arguments (such as ‚making a profit‘) can be situationally submerged into the background." (Lindenberg 1994, S. 743)

Besteht der handlungstheoretische Kern aus einer Theorie der rationalen Wahl, dann kann auf diese Weise das Streben nach privatem Nutzen durch den Konsum materieller Güter ebenso erfasst werden wie gruppenorientierte Nutzenüberlegungen und die Nachfrage nach kollektiven Gütern; das Gleiche gilt für die wechselnde, situationsspezifische Einwirkung von Normen und ideell-kulturellen Faktoren auf die Nutzenüberlegungen der Akteure (vgl. Chong 2000). Auch in diesem Fall dienen Frames dazu, das allgemeine Handlungsgesetz, wonach Akteure ihre Intentionen zu realisieren wünschen, durch Zusatzfaktoren zu konkretisieren, und nicht dazu, das Handlungsprinzip aufzugeben oder durch das beliebige Hinzufügen von Nebengrößen aufzuweichen. Frames erweitern die Menge der entscheidungsrelevanten Motive und Informationen der Akteure und definieren damit letztlich erst, was in einer Situation zweck- oder wertrational wäre (vgl. Coleman 1990a, S. 29 ff.; Esser 2003d, S. 525; 2004b).

---

[41] Vgl. dazu auch neuere Arbeiten wie die von Ockenfels (1999), Swedberg (2003), Hedström (2005) oder Baurmann (2008).

Im Zusammenhang mit der Diskussion um die Frage, welcher Handlungstheorie der Vorzug gegenüber rationaltheoretischen Entwürfen zu geben sei, wird
immer wieder auch das Maximierungsprinzip als unrealistisch kritisiert und mit
alternativen Selektionskriterien konfrontiert. So hat man etwa darauf verwiesen,
dass Akteure – allein aus Gründen ihrer mangelhaften Umsicht – nicht darauf
verfallen können, ihren Nutzen steigern zu wollen, sondern sich darauf beschränken müssen, die Handlungen anderer zu imitieren (Boyd und Richerson 1985),
ihren Gewohnheiten zu folgen (Heiner 1983) oder ihr Handeln an einem jeweils
vorgegebenen Anspruchsniveau auszurichten (Simon 1983). Solche Beobachtungen sind empirisch ohne Zweifel zutreffend, zwingen aber so lange nicht zur Aufgabe eines rationaltheoretischen Zugriffs, als man zeigen kann, dass es in der Tat
situations- oder problemspezifische Entscheidungsmaximen geben kann, die die
menschliche Rationalität zu einer „situativen" (Boudon 1979; 1980a) oder „öko-
logischen" (vgl. Gigerenzer 2001, S. 38 f.) in dem Sinne werden lassen, dass – wie
auch Framing-Modelle betonen – Akteure nicht beliebige oder gar situationsun-
angemessene Selektionen vornehmen, solange sie an der Realisierbarkeit ihrer
individuellen Handlungsziele interessiert bleiben. Die Hoffnung darauf, dass sie
in allen Fällen die ‚richtigen' Situationsdeutungen vornehmen, braucht man dabei ebenso wenig zu haben wie Vertrauen darauf, dass ihnen bei der Auswahl
situationsangemessener Entscheidungsregeln keine Fehler unterlaufen können.
Umgekehrt heißt entscheidungstheoretisch zu argumentieren nicht, dass Akteure in allen Fällen einem Maximierungsprinzip folgen müssen; auch dessen
Anwendung zieht bisweilen und zumal angesichts sozialer Interdependenzen unerträgliche Kosten nach sich, die ein Akteur nicht immer wird tragen wollen (vgl.
Michalos 1970), und setzt Informationen über sich und die Welt voraus, die er
nicht notwendigerweise besitzt (vgl. Heiner 1988).

Am handlungs- und entscheidungstheoretischen Grundcharakter der Rational-Choice-Theorie ändert sich aufgrund derartiger Erweiterungsvorschläge
nichts; weiterhin besteht ihr Kern aus Annahmen über die Akteure, deren Ausstattung, Erwartungen und Ziele, und darüber, dass sie auf eine Entscheidungs-
regel zurückgreifen, die angibt, nach welchem Prinzip sie ihre Wahl zwischen
Handlungsalternativen treffen. Dass man sich – besonders in der Ökonomie –
nicht dazu entschließen kann, Handlungswahlen, die unter Verzicht auf eine ma-
ximierende Entscheidungsstrategie zustande kommen, als „rational" zu bewerten,
spielt entscheidungstheoretisch keinerlei Rolle; stattdessen vertrauen wir uns der
Lageeinschätzung an, die vor geraumer Zeit Hempel veröffentlicht hat: „To say
of an action that it is rational is to put forward an empirical hypothesis and a critical appraisal. The hypothesis is to the effect that the action was done for certain
reasons, that it can be explained as having been motivated by them; these reasons
will include certain ends the agent sought to attain, and his beliefs about available
means of attaining them. And the critical appraisal implied by the attribution of

rationality is to the effect that, judged in the light of the agent's beliefs, his action constituted a reasonable or appropriate choice of means for the attainment of his ends." (Hempel 1968, S. 281)

Dass dieser Kern gleichermaßen korrekturbedürftig und erweiterbar ist, haben die Entwicklungen und Diskussionen in den letzten Jahren bereits durch das RREEMM-Modell und die Einführung von Brückenannahmen eindrucksvoll belegt. Zwar wird die Theorie der rationalen Wahl durch derartige systematische Kernerweiterungen unleugbar komplexer – wenn der Kern nicht sogar aufgeweicht wird –, uns erscheint diese unvermeidliche Folge aber weniger bedrohlich als die Fortsetzung der Gepflogenheit, den Kern der Rationaltheorie ad hoc durch das unkontrollierte Hinzufügen isolierter Entscheidungsfaktoren auszudehnen oder nur auf jene Fälle zu beschränken, in denen die vorgesehenen Variablen zu zutreffenden Prognosen führen – zumal sich die Möglichkeit abzeichnet, ihn auf dem nachgezeichneten Weg in soziologisch informierter Weise auszubauen und zu zeigen, wie sich ehemals unvereinbar erscheinende Teiltheorien vereinbaren lassen. Dass man auf dieser erweiterten Basis dann auch neue und bislang unerwartete soziale Phänomene, Paradoxien und Rätsel erklären und mit neuen Fragen versehen und theoretisch angeleitete empirische Untersuchungen verschiedener Felder durchführen kann, dürfte kaum zu bestreiten sein (vgl. Friedman und Hechter 1990). Wir werden diese Idee dazu nutzen, um auf gestaltungsbedürftige Situationen hinzuweisen und zu erklären, inwiefern die Akteure dann auch in der Lage sind, diese umzugestalten, um ihre Intentionen zu realisieren. „Man kann mit guten Gründen die Auffassung vertreten, dass die Rational-Choice-Theorie primär von heuristischem Wert ist und eine Art Baukasten zur Verfügung stellt, mit dem es gelingen kann, mehr oder minder gute Theorien und Modelle zur Erklärung sozialen Verhaltens zu konstruieren." (Diekmann und Voss 2004b, S. 20; ähnlich Esser 2002, S. 144 ff.) Vor dem Hintergrund dieser Beurteilung versteht sich auch, dass nicht nur die Soziologie allgemein, sondern auch die Wirtschaftssoziologie und die soziologischen Institutionentheorien ähnlich wie die Politik- und die Geschichtswissenschaften ein verstärktes Interesse an der Rational-Choice-Theorie anmelden (vgl. Kiser und Hechter 1991; 1998; Lichbach 2003; Schmid und Maurer 2003a; Kunz 2004; Maurer 2008); was dazu führen könnte, sie disziplinenübergreifend einzusetzen und weiterzuentwickeln.

4.3.3 Anknüpfungsmöglichkeiten alternativer Handlungstheorien

Dieser Idee einer theoriegeleiteten Kernerweiterung des überkommenen Theorienbestandes, wonach sich die jeweils eingesetzten Handlungstheorien ausbauen lassen, indem man zeigt, wie sich zusätzliche Erklärungsfaktoren auf die bisher berücksichtigten Variablen und die mit deren Hilfe formulierten nomologischen Kernannahmen auswirken, kann man auch über das im letzten Abschnitt diskutierte Maß hinaus zum Durchbruch verhelfen. Wenn man daran festhält, dass Akteure nicht durch strukturelle oder innere Zwänge getrieben, fixierten genetischen Programmen folgend oder schicksalsgebunden agieren, sondern auf der Basis von Bewertungen und Intentionen sowie dafür relevanter Fertigkeiten und Fähigkeiten zwischen verschiedenen Handlungsalternativen wählen können, dann ist auch die Menge der dafür verantwortlichen Faktoren nicht einfach zu begrenzen. Das schließt nicht aus, dass sich einzelne sozialwissenschaftliche Disziplinen auf bestimmte Zusammenhänge konzentrieren und alle übrigen er-klärungsrelevanten Faktoren als unerheblich ausblenden; wie etwa Sinnfragen und Kultur in der Ökonomie. Auf der anderen Seite zwingen die angedeuteten Möglichkeiten, vorhandene Theorien gezielt zu erweitern, zu der Überlegung, ob man nicht verschiedene, zumeist als Konkurrenten gehandelte Handlungstheo-rien über *wechselseitige Erweiterungen* – z. B. über Informationsbeschaffung – miteinander verbinden und auf diesem Weg integrieren kann.

Diese Frage eines Theorienvergleichs wird nur selten aufgeworfen (vgl. Schmid 2008b), gleichwohl fällt auf, dass sich etwa die Theorie kommunikativen Handelns (Habermas 1981), die die Bedingungen kooperationswichtiger Verstän-digungsprozesse behandeln möchte, als eine Theorie zweckgerichteten Handelns rekonstruieren lässt (vgl. Heath 2001). In ähnlicher Weise steht natürlich dem Versuch, die Fähigkeiten zur symbolischen Codierung sprachlicher Ausdrücke in den Katalog der entscheidungswichtigen Voraussetzungen des gesellschafts-dienlichen Kooperierens aufzunehmen, – wie dies Herbert Blumer vor langer Zeit bereits vorgeschlagen hat (Blumer 1969) –, ebenso wenig im Weg wie der Berücksichtigung der Zweckdienlichkeit des mimetischen Ausdrucksvermögens (Gebauer und Wulf 1998) oder dem expressiven bzw. dem Signalisierungscha-rakter vieler Handlungsweisen (vgl. Schuessler 2000; Posner, E. 2000 u. a.). Eine umfangreiche Literatur hat sich zur Lösung des Problems angesammelt, welche Steuerungsfunktion menschliche Gefühle für das Fällen von Entscheidungen besitzen, und man hat sich, den Kern des überkommen Rationalprogramms erweiternd, darauf geeinigt, dass Gefühle dazu dienen, Bewertungen vorzuneh-men, die Aufnahme und Verarbeitung von Informationen zu strukturieren und damit die Handlungsauswahl zu führen und zu kanalisieren (vgl. Frank 1988; Damasio 1995; Elster 1999 u. a.).

Indem Rationaltheoretiker derartige Hinweise als verständlich und erkennt-nisförderlich einordnen, gestehen sie zu, dass es sich lohnen kann, im Zusam-menhang mit der theoretisch angeleiteten Konstruktion von Handlungs- und Situationsmodellen auch jene Prozesse und Faktoren zu berücksichtigen, die das Entscheiden der Akteure eindeutig vorprägen und kanalisieren, auch ohne dass diese Einflussgrößen ihrerseits entscheidungsabhängig sind. Freilich wer-den sie sich in solchen Fällen vielfach damit zufriedengeben müssen, jene entscheidungsfernen Gegebenheiten als *Parameter* des Entscheidungshandelns der Akteure zu verstehen, die man gleichwohl kennen muss, um den Optionsraum der Akteure auszumessen und die Fähigkeiten festzulegen, die ihrem Entscheiden vorausgehen. Dass es auch sozial generierte Konstellationen gibt, die die Akteure aufgrund ihres bewussten, entscheidungsgeleiteten Handelns nicht beeinflussen oder verändern können, stellt für eine Theorie, die sich nur so lange für zuständig erklärt, als entschieden wird, kein Hindernis dar, weshalb sie entsprechende Hinweise auf Unentscheidbarkeiten auch nicht als eine *Kritik* an der Entscheidungstheorie zu akzeptieren braucht, solange es möglich ist, diese als Restriktionen des Handelns zu fassen. Auf der anderen Seite muss sich niemand dazu verpflichtet fühlen, auf die Erforschung jener Hintergründe des Handelns zu verzichten, welche sich den bewussten Entscheidungen der Individuen entziehen. Das muss selbstverständlich nicht heißen, dass die jeweils verteidigten Thesen darüber, wo die Beeinflussungsgrenzen der Akteure liegen, fehlerfrei sein müssten. Systematische Theorienvergleiche sollten indessen zeigen helfen, welche diese Grenzen sind und ob sie die vermutete Unverrückbarkeit besitzen oder nicht.[42]

Solche Vergleichsarbeiten lassen eine Bestätigung der These erwarten, dass ein mikrofundiertes Erklärungsprogramm an der Vielzahl der vorhandenen handlungstheoretischen „approaches" nicht scheitern muss bzw. dass keine sich eigenständig fühlende Handlungstheorie darauf zählen sollte, alle interessierenden Explananda erklären zu können.

4.4   Mikro-Makro-Verbindung: Transformationsregeln und Transformationsmodelle

Ihre Entstehung im 19. Jahrhundert verdankt die Soziologie ganz wesentlich der Behandlung besorgniserregender gesamtgesellschaftlicher Entwicklungen, die zum modernen Industriekapitalismus und der damit aufs Engste verbundenen „sozialen Frage" führten. Anders als die Gesellschaftslehren, die sich von den klassischen Vorstellungen der Aufklärung hatten inspirieren lassen und davon ausgegangen waren, dass sich aus einem individuell intentionalen oder sogar egoistischen Handeln soziale Wohlfahrt zwangsläufig ergeben würde, war die Soziologie von Anbeginn damit konfrontiert, ungeplante und auch höchst unerwünschte soziale Phänomene wie Armut, Konflikte und Machtasymmetrien erklären zu müssen.

---

[42] Auf diesem Weg lässt sich eventuell auch das etwas angespannte Verhältnis von Handlungstheorie und Gesellschaftstheorie entkrampfen, indem man sich darauf einigt, dass Letztere für eine Beschreibung makrostruktureller Gegebenheiten zuständig ist, deren Genese aber ebenso handlungstheoretisch zu rekonstruieren ist wie ihre „transintenionalen Effekte" (vgl. Schimank 2003; 2005; 2006).

4.4.1   Problemstellung

Die klassischen Versuche, diese Frage zu beantworten, finden sich in den Analysen von Karl Marx, Alexis de Tocqueville, Max Weber, Werner Sombart, Emile Durkheim oder Georg Simmel, die allesamt – zumindest in Ansätzen – die Ausbildung gesellschaftlicher Strukturen „als das Ergebnis einer Aggregation individueller Handlungen im Kontext eines Interaktionssystems analysiert" und die sich daraus ergebenden Verteilungsstrukturen als emergente Effekte verstanden haben, die sich nicht in Handlungskategorien beschreiben lassen (Boudon 1980a, S. 88). Aus heutiger Sicht ist festzuhalten, dass dabei meist implizit (vgl. Lindenberg 1977; vgl. hier ausführlich Abschnitt 3.1.2) aus den individuellen Handlungen und deren Effekten durch einfaches Aufsummieren Kollektiveffekte abgeleitet wurden; womit unterstellt wurde, dass die Einzelhandlungen unabhängig voneinander ablaufen und zumindest für einige oder viele Akteure in gleichartiger Weise beschrieben werden können. So hat Max Weber – worauf wir noch verschiedentlich zu sprechen kommen werden – die Entstehung der modernen kapitalistischen Strukturformen aus der methodischen Lebensführung vieler Protestanten gefolgert, die, motiviert durch ihre Suche nach Seelenheil, zu glauben begonnen hatten, dass ihr ökonomischer Erfolg dafür den entscheidenden Hinweis enthalte. Als kollektive Konsequenz der methodischen Lebensführung gab Weber die Anhäufung und Re-Investition von Kapital in Unternehmen an. Ohne irgendein Wechselspiel der Intentionen oder Handlungsfolgen in Rechnung zu stellen, hat Weber aus der angenommenen alltagsethischen ‚Einstellung' der einzelnen Protestanten (Sparsamkeit und Gewinnstreben) auf die Entstehung kapitalistischer Makrostrukturen (kapitalintensive Betriebe) geschlossen (vgl. kritisch dazu Coleman 1987; Hernes 1989; Maurer 2007a; 2010a).

Allerdings gestand Weber zu, dass die Entstehung des Betriebs- und Marktkapitalismus weitgehend absichtslos verlief. Diese Denkfigur der *unbeabsichtigten Handlungsfolgen* findet sich bereits lange vor und auch nach Weber an vielen Stellen der Sozialtheorie. Bekannt geworden sind in diesem Zusammenhang die „Bienenfabel" Mandevilles (1968/1714),[43] der aus individueller Verschwendungssucht soziale Wohlfahrtsvorteile hervorgehen sah, sowie die „unsichtbare Hand" des Marktes und der Arbeitsteilung bei Adam Smith (2001/1776), der daraus auf den „Reichtum der Nationen" schloss. Späterhin hat im Anschluss an entsprechende Betrachtungen von Max Weber auch Norbert Elias (1976/1939) auf die unvorhersehbare „Rationalisierung des Okzidents" hingewiesen. Seiner Meinung nach resultierte aus dem individuellen Machtstreben politischer Un-

---

[43] Vgl. diesbezüglich die Rekonstruktion weiterer soziologischer Klassiker wie Tocqueville, Marx und Weber im Hinblick auf „paradoxe" und „nicht-intendierte" Handlungsfolgen bei Boudon (1980a; vgl. dazu auch Maurer und Schmid 2004).

ternehmer in letzter Instanz ein ungeplantes nationalstaatlich organisiertes, öffentliches Gewaltmonopol, das mit einer gesteigerten Selbstdisziplinierung der Bürger einherging und komplexe soziale Beziehungen bzw. längere Handlungsketten möglich machte. Demgegenüber hat Robert K. Merton im Rahmen seiner Überlegungen zur Dynamik einer sich selbst erfüllenden Vorhersage („self-fulfilling prophecy") auf die ebenso absichtslose wie systemsprengende Wirkung von individuellen Handlungen bzw. auf die anomieförderliche Kraft von Positionsgutwettbewerben aufmerksam gemacht. Mit Nachdruck hatte Merton dafür geworben, das Entstehen solcher absichtsfernen Verteilungseffekte als eine Konsequenz von hintergründigen „sozialen Mechanismen" zu betrachten und systematisch zu erforschen (vgl. Schmid 1998, S. 71 ff.; hier ausführlich Abschnitt 9.4).

Es waren diese vielen Hinweise auf emergente soziale Effekte oder „komplexe soziale Mechanismen", die seit Langem vermerkt werden und Sozialwissenschaftler in jüngerer Zeit verstärkt dazu motiviert haben, die dahinter stehenden Prozesse zu entschlüsseln, ohne die Annahme des intentionalen Handelns Einzelner aufzugeben (vgl. resümierend Hedström und Swedberg 1998; Mayntz 2002; Schmid 2006). So hat etwa Raymond Boudon beschrieben, wie die individuellen Bildungsentscheidungen vereinzelter Akteure – ganz gegen deren Intentionen und Wünsche – auch dann zu einer Stabilisierung sozialer Ungleichheiten führen, wenn die Ausbildungs- und Erziehungschancen zunehmen (vgl. Boudon 1974). Reinhard Wippler (1981, S. 250 ff.) hat das durch Robert Michels erkannte „eherne Gesetz" der Oligarchiebildung in demokratischen Parteien und Gewerkschaften (vgl. Michels 1989/1910) als unbeabsichtigte Folge der höchst rationalen individuellen Anpassung der Verbandsmitglieder an die Interdependenz des Gefangenendilemmas im Falle einer kollektiven Herrschaftskritik entschlüsselt.

Viele klassische und nachklassische Arbeiten haben auf solche Paradoxien oder Auffälligkeiten hingewiesen, sie indes nicht mit dem intentionalen Handeln der Akteure in Beziehung zu setzen vermocht. Wer sozial problematische oder unvorteilhafte Zustände und Entwicklungen nicht als das Ergebnis übermächtiger hintergründiger sozialer Kräfte oder des planvollen Tuns Einzelner betrachten will, der muss einen Prozess oder Mechanismus angeben können, der zeigt, wie und warum sich individuelle Handlungen oder Handlungsfolgen so miteinander verbinden, dass daraus soziale Makroeffekte hervorgehen.[44] Dabei sollten wir im Interesse einer umfassenden Modellierung solcher Emergenzprozesse darauf achten, *allen* denkmöglichen *Kollektiveffekten* gerecht werden zu können: den intendierten wie den nicht-intendierten, den erwarteten wie den unerwarteten,

---

[44] Vor allem interaktionistische und phänomenologische Handlungserklärungen erreichen das Niveau emergenter Struktureffekte nur selten (vgl. Charon 1979, S. 184; Meltzer et al. 1975, S. 133 ff.).

den erwünschten wie den unerwünschten, den stabilen wie den instabilen bzw. den kurz- wie den langfristigen.[45]

Der methodologische Weg dorthin führt über einen eigenen Erklärungsschritt bzw. ein ausgearbeitetes Erklärungsargument, das angibt, wie sich die sozialen Handlungskontexte oder Interdependenzen beim Zusammenspiel der individuellen Effekte so auswirken, dass Makrostrukturen bestimmter Art unvermeidbar werden.[46] Damit solche Makrostrukturen in den Blick geraten, reicht es nicht hin, das individuelle Handeln als das Ergebnis der sozial eingebundenen Überlegungen und Entscheidungen von intentional agierenden Akteuren zu erklären, um dann die Makroeffekte aus deren homogener sozialer Lage abzuleiten, sondern es bedarf zusätzlicher Annahmen, die einen Zusammenhang zwischen den situationslogisch erklärten Individualeffekten und den kollektiven oder emergenten Effekten auf der Makroebene herstellen bzw. Erstere in Letztere „transformieren". Entsprechend werden wir die gesuchten Annahmen als „Transformationshypothesen" oder (wie bereits eingeführt) als „Transformationsregeln" bezeichnen (Lindenberg 1977; Wippler und Lindenberg 1987; Coleman 1990a, Kap. 1; Esser 2003d, S. 526). Das Erklärungsargument selbst werden wir in Form eines Modells diskutieren, das wir parallel dazu „Transformationsmodell" nennen wollen.[47]

---

[45] Wir glauben deshalb nicht, dass „Zeiten des Glücks leere Blätter im Buch der Geschichte" sind, wie Hegel meinte, ebenso wenig glauben wir, dass Kollektiveffekte, die den Intentionen der Akteure entsprechen und die sie erwartet haben und akzeptieren, sich *nicht* als emergentes Ergebnis ihres individuellen Handelns ergeben. Wir halten es deshalb nicht für überzeugend, zu meinen, dass „eine Handlung, die genau wunschgemäß verläuft, zu keinem Problem für die Sozialwissenschaften" führt (Popper 1958, Bd. 2, S. 121).

[46] Deutlich wird dies gegenwärtig im Neuen Institutionalismus, der in der Soziologie wie in der Politikwissenschaft und der Ökonomie die Frage stellt, warum es rationalen – eigennützigen oder auch reflexiv rationalen – Individuen nicht immer und ohne Weiteres gelingt, zu einer vorteilhaften Gestaltung ihrer sozialen Welt zu gelangen und für sie vorteilhafte institutionelle Settings zu setzen und aufrechtzuerhalten. Dabei wird die Frage sozialer Ordnungsbildung seit geraumer Zeit in verschiedene Problemtypen unterteilt und mit unterschiedlichen institutionellen Lösungen versehen, für die inzwischen auch verschiedene, geplante wie ungeplante Effekte untersucht und analysiert werden. Verbindungslinien zwischen den sozialwissenschaftlichen Disziplinen ergeben sich angesichts des damit vorliegenden Katalogs allgemeiner Problemlagen und dem durchaus möglichen interdisziplinären Blick auf verschiedene problemlösende Mechanismen und Institutionen (vgl. Maurer 2004; 2006a; Schmid 2008a).

[47] Für die methodologische Behandlung des Mikro-Makro-Übergangs gaben die Arbeiten von Lindenberg (1977), Coleman (1978), Wippler (1981) sowie Raub und Voss (1981) die wichtigen Anstöße; alle nehmen dabei auf die eine oder andere Weise auf die situationslogische Analyse und das Konzept der situationalen Rationalität bei Popper (1966; 2000a) Bezug.

4.4.2   Transformationsregeln

Sehen wir uns zunächst näher an, was wir unter einer Transformationsregel
verstehen können. Auf Siegwart Lindenberg und Reinhard Wippler geht der
Vorschlag zurück (Lindenberg 1977, S. 49 ff.; Wippler und Lindenberg 1987),
einfache Transformationsregeln als *partielle Definitionen* anzulegen, welche
die zu erklärenden kollektiven Effekte begrifflich auf bestimmte individuelle
Eigenschaften zwingend festlegen. Anders ausgedrückt: Partielle Definitionen
stellen eine logische Äquivalenz zwischen typischen Konstellationen individueller Handlungen und den zu erklärenden Makroeffekten her. „Die Überführung
der individuellen Effekte in das zu erklärende kollektive Phänomen erfordert zu
der Erklärung der individuellen Handlungen auch *analytische Regeln*, die spezifizieren, aus welchen Konstellationen sozialer Bedingungen bei den gegebenen
individuellen Effekten das erklärungsbedürftige kollektive Phänomen ableitbar
ist." (Wippler 1981, S. 253) Solche Regeln werden die äußere Form einer „Wenn-
dann-Aussage" annehmen, die besagt, dass dann, wenn die Akteure einer spezifischen sozialen Konstellation entsprechend handeln, sich aus rein „analytischen"
(oder „logischen") Gründen ein Kollektiveffekt einstellen muss.

Es ist angebracht, mehrere Aspekte der Aufgabe einer Transformationsregel zu unterscheiden. Einerseits dienen Transformationsregeln dazu, das
Vorliegen eines bestimmten Kollektiveffekts zu *identifizieren*. Wir bezeichnen
einen Markt (rein konventionell) als „geräumt", wenn die angebotenen Waren
bei einem bestimmten Preis auch alle nachgefragt werden.[48] Eine Kombination von Handlungen oder Strategien bezeichnen wir als Pareto-effizient, wenn
durch die Änderung einer Handlung die daraus hervorgehende Verteilung
nicht mindestens von einem der Beteiligten bevorzugt wird, bzw. als Pareto-
ineffizient, wenn ein Verteilungsergebnis durch eine Handlungsänderung in
eine Verteilung überführt werden könnte, die einer der Beteiligten besser fände.
Wir bezeichnen Gesellschaften als stratifiziert, wenn die Verteilung der Haus-
haltseinkommen ungleich ist. Handlungssysteme können wir als Macht- oder
Herrschaftsverhältnisse kennzeichnen, wenn ein Akteur das Handeln anderer
bestimmen kann bzw. das Recht dazu hat. Damit ist aber noch *nicht erklärt*,
wann und warum es zu solchen Verteilungen, Handlungssystemen usf. kommt
bzw. welche Prozesse diese Kollektivphänomene ‚generieren'. Es bedarf dazu

---

[48] Die Existenz eines Marktes ist als Makrostruktur definiert, deren Kern besagt, dass auf diesem einen Markt für ein Gut ein Preis existiert. Coleman hat indessen Handlungssysteme als je spezifische
Verteilung von Interessen und Kontrollrechten definiert und deren Eigenschaft als Machtstruktur
und als ‚Preisstruktur' bestimmt (vgl. Maurer 1998).

vielmehr noch der Angabe eines Mechanismus, der den zu erklärenden Effekt erzeugt (Esser 2000a, S. 12 ff.).[49]

Die Soziologie streitet sich seit geraumer Zeit vor allem mit Vertretern ökonomischer Modellvorstellungen, denen zufolge Akteure die Makroeffekte als isoliert voneinander agierende Einzelkämpfer unter Wirkung eines „Konkurrenz- oder Wettbewerbsmechanismus" generieren. Soziologen halten eine solche Position infolge der Tatsache für völlig unplausibel, dass Akteure in zahlreiche soziale Abhängigkeiten eingebunden sind, die sie weder als ‚autonome' Wesen agieren lassen noch die heilsamen Effekte des Konkurrenz- und Wettbewerbsmechanismus zur Geltung kommen lassen; dies ist immer dann zu erwarten, wenn Macht wirksam wird, etwa durch Kartellbildung, fehlende Exit-Möglichkeiten, Sicherungsprobleme von Verträgen oder Eigentumsrechten usw. Vor allem Letzteres schließen Ökonomen gern aus, indem sie die interessierenden Makroeffekte vor dem Hintergrund nicht weiter problematisierter Annahmen über vorliegende *empirische Regelmäßigkeiten* (Esser 2000a, S. 21) herleiten; indem sie also einfach bestehende und wirkende Institutionen unterstellen. Solche institutionellen Regelungen wie auch organisierte Abstimmungsmechanismen und soziale Interdependenzen stecken Ökonomen oft in den Datenkranz bzw. ihre Ceterisparibus-Annahmen, was ihnen zwar die Möglichkeit einräumt, von sich verändernden empirischen Randbedingungen zu abstrahieren, was ihnen aber auch zu Recht den Vorwurf einbringt, realitätsferne Modellierungen vorzunehmen.

Welche genauere Bedeutung solchen Transformationsregeln zukommt, lässt sich anschaulich anhand von Mancur Olsons Modell der Herstellung öffentlicher Güter zeigen (vgl. zu dessen entsprechender Rekonstruktion Lindenberg 1977; Wippler 1981; Wittek 2006). Olsons Modellüberlegungen folgend ist die Bereitstellung eines öffentlichen Guts dadurch charakterisiert, dass alle Interessenten sich daran beteiligen und niemand nach der Bereitstellung von dessen Nutzung ausgeschlossen werden kann. Daher muss jeder von ihnen wissen, dass sie alle einem Trittbrettfahreranreiz ausgesetzt sind, der rationalerweise nicht erwarten lässt, dass die Mitakteure die notwendigen Beiträge entrichten, sodass auch der eigene sinnlos, weil wirkungslos wäre. Daraus folgt zwingend, dass jeder rationale Interessent sich zurückhält, woraus als *logisches Äquivalent* unmittelbar die Unterversorgung mit dem betreffenden kollektiven Gut folgt (vgl. zu einer soziologischen Interpretation hier ausführlich Kap. 8). Das Nicht-Erstellen des betreffenden Kollektivguts ist *logisch identisch* mit der Tatsache, dass niemand – solange sich an dieser Konstellation nichts ändert – zu dessen Verfügbarkeit beiträgt. *Erklärt* wird die Unterversorgung aber anhand der Interes-

---

[49] Wir glauben, dass diese Aspekte oftmals deshalb ineinanderfließen, weil die Semantik, mit deren Hilfe wir das *Transformationsproblem* beschreiben, ambivalent ist: individuelle Handlungseffekte in kollektive „zu überführen", „zu übersetzen", „abzuleiten", „zu erschließen", „zu folgern" etc.

senkonstellation, die zwischen den Akteuren besteht und die es aus der Sicht jedes einzelnen Akteurs rational erscheinen lässt, keinen Beitrag zur Erstellung eines öffentlichen Guts zu leisten.

Dies lässt sich schön anhand der Übertragung auf die Frage eines kollektiven Handelns zur Korrektur hierarchischer Strukturen illustrieren: Besteht das öffentliche Gut nämlich darin, die Leiter eines politischen Verbandes erfolgreich zu kontrollieren, dann führt dies unweigerlich zu dem Problem, dass kein Verbandsmitglied sich für eine solche Aufgabe bereitfindet, solange alle übrigen sich zurückhalten. „Wenn sich die Mitglieder eines Verbandes im Falle einer ihren Interessen widersprechenden Verbandspolitik apathisch verhalten, dann ist dieser Verband durch eine oligarchische Funktionsweise charakterisiert." (Wippler 1981, S. 257) Die aus dem Olson-Modell bezogene Transformationsregel besagt auch in diesem konkretisierten Anwendungsfall, dass die gemeinsame Besorgung kollektiver Güter (die Kontrolle der Führung eines Interessenverbandes) unterbleibt, wenn keiner sich gegen die Trittbrettfahreranreize wehrt (und entsprechend keine Kritik äußert). Erklärt wird dieser Befund anhand der Tatsache, dass die Anwendungsbedingungen dieser ,analytischen' Regel in der Tat erfüllt sind, eben weil sich alle Akteure in einer Situation wähnen, in der es individuell rational ist, sich nicht durch eine Kritik an der Verbandsführung zu exponieren. Und in der Tat folgt aus den damit erklärten individuellen Effekten, dass das Entstehen einer Oligarchie unvermeidlich ist.

Dass die Akteure, wenn sie handeln, nicht über Art und Ausmaß der kollektiven Handlungsfolgen informiert sind, kann im ersten Erklärungsschritt auch aus einer „Fehleinschätzung der Handlungssituation" gefolgert werden, indem davon ausgegangen wird, dass den Akteuren spezifische Informationen nicht zur Verfügung standen (Simon 1957), dass sie Fehlkalkulationen aufgesessen sind (vgl. Boudon 1994) oder sich auf die falschen Deutungskünste anderer verlassen hatten (vgl. Boudon 1988). Die Situationsbedingungen, die Unwissen und Fehlbewertungen wirksam werden lassen, können dabei als Randbedingungen ihres Handelns gelten. Unter der Voraussetzung, dass wir die entsprechenden Handlungen erklärt haben, können wir nach jenen Transformationsregeln suchen, die besagen, dass bestimmte Kollektiveffekte genau dann auftreten, wenn die Akteure desinformiert agieren. Ein berühmtes Beispiel kann man der Bürokratieanalyse von Robert K. Merton entnehmen, der darauf hinweist, dass Akteure die Gegebenheiten ihres Handlungserfolgs gerade dadurch erhalten, dass sie sich ohne jedes Bedenken, welche Folgen für sie selbst und andere dies haben mag, an die Regeln halten, denen sie die Existenz ihres Arbeitsplatzes verdanken (vgl. Merton 1964, S. 195 ff.). Oder denken wir an das oben geschilderte Oligarchiebeispiel: Die Zurückhaltung der Akteure bei der Kontrolle der Verbandsführung ist individuell rational, weil sie nicht erwarten dürfen, dass die anderen zu deren Erfolg beitragen, sodass sie allesamt die demokratischen Grundlagen ihrer Organisation unterhöhlen.

Diesen Beispielen kann man entnehmen, dass die genaue Bedeutung des Begriffs der *Transformationsregel* etwas schwankt. Zuvorderst dienen solche Regeln dazu, individuelle Handlungseffekte in ein Kollektivresultat zu überführen. Da diese individuellen Handlungseffekte aber wiederum von der Art der vorherrschenden Wechselbeziehungen zwischen den Akteure abhängen, klingt die von Wippler und Olson vorgeschlagene Definition des Begriffs nur so lange überzeugend, als die betreffende Interdependenzstruktur oder der dort wirksame Mechanismus die betreffenden Handlungen eindeutig festlegen. Das ist in den von Olson und Wippler diskutierten Beispielen in der Tat der Fall, weil die von ihnen abgehandelte Problematik einem Gefangenendilemma gleicht (vgl. Kap. 8), in dem es aus Sicht aller Akteure rational ist, sich *nicht* an der Bereitstellung des betreffenden Kollektivguts zu beteiligen. Sie verfolgen deshalb eine sogenannte „dominante Handlungsstrategie". Aber damit ist keinesfalls in allen Fällen zu rechnen, weshalb die Frage, wie sich die zwischen den Akteuren bestehenden Interdependenzen oder die diesen Wechselbeziehungen zugrunde liegenden Mechanismen auf deren Handlungsentscheidungen auswirken, in zahllosen Fällen nicht eben einfach zu beantworten ist. Es scheint uns deshalb angeraten, Transformationsregeln auf die Fälle einzugrenzen, in denen eindeutig *feststeht*, wie die Akteure handeln, um dann logisch adäquate Kollektivfolgen festzulegen. Transformationsregeln sind jedoch für den dritten Erklärungsschritt nicht hinreichend, wenn das individuelle Handeln für die vorliegende Interdependenzstruktur nicht eindeutig ist.

Wie wir den oben angeführten Beispielen von Olson und Wippler entnehmen können, sind aber auf jeden Fall die gesuchten Verteilungs- oder Kollektiveffekte mithilfe einer Handlungstheorie einzuführen, die genau angibt, wie wir deren Existenz den wechselwirksamen individuellen Handlungen zurechnen können. Das heißt umgekehrt, dass wir keine Kollektiveffekte handlungstheoretisch erklären können, wenn wir keine Transformationsregeln kennen, mit deren Hilfe wir sie beschreiben können. Ohne diese Möglichkeit kann man nicht davon sprechen, dass wir die Kollektiveffekte mikrofundiert erklärt hätten. Nur zu oft bietet die Soziologie zum Teil hochkomplexe Beschreibungen solcher Kollektiv- und Verteilungsstrukturen an, ohne zu klären, wie man sie als einen analytischen Effekt individueller Handlungsfolgen verstehen bzw. beschreiben kann – wodurch sich erst ein Weg abzeichnen würde, Makroeffekte aus den sozialen Konstellationen und den jeweiligen individuellen Handlungen einzelner Akteure zu folgern.

Hinter dieser Schilderung verbirgt sich eine ernsthafte Herausforderung. Diese resultiert aus dem Tatbestand, dass auf der Situations- oder Strukturebene Phänomene zu beobachten sind, die sich nicht ausschließlich über die Handlungsprämissen: die Bewertungen und Zwecke der Akteure, aufklären lassen. Wollen wir ausgehend von einer Theorie intentional-rationalen Handelns Kollektiveffekte erklären, die aus Sicht der Akteure weder beabsichtigt noch erwünscht sind, dann müssen wir im Rahmen eines mehrstufigen Erklärungsarguments angeben können, wie die sozialen Konstellationen und die individuellen Handlungseffekte so zusammenwirken, dass sich die zu erklärenden Makroeffekte einstellen.

4.4.3 Transformationsmodelle

Wenn wir daran interessiert sind, das Auftreten von (intendierten oder nicht-intendierten, erwünschten oder unerwünschten) Kollektivfolgen des Handelns zu erklären, müssen wir zeigen können, wie sich derartige Kollektiveffekte aus den Handlungen der situativ rational agierenden Akteure ableiten lassen. Es ist offensichtlich, dass zu diesem Zweck die Erklärung der Einzelhandlungen ebenso wenig hinreicht wie eine noch so genaue Beschreibung des zugrunde liegenden Interdependenzmusters. Vielmehr benötigen wir dazu einen weiteren, dritten Erklärungsschritt, dem Vertreter mikrofundierter Erklärungen eine große Bedeutung zumessen, um die Verkürzungen und Fehlschlüsse der Klassiker zu vermeiden.[50] Man kann diesen Schritt mithilfe von sogenannten Transformationsmodellen vollziehen, deren Platz durch das Coleman-Boudon-Diagramm (vgl. Abb. 3-1, S. 85). klar bezeichnet ist und deren Aufgabe demzufolge darin besteht, von der Mikro- zur Makroebene zu führen, was in folgender Weise dargestellt werden kann (Abb. 4-2).[51]

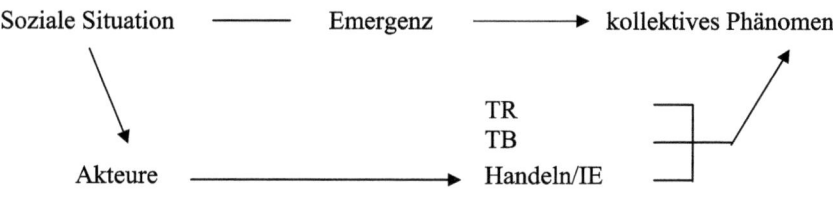

mit TR als Transformationsregel(n)
mit TB als Transformationsbedingung(en)
mit IE als individuelle Effekte

Abbildung 4-2 Transformationsmodelle in mehrstufigen Erklärungen (Esser 2000a, S. 18)

[50] Das ursprüngliche Hempel-Oppenheim-Schema (Schmid 2006) oder sogenannte „Invisible-Hand-Erklärungen" versagen in diesem Kontext (vgl. Ullmann-Margalit 1978; Wippler 1981; Vanberg 1984; Mayntz 2002).
[51] Es herrscht unter Rationaltheoretikern derzeit weitgehende Übereinstimmung darüber, dass die Ausarbeitung von Transformationsmodellen noch große Probleme birgt und weiterer Anstrengungen bedarf (vgl. dazu schon Lindenberg 1977; Wippler und Lindenberg 1987; Coleman 1986a; 1990a; Esser 1993).

Der erklärende Übergang von der Handlungsebene zur Strukturebene wird dann möglich (Esser 2000a, S. 18 ff.), wenn man zum einen die individuellen Handlungen der Akteure kennt oder weiß, wie sie sich angesichts der Situation und der dort relevanten Interdependenzen entscheiden. Im Weiteren benötigt man zusätzliche Informationen darüber, welche Kollektivfolgen zu erwarten sind, wenn die Akteure in der angegebenen Weise handeln. Diesen Zusammenhang beschreiben Transformationsregeln, die aber erst dann angewendet werden können, wenn die in ihrer Wenn-Komponente angegebenen Sachverhalte realisiert sind. Daraus ergeben sich dann die zu erklärenden kollektiven Phänomene, an deren Erklärung der Forscher interessiert ist, als logische Implikation. Demnach stellen Transformationsmodelle einen eigenständigen Erklärungsschritt dar, dessen Logik sich von einer deduktiv-nomologischen Erklärung nach Hempel (vgl. Abb. 2-1, S. 36) nicht unterscheidet, der aber notwendig wird, weil sich weder aus individuellen Handlungen noch aus der Beschreibung der Interdependenzverhältnisse zwischen den Akteuren alleine auf daraus resultierende Kollektiveffekte schließen lässt. Es ist auch möglich, eine an Hempel angelehnte Formalisierung anzugeben:

Individuelle Handlungseffekte IE
Weitere Randbedingungen
Transformationsregel TR
Anwendungsbedingungen für die verwendete TR

Kollektiver Effekt (das zu erklärende Explanandum)

Abbildung 4-3 Transformationsmodelle im DN-Modus (vgl. Lindenberg 1977, S. 65; Esser 1993; 2000a, S. 9 ff.; Raub und Voss 1981, S. 97)

Auch in dieser Formulierung (Abb. 4-3) ist vorgesehen, dass sich die Beschreibung der erklärungsbedürftigen kollektiven Effekte als logisch zwingende Ableitung aus einem Prämissensatz ergibt, der zum einen die Menge der in den ersten beiden Erklärungsschritten abgeleiteten individuellen Effekte erfasst (die die Akteure mit ihrem Handeln hervorbringen) und zum anderen die Transformationsregeln (ohne die der ‚Übergang' von den Einzelhandlungen zu den erwartbaren Effekten unmöglich wäre) und deren Anwendungsbedingungen. Die Transformationsregeln beschreiben Zusammenhänge, die allgemeiner Natur sein können, aber nicht notwendig sein müssen, sondern auch für spezifische Situationstypiken und logiken formuliert sein können. Transformationsregeln sind also nicht als Ersatz für soziale Gesetze gedacht, sondern müssen vor dem Hintergrund spezifischer und handlungstheoretisch erschlossener Situationsmodelle bzw. relevanter sozialer Interdependenzmuster formuliert werden. Sie besagen

‚nur', dass der von ihnen postulierte Zusammenhang zwischen Handlungskonstellationen und kollektiven Effekten angesichts bestimmter Handlungsprämissen zu erwarten ist. Auch in dieser Version findet der dritte Erklärungsschritt
seine Fundierung in einer allgemeinen Handlungstheorie.

Wie Hempel bei seiner Rekonstruktion funktionalistischer Erklärungen
vorgesehen hatte (vgl. Hempel 1965, S. 297 ff.), kann es sinnvoll sein, noch einen
zusätzlichen Satz von Randbedingungen einzuführen, der sicherstellen soll, dass
die Hintergrundbedingungen erfüllt sind, unter denen sich der Transformations-
prozess vollzieht.[52] Diese Hintergrundbedingungen zu kennen, wird sich dann
lohnen, wenn Transformationserklärungen missraten. So sollte man darauf gefasst sein, dass sich das Handeln der Akteure auch ganz anderen Situationsmerkmalen verdanken kann als jenen, die der Forscher hat berücksichtigen wollen
(vgl. z. B. Wippler 1981, S. 251), oder dass der zu erklärende Kollektiveffekt auch
auf anderen Wegen zustande gekommen sein könnte als gedacht; beispielsweise
tauchen Güter auf Märkten nicht länger auf, weil sie einen konsumierenden Käufer gefunden haben – aber auch, weil sie geraubt wurden oder einem Erdbeben
zum Opfer fielen.

4.4.4   Transformationsmodelle in der soziologischen Praxis

Das Ausarbeiten vorhandener wie das Entdecken neuer Transformationsregeln
wird übereinstimmend als schwierig eingeschätzt, was nach unserem Dafürhalten zwei Gründe haben kann. Zum einen gibt es hierfür keine Richtlinien oder
methodologischen Regeln, vielmehr müssen Forscher das Potenzial ‚ihrer' Handlungstheorie ausschöpfen und vor allem soziologisch relevante Interdependenzen
entdecken, um daran anschließend zu klären, welche Handlungen die Akteure
wählen werden. Ohne diesen Schritt lassen sich Transformationsregeln und in
weiterer Folge Transformationsmodelle nicht formulieren. Aber auch die Auswahl verschiedener Transformationsregeln und modelle stellt die Soziologie vor
Probleme. Die Identifikation geeigneter Regeln und die Formulierung der umfassenden Modelle werden nicht zuletzt dadurch erschwert, dass es unter ihnen
unterschiedlich komplexe bzw. verschieden starke, allgemeine und weniger allgemeine gibt. Auch an dieser Stelle sind soziologische Erklärungen mit dem schon
weiter oben diskutierten Problem konfrontiert, abwägen zu müssen, ob sie mit
möglichst einfachen und analytisch starken Transformationsmodellen oder aber

---

[52] In diesen Bedingungen dokumentiert sich die (unvermeidbare) Verwendung von Ceteris-paribus-
Annahmen in transformatorischen Erklärungsschritten. Man kann dann die sukzessive Beantwortung der Frage, welche dieser Hintergrundbedingungen tatsächlich erfüllt waren, dazu nutzen,
eventuelle Fehlprognosen der Kollektiveffekte zu neutralisieren.

mit komplexen und entsprechend voraussetzungsreichen Annahmen arbeiten wollen, die aber nicht stabil sind.

Mit Sicherheit wird es auch forschungspragmatischen Gesichtspunkten überlassen bleiben müssen, welche der möglichen Modellierungsvorschläge man aufgreifen möchte. Es wird aber gleichwohl Sinn machen, wenigstens einen kurzen Blick darauf zu werfen, wie Transformationsmodelle komplexer und realitätsnäher angelegt werden können. Wir meinen, dass es zu diesem Zweck hilfreich ist, zwischen rein *formalen Transformationsmodellen*, also solchen, die ausschließlich logische Zusammenhänge herstellen, etwa mathematische Formeln, kollektive Entscheidungsregeln oder spieltheoretische Modelle, und *empirisch-analytischen Transformationsmodellen*, die analytische und empirische Aussagen treffen, wie etwa Institutionentheorien, zu unterscheiden. Erklärungsargumente können im ersten Fall von vielen empirischen Randbedingungen absehen und sind daher allgemeiner und vielfach stabiler. Im zweiten Fall sind sie realitätsnäher anzulegen, dann aber eben auch von der Geltung mitunter nur schwer zu kontrollierender Randbedingungen abhängig; im Falle von Institutionentheorien beispielsweise von den vielfältigen Bedingungen der Institutionengeltung und sicherung.[53]

Eine entsprechend ihres Komplexitäts- oder Einfachheitsgrades systematisierende Liste von Transformationsmodellen wäre so anzulegen: 0) einfaches Aufsummieren, 1) statistische Aggregationen, 2) kollektive Entscheidungsregeln, 3) spieltheoretische Modelle,[54] 4) Diffusionsmodelle und 5) Institutionentheorien.

Kollektive Entscheidungsregeln und statistische Aggregationen stellen rein mathematisch-formale Operationen dar, die über Algorithmen individuelle Präferenzen oder Effekte in eine Wohlfahrtsfunktion, eine Wahlentscheidung (vgl. Coleman 1986a; b; c; 1987; Kern und Nida-Rümelin 1994) oder einen Verfassungsvertrag (vgl. Coleman 1990a) bzw. in statistische Kennzahlen wie Mittelwerte, Varianzen oder Korrelations- und Regressionskoeffizienten überführen (vgl. Esser 1999; 2002). Aber auch die in der Spieltheorie vorliegenden formalen

---

[53] So hat Weber (1980/1922, S. 30 ff.) früh die Legitimitätsanerkennung der Akteure als zentral angenommen, Jörg Rössel (2008, S. 305) hat darauf aufmerksam gemacht, dass mit Randall Collins dafür Koalitionsgruppen ausschlaggebend sind, Hartmut Esser (2000a, S. 14 ff.) hat in seinem „Freundschaftsbeispiel" dafür die Kontaktmöglichkeiten und die dabei gemachten positiven Erfahrungen angegeben. Wir werden im 7. Kapitel noch auf andere wichtige Faktoren hinweisen (Anzahl der Kontakte, erwarteter Zeithorizont der sozialen Beziehungen, soziale Konstellationen allgemein, Relation der Interessen), die Konventionen stabilisieren und deren Geltung unterstützen und damit als Randbedingung einer Transformation zu gelten haben.

[54] Auf das Gefangenendilemma sowie auch das „Hühnchenspiel", auf reine Koordinationsspiele oder Nullsummenspiele und deren Charakter als Transformationsmodelle werden wir noch in den folgenden Kapiteln zurückgreifen und sie dort auch ausführlich darstellen (vgl. Kap. 7 für Koordinationsspiele, Kap. 8 für das Gefangenendilemma und das Hühnchenspiel und Kap. 9 für Nullsummenspiele und den Wettbewerbsmechanismus).

Darstellungen spezifischer sozialer Interdependenzen in Form von Auszahlungsmatrizen können zu Transformationsmodellen ausgebaut werden, die unter Nutzung der Theorie rationaler Wahl eindeutige Ableitungen kollektiver Effekte wie
Pareto-optimale Gleichgewichte oder Nash-Gleichgewichte zulassen. Spieltheoretische Modelle verbinden auf Basis der Theorie rationaler Wahl *typische Situationsmodelle* und dazu passende *Brückenhypothesen* mit *formal-analytischen
Transformationsregeln*, die bei dominanten Strategiekombinationen logische
Ableitungen kollektiver Effekte zulassen (vgl. noch Abschnitte 7.2, 8.2 und 9.2).
Aufgrund ihrer strengen formalen Struktur können solche Modelle aber auch
leicht auf verschiedene empirische Konstellationen angewendet werden – sofern
sie deren Situationslogiken abbilden – und durch empirische Zusatzannahmen
auch erweitert werden. So hat sich die Einsicht durchgesetzt, dass man beispielsweise die Logik des Gefangenendilemmas in zahlreichen empirischen Situationen wiederfindet, was zu vielfältigen interdisziplinären Forschungen sowie auch
zu Erweiterungen der empirischen Randbedingungen Anlass gibt.

Diffusionsmodelle finden vor allem in Form von Schwellenwert-, Stufen-
oder Segregationsmodellen Verwendung und erlauben es, sequenzielle Handlungen zu erfassen. Damit wird das Ergebnis der ersten Handlungssequenz zum
Ausgangspunkt der Entscheidungen der nächsten Sequenz, was Transformationsmodelle ergibt, die den zu erklärenden Kollektiveffekt nicht aus gleichzeitig vollzogenen Handlungen folgern, sondern als Konsequenz nacheinander
stattfindender Handlungen ableiten. Auf beeindruckende Weise dokumentiert
dies das sogenannte „Segregationsmodell" von Thomas Schelling, das den Mechanismus aufdeckt, der dazu führt, dass sich die (rassische) Zusammensetzung
einer Nachbarschaft – ganz unbeabsichtigt – immer wieder herauskristallisiert,
da sich Haushalte aufgrund des kontinuierlichen Zuzugs neuer Nachbarn zur
Abwanderung entschließen (vgl. Schelling 2006; hier S. 66). Derartige Schwellen-
wertmodelle haben aber auch Eingang gefunden in die ‚verbesserte Erklärung‘
sozialen Protestverhaltens und des hoch voraussetzungsvollen Aufbaus von Revolutionen oder Herrschaftskritik (vgl. dazu Coleman 1990a; Hirschman 1992;
hier Abschnitt 8.4).[55]

Aus Sicht der Soziologie erlauben vor allem entwickelte Institutionentheorien die Formulierung vielversprechender, empirisch angereicherter Transformationsmodelle (Coleman 1990a; Esser 2000a; 2003a). Institutionentheorien
sagen, wann und warum soziale Regeln Geltung haben, und sollten präzise angeben können, unter welchen Bedingungen diese eine handlungsleitende Wirkung entfalten und worin diese besteht (vgl. Schmid und Maurer 2003b). Als

---

[55] Vgl. dazu die empirischen Forschungen im Bereich der Organisationsanalyse und gestaltung von
Prosch (2000, S. 58 ff.), des Scheidungsverhaltens von Esser (2000a), des kriminellen Handelns von
Eifler (2008).

Transformationsregel verwandt, erlauben solche Annahmen, auf eine bestimmte ‚Einstellung‘ der Akteure und damit auf ein regelmäßiges und wechselseitig zu erwartendes und mitunter sogar auf ein gleichartiges Handeln zu schließen (vgl. schon Weber 1980/1922). Institutionentheorien geben für konkrete Situationen an, welches Handeln bestimmte Akteure oder Gruppen ergreifen werden, sofern die Regeln für sie Geltung beanspruchen und sie die entsprechenden Handlungsweisen auch kennen. Infolgedessen kann unter Verweis auf geltende Regeln auf typische Handlungen und unter Verwendung einschlägiger Transformationsregeln auch auf kollektive Effekte geschlossen werden. Besagen etwa soziale Regeln, dass möglichst viele Freunde ‚richtig‘ sind oder dass den Befehlen bestimmter Personen zu gehorchen ist, dann lässt sich in Gruppen, in denen diese Regeln durchgesetzt werden, ein entsprechend hohes Maß an *Koorientierung* als Kollektiveffekt erwarten. Auf diesem Wege kann etwa die erfolgreiche wechselseitige Orientierung von Freunden in modernen Gesellschaften ohne Rückgriff auf „Tradition" (s. dazu Esser 2000d; e), aber auch die erfolgreiche Kooperation in hierarchischen Zweckverbänden (s. dazu Weber 1980/1922) als Kollektiveffekt eines institutionell gerahmten Handelns erklärt werden; die berühmte Herrschaftsdefinition Webers bzw. die daran anknüpfende Colemans sind durchaus als Transformationsregel zu lesen (vgl. hier S. 340). Solche Übergänge sind schwieriger und komplexer, sofern Normkonflikte berücksichtigt werden sollen oder die Sanktionierung von Normabweichungen unvorhersehbar wird. Man darf deshalb nicht vergessen, dass die Geltungsbedingungen sozialer Regeln (Existenz von Gruppen mit Sanktionsmechanismus, Bekanntheit der Regeln usw.) zu den variablen Randbedingungen dieser Transformationsmodelle zählen und vor dem Einsatz geprüft sein müssen (vgl. Abb. 4-3).

Zur theoriegerechten Aufarbeitung des empirischen Wissens ist es angemessen, sich zu fragen, nach welchen Gesichtspunkten dieses sich gliedern und ordnen lässt. Jede Handlungstheorie wird dabei zunächst auf ihre eigenen Grundbegriffe und die mit deren Hilfe angesprochenen Unterscheidungen zurückgreifen müssen. Wenn wir indessen akzeptieren, dass Akteure ihre Ziele angesichts opportunitätsbestimmender bzw. restriktiv wirksamer Situationsumstände verfolgen müssen, dann sollte es möglich sein, die von Lindenberg angeführten „Bedingungskonstellationen" danach zu entschlüsseln, welcher Art die situativen Umstände sind und mithilfe welcher *Mechanismen* die Akteure dazu in der Lage sind, ihr Handeln aufeinander zu beziehen bzw. so miteinander zu verknüpfen, dass (eindeutig) bestimmbare Kollektiveffekte entstehen. Dabei fällt auf, dass verschiedene sozialwissenschaftliche Disziplinen unterschiedliche Eigenheiten der Situation hervorkehren, wenn sie Erklärungen vorlegen, dabei aber oftmals übersehen, dass sie die übrigen Situationsumstände – unter der Hand oder in methodologisch nachvollziehbarer Weise – parametrisieren. Geeint werden können all diese Vorschläge durch den Tatbestand, dass unterschiedliche Situationstypen die Akteure vor *unterschiedliche Handlungsprobleme* stellen und ihnen zugleich unterschiedliche Lösungswege anbieten. Die große sozialtheoretische Hoffnung ist dabei, Regeln ausfindig zu machen, mit deren Hilfe es den Akteuren gelingt, ihre Erwartungen so miteinander zu verbinden, dass es für keinen von ihnen vernünftig ist, sich regelabweichend zu verhalten, solange die Mitakteure dieselbe Entscheidung treffen, und sie aufgrund dieser Erwartungsverknüpfungen das gemeinsame Wissen haben können, dass alle dazu in der Lage sind, ihre Handlungssituation genau so einzuschätzen, dass die Befolgung einer derart eingeführten Regel zur vorherrschenden Strategie werden muss. Solche Verhältnisse kann man dort erwarten, wo die Regelbefolgung mit der Einhaltung einer *Konvention* gleichgesetzt werden kann, der alle so lange folgen, wie alle Übrigen dasselbe tun (vgl. Lewis 1975; Young 1998; Posner, E. 2000; ausführlich Abschnitt 7.3). Mit erfolgreichen Mechanismen der Handlungsabstimmung ist angesichts dessen nur zu rechnen, wenn *Institutionen* entstehen, d. h. erschütterungsfreie, in jedem Fall immer wieder reproduzierbare und restabilisierbare Regulierungen und Normen, die die jeweils zulässigen Handlungsspielräume abstecken und auf diesem Weg zu allseits erwünschten Kollektiveffekten führen.

Das gelingt der klassischen Normsoziologie folgend dann, wenn die Akteure Normen internalisieren und ihre dadurch festgelegten „Rollen" in Übereinstimmung mit den korrespondierenden bzw., wie Parsons formulierte, „komplementären Erwartungen" (Parsons und Bales 1955, S. 57) spielen. Die tatsächlichen Verhältnisse sind allerdings andere. Zwar hat jedes Forschungsprogramm das unstrittige Recht, zur genaueren Konturierung und Bearbeitung der verfolgten Zusammenhänge bestimmte Einflussfaktoren auszublenden, nur sollte man sich bewusst sein, dass die in den Hintergrund verlagerten Prozesse und Einflussgrößen de facto ihre Wirksamkeit beibehalten. Die Rechte, die solitäre Akteure voraussetzen möchten, um sich autonom auf Tauschmärkten oder in Verhandlungen zu bewegen, sind nur dann wirksam, wenn sich ihre Mitakteure darauf verpflichtet haben, sie zu achten; strategische Verhaltensweisen sind auch dort angebracht, wo Institutionen die Optionsräume einengen oder zu beseitigen versuchen, und wechselseitig stabile Erwartungen sind nicht in allen Fällen und überall gegen opportunistisches Handeln geschützt – zumal dann nicht, wenn die Akteure sich ausschließende Interessen verfolgen, was in allen Situationen der Fall sein wird, in denen Verteilungsprobleme auftreten. Auch stellen sich Gleichgewichte nicht notwendig ein, eben weil die verschieden gelagerten Modellierungen bestimmte Größen unbeachtet lassen und deshalb die erwartbare Varianz ihrer Annahmen nur schwer kontrollieren können. So muss es, solange man nicht nur an der Konstruktion logisch stimmiger Modellwelten, sondern an deren empirischer Kritik interessiert ist, eine offene Frage bleiben, welche Abstimmungsmechanismen angesichts welcher exogen gelassener Größen welche Effekte haben können.

Für die konkrete soziologische Arbeit steht nun die Erprobung und Ausarbeitung komplexer Transformationsmodelle, aber auch komplexer Gesamt-
modelle an, die Muster für gelungene Kombinationen aus Situationsmodellen,
Brückenhypothesen und Transformationsmodellen darstellen. Dass es bereits
einige wenige gibt, die gut ausgearbeitet und erprobt sind – so etwa das Gefangenendilemma (Olson 1968),[56] das Exit-Voice-Modell (Hirschman 1974) sowie
das Nullsummenspiel (Elias 1976/1939) –, und dass andere noch entdeckt werden
müssen – Allmendeproblematik, Auftragshandeln, Machtprozesse usw. – gehört
zu den noch zu schließenden Lücken.

4.5   Rekursive Erklärungsargumente

Der letzte Baustein, mit dessen Hilfe wir Mehrebenenerklärungen sozialer Beziehungsformen und deren Folgen aufbauen können, sind komplexe Erklärungsargumente dafür, wie sich die in den vorherigen Schritten erklärten Individual- und
Kollektiveffekte wieder auf die Intentionen und Bewertungen der Akteure auswirken oder wie diese Effekte auf die zukünftige Handlungssituation der Akteure und deren Bewältigungschancen zurückwirken. „Diesen Mechanismus kann
man nur dadurch erforschen, daß man explizit angibt, wie bestimmte Faktoren
das Handeln und wie das Handeln bestimmte Faktoren beeinflussen." (Lindenberg 1996, S. 127) Zur theoretischen Deutung dieser *rekursiven Funktionen*
können wir auf die beiden ersten Bausteine zurückkommen und zu klären versuchen, wie und in welcher Richtung die Nachfolgeentscheidungen der Akteure
infolge der identifizierten Effekte neuerlich beeinflusst werden. Dabei spielt es
eine wichtige Rolle, ob sich infolge der beobachteten Rekursionswirkungen der
untersuchten Effekte die Ausgangssituation derart verändert hat, dass sich die
Akteure dazu gezwungen sehen, ihre Handlungen zu ändern und sich nach neuen
Handlungsstrategien umzusehen, oder ob sie an ihrem bisherigen Handlungsrepertoire festhalten können. Eine gesonderte logische Charakterisierung dieses
abschließenden Teilschritts ist nicht erforderlich, denn unserer Analyse folgend
haben rekursive Argumente dieselbe logische Struktur wie Situationsmodellierungen. Allerdings heißt dies nicht, dass wir ohne näheres Hinsehen darauf verzichten können, neue Brückenhypothesen zu formulieren, sondern wir müssen

---

[56] Das auf Thomas Hobbes (1966/1651) zurückgehende Gefangenendilemma hat mit Mancur Olsons
bahnbrechender Arbeit zum Kollektivgutproblem großer Gruppen umfassende Ausarbeitungen
auch der Transformation hervorgebracht (vgl. etwa Wittek 2006), ist in der Spieltheorie formalisiert
worden (vgl. etwa Lichbach 1996; Diekmann 2009, S. 105 ff.), wird in allen sozialwissenschaftlichen
Teildisziplinen für vielfältigste Anwendungen verwendet (vgl. etwa Coleman 1990a; Hirschman
1974; 1992; Opp 1991; Opp et al. 1993; hier Kap. 8) und auch längst simuliert und in agentenbasierten
Modellierungen um- und eingesetzt (vgl. Macy und Willer 2002; Hedström 2005).

im Gegenteil davon ausgehen, dass die Akteure infolge der Notwendigkeit, sich mit den Folgen ihrer zurückliegenden Handlungen auseinanderzusetzen, vor ganz anders gestalteten Problemen stehen können als zuvor. Die Arbeit der empirischen Modellgenerierung beginnt also immer wieder von vorne.[57] Dass sich dabei besonders eindringliche und wichtige soziale Prozesse und Phänomene klären lassen, haben wir bereits eingangs am Beispiel der klassischen Arbeiten zur Entwicklung der westlichen Moderne und insbesondere zur Entstehung des modernen Kapitalismus hervorgehoben.

4.6   Stärken und Probleme mehrstufiger Erklärungen

Wir haben, ausgehend von unseren Überlegungen zu den Besonderheiten soziologischer Erklärungsgegenstände (vgl. Kap. 3), für die Ausarbeitung mehrstufiger Erklärungen sozialer Sachverhalte plädiert und in diesem Kontext eine methodologisch orientierte Darlegung zentraler Bausteine solcher mehrstufigen Erklärungen vorgelegt, die es ermöglichen sollte, diese Erklärungspraxis systematisch und anwendungsbezogen auszubauen, interdisziplinär anzuwenden und systematisch zu verbessern. Die Logik solcher Erklärungen ist ganz allgemein durch die Fundierung mit möglichst allgemeinen, einfachen und deterministischen Aussagen über das Handeln der Akteure in Kombination mit Modellen sozial relevanter Handlungssituationen bestimmt, sodass eine umfassende Erklärung immer auch eine Brücke von der Makro- zur Mikroebene und auch wieder zurück von der Mikro- auf die Makroebene vorsehen und dafür Modelle vorlegen und einsetzen muss. Die Verwendung eines nomologischen, in diesem Fall eines *handlungstheoretischen Kerns*, der die allgemeinen, generativ wichtigen Faktoren des Handelns angibt, macht es sowohl erforderlich als auch möglich, die Makroebene im Lichte der Handlungsvariablen zu beschreiben, was nichts anderes bedeutet, als dass zentrale *handlungsrelevante* Faktoren auf der Makroebene bestimmt werden. Dazu sind Situationsmodelle aufzustellen, welche die aus der Perspektive der soziologischen Erklärungsfragen relevanten sozialen Konstellationen benennen.

Wir haben im Lichte der allgemeinen Theorie intentionalen Handelns solche Situationsmodelle als heuristisch gehaltvoll vorgestellt, die soziale Handlungs- und Abstimmungsprobleme der Akteure benennen und verdeutlichen, wann und warum wechselseitig Erwartungen für das soziale Zusammenleben vorteilhaft werden. Durch die Identifikation von Problemlagen können entsprechende Handlungen und deren kollektive Effekte benannt werden. Dies lässt sich so wenden,

---

[57] Vgl. für umfassende Übersichten zu der neuerdings intensiv geführten Diskussion um solche „mechanismischen Erklärungen" – oder kurz: die Mechanismus-Debatte – Hedström und Swedberg (1998), Schmid (2006) oder Kron und Grund (2010).

dass damit die Bedingungen aufgewiesen sind, unter denen die Einsetzung sozialer Institutionen oder Mechanismen gelingt. Dabei stellt sich heraus, dass Situationsmodelle allgemeine, aber durchaus konkretisierbare Interdependenzen ebenso abbilden und in individuelle Handlungen und kollektive Effekte zu übersetzen erlauben wie auch unterschiedliche Typen sozialer Interdependenzformen, womit sie unterschiedliche Situationslogiken beschreiben helfen, die auf verschiedenartige Lösungsmechanismen bzw. auf deren jeweils typischen Einsatz hinweisen. Dass sich auf allen Ebenen und bei allen Verbindungen jeweils realitätsgerechtere Annahmen – immer geleitet durch die Handlungsprämissen – einführen lassen, ist nach unserem Dafürhalten eine der ganz großen Stärken dieser Erklärungspraxis.

Damit ist zugleich gesagt, dass ihr soziologischer Aussagewert in der Modellierung der Strukturebene und der damit erfassbaren Interdependenzen und Prozessdynamiken liegt, dass aber, um diese erfassen zu können, die weitgehend abstrakt bleibende Theorie des individuellen Handelns unter Anleitung von Brückenhypothesen mit den Situationsmodellen zu verbinden ist. Zum anderen reicht es nicht aus, das individuelle Handeln für spezifische, aber typisierbare Situationen zu erklären und daraus auf Strukturanalogien oder additive Effekte zu schließen, vielmehr sind besondere Bemühungen für den Schritt nötig, welcher die individuellen Handlungen und deren individuelle Effekte in kollektive Effekte und damit in soziale Phänomene übersetzt, wozu mehr oder weniger komplexe Transformationsmodelle erforderlich werden. Diese müssen einen Mechanismus angeben, der besagt, warum aus intentionalen Handlungen emergente Effekte auf der Makroebene hervorgehen, wie sie die Soziologie als Phänomene stabiler Macht- und Herrschaftsordnungen, unaufhebbarer Ungleichheiten oder auch der Reproduktion sozialer Eliten behandelt.

Die Handlungstheorie ist die Grundlage für die Integration verschiedener Situationskonstellationen. Sie sind dann zu verbessern, wenn sie sich zur Entschlüsselung von Situationseinflüssen und deren kollektiven Effekten sowie deren Rückwirkungen nicht bewähren. Darüber hinaus gestattet die Mehrstufigkeit des Arguments die Zerlegung der Erklärungsaufgabe; infolge der systematischen Angabe der Bedingungen, die auf den einzelnen Ebenen – oder bei den jeweiligen Erklärungsschritten – zu beachten sind, kann man jene Teilklassen an Bedingungen aussondern und (im Modell) konstant halten, die man glaubt, in den Hintergrund stellen zu dürfen, um sich infolgedessen auf konkrete und detaillierte Forschungsfragen konzentrieren zu können. Der übliche Einwand, dass die implizit als ‚gegeben‘ angenommenen Sachverhalte gar nicht bekannt sind, kann dadurch entkräftet werden, dass man die absichtlich verdunkelten Faktoren de facto kennen kann, sofern sie in den vorangegangenen Erklärungsschritten bereits abgehandelt wurden. Das gilt sowohl für die verschiedenen Versionen der marktgängigen Handlungstheorien als auch für die Konstruktion von Situations- und Transformationsmodellen und die jeweils wirksamen Abstimmungsmechanismen. Allerdings kann man nicht ausschließen, dass auf jeder Erklärungsebene eigenständige Randbedingungen eine Rolle spielen, die auf diese Weise nicht zu kontrollieren sind. Dennoch definiert die unterlegte Methodologie eine Forschungsheuristik, die angibt, wie man weiterverfahren kann, wenn sich empirische Bestätigungen nicht einstellen: Entweder kann man fehlerhaften Prognosen mit einer Neuordnung der Bedingungsannahmen begegnen oder man ändert und korrigiert die bislang verwendete Handlungstheorie, wenn die Variation der Situations- und Interdependenzannahmen am Ende keine Verbesserung der Vorhersageleistungen erbringt.

Der methodologische Gewinn mehrstufiger Erklärungen folgt daraus, allgemeine Regeln des wissenschaftlichen Arbeitens und Grundelemente von Erklärungen, die in einer langen Tradition entwickelt und erprobt worden sind, allgemein verfügbar zu machen und ihre analytische Kraft für bestimmte Aufgaben und Fragestellungen zu tradieren. Damit ist es möglich, ein soziologisches Erklärungsprogramm so voranzutreiben, dass Erweiterungen und Idealisierungen theoretisch angeleitet erfolgen können, wodurch sowohl ad hoc eingeführten Annahmen als auch Tautologien entgegengewirkt wird. Dies birgt die nicht zu unterschätzende Chance, soziologisch relevante Interdependenzmodelle auszuarbeiten, handlungstheoretische Fundierungen sozialer Mechanismen vorzunehmen, die Transformation situativ orientierter individueller Handlungen in kollektive Effekte zu modellieren und endlich auch der Diskussion um sinnvolle Erweiterungen der Handlungstheorie eine angebbare Richtung zu verleihen.

Zugleich erlaubt die angesprochene Methodologie ein Urteil darüber, dass offenkundig unterschiedliche sozialwissenschaftliche Disziplinen wie auch die differenten soziologischen Theorietraditionen unterschiedlichen Teilfragen nachzugehen wünschen und daraus ihr Recht beziehen, nur jene Faktoren zu berücksichtigen, die sie zur Ausformulierung der Antwort auf die Erklärungsfragen benötigen, an der sie aus kontingenten Gründen interessiert sind. Wir schließen daraus, dass ein Vergleich der Erklärungsleistungen unterschiedlicher Disziplinen und Theorietraditionen möglich ist und dass sich zeigen lässt, dass sich die Erklärungsinteressen mit fortschreitendem Ausbau der jeweiligen Forschungsprogramme zunehmend überlappen und wechselseitig berühren. Dadurch wird ein Austausch von Modellen ebenso möglich wie Ratschläge darüber, wie man die fachspezifischen Handlungstheorien verändern und korrigieren kann, wenn sich Effekte nicht erklären lassen, die zum ‚eigenen' Erklärungsbestand gerechnet werden.

Mit diesen methodologisch verbürgten Möglichkeiten verbinden wir die Hoffnung, dass sich die Grenzen zwischen den verschiedenen handlungstheoretisch fundierten Disziplinen als weniger gewichtig erweisen könnten, als viele ihrer Vertreter zu meinen glauben, und dass infolgedessen eine einheitliche, integrierte Sozialwissenschaft denkbar sein könnte.

C
Erklärungspraxis und Anwendungsfelder

5 Das soziologische Programm: Abstimmungsprobleme

Die Soziologie erscheint vielen, und das nicht ganz ohne Grund, als unverbundene Ansammlung unterschiedlichster Theorien, Konzepte und empirischer Studien. Dass sich soziologische Erklärungen sehr wohl systematisieren und zueinander in Beziehung setzen bzw. auseinander ableiten lassen, ist unsere Grundüberzeugung. Nachdem wir in den vorangegangenen Kapiteln die ‚Bauanleitung' für mehrstufige handlungstheoretisch fundierte Erklärungen sozialer Sachverhalte entwickelt haben, werden wir jetzt demonstrieren, wie sich daraus eine soziologische Forschungsperspektive gewinnen lässt, welche die Mechanismen sozialen Zusammenlebens unter einem Dach erklärt. Konkret werden wir im vorgestellten methodologischen Rahmen fragen, wie es intentionalen Akteuren gelingen kann, angesichts unterschiedlicher *Problemkonstellationen* und *Problemgrade* soziales Zusammenleben vor dem Hintergrund ihrer Intentionen und Fähigkeiten vorteilhaft zu gestalten und die damit verbundenen Unwägbarkeiten, Gefährdungen und bisweilen unbeherrschbaren sozialen Effekte zu regeln. Wir wollen den sozialen Ordnungsformen und mechanismen nachgehen, die in Anbetracht diverser sozialer Interdependenzen (individuelle Unsicherheit, komplementäre Ziele und Erwartungen oder gemeinsame Interessen) dazu beitragen, das soziale Handeln zu rahmen, für die wir aber nicht in Anspruch nehmen wollen, dass sie für alle Problemlagen und in jedem Fall adäquat sind. Damit wollen wir kenntlich machen, dass und wie eine an allgemeinen, aber konkretisierbaren Handlungs- und Abstimmungsproblemen der Akteure ansetzende soziologische Erklärungspraxis ausgearbeitet werden kann, die ihren Ausgangspunkt bei intentional und erwartungsgesteuert handelnden Akteuren nimmt. Soziale Mechanismen können dann als deren Versuch betrachtet werden, die sozialen Verhältnisse so zu gestalten, dass ein vorteilhaftes Zusammenleben möglich wird.

Das Handeln der Akteure wird ganz allgemein als der Versuch verstanden, das soziale Leben entsprechend *ihrer Motive* und *Fähigkeiten* in Anbetracht unterschiedlicher *sozialer Konstellationen* – die wir als Orientierungs- und Abstimmungsprobleme mit unterschiedlichen Problemgehalten ordnen wollen – so weit als möglich schädigungsfrei bzw. vorteilhaft zu gestalten. Wir werden soziale Institutionen wie „common knowledge" und Konventionen, Herrschaft und Organisation, Normen und Vertrauen sowie andere soziale Regelungsmechanismen zu diesem Zweck unter der Perspektive behandeln, in welchem Umfang sie zur Lösung von Handlungs- und Abstimmungsproblemen beitragen, unter welchen

Bedingungen sie eingesetzt und gesichert werden können und mit welchen Folgeproblemen ihre Institutionalisierung verbunden ist, die sich durch die Spiegelung
mit den primären Problemen dann auch als gestaltungsfähig und bedürftig aus
Sicht der Handelnden beschreiben lassen. Wir sehen das große gemeinsame Dach
bzw. die Heuristik des vorgestellten Erklärungsprogramms mithin darin, die Frage zu beantworten, wie Akteure, die intentional agieren und über spezifische
Fähigkeiten und Kenntnisse verfügen, ihre soziale Welt ordnen und gestalten,
was zuvorderst bedeutet, die durch ihre Fähigkeiten und Motive sowie durch ihr
soziales Miteinander entstehenden Abstimmungsprobleme lösen zu wollen und
auch zu können. Den Kern soziologischer Erklärungsbemühungen bilden unserer
Auffassung folgend die von einer allgemeinen, aber spezifizierbaren Handlungstheorie angeleitete und daher konkretisierbare Ausarbeitung *sozial relevanter
Handlungs- und Abstimmungsprobleme* und die damit begründbaren sozialen
Lösungsbemühungen, insbesondere deren Entstehungs- und Erfolgsbedingungen sowie die damit verbundenen gesellschaftlich-kollektiven Beiprodukte und
Nebenfolgen (Ungleichheiten, Kontrollprobleme, Machtaufbau usw.).

Im Rückgriff auf klassische bzw. einschlägige soziologische Texte wollen
wir demonstrieren, wie die verschiedenen sozialen Institutionen und Mechanismen – Wissen und Kultur, Herrschaft und Organisation, Normen und Werte, Tausch und Verhandlung – als Antwort intentionaler Akteure auf allgemeine
Orientierungs- und Abstimmungsprobleme erklärt werden können. Wir werden
deshalb Situationsmodelle auf der Basis einer Handlungstheorie problemgeleitet
ausarbeiten und zueinander in Beziehung setzen, die in den Sozialwissenschaften bislang an verschiedenen Stellen und mit divergenten Lösungen behandelt
werden, um so der Zersplitterung der Soziologie in scheinbar unvereinbare Paradigmen und Bindestrichsoziologien ebenso entgegenzuwirken wie der ver-
meintlichen Unverbundenheit der sozialwissenschaftlichen Teildisziplinen (vgl.
Boudon 1980b; Esser 1989; Maurer 2004a; Hedström 2005). Unser Anliegen ist
es, zu demonstrieren, dass mithilfe ausgearbeiteter, transferierbarer und jederzeit
erweiterungsfähiger theoretischer Bausteine, vor allem in Form theoriebasierter
Situationsmodelle, die Forschungsarbeit befördert und die verschiedenen soziologischen Ordnungsmechanismen bzw. Themenstellungen unter dem Aspekt eines vorteilhaften, gelingenden sozialen Zusammenlebens in einem umfassenden,
ausbaufähigen soziologischen Erklärungsprogramm zusammengefasst werden
können (Schmid und Maurer 2003a).

Dieses Programm hat zahlreiche Ziehväter und -mütter, auch wenn es unserer
Auffassung nach bislang nicht mit letzter Konsequenz ausformuliert und auf seine integrativen Folgen hin entwickelt wurde. So hat etwa Max Weber (1980/1922)
der Soziologie eine sehr weit gefasste Ordnungsproblematik vorgegeben, die den
individuellen Intentionen keinen fest umrissenen Platz und keine Aufgabe zu-
weist, aber mit Insistenz darauf aufmerksam macht, dass das sinnhaft orientierte

soziale Handeln und insbesondere die Etablierung und Aufrechterhaltung sozialer Beziehungen *wechselseitig verständliche* und *stabile Erwartungen* benötigen. Zumal in seiner Herrschafts- und Verbandssoziologie hat Weber die These zum Allgemeingut der Soziologie gemacht, dass ein geregeltes und aufeinander abgestimmtes Handeln vieler Akteure auf der Basis einer legitimen Ordnung, die durch einen Erzwingungs- und Verwaltungsstab durchgesetzt und gesichert wird, ein Höchstmaß an wechselseitiger Erwartbarkeit bietet und daher allgemeine Regeln nicht nur ein kollektives Zweckhandeln ermöglichen, sondern auch insgesamt zu einer gesteigerten Rationalisierung beitragen.

Aber nicht nur Max Weber, sondern auch Emile Durkheim, Georg Simmel oder Norbert Elias u. a. haben die soziologische Ordnungsdiskussion explizit und implizit dadurch vorangetrieben, dass sie *Probleme* thematisiert und bearbeitet haben, die sich aus Sicht *einzelner Akteure* unter Berücksichtigung *einschlägiger sozialer Handlungskonstellationen* ergeben. So sah etwa Durkheim (1988/1893) die individuellen Rechte durch die Macht anderer gefährdet und soziale Gruppen sich nur dort zusammenfinden, wo es den Mitgliedern gelingt, symbolisch kodierte wie moralbasierte und entsprechend verbindliche gemeinsame Vorstellungen auszubilden. Ähnlich hängen für Simmel (1968/1908, S. 19) soziale Beziehungsformen davon ab, dass die Menschen ein individuelles „Bewusstsein" ihrer Zugehörigkeit zur Gesellschaft gewinnen, das seinerseits aus den „Wechselwirkungen" ihres Versuchs resultiert, den jeweils vorgegebenen positionalen Anforderungen gerecht zu werden und damit jenen „Lebensprozeß der Gesellschaft" (Simmel 1968/1908, S. 30) aufrechtzuerhalten, der auf die „Harmonie" zwischen individuellen Ansprüchen und gesellschaftlichen Vorgaben hinwirkt. Und Norbert Elias hat die Bedingungen untersucht, unter denen sich weitgehend triebentbundene Akteure „zivilisieren" und fähig werden, sich in arbeitsteiligen und machtgewichtigen „Figurationen" und „Interdependenzketten" (Elias 1976/1939, S. x) so einzufügen, dass längere Handlungsketten möglich werden. Wir werden diese theoretischen Leitideen im Rahmen der vorgestellten Erklärungslogik systematisch explizieren und in Verbindung zu neueren soziologischen Erklärungsangeboten setzen. Dazu werden wir den Versuch unternehmen, verschiedenartige Erklärungen anhand der verwendeten Handlungs- und Situationsannahmen zu rekonstruieren und miteinander in Beziehung zu bringen, um so letztlich diskutieren zu können, inwieweit sich bestimmte Erklärungen als Erweiterungen bzw. als Spezialfälle oder auch als Korrekturen alternativer Erklärungsvorschläge verstehen lassen. In allen Fällen verfolgen wir die Absicht, die Erklärung sozialer Regelmäßigkeiten anhand der Analyse abstimmungsdienlicher Grundmechanismen voranzutreiben, empirisch zu untermauern und so zugleich zu systematisieren wie kontinuierlich zu verbessern.

Wir werden dazu nun die Theorie des intentionalen, zielgerichteten und erwartungsgesteuerten individuellen Handelns einsetzen, um *Problemlagen* aus Sicht der Individuen zu identifizieren, die dann zu erwarten sind, wenn die Akteure ihre Intentionen angesichts verschiedener sozialer Verhältnisse zu realisieren haben und wenn deren Regelung auf die eine oder andere Weise vorteilhaft ist. Soziale Handlungssituationen werden wir durch mehr oder weniger prekäre „Wechselabhängigkeiten" bzw. „Interdependenzen" kennzeichnen, deren Bearbeitung angesichts der individuellen Intentionen wünschenswert und vorteilhaft wäre, die aber unterschiedliche Voraussetzungen haben und mit ganz verschiedenen Folgen behaftet sein können. In solchen Fällen sind soziologische Erklärungen immer auf eine Theorie des sozialen Handelns angewiesen, die Aussagen über die Chancen und Restriktionen beinhaltet, denen die individuelle Zielfestlegung ebenso unterworfen ist wie die Zielerreichung und auch der Bedarf an handlungsdienlichem Wissen über die anderen. Solche sozialen Interdependenzverhältnisse oder Interdependenzstrukturen können ganz unterschiedliche Eigenheiten haben und auch mittels unterschiedlicher Kategorien und Theorien dargestellt werden. Wir raten dazu, die zu bearbeitenden Interdependenzen aus den Handlungsannahmen zu erschließen bzw. die Arten und Charakteristika der zu untersuchenden Interdependenzen aus der Kombination spezifischer Akteursannahmen und sozialer Situationsmodelle zu folgern (vgl. dazu ausführlich Kap. 4), deren Spezifikation den primären Problemgehalt abschwächen oder auch zuspitzen ließe, was für Erklärungen sozialer Ordnungsbildung die heuristisch starke Strategie wäre.

Da es keinen Konsens, noch nicht einmal eine Rekonstruktion der Systematik sozialer Ordnungsprobleme in Form prekärer sozialer Interdependenzen gibt und auch keine Theorie vorliegt, aus der man eine überschaubare Anzahl von untersuchungsbedürftigen Interdependenzen ableiten könnte,[1] wollen wir daher den folgenden Weg einschlagen: Wenn wir Handlungsannahmen und Situationsmodelle analytisch strikt trennen und von der Grundregel ausgehen, zunächst mit jeweils möglichst einfachen Annahmen zu arbeiten, die indessen sukzessive erweitert werden können, wobei die soziologische Heuristik in den Situationsmodellen und die Erklärungskraft in der Handlungstheorie liegt, dann sollten sich verschiedenartige Interdependenztypen entsprechend ihres jeweiligen Problemprofils aus Sicht der individuellen Intentionen und Fähigkeiten identifizieren lassen. Verschiedene Interdependenzverhältnisse sind somit vor dem Hintergrund unterschiedlicher individueller Handlungsmotive, formen und fähigkeiten zu entschlüsseln und auf ihre sozialen Lösungen, d.h. mögliche und adäquate Abstimmungsmechanismen und deren Voraussetzungen und Erfolgsbedingungen hin zu analysieren. Wenn wir demnach Orientierungsfragen des „einsamen

---

[1] Uns scheint, dass der Erfolg des ökonomischen Programms nicht zuletzt darin begründet liegt, mit der Frage der „effizienten Allokation knapper und begehrter Ressourcen" eine solche gemeinsame Problemkonturierung zur Verfügung zu haben.

Subjekts" von sozialen Interdependenzen unterscheiden und diese ausgehend von der Annahme eines intentionalen und erwartungsgesteuerten Handelns ordnen, dann ist in erster Linie zu berücksichtigen, in welchem Maße die einzelnen Akteure bei der Realisierung ihrer primären Ziele und bei der Überwindung der sekundären Abstimmungsprobleme auf die Mitwirkung anderer angewiesen sind. Dazu bieten sich vier grundsätzliche, analytisch trennbare Wechselverhältnisse an, die wir der Reihe nach durchgehen werden.

An erster Stelle behandeln wir *individuelle Orientierungsprobleme* (Kap. 6), was bei intentional Handelnden heißt, einerseits die Ausbildung und Formulierung von *Zielen* bzw. *Bewertungen* vonseiten der Akteure und andererseits die darauf bezogene *Wahrnehmung* und *Deutung* der *Handlungssituation* anzusprechen und ausfindig zu machen, welche Orientierungsprobleme wann relevant und welche Lösungen dafür dann jeweils adäquat und möglich sind. Dabei unterstellen wir noch, dass sie zunächst nicht gezwungen sind, auch die Interessen und Erwartungen anderer Akteure zu berücksichtigen und damit kennen und als wichtig einstufen zu müssen – was allerdings nicht ausschließt, dass Lösungen solcher Orientierungsfragen nicht auch sozialer Herkunft sein könnten.[2] Wir werden hier – obwohl sie in der Soziologie oftmals ausgeblendet werden – dennoch Fragen der Orientierung thematisieren, um darauf hinzuweisen, dass deren Lösung in den meisten soziologischen Modellen unterstellt wird, und um klar zu machen, dass Fragen der Absichts- und Präferenzbildung ebenso wie die der Erwartungsbildung zum Programm der Soziologie gehören und verschiedene Lösungen kennen können, die sich ebenfalls handlungstheoretisch erschließen lassen. Erst im zweiten Schritt wollen wir Probleme *sozialen Handelns* als *Koordinationsprobleme* (Kap. 7) besprechen und damit zuerst einmal auf Konstellationen hinweisen, in denen die Akteure zwischen mehreren gleichwertigen und vorteilhaften Zielkombinationen zu wählen haben, deren Vorteilhaftigkeit aber voraussetzt, dass die anderen sich auch dafür entscheiden. Das Problem liegt also darin, dass die Akteure sichere, aber inhaltlich beliebige Erwartungen über das Handeln der anderen benötigen, um selbst intentional handeln zu können. Wir werden dafür zwei analytisch unterscheidbare Untertypen behandeln und deren soziale Lösungen darlegen. Im einen Fall wollen wir annehmen, dass die Akteure *identische Ziele* verfolgen, im anderen unterschiedliche, aber *komplementäre*. Im dritten Schritt steht sodann das in den Sozialwissenschaften klassische

---

[2] Dies gibt uns Gelegenheit, darauf hinzuweisen, dass in der Soziologie, vor allem bei den Klassikern, zumeist von einer subjektiv erschlossenen Situation ausgegangen wird und Fragen der subjektiven Orientierung zumeist als gelöst angesetzt werden sowie Probleme sozialer Ordnungsbildung (in der Ökonomie dann Probleme der Ressourcenallokation) ausgehend von subjektiven, mehr oder weniger bewussten und mehr oder weniger objektiv richtigen Absichten, Interessen, Werten usw. bearbeitet werden.

Kooperationsproblem auf unserer Agenda (Kap. 8), das grundsätzlich dadurch gekennzeichnet ist, dass die Akteure einen gemeinsamen Zielbereich haben und Kooperationsgewinne in Aussicht stehen, die aber individuelle Abweichungsgewinne ermöglichen, welche die gesamte Kooperation mehr oder weniger in Frage stellen. Und endlich wollen wir Interdependenzen bearbeiten, in denen verschiedenartige *Konfliktlagen* sowohl das individuelle Handeln als auch kollektive Regeln beeinträchtigen und meist in Form von *Verteilungsproblemen* auftreten,[3] die sich wiederum nach dem Schwierigkeitsgrad typisieren lassen, d. h. danach, wie die Intentionen der Akteure zueinander stehen und inwiefern durch Macht und Strategie die Realisierung von Interessen beeinflusst wird (Kap. 9).

Diese Liste, die sich locker an bereits entwickelte Interdependenzsituationen anlehnt (vgl. Ullmann-Margalit 1977; Coleman 1990a; Ostrom 2005; Bicchieri 2006), besitzt einige erwähnenswerte Eigenheiten. Zum einen ist sie anhand des Kriteriums *zunehmender Komplexität* konstruiert: Der Aufbau der jeweils nachgelagerten Interdependenz setzt mehr voraus, als die vorgelagerte umfasst. Wir werden daher zu zeigen haben, wie sich diese unterschiedlichen abstimmungsbedürftigen Interdependenzen durch die gezielte, handlungstheoretisch kontrollierte Veränderung ihrer Struktureigenschaften auseinander entwickeln bzw. logisch herleiten lassen (vgl. für dieses Vorgehen Knight, J. 1995). Darüber hinaus vermuten wir, dass sich die angeführte Liste auch aufgrund der Tatsache ergibt, dass die eventuellen Lösungen einen geringeren *Selbststabilisierungscharakter* haben. Zudem wird natürlich zugestanden, dass die vorgeschlagene Liste jederzeit um anders gestaltete Interdependenzkonstellationen erweitert werden kann – einige werden wir, wenn auch mitunter nur am Rande, ansprechen; sie reicht aber zunächst hin, um typische und daher sozialtheoretisch relevante Formen auftretender Orientierungs- und Abstimmungsprobleme auszumachen, vor die sich intentionale Akteure gestellt sehen, und um zum anderen jene Lösungsmechanismen zu identifizieren und zu systematisieren, die in den verschiedenen sozialwissenschaftlichen Disziplinen untersucht werden. Sinn dieses Nachweises ist es, zu zeigen, dass sich die unterschiedlichen Sparten der Sozialwissenschaften mit deutlich unterscheidbaren Interdependenzformen und damit auch mit verschieden gestalteten Lösungsmechanismen beschäftigen, aber damit gleichwohl nur Partiallösungen eines ebenso übergreifenden wie allgemeinen Problems der

---

[3] Man kann und muss in diesem Rahmen selbstverständlich auch davon ausgehen, dass es eine Klasse von Sozialbeziehungen gibt, in denen weder Orientierungs- noch Abstimmungsprobleme vorliegen und die sozialer Regelungen harren. Vor allem die Frage, wann und wie sich die Akteure bei ihrem intentionalen Handeln wechselseitig behindern oder befördern, d. h., wann regelungsbedürftige Interdependenzen vorliegen, ist nicht abschließend zu klären, da nicht ausgeschlossen werden kann, dass die Handlungspläne und der Handlungserfolg verschiedener Akteure über die Fernfolgen ihres Handelns miteinander verknüpft sind, somit Rückwirkungen auch dann drohen, wenn die Akteure gar nicht wissen (können), was ihnen widerfährt.

Handlungsabstimmung diskutieren, und dass die Disziplingrenzen nicht zuletzt auch deshalb an Bedeutsamkeit verlieren, weil man nicht übersehen kann, dass ein konkretes Interdependenzproblem in aller Regel alternative Lösungsmöglichkeiten kennt, deren Bearbeitung eine bestimmte Theorietradition bisweilen gar nicht nahelegt.

Im Mittelpunkt der weiteren Argumentation stehen daher die Lösungsmöglichkeiten, die den Akteuren offenstehen, um die jeweils fokussierte Interdependenzform zu entschärfen, wobei wir sowohl die Entstehungsbedingungen dieser Lösungen ansprechen als auch die Bedingungen ihrer Fortdauer. Wie mehrfach angedeutet, verstehen wir diese Lösungen als *regelbasierte Mechanismen* oder als *Institutionen*, mit deren Hilfe die Akteure – wenn auch immer mit schwankendem Erfolg – auf die Aufrechterhaltung ihrer Beziehungsverhältnisse hinarbeiten (können). Welches diese Mechanismen sein könnten, zeigen wir – natürlich nur auszugsweise und beispielhaft – anhand der vorliegenden soziologischen (bzw. sozialwissenschaftlichen) Theorien und Erklärungskonzepte, die wir zu diesem Zweck systematisch rekonstruieren und zueinander in Beziehung setzen, um plausibel zu machen, dass es keinen wirklichen Sinn macht, die Erklärungsangebote verschiedener sozialwissenschaftlicher Disziplinen voneinander abzuschotten oder ihnen mit ‚imperialistischen‘ Argumenten Vorrechte zu verschaffen.

Und in einem dritten Schritt wollen wir (wenigstens bisweilen und skizzenhaft) die Bedingungen erheben, angesichts derer Akteure einmal gefundene Lösungen verändern oder gar aufgeben müssen. Auf diese Weise sollten sich die Grundzüge einer Modellierung dessen entwickeln lassen, was in ganz verschiedenen sozialtheoretischen Lagern und Disziplinen als „sozialer Wandel" oder „soziale Dynamik" diskutiert wird.

Eines der möglichen Ergebnisse dieses Vorgehens wäre dann, dass es typische Lösungen gibt, dass diese unter bestimmten Bedingungen entstehen und dann auch je typische, möglicherweise desaströse, beziehungsgefährdende Folgen haben. Ein anderes Ergebnis könnte sein, dass manche Lösungen einfacher und wirkungsvoller und daher eher zu erwarten sind als andere bzw. dass unterschiedliche Gesellschaftsformationen aufgrund ihrer jeweils dominanten Problemtypik die Etablierung bestimmter Lösungen nahelegen, wenn nicht provozieren, wohingegen andere an Geltung verlieren. Auf das wichtige Problem, in welcher Weise verschiedene Interdependenzformen aufeinander einwirken und welche Interaktionseffekte unterschiedlich angelegte Lösungsmechanismen haben können, werden wir nur ansatzweise eingehen.

6　Orientierung

Wir wenden uns zuallererst dem Problem zu, wie sich einzelne Akteure – das „ein-same Subjekt", wie es Humboldt oder auch Schütz (1974/1932, S. 47) formuliert haben –[1] die sie umgebende äußere (wie auch ihre innere) Welt erschließen, sich in ‚ihrer Welt' sinnhaft orientieren und intentional handeln. Hinter diesem Pro-blemaufriss steht zuvorderst die anthropologische Feststellung von der Instinkt-entbundenheit des Menschen. In positiver Wendung besagt dies, dass der Mensch im Unterschied zum Tier seine Ziele selbst setzen und sein Handeln grundsätz-lich bewusst im Hinblick auf Ziele anlegen und auch seine Absichten reflektieren kann. In negativer Formulierung besagt dies, dass er über kein fixiertes Hand-lungsprogramm verfügt, sondern sein Handeln mit Bezug auf die äußere, natür-liche und soziale Umwelt festlegen und dazu Erwartungen über deren Wirkung ausbilden und ansetzen muss. Folgen wir dem hier dargelegten methodologischen Prinzip, wonach soziologische Erklärungen keinesfalls mit starken Strukturan-nahmen beginnen sollten, aus denen sich die Problemlosigkeit aller sozialen Be-ziehungsformen ableiten lässt, dann kann auch nicht ohne Weiteres unterstellt werden, dass *Bewertungen* und *Erwartungen* – die hier als zentral betrachteten Handlungsaspekte – immer einfach vorauszusetzen oder deren Entstehung als theoretisch irrelevant eingestuft werden kann. Vielmehr sind zwei Fragen zu klä-ren: Erstens, wie es formal freien und sinnhaft handelnden Individuen gelingt, vor dem Hintergrund gegebener Intentionen berechtigte Vermutungen über die Beschaffenheit der Welt und damit über die Effekte ihres Handelns in dieser Welt auszubilden. Zum Zweiten kann aber auch angesprochen werden, wie die Akteu-re zu ihren Absichten gelangen und diese angesichts der Eigenheiten ihrer Hand-lungssituationen konkretisieren.

---

[1] Das Konzept des „einsamen Subjekts" geht seit Wilhelm von Humboldt von der Selbstbefreiung und findung des aus transzendentalen oder traditionalen Bezügen herausgelösten Individuums aus und wurde vor allem in der anthropologischen Philosophie und der daran anschließenden Soziologie aufgegriffen. Mittlerweile bemühen sich die Soziobiologie und die (evolutionäre) Psychologie um den Nachweis, dass eine Reihe von menschlichen Zielsetzungen tatsächlich biogenetisch verankert sind, sich aber auch durch Erfahrungen im sozialen Leben verändern können, also nicht statisch sind, wie lange Zeit angenommen wurde. Die Annahme von Basisbedürfnissen (vgl.Esser 1993, S. 141 ff.) kann über Brückenhypothesen soziologisiert werden, weil so situationsbezogene und dar-in eingeschlossen sozial definierte Ziele angenommen werden. Gleichwohl gehen wir hier davon aus, dass für die Erklärung sozialer Sachverhalte von vorgelagerten biogenetischen Prozessen abstra-hiert werden kann (vgl. dazu beispielhaft Mayntz 2009).

Die Orientierungsthematik wird in der Soziologie in dem Maße relevant, in dem die spezifisch menschlichen Fähigkeiten der Sinneswahrnehmung angesprochen sind, die dabei helfen, Intentionen bewusst und logisch anzulegen,[2] und vor diesem Hintergrund sodann bestimmte Weltzustände als für das eigene Handeln bedeutsam zu erschließen, wobei auf kollektive Deutungsmuster zurückgegriffen werden kann.[3] Diese – wie wir sie nennen wollen – *Orientierungsfrage* setzt also noch vor den *Problemen sozialen, und d. h. interdependenten Handelns* an, die wir späterhin als Abstimmungs- und Kooperationsprobleme sowie als Konfliktlagen (vgl. Kap. 7, 8 und 9) behandeln wollen und deren theoretische Bearbeitung nach unserem Verständnis das Kerngeschäft der Soziologie ausmacht. Aber deren Identifikation *setzt* in der Regel *voraus*, dass die Einzelnen sowohl über Bewertungen im Sinne von Intentionen oder Zwecken als auch über Erwartungen verfügen und sich daher ihrer Stellung in der sozialen Welt bewusst sind und somit sinnhaft handeln können.[4]

Entsprechend wollen wir klären, wann und warum dafür kollektive *Wahrnehmungs- und Deutungsprozesse* wichtig und damit für soziologische Erklärungen zu berücksichtigen sind, und werden dazu im ersten Schritt eine soziologische Problemkonturierung vornehmen, die sich aus dem handlungstheoretischen Zugang speist (Abschnitt 6.1). Wann und wie soziale Wahrnehmungs- und Deutungsmuster wirken und welche sozialen Auswirkungen sie haben können, werden wir zunächst durch die Rekonstruktion der beiden klassischen Ausarbeitungen nachzeichnen, welche wir als *idealtypische Problemkonturierungen* einander gegenüberstellen (Abschnitt 6.2). Unser Ziel ist es, auf divergente Lösungen und spezifische Effekte kultureller Orientierungsmuster hinzuweisen und darzulegen, wie diese spezifischen Lösungswege: *Marktpreise* und *ethische Vorstellungen*, aneinander angeschlossen und differenzierter analysiert werden können (Abschnitt 6.3). Daraus schließen wir dann verallgemeinernd, dass und wie auf Basis der Theorie eines intentionalen und rationalen Handelns verschiedene Problemgrade der Orientierung gekennzeichnet

---

[2] So hat etwa Alfred Schütz mit kritischem Bezug auf Max Weber „Sinn" definiert als die „Einstellung eines vernünftigen Wesens zu einem Objekt" (Schütz 1974/1932, S. 43).

[3] Die Orientierungsthematik steht in enger Verbindung zur kulturellen Bestimmung des menschlichen Handelns. Wir wollen in einer ersten Annäherung „Kultur" definieren als Summe aller Wahrnehmungs- und Deutungsmuster, die in einer sozialen Gruppe die Bezugnahme auf die Welt leiten, einerlei ob sie die Form von Religion, Alltagsroutinen, Ethiken usw. haben (vgl. Esser 2010).

[4] Wir gehen wiederum von der grundsätzlichen Annahme aus (s. Kap. 3 und 4), dass die Akteure intentional handeln. Daran anschließend wollen wir unterschiedliche „Rationalitätsgrade" in Rechnung stellen, und zwar durch Spezifikation der Fähigkeit, Zwecke und Motive bewusst zu reflektieren und zwischen ihnen rational zu entscheiden. Davon trennen wir die Fähigkeiten ab, sich die notwendigen Informationen zu besorgen und damit das richtige und erfolgversprechende Handeln zu identifizieren. Wir nehmen zudem grundsätzlich an, dass die Akteure bestimmte Handlungsfolgen ihrem eigenen Tun zuschreiben (vgl. Schulz-Schaeffer 2007).

werden können und welche Voraussetzungen und Folgen die dafür erwartbaren kulturellen Muster haben müssen und können (Abschnitt 6.4). Wann und warum Orientierungsfragen und damit kollektive Deutungs- und Wahrnehmungsmuster für die Soziologie relevant werden, ist das Thema unseres abschließenden Resümees (Abschnitt 6.5).

6.1   Die subjektive Erschließung der Welt

Wir betreten mit der Frage nach der Orientierung des Menschen in der Welt Grenzland; Grenzland zwischen Philosophie und Sozialwissenschaften einerseits und zwischen Naturwissenschaften und Sozialwissenschaften andererseits. Während die Philosophie den idealen Menschen beschreibt und die Naturwissenschaften nach den physiologisch-kognitiven bzw. emotiven Grundlagen des menschlichen Weltbezugs sucht, stellt die Soziologie den Menschen als einen *Handelnden* dar, dessen Instinktentbundenheit ihn dazu zwingt, über die Effekte und den Erfolg seines Handelns nachzudenken und vor diesem Hintergrund die Welt zu deuten. Handlungstheoretisch fundierte Erklärungen können Orientierungsprobleme einmal auf die Setzung und Reflexion der *individuellen Handlungszwecke* und zum anderen auf die *Wahrnehmung und Deutung der Welt* als äußere Umstände des Handelns beziehen.[5] Was dann als das eigentliche Orientierungsproblem gilt, hängt von den Annahmen über die Handlungsfähigkeiten der Individuen ab.

In diesem Zusammenhang können wir Handlungsmodelle danach unterscheiden, ob sie von der Annahme ausgehen, dass die Akteure über eine „Intentionen-Rationalität" verfügen, die sie in die Lage versetzt, sich ihrer Handlungszwecke bewusst zu versichern, etwa indem sie anthropologische Grundbedürfnisse wie das der materiellen Existenzsicherung oder der sozialen Anerkennung reflektieren und situationsbezogen konkretisieren, oder aber ob sie den Akteuren diese Fähigkeit ganz oder teilweise absprechen wie etwa die Psychoanalyse oder die Kritische Theorie, die davon ausgehen, dass die subjektiven Interessen überla-

---

[5] Das heißt, dass wir auch zwischen normativen und kognitiven Aspekten kollektiver Wahrnehmungs- und Deutungsmuster unterscheiden und dass wir zudem nicht länger davon ausgehen wollen, dass die für die individuelle Orientierung wichtigen kollektiven Muster immer einer vorgängigen Wertbindung oder Moralintegration bedürfen und daher Kultur per se das allgemein Gute verkörpert. Auf der anderen Seite verbinden wir mit der Erfassung der handlungsprägenden Wirkung normativer bzw. kognitiver Prozesse und Situationsfaktoren auch den Anspruch, bekannte Anomalien von Rational-Choice-Erklärungen zu überwinden und altruistisches Handeln, falsche Bewertungen, Intransitivitäten von Interessen sowie auch den Wandel und die soziale Prägung von Präferenzen erklären sowie bei der Erklärung sozialer Sachverhalte auf Grundlage einer Theorie intentionalen Handelns berücksichtigen zu können (vgl. dazu die klassischen Ergebnisse von Kahneman und Tversky 1979; 1984; für eine aktuelle Fassung Esser 2004a, S. 252 ff. oder Hedström 2005).

gert und der bewussten Reflexion der Akteure entzogen sind. Ein Höchstmaß an Intentionen-Rationalität beinhaltet demgegenüber die Annahme, dass Intentionen bewusst reflektiert und spezifiziert, konsistent und logisch geordnet und auch bewusst ausgewählt werden. Diese Fähigkeit bringt Webers Typus des zweckrationalen Handelns in doppelter Hinsicht zum Ausdruck: er beinhaltet die bewusste, abwägende Zweckwahl sowie die bewusste, Folgen abwägende Mittelwahl. Die in der Ökonomie verwendete Nutzentheorie sagt zumal zum ersten Punkt nichts, sondern geht davon aus, dass ‚ihre Wirtschaftsakteure‘ über handlungsleitende Präferenzordnungen bereits verfügen. Auch die außerhalb der Ökonomik verbreiteten RationalChoiceTheorien setzen logisch geordnete und konsistente Zwecke voraus, bestimmen aber zusätzlich mittels Brückenhypothesen, welche konkreten ertragsstiftenden Zwecke in einer Situation verfolgt werden. Wertrationales Handeln ist demgegenüber zwar in der Zwecksetzung rational, da der Bezug auf die Werte als individuell rational beschrieben wird, jedoch nicht in der Mittelwahl, denn der „Gesinnungsethiker" unterscheidet sich ja vom „Verantwortungsethiker" dadurch, dass er ein bestimmtes Handeln rein um dessen selbst willen und ohne Kalkulation der Folgen ergreift (vgl. Weber 1956, S. 175 ff). Demgegenüber fehlt der Annahme des affektuellen, rein von Emotionen ‚getriebenen‘ Handelns eine Intentionen-Rationalität völlig, da es inkonsistente, wechselhafte und auch widersprüchliche Zwecke zulässt und die Zwecksetzung der bewussten Wahl entzieht.[6]

Davon zu unterscheiden wären Handlungsannahmen, die sich – den Weber'schen Typus des zweckgerichteten Handelns spezifizierend – auf nachgelagerte Fähigkeiten der Akteure beziehen, die Welt mit Bezug auf ihre Intentionen wahrzunehmen, relevante Ausschnitte und Faktoren zu identifizieren und das ‚passende‘ oder eben ‚beste‘ Handeln daraufhin auszuwählen: Konsumnutzen zu maximieren, Erwartungen anderer zu erfüllen oder soziale Anerkennung zu optimieren. Damit ist die Rationalität der Welterschließung bzw. des Handelns als ein Mittel zur Realisierung von Zwecken angesprochen. Eine ‚idealtypische‘ Kombination aus Intentionen- und Mittel-Rationalität stellt das Modell des *homo oeconomicus* vor, das die Handlungswahl als das Ergebnis einer bewussten Kalkulation der Situation mit Bezug auf eine logisch konsistente, stabile und exogen gegebene Präferenzordnung modelliert und das ein vollständiges Wissen des Akteurs über alle *relevanten* Handlungsmöglichkeiten und deren Folgen unterstellt. Der *homo oeconomicus* kann seinen Nutzen – einerlei, worin dieser besteht – ungehindert maximieren, weil er seine Zwecke kennt und eindeutig ordnet und

---

[6] Wie wir bereits in Kap. 3 und 4 herausgearbeitet haben, ist jeweils zu unterscheiden, ob soziologische Analysen mit normativen Menschenbildern arbeiten oder ob sie empirisch-theoretische Handlungsannahmen zur Fundierung soziologischer Erklärungen verwenden wollen, und wenn ja, ob sie dann auch von einer allgemeinen, deterministischen Handlungstheorie ausgehen oder Ad-hoc-Annahmen oder empirische Handlungstypologien verwenden (vgl. Maurer 2007b).

bewertet und weil er die dafür vorliegenden Mittel oder Handlungsmöglichkeiten vollständig identifizieren und richtig bewerten kann. „Rational" meint dann einfach nur: aus den verschiedenen, richtig und umfassend erschlossenen Handlungsmöglichkeiten auf Basis einer bewussten und logischen Präferenzordnung die vorteilhafteste auszuwählen. Der Rollenspieler im Modell des *homo sociologicus* ersetzt die Realisierung des privaten (Konsum-)Nutzens durch die Erfüllung sozialer Erwartungen und das bewusste Scannen der Handlungssituation und deren ertragskalkulierende Übersetzung durch das weitgehend unbewusste Befolgen vorgegebener sozialer Muster. Beide Modelle folgern das individuelle Handeln aber aus mehr oder weniger bewussten individuellen Intentionen (über deren Entstehung nichts gesagt wird), aber im einen Fall unter Kalkulation aller relevanten Informationen und im anderen Fall unter Anleitung vorgegebener sozialer Muster, über deren Reflexionsgrad und Interessengeladenheit zunächst noch nichts ausgesagt wird. Beide Modelle beziehen ihre Heuristik aus der Annahme, dass die Akteure aufgrund von Intentionen die Welt erschließen und so sinnhaft darin handeln. „Rationalität" bezieht sich in diesem Sinne einerseits auf die Konsistenz und Logik der individuellen Bewertungen und andererseits auf die Fähigkeit und den Willen der Akteure, die Welt oder die Handlungssituation möglichst umfassend und richtig zu erschließen.

Damit sollte deutlich geworden sein, dass wir die Orientierungsproblematik an die kognitiven und mentalen Fähigkeiten der Akteure anbinden und damit zuvorderst das Problem adressieren wollen, wie es intentionalen Akteuren gelingt, sich die Welt im Lichte ihrer Intentionen richtig und umfassend zugänglich zu machen und dafür auch soziale Hilfsmittel einzusetzen. Als Sonderfall kann dann gelten, dass die Akteure sich mitunter ihrer Intentionen vergewissern, diese reflektieren und auch situationsbezogen konkretisieren müssen.

Wir wollen verschiedene Schwierigkeitsgrade nachzeichnen, die bei der Orientierung der Einzelnen in der Welt auftreten. Dazu werden wir zunächst Orientierungsprobleme betrachten, die daraus resultieren, dass die Beschaffenheit der Welt vor dem Hintergrund individueller Absichten erschlossen werden muss.[7] Die oft formulierte Aussage, dass die Menschen sich die Welt sinnhaft erschließen, wäre so zweifach zu präzisieren: Zum einen wird damit die Definition dominanter Motive und Einstellungen in einer Situation thematisiert, zum anderen Schwierigkeiten, die Situation bezogen darauf zu erschließen und richtige Erwartungen über Handlungsfolgen auszubilden. Wir werden noch sehen, dass sich beide Vorgehensweisen aneinander anschließen lassen und dass viele

---

[7] Dazu kann mit einer anthropologischen Annahme begonnen werden, die existenzielle Bedürfnisse (materielle Existenzsicherung oder Sinnerfüllung) vorgibt und diese mittels empirisch überprüfbarer Brückenhypothesen für Handlungssituationen, einzelne Akteure oder Gruppen konkretisiert (vgl. schon Abschnitt 4.2).

soziologische Erklärungsprobleme mit der Annahme gegebener, bewusster und logisch-konsistenter Zwecke beginnen und danach fragen können, wie und mithilfe welcher sozialer Mechanismen die dafür notwendige Erwartungsbildung vorteilhaft gestaltet werden kann. Davon unbeschadet kann dem eine Erklärung der sozialen Konstitution von Zwecken und Präferenzen vorgeschaltet werden, wenn das für die Erklärung sozialer Phänomene relevant ist bzw. wenn das eigentliche Erklärungsproblem darin besteht, zu rekonstruieren, wie sich das systematische Gewinnstreben (vgl. Weber 1988/1920) – oder allgemeiner noch das interessengeleitete Handeln (vgl. Hirschman 1980) – in der modernen westlichen Welt als eine dominierende Handlungsorientierung durchsetzte.

Wir denken, dass zu diesem Zweck gezeigt werden muss, wann die von Deutungsmustern geleitete Erschließung der Realität durch die Akteure für die Behandlung von Erklärungsproblemen überhaupt relevant wird. Für die Erklärung sozialer Sachverhalte dürfte daher vor allem interessant sein, ob und inwiefern die objektive Situation und die subjektiv wahrgenommene Situationsbeschreibung übereinstimmen oder auseinanderfallen und ob und inwiefern sich die wertenden Weltdeutungen *einzelner Akteure* oder *Akteursgruppen* unterscheiden. Ersteres würde darauf hinweisen, dass Akteure mit begrenzten kognitiven Fähigkeiten nicht alle handlungsrelevanten Sachverhalte erkennen und auch deren Folgen nicht durchgängig richtig bewerten können und dass kollektive Muster sie darauf hinweisen und vorteilhaft ergänzen. Im zweiten Fall vermitteln kollektive Vorstellungen Bewertungen, die die Einzelnen bei der Reflexion ihrer Präferenzen und bei der Wahl konkreter Zwecke anleiten und die auch an die Stelle fehlender Zweckwahl treten können.[8] Kulturelle Wahrnehmungs- und Deutungsmuster wären aber in allen Fällen als eine soziale Institution zu betrachten, die fehlende oder beschränkte individuelle Orientierungsfähigkeiten des Akteurs ausgleicht und vor allem einen *sozialen Ersatz* für dessen Instinktentbundenheit anbietet – der ihm bisweilen entbehrlich ist – und die er mitunter ganz bewusst, vielfach aber auch unreflektiert nutzt, ohne die Gültigkeit seiner derart gestalteten Entscheidungen näher zu prüfen. Zur Lösung der Orientierungsfrage muss also erklärt werden, *wann, wie* und *welche Deutungs- und Wahrnehmungsmuster* handlungsleitende Wirkungen entfalten, um daraus auf deren Wirkungsweise und konkrete soziale Effekte schließen zu können.

---

[8] Wir können die soziologischen Forschungsprogramme entsprechend auch innerhalb eines Kontinuums verorten, das auf der Situationsebene von der Unterstellung einer rein objektiven Welt bis hin zur Annahme einer rein sozial konstituierten Welt reicht und auf der Handlungsebene von Akteuren ausgeht, die einesteils ausschließlich materielle bzw. rein ideelle Bedürfnisse zu realisieren suchen und dabei kollektive Deutungsmuster umsetzen oder aber ihr Handeln vom Kalkulieren der möglichen Erträge abhängig machen (vgl. dazu etwa Alexander, J. 1988a, S. 223 ff.; 1988b, S. 84 ff.).

Diese Vorgehensweise hat einige Vorteile: Anders als in der Philosophie werden auf diese Weise keine idealen Anforderungen, sondern *reale Prozesse* der Sinnsetzung und Sinndeutung durch die Akteure und die dabei vorgenommene Bezugnahme auf kollektive Wahrnehmungs- und Deutungsmuster thematisiert und werden begrenzte Fähigkeiten des Menschen bei der Erschließung der Welt so zu einem Aspekt der Gestaltung sozialer und politischer Institutionen. Und anders als die ökonomische Theorie, die meist das einfache Handlungsmodell des *homo oeconomicus* als eine instrumentalistische „Als-ob-Annahme" (Friedman, M. 1968) verwendet – und dabei der subjektiven Deutung keine handlungsbestimmende Bedeutung zumisst, sondern unterstellt, dass diejenigen, die in Wettbewerben dauerhaft falsche Entscheidungen treffen, aussortiert werden –, betrachtet die Soziologie die Annahme einer subjektiv erschlossenen, möglicherweise ganz realitätsfernen Welt als eine durchaus sinnvolle Erweiterung jeder *Erklärung individueller Handlungen*,[9] unter anderem auch deshalb, weil sie nicht nur (selektiv wirksame) Wettbewerbsmärkte als Handlungssetting berücksichtigen, sondern neben materiellen Anreizen und Restriktionen auch die Wirkung ideell-kultureller Zielsetzungen und Situationsaspekte in Rechnung stellen will. Auf diese Weise kann die Soziologie sowohl die Beschränkung der Orientierungsfrage auf die bewusste und effiziente Verwendung knapper (materieller) Ressourcen als auch die Annahme der reinen Konsumnutzenmaximierung als einen höchst speziellen Grenzfall behandeln. Aus Sicht der Ökonomie heißt dies wiederum, dass sie jederzeit rechtfertigen kann, wenn sie sich für die soziale Konstitution der Konsum- oder Gewinnmotivation nicht weiter interessiert, sondern diese zumal dem modernen Wirtschaftshandeln unterstellt, um davon ausgehend die Verteilungsergebnisse von Wettbewerbsmärkten zu untersuchen.

Innerhalb der Soziologie und teilweise auch in der Ökonomie (vgl. für viele Albert 1967; 1977; Erlei 2010) merken die Vertreter verschiedenster Theorietraditionen schon lange an, dass das in der Ökonomie verwendete Handlungsmodell des *homo oeconomicus* unrealistisch und allzu vereinfachend sei, weil es die Wirkung ideell-kultureller Faktoren nicht erfasst.[10] Noch weitgehender fällt die Kritik vonseiten der Kritischen Theorie, der Praxistheorien oder des kulturwissenschaftlichen Programms aus, die grundsätzlich die Annahme einer bewussten, freien und autonomen Handlungswahl ablehnen und auch das zweckgerichtete

---

[9] Es ist aber auch wichtig, zu sehen, dass die unbewusste Orientierung an kollektiven Mustern oder Standards zugleich eine einfache Aggregationsregel zur Verfügung stellt, die zu erschließen erlaubt, dass die Akteure in homogener Weise handeln werden, woraus wiederum einheitliche strukturelle Effekte abgeleitet werden können, wie dies Max Weber exemplarisch für die protestantische Ethik getan hat (Weber 1988/1920).

[10] Je nach Position wird jedoch zugestanden, dass das Handlungsmodell für Gütermärkte zutreffe (Coleman 1985; Granovetter 1985) oder doch zumindest heuristisch starke Aussagen auf der Makroebene ermögliche (Coleman 1990a).

Handeln als eine sozial definierte Handlungsform sehen, die über Sozialisation, Interaktion, körperliches oder mentales Lernen, Imitation usw. meist unbewusst oder doch zumindest unreflektiert angeeignet und umgesetzt wird (vgl. Granovetter 1985; Bourdieu 1987; DiMaggio 1997; Roth 2003). Das Ausblenden intentionalen Handelns widerspricht dem hier formulierten Anspruch, Vorschläge und Analysen zu einer bewussten und vorteilhaften Gestaltung der Welt zu unterbreiten, und auch dem Postulat, sozial geprägte Individuen und ihre kulturvermittelte Orientierung in der Welt zum Ausgangspunkt sozialwissenschaftlicher Erklärungen und Analysen zu machen. Lässt man die Intentionen wie die Erwartungssteuerung des Handelns der Akteure beiseite, so können die Entstehung wie auch der Wandel von Institutionen oder Sozialstrukturen, seien es nun Freundschaften und solidarische Bündnisse, Verbände und Organisationen oder auch dramatische Umbrüche oder Ungleichheiten nur noch als das Resultat ‚stummer', nicht weiter handlungstheoretisch aufzuschlüsselnder sozialer Prozesse gedeutet werden.

Demgegenüber halten wir fest, dass eine umfassende Behandlung der Orientierungsfrage nur möglich ist, wenn wir Situationen benennen können, die Aussagen darüber erlauben, wann und warum intentionale Akteure kollektive Muster bewusst ertragskalkulierend oder vielfach automatisch als eine Leitlinie ihrer *Situationswahrnehmung* und *-deutung* nutzen. Um beides zu trennen, sind Aussagen darüber notwendig (vgl. Abschnitt 4.3), wann das individuelle Handeln als ein bewusstes, durch individuell gewonnene Informationen über Zweck-Mittel-Relationen fundiertes, allein an Erträgen orientiertes Tun abläuft, und wann Akteure unbewusst und routiniert auf die Hilfe sozialer *Deutungs- und Wahrnehmungsmuster* zurückgreifen. Je nachdem sind Situationen zu markieren, in denen ideell-kulturelle Situationsfaktoren unwichtig sind, in denen sie als ein Mittel der bewussten Zweckverfolgung bzw. als unbewusste Orientierungshilfe oder als verdecktes Machtinstrument wirksam werden. Besonders im letztgenannten Fall ist es wichtig, über Erklärungen zur Entstehung solcher kultureller Muster zu verfügen, die Auskunft über die dafür vorgängigen bzw. darin zum Ausdruck kommenden Interessen geben, weil nur dann Aussagen darüber möglich sind, wie sie sich zu den individuellen Intentionen ins Verhältnis setzen und welche sozialen Effekte, vor allem hinsichtlich der Verteilung sozialer Ressourcen, sie haben; ein Sachstand, der meist im Kontext von Konflikten (s. ausführlich Kap. 9) behandelt wird.

Wir werden *drei typische Orientierungsproblematiken* unterscheiden und die damit jeweils verbundenen Effekte kultureller Muster darlegen. Damit sollte es möglich sein, die Bedingungen anzugeben, unter denen Kultur als eine bewusst genutzte Informationsquelle dient, unter denen kulturelle Vorstellungen automatisch, aber vorteilhaft das Handeln leiten und unter denen sie individuelle, situationsbezogene Interessen rahmend überlagern. Welche Deutung zutrifft, hängt davon ab, ob unter „Orientierung" verstanden wird, dass Individuen mit

gegebenen Intentionen einfach nicht über alle Informationen verfügen, diese aber
an sich ganz ohne Interpretationsanstrengung und Kostenaufwand gewinnen
können (vgl. Coleman 1990a; Williamson, O. 1990), d. h., ob sie sich bewusst und
intentional sozialer Wahrnehmungs- und Deutungsmuster bedienen, um *Situationen* ausgehend von ihren Absichten zu erschließen (vgl. Simon 1957; Gambetta
und Bacharach 2001),[11] oder ob die Individuen unbewusst auf soziale Institutionen zurückgreifen, um ihr fehlendes Wissen auszugleichen (vgl. Hayek 1994b;
Denzau und North 1994). Letzteres kann sowohl den Fall vorteilhafter, erfahrungsgesättigter als auch den schlimm(st)en Fall von machtgetränkten Ideologien umfassen, die die Individuen nicht nur dazu zwingen, mithilfe vorgegebener
Orientierungsschemata nach Informationen zu suchen, sondern die ihnen auch
unreflektiert allgemeine Ziele vorgeben, die ihre existenziellen Bedürfnisse nicht
immer zum Ausdruck bringen (vgl. dazu insbesondere Boudon 1994; Elster 1999).

Die analytische Unterscheidung von Problemen der Situationsdeutung und
der Konstitution von Handlungsintentionen hat den entscheidenden Vorteil,
durch zusätzliche Annahmen über die Fähigkeiten und Fertigkeiten der Menschen auf einen ‚Bedarf‘ an kollektiven Deutungsmitteln zur *Ziel-* und *Erwartungsbildung* aufmerksam zu machen und davon unterschieden den Wechsel von
bewusst-intentionalen Handlungen hin zu unbewussten, von sozialen Mustern
bestimmten Handlungen als eine andere Form der Erwartungsbildung explizit
berücksichtigen zu können. Kulturelle Deutungsmuster können so ausgehend
von der Prämisse des grundsätzlich intentionalen Handelns – was Tautologien
und Ad-hoc-Änderungen des handlungstheoretischen Kerns verhindert – aus sozialen oder situativen Aspekten abgeleitet werden, die begrenzte Wahrnehmungsfähigkeiten sowohl bezüglich der äußeren (Erwartungsbildung) wie der inneren
Welteinschätzung (Bewertungen) adressieren. Wir schlagen daher aus methodologischen Gründen vor, auch bei der Behandlung von Orientierungsfragen am
handlungstheoretischen Kern festzuhalten und realitätsgerechtere Erweiterungen zuallererst durch eine *Spezifikation der Situationsmodelle* in Kombination
mit Konkretisierungen der *individuellen Fähigkeiten* vorzunehmen.[12]

---

[11] Methodologisch gesprochen wäre dies der Fall, wenn auf Basis einer Theorie der rationalen Wahl
soziale Deutungsmuster mithilfe von Brückenhypothesen gewonnen werden. Dies kann dadurch
geschehen, dass man vermittels „sozialer Produktionsfunktionen" Ziele situationsspezifisch konkretisiert und die dafür relevanten Situationsfaktoren in Erträge und Kosten übersetzt und mit Eintrittswahrscheinlichkeiten versieht (vgl. dazu Kap. 3 und 4 sowie hier nun Abschnitt 6.2).

[12] In Abschnitt 4.3 haben wir ausgeführt, dass die soziologische Heuristik in der Explikation prekärer sozialer Interdependenzen bzw. von Handlungs- und Abstimmungsproblemen liegt, deren Bearbeitung für die Einzelnen und für die Gesellschaft Vorteile birgt. Wir haben in diesem Kontext
auch argumentiert, dass es die sozialen Konstellationen sind, die für die Soziologie auf relevante
Probleme hinweisen, und dass nur in Kombination damit auch zusätzliche, realitätsnähere Aussagen
über die Individuen relevant werden. Wie schon eingangs angemerkt, kann die hier behandelte Ori-

Nach unserem Dafürhalten erhält die Orientierungsproblematik auf diese Weise einen soziologischen Zuschnitt, denn ausgehend von der Annahme eines intentionalen Handelns werden individuelle Fähigkeiten zur Wahrnehmung und Einschätzung der Welt als handlungsrelevant erkannt und wird, dies voraussetzend, deutlich, inwieweit aus Sicht der Akteure eine Bezugnahme auf sozial-kulturelle Muster ‚vorteilhafte‘ oder ‚unvorteilhafte‘ Konsequenzen mit sich bringt. Daran kann eine theoriegeleitete und damit die empirische Sachlage konkretisierende Analyse verschiedenster kultureller Muster[13] wie Körpersprache, religiöse Rituale, Jugendkulturen, Kunstszenen usw. anschließen, welche diese als soziale Mechanismen erfassen kann, auf die sich die Akteure in verschiedenen, aber nunmehr bestimmbaren Situationen bewusst oder unbewusst beziehen.

6.2   Das Grundproblem nach Weber: die Komplexität der Welt

Innerhalb der Soziologie ist nach wie vor Max Weber der zentrale Bezugspunkt für ‚Kulturfragen‘ (vgl. Kalberg 1994; Greshoff 2006). Zwar hat Weber wie kein anderer aus der Unübersichtlichkeit der realen Welt und der Annahme von der grundsätzlichen Sinnsetzungsfähigkeit und Sinnbedürftigkeit des Menschen den Bedarf an sozialer Orientierung abgeleitet, er hat aber auch postuliert, dass entsprechende soziale ‚Ordnungslösungen‘ aus den letzten Werturteilen der Einzelnen und nicht aus transzendentalen Ideen, absoluten Werten oder Strukturgesetzen entspringen. Die letzten „wertenden Urteile" der Menschen sind wiederum durch deren Interessen und/oder deren ethische oder ästhetische Vorstellungen begründet. Wie vielfach angemerkt, hat Weber keine Theorie der Entstehung kollektiver Kategorien der Welterfassung oder welterschließender Sinnstrukturen vorgelegt, aber er hat darauf verwiesen, dass die Akteure diese einerseits benötigen und andererseits auch setzen können. „Transzendentale Voraussetzung jeder Kulturwissenschaft ist nicht etwa, daß wir eine bestimmte oder überhaupt irgendeine ‚Kultur‘ wertvoll finden, sondern daß wir Kulturmenschen sind, begabt mit der Fähigkeit und dem Willen, bewußt zur Welt Stellung zu nehmen und ihr einen Sinn zu verleihen. Welches immer dieser Sinn sein mag, er wird dazu führen, daß wir im Leben bestimmte Erscheinungen des menschlichen Zusammenseins aus ihm heraus beurteilen, zu ihnen als bedeutsam (positiv oder negativ) Stellung nehmen. Welches immer der Inhalt dieser Stellungnahme sei, – diese

---

entierungsproblematik für viele sozialwissenschaftliche und soziologische Erklärungen als gelöst unterstellt werden.

[13] Vgl. zu einer kritischen Rekonstruktion der Prämissen des sogenannten „cultural turn" bzw. der neuen Kultursoziologie Gerhards (2010).

Erscheinungen haben für uns Kulturbedeutung, auf dieser Bedeutung beruht allein ihr wissenschaftliches Interesse." (Max Weber 1988/1904, S. 180 f.)

Die Annahme einer unüberschaubaren, komplexen Welt hat Max Weber nicht nur zum Ausgangspunkt seiner Wissenschaftslehre (Weber 1988/1920),[14] sondern auch seiner soziologischen Ordnungskonzeption (Weber 1980/1922) gemacht, in deren Mittelpunkt das sinnhaft aneinander orientierte Handeln der Menschen und die Frage verständlicher wechselseitiger Handlungserwartungen steht. Aber auch die individuelle Orientierung hat Weber thematisiert. So ist für ihn der sinnhaft handelnde Mensch jederzeit mit dem Problem der Vielfalt und Labilität seiner Motive konfrontiert (vgl. Weber 1980/1922, S. 2).[15] Weber ist daher einerseits als Vertreter des *Methodologischen Individualismus* (vgl. Norkus 2001; Maurer 2007a) zu sehen, da seines Erachtens jede soziologische Erklärung von einem handlungsfähigen und willigen Akteur ausgeht, der grundsätzlich Orientierung sucht und mittels objektiver Sinnordnungen findet. Auf der anderen Seite verzichtet Weber auf eine allgemeine und deterministische Handlungstheorie und setzt stattdessen auf eine Handlungstypologie, die Handlungsformen nach dem Grad ihrer Bewusstheit unterscheidet, und plädiert dafür, die Einstellung auf die Welt situationsbezogen zu identifizieren und damit Handlungsorientierungen allgemein und Handlungszwecke insbesondere für den jeweiligen Anwendungsfall zu erfassen. Ein Höchstmaß an Rationalität hat das individuell zweckrationale Handeln, weil dort sowohl die Zwecke als auch die Zweck-Mittel-Relationen bewusst und absichtsvoll gesetzt werden, während auf der Ebene des kollektiven Handelns dem legal-bürokratischen Herrschaftsverband ein Höchstmaß an formaler Rationalität zugesprochen wird, weil dort die Akteure durch die bewusste Regelsetzung und regelorientiertes Handeln beliebige Zwecke ganz bewusst und unter Abwägung ‚adäquater' Mittel zu erreichen versuchen (vgl. Maurer 2004a).

„Kulturbedeutsame Ausschnitte" oder „Wertsphären" heben aus individueller Sicht Handlungssituationen und deren Charakteristika ebenso hervor, wie sie die Einstellungen der Akteure definieren. Weber macht es ‚seinen Akteuren' in dem Sinne nicht leicht, als er ihnen keine feststehenden existenziellen Bedürfnisse oder absoluten Werte mitgibt, sondern ganz im Gegenteil betont, dass die Einzelnen ‚ihre Werte' immer wieder für sich selbst setzen bzw. sich zwischen Werten entscheiden müssen (Weber 1988/1917, S. 507). „Diese ‚Beziehung' auf

---

[14] Analog zu seiner erkenntnistheoretischen Position postuliert Weber, dass nur in einer denkend geordneten Welt sinnhaft gehandelt werden kann und dass das gesamte Leben, „wenn es nicht wie ein Naturereignis dahingleiten, sondern bewußt geführt werden soll, eine Kette letzter Entscheidungen bedeutet, durch welche die Seele, wie bei Platon, ihr eigenes Schicksal: – den Sinn ihres Tuns und Seins heißt das – wählt." (Weber 1988/1917, S. 507 f.)

[15] Die Bereiche unbewussten und sogar irrationalen Handelns, die Weber durchaus zugesteht, klammert er aus der soziologischen Arbeit mit dem Argument aus, dass dann das individuelle Handeln nicht mehr versteh- und erklärbar sei.

‚Werte' ist es nun aber, – und das ist ihre in unserm Zusammenhang entscheidend wichtige Funktion, – welche zugleich den einzigen Weg darstellt, aus der völligen Unbestimmtheit des ‚Eingefühlten' herauszukommen zu derjenigen Art von Bestimmtheit, deren die Erkenntnis individueller geistiger Bewußtseinsinhalte fähig ist. Denn im Gegensatz zum bloßen ‚Gefühlsinhalt' bezeichnen wir als ‚Wert' ja eben gerade das und nur das, was fähig ist, Inhalt einer Stellungnahme: eines artikuliert-bewußten positiven und negativen ‚Urteils' zu werden, etwas, was ‚Geltung heischend' an uns herantritt, und dessen ‚Geltung' als ‚Wert' ‚für' uns demgemäß nun ‚von' uns anerkannt, abgelehnt oder in den mannigfachsten Verschlingungen ‚wertend beurteilt' wird." (Weber 1988/1903–1906, S. 123)

Grundlage von objektiven Sinnordnungen und entsprechenden Deutungs- und Handlungsmustern können nach Weber sowohl individuelle Interessen als auch ethische Vorstellungen sein. Es ist eine der großen Schwierigkeiten der Weber-Rezeption bis heute, dass er das Verhältnis von Ideen und Interessen nicht näher bestimmt hat. Es scheint eher so, dass Weber einerseits unterstellt, dass in sich widerspruchsfreie ‚objektive Sinnordnungen' die Interessen und Ideen der Akteure wiedergeben und die ‚Bahnen' bilden, in denen die Menschen ihre Interessen realisieren können (vgl. Lepsius 1990, S. 31 ff.). „Interessen (materielle und ideelle), nicht: Ideen, beherrschen unmittelbar das Handeln der Menschen. Aber: die ‚Weltbilder', welche durch ‚Ideen' geschaffen wurden, haben sehr oft als Weichensteller die Bahnen bestimmt, in denen die Dynamik der Interessen das Handeln fortbewegte." (Weber 1988/1920, S. 252; vgl. auch Abschnitt 6.3.2) Weber hat auch in seinen materialen Studien oftmals wechselseitige Begünstigungskonstellationen von Ideen und Interessen bearbeitet, die mitunter sogar so starke Effekte hervorbringen, dass alte Denkmuster und Handlungsstrukturen nicht mehr adäquat sind und von der sozialen Bühne verschwinden (Maurer 2007b; 2009).

Beide Prämissen: die über die Komplexität der Welt und die über die Vielfalt und Labilität individueller Motive einerseits bzw. die Sinnsetzungs- und Wertungsfähigkeit der einzelnen Subjekte andererseits, führen Weber zu dem methodologischen Postulat, dass der Gegenstandsbereich der Soziologie die sinnhaft geordnete Welt und der analytische Ausgangspunkt dafür das sinnhafte Handeln der Menschen sei. „Kultur ist ein vom Standpunkt der *Menschen* mit Sinn und Bedeutung bedachter Ausschnitt aus der sinnlosen Unendlichkeit des Weltgeschehens." (Weber 1988/1904, S. 180) Webers Denkmodell umfasst so gesehen zwei verschiedene Erklärungsschritte: Zum einen analysiert er, wie geltende kollektive Wertideen und Kategorien der Welterschließung das Handeln der Subjekte leiten und strukturbildend wirken, zum anderen legt Weber aber auch dar, wie sich Handlungsorientierungen – etwa die Rationalisierung von (religiösen) Ideensystemen – ausbilden. Die zentralen sozialen Prozesse dafür sind Weber zufolge Institutionalisierung und Ordnungsbildung, und den Kern soziologischer Erklärungen bildet demnach der Nachweis der empirischen Geltung objektiver

Sinnzusammenhänge. Die Einordnung typischer Handlungsweisen in solche Zusammenhänge erlaubt die Ableitung sozialer Regelmäßigkeiten. Wertideen sind für Weber nur empirisch ermittelbar und entziehen sich einer normativen Wertung durch die Wissenschaft.[16] Den Mitgliedern der entsprechenden Kulturgemeinschaft stellen sie, sofern sie Geltung haben, kollektive Kategorien und Einstellungen auf die Welt zur Verfügung. Sie geben dem konkreten Handeln zugleich die Einstellung auf die Situation als auch die zu ergreifenden Handlungsmuster vor und führen zu einem erwartbaren individuellen wie auch zu einem typischen Durchschnittshandeln. Mit einer spezifischen Einstellung besetzte Handlungsbereiche definieren Handlungsorientierungen, Zwecke (Interessen und Werte) und im Falle rationalen Handelns auch passende Mittel. Weber empfiehlt, das Handeln zunächst als ein zweckrationales zu rekonstruieren und dazu die in den Sinnordnungen benannten Zwecke und Mittel zugrunde zu legen, weil dann das individuelle Handeln als Ergebnis des bewussten Abwägens bekannter Zwecke, Mittel und Nebenfolgen erklärt werden kann. „Jede denkende Besinnung auf die letzten Elemente sinnvollen menschlichen Handelns ist zunächst gebunden an die Kategorien ‚Zweck‘ und ‚Mittel‘. Wir wollen etwas in concreto entweder ‚um seines eigenen Wertes willen‘ oder als Mittel im Dienste des in letzter Linie Gewollten. Der wissenschaftlichen Betrachtung zugänglich ist nun zunächst unbedingt die Frage der Geeignetheit der Mittel bei gegebenem Zwecke. Da wir (innerhalb der jeweiligen Grenzen unseres Wissens) gültig festzustellen vermögen, *welche* Mittel zu einem vorgestellten Zwecke zu führen geeignet oder ungeeignet sind, so können wir auf diesem Wege die Chancen, mit bestimmten zur Verfügung stehenden Mitteln einen bestimmten Zweck überhaupt zu erreichen, abwägen und mithin indirekt die Zwecksetzung selbst" (Weber 1988/1904, S. 149).

Die soziale Qualität zweckrationalen Handelns liegt nach Weber darin, dass es wechselseitig verständliche, immer wieder erwartbare Handlungsmuster zeigt, während das wertrationale Handeln eine Abschätzung von Erfolg und Nebenfolgen vermissen lässt und daher nur die Wertorientierung als Erwartungsbasis dienen kann, was aber oftmals offenlässt, welche Handlungen die anderen zu deren Erfüllung ergreifen werden. „Kulturbedeutsame Ausschnitte" sind also umfassende, aber auch unspezifische kollektive Situationsdefinitionen. Umfassend sind sie, weil sie zugleich die Handlungsorientierung, die Zwecke und die adäquaten Handlungen als allgemeine Muster festlegen, unspezifisch sind sie hingegen, weil sie sowohl normative Vorgaben als auch ideosynkratisches Wissen transportieren können. Daher sind Erklärungen immer daraufhin zu prüfen, ob die subjektive Sinnhaftigkeit der objektiven entspricht und ob die darauf basierten Deutungen auch empirische Geltung haben. Aber: Der Rationalitäts-

---

[16] Weber hat immer wieder betont, dass Werte das Urteil der Menschen ausdrücken und in diesem Sinne relativ und einer Letztbegründung durch die Wissenschaft entzogen sind (vgl. Weber 1988/1917).

grad des individuellen Handelns wie der sozialer Gebilde werden gleichermaßen auf die Rationalität der zugrunde liegenden Sinnordnungen zurückgeführt. Das sinnhafte, bewusst an Zwecken ausgerichtete Handeln der Einzelnen ist Ergebnis aus ihrer Sicht vorgängiger und insoweit objektiver Sinnstrukturen, die die Individuen orientierend erschließen und in Einstellungen auf die Situation übersetzen. Sinnsetzend verfahren die Akteure bei der bewussten wie der unbewussten Wahl orientierender Bezugspunkte, sinnnehmend verhalten sie sich dann, wenn sie sich unbewusst oder bewusst an den durch objektive Sinnordnungen gesetzten Zwecken und Handlungsmustern normativ oder interessengeleitet orientieren.

An dieser Vorgehensweise ist vielfach Kritik geübt worden. Wir möchten hier angesichts der vorgestellten Orientierungsproblematik nur zwei Punkte herausgreifen: Zum einen hat Max Weber den Zusammenhang von objektiven Sinnstrukturen und individuellen Interessen bzw. Vorstellungen nicht ausgearbeitet und stattdessen implizit angenommen, dass in objektiven Sinnordnungen allgemeine Interessen und Vorstellungen zum Ausdruck kommen. Zum anderen hat er unterstellt, dass objektive Sinnordnungen den Akteuren homogene, widerspruchsfreie Orientierungen vermitteln, die sowohl die individuellen Zwecke als auch das passende Handeln für eine Situation definieren.

6.3   Klassische und nach-klassische Lösungen

Das scheint den Sachstand bedingt zu haben, dass in der Soziologie meist unterschiedslos Identitäts-, Wert- und Wissensprobleme als Orientierungsfragen behandelt und dafür unterschiedslos Wissensbestände, mentale Modelle, Normen und Werte als Antworten vorgeschlagen werden, ohne dass deren verschiedenartige Wirkungsweisen und Effekte deutlich auseinandergehalten werden würden. Um zu zeigen, wie sich eine theoretische Ordnung der vorliegenden Problematik anlegen ließe, wollen wir im Folgenden zwei Grundmodelle der Orientierungsproblematik herausarbeiten und im Rahmen des hier vorgestellten Erklärungsmodells aneinander anschließen und ausbauen. Wir beginnen mit der optimalen Verwendung *knapper Ressourcen* durch autonome, eigennutzenorientierte Akteure in der Ökonomie (Abschnitt 6.3.1) und stellen dem die vornehmlich in der Soziologie behandelte *Sinn- und Heilserwartungsfrage* sinnhaft handelnder Akteure gegenüber (Abschnitt 6.3.2). Wir werden sodann zeigen, dass das dahinter stehende Orientierungsproblem *in beiden Fällen* darin besteht, dass die Akteure auf Informationen darüber angewiesen sind, welches Handeln unter den gegebenen Umständen ‚richtig' oder zieldienlich wäre. Wir werden sodann vorschlagen, die Orientierungsproblematik anhand von drei Untertypen zu konturieren und als Erweiterung der beiden Idealmodelle so anzulegen, dass Aussagen darüber möglich sind, wann Kultur als reine Information oder als bewusstes Mittel der Komplexitätsreduktion fungiert.[17]

6.3.1 Das Idealmodell der Ökonomie: der Markt

Die Soziologie hat sich von Anfang an, wenn auch in unterschiedlichem Maße und mit unterschiedlichen Argumenten, von nach- und neo-klassischen Erklärungen der Ökonomie abzugrenzen versucht. Ein Hauptaspekt in dieser Debatte ist die subjektive Erschließung und Deutung der Welt. Zumeist wird plakativ festgehalten, dass die Ökonomie Prozesse der Selbst- und Weltdeutung ausblendet und stattdessen davon ausgeht, dass die Individuen ausschließlich von materiellen Bedürfnisse getrieben und zudem in der Lage sind, die objektive Welt vollkommen und richtig zu erfassen. Was an dieser Kritik berechtigt ist und wie in der Ökonomik damit umgegangen wird,[18] wollen wir an dieser Stelle anhand der Orientierungsfrage diskutieren, indem wir den Problemgehalt und die in der Ökonomie vorgeschlagene Lösung auf ihre Voraussetzungen hin überprüfen. Dabei geht es uns vor allem darum, auf die immanenten Erweiterungen hinzuweisen, die die Behandlung von Orientierungsmechanismen dadurch erfahren könnte, dass die Ökonomik mentale Modelle (Denzau und North 1994) und kollektives Wissen (Schelling 1960) als vorteilhaft berücksichtigte.

6.3.1.1 Der ideale Markt

Die nach- und neo-klassische Ökonomie hat sich, angeregt durch die Arbeiten von Adam Smith (2001/1776), zunehmend der arbeitsteiligen Produktion und der Marktwirtschaft zugewandt und an die Stelle des gerechten, ethisch definierten Preises den Marktpreis gesetzt.[19] Wirtschaften wurde zusehends als eine eigen-

---

[17] Deren Entstehung werden wir erst im nächsten Kapitel als Resultat sozialer Interdependenzen erklären und hier als gegeben voraussetzen.

[18] In der neueren ökonomischen Literatur wird dem ersteren Vorwurf nunmehr schon länger Rechnung getragen, indem Altruismus, Fairness usw. in die Nutzenfunktion aufgenommen werden, wohingegen am Kern – dem Handlungsprinzip in Form der allgemeinen Annahme eines rationalen, konsequenzenorientierten oder Zwecke und Mittel abwägenden Handelns – festgehalten wird. Das verwundert indes nicht weiter, gehört es doch zu den neo-klassischen Standardhinweisen, dass der Nutzenbegriff inhaltlich leer ist, was soziologische Ansätze, die mit Theorien der rationalen Wahl arbeiten, schon längst dazu veranlasst hat, Brückenhypothesen einzusetzen, die den Situationsbezug der Intentionen der Akteure spezifizieren und damit Ad-hoc-Änderungen oder Ad-hoc-Einführungen von Nutzenargumenten verhindern (vgl. Esser 1993; hier Kap. 4).

[19] Max Weber hat darauf hingewiesen, dass auch der Marktpreis als ‚richtig' und daher legitim begriffen werden kann: „Der als ‚unnatürlich' verwerfliche Preis war nunmehr ein solcher, welcher

ständige, aus sozialen Bezügen losgelöste Sphäre gesehen, was erlaubte, kulturelle, soziale oder transzendentale Bewertungsmaßstäbe durch ein ökonomisches Effizienz- und Wohlfahrtskriterium zu verdrängen. Parallel dazu wurden Gefühle und moralische Vorstellungen durch Interessen als handlungsleitende Motive abgelöst und die Interessen fortan als Grundlage sozialer Wohlfahrt bzw. friedlicher (Handels)Beziehungen (Hirschman 1980) verhandelt. Adam Smith wollte dem Postulat der natürlichen Freiheiten und der Marktkoordination ethisch-sittlichen Vorstellungen gegenüber den Vorrang verschaffen und hat argumentiert, dass die dadurch angeleitete Arbeitsteilung und Spezialisierung zusammen mit der Empathie für andere wie von „unsichtbarer Hand" und unabhängig von moralischen Vorstellungen oder zentralen Instanzen den Wohlstand der Nation hervorbringen könnten. Damit gerieten der effiziente Einsatz *knapper Ressourcen* (einer Nation) sowie der Schutz der natürlichen Freiheiten vor korrupten, ineffizienten Steuerungs- und Regierungssystemen ins Blickfeld der Ökonomie.

Seither wird der Markt als die effiziente *Orientierungshilfe* für und *Koordinationsform* von Einzelhandlungen diskutiert und Formen zentraler Steuerung, aber auch Netzwerken und sozialen Gruppen mit ihren Konventionen und Normen gegenübergestellt (vgl. Weber 1980/1922; Williamson, O. 1990; Maurer 2004a). Grundlegend für die Orientierungsfunktion des Marktes ist die Freiwilligkeit und Intentionalität der zugrunde liegenden Tauschhandlungen. „Als Tausch soll für unsre Zwecke vorläufig, im weitesten Wortsinn, jede auf formal freiwilliger Vereinbarung ruhende Darbietung von aktuellen, kontinuierlichen, gegenwärtigen, künftigen Nutzleistungen von welcher Art immer gegen gleichviel welche Art von Gegenleistungen bezeichnet werden. Also z.B. die entgeltliche Hingabe oder Zurverfügungstellung der Nutzleistung von Gütern oder Geld gegen künftige Rückgabe gleichartiger Güter ebenso wie das Erwirken irgendeiner Erlaubnis, oder einer Ueberlassung der ‚Nutzung' eines Objekts gegen ‚Miete' oder ‚Pacht', oder die Vermietung von Leistungen aller Art gegen Lohn oder Gehalt." (Weber 1980/1922, S. 37, 382) Von „Markt" wird somit dann gesprochen, wenn zumindest drei Akteure am Tauschgeschehen beteiligt sind bzw. wenn, entsprechend der auch in der Ökonomie gern zitierten Definition Webers, mindestens zwischen den Anbietern oder den Nachfragern ein *Wettbewerb* um Tauschchancen vorliegt (vgl. Weber 1980/1922, S. 531). Im Mittelpunkt der Weber'schen Marktdefinition stehen demnach freiwillige und zweckrationale Tauschhandlungen, aus denen der *Marktpreis* für alle kenntlich und unverfälscht resultiert. „Zahlreiche höchst auffallende Regelmäßigkeiten des Ablaufs sozialen Handelns, insbesondere (aber nicht nur) des wirtschaftlichen Handelns, beruhen keineswegs auf Orientierung

---

nicht auf freier, d.h. durch Monopole oder andere willkürliche menschliche Eingriffe ungestörter, Marktkonkurrenz beruht. Dieser Satz hat in der ganzen puritanisch beeinflussten angelsächsischen Welt bis in die Gegenwart hinein seine Wirkungen geübt." (Weber 1980/1922, S. 501)

an irgendeiner als ‚geltend‘ vorgestellten Norm, aber auch nicht auf Sitte, sondern lediglich darauf: daß die Art des sozialen Handelns der Beteiligten, der Natur der Sache nach, ihren normalen, subjektiv eingeschätzten, Interessen so am
durchschnittlich besten entspricht und daß sie an dieser subjektiven Ansicht und
Kenntnis ihr Handeln orientieren: so etwa Regelmäßigkeiten der Preisbildung bei
‚freiem‘ Markt. Die Marktinteressenten orientieren eben ihr Verhalten, als ‚Mittel‘, an eigenen typischen subjektiven wirtschaftlichen Interessen als ‚Zweck‘ und
an den ebenfalls typischen Erwartungen, die sie vom voraussichtlichen Verhalten
der anderen hegen, als ‚Bedingungen‘, jenen Zweck zu erreichen. Indem sie derart,
je strenger zweckrational sie handeln, desto ähnlicher auf gegebene Situationen
reagieren, entstehen Gleichartigkeiten, Regelmäßigkeiten und Kontinuitäten der
Einstellung und des Handelns, welche sehr oft weit stabiler sind, als wenn Handeln sich an Normen und Pflichten orientiert, die einem Kreise von Menschen
tatsächlich für ‚verbindlich‘ gelten. Diese Erscheinung: daß Orientierung an der
nackten eigenen und fremden Interessenlage Wirkungen hervorbringt, welche
jenen gleichstehen, die durch Normierung – und zwar sehr oft vergeblich – zu
erzwingen gesucht werden, hat insbesondere auf wirtschaftlichem Gebiet große
Aufmerksamkeit erregt: – sie war geradezu eine der Quellen des Entstehens der
Nationalökonomie als Wissenschaft." (Weber 1980/1922, S. 15)

   Die Marktteilnehmer, denen idealtypisch ein an subjektiven wirtschaftlichen Interessen – das wäre der Handlungszweck – orientiertes Handeln unterstellt wird, bringen nur deshalb soziale Regelmäßigkeiten hervor, weil sie sich
alle völlig *problemlos* und *unabhängig voneinander* am Marktpreis orientieren
(vgl. Weber 1980/1922, S. 572). Da im vorliegenden Darstellungszusammenhang
aber nicht die soziale Koordinationsfunktion von Märkten interessiert, sondern
deren Fähigkeit, *den Einzelnen* Orientierung zu bieten, wollen wir zunächst das
Orientierungsproblem von Tauschaspiranten explizieren und dieses dann konkretisieren und problematisieren, um offenzulegen, dass preisbildende Märkte
in der Tat eine Orientierungshilfe bieten, wenn auch eine mit Grenzen und hoch
voraussetzungsvollen Bedingungen.

6.3.1.2 Das Orientierungsproblem der Marktteilnehmer

Die neo-klassische Ökonomie erklärt das Handeln demnach als eine bewusste,
nutzenmaximierende Entscheidung unter gegebenen Restriktionen (Verteilung
knapper Ressourcen).[20] Die Handlungssituation von Wirtschaftsakteuren wird
grundsätzlich unter dem Aspekt der *Knappheit begehrter, wertvoller Ressourcen*

---

[20] Vgl. dazu auch den schon bei Popper (2000b, S. 350 f.) zu findenden Hinweis, dass diese Form der
Markttheorie eine situationslogische Analyse darstellt.

dargestellt.[21] Seit Adam Smith geht die Ökonomik deshalb von einer arbeitsteiligen, marktvermittelten Produktion aus und behandelt die effiziente Allokation von Ressourcen als Wohlstandsargument, wobei auch die menschliche Arbeit als wertschaffende Größe und ausschlaggebender Produktionsfaktor erkannt wird. Die nach-klassische ökonomische Theorie hat die Suche nach wohlfahrtsfördernden sozialen Mechanismen fortgesetzt und sich auf den Markt konzentriert. Die neo-klassische Theoriebildung hat vor allem die Annahme übernommen, dass die Einzelnen nur deshalb tauschen, weil individuelle Freiheits- und Entscheidungsspielräume sowie Eigentumsrechte gesellschaftlich definiert sind und sie daher einen Anreiz haben, tausch- und marktfähige Güter und Leistungen herzustellen, was gegenüber Robinsonaden die Vorteile von Arbeitsteilung und Spezialisierung hervorbringt.[22] Wie schon oft bemerkt worden ist, hat die Neo-Klassik dazu viele Randbedingungen der Situation als gegeben und konstant gesetzt und für den modernen Wirtschaftsakteur eine vollkommene Rationalität hinsichtlich der Zwecksetzung wie auch der Mittelwahl angesetzt, sodass die handlungsanleitende Relevanz von sozialen Institutionen bzw. kulturellen Vorstellungen aus dem Blick verschwand (vgl. etwa Coleman 1994; Richter und Furubotn 1999; Homann und Suchanek 2000; Maurer und Schmid 2002a).

Freilich konnte sie auf diesem Weg die Orientierungsproblematik sehr präzise auf die Schwierigkeit der Akteure zuschneiden, knappe Ressourcen unter gegebenen Bedingungen möglichst effizient einzusetzen, d. h., unter der Bedingung einer marktvermittelten, arbeitsteiligen Produktion Entscheidungen darüber treffen zu müssen, welche Gütermengen auf den Märkten angeboten bzw. nachgefragt werden sollen.[23] Zur entscheidenden Orientierungsgröße intentional handelnder Wirtschaftsakteure avancierten mithin all die Situationsfaktoren, die den Preis eines Gutes bestimmen. Die Orientierungsproblematik konzentriert sich auf die Beschaffung der Informationen, die sich auf den Tauschwert von Gütern oder Leistungen beziehen; es ist dann in der Tat unerheblich, ob der Einzelne über eine Identität verfügt oder die Welt sinnhaft erfassen kann: zur Sicherung seines Markterfolgs reicht es vielmehr hin, dass er die Preise kennt, um zu einer entscheidungstauglichen Einschätzung der zum Tausch anstehenden Güter und Leistungen zu gelangen. Der Preis drückt die aggregierte Wertschätzung der beteiligten Akteure aus und sagt allen Einzelnen, welche Menge an Gütern sie dafür durchschnittlich von anderen erhalten können bzw. welche sie dafür her-

---

[21] Dieser Problembeschreibung folgt im Übrigen auch Max Weber in seiner Wirtschaftssoziologie (vgl. Maurer 2010a).

[22] Vgl. dazu die nach wie vor gültige Beschreibung Webers (1980/1922; 1991/1923).

[23] Noch viel stärker war die so gewonnene Heuristik indes mit der verallgemeinerbaren Suche nach effizienten Koordinationsmechanismen, die den Wohlstand der Nation bzw. eine für alle möglichst vorteilhafte Verteilung der Ressourcen gewährleisten.

geben müssen.[24] Es wird also zunächst davon abstrahiert, dass auch relevant sein könnte, wer das Gut produziert hat, wer das Gut sonst noch nachfragt, wo das Gut erstellt wurde usw., sofern dies nicht in die Preise eingeht. Tauschbeziehungen werden allein durch die *Tauschrelation* bestimmt. Oder anders formuliert: Der Orientierungsbedarf der Einzelnen wird in der neo-klassischen Ökonomie auf eine tauschrelevante Information reduziert, die durch Wettbewerbsmärkte ,objektiv' identifiziert und abgebildet wird.

Es ist dieser Problemzuschnitt, für den die neo-klassische Ökonomie die wahrlich wundersame Lösung des Marktpreises anbieten kann, weil andere denkbare Lösungen – wie die kulturelle Definition oder die soziale Setzung von Preisen in Form von gerechten, ethischen oder Standardpreisen – entweder eine zentrale Festsetzung (staatliche Preise, Genossenschaftspreise usw.) oder einen sozialen Konsens bzw. ein gewachsenes kulturelles Wissen oder Deutungssystem voraussetzen würden, die gegenüber dem Markt einerseits mit Einsetzungskosten und andererseits mit all den bekannten Problemen und Ineffizienzen kollektiver Entscheidungsfindung behaftet sind. Wie es der von Adam Smith so eindringlich formulierte Begriff der „unsichtbaren Hand" immer schon nahelegt, benötigt die neo-klassische Orientierungslösung weder absolute, kollektive noch zentral-hierarchische Entscheidungen oder Wertsetzungen. Die Theorie der subjektiven Preise will demgegenüber ausdrücklich direkt aus dem intentionalen, eigennützigen Handeln der Akteure einen einheitlichen Marktpreis folgern, der unter bestimmten Bedingungen auch ein markträumender Gleichgewichtspreis ist und damit nicht nur individuelle Orientierung verbürgt, sondern auch eine effiziente Allokation der knappen Ressourcen über alle Marktteilnehmer hinweg. Zu den entscheidenden Einsichten der ökonomischen Theorie (vgl. etwa Swedberg 2003) gehört es daher, dass seit dem 18. Jahrhundert „Einheitsmärkte", d. h. Märkte, auf denen sich für ein Gut ein einheitlicher Preis herausbildet, bilaterale und hoheitliche Tauschrelationen abgelöst haben, weil diese, da für jede Tauschbeziehung der Preis ausgehandelt, kulturell gesetzt und vermittelt oder zentral bestimmt werden muss, mit kaum bewältigbaren Informations- und Transaktionsproblemen behaftet waren.

Marktpreise, die aus dem freien und rationalen Handeln von Tauschinteressenten unter Wettbewerbsbedingungen hervorgehen, definieren Tauschrelationen, die für die Marktteilnehmer ihre relativen Bewertungen *unmittelbar* erkennbar werden lassen. Dies erklärt sich daraus, dass Einzelne so lange tauschen, als sie sich verbessern können, weil das, was sie hergeben müssen, für sie weniger Wert hat als das, was sie dafür erhalten. Das dominierende Orientierungsproblem: die Festlegung von Angebot und Nachfrage, wird durch die Marktpreise gelöst.

---

[24] Dahinter steht der große ,turn' von der objektiven Wertbestimmung hin zur subjektiven Preistheorie in der Nationalökonomie (vgl. dazu etwa Robinson 1968).

Märkte mit Einheitspreisen entstehen, wenn aufgrund vollkommenen Wettbewerbs fehlende Preisdifferenzen keine weiteren Angebote oder Nachfragen mehr für gleichwertige Güter motivieren; dann ist der Marktpreis für alle das *objektiv richtige Datum*,[25] das ohne weiteres Zutun wahrgenommen und verstanden wird.[26] Da bei vollkommenem Wettbewerb Preisdifferenzen immer wieder Anreiz zum Tausch sind, ist der Markt auch ein Mechanismus, der automatisch und ohne weitere zentrale Entscheidungen einen effizienten Einsatz begehrter Ressourcen herbeiführt. Das war es, was Adam Smith so eindringlich formuliert hat: „Nicht aufgrund der Mildtätigkeit des Metzgers, des Brauers, des Bäckers können wir mit unserem Abendessen rechnen, sondern weil sie ihre eigenen Interessen berücksichtigen. Wir wenden uns nicht an ihre Menschlichkeit, sondern an ihre Eigenliebe und sprechen mit ihnen nicht über unsere Lebensnotwendigkeiten, sondern über ihre Vorteile." (Smith 2001/1776, S. 26 f.)

6.3.1.3 Soziale Eigenschaften von Marktpreisen und andere Lösungen

Das Handlungsmodell des *homo oeconomicus*, dessen Kernannahmen auf der einen Seite die bewusste, rationale Entscheidung und auf der anderen Seite das Motiv des privaten Nutzens bzw. dessen Maximierung durch die Bereitstellung bzw. den Konsum von Gütern und Leistungen berücksichtigen, hat in Kombination mit der Situationsbeschreibung „Knappheit begehrter Ressourcen" dabei geholfen, ein sehr präzises, aber auch spezifisches Orientierungsproblem auszuweisen:

---

[25] Die tatsächlichen Umstände mögen natürlich komplexer sein: Damit die „unsichtbare Hand" des Wettbewerbsmechanismus das Handeln der Einzelnen so lenkt, dass Gleichgewichtspreise mit Markträumungseffekt entstehen, muss eine Homogenität von Gütern und Tauschpartnern, eine vollkommene Markttransparenz hinsichtlich der relevanten Daten (Preise und Güter), eine Vielzahl konkurrierender Anbieter und Nachfrager, das Fehlen jeglicher Markteintrittsbarrieren und die Abwesenheit von Transaktionskosten gegeben sein, denn nur dann setzt sich die Preisanpassungsspirale über veränderte Angebots- bzw. Nachfragemengen in Gang und mündet in die informativen Marktpreise. Die Grundlage unserer Problemrekonstruktion sollte unter dieser zunehmenden Komplexität nicht leiden.

[26] Handlungstheoretisch entschlüsselt, bewirken unterschiedliche Preise für identische Güter und Leistungen (unter der Annahme homogener Güter und Partner) den Anreiz, durch eine erhöhte Nachfrage Renten zu realisieren, wohingegen Anbieter (unter der Annahme, dass keine sozial definierten Marktzugangsbarrieren oder austrittsschranken bestehen) ihr Angebot reduzieren, bis durch eine zusätzliche Einheit eines verkauften Gutes keine Nutzensteigerung mehr erzielt werden kann (die Grenzerträge sind dann genauso hoch wie die Grenzkosten der Produktion). Diese Wechselbewegung hält an, solange ein Nachfrager durch eine zusätzliche Einheit eines gekauften Gutes noch eine Nutzensteigerung erzielen kann, und wird dann enden, wenn eine zusätzliche Einheit beiden genauso viel Nutzen schafft wie sie kostet. Dieser Punkt sagt, dass die von den Subjekten geschätzten Grenzerträge gleich den Grenzkosten sind, sodass kein Anbieter mehr einen Anreiz hat, die Preise seiner Angebote zu reduzieren, bzw. kein Nachfrager einen Anreiz hat, die Nachfrage zu erhöhen.

die Wirtschaftsakteure müssen sich entscheiden, welche Menge an Gütern sie anbieten bzw. nachfragen, um dadurch ihren privaten Nutzen zu maximieren. Können sie dazu auf vollständige Wettbewerbsmärkte zurückgreifen, dann steht ihnen allen – ohne weitere Probleme der Erschließung, Deutung oder Wahrnehmung und ohne zusätzliche Informationskosten – mit den dort *geltenden Gleichgewichtspreisen* die alles entscheidende und *objektiv richtige* Information zur Verfügung. Darüber hinaus kommt – was sowohl die ökonomische als auch die soziologische Literatur seit Langem fasziniert – den Marktpreisen auch noch die ‚wundersame‘ Eigenschaft zu, auf der Strukturebene, ganz ohne herrschaftliche oder soziale Koordination, die Ressourcenallokation unter den gegebenen Bedingungen für alle optimal zu bestimmen. Solche auf der Basis von Marktpreisen entstehenden Gleichgewichte der Angebote und der Nachfragen stellen insoweit stabile und optimale Verteilungslösungen dar, als jeder einzelne Marktgänger durch eine Veränderung der von ihm angebotenen oder nachgefragten Mengen keine Nutzenverbesserungen erreichen kann, ohne dass nicht andere dafür eine Verschlechterung hinnehmen müssten. Der dafür entscheidende Aspekt des Wettbewerbsmarktes liegt aus ökonomischer Sicht in der Orientierungsleistung, die sich aus den spontanen, frei zugänglichen Preisen[27] speist und die Wertschätzung der Marktteilnehmer für ein Gut zum Ausdruck bringt: Ein hoher Preis informiert alle über die Bereitschaft der anderen, für ein Gut einen bestimmten Preis zu bezahlen. Niedrige Preise bringen zum Ausdruck, dass dafür nur eine geringe Bereitschaft vorliegt, und umgekehrt führt eine geringe Nachfragebereitschaft zu geringeren Preisen. Aber diese Botschaft genügt unter diesen Umständen, um eine rationale Entscheidung zu treffen, die dann unweigerlich und unbeabsichtigt soziale Optima herbeiführen.

Der vollkommene Wettbewerbsmarkt[28] ist der geeignete Orientierungsrahmen für rationale, eigennützige Akteure, weil er Marktpreise definiert, die den Wirtschaftsakteuren sagen, was und wie viel sie kaufen bzw. verkaufen müssen, um ihren individuellen Nutzen zu maximieren. *Handlungstheoretisch* aufgeschlüsselt wirkt der *Mechanismus* so, dass sinkende Preise die Nachfrage so lange ansteigen und das Angebot so lange sinken lassen, bis die durchschnittlichen Grenzerträge und Grenzkosten wieder deckungsgleich sind, weil dann kein Nachfrager eine weitere Guteinheit eintauscht, da ihn diese mehr kostet, als sie ihm wert ist und umgekehrt. „Aber welche Güter knapp oder welche Dinge Güter sind, oder wie knapp oder wertvoll sie sind, ist gerade einer der Umstände, die

---

[27] Die Eigenschaften von Gleichgewichtspreisen werden in der ökonomischen Literatur ausführlich definiert (vgl. etwa Homann und Suchanek 2000).

[28] Vgl. für eine Darstellung des Modells des vollkommenen Wettbewerbsmarkts in der Ökonomie Homann und Suchanek (2000, Kap. 4) und für einen Überblick über ökonomische und soziologische Markttheorien Swedberg (2003, Kap. 5).

der Wettbewerb entdecken soll: es sind jeweils die vorläufigen Ergebnisse des Marktprozesses, die den einzelnen sagen, wonach zu suchen es sich lohnt. Die Nutzung des weit verstreuten Wissens in einer Gesellschaft mit fortgeschrittener Arbeitsteilung kann nicht darauf beruhen, dass die einzelnen alle die konkreten Verwendungen kennen, die von den Dingen ihrer Umgebung gemacht werden können. Ihre Aufmerksamkeit wird von den Preisen gelenkt, die der Markt für die verschiedenen Güter und Dienste bietet." (Hayek 1994a, S. 253)

Die Orientierung rational kalkulierender, eigennutzenorientierter Akteure an Marktpreisen führt zu eindeutigen Aussagen über deren Angebots- und Nachfrageverhalten und ermöglicht vor allem die Ableitung stabiler und effizienter Ressourcenverteilungen unter gegebenen Bedingungen (Pareto-Optima). Es wird immer wieder konstatiert, dass, sobald eine der Idealbedingungen nicht erfüllt ist, weder das individuelle Handeln noch das kollektive Ergebnis eindeutig abgeleitet werden können. Dauerhaft über dem Marktpreis liegende Preise, die Existenz von Markenartikeln, Garantien und Gewährleistungsansprüche, Werbung, langfristige Verträge oder auch die Einbindung von Vorleistungen in die Produktkette (vertikale Integration) waren daher Anlass für systematische Erweiterungen des Ausgangsmodells und zugleich Grundlage für die Forderung, nicht nur ‚passende' Situationsmodelle abseits vom vollkommenen Wettbewerbsmarkt zu entwickeln, sondern diese Suche auch durch realistischere Annahmen auf der Handlungsebene zu stützen oder sie sogar darauf zu konzentrieren.[29] Unserer methodologischen Position entsprechen all die Versuche, durch eine zunehmend komplexere Modellierung der Abstimmungsprobleme in Kombination mit realistischeren Annahmen über die Wahrnehmungskapazitäten und erwartungsbildenden Fähigkeiten der Akteure das Marktgeschehen differenzierter zu erfassen. Im Rückblick will es deshalb erscheinen, als habe die Ökonomie ab jenem Zeitpunkt eine neue Entwicklungslinie eingeschlagen, als ihre Vertreter sich dazu entschlossen, dem Postulat von Frank H. Knight und Herbert A. Simon folgend zur realistischeren Beschreibung des menschlichen Handelns eine Theorie zu verwenden, die zwar auch weiterhin daran festhält, dass sich Akteure bewusst und rational an intentionalen Zielsetzungen orientieren, die aber betont, dass sie dies unter der Bedingung einer eingeschränkten Erwartungsbildung tun müssen. Damit konnte die ökonomische Disziplin auf Situationen aufmerksam machen, welche die Akteure vor allem mit *Unsicherheiten*, präziser: mit *Informations-* und *Wissensproblemen*, konfrontieren. Weder liegen dann Marktpreise zur Orientierung vor noch verfügen die Einzelnen über ausreichend kognitive Fähigkeiten, um deren Funktion zu übernehmen. Damit ist der Weg frei, um sowohl sozialstrukturelle Mechanismen

---

[29] An dieser Stelle treffen sich neuere Theorieentwicklungen in der Ökonomie wie die „behavioral economics", Experimente und Simulationen mit der Wirtschaftssoziologie in dem Ziel, den ‚Modellplatonismus' der neo-klassischen Ökonomie kritisch zu erweitern.

(Simon hatte hierfür auf Hierarchie, Standardisierung und Bürokratie verwiesen), aber auch sozial-kulturelle Deutungen einzuführen (Knight hatte auf die „mysterious capacity of interpretation" verwiesen; Knight, F. 2006/1921, S. 208), welche an die Stelle der Marktpreise treten und die begrenzten individuellen Wahrnehmungsfähigkeiten ergänzen oder im Extremfall sogar ersetzen.

Als eine Teilmenge solcher kultureller Vorgaben, die Wissenslücken schließen können, sind *bewährte Regeln* anzusehen, wie sie der Ökonom Friedrich August von Hayek ins Gespräch gebracht hat. Solche Regeln werden vor allem dann unentbehrlich, wenn die Kenntnis der Marktpreise keine hinreichenden Informationen über die hintergründigeren Bestandsbedingungen des Marktgeschehens bereitstellt. (vgl. Hayek 1994b, S. 161 ff.). Spätestens mit Simon und von Hayek waren damit einesteils Probleme und Kosten der Informationsbeschaffung und andererseits Regeln und Normen als deren mögliche Lösungen in der Ökonomie angekommen, wobei sich beide Theoretiker zur Förderung ihres Projekts für eine Umgestaltung der ökonomischen Handlungstheorie ausgesprochen hatten, die die Kernannahme eines intentionalen Handelns beibehalten, die individuelle Rationalität allerdings als eine ‚begrenzte' verstanden wissen wollte. Mit diesem Zugeständnis aber können ökonomische Erklärungsmodelle auch die Orientierungsfrage in einen umfassenderen Rahmen stellen, da es aus unserer Sicht erlaubt, nicht nur als Restriktionen behandelte Regeln (vgl. Kirchgässner 1991; Weede 1992), sondern auch die Relevanz des kollektiven Wissens und kultureller Deutungsmuster für die Wirtschaftsakteure zu erfassen bzw. anders formuliert: (auch) „Kultur" als einen erklärungsrelevanten Faktor des Wirtschaftsgeschehens zu behandeln (vgl. Koford und Miller 1991). Im Anschluss an Simons und von Hayeks Vorschlag, die basale Handlungsannahme realistischer zu gestalten – insoweit, als sie zwar am Kern festhält, dass Wirtschaftsakteure rational versuchen, ihre Interessen zu verfolgen, sie aber in der Regel nicht in der Lage sind, alle Informationen zu erfassen und richtig und umfassend zu verarbeiten bzw. in eine kollektive, objektiv richtige Entscheidung zu überführen –, geraten komplexe Situationen ins Blickfeld der ökonomischen Theorie, in denen es für rationale Akteure sinnvoll und vorteilhaft sein kann, sich an bewährten kulturellen Standards, aber auch an sozialen Regeln zu orientieren, unter anderem weil diese an die Stelle fehlender oder wirkungsloser Marktpreise treten. Individuelles oder kollektives Wissen wird damit ebenso zum wertvollen Gut wie der Zugang zu kulturellen Deutungsmustern, die etwa Tauschsituationen kulturell standardisieren, Aussagen über die Identität von Tauschpartnern treffen, Ressourcen als Güter bestimmen helfen oder auch nur zeigen, welches die relevanten Informationsparameter sind. Ohne dass unter solchen Umständen ‚problematische' soziale Interdependenzen Tauschhandlungen gefährden müssten, kann gleichwohl gezeigt werden, dass rationale Wirtschaftsakteure dann, wenn ihre Informationsverarbeitung beschränkt ist *und* objektiv richtige und unmittelbar

zugängliche Marktpreise fehlen, kollektive Wissensbestände ebenso rational
‚nutzen‘ wie vorgegebene soziale Deutungsmuster, die daher zu den erwähnens-
werten Erklärungsfaktoren des Wirtschaftslebens gehören, wenn unter realistischeren Annahmen gearbeitet wird.

Einen wichtigen Schritt in dieselbe Richtung vollzog in den 1980er Jahren
die Neue Institutionenökonomik, die auch so gelesen werden kann, dass sie die
These vom Markt als dem universellen Orientierungskriterium wirtschaftlichen
Handelns durch die Entdeckung relativiert hat, dass vor allem Hierarchien, aber
auch soziale Regeln und kollektive Deutungsmuster als ‚Orientierungsmittel‘
dienlich sein können und die Suche nach effizienten Abstimmungsmechanismen im Wirtschaftsleben erleichtern (vgl. Williamson, O. 1990; Denzau und
North 1994 u. a.). Während in der neo-klassischen Perspektive Regeln nur als
wettbewerbssichernde, also marktimmanente Größen ins Spiel kommen, deren
Aufgabe allein darin gesehen wird, das Wirken der „unsichtbaren Hand" zu
sichern bzw. allenfalls die Nutzung von Eigentums- und Vertragsrecht zu gewährleisten, gelingt es der Neuen Institutionenökonomik zunehmend – vor allem
durch zusätzliche Annahmen über die Eigenschaften der zu handelnden Güter
und Leistungen –, Probleme der Vertragsabwicklung in Form von *Informationsproblemen* zu identifizieren und in der Folge auf die Relevanz von Kultur-
faktoren wie auch von sozialen Beziehungen und Regeln im Wirtschaftsleben
hinzuweisen. Vor diesem Hintergrund kann sie einerseits individuelle und/oder
kollektive Orientierungsmarken als Wirkmechanismen des Wirtschaftslebens
behandeln und auf der anderen Seite – im Fahrwasser der Verfassungsökonomik,
die diesen Gedanken bereits seit längerer Zeit verfolgt – auch ökonomische, d. h.
Effizienzerklärungen für Symbole, Rituale, Wissen, Regeln usw. anbieten. Die
‚Orientierungsthematik‘ wird damit Teil ökonomischer Erklärungen, die zwar
ihren eigenen Effizienzzuschnitt beibehalten, gleichwohl zu einer erstaunlichen
Annäherung an die Soziologie und deren Prämisse von der Wichtigkeit der subjektiven Weltsicht und ideell-kultureller Institutionen gelangen können. Direkte
Parallelen drängen sich insbesondere dort auf, wo Soziologen an und mit handlungstheoretischen Erklärungen für soziale und kulturelle Sachverhalte arbeiten
(vgl. dazu ausführlich Abschnitt 6.4).

In der Standardökonomik wird „Orientierung" heute als Beschaffung von
Informationen und Optimierung von Informationskosten behandelt und in der
Neuen Institutionenökonomik werden die Vorteile einer zentral-hierarchischen
Sammlung und Nutzung von Informationen vor allem bei unsicheren Verträgen
mit einseitigen Investitionen thematisiert (vgl. Williamson, O. 1990). Thomas
Schelling wiederum hat argumentiert, dass ein gemeinsames, kulturelles Wissen
(„common knowledge"; vgl. ausführlich Kap. 7) den Wirtschaftsakteuren dann
gute Dienste leistet, wenn es ihnen z. B. darum geht, sich zwischen gleichwertigen Alternativen zu entscheiden. Eine der Kernbotschaften der Neuen Insti-

tutionenökonomik (Richter und Furubotn 1999; Erlei et al. 1999) ist denn auch, dass *Tauschbeziehungen* die Wirtschaftsakteure vor verschiedenste *Informations-* oder *Orientierungsprobleme* stellen, die mehr oder weniger ‚problematisch‘ sein können und mitunter den Markt als Orientierungs- und Koordinationsmechanismus gänzlich außer Kraft setzen. Kulturelles Wissen oder Deutungsmuster bilden dann einen alternativen und auch effizienten Orientierungsrahmen für wirtschaftliches Handeln und insbesondere für wirtschaftlich motivierte Tauschentscheidungen, der sich entsprechend effizienztheoretisch mit Bezug auf Orientierungs- und Informationskosten analysieren lässt. Längst schon hat sich die Einsicht verbreitet, dass zahllose historische Beispiele illustrieren, „that collectivist and individualistic cultural beliefs are likely to motivate the introduction of different organizations" (Greif 1994, S. 941), und dass kulturell vermittelte Vorstellungen die Umgestaltung wirtschaftlichen Handelns bzw. wirtschaftlicher Organisationsformen sowohl behindern (Eggertsson 2005) als auch befördern können (Weber 1991/1923).

Fassen wir zusammen: Die ökonomische Theorie hat sich auf eine spezifische Konturierung der ‚Orientierungsfrage‘ geeinigt, auch wenn sie diese im Verlauf ihrer Entwicklung unter zunehmend komplexeren Bedingungen behandelt hat. So hatte die Neo-Klassik mit dem Modell des vollständig informierten und zweckrationalen Akteurs in Kombination mit dem Modell des vollkommenen Wettbewerbs eine spontane und zudem kollektiv vorteilhafte Lösung in Form der Marktpreise und Gleichgewichte gefunden. Demgegenüber ist die neuere Ökonomik dazu übergegangen, die Orientierungsproblematik mithilfe realistischerer Annahmen auf der Handlungsebene, die eine begrenzte individuelle Informationsaufnahme und verarbeitung einführen, und auf der Makroebene durch die Erfassung von Unsicherheit in Form von Kontroll- und Informationsproblemen aufzugreifen. Zwar werden solche Zusatzbedingungen wie ehedem als Kosten- bzw. Effizienzfaktoren eingestuft, aber es können so gleichwohl informelle Regeln, erfahrungsgesättigte Regeln sowie auch verschiedenste kulturelle Deutungs- und Wahrnehmungsmuster als ökonomisch relevante Größen entdeckt werden.

6.3.2   Das Idealmodell der Soziologie: die Kultur

Ein zentraler, nicht zuletzt auch gegenüber der Ökonomie postulierter Anspruch der Soziologie ist es, die subjektive Wahrnehmung und Deutung der äußeren Welt durch die Individuen auf Grundlage ‚sozial konstituierter‘ kultureller Muster und Standards zu erfassen und bei der Erklärung sozialer Sachverhalte explizit zu berücksichtigen (etwa Esser 2010). Wir wollen diese Fragestellung präzisieren, indem wir erläutern, wann und warum intentionale Akteure ihr

Handeln an entsprechenden kollektiven Mustern orientieren und diesen bewusst oder unbewusst folgen. Auf diesem Wege wäre im Unterschied zum Idealmodell der Ökonomie zu klären, wann und wie sozial-kulturelle Situationsdeutungen reflexiv bewusst oder auch unbewusst das Handeln der Akteure bestimmen und wie sie zu deren situationsspezifischen Interessen und Absichten in Beziehung stehen. Als ein Sonderfall des unbewussten, an Mustern orientierten Handelns wäre etwa die ideologische Wendung kollektiver Wahrnehmungs- und Deutungsmuster zu verstehen und der Fall zu diskutieren, dass an sich sinnhafte Akteure mitunter entgegen ihren situationsspezifischen Interessen handeln, wenn sie sich an kollektiven Mustern orientieren. Eine solche analytische Differenzierung unterschiedlicher Problemgrade der Orientierungsproblematik hilft dabei, so unsere Vermutung, unterschiedliche Wirkungsweisen und soziale Effekte kultureller Wahrnehmungs- und Deutungsmuster herauszuarbeiten, und wäre daher ein wesentlicher Schritt in Richtung genauerer kultursoziologischer Analysen. Sowohl die ‚Unschuldsvermutung' im Hinblick auf Kultur wäre kritisch zu erweitern als auch vorteilhaften bzw. negativen Aspekten einer kulturellen Rahmung von Handlungssituationen gegenüberzustellen.

6.3.2.1 Das Sinnproblem und kulturell-religiöse Ideen

Der Zusammenhang zwischen kulturellen Vorgaben und individuellem Handeln lässt sich aufschlussreich an der Wirkung religiöser Vorgaben auf das Alltagshandeln darlegen. Dem Einfluss von Ideen in Form religiös-ethischer Glaubensvorstellungen auf die alltägliche Lebensführung ist insbesondere Max Weber nachgegangen. In „Wirtschaft und Gesellschaft" (1980/1922) hat Weber ausgeführt, dass die Sinnsuche der modernen Stadtbürger im 17. Jahrhundert das Interesse an rational nachvollziehbaren Deutungen der Welt und spezifischen Heilsgütern hervorgebracht hat. Nach Weber hängt die Wirkung und Geltung einer Religion primär von der sozial-ökonomischen Stellung der Gläubigen ab (Weber 1980/1922, S. 251 ff.): Bauern wollen Naturgewalten kontrollieren, und die modernen Stadtbürger wollen subjektiven Sinn finden und ihre privilegierte Position legitimieren (vgl. Weber 1980/1922, S. 285 f.). Vor allem Erlösungsreligionen wie der Protestantismus haben darin ihre Wurzeln: „Jedes Erlösungsbedürfnis ist Ausdruck einer ‚Not', und soziale oder ökonomische Gedrücktheit ist daher zwar keineswegs die ausschließliche, aber naturgemäß eine sehr wirksame Quelle seiner Entstehung." (Weber 1980/1922, S. 299)[30]

---

[30] Vgl. zur Weber'schen Religionssoziologie und deren Bezug zur Wirtschaft Krech und Tyrell (1995) sowie die Beiträge in Maurer (2010a).

Parallel dazu hat Weber die These vertreten, dass religiöse Ideensysteme auf die Abwendung weltlicher Übel oder die Erhaltung irdischer Vorteile ausgerichtet sind, sich aber in ihrem Diesseits- oder Jenseitsbezug und dem Rationalitätsgrad der religiösen Mittel unterscheiden und so unterschiedliche wirtschaftliche Effekte generieren. Bekanntermaßen ist für Weber die Rationalisierung von Ideensystemen, besonders die der Religion, wesentlicher Motor der Rationalisierung des Westens. Die Rationalisierung religiöser Vergemeinschaftungen erstreckt sich dabei nicht nur auf deren Ideen, Symbole usw., sondern erfasst auch deren Organisationsformen (vgl. Weber 1980/1922; Ekelund et al. 1996; Nagel, B. 2006). Max Weber hat die Ausbreitung kollektiver Deutungs- und Wahrnehmungsmuster auf deren Fähigkeit bezogen, Orientierung bei bestimmten ‚Sinnfragen' zu geben, sowie auf die sozio-ökonomische Lage der Menschen. Geltung hat ein religiöses Ideensystem wie die protestantische Ethik demnach so lange, als die Akteure von deren Richtigkeit überzeugt sind und entsprechende Handlungsmuster befolgen, die in weiterer Folge typische soziale Strukturmuster wie den modernen Kapitalismus hervorbringen (vgl. dazu Hernes 1989; Maurer 2010a).[31]

Uns geht es hier freilich nicht so sehr um die Kapitalismusthese an sich, die die Weber-Rezeption überwiegend beschäftigt, sondern um die Rekonstruktion des von Weber bearbeiteten *Orientierungsproblems* und um dessen von ihm vorgeschlagene Lösung: als richtig erschlossene Ideen und Regeln.[32] Webers (ontologischer wie erkenntnistheoretischer) Ausgangspunkt ist die grundsätzliche Orientierungsbedürftigkeit der Individuen und die Unüberschaubarkeit der äußeren Welt, woraus er gefolgert hat, dass ein sinnhaftes Handeln die Setzung oder Markierung „bedeutsamer Ausschnitte" erfordere. In den Protestantismus-Studien behandelt Weber die im 17. Jahrhundert virulent gewordene Frage der *individuellen Heilssuche* angesichts der Unsicherheit über das Seelenheil bzw. der unerkennbaren göttlichen Entscheidung über das eigene Schicksal. Das zentrale Problem der Einzelnen ist dann, mithilfe religiöser Anleitungen die Zeichen Gottes richtig zu interpretieren bzw. Informationen über den heilssichernden Weg bzw. darüber zu erhalten, ob man zu den ‚Erwählten' gehört. Da die protestantische Prädestinationslehre die Erlösung gänzlich in Gottes Hand legt, kommt

---

[31] Die religionssoziologischen Argumente Webers finden sich a) in „Wirtschaft und Gesellschaft", b) in der „Vorbemerkung" zu den religionssoziologischen Aufsätzen, c) in den Studien zur protestantischen Ethik und d) in der „Wirtschaftsethik der Weltreligionen". Aus unserer Sicht wäre nunmehr festzuhalten, dass er das Explanandum aus der Religionssoziologie – wie verbreiten sich religiöse Vorstellungen und wie gehen sie in Strukturen über – zur Anwendungsbedingung in der „Protestantischen Ethik" macht, wo Weber die Wirkung gegebener kollektiver Ideen auf die Rationalisierung der Welt insgesamt und des Wirtschaftslebens insbesondere zu erklären suchte.

[32] Gleichwohl sei an dieser Stelle gesagt, dass auch Weber in seinen sozio-ökonomischen Schriften die Orientierungsfunktion von Marktpreisen hervorgehoben hat (vgl. weitergehend Maurer 2010a).

der Erschließung des göttlichen Wollens höchste Bedeutung zu und erlangen die entsprechenden religiösen Regeln eine hohe Wirkkraft

6.3.2.2 Die Orientierungsleistung religiöser Ideen: das als richtig Erschlossene

Die Orientierungsleistung religiöser Ideen folgt aus dem Bezug auf einen göttlichen Willen oder eine höhere, transzendentale Macht. Im Protestantismus wird für die Heilsproblematik der modernen Individuen zu Beginn der Neuzeit ein passendes Deutungsangebot unterbreitet, indem er Hinweise darauf gibt, auf welchem Weg die Gläubigen ihr Seelenheil retten können.[33] Die soziale und wirtschaftliche Sprengkraft des Protestantismus folgt genau betrachtet daraus, dass die Prädestinationslehre besagt (vgl. dazu Schulz-Schaeffer 2010), dass Heilsgewissheit nicht möglich sei, die Gläubigen aber durch die Einhaltung bestimmter Alltagsregeln bzw. durch die lebenspraktische Umsetzung religiöser Gebote Hinweise erhalten, ob sie auf dem richtigen Weg sind, und diese Hinweise adressieren wesentlich Reichtum und Berufsarbeit. Ihr Problem reduziert sich dann darauf, von den Auslegungsexperten der Vorherbestimmtheitslehre möglichst sichere und klare Auskünfte darüber zu beziehen, wie nahe sie ihrem Seelenheil schon gekommen sind. Die konkreten Inhalte und ,Orientierungshilfen' des Protestantismus hat Weber konsequenterweise anhand seelsorgerischer Texte für die Alltagspraxis erschlossen (vgl. Weber 1988/1904, S. 163 ff.).

Die Ideen des Protestantismus definieren also Alltagssituationen vor dem Hintergrund der Heilsfrage, indem sie dafür *richtige Deutungs- und Handlungsmuster* vorgeben, deren Erschließung nach Weber zur Aufgabe von Propheten bzw. von professionellen Priestern wird. Im Kontrast zum Marktmodell[34], in dem jeder der Akteure seinen individuellen Markterfolg auf sich allein gestellt suchen und sich dabei an anonymen Preisen orientieren muss, konzentriert sich im vorliegenden Fall die Orientierungsproblematik zwar desgleichen auf ein höchst individuelles Problem – nämlich auf die Frage des einzelnen Gläubigen, ob er von

---

[33] Weber abstrahiert aus der Vielfalt menschlicher Motive die Sicherung des Seelenheils und rückt materielle Konsumwünsche in den Hintergrund.

[34] Vgl. dazu auch Webers Beschreibung des Marktes: „Die Beteiligung an einem ,Markt' (Begriff s. Kap. II) ist wiederum anders geartet. Sie stiftet Vergesellschaftung zwischen den einzelnen Tauschpartnern und eine soziale Beziehung (vor allem: ,Konkurrenz') zwischen den Tauschreflektanten, die gegenseitig ihr Verhalten aneinander orientieren müssen. Aber darüber hinaus entsteht Vergesellschaftung nur, soweit etwa einige Beteiligte zum Zweck erfolgreicheren Preiskampfs, oder: sie alle zu Zwecken der Regelung und Sicherung des Verkehrs, Vereinbarungen treffen. Der Markt und die auf ihm ruhende Verkehrswirtschaft ist im Übrigen der wichtigste Typus der gegenseitigen Beeinflussung des Handelns durch nackte Interessenlage, wie sie der modernen Wirtschaft charakteristisch ist." (Weber 1980/1922, S. 23)

Gott auserwählt und sein individuelles Seelenheil damit gesichert sei –, aber an die Stelle anonymer Marktpreise, die subjektive Wertrelationen vermitteln, tritt nunmehr der von den Heilsexperten erschlossene und von den Heilsnachfragern als lebensgestaltend anerkannte Wille Gottes. Wie das Marktmodell der Ökonomie konzipiert auch Weber den gläubigen Protestanten als ein handlungs- und entscheidungsfähiges Subjekt, im Unterschied dazu aber lösen von allen Heilsinteressenten geteilte religiöse Ideen und darin begründete, allseits respektierte Regeln der alltäglichen Lebensführung das solitäre und situationsbezogene Kalkulieren einzelner Handlungsmöglichkeiten ab. Damit können sich die Gläubigen die Beschwernisse einer vereinzelten Heilssuche ersparen und sich der Unterstützung ihrer Mitgläubigen versichern, was ihre Unsicherheit um ihr Seelenheil reduziert. Und solange die Gläubigen die religiöse Definition ihres Erlösungswegs für richtig erachten, werden sie sich an den entsprechenden Regeln vernünftigerweise auch orientieren. Soziale Wirkung gewinnt die protestantische Ethik somit dadurch, dass sich viele (wenn nicht alle) Gläubige gleichartig verhalten.

Aus diesem derart gleichgerichteten Gemeinschaftshandeln wiederum resultieren spezifische sozio-ökonomische Effekte. So können für die Gläubigen typische, vertrauensgenerierende und in der Folge transaktionskostensparende Handlungsweisen erwartbar vorausgesagt werden: die ethisch fundierte, systematische Lebensführung, die Askese und der Konsumverzicht in Verbindung mit dem systematischen, aber auf Sparsamkeit bedachten Gewinnstreben der Unternehmer und der disziplinierten, systematischen Berufsarbeit, die in ihrer aggregierten Konsequenz typische Strukturen des Alltags- und Wirtschaftslebens generieren.[35] Die damit verbundenen, von den Gläubigen selbstverständlich völlig unbedachten Fernfolgen ihrer sozial vermittelten Handlungsorientierung münden – wie Weber nicht müde wird zu betonen: aus gänzlich kontingenten Gründen – endlich in eine neuartige Wirtschaftsform aus. Die zentralen Eckpfeiler des modernen rationalen Kapitalismus: der große kapitalistische Wirtschaftsbetrieb, die geldbasierte Kapitalrechnung und die Massenmärkte, sind demnach das unintendierte Ergebnis eines sinnhaften Handelns, das sich in erster Instanz an kulturell vermittelten Heilsideen orientierte; religiöse Ideensysteme gewinnen auf diesem indirekten Wege eine nachhaltige wirtschaftsethische Bedeutung.

Unbestimmt bleibt freilich, ob und wie sich in den gemeinsam geteilten Vorstellungswelten andere Interessen der Gläubigen wiederfinden oder ob sich Widersprüche abbilden. Weber ist dieser Frage nur indirekt nachgegangen, indem er zum einen die Wahl von Glaubensvorstellungen und Göttern auf die sozioökonomische Lage und damit auf materielle Interessen bezogen hat bzw. zum an-

---

[35] Vgl. für eine methodologische Interpretation der Protestantismus-Studien Webers Hernes (1989), für eine kapitalismustheoretische Collins (1980) und für eine historische und vergleichende Kalberg (1994) bzw. für eine wirtschaftssoziologische Lesart Swedberg (1998).

deren auf zufällige Begünstigungskonstellationen hingewiesen hat, in denen sich Ideen und materielle Interessen wechselseitig positiv verstärken. Den anderen möglichen Zusammenhang, dass die religiös vermittelten Handlungsmaximen mit materiellen – oder allgemeiner: mit nicht-religiösen – Interessen kollidieren, hat er in den Protestantismus-Studien indes ausgeblendet.

Webers Grundargument, dass kollektive Ideen und Vorstellungswelten dann über das Handeln der Einzelnen institutionen- und strukturbildend wirken, wenn sie von diesen als ‚richtig' anerkannt werden, wurde teils kritisch kommentierend, teils vertiefend in der Soziologie aufgegriffen. So hat Alfred Schütz (1974/1932) Weber weitergedacht, indem er die von Weber unterstellte Homogenität und Rückbindung der Sinnstrukturen an letzte Werturteile von Gruppenmitgliedern kenntlich gemacht hat und die Ausbildung dieser Werturteile durch das interaktive Handeln der Menschen selbst zum Gegenstand soziologischer Betrachtungen machen wollte (vgl. Endreß 2008). Im Anschluss daran wurde das religiös-methodische Alltagshandelns als ein *automatisches Regelbefolgen* oder als *Routinehandeln* erklärt, das immer dann zu erwarten ist, wenn gemeinsame Deutungsmuster vorliegen, welche zur Situation und zum Problembezug *passen* (vgl. Schütz 1974/1932; kommentierend Esser 1991). Damit wird die Erschließung der Welt bzw. das In-Beziehung-Setzen der Einzelnen zur Welt als ein unbewusster und weitgehend unreflektierter Prozess auf der Grundlage gemeinsamer Wissensbestände und Interpretationsmuster erklärt. Dieses Erklärungsargument thematisiert die individuellen Intentionen allerdings zunächst nur als „grundsätzliche Unsicherheit" und belässt die weiteren Details der damit formulierten Nachfrage nach kollektiven Sicherheiten im Dunkeln. Erst weitergehende Annahmen darüber, ob und wie die kollektiven Vorstellungen konkrete, situationsspezifische Zwecke der Akteure (ideelle oder materielle Interessen oder auch Werte) aufgreifen und wie diese zueinander stehen, erlauben Aussagen über spezifische soziale Wirkungen eines an kollektiven Mustern orientierten Handelns.[36] Damit ist auch angemerkt, dass eine solche Erklärungspraxis dominante Handlungsorientierungen für empirische Situationen unterstellt: im Fall von gläubigen Protestanten das von diesseitigen Interessen abgelöste Befolgen als richtig erschlossener religiöser Regeln. Sie kann aber weder berücksichtigen, dass Ideen und Interessen kollidieren noch dass die automatische, gewohnheitsmäßige Regelbefolgung durch ein bewusst kalkulierendes, auf materielle Interessen bezogenes Handeln abgelöst werden

---

[36] Soziale Deutungsmuster können aber sowohl informativ als normativ wirken, und es sei an dieser Stelle eigens vermerkt, dass ihre Ausbildung und Zweckgeladenheit daher ein wichtiges, aber auch ein eigenes Erklärungsfeld darstellen (vgl. Schütz 1974/1932; vgl. hier ausführlich Kap. 7)

kann, bei dessen Durchführung die Akteure religiös-ethische Deutungsmuster durchaus vernachlässigen können.[37]

In der Norm- und Gruppensoziologie (vgl. Popitz 1980; Dahrendorf 2006) finden sich in der Nachfolge Webers überdies Annahmen über das menschliche Handeln, die davon ausgehen, dass die Einzelnen ihr Handeln an gemeinsam geteilten *normativen Standards* (den Erwartungen ihrer Gruppe) oder auch an *kollektiven Wissensbeständen* (den gesammelten Erfahrungen ihrer Gruppe) ausrichten. Daraus können die Einzelnen schnell und ohne größeren Informationsaufwand komplexe Situationsdefinitionen gewinnen, die das richtige Handeln mehr oder weniger präzise vorgeben und aufgrund dessen – zumindest im Durchschnitt – eine handlungsleitende Wirkung besitzen. Verschiedenste Orientierungsfragen werden demnach in Gruppen über gemeinsame, homogene Vorstellungen gelöst, die sowohl rein kognitiv als auch normativ wirksam werden können, weil und wenn sie von den Akteuren als richtig und passend angesehen werden, wobei die Akteure diese Einschätzung bewusst reflexiv oder auch gewohnheitsmäßig vornehmen können. Im Unterschied zu handlungstheoretisch komplexeren Erklärungen gelten Akteure insoweit als ‚Rollenspieler‘, als ‚Charaktermaske‘ oder ‚Kulturpersönlichkeit‘, deren Handeln als Umsetzung gegebener Muster erklärt wird, die sowohl Bewertungen als auch Erwartungen vorgeben können. Eine vielfach vorgeschlagene Ausarbeitung dieses Modells legt entsprechend die Annahme nahe, dass kollektive Ideensysteme den Mitgliedern einer Gruppe ohne weiteres Überlegen die richtigen Zwecke und Handlungen nahelegen. Das hat dazu geführt, dass in Teilen des Soziologischen Neo-Institutionalismus das zweckrationale Handeln, ebenso wie das erwartungsgeregelte oder das gewohnheitsmäßige Handeln, als Ausdruck symbolisch vermittelter Gruppenvorstellungen und werte erklärt wird. Damit war es auch kein Problem mehr, das Kernanliegen des Kulturprogramms – solidarisches oder gewohnheitsmäßiges Handeln bzw. allgemeiner: die Wertintegration der Einzelnen in Gruppen oder Gesellschaften – als eine Folge homogener und anerkannter kultureller Standards zu erklären. Die Erklärungslast liegt dann allerdings ausschließlich auf dem Vor-

---

[37] Die weitere Entwicklung des sogenannten kulturwissenschaftlichen Forschungsprogramms fand in Anlehnung an eine Typisierung der Sozialtheorien von Jeffrey Alexander (1988b) in einem individualistischen und einem kollektivistischen Zweig seinen Niederschlag, die jedoch die Ablehnung der Annahme bewusster, rationaler Handlungen verbindet. Eine Ausarbeitung folgte mit Hegel einer kollektivistischen Phänomenologie, eine mit Husserl einer stärker individualistisch orientierten Phänomenologie, was wiederum eine streng individualistisch-existenzialistische (Heidegger) und eine mehr kollektivistisch-lebensweltliche Variante (Scheler und Schütz) hervorbrachte, die im einen Fall den individuellen Akteur als Repräsentanten einer Kultur versteht und die Übernahme bzw. Einsozialisation in kulturelle Werte durch die Einzelakteure und die Reproduktion von Kultur durch individuelle Äußerungen (rationale Handlungen wie Emotionen) betont und im anderen Fall das autonome Ich und dessen Selbstkonstitution „without any society" für möglich hält (Alexander, J. 1988a, S. 226).

handensein solch kollektiver Richtigkeitsvorstellungen und deren verallgemeinerter Anerkennung. Daher verwundert es auch nicht, dass im Zentrum einer ‚kulturalistischen' Soziologie die Beantwortung der Frage steht, wie kollektive Deutungsmuster in Form von Wissen, Überzeugungen, Interpretationen, Riten, Praktiken usw. kollektiv entwickelt, gespeichert, weitergegeben und kenntlich gemacht werden können und wie deren Einhaltung über die wechselseitige Sanktion in der Gruppe bzw. durch eine zentrale Instanz erfolgreich garantiert werden kann. In kritischer Auseinandersetzung mit Weber haben die Strömungen innerhalb des Soziologischen Neo-Institutionalismus dann geschlussfolgert, dass Strukturmuster sich allein deshalb ausbreiten, weil sie in diesem von Weber vorgezeichneten Sinne als *legitimiert* gelten (vgl. etwa Maurer und Schmid 2002b), ohne klären zu wollen, warum das so ist und wie Legitimation zustande kommt und gesichert werden kann.[38]

Es kann nicht verborgen bleiben, dass die Klassiker Durkheim, Weber, Elias u. a. kulturelle Vorstellungssysteme wie Religion als ein soziales Phänomen behandelt haben, das für alle Gesellschaften wichtig ist und mit seinen Formen und Inhalten die Art und Weise, wie Gesellschaft funktioniert und sich strukturiert, entscheidend mitbestimmt. Wie wir oben ausgeführt haben, hat Max Weber darauf hingewiesen, dass nicht nur durch die Erschließung religiöser Rituale, Zeichen und Symbole, sondern auch und gerade anhand der Alltagspraxis der Akteure gezeigt werden kann, wie Religion *sinnhaftes Handeln* ermöglicht. Religiöse Überzeugungen können in ihrer Wirkung sowohl auf individuelle Zwecke – Sinnfrage, Kontrolle der Natur, soziale Reputation usw. – als auch auf die Wahrnehmung und Reflexion der Welt bezogen und so als ein Orientierungsmodus begriffen werden. Der individuelle Bezug auf religiöse Vorstellungen ebenso wie die Mitgliedschaft in religiösen Verbänden wäre dann als Ergebnis eines individuell intentionalen Handelns vor dem Hintergrund von Zwecken und Erwartungen zu behandeln. Die handlungsleitende Wirkung kann so lange als unproblematisch gelten, als garantiert bleibt, dass sich in den geltenden religiösen Vorstellungen einer Gruppe auch die Zwecksetzungen der Individuen wiederfinden bzw. sie deren sozialer Lage entsprechen. Erst wenn diese Bedingung explizit aufgegeben wird und entsprechend davon auszugehen ist, dass Durchsetzung und Verbreitung kultureller (oder religiöser) Standards nicht länger – einerlei, nun ob bewusst oder unbewusst – von den Grundintentionen und problemen der Individuen geleitet sind, kann es geschehen – wie Teile der Religionssoziologie immer vermutetet haben –, dass Religion als Ideologie zu wirken beginnt, indem sie die Zwecke der Akteure verfälscht und diese dazu verleitet, für sich

---

[38] Während wir hier als Folgeproblem die Frage adressieren würden, wer denn überhaupt bereit ist, solche Sanktionen in einer Gruppe übernehmen (vgl. dazu klassisch Popitz 1980; hier Abschnitte 8.3–8.5).

selbst schädliche, ihren eigentlichen Präferenzen entgegenstehende Handlungen zu ergreifen (vgl. Kuran 1995), wobei sie sich dieses Sachstandes vielfach nicht einmal bewusst sein müssen.

Damit sollte deutlich geworden sein, dass wir nicht einfach nur dafür plädieren, dass „Kultur" wichtig ist, sondern dass wir auf den wichtigen Umstand hinweisen möchten, dass ihre Wirkung durch vorgängige Erklärungen über die Entstehung und vor allem die Zweck- und Interessengeladenheit von kulturellen Mustern fundiert werden muss. Nur wer wie Weber mit der Annahme arbeitet, dass vorherrschende Deutungsmuster auf identischen, gemeinsam geteilten Zwecken beruhen, kann von Kulturkonflikten absehen und auch unberücksichtigt lassen, dass und wie kulturelle Muster mitunter auch mächtige Einzelinteressen durchzusetzen versuchen, indem sie Situationsdeutungen zu deren Gunsten ‚verzerren'.[39] Dazu zählen, wie wir seit Weber und Bourdieu wissen, Phänomene wie die Benachteiligung bestimmter sozialer Schichten und Klassen durch Riten, Symbole, Bräuche oder auch Zivilreligionen.

6.3.2.3 Wirkungsweisen und soziale Effekte kultureller Muster

Unser Petitum ist nun, dass die Orientierungsproblematik klarer konturiert und auch präzisiert werden kann, wenn wir zwischen der Ausbildung und Konkretion von Bewertungen und der von Erwartungen über die Folgen des Handelns *in verschiedenen Kontexten* unterscheiden, weil erst dann verschiedene Wirkungsweisen und soziale Effekte kultureller Deutungsmuster in den Blick kommen. Kollektive Wahrnehmungs- und Deutungsmuster, das haben die vorangegangenen Ausführungen gezeigt, entfalten soziale Wirkkraft erst durch und über ihre Institutionalisierung, also dadurch, dass die Akteure ihr Handeln danach ausrichten und dass Nichtbeachtung negative Folgen hat. Wir möchten uns nun zusammenfassend der empirischen Geltung von Orientierungssystemen zuwenden, also erklären, wann, warum und in welcher Form sich die Akteure in ihrem Handeln an solchen Mustern orientieren.

Dazu wäre im ersten Schritt wiederum zu zeigen, wann und warum die Orientierung an sozialen Mustern aus individueller Sicht rational ist.[40] Für den einfachsten Fall können wir argumentieren, dass intentionale Akteure, die sich

---

[39] Es erstaunt uns nicht weiter, dass gerade in der US-amerikanischen Soziologie seit den 1970er Jahren Rational-Choice-Erklärungen die Bedeutung von Religion wieder zum Thema machen und diese, wie schon die Klassiker, mit individuell positiv besetzten sozialen Effekten wie Reputation, Anerkennung, Sozialkapital usw. erklären. Anders formuliert: Die Orientierung der Akteure an religiösen Mustern wird nicht als irrationales, sondern als ein bewusstes oder unbewusstes, aber immer ein durch individuelle Intentionen geleitetes Handelt erklärt (vgl. dazu Stark und Iannaccone 1994).
[40] Im 7. Kapitel diskutieren wir dann auch noch die kollektive Rationalität von Regeln.

ihrer Zwecke bewusst sind, soziale Institutionen ‚benutzen' können, um wichtige Informationen über die äußere Welt zu erhalten und damit Erwartungen über die Effekte ihres Tuns in dieser Welt auszubilden. Das beinhaltet auf der Metaebene auch, dass sie in der Lage sind, die Folgen eines an sozialen Mustern orientierten Tuns zu reflektieren und zum Ausgangspunkt der weiteren Orientierung zu machen, was im Einzelfall durchaus bedeuten kann, diese Muster verändern oder aufgeben zu wollen. Es wäre mithin eine Aufgabe soziologischer Analyse, zu zeigen, wann und wie kulturelle Muster, die den Einzelnen entweder gar keine oder nur mehr eine unvollständige oder ineffiziente Hilfestellung sind, modifiziert oder durch andere Muster oder gar andere Orientierungsformen ersetzt werden.[41]

Davon zu unterscheiden wären nun all die Situationen, in denen die Akteure aus verschiedensten Gründen unsicher bzw. nicht in der Lage oder willens sind, die Welt ständig bewusst im Hinblick auf ihre Ziele zu erfassen und zu bewerten, weil sie sich von bewährten Institutionen und den dahinter stehenden gemeinsam geteilten, kollektiven Mustern leiten lassen können. Dies ist der Fall, den Max Weber und viele Soziologen vornehmlich im Blick haben: Handeln angesichts einer solchen Komplexität und Unsicherheit, weshalb die Beschaffung von Informationen entweder gar nicht möglich erscheint oder nur mit so viel Aufwand, dass die Grenze der kognitiven Leistungsfähigkeit erreicht wird (vgl. für viele Simon 1957). Dies macht es möglich, auf Handlungssituationen hinzuweisen, in denen jede Orientierungshilfe besser ist als keine, solange die Akteure davon ausgehen können, dass kollektive Ideensysteme in irgendeiner Weise das kollektive Wissens- und Erfahrungspotenzial wiedergeben und ihnen daher die kostspielige, im Einzelfall auch nur begrenzt mögliche Erschließung der Welt ersetzen können. Unter den zuletzt genannten Umständen kann das mehr oder weniger bewusste Orientieren an sozialen Institutionen und Mustern durchaus als rational gelten, zumindest wenn vorausgesetzt wird, dass sie einer vorgängigen intentionalen Wahl durch die Einzelnen unterliegen bzw., wie Max Weber meinte, dass sie die homogenen Absichten der Einzelnen widerspiegeln. Soziale Vorstellungswelten werden entsprechend dann besonders erfolgreich sein, wenn materielle und ideelle Interessen komplementär sind und Ideensysteme und sozial-institutionelle Aspekte ein wirkungsvolles Zusammenspiel ergeben. Dann entfalten, wie dies Weber für den modernen Kapitalismus nachgezeichnet hat, kollektive Ideensysteme eine ungeahnte soziale Dynamik, die von den ursprünglichen Absichten der Einzelnen auch völlig losgelöst sein kann (vgl. dazu ausführlich Maurer 2007a; 2009).

---

[41] Sowohl James S. Coleman als auch Mark Granovetter haben die Orientierungsvorteile sozialer Beziehungsformen untersucht (vgl. Coleman 1985; 1994; Granovetter 1985). Es waren vor allem die Neue Institutionenökonomik (vgl. etwa Williamson, O. 1990; North 1988; 1992; Eggertsson 2005) sowie das Rationalprogramm in der Soziologie (vgl. etwa Diekmann und Voss 2004b; Esser 2004a), die sich diesem Thema zugewandt haben.

Eine andere Weiterführungslinie eröffnet sich, wenn Machteffekte sozialer Ideensysteme und darauf aufbauender Institutionen aus konfligierenden Interessenlagen und divergierenden Ausstattungen erschlossen werden (vgl. etwa Fligstein 1987 oder Nee 2005). Dies behandelt den Umstand, dass kulturelle Vorstellungen durch mächtige Akteure (Priester, Wirtschaftsunternehmer und Manager, Politiker) gesetzt und geprägt werden. Die unbewusste Orientierung an ihnen führt dann, wenn sie die Interessen anderer Gruppen ignorieren oder beeinträchtigen, zu Benachteiligungen. Karl Marx hatte solche Konstellationen im Blick, wenn er hinter dem ideellen Überbau den ‚Seufzer der bedrängten Kreatur‘ sah, die keinerlei Chance zu haben meint, etwas an ihrem Schicksal zu ändern, und daher ‚billigen‘ Trost in den haltlosen Versprechen der Religion sucht. Marx unterlegt aber insofern ein prinzipiell rationales Handeln, als er seinen Akteuren die Fähigkeit zugesteht, diese Ideologien unter günstigen Umständen zu entlarven. Lehnen Sozialtheorien hingegen die Annahme eines bewussten und intentionalen Handelns ab, dann muss Kultur jeder Art als eine an sich autonome Sphäre interpretiert werden, für die individuelle Zwecke und vor allem materielle Interessen keine Bedeutung haben und die grundsätzlich „hinter dem Rücken" der Akteure wirkt.

Wir denken belegt zu haben, dass kulturelle Deutungsmuster nur dann eine rekonstruierbare Bedeutung für soziologische Erklärungen gewinnen, wenn wir sie auf Problemlagen beziehen, die sich aus spezifizierten Annahmen über das intentionale Handeln der Akteure speisen. Wird davon abgesehen, dann sind allenfalls kollektive Effekte kultureller Muster aus deren vorausgesetzter Anerkennung zu begründen und aus deren gegebenen Regeln abzuleiten. Handeln verliert dann seinen Entscheidungscharakter und wird zum Ausdruck der vorliegenden Strukturverhältnisse. Welche individuellen und welche kollektiven Effekte bzw. Rationalitäten die Orientierung an sozialen Institutionen und kollektiven Mustern hat, kann dann nur unter Hinzuziehung zusätzlicher Annahmen oder empirischer Kenntnisse über die jeweiligen sozialen Institutionen ausgemacht werden, und auch allgemeine Gestaltungsvorschläge sind nicht mehr zu unterbreiten; vielmehr muss die soziale Welt als den Einzelnen und deren Entscheidungen weitgehend entzogen erscheinen. Dies ist auch das ‚Schicksal‘ großer Teile des Neuen Soziologischen Institutionalismus, der nahezu idealtypisch für das zuletzt angesprochene Erklärungsmodell steht und die Geltung sozialer Institutionen und kultureller Standards aus der zugeschriebenen Richtigkeitsanerkennung schließt, ohne aber zu sagen, ob, inwieweit und warum eine solche Unterstellung für die Einzelnen relevant oder vorteilhaft ist.[42] Wir haben stattdessen die Orientierung

---

[42] Die handlungsleitende Kraft kultureller Ideen fand sich entsprechend zum einen im Neuen Soziologischen Institutionalismus, der wesentlich mit den Arbeiten von Paul J. DiMaggio und Walter W. Powell (1983; 1991), DiMaggio und Colyvas (2008), Lynne Zucker (1977) sowie von John Meyer und

an kulturellen Mustern aus einem grundsätzlich intentionalen Handeln gefolgert und somit Auskunft darüber geben können, dass kulturelle Muster einerseits informative, die kognitiven Fähigkeiten der Individuen ergänzende Effekte besitzen und damit einen positiven Problemlösungseffekt haben, dass sie aber andererseits auch normative Wirkungen entfalten und damit zur Spezifikation von Bewertungen und zur Erwartungsbildung beitragen. In diesem Fall sind die sozialen und individuellen Effekte davon abhängig, inwiefern in den kollektiven Mustern eine Rückbindung an grundsätzliche individuelle Intentionen vorliegt, bzw. davon, ob von deren Homogenität ausgegangen werden kann oder ob nicht vielmehr Konfliktlagen und Macht relevant werden.

6.4 Institutionalisierte Lösungen für Orientierungsprobleme

Ausgangspunkt unserer Überlegungen war die Frage, wann und wie die subjektive Erschließung der Welt mittels kollektiver Wissens- und Deutungsmuster in soziologischen Erklärungen zu beachten ist. Wir sind davon ausgegangen, dass das Wollen und Denken der Akteure und damit ihr Handeln letztlich weder durch natürliche Instinkte noch durch genetische Anlagen oder vorgängige soziale Programme vollständig determiniert sind. Wir sind vielmehr der Annahme gefolgt, dass die Menschen grundsätzlich zu einer variablen und vielgestaltigen, in jedem Fall sinnhaften Strukturierung und Deutung der Welt fähig sind, also Intentionen haben und sich *darauf bezogen* die sie umgebende Welt zu erschließen suchen. *Orientierungsprobleme* folgen dann daraus, dass den Akteuren weder eine problemlose Übersetzung der Welt in erwartete und bewertbare Handlungsmöglichkeiten noch die situationsspezifische Definition und Operationalisierung ihrer Zwecke einfach und ohne weitere Anstrengungen gelingt. Anders formuliert: Weder müssen sich ihnen angesichts der bisweilen undurchsichtigen äußeren Umstände die zur Realisierung ihrer Intentionen adäquaten Handlungen sofort, richtig und ohne weitere Aufwendungen erschließen noch muss es ihnen spontan und unmittelbar gelingen, ihre Grundintentionen in situationsspezifische Bewertungen zu übersetzen. Daran anknüpfend haben wir zu klären versucht, *wann* und *wie* die Akteure dafür Deutungs- und Wahrnehmungsmuster nutzen bzw. wann sich die Bezugnahme auf *kollektive Wissensbestände* oder *normativ-kulturelle*

Brian Rowan (1977) verbunden ist, die in den 1980er Jahren eine ‚kognitive Wende‘ in der Soziologie eingeläutet haben, in deren Folge jegliche Rationalitätsannahmen auf der Individualebene und auch die Ableitung kollektiver Rationalität aus individuell rationalen Handlungen abgelehnt und soziale Sachverhalte stattdessen als Spiegelung legitimer gesellschaftlicher Deutungs- und Wahrnehmungsmuster erklärt werden. Letztlich werden so auch individuelle Handlungsorientierungen wie die Zweck-Mittel-Abwägung als eine kulturell-symbolische Größe begriffen.

Vorstellungen aus individueller Sicht erklären lässt und welche sozialen Effekte daraufhin zu erwarten sind. Damit hat sich nicht zuletzt auch der Dualismus zwischen den beiden idealtypischen Modellen in der Soziologie und in der Ökonomie aufbrechen lassen. Wir konnten herausarbeiten, dass beide Male verhandelt wird, wie die Akteure ein bestimmtes Problem: den effizienten Ressourceneinsatz auf der einen Seite und die Suche nach Sinn und Heilsgewissheit auf der anderen Seite, angesichts von Unsicherheit durch das ‚richtige‘ Handeln möglichst gut lösen können. Marktpreise und kollektive Deutungsmuster, die beiden diskutierten Lösungen, bieten dafür Hinweise, weil sie Informationen bündeln und zum Ausdruck bringen, die die Einzelnen für sich allein weder sammeln noch auswerten könnten. Preise und Deutungsmuster entfalten jeweils handlungsleitende Wirkungen, weil und solange die Einzelnen davon ausgehen, dass die für ihr Problem notwendigen Informationen dadurch bereitgestellt werden, und wenn zusätzlich der institutionelle Rahmen – im Falle der Marktpreise der Wettbewerbsmarkt und im Falle der religiösen Ethik die anderen Mitglieder und die professionellen Interpreten – Abweichungen anzeigt und bestraft. Kulturelle Muster vermitteln einerseits Informationen, auf deren Grundlage die benötigten Erwartungen besser und einfacher gebildet werden können, sie beinhalten im Falle ihrer Institutionalisierung aber auch normative Prägekraft.

Wir haben bewusst darauf verzichtet, all die mit dem Themenkreis „Orientierung" oftmals assoziierten Facetten und Aspekte der Subjektwerdung, Identitätsbildung, Emanzipation usw. aufzuführen, sondern haben uns darauf konzentriert, *Orientierungsprobleme intentional Handelnder* zu behandeln und deren Problemgehalt so zu analysieren, dass mögliche und nötige Lösungen differenziert nach ihren Effekten befragt werden können. Wir sind dabei unseren methodologischen Regeln gefolgt und haben zunächst durch *zusätzliche Annahmen* die kognitiven Fähigkeiten der Akteure realistischer gefasst und im zweiten Schritt deren Fähigkeiten, sich ihrer Intentionen reflexiv bewusst zu werden, diese rational und logisch konsistent zu gestalten und auch situationsspezifisch zu operationalisieren, als begrenzt beschrieben. Eine soziologische Heuristik gewann unsere Betrachtung allerdings erst durch den Einsatz von Situationsmodellen, die grundsätzlich die *Komplexität* und *Zukunftsoffenheit der sozialen Welt* in den Vordergrund rücken.[43] Besonders bedeutsam war für unser Vorgehen daher die handlungstheoretisch angeleitete Spezifikation der gemeinhin als *Unsicherheit* beschriebenen Problemlage. Wir haben das Orientierungsproblem dahingehend unterschieden, ob damit eine eingeschränkte Intentionen-Rationalität

---

[43] Die vorgängige Frage, wann, warum und wie sich überhaupt soziale Orientierungsmuster oder standards ausbilden, wollen wir dann im folgenden 7. Kapitel ausführlicher darstellen, können aber schon jetzt darlegen, wann es wichtig ist, mehr über die Entstehung von kollektiven Mustern zu wissen, um so deren soziale Qualitäten und Eigenschaften aufdecken zu können.

oder eine beschränkte Erwartungsbildung adressiert wird. Im ersten Fall werden dann Situationen als wichtig erkannt und benannt, in denen der Rationalitätsgrad der Handlungsmotive bzw., im zweiten Fall, die rationale Erwartungsbildung für die Bearbeitung der anstehenden Problemlage wichtig wären, die mit der ausschließlichen Hilfe individueller Fähigkeiten nicht zu bewältigen sind. Und natürlich lassen sich beide Annahmenbündel auch kombinieren und so in ihrem Problemgehalt steigern bzw. senken. Dafür sind prinzipiell zwei Wege zu beschreiten: Erstens kann die Annahme vollständiger Informiertheit durch die Hypothese ersetzt werden, dass die Akteure nur über begrenzte Informationskapazitäten verfügen, sodass die Informationsbeschaffung und auswertung zum Erklärungsproblem wird. Zweitens kann sowohl die Annahme, dass Intentionen bereits vorhanden sind,[44] als auch die Prämisse aufgegeben werden, dass die vorliegenden Institutionen konsistent und logisch geordnet sind, wodurch zum einen die Ausbildung individueller Absichten und Intentionen und zum anderen der schwankende Rationalitätsgrad individueller Intentionen in den Blick genommen werden kann.[45] Welchen Prägungseinfluss kulturelle Muster haben können, hängt von diesen Vorgaben unmittelbar ab.

Die Orientierungsproblematik ist im Rahmen des hier vertretenen Erklärungsmodells also grundsätzlich in zwei Weisen aufzufächern: Erstens über begrenzte Wahrnehmungs- und Deutungskapazitäten, welche die Erschließung der äußeren Welt behindern, und zweitens anhand solcher Faktoren, welche die innere Reflexion bzw. die Rationalität der Intentionen beeinträchtigen. In beiden Fällen können kollektive Erfahrungsregeln, gemeinsame Wissensbestände oder auch geteilte Werte und Normen als Orientierungsrahmen vorteilhaft werden, wenn die Akteure meinen, dass ihnen dadurch die benötigten Informationen bereitgestellt werden.[46] Den ersten Fall haben die Soziologie wie die Ökonomie mithilfe der relativ einfachen Korrektur der Annahme behandelt, dass die Akteure die Umstände ihres Handelns vollständig durchschauen (vgl. Simon 1957; Denzau und North 1994; Williamson, O. 1990; Coleman 1990a). Es wird dann das Problem verhandelbar, dass Akteure zwar ihr Handeln durch unstrittige, stabile und logisch konsistente Motive leiten lassen wollen, dies aber wegen ihrer begrenzten

---

[44] In der ökonomischen Welt wird dazu zusätzlich mit der Annahme gearbeitet, dass die Akteure ‚nur' Kauf- und Verkaufsentscheidungen über Güter treffen müssen, da ihr einziges Anliegen der private Nutzengewinn durch Güterkonsum ist, wohinter die Prämisse steht, dass alle Akteure ihre Existenz über materielle Güter sichern müssen und wollen.

[45] Dass die Annahme gegebener Präferenzen selbst zum Erklärungsgegenstand gemacht werden kann, wird in der Ökonomie überhaupt nicht bestritten, wie die wiedererwachten „behavioral economics" bzw. neuere Entwicklungen in Rational-Choice-Erklärungen (vgl. Hedström und Stern 2008) ebenso belegen wie klassische Arbeiten (Hirschman 1980).

[46] Wichtig festzuhalten ist, dass die unstrittige Relevanz bzw. das Zurückgreifen auf kulturelle Standards unterstellt, dass weder Märkte noch Hierarchien noch soziale Kooperationen dies leisten.

Wahrnehmungs- und Deutungsfähigkeiten nicht unbedingt können, womit sie der
Gefährdung ausgesetzt sind, relevante Aspekte der Situation nicht zu erkennen
oder falsch einzuschätzen und damit ihren Handlungsraum entweder nicht umfassend genug oder doch falsch zu erschließen. Wir werden später noch sehen,
dass sich daran dann wichtige soziologische Fragen anknüpfen lassen, wenn nicht
mehr die Orientierung des „einsamen Subjekts", sondern die *Koorientierung* von
Akteuren in sozialen Kontexten in Rechnung gestellt werden muss (Kap. 7–9);
dann werden durch fehlende Informationen strategische Optionen von enor-
mem Ausmaß generiert, etwa in verschiedensten Verhandlungskonstellationen
(Kap. 7), angesichts von Kooperationsdilemmata (Kap. 8) oder zwischen Akteuren mit konfligierenden bzw. antagonistischen Interessen (Kap. 9).

Eine starke Problemkonturierung ergibt sich, wenn die Annahme begrenzter
Informationsverarbeitungskapazitäten kombiniert wird mit Situationsbeschreibungen, die von der Annahme Abstand nehmen, dass der Wettbewerbsmarkt als
institutionelles Setting kosten- und problemfrei richtige und vollständige Informationen über die relativen Werturteile der anderen bereitstellt, sodass auf andere kollektive Bewertungsverfahren wie etwa religiöse Ideensysteme, ethische
Maximen oder sozial-kulturelle Standards zurückgegriffen werden muss, über
deren ‚Entstehung' und Interessenrückgebundenheit dann eigene Erklärungen
vorgelegt werden müssen. Mit der Unvermeidbarkeit derartiger kollektiver Informationen rückt die *bewusste* wie *unbewusste Orientierung* an *bewährten* kollektiven Wissensbeständen oder kollektiven Deutungsmustern für das intentionale
Handeln der Akteure in den Vordergrund, weil es für sie einerseits vorteilhaft
sein kann, durch die Orientierung daran Informationsprobleme zu entschärfen,
weil aber andererseits im Falle kollektiv gesetzter und zu interpretierender kultureller Muster immer zu klären ist, inwiefern sie an die Intentionen aller, vieler
oder weniger mächtiger Akteure angebunden sind.[47] Zudem erfordert die Orientierung an kollektiven Mustern, dass die Akteure sich diese aneignen, erkennen, interpretieren, weitergeben usw., womit Prozesse angesprochen sind, die
ihrerseits Fähigkeiten und Deutungsprozesse voraussetzen und zudem implizites
und explizites Wissen über die Entstehung und die Verbindung solch kollektiver
Wissens- und Deutungsmuster mit den individuellen Zwecken erfordern.[48] Aber:
Auch die Orientierung an kollektiven Wahrnehmungs- und Deutungsmustern
lässt sich als rational begreifen, wenn begrenzt rationale Akteure in einer un-

---

[47] Einen Sonderfall bilden in diesem Zusammenhang Situationen, in denen jede Information besser
ist als keine, was bedeutet, dass an sich nur vorteilhafte Orientierungen möglich sind, nicht aber Lösungen, die den Einzelnen einen höheren Schaden bescheren würden als die ‚Orientierungslosigkeit'
und damit ein Nichtentscheiden und Nichthandeln.

[48] Diesem Problemkreis vor allem möchte sich (in integrativer Absicht) der Neue Institutionalismus
widmen; er bindet seine Überlegungen aber nicht in eine erkennbare Handlungstheorie ein; vgl. für
aktuelle Bemühungen DiMaggio und Colyvas (2008) sowie Meyer und Jepperson (2000).

sicheren Handlungssituation davon ausgehen können und müssen, dass sie sich solche kulturell vorgegebenen Muster dienstbar machen können, um daraufhin ihre Absichten besser zu realisieren als durch das bewusste, aber aufwendige Wahrnehmen und die kostenintensive Kalkulation aller Handlungsmöglichkeiten in der jeweiligen Situation.[49] Die Institutionalisierung solcher Muster in Form von alltäglichen Regeln der Lebensführung ist unter diesen Umständen ein sozialer Prozess, der für die Einzelnen durchaus Vorteile bringt.

Darauf hingewiesen zu haben, dass mitunter die Intentionen der Akteure eine soziale und kulturelle Geschichte haben und dass nicht nur materielle, sondern auch ideelle und soziale Motive und Zwecke handlungsrelevant sein können, ist die bleibende Leistung Max Webers. Es war und ist seither ein zentrales Anliegen der Soziologie, auch solche subjektiven Wahrnehmungs- und Deutungsprozesse systematisch zu erfassen und festzuhalten, die auf die soziologische Erklärung von Handlungsorientierungen – also von komplexen Einstellungen auf die Handlungssituation – und Handlungsmotiven abstellen. Weber selbst hat eingefordert, dass soziologische Erklärungen *neben* dem bewussten zweckrationalen auch das bewusst wertrationale und darüber hinaus auch ein unbewusstes, von kulturellen Standards geleitetes Handeln berücksichtigen müssen; offenbar aber hielt er die damit verbundenen Probleme nicht für theoriefähig und wollte deshalb deren jeweilige empirische Geltung voraussetzen bzw. in einem eigenen Schritt untersuchen, unter welchen Bedingungen welche Standards Beachtung finden. In diesem Zusammenhang kann die Orientierungsfrage noch in eine andere Richtung weitergetrieben und präzisiert werden. Es geht dann nicht (mehr allein) um die Beschaffung handlungs*relevanter Informationen* über die Situation, sondern um die Erhebung (historisch konkreter, wenn auch) situationsbezogener Definitionen von Handlungsmotiven: materielle Existenzsicherung, soziale Anerkennung, Heilsgewissheit, und von im Prinzip kontingenten und faktisch vielfach kombinierbaren Handlungsorientierungen: zweckrationales Kalkulieren oder wertrationale Gesinnung oder gewohnheitsmäßiges Routinehandeln oder gar die leidenschaftliche Gefühlslage. Dies beinhaltet auch das komplexe Problem, dass die Akteure sich zwischen Zwecken entscheiden und zudem festlegen müssen, auf welche Form des kollektiven Erfahrungswissens oder auf welche ästhetisch-ethischen Vorstellungen sie sich dabei beziehen können. Inwiefern in diesem Fall kollektive Muster sich hinter dem Rücken und

---

[49] Vgl. dazu die Kritik an und die Erweiterung von ökonomischen Erklärungen durch „common knowledge" in der Spieltheorie (Schelling 1978), durch mentale Modelle in ökonomischen Erklärungen historischer Entwicklungspfade (vgl. z. B. Denzau und North 1994) bzw. durch die Verbindung von Kultur und Institutionen (Greif 1994) bis hin zur Ausarbeitung neuer Handlungsmodelle wie dem *homo-socio-oeconomicus*, dem *homo culturalis* usw. (vgl. für Überblicke Schmid und Maurer 2003a; Held et al. 2007).

gegen mögliche ‚objektive' Interessen der Akteure durchsetzen können, bleibt bei Weber eine offene Frage.

Wir schließen an Webers Themenstellung in Form der These an, dass die Akteure nur über eine beschränkte Intentionen-Rationalität verfügen, womit das Phänomen erfasst werden kann, dass die situationsbezogene Reflexion und Definition von Zwecken nicht hinreichend klar und logisch konsistent erfolgt und den Akteuren regelmäßig unklar bleibt, wie sie ihre grundsätzlichen Absichten[50] in adäquate Unterziele übersetzen können. Diese Deutung der Problemlage basiert nach wie vor auf der Annahme, dass Akteure im Prinzip individuell *sinnhaft handeln* können, verweist aber auf die eventuelle Notwendigkeit, die Prozesse in Rechnung zu stellen, denen in einer komplexen und zukunftsoffenen Welt die Ausprägung eines der beiden Grundbestandteile der Handlungsfunktion: der *Bewertungen* (Motive und Zwecke), unterliegt, wobei bewusste und kalkulierende Zweckabwägungen ebenso eine Rolle spielen können wie kulturell vermittelte Zwecksetzungen und präzisierungen. Im Falle eines bewusst zweckrationalen Handelns wird dann die Wahl von Zwecken und im Falle eines wertrationalen die von Werten problematisiert. Je weniger bewusst und logisch die Akteure ihre Intentionen wahrnehmen und auswählen, desto geringer ist die Intentionen-Rationalität. Informative Hinweise aus kollektiven Wissensbeständen und Orientierungsmustern können unter diesen Umständen helfen, den Rationalitätsgrad zu steigern,[51] insofern sie die unterschiedliche Relevanz möglicher Zwecksetzungen hervorheben und deren Realisierungsmöglichkeiten aufdecken.

In soziologischen Erklärungen wird die Orientierungsthematik gegenwärtig noch eher zögerlich aufgegriffen, obwohl sich durchaus frühe Ansätze (Boudon 1988; 1990; Lindenberg 1990; Esser 2004a; 2010) und auch zwei Ausarbeitungswege finden. Auf der einen Seite haben Hartmut Esser u. a. – meist mit direktem Bezug auf Weber – an einer Erweiterung des handlungstheoretischen Fundaments gearbeitet, sodass neben dem vollständig informierten Kalkulieren der Situation auch das mehr oder weniger unbewusste Orientieren an kollektiven Mustern und auch Werten erfasst werden kann. Essers Frame-Modell erläutert etwa das Umschalten von einem unbewussten, kulturellen Mustern folgenden Routinehandeln auf ein bewusstes, rein Werte befolgendes oder nur Nutzen kalkulierendes Handeln. Die erklärenden Faktoren dafür sind die Wichtigkeit der

---

[50] An dieser Stelle finden dann oftmals anthropologische Annahmen ihren Einsatzort, die entweder materielle oder ideelle Grundbedürfnisse unterstellen und damit auch die Annahme einer objektiven Realität einführen (vgl. etwa Esser 1993). Konstruktivistische Handlungskonzeptionen schließen sich dem (natürlich) nicht an.

[51] Auch eine Erklärung rationaler Handlungen setzt dies voraus. Rational ist ein Handeln nach Weber dann, wenn es als richtiges Mittel zur bestmöglichen Erreichung bewusster Ziele unter Berücksichtigung von Nebenfolgen bzw. wenn es als das probate Mittel zur Realisierung als richtig geltender Werte angesehen wird.

Handlung, das problemfreie Erkennen eines die unterscheidbare Deutung einer Handlungssituation festlegenden „frames" und der „match" zwischen der Handlungssituation und dem kulturellen Situationsrahmen (vgl. Esser 2000b; e; 2003d; 2010). Theorietechnisch ist dabei weiter zu unterscheiden, ob auf der Metaebene an der allgemeinen Handlungsannahme eines an sich intentionalen Handelns festgehalten und für konkrete Situationen die Handlungsorientierung und damit die Relevanz von materiellen, ideellen und sozialen Situationsfaktoren festgelegt wird oder ob von verschiedenen Rationalitätslogiken – einer kurzfristigen Zweckrationalität, einer langfristigen Wertrationalität oder einer praktischen Rationalität – ausgegangen wird (vgl. etwa Greve 2003). Eine besondere Ausarbeitung wäre ein Modell, das kulturelle Vorgaben als Ausdruck allgemeiner „guter Gründe"[52] fasst (Boudon 1990; 1994; Hedström 2005) und damit das daran orientierte Handeln unter Verweis auf den „unbedingten Eigenwert" der jeweiligen Gründe oder Werte (Weber 1980/1922, S. 12) erklärt. Damit muss aber nicht geleugnet werden, dass dies rational in dem Sinne ist, als sich die Akteure dadurch von ihren letzten Werturteilen leiten lassen (vgl. Elster 1989).[53]

Der zweite Weg, den die soziologische Erklärungspraxis beschritten hat, bevorzugt einfache, wenngleich ableitungsstarke Annahmen auf der Handlungsebene und hält an der Annahme gegebener und logisch konsistenter Bewertungen fest und greift Orientierungsfragen als Probleme der individuellen Erwartungsbildung auf. Es geht dann in erster Linie darum, inwieweit die Akteure die relevanten Handlungsmöglichkeiten in einer Situation erkennen und ob sie deren Effekte genau kalkulieren können.[54] So wären etwa *subjektive Wahrnehmungs- und Deutungsprozesse* zu berücksichtigen, die durch kulturelles Wissen oder

---

[52] Boudon berücksichtigt demgegenüber auch ein nicht-intentionales Handeln in dem Sinne, dass die Bewertungen der Individuen nicht durch Handlungsfolgen, sondern von Vorstellungen über das Richtige, Gute, Wahre, Gerechte usw., unabhängig von den Folgen eines davon bestimmten Handelns, geleitet sein können (vgl. Maurer und Schmid 2004; zur Kritik an Boudon etwa Greve 2003, S. 630 ff.).

[53] Nach unseren bisherigen Ausführungen verwundert es nicht, feststellen zu können, dass all diese Bemühungen um eine integrative Handlungstheorie, die neben dem bewussten Kalkulieren von Situationen im Hinblick auf Zwecke auch das an kollektiven Vorstellungsmustern ausgerichtete wertrationale und traditionale Handeln berücksichtigt, im Werk von Max Weber einen klassischen Bezugspunkt haben (vgl. dazu Maurer 2006a; b).

[54] Erweiterungen von Rational-Choice-Erklärungen, die im Rahmen einer allgemeinen Handlungstheorie erfolgen und die an sich von einem rationalen Handeln in dem Sinne ausgehen, dass sie das Handeln grundsätzlich durch seine Folgen motiviert sehen, können und wollen die Orientierung an kollektiven Wahrnehmungs- und Deutungsmustern als eine individuell durchaus rationale Handlungsform angesichts verschiedener Orientierungsprobleme ,erklären' und damit die klassischen Anomalien von Rational-Choice-Erklärungen aufgreifen (vgl. Esser 1993, S. 217; 2001a; b; Hedström und Stern 2008), so etwa für den Fall, dass kulturelle Modelle vorliegen, die auf eine Situation passen, die für den einzelnen Akteur nicht besonders wichtig (verlust- oder ertragreich) ist und deren Scannen ihm zu viel Aufwand (Informationskosten) abverlangen würde (vgl. Esser 2001b).

Deutungsschemata ergänzt, verbessert oder ganz ersetzt werden, weil dies für die einzelnen Akteure vorteilhafter wäre als die individuelle Kalkulation aller Handlungsalternativen. Damit geraten vornehmlich solche Situationen in den Blick, die nicht wie der Wettbewerbsmarkt richtige und kostenfreie Informationen zu Verfügung stellen, sondern die grundsätzlich durch nur aufwendig zu kontrollierende Komplexitäten geprägt sind und sich zudem dadurch auszeichnen, dass strategische Fehlinformationen, Informationszurückhaltung und steigende Informationskosten zum Problem werden. Für unsere Zwecke reicht der Nachweis aus, dass Akteure vor derartigen Orientierungsproblemen stehen können, die es für den Einzelnen möglich und sinnvoll werden lassen, von einem bewussten, Nutzen kalkulierenden Wahrnehmen abzusehen und stattdessen mit Rückgriff auf Kulturvorgaben Informationsprobleme zu bewältigen und damit Informationskosten zu senken.[55] Eine entsprechende Modellierung setzt freilich voraus, dass solche Muster tatsächlich vorliegen und weder Widersprüche noch Ambivalenzen aufweisen, die ihre Wirkung als eine eindeutige Informationsquelle einschränken würden.[56]

Davon zu unterscheiden wären entsprechend all die soziologischen Ansätze, die, wie etwa der Neue Soziologische Institutionalismus, holistisch voraussetzen, dass die individuellen Intentionen und Handlungen kulturell geprägt und bestimmt sind, und daher am rationalen Handeln Einzelner gar nicht besonders interessiert sind, da sie die Akteure nicht als autonome Entscheider, sondern als ‚Transformationsriemen‘ kollektiv gegebener Werte und Vorstellungen betrachten und in der Folge dazu neigen, die jeweils zu erklärenden sozialen Effekte unmittelbar und ohne Rekurs auf individuelle Handlungsentscheidungen aus den kulturellen Repräsentationen (Formen und Inhalte) zu folgern. Derart angelegte Kulturanalysen können und wollen keine Aussagen über die Vorteilhaftigkeit und zweckdienliche Ausgestaltung von Kultur aus Sicht der Akteure unterbreiten. Kultur kann deshalb auch alles sein: das Gute, Wahre und Schöne, aber eben auch Ideologie, „Opium des Volkes" oder Verblendung. Dies ist darin begründet, dass weder ein *Orientierungsproblem* aus Sicht der Akteure benannt wird noch den

---

[55] Auch hier gilt wie in der Ökonomie, dass die soziale Qualität kultureller Muster in der dadurch möglichen wechselseitigen sicheren Erwartung bestimmter Handlungen liegt und damit in einer Koorientierung (vgl. hier Kap. 7) für den Fall, dass andere Mechanismen wie der Markt oder die Herrschaft nicht funktionieren. Dass diese soziale Qualität wiederum von den Entstehungs- und Ausbaubedingungen kultureller Muster abhängt, sollte nunmehr nicht mehr eigens erwähnt werden müssen (vgl. dazu auch Schmid 2008a)

[56] Boudon hat bereits früh vermerkt, dass der *homo oeconomicus* nur für bestimmte Situationen anwendbar ist und dass ein intentionales Wahlhandeln auch von internalisierten Werten oder Gewohnheiten bestimmt sein kann und dass natürlich auch Intentionen und Präferenzen der Akteure selbst von der Umwelt und vorhergehenden Handlungen und Erfahrungen abhängen und zum Erklärungsgegenstand gemacht werden können (vgl. Boudon 1980a, S. 200)

Akteuren der Willen und die Fähigkeit zugesprochen werden, Zwecke zu setzen, in situationsspezifische Werte oder Interessen zu übersetzen und zur Leitlinie ihres Handelns zu machen. In logischer Folge sind es dann nicht die objektiven Rahmenstrukturen, deren Sachzwang ein intentionales Handeln verhindert, sondern der Mangel an zugeschriebener Intentionen-Rationalität auf Ebene der Handelnden. Wir wollten demgegenüber demonstrieren, wie ausgehend von der Annahme eines grundsätzlich intentionalen Handelns sich verschiedene Grade des Orientierungsproblems beschreiben lassen und wie und mit welchen erwartbaren sozialen Effekten unterschiedliche kollektive Muster verbunden sind.

6.5 Wann und warum werden kollektive Deutungsmuster relevant?

Wir haben uns in diesem Kapitel die Frage gestellt, wann und warum für die Erklärung sozialer Sachverhalte die subjektive Erschließung der Welt und kollektive Wahrnehmungs- und Deutungsmuster relevant werden. Dazu sind wir im Rahmen des vorgestellten Erklärungsmodells mit seiner Kernannahme des individuell intentionalen Handelns dem Verdacht nachgegangen, dass kulturelle Situationsfaktoren im Sinne gemeinsamer Deutungs- und Wahrnehmungsmuster als *erklärungsrelevanter Faktor* überall dort aus dem ,Nebel' der vielen Situationsaspekte hervortreten, wo sie handlungsleitende Wirkungen entfalten. Dazu haben wir analytisch unterschieden, ob sich diese Wirkungen auf die kausalen handlungsgenerierenden Intentionen oder aber auf die individuellen Fähigkeiten und Fertigkeiten beziehen, auf die die Akteure bei der Erschließung von Situationen im Lichte ihrer Intentionen unter Umständen zurückgreifen. Vor diesem Hintergrund ist es uns gelungen, Situationstypiken herauszuarbeiten, in denen kollektive Deutungs- und Wahrnehmungsmuster für intentionale Akteure relevant werden, und deren dann zu erwartende orientierende Effekte zu analysieren.

Es lassen sich folgende Konstellationen präzisieren. Zum einen kann das Handeln als Ergebnis einer individuell-rationalen und bewussten Zwecksetzung unter Verwendung von ganz bewusst kalkulierten Erwartungen über die positiven oder negativen Folgen verschiedener Handlungsmöglichkeiten angesichts bestimmter Rahmenbedingungen erklärt werden. Eine solche Anlage ist dann möglich und sinnvoll, wenn von einem bestimmten institutionellen Setting ausgegangen werden kann, das – wie im Falle von Wettbewerbsmärkten – die relevanten Informationen objektiv richtig und problemfrei zur Verfügung stellt. Dann ist an die individuelle Rationalität nur die Anforderung zu stellen, die eigenen Zwecke logisch zu ordnen und zum Bewertungsmaßstab des Handelns zu machen, während die Situationswahrnehmung sich darin erschöpfen kann, die Marktpreise zur Kenntnis zu nehmen; dass auch dies mitunter Interpretationen und damit Interpretationshilfen erfordert, ist seit Frank H. Knight bekannt und inzwischen zu einem wichtigen Thema der Wirtschafts- und Finanzsoziologie geworden (vgl. etwa Knorr Cetina und Preda 2005)

Eine erste Erweiterung der Orientierungsproblematik hat schon Max Weber angedacht, indem er darauf hinwies, dass die Intentionen bzw. die individuellen Zwecke der Menschen in historisch-empirischen Konstellationen eine jeweils konkrete Gestalt annehmen, was etwa dazu führen kann, dass ihr Handeln nicht, wie in der Ökonomie unterstellt, allein durch den sich konstant reproduzierenden Bedarf an materiellen Gütern geprägt ist, sondern dass auch kontingente ide-elle Bedürfnisse zum Anlass ihres Handelns werden können und dass sie sich dabei nicht einfach an richtigen Marktpreisen orientieren können, sondern kol-lektiver Maßstäbe bedürfen, die zudem noch interpretativ erschlossen werden müssen. Allgemein gewandt besagt diese Erweiterung, dass die grundsätzliche Intentionalität der Akteure auch und gerade in Form einer rational abwägenden Zwecksetzung und Zweck-Mittel-Wahl mit Bezug auf empirische Situationen konkretisiert werden muss und dass dabei vorgelagerte kulturelle Muster helfen, indem und insofern sie die damit verbundene Komplexität der in diesem Kontext fälligen Entscheidungen reduzieren.

Davon abzuheben sind Erklärungen, die zwar unterstellen, dass die indi-viduell-rationale Zwecksetzung kein Problem darstellt, die zugleich aber nicht übersehen können, dass die Ausbildung ‚richtiger' Erwartungen über die Folgen eines zweckgerichteten Handelns problematisch ist. Dies kann der Fall sein, weil die Relevanz von Situationsaspekten für das eigene Wollen nicht klar ist oder aber weil deren ‚Umrechnung' in Handlungsalternativen und Handlungsfolgen nicht ohne Hindernisse erfolgen kann. Dazu zählen vor allem die Schwierigkei-ten, die Eintrittswahrscheinlichkeit bestimmter Handlungsfolgen einzuschätzen, womit die Beschwernis angesprochen ist, in komplexen Situationen die Folgen eines bestimmten Tuns sicher und genau zu bestimmen. Eine Ausprägung dieses Problems behandelt die Soziologie seit Max Weber, wenn sie nach den Umstän-den fragt, unter denen Akteure sichere und verständliche Erwartungen über das Handeln anderer hegen können. Zur Beantwortung dieser Frage wäre präzise zu bestimmen, welche Art des Wissens für die jeweilige Einschätzung wichtig ist, ob also selbst beschaffte Informationen ausreichen oder ob der einzelne Akteur auf ein vorgegebenes institutionelles Wissen zurückgreifen muss, weil er nur auf diese Weise Probleme bewältigen kann, die seine Kräfte ansonsten übersteigen. Kollektive Deutungs- und Wahrnehmungsmuster können in solchen Situationen als eine rationale Form der Informationsbeschaffung verstanden werden, die sich als bewährte und unproblematische Auswahlhilfe bei Handlungsunsicherheiten oder bei gleichwertigen Optionen, als zusätzliche Hilfe bei Kontrollproblemen oder allgemein als Mittel der Unsicherheits- und Komplexitätsreduktion erklä-ren lassen. Kollektive Deutungs- und Wahrnehmungsmuster sind dann grund-sätzlich als ein rational eingesetztes Mittel im Hinblick auf die Realisierung individueller Zwecke zu analysieren, das sich für verschiedene Probleme der Informationsbildung anbietet.

Davon zu unterscheiden wäre die unbewusste, alltagspraktische Orientierung an kulturellen Mustern, die sich als Orientierung an bewährten Regeln behandeln lässt, wie dies schon Weber (in der „traditionalen" Handlungsorientierung), Schütz oder auch von Hayek und neuerdings Esser, North und andere Vertreter handlungstheoretischer Erklärungen vorgeschlagen haben. Auch diese Theoretiker gehen davon aus, dass die Menschen intentional handeln bzw. dass sozialwissenschaftliche Erklärungen ihren Ausgangspunkt beim ‚an sich' intentional-rationalen Handeln nehmen sollten, aber sie geben die Annahme auf, dass die Akteure die Folgen jeder Handlung bewusst und in Form von messbaren Erträgen kalkulieren. Stattdessen erklären sie Handeln unter der Randbedingung, dass erprobte kulturelle Deutungs- und Handlungsmuster vorliegen und die Akteure mehr oder weniger bewusst davon ausgehen, dass die Orientierung daran für die Realisierung ihrer Interessen vorteilhaft oder jedenfalls nicht mit Nachteilen verbunden ist. Dann folgt daraus, dass sie ihr Handeln an diesen kollektiven Mustern orientieren und die Handlung ausführen, die diese ihnen für bestimmte Situationen als ‚angemessen' vorgeben bzw. die sie mit deren Hilfe als ‚richtig' beurteilen. Für die Arbeit des Sozialwissenschaftlers bedeutet dies, wie Max Weber schon gesehen hat (1988/1922, S. 434 ff.; 1988/1920), dass er mit einer Rekonstruktion der jeweils gültigen Vorstellungen oder Sinnzusammenhänge zu beginnen und daraufhin zu bestimmen hat, auf welche kollektiv gegebenen Regeln sich die Individuen beziehen und welche Handlungsweisen sich daraus dann ‚objektiv' und ‚verständlich' ableiten lassen. Zu diesem Zweck braucht der Theoretiker sich nicht darauf festzulegen, dass der Akteur nicht in Umstände geraten könnte, angesichts derer auch die Aufgabe einer Routine für ihn sinnvoll ist.

Obwohl die Logik dieser und die der vorherigen Situationstypen darin zu sehen ist, dass die Orientierung an kollektiven Mustern für die Akteure aufgrund ihrer Intentionen vorteilhaft ist, braucht man nicht zu übersehen, dass sich diese Vorteile ganz unterschiedlich auf die verschiedenen Akteure verteilen können. So mag es sein, dass die Nutzung kollektiver Deutungsmuster unterschiedlichen Machtinteressen dient und Akteure auch in die Rolle des Befehlsempfängers versetzen kann, wie dies etwa Norbert Elias (1988) anhand der Zeitbestimmung durch die Priester illustriert hat. Derartige Prägungen können einen noch nachhaltigeren Charakter dort gewinnen, wo kollektive Deutungsmuster als falsche und unrealistische Vorstellungen oder als Ideologien dazu beitragen, dass die Akteure ihre Welt nicht (länger) im Lichte ihrer eigenen Intentionen wahrnehmen können bzw. hinsichtlich der Folgen ihres Handelns falsch einschätzen. Damit ist eine Grenze des hier vorgestellten Erklärungsmodells erkennbar. Die Kernannahme des intentional-rationalen Handelns lässt zwar die Erweiterung zu, dass eine dauerhafte Orientierung an kollektiven Mustern erfolgt, weil dadurch existenzielle, allgemeine Grundbedürfnisse zum Ausdruck kommen (Boudon 1990; 1997; Esser 2010), nicht jedoch, was kritische Theorien gern erfassen möchten, dass sich Orientierungsmuster dauerhaft halten können, die den individuellen Intentionen letztlich zuwiderlaufen bzw. die Identifizierung kostengünstiger alternativer Handlungsoptionen behindern.[57]

Damit können wir die Darstellung der Bedingungen, angesichts derer es für die Akteure rational sein kann, ihr Handeln an kollektiven Deutungsmustern auszurichten, beenden. Wie und wann solche kollektiven Orientierungsmuster in Form von wissensgestützten Konventionen entstehen und wie sich deren Wirkungsweise und deren Erfolgs- und Reproduktionsbedingungen näher kennzeichnen lassen, ist Thema des folgenden Kapitels.

---

[57] Aus dieser Problemkonstellation kann dann die Frage resultieren, unter welchen Bedingungen Akteure gegen Ideologien aufbegehren oder sich in ihnen einrichten (vgl. Moore 1978).

7 Koordination

Jede individualistisch ausgerichtete Behandlung des „Problems sozialer Ordnungsbildung" verbietet es sich, das Handeln der Akteure als immer schon sozial oder institutionell geregeltes Handeln zu konzeptualisieren, und verzichtet korrespondierend darauf, stabile Sozialverhältnisse vorauszusetzen und die Modellbildung mit starken Strukturannahmen zu beginnen, die von der Existenz gesicherter Werte und Normen ausgehen. Da wir einen solchen individualistischen Zugriff für sinnvoll halten, wollen auch wir nicht schon definitionsgemäß unterstellen, dass ein geordnetes *soziales Handeln* ohne weitere Schwierigkeiten dadurch zustande kommt, dass wir den Akteuren nur solche Eigenschaften unterschieben (Sozialisiertheit, unbefragte kulturelle Orientierung, eine grundsätzliche Moral usw.), die ihr Handeln jederzeit wechselseitig verträglich werden lassen und spontan stabile und zugleich vorteilhafte Prozesse und Strukturen in Gang setzen. Vielmehr richten sich unsere theoretischen Überlegungen, ausgehend von individuellen Handlungen, die wir als das Ergebnis (oder als eine Funktion) von Bewertungen (Zielen) und Erwartungen betrachten, auf Situationen oder Zustände, in denen die Individuen aufgrund ihrer Anliegen und Fähigkeiten darauf angewiesen sind, soziale Ordnung erst zu schaffen und sicherzustellen. Zu deren Modellierung haben wir im vorangehenden Kapitel, in einem ersten Schritt, *Handlungssituationen* vorgestellt, die die Akteure dazu anhalten, sich zu *orientieren*, und darauf aufmerksam gemacht, dass sie zu diesem Zweck auf subjektive Beobachtungen und Wahrnehmungen über ihre Außenwelt angewiesen sind, mit deren Hilfe sie ihre äußere Lage einesteils bewerten und individuelle Handlungsziele formulieren, aber auch Erwartungen über die projektiven Effekte ihres eigenen Tuns ausbilden, um sich in der Folge ihrer Orientierungsbemühungen intentional auf ‚ihre Welt' zu beziehen und insoweit sinnhaft handeln zu können. In unseren Situationsmodellierungen hatten wir dabei die Tatsache, dass ihre Handlungen Teil interdependenter Verschränkungen sind, ausdrücklich ausgeblendet, um uns zunächst auf *Handlungsprobleme* autonomer Akteure konzentrieren zu können. Allerdings haben sich bei der Identifikation dieser Problemlagen Vorgriffe auf deren eventuelle Bewältigung nicht vermeiden lassen, sodass wir – wenigstens hintergründig – bereits „soziale Lösungen" berücksichtigt haben.

Diese noch relativ einfache Betrachtung der basalen Handlungsprobleme solitärer Akteure oder „einsamer Subjekte" wollen wir nunmehr erweitern, indem wir uns *sozialen* Situationen zuwenden und die explizite Modellierung verschiedener und vor allem unterschiedlich problematischer Interdependenzbeziehungen zwischen den Akteuren in den Mittelpunkt der weiteren Betrachtungen rücken. Wie wir bereits in den vorhergehenden Kapiteln methodologisch begründet haben, sehen wir in der genaueren Modellierung der sozialen Interdependenz bzw. in der theoriegeleiteten Untersuchung des jeweiligen Schwierigkeitsgrads der damit verbundenen Abstimmungsprobleme den soziologischen Gewinn unserer Vorgehensweise, die gegenüber allgemein gehaltenen, unspezifischen Ordnungsproblematiken (vgl. etwa Weber 1980/1922; Granovetter 1985) *verschiedene* Handlungs- und Abstimmungsprobleme und die dafür ‚passenden‘ und möglichen sozialen Lösungen systematisch zu unterscheiden und auszubauen hilft. Dementsprechend werden wir (verschiedenartige) *Interdependenzsituationen* offenlegen, die Akteure dazu anhalten, die Existenz anderer Akteure mit zu bedenken. Das bedeutet einerseits, dass sie zur Planung des eigenen Handelns bzw. zur Gewährleistung des eigenen Handlungserfolgs deren Tun (und Unterlassen) in Rechnung stellen müssen; umgekehrt ist damit aber auch gesagt, dass sie zu berücksichtigen haben, inwieweit ihre Mitakteure ihrerseits an ihren Handlungen interessiert sind und Erwartungen darüber ausbilden werden, was sie selbst erreichen wollen und tun werden. Unter Interdependenzbedingungen wandelt sich die individuelle Handlungsorientierung damit zur *Ko-Orientierung* (vgl. Esser 2000b, S. 229 ff.).

Wir werden zur Diskussion der damit verbundenen Fragen Situationen behandeln, in denen die Individuen ihre Handlungen in kompatibler Weise aufeinander *abzustimmen* versuchen, was voraussetzt, dass sie Ziele verfolgen, die andere als für ihr Tun relevant ansehen, ja mehr noch, dass sie *wissen*, in welcher Art von Interdependenzsituation sie sich befinden, und dass sie die Schwierigkeiten kennen, die sich bei deren Bearbeitung (oder auch Nichtbearbeitung) ergeben und die sich auch alleine deshalb steigern können, weil sie dies versuchen oder unterlassen. Wir werden in den nachfolgenden Kapiteln drei unterschiedliche Interdependenzen unterscheiden und bearbeiten: Koordinationsprobleme, Kooperationsprobleme und Konflikte, und wenden uns im vorliegenden Kapitel zunächst sogenannten *„Koordinationsproblemen"* (Lewis 1975, S. 5) zu.

In einem ersten Schritt werden wir die in der Soziologie vorfindbare vielfältige Behandlung von Koordinationsfragen als Ausbildung wechselseitiger Erwartungen skizzieren (Abschnitt 7.1) und daran anschließend die genaue, allgemeine *Logik* koordinationsbedürftiger *Situationen* ausgehend von einer Theorie rational-intentionalen Handelns aufdecken und uns weiterhin darum bemühen, deren mögliche Problemzuspitzungen kenntlich zu machen. Dazu greifen wir auf unsere Überlegung zurück, dass jedes menschliche Handeln zunächst relativ einfach als ein *rationales*, absichtsgeleitetes und erwartungsgesteuertes Handeln modelliert werden sollte, um mithilfe dieser basalen Handlungsannahme die möglichen Wege und Verfahren herzuleiten, welche die Akteure zu einer für sie vorteilhaften Lösung der Koordinationsproblematik beschreiten können. Vor diesem Hintergrund werden wir die Modellierung von Koordinationsproblemen anfänglich so allgemein und einfach wie möglich anlegen, indem wir zunächst nur die Wechselbeziehungen *zweier Akteure* hervorheben, die mithilfe genau *zweier Handlungsalternativen* abbildbar sind, denen wir bestimmte *Ertragsbewertungen* und *Erfolgswahrscheinlichkeiten* zuordnen. Wir lehnen uns dazu locker an die Spieltheorie an, um durch kleine Veränderungen der Situationslogik auf unterschiedliche Erträge und Erfolgswahrscheinlichkeiten interdependenter Handlungen aufmerksam zu machen, die die Bewältigung von Koordinationen schwieriger oder einfacher gestalten (Abschnitt 7.2). Wir unterscheiden grob Situationen, in denen die Akteure mit gleichen Koordinationserträgen rechnen können (Abschnitte 7.2.1 und 7.2.2), von solchen, in denen zwar für alle Akteure eine koordinierte Abstimmung vorteilhaft wäre, diese aber mit jeweils unterschiedlichen Erträgen verbunden ist, wodurch zu den gemeinsamen nun auch konfligierende Interessen treten (Abschnitt 7.2.3). Damit ist die angestrebte Chance eröffnet, im zweiten Schritt – unter Bezugnahme auf soziologische, ökonomische wie politikwissenschaftliche Theorien – erklären zu können, mithilfe welcher Abstimmungsmechanismen und mit welchen sozialen Folgen die Akteure Koordinationsprobleme lösen können (Abschnitt 7.3) und unter welchen Bedingungen ihre Bemühungen zur Institutionalisierung dieser Koordinationsmechanismen führen (Abschnitt 7.4). Einige Überlegungen darüber, wann diese Koordinationslösungen unter Veränderungsdruck geraten und sich wandeln oder gar auflösen, schließen sich an (Abschnitt 7.5). Wir werden bei der Durchsicht der fälligen Argumente sehen, dass sich vordergründig ganz divergente Paradigmen und Theorietraditionen im Grunde mit *derselben Frage* beschäftigen: Wie es intentionalen, d. h. ziel- und erwartungsorientierten Akteuren gelingt, ihr Handeln erfolgreich aneinander anzupassen und mittels hoch kontingenter und auch variabler „Konventionen" aufeinander abzustimmen, deren empirisch beobachtbare Vielfalt zum wiederholt bestätigten Wissensschatz der Soziologie zählt.

7.1 Die Vorteile von Handlungskoordination

Als unstrittiger Gegenstandsbereich der Soziologie gilt allgemein das aneinander sinnhaft ausgerichtete „soziale Handeln" (Weber 1980/1922), die Gemeinsamkeit verbürgenden „sozialen Glaubensvorstellungen und Verhaltensmuster" einer Gruppe (Durkheim 1988/1893), die soziogenetische Bedeutsamkeit „sozialer Figurationen" und „Handlungsketten" (Elias 1976/1939), die kontaktvermittelnde „soziale Einbettung" des Handelns der Akteure (Granovetter 1985), das „soziale System" (Parsons 1951; Coleman 1990a; b) und anderes mehr. Dabei fällt auf, dass jene Forscher, die sich der Frage zuwenden, wie sich solche Handlungsmuster und Verkehrsverhältnisse stabilisieren lassen, immer wieder deren Vorteilhaftigkeit betonen, ohne in allen Fällen eindeutig zu klären, woraus genau diese Vorteile des Sozialen resultieren und wie es freien Akteuren gelingt, diese zu entdecken und mithilfe sozialer Mechanismen zu realisieren. So hat etwa Max Weber als Grundproblem allen sozialen Handelns und aller sozialer Beziehungen, die höchst unterschiedliche Handlungs- und Interdependenzmuster wie Markttausch, Herrschaft, Freundschaft, Liebe oder Kampf umfassen können, den Aufbau wechselseitig verständlicher und stabiler Handlungserwartungen identifiziert (vgl. dazu ausführlich Kap. 3 und 5). In Übereinstimmung mit anderen Klassikern hat er argumentiert, dass sich durch ein abgestimmtes, koordiniertes Handeln mehrerer oder vieler Akteure, das von Infrastrukturmaßnahmen über religiöse Orientierungen bis hin zu einem kollektiven Zweckhandeln in Verbänden reichen kann, individuelle wie soziale, in jedem Fall ordnungsstiftende Vorteile ergeben. Wie wir bereits weiter oben im Zusammenhang mit der Behandlung des Weber'schen Bürokratiemodells angemerkt hatten, unterscheidet Weber aber weder systematisch die Verschiedenartigkeit der Problemlagen der Akteure bzw. die Vielgestaltigkeit ihrer Abstimmungsprobleme noch kann er sich dazu durchringen, die Entstehung der dafür geeigneten sozialen Abstimmungslösungen aus dem interessengeleiteten Handeln der Akteure abzuleiten; stattdessen gilt ihm, zumal dort, wo es ihm um die Erklärung der Durchsetzung des kollektiven „Verbandshandelns" geht, Herrschaft kraft Autorität als der einzig erwähnenswerte soziale Abstimmungsmechanismus.

Demgegenüber kennzeichnen Sozial- und Gesellschaftstheorien, die ihren Ausgangspunkt im interessengeleiteten Handeln der Akteure nehmen, Koordinationsprobleme durchaus als einen eigenständigen Fall sozialer Ordnungsbildung und unterscheiden Koordinationseffekte danach, ob sie den Interessen Einzelner oder von Gruppen dienlich sind. So diskutieren im Anschluss an Adam Smith und Karl Marx (vgl. Smith 2001/1776; Marx 1965/1867) auch moderne Sozial- und Gesellschaftstheorien die individuelle und gesellschaftliche Vorteilhaftigkeit von *Arbeitsteilung* und *Spezialisierung* und fragen, wie es eigeninteressierten Akteuren gelingen kann, soziale Mechanismen wie den Markt (Smith), die gesellschaftliche Planung (Marx) oder auch die zentrale (bürokratische) Steuerung (Weber) so einzusetzen, zu gestalten und zu nutzen, dass im Rahmen einer gesellschaftlichen Koordination – von Produktion, politischem und sozialem Handeln – eine ‚vorteilhaftere Welt' geschaffen werden kann, als sie auf sich allein gestellten Akteuren erreichbar wäre. In Übereinstimmung mit dieser traditionellen Themenstellung widmen sich bis heute weite Teile der Politikwissenschaft, der Ökonomie und der Soziologie der Errichtung und Gestaltung von „Governancesystemen", die dazu beitragen sollen, ein arbeitsteiliges und spezialisiertes Handeln so zu koordinieren, dass daraus bestmögliche Effizienzvorteile oder Synergieeffekte resultieren (vgl. Benz et al. 2007). Daneben finden sich auch immer wieder Überlegungen über die koordinativen Vorteile eines *stellvertretenden*

Handelns bzw. *längerer Handlungsketten* und über die positiven Effekte einer Überbrückung räumlicher, zeitlicher und/oder sozialer Distanzen, die mithilfe diverser sozialer Koordinationsformen zustande kommen, die sich gemeinsamer Vorstellungen über Raum- und Zeitmaße, geteilter religiöser Vorstellungen oder überindividuell wirksamer kultureller Deutungsmuster bedienen (vgl. Elias 1976/1939; Popitz 1992).

Auch wenn sich solche Analysen auf dem richtigen Weg befinden, wenn sie die sozial segensreiche Koordination des Handelns vor dem Hintergrund der jeweils zugrunde liegenden Interdependenz- und Interessenstruktur behandeln, so müssen sie sich bisweilen doch daran erinnern lassen, dass sich hinter den ganz unstrittigen wechselseitigen Erwartungen das Problem erkennen lässt, dass die Akteure immer nur ihre *eigenen Ziele* im Auge haben, auch dann, wenn die Logik ihrer Situation einfordert, dass sie sich wechselseitig bei deren Realisierung behilflich sein müssen. Entsprechend macht es einen Unterschied, ob sie alle gleichermaßen zu einer derart vorteilhaften Koordination beitragen müssen oder sich auf die Vorleistungen anderer verlassen können und ob sie alle gleichermaßen von Koordinationen profitieren oder Nachteile in Kauf nehmen müssen. Entsprechende Fragen stellen sich den Akteuren verstärkt in Situationen, in denen Koordinationen in Form sogenannter „kollektiver Güter" erstellt werden sollen.

Den Hintergrund von Koordinationen können sowohl komplementäre als auch gemeinsame Ziele bilden, was aber in beiden Fällen nicht heißen muss, dass zu deren Erreichung gleichartige Handlungen erforderlich sind; vielmehr kann es häufig sein, dass im einen Fall identische und im anderen verschiedenartige Handlungen erforderlich erscheinen.[1] Beides kann aber wichtig werden, um Problemzuspitzungen vorzunehmen und adäquate Lösungen zu unterscheiden. Auch kann das Koordinationsziel gerade darin besehen, sich aus dem Weg zu gehen (vgl. Hardin, R. 1999, S. 93; Rieck 2009, S. 77 ff.) und damit das möglicherweise konfliktbeladene Zusammentreffen unterschiedlicher Interessen zu verhindern. Man sollte jedenfalls den Begriff der „Koordination" nicht mit dem Missverständnis belasten, sie erschöpfe sich darin, „etwas *zusammen* zu tun"; vielmehr wollen wir damit die Bildung und Nutzung wechselseitiger Handlungserwartungen ganz allgemein adressieren, die es den Akteuren erlauben, ihre jeweiligen Ziele unter Berücksichtigung der anderen zu realisieren.

Koordinationsfragen erhalten indes eine gesellschaftlich-praktische Relevanz vor allem dann, wenn komplementäre Ziele die Akteure dazu anhalten,

---

[1] Ob die Akteure gleichartige Handlungen ausführen müssen, um ihr Koordinationsziel zu erreichen, oder verschiedenartige, also *arbeitsteilig* agieren müssen, und worin diese Arbeitsteilung besteht, ist im Folgenden nicht weiter relevant. Wenn wir betonen wollen, dass die Akteure, um eine Koordinationslösung zu erreichen, *verschiedenartige Ziele* realisieren müssen, werden wir von deren „Komplementarität" sprechen.

in soziale Tauschbeziehungen einzutreten und sich dabei einseitig oder wechselseitig das ‚Recht' zu übergeben, fremde Handlungen im Hinblick auf eigene Ziele bestimmen zu ‚dürfen', wie dies exemplarisch für Arbeitsverträge und die betriebliche Herrschaft gilt (vgl. schon Marx 1965/1867 und neuerdings die Prinzipal-Agenten-Theorie). Während in der klassischen Soziologie die zentral-hierarchische Koordination fremder Handlungen zumeist unter dem Problemaspekt thematisiert wird, dass entsprechende Vorkehrungen mit der Freiheitsbeschränkung wenigstens jener verbunden sind, die sich einer derartigen ‚Fremdbestimmung' unterwerfen müssen, hat in der ökonomischen Theorie und im soziologischen Rationalprogramm seit den 1980er Jahren eine Diskussion eingesetzt, die sich damit beschäftigt, wie solche unstrittig vorteilhaften Koordinationen so geregelt werden können, dass einerseits der primäre Koordinationseffekt realisiert, andererseits aber auch die dabei aufgrund des eigeninteressierten Handelns zu erwartenden Kontrollprobleme so bearbeitet werden können, dass sich die Selbstauflösung solcher Verhältnisse vermeiden lässt (vgl. zusammenfassend Maurer 2004a). Vor allem die Neue Institutionenökonomik hat bahnbrechende Thesen über die Bedingungen formuliert, unter denen hierarchische Verhältnisse koordinationsförderliche Wirkungen entfalten können, die dem Markt versagt bleiben müssen, und damit das Postulat der überkommenen Ökonomie ins Wanken gebracht, dass der Markt der allgemein vorteilhafte Abstimmungsmechanismus sei. Insbesondere Ronald Coase, Oliver E. Williamson, Douglass C. North und viele nach ihnen haben vermutet, dass vor allem beim Vorliegen von hohen Transaktionskosten, bei langfristigen Tauschbeziehungen mit einseitigen Vorleistungen sowie bei der Nutzung von Ideen und geistigem Eigentum, die hierarchische Koordination der marktlichen Abstimmung überlegen sei und sich somit im Wettbewerb der Institutionen durchsetzen und die von den genannten Problemen betroffenen Sozialbeziehungen vorteilhafter (oder effizienter) regeln könne. In der Soziologie, die von Hause aus dazu neigt, die restriktiven Annahmen von Modellen des Wettbewerbsmarktes zu kritisieren und zu erweitern (vgl. Coleman 1994; Granovetter 1985; Zafirovski 2000; Schmid 2008a), wurde diese Ausarbeitung der Koordinationsthematik gerne aufgegriffen.

Während in der Neuen Institutionenökonomik der Tausch materieller und privat aneigenbarer Güter im Vordergrund steht, hat Coleman (1990a) darauf hingewiesen, dass für die meisten soziologischen Analysen weniger der Tausch von Konsumgütern als der Tausch bzw. die Übertragung von sozialen Rechten aufschlussreich sein dürfte. Koordinationsprobleme lassen sich infolge dieser Vorüberlegung als eine unvorteilhafte Verteilung sozialer Rechte beschreiben; so mag etwa die große Mehrzahl der Akteure (viele Raucher inbegriffen) den Ausweis rauchfreier Zonen in der Öffentlichkeit befürworten, ohne zugleich zu wissen, *wie* sie sich darauf einigen sollen; oder eine Vielzahl von Arbeitnehmern mag wissen, dass ihre Handlungen infolge der Anweisungen eines dazu befähigten und mit entsprechenden Ressourcen ausgestatteten Unternehmers/Arbeitgebers effizienter genutzt werden können, ohne dass zugleich feststünde, wie ein solches Verhältnis herzustellen oder zu organisieren ist; oder es mag begeisterten Wanderern bekannt sein, dass Bergführer kraft ihres Wissens ihre Gruppe besser koordinieren können als sie dies selbst vermögen, weshalb es als eine höchst kostengünstige Lösung ihres Abstimmungsproblems anzusehen wäre, einem solchen „Spezialisten" das Recht einzuräumen, eine entsprechende Wanderung zu planen und zu begleiten, ohne dass sie eine solche Lösung aber immer finden.

Die dafür erforderliche Übertragung von Handlungsrechten – zumeist gegen Entlohnung – ist zwar für alle Beteiligten vorteilhaft, sie zieht aber auch einige typische Folgeprobleme nach sich, von deren weiterer Bearbeitung der Erfolg und Bestand der Koordinationsverhältnisse abhängt. Das Hauptproblem, das Koordinationen einheitlicher wie komplementärer Interessen und dem darauf basierenden Tausch von Handlungsrechten gegen Entlohnung anhaftet, liegt darin, dass die beauftragten Akteure, sofern wir sie ihrerseits als eigeninteressiert beschreiben, normalerweise kein genuines Interesse am Koordinationszweck haben (müssen) und daher versuchen werden, ihr Handeln ‚sparsam' einzusetzen, sodass der Auftraggeber gezwungen ist, weitere Kontrollen oder auch materielle Anreizsysteme zu erfinden und zu implementieren, die das von ihm eingeforderte Koordinationshandeln sicherstellen. Eine unintendierte, gesellschaftlich indessen sehr relevante Begleiterscheinung solcher gelungener Koordinationen wird die Verstärkung der bereits anfänglich gegebenen Ausstattungsunterschiede und Handlungschancen sein, die sich noch dramatisieren, wenn die Akteure über keine oder nur über sehr teure (oder nachteilige) alternative Koordinationsmöglichkeiten verfügen. An dieser Stelle ist darauf hinzuweisen, dass ein großer Teil der soziologischen Macht- und Ungleichheitsdiskussion erst an diesem – offenbar als unerwünscht eingestuften – Nebenprodukt der Koordination ansetzt, die anfänglichen Vorteile koordinativer Rechtsübertragungen aber gerne unberücksichtigt lässt (dazu mehr in Abschnitt 7.3.2).

Insgesamt ist festzuhalten, dass innerhalb der Soziologie zwar Koordinationsprobleme identifiziert und mögliche Lösungen diskutiert werden, dass deren gemeinsame Eigenheiten aber in der Vielfalt spezifischer Situationsbeschreibungen untergehen, und dass infolge einer mangelhaften handlungstheoretischen Fundierung der analysierten Koordinationsprobleme auch zugleich die Grenzen zur individuellen Orientierung (vgl. Kap. 6) auf der einen und zu Kooperationen (vgl. Kap. 8) auf der anderen Seite verschwimmen bzw. nicht systematisch gezogen werden, sodass die *Logik der Koordination* oftmals nur unzureichend verstanden bzw. nicht systematisch ausgebaut werden kann. Die gewichtigste Folge dieser Unzulänglichkeit dürfte sein, dass die typischen bzw. verallgemeinerungsfähigen Eigenheiten der vielfältigen und variablen Lösungen kooperativer Probleme und deren Voraussetzungen und Nebenfolgen unausgeleuchtet bleiben.

Sehen wir uns also zur Klärung der damit genannten Mängel die Logik koordinationsbedürftiger Handlungssituationen, wie sie aus der Sicht einer Theorie
des rationalen Handelns erschlossen werden kann, näher an.

7.2   Die Logik des Koordinationsproblems

Koordinationsprobleme entstehen aus einer Kombination mehrerer Bedingungen. Ausgangspunkt der aktuellen Problemlage eines Akteures besteht nicht
darin, dass er nicht weiß, welche Ziele er sich setzen oder anstreben sollte (vgl.
Kap. 6), oder dass er befürchten muss, sich im direkten Zielkonflikt mit anderen
zu befinden (vgl. Kap. 9); vielmehr kann er voraussetzen, dass er durchaus *gemeinsame* oder sich reibungsfrei *ergänzende* Ziele mit anderen teilt.[2] In diesem
Sinn verfügen alle beteiligten Akteure über „common interests" (vgl. Ullmann-
Margalit 1977, S. 107; Chwe 2001). Die Schwierigkeiten, die dabei auftreten können, haben damit zu tun, dass die Einzelnen aus teils empirischen, teils logischen
Gründen *nicht wissen* können, *wie* ihre Koordinationspartner *entscheiden* und
handeln werden, sie sich aber auf deren Handeln beziehen müssen, um selbst
erfolgreich sein zu können. Das heißt, jeder der Akteure weiß, dass sein Handeln
nur dann erfolgreich verläuft, wenn er sichere Erwartungen darüber hegen kann,
wie sich der andere verhalten wird. Koordinationsprobleme sind somit Probleme
der Informationsbeschaffung bzw. der *einseitigen* oder auch der *wechselseitigen*
Erwartungsbildung, die auftreten, wenn gemeinsame oder komplementäre Ziele
bereits feststehen, die Akteure aber eine wichtige Bedingung ihrer beiderseits
angestrebten „joint action" (vgl. Tuomela 1984, S. 133 ff.) nicht kennen: die Handlungsentscheidung der jeweils relevanten anderen. Zwar wissen die Akteure, dass
ihr jeweiliges Handeln eine notwendige Bedingung dafür ist, dass beide (alle)
ihr Ziel erreichen können, aber sie wissen nicht, ob sich der oder die andere/n im
Sinne ihrer eigenen Wünsche und Erwartungen zieldienlich oder ‚angemessen'
verhalten werden (vgl. March und Olsen 1989, S. 23 ff., 160 ff.).

Um die daraus resultierenden Schwierigkeiten möglichst klar und auch
drastisch kennzeichnen zu können, wollen wir Koordinations*probleme* behandeln, ohne vorauszusetzen, dass die Akteure sich verständigen, glaubhafte Abmachungen treffen oder ihre Erwartungen direkt beeinflussen können bzw. dass
ihnen ein Informant in indirekter Weise einen Lösungsweg mitteilt oder dass
ihnen vorgegebene Regulierungen (Gebote oder Verbote) den Weg weisen (vgl.
Campbell, C. 1996). Wir wollen Koordinationsprobleme also auch dann behandeln können, wenn die betreffende Handlungssituation *keine* wechselseitige *Ver-*

---

[2] Das setzt voraus, dass die Akteure ihre Optionen übereinstimmend oder mithilfe von gemeinsamen „labels" beschreiben können (vgl. Sugden 1995, S. 535; Rambo 1999).

ständigung zulässt bzw. keine sozialen Regulierungen vorliegen. Desgleichen wollen wir zum Beginn unserer Darstellung der Koordinationsproblematik unterstellen, dass die Akteure vorläufig *keine* Möglichkeit haben, aufgrund des Auftretens wiederholter Koordinationserfordernisse aus ihren Erfahrungen zu lernen,[3] die sie im Verlauf mehrfacher Koordinationsversuche machen können. Wir möchten vielmehr darlegen, wovon eine Lösung der damit angesprochenen Koordinationsprobleme abhängen wird und wie es Akteuren gelingen kann, auch unter diesen schwierigen Umständen wechselseitige und vorteilhafte *Erwartungen* auszubilden.

7.2.1   Reine Koordination

Ein einfaches Beispiel für die reine Koordination findet sich beim Klassiker der Spieltheorie, bei Thomas Schelling (vgl. Schelling 1960, S. 54 ff.), und wurde vielfach aufgegriffen und ausgearbeitet (vgl. Lewis 1975, S. 8 ff.; Koons 1992; Bicchieri 1993, S. 1 ff.). Thomas Schelling hat seinerzeit die Probanden eines Experiments mit der Aufgabe konfrontiert, sich mit einer anderen, fremden Person in New York treffen zu wollen, dabei aber versäumt zu haben, einen genauen Treffpunkt festzulegen, was sie vor die Schwierigkeit stellt, überlegen zu müssen, was der andere tun wird. Die Problematik der Interdependenzsituation besteht nicht darin, dass ein Akteur nicht wissen kann, ob sein Mitakteur seinen entsprechenden Leistungsbeitrag erbringen will, um das unstrittige gemeinsame Ziel zu erreichen, sondern darin, dass es *mehrere, im einfachsten Fall mindestens zwei gleichwertige koordinationsdienliche Handlungskombinationen* gibt. Die Problematik liegt für die Koordinationswilligen somit vornehmlich darin, sich entweder glaubhaft auf eine der möglichen Lösungen festzulegen oder Signale, Informationen usw. darüber zu erhalten, welche Handlungsweise von dem oder den anderen gewählt wird. So können sich die Akteure, um sich zu treffen, ebenso vor dem New Yorker Hauptbahnhof einfinden wollen wie in der Eingangshalle des Trump Tower; misslich wäre nur, wenn der eine am Bahnhof sich einfindet und der andere in der Fifth Avenue. Unter der Voraussetzung, dass es ihnen gleichgültig sein muss, an welchem Treffpunkt sie sich einfinden, und dass sich die Auszahlungen aller übrigen Strategiekombinationen zu null aufaddieren, kann man davon sprechen, dass sich die Akteure einem Problem der „reinen Koordination" gegenübersehen (vgl. Young 1998, S. 132).

Die Beschwernisse, vor denen die Akteure stehen, sind nachhaltig. Denn die Gleichwertigkeit der denkbaren Treffpunkte impliziert zusammen mit der

---

[3] Die Stelle, an der wir diese Annahme fallen lassen, ist deutlich gekennzeichnet (Abschnitt 7.2.2).

Wechselabhängigkeit ihrer Entscheidungen, dass die Akteure *von sich aus* keine Möglichkeit haben, sich rational zugunsten eines der möglichen Treffpunkte zu entscheiden. So verfügt keiner von ihnen über eine sogenannte dominante Strategie,[4] die es ihm erlauben würde, sich unabhängig von dem, was der jeweilige Mitakteur tun wird, festzulegen. Fest steht für beide nur, dass sie um keinen Preis jene Handlungsalternative wählen wollen, von der sie unterstellen, dass sie der andere *nicht* wählt, weil in diesem Fall ein Treffen (logischerweise) nicht zustande kommt und alle daraus resultierenden Gewinne entfallen – wenn ihr Scheitern nicht sogar Schädigungen nach sich zieht. Unseligerweise wissen sie aber nicht, welche Handlungsalternative der andere verwirft. Folgerichtig sind sie mit dem Problem konfrontiert, dass sie alleine auf sich gestellt *nicht wissen können*, was sie tun sollten, solange sie (unter den gegebenen Situationsbedingungen) keine Kenntnisse darüber erwerben *können*, was der Mitakteur tun wird – was sie aber wissen müssten, um im technischen Sinne der Handlungstheorie „rational" zu *entscheiden*, welchen der beiden Treffpunkte sie anzustreben haben.

Aber damit enden die Beschwernisse nicht. Im vorliegenden Fall können die Akteure sich auch dann nicht zielführend entscheiden, wenn sie sich die Glaubwürdigkeit ihrer Absichten unterstellen und sich wechselseitig und berechtigterweise als rationale Akteure einstufen und wenn sie überdies alle erkennen können, dass diese Voraussetzungen erfüllt sind, und sie zudem wissen, dass jeder von ihnen genau dies (alles) weiß. Der Grund dafür, dass ihr wechselseitiges Wissen – ihr „common knowledge" (Lewis 1975, S. 51 ff.; Aumann 1976, S. 1236) – über das beiderseitige rationale Entscheiden und das gemeinsam geteilte Ziel, sich treffen zu wollen, nicht hinreicht, um eine Koordination herbeizuführen, liegt darin, dass die Gleichbewertung zweier Zielzustände eine logisch nicht auflösbare „Ambiguität" (Ullmann-Margalit 1977, S. 80) schafft. Die wechselseitige Unterstellung rationalen Handelns birgt die unleugbare Information, dass auch die anderen nicht wissen können, wie sie sich verhalten sollen, solange die Rationalität ihrer Entscheidung davon abhängt, dass die Handlungspartner sich bereits entschieden haben, womit die Akteure aber nicht rechnen sollten, solange sie wissen, dass jeder vor genau demselben Entscheidungsproblem steht. Es findet sich demnach kein begehbarer Weg, „konvergente Erwartungen" (Schelling 1960, S. 92) darüber auszubilden, was andere erwarten werden, womit das – in der Soziologie wohlbekannte – Problem der sogenannten „doppelten Kontingenz" entsteht (vgl. Parsons 1951, S. 10, 36; Parsons und Shils 1951, S. 16, 190 ff.; Luhmann 1987, S. 148 ff.), in dessen Gefolge sich die Entscheidungen der Akteure wechselseitig blockieren. Damit kann es ihnen aus *rein logischen* Gründen nicht gelin-

---

[4] Er verfügt allenfalls insoweit über eine schwach dominante Strategie, als er wissen kann, dass es auf alle Fälle eine alternative, mit gleichen Auszahlungen verbundene Strategie gibt, die zu wählen den beiden Fällen vorzuziehen wäre, in denen keine Gewinne zu erreichen sind (vgl. Wärneryd 1990, S. 4).

gen, „ein System übereinstimmender gegenseitiger Erwartungen" (Lewis 1975, S. 24) auszubilden bzw. zu einer „concerted choice" (Schelling 1960, S. 93) zu gelangen. Dass es ihnen misslingen muss, eine gemeinsame, vorhersagetaugliche Menge von „Erwartungserwartungen" (Luhmann 1987, S. 411 ff.) herzustellen, hängt damit zusammen, dass jeder Versuch, dies zu leisten, ihre wechselabhängigen Überlegungen in einen unendlichen Regress insoweit führt, als sich vorzustellen, was der andere tun wird, unter den gegebenen Situationsbedingungen nur dann zum Erfolg führt, wenn ein Akteur zugleich rekonstruieren – oder „replizieren" (Lewis 1975) – kann, was der andere unter der Bedingung tun wird, dass die eigenen Überlegungen bereits zum Erfolg geführt hätten.

Wenn ein Akteur sich berechtigt glaubt, die Vorstellungen seiner Mitakteure zu rekonstruieren, die sich diese über seine eigenen Vorstellungen machen, dann wird das nur gelingen, wenn der betreffende Akteur anzunehmen bereit ist, dass auch dieser Versuch dem Mitakteur bekannt sein muss, wenn dieser sich (in gleicher Weise) rational entscheiden möchte; d. h. aber: Jeder Versuch, sich die Erwartungserwartungen anderer vor Augen zu führen, mündet in „Erwartungen höherer Ordnung" (Lewis 1975, S. 28), die der andere berücksichtigen muss, um seine eigenen Überlegungen zu einem ertragssichernden Abschluss zu bringen. Damit aber ist eine „spiral of reciprocal expectation" (Schelling 1960, S. 87) in Gang gesetzt, die *kein* natürliches Ende besitzen muss. Zwar kann jeder der Akteure diesen ins Unendliche führenden Reflexionsprozess jederzeit abbrechen; er wird seine Überlegungen infolgedessen aber nur dann zu einem Abschluss bringen können, wenn er sicher ist, dass sein Koordinationspartner seine in gleicher Weise verlaufende Entscheidungsbildung bereits auf einer Reflexionsstufe zuvor beendet hat. Dann könnte er dessen Entscheidung als Voraussetzung des eigenen Entscheidens nutzen – worauf er angesichts der dem anderen unterstellten Rationalität freilich nicht hoffen kann.[5]

Es ist überdies leicht einzusehen, dass sich die aus dieser mehrfachen wechselseitigen Reflexionsblockade resultierende „basic indeterminacy" (Wärneryd 1990, S. 4) nicht dadurch erträglicher gestaltet, dass die Zahl der Koordinationswilligen zunimmt, bzw. dass es offensichtlich immer aussichtsloser wird, Lösungen zu finden, je mehr Akteure einer eventuellen Koordination zustimmen bzw. Kenntnisse darüber erwerben müssen, welche der möglichen Lösungen die Mitakteure ‚anpeilen'. Feststellungsverfahren werden desto komplexer, je mehr Akteure ‚im Spiel' sind und sich mit greifbaren Erfolgsaussichten beteiligen wollen und je mehr gleichwertige Koordinationszustände, über die sie zu befinden haben, es gibt.

---

[5] Koons (1992) und Bicchieri (1993) meinen deshalb, dass sich Koordinationslösungen nur dann finden lassen, wenn die Akteure auf die volle Ausnützung ihrer Reflexivität verzichten, während Lewis (1975, S. 33) unterstellt, dass dies ohne die Ausbildung übereinstimmender Erwartungen erster und höherer Ordnung nicht möglich ist.

7.2.2 Einfache Koordination

Von der reinen Koordination abzuheben sind Koordinationsformen wie das „Versicherungsspiel" (Sen 1977; Chong 1991, S. 105 f.) oder auch das sogenannte Stag-Hunt-Spiel (vgl. Ullmann-Margalit 1977, S. 121 ff.; Hardin, R. 1982, S. 167 ff.; Skyrms 2004; hier Abschnitt 9.2), das auf eine Fabel von Rousseau (1988/1755) zurückgeht und die Schwierigkeit behandelt, dass ein Jäger nicht weiß, ob er anderen bei der Großwildjagd helfen soll – was ihm den größten Ertrag erbrächte – oder ob er lieber allein zur Hasenjagd gehen soll, weil er nicht sicher ist, ob die anderen zur Großwildjagd aufbrechen werden. Diese Interdependenz unterscheidet sich von der reinen Koordination dadurch, dass neben dem allseits unstrittigen Interesse an einer gemeinsamen Unternehmung auch das – allerdings untergeordnete und weniger einträgliche – Interesse an der einsamen Hasenjagd hinzukommt, die dem Akteur zwar weniger einbringt als die gemeinsame Großwildjagd, aber mehr als der Versuch, dem gefährlichen Großwild alleine nachzustellen. Im Falle der einfachen Koordination ist somit die Bedingung gegeben, dass beide Akteure *nur zusammen gewinnen* können, da es *nur eine* Kombination von Handlungsstrategien gibt, die für alle die erfolgreiche Koordination definiert und die in Richtung auf einen individuellen Abweichungsgewinn zu verlassen, keiner ein Interesse haben kann (vgl. Kap. 8). Angesichts dessen besteht ihr Problem nicht darin, vermeiden zu müssen, dass die anderen eine absichtsvolle und dominante Schädigungsstrategie verfolgen wollen, sondern nicht wissen zu können, ob sich die anderen auf die koordinationsdienliche Strategie festlegen. Das hat in erster Linie darin seinen Grund, dass auch die eventuellen Mitstreiter nicht wissen können, ob sie sich ihrerseits auf ihre Partner verlassen können, um die ansonsten zu erwartenden Ertragsabschläge zu vermeiden. Wie im Fall reiner Koordination können sie demnach kein gemeinsames Wissen über die Erwartungen, die sie voneinander haben, aufbauen. Das Versicherungsspiel, wie es etwa auch in dem von Rousseau geschilderten Problem zum Ausdruck kommt, eine Großwildjagd zu organisieren, dessen Durchführung für alle das beste Ergebnis erbrächte, das aber, was jeder weiß, auch nur dann erfolgreich realisiert werden kann, wenn beide (alle) daran teilnehmen. Da aber die alternative Handlung: allein zur Hasenjagd zu gehen, jederzeit verfügbar ist, auch wenn dafür Ertragsabschläge in Kauf zu nehmen sind, kann die Unsicherheit über das Handeln der anderen dazu führen, die ertragreichere Abstimmung zugunsten des autonomen Handelns fallen zu lassen. Dies ist jedoch keiner dominanten Strategie geschuldet, die sich etwa aus Anreizen zum Trittbrettfahren speist, sondern ,lediglich' der Schwierigkeit, nicht sicher wissen zu können, ob der oder die andere/n zur Großwildjagd geht.

Damit sind Interdependenzverhältnisse angesprochen, die *durchweg gemeinsame* Ziele beinhalten und bei denen die „Interessen der Akteure vollständig übereinstimmen" (Lewis 1975, S. 14). Außerhalb der Interessensgemeinsamkeiten liegende Lösungen sind für alle gleich unattraktiv. Positiv formuliert bedeutet dies, dass sich alle einig darüber sind, dass es für jeden von ihnen *eine* optimale Handlung und *einen* erstrebenswerten Verteilungszustand gibt, weshalb jeder von ihnen bereit ist, seine Zuleistung zu erbringen, *sofern* er sicher sein kann, *dass sein Partner das Gleiche tut*. Das grundsätzliche Problem einer solchen Interdependenzform besteht also nicht darin, dass die Akteure ein dominantes Interesse an Abweichungsgewinnen entwickeln (vgl. Abschnitt 8.2.1), sondern dass sie wissen, dass ihr individueller Handlungserfolg zwingend davon abhängt, dass *beiden* die Realisierung ihres Ziels gelingt, wobei (wie in allen Interdependenzsituationen) die „joint payoffs" ihres Handelns von „joint decisions" (vgl. Raiffa et al. 2002, S. 83), d. h. von Entscheidungen abhängen, die in Kenntnis dessen gefällt werden, wie sich die Mitakteure entscheiden werden oder entschieden haben. Die mit der eventuellen Lösung eines entsprechenden Koordinationsproblems verbundenen Schwierigkeiten werden sich in der Folge ausschließlich danach bemessen, ob es allen gelingt, in Erfahrung zu bringen, ob der jeweils andere abstimmungsdienlich handelt.

7.2.3   Komplexe Koordination

Abstimmungsprobleme können demnach dann als reine Koordinationsspiele verstanden werden, wenn die Akteure den gleichen Zielzustand anstreben und diesen zudem gleich bewerten, aber nicht wissen, welche von mindestens zwei gleich möglichen Wahlen die jeweiligen Mitakteure treffen. Demgegenüber bestehen einfache Koordinationsspiele darin, dass es zwar nur einen von allen Akteuren höchstbewerteten Zielzustand gibt, die Akteure aber nicht sicher wissen können, ob sie sich wechselseitig unterstellen sollten, dass alle sich zieldienlich verhalten. Die in beiden Fällen implizierte Annahme, wonach eine einmal gefundene Koordinationslösung allen Akteuren ihre mögliche Höchstauszahlung verschafft, muss indessen nicht immer zutreffen (vgl. Young 1993, S. 57), weshalb wir auch mit „unreinen" (Kavka 1986, S. 184; McAdams 2008, S. 25) bzw. *komplexen Koordinationsfällen* rechnen sollten. In diesem Zusammenhang können wir drei Unterfälle unterscheiden.

Im einen Fall kennen die Akteure nur *einen*, ganz unbezweifelbar erwünschten Zielzustand, bewerten ihn aber ungleich. Das läuft darauf hinaus, dass einer von beiden Akteuren eine umfänglichere Auszahlung erhält als der andere, beide aber dennoch ein Interesse an der Realisierung dieses Zustandes haben, weil sie ihn in jedem Fall höher bewerten als alle greifbaren Alternativen. Andersherum betrachtet, können es sich die Akteure nicht leisten, den einzig erstrebenswerten Verteilungszustand danach zu beurteilen, wie groß der Ertragsabstand ist;

ihre *relativen „payoffs"* spielen keine motivierende Rolle. Die Problematik dieser Situation unterscheidet sich demnach nicht von jener des in Abschnitt 7.2.2 erwähnten Versicherungsspiels. Dass durch die ungleichen Auszahlungen Gerechtigkeitsprobleme auftauchen können, wollen wir fürs Erste und aufgrund der Tatsache übersehen, dass sich alle Akteure einig sind, keinen der übrigen möglichen Verteilungszustände anstreben zu wollen.

Theoretisch anspruchsvoller ist der zweite Unterfall, in dem die Akteure mehr als einen möglichen Verteilungszustand – im einfachsten Modellierungsfall: zwei – kennen, aber beide ein unleugbares Interesse an je einem geltend machen (wollen), weil er ihnen den jeweils höheren Ertrag sichert. Die Erschwernisse eines solchen komplexen Koordinationsverhältnisses tauchen demnach deshalb auf, weil sich die Ertragswertigkeiten oder erwartungen der erforderlichen koordinationsdienlichen Leistungen *unterscheiden*, die gleichwohl beide erbracht werden *müssen*, damit der erwünschte Zielzustand sich einstellt. Die Folge muss sein, dass sich rationale Akteure nicht ohne Weiteres auf einen der beiden Zustände werden einigen können. Zwar haben sie auf der anderen Seite jeweils ein wohldefiniertes Interesse daran, jene Handlungskombinationen *nicht* zu wählen, die ihnen in jedem Fall eine geringere Auszahlung verschaffen als die beiden Koordinationszustände, und damit ein Interesse an der (ganz unstrittigen) Vermeidung des Zustands einer beiderseitigen Nullauszahlung, wenn nicht sogar einer Wechselschädigung, wobei wir nicht verfolgen wollen, ob sich diese Schädigungen gleichen oder nicht.[6] Gleichwohl reicht dieses gemeinsame Bestreben der Verlustabwehr nicht hin, eine Reihe von Gefahren abzuwenden, die die Akteure bislang ignorieren konnten: Zum einen ist sofort sichtbar, dass sich die Akteure trotz ihrer gleichlautenden Absicht, den befürchteten Zuständen der Leistungsunterversorgung auszuweichen, nicht ohne zusätzliche Einschränkungen – solange sie sich als strikt eigeninteressierte Handelnde verstehen – auf eine gemeinsame Lösung werden einlassen können, da jeder nunmehr über eine vordringliche, wenn auch nicht wirklich dominante Handlungsstrategie verfügt, die indessen zu einer Fehlallokation der eigenen Anstrengungen führen muss, wenn nicht der jeweils andere die für ihn weniger attraktive Handlungswahl trifft. Zudem droht die Schwierigkeit, dass wiederholte Versuche, dieses Problem zu bewältigen, sich akkumulativ zugunsten jener auswirken, die (immer oder im Durchschnitt) die höheren Auszahlungen erhalten, wenn nicht die Unabhängigkeit der Spieldurchgänge für einen (zufälligen) Ausgleich sorgt.

---

[6] Wenn sich die Schädigungswerte unterscheiden, hat der Akteur, dem ein größerer Schaden droht, falls er sich nicht mit seinen Mitakteuren einigen kann, einen größeren Anreiz, genau diesem Zustand aus dem Weg zu gehen. Man kann also auch bei der Vermeidung negativer Auszahlungen *optimieren*.

Eine solche (einseitige) Ertragsakkumulation droht nicht nur dann, wenn die erbrachten Leistungen dieselben Fähigkeiten voraussetzen, sondern im Weiteren auch dort in einem verstärkten Ausmaß, wo die Etablierung einer ertragssichernden Koordination die Klärung der vorgelagerten Frage erfordert, wer von den beiden Akteuren geneigt sein sollte, in den Erwerb jener Fähigkeiten zu investieren, die ihm erwartbarerweise eine geringere Auszahlung verschaffen.[7] Dahinter versteckt sich eine mehrschichtige Problematik: Solange die zu erbringenden Tätigkeiten ein gleiches Voraussetzungsprofil aufweisen und ihr Vollzug für jeden der beteiligten Akteure gleich ‚teuer‘ ist, wird der ertragsbenachteiligte Akteur früher oder später darüber zu sinnieren beginnen, weshalb seine Einsätze weniger eintragen sollen als die des Koordinationspartners. Auf der anderen Seite mögen sich die beiden Zuleistungen ihrer Art (oder der Sache) nach unterscheiden, sodass man von einer Art ‚Arbeitsteilung‘ in dem Sinne sprechen kann, dass nur die Zusammenlegung *ungleichartiger* Handlungen zu einem Koordinationszustand führt. Dann aber entsteht ein anderes Problem: Dass der eventuell bevorzugte Koordinationspartner sich bereitfindet, die Vorleistungen zu erbringen, die ihm die ausgeprägteren Auszahlungen verschaffen, wird – aufgrund der Rationalitätsunterstellung – verständlich sein, solange seine Investitionskosten geringer sind als die erwarteten Gewinne; er wird diese aber nur kassieren können, wenn sich beide auf die Form und den Umfang ihrer Arbeitsteilung und die damit verbundene Ertragsverteilung *(vorweg)* haben einigen können, weil anders der kombinierte Erfolg der beiden gleichermaßen wählbaren Verteilungszustände nicht erreicht werden kann. Wie seit Langem bekannt ist, muss eine solche Aufteilung der Tätigkeiten und Erträge aber nicht konfliktlos verlaufen (vgl. Eisenstadt 1978, S. 20). Denn wenn beide zur Absicherung ihrer Einkommen die jeweils höher bewerteten Leistungen erbringen möchten, sind weder die (komplementäre) Aufteilung der Leistungserbringung noch die Spezialisierung der „Lebensaufgabe, welche den einzelnen in den Dienst des anderen stellt" (Schmoller 1968/1890, S. 3), möglich, und die eventuelle Zusammenlegung der Anstrengungen aller beteiligten Akteure bleibt auch dann ohne verteilbaren Ertrag, wenn man deren eventuelle Kosten (vgl. Rueschemeyer 1986, S. 21) konstant hält.

Solche Verhältnisse, die wegen der hintergründigen Anspielung auf die (überaus typischen) Verteilungsinteressen von Ehepartnern (im Haushalt wie bei Freizeitvergnügungen) auch „battle of the sexes"[8] genannt werden, sind offenbar mit einer Art (vorgelagertem) „Freiwilligendilemma" (vgl. Diekmann 1985; Mur-

---

[7] Die Akteure stehen in diesem Fall vor einem Second-Order-Koordinationsproblem (vgl. Bates 1988), das *dieselben Probleme* erneut aufwirft.

[8] Dem basalen Paradigma folgend legt ein Ehepaar Wert darauf, die Freizeit gemeinsam zu verbringen, muss aber zwischen dem Besuch eines Boxkampfs und einer Theatervorstellung wählen, wobei

nighan 1991, S. 62 ff.) behaftet oder einem „Dilemma des ersten Schritts", das dieselbe situationslogische Komplexität aufweist wie das eigentliche Koordinationsproblem und das zu lösen zusätzliche Anstrengung erfordert.[9] In jedem Fall ist das Erreichen eines der beiden erwünschten Zustände in direktem Vergleich mit Fällen reiner oder einfacher Koordination mit dem Zusatzproblem befrachtet, dass im Fall einer arbeitsteiligen Koordination jeder der beiden Akteure *im Voraus* wissen muss, welche Art der Leistung der Koordinationspartner erbringen kann und wird, um eine rationale Entscheidung darüber zu treffen, ob er sich an der Zusammenlegung der gemeinsamen Anstrengungen wird beteiligen wollen. Die Glaubwürdigkeit, mit der ein Akteur ein derart geprägtes Kooperationsverhältnis anstrebt, ist entsprechend schwankend, und der endliche ‚Sieger' einer einmal erreichten Koordinationslösung wird sich auf eventuelle Widerständigkeiten seines Koordinationspartners gefasst machen müssen, sofern dieser sich nicht in seine benachteiligte Lage fügt.[10]

In der Literatur wird vielfach eine weitere und genau besehen *verschärfte Version* des Geschlechterspiels diskutiert (vgl. auch Abschnitt 9.2), die wir als einen dritten Typus einer komplexen Koordination behandeln wollen: gemeint ist das sogenannte *Hühnchenspiel* (vgl. Boudon 1980a, S. 44 f.) bzw. das *Hawk-Dove-Spiel* oder *Falke-Täubchen-Spiel* (vgl. Maynard Smith 1982). Es ist bekannt geworden durch eine berühmte Szene aus dem James-Dean-Film „Denn sie wissen nicht, was sie tun" (aus dem Jahr 1955), in der sich Jugendliche bemühen herauszufinden, wer von ihnen der ‚Held' (Falke) und wer der ‚Feigling' (Täubchen) ist. Im vorliegenden Fall besteht die Prüfung, die diese Frage beantworten soll, darin, dass zwei Autos auf einen Abgrund zufahren und derjenige der beiden Fahrer ‚verliert', der als *Erster* aussteigt oder bremst. Die sicherste Lösung bestünde wohl darin – jedenfalls aus der Sicht eines außenstehenden Beobachters –, das Spiel gar nicht erst zu beginnen; aber dann können beide Kontrahenten nicht feststellen, wer von ihnen der Mutigere ist, bzw. müsste derjenige, der diese Lösung vorschlägt, sich gefallen lassen, als der ‚Hasenfuß' zu gelten. Auf der anderen Seite erfordert es keine besondere Fantasie, sich auszumalen, dass keinem der beiden Fahrer damit gedient sein kann, wenn sie zu ‚übermütig' sind und infolgedessen beide in den Abgrund stürzen.

Überträgt man diesen Fall in die theoretischen Begriffe, die wir unseren Situationsanalysen zugrunde legen, dann stehen die Akteure vor den folgenden

---

der Ehemann den Boxkampf höher einschätzt als den Theaterbesuch, während die Ehefrau inverse Präferenzen hat.

[9] Wir werden im Rahmen unserer Behandlung des Kooperationsproblems noch näher auf derartige Dilemmata eingehen.

[10] Die übrigen Eigenheiten von Koordinationsverfahren: die wechselseitige Zuschreibung von Rationalität und das gemeinsame Wissen über die Verfahren der Zielerreichung, sind beim Geschlechterkampf dieselben wie in den Fällen reiner Koordination.

Alternativen: Beide könnten sich darauf einigen, jede beliebige Form der Auseinandersetzung zu unterlassen und die daraus resultierenden Erträge gleichmäßig unter sich aufzuteilen. Das aber ist *kein* stabiler Zustand, solange jeder Akteur das Interesse verfolgt, sich dem Spielpartner (und den Zuschauern) gegenüber als überlegen darzustellen. Damit geht es um die *relativen Vorteile*[11] bei einer an sich vorteilhaften Verteilungslösung, die vor dem Hintergrund der Tatsache, dass keiner von beiden auf den desaströsen Ausgang ihres ‚Spiels' Wert legt, daraus folgt, dass einer die Rolle der Taube spielt und dem anderen die Rolle des Falken lässt. Ihr Problem besteht allerdings darin, dass beide Akteure ihre jeweils miserabelste Auszahlung genau dann in Kauf nehmen müssen, wenn *beide* darauf bedacht sind, den Falken zu mimen.[12] Glücklicherweise ist dieser Zustand instabil, denn er legt jedem nahe, sich zu verbessern, auch durch einseitige Änderung der Handlungsstrategie. Die daraus folgende Koordinationslogik besagt damit, dass zwar beide darin übereinstimmen, welchen Zustand sie vermeiden wollen, dass sie aber auch beide gern die Position des relativen Gewinners einnehmen und die des relativen Verlierers vermeiden möchten. Entsprechend wäre es jedem in jedem Fall recht, wenn *der andere* als erster die Taubenstrategie ergreifen würde und ihm den relativen Vorteil der Falkenrolle ließe. Wenn allerdings beide zu lange zögern, sich mit der Taubenauszahlung anzufreunden, werden sie das gemeinsame Desaster nicht vermeiden können. Es ist also zu erwarten, dass eine Gleichverteilung nicht erreicht werden wird, sondern dass im Normalfall einer zum relativen Verlierer werden wird, und dies dann auch so lange bleibt, bis sich etwas an den äußeren Umständen ändert. Gelingt es demnach einem der beiden – aus welchen Gründen auch immer – in die Rolle des Falken zu schlüpfen, dann *muss* sein Partner aus wohlverstandenem Eigeninteresse zum Täubchen werden und kann durch eine einseitige Handlungsänderung daran auch nichts mehr ändern, solange er durch den im Spiel befindlichen Koordinationsertrag, d. h. das Vermeiden des für beide schlechtesten Ergebnisses, gebunden ist. Daraus folgt, dass in solchen Situationen der Anreiz wirksam ist, sich möglichst rasch und in jedem Fall vor dem Gegner in einer für sich selbst vorteilhaften Weise festzulegen. Denn wem es als Erstem gelingt, sich die relativen Vorteile zu sichern, der muss nicht mit dem Defektieren des anderen rechnen. Rationale Akteure können also das vorliegende Koordinationsproblem auflösen, weil sie

---

[11] Vgl. für eine formale Darstellung, deren Auszahlungsmatrizen diese Dynamik klar zum Ausdruck bringen, etwa Diekmann (2009, S. 39 ff.) oder Holler und Klose-Ullmann (2007, S. 45).

[12] Dabei ist sorgsam darauf zu achten, dass der Nutzenbegriff nicht ad hoc verändert wird (vgl. Kap. 4). Es wäre an dieser Stelle (zu) einfach möglich, diesen jungen Männern zu unterstellen, dass ihnen die Lust am Risiko einen Nutzen verschafft, der alle Gefahrenerwägungen überlagert. Hier zeigt sich die Nützlichkeit klar explizierter Brückenhypothesen, die genau das verbieten und eine tautologische Verwendung des inhaltlich leeren Nutzenbegriffs vermeiden helfen. Dass Filmregisseure dies nicht tun müssen, ist offensichtlich.

die Selbstdestruktion vermeiden wollen und daher jeder wissen sollte, dass seine Drohung, sich – etwa mithilfe einer Obstruktionsstrategie – ‚irrational' zu verhalten und gegen die Vormachtstellung des Siegers aufzubegehren, sich als eine leere Drohung erweisen muss, der sein Gegner keinen Glauben schenkt.[13]

7.2.4   Koordination als Gleichgewicht

Es ist an der Zeit, eine Folgerung aus dem bislang Gesagten zu ziehen, die für die noch ausstehende Klärung möglicher Abstimmungsmechanismen zur Bewältigung von Koordinationsproblemen von nachdrücklicher Bedeutung ist. Wir haben gesehen, dass wir mit Koordinationsspielen Situationen beschreiben können, die intentionalen und rationalen Akteure Koordinationserträge versprechen, die teils darin bestehen, dass die Verfolgung gemeinsamer Interessen den jeweiligen Maximalgewinn abwirft, und die in anderen Fällen zumindest sagen, was sie *nicht* tun sollen oder wollen, um gleichartige Schädigungen zu vermeiden. Koordinationsprobleme motivieren also zu wechselseitigen Handlungen, die den möglichen Koordinationsgewinn realisieren helfen bzw. auf jeden Fall die beiderseits miserabelsten Auszahlungen verhindern. Diese gemeinsamen Interessen tragen die Einzelhandlungen in allen Fällen, reichen aber wie in der reinen Koordination nicht hin, um eine wechselseitig eindeutige Lösung zu identifizieren. Auf der anderen Seite reicht es wie im Versicherungsspiel nicht aus, die gemeinsam beste Lösung vorauszusetzen, ohne zu klären, ob jeder erwarten kann, dass sich die Mitstreiter in deren Sinn verhalten. Auch kann die Festlegung auf eine gleichwertige Aufteilung der Erträge von nachgelagerten gegensätzlichen Interessen überlagert sein, sodass bei komplexen Koordinationen die Akteure strategisch handeln und darauf bedacht sein werden, die höheren Erträge abzugreifen, allerdings immer noch eingebunden in das gemeinsame Interesse an der Abwendung gemeinsamer Schädigungen.

Daraus folgt aber nicht, dass Koordinationsprobleme keine Verteilungszustände kennen, die unabhängig von den Kosten, sie zu identifizieren und zu erreichen, und losgelöst von der Frage, ob sie den Beteiligten in allen Fällen ihr maximales Ergebnissen bescheren werden, die Eigenschaften eines sogenannten *Gleichgewichts* aufweisen.

Derartige Gleichgewichtszustände können nach verschiedenen Gesichtspunkten untergliedert werden: So kann man zunächst fragen, ob Gleichgewichte stabil sind oder nicht. Stabile Gleichgewichte zeichnen sich dadurch aus, dass keiner der Akteure für sich einen Anlass sieht, den einmal etablierten Koordina-

---

[13] Die Analyse verkompliziert sich, wenn man „obstruktives Verhalten" theoretisch zulassen muss, weil sich die Akteure davon einen *langfristigen* Vorteil erhoffen.

tionszustand *alleine* oder durch *einseitige* Änderungen seiner jeweiligen Handlungsstrategie zu verlassen, weil er sonst Auszahlungsverluste hinnehmen müsste, denen keine Kompensationen gegenüberstehen. In diesem Sinne ist die Stabilität eines Verteilungszustands nicht das Resultat einer koordinierten Aktion der Akteure, sondern Ergebnis des individuell rationalen Verzichts, eine Änderung anzustreben, weil anders eine Selbstschädigung nicht zu vermeiden wäre. Man hat deshalb auch davon gesprochen, dass sich derartige Gleichgewichte von *selbst stabilisieren* (Ullmann-Margalit 1977, S. 119; Sugden 1986, S. 43). Die Spieltheorie bezeichnet derartige Zustände, in Erinnerung an den nobelpreisgeehrten Mathematiker John Nash (vgl. Nash 1950; 1953), als „Nash-Gleichgewichte" (Holler und Klose-Ullmann 2007, S. 41 ff.; Diekmann 2009, S. 21).

Reine Koordinationsverhältnisse verfügen trivialerweise über Nash-Gleichgewichte, denn gleichviel, welche der beiden Lösungen die Akteure letztlich auswählen – sie bleibt stabil, weil jede einseitige Aufkündigung des betreffenden Zustands mit Ertragsabschlägen verbunden ist bzw. weil nur beide gemeinsam einen anderen Verteilungszustand anstreben können, was sie aber allein deshalb unterlassen werden, weil er ihnen keine höhere Auszahlungen verspricht als der bereits erreichte. Ähnliches gilt auch für die einfache Koordination, die einesteils einen stabilen Zustand kennt, in dem sich die Akteure dabei behilflich sind, ihren jeweiligen Maximalertrag zu erhalten, und den zu verlassen keiner ein Interesse hat; die andererseits aber auch über einen stabilen Zustand mangelhafter Zusammenarbeit verfügt, den keiner verlassen kann, solange ihm unbekannt bleibt, ob die anderen mittun, weil sich seine Ertragslage dann nur verschlechtern kann. Aber auch komplexe Koordinationsfälle münden in stabile Verhältnisse: Zum einen enthalten sie für den relativen Gewinner keinerlei Anreiz, seine bevorzugte Stellung zu räumen; und auch der relative Verlierer kann, sofern er nicht auf seine, wenn auch minimaleren Koordinationserträge verzichten will, durch eine einseitige Handlungsänderung keine Verbesserung seiner Auszahlungsposition bewirken (vgl. Ullmann-Margalit 1977, S. 139). Eingespielte koordinative Gleichgewichte können Akteure nur dann verlassen, wenn sich *beide* verbessern können bzw. solange sie den Verbesserungswünschen ihrer Handlungspartner indifferent gegenüberstehen.

Dieser Gedanke leitet zu einem zweiten Kriterium über, anhand dessen sich Gleichgewichtszustände klassifizieren lassen: man kann nämlich fragen, ob sie zu Pareto-optimalen Verteilungen führen oder nicht. Im ersten Fall muss keiner der beteiligten Akteure eine Verschlechterung seiner Auszahlungsposition hinnehmen, wenn andere sich verbessern; im gegenteiligen Fall wird sich ein Akteur verschlechtern, wenn sein Gegenspieler sein Maximum erreicht. Situationen reiner Koordination werfen diese Frage nicht auf, wohl aber einfache Koordinationen wie das Stag-Hunt-Problem. Ein Jäger gerät in einen deutlich suboptimalen Zustand, wenn er versuchen wollte, ohne Hilfe seiner „Mitgesellen" (Rousseau

1988/1755, S. 233) auf Großwildjagd zu gehen, während diese ihren Maximal-
gewinn verfehlen, wenn er nicht zur gemeinsamen Jagd erscheint. Mit suboptimalen Zuteilungen müssen aber auch die Verlierer eines Geschlechterspiels bzw.
eines Hühnchenspiels oder einer Hawk-Dove-Auseinandersetzung rechnen. Zwar
stellen aus der Sicht der jeweils schlechtesten Auszahlungsbedingungen die beiden gleichgewichtigen Verteilungszustände eine gemeinsame Verbesserung der
Auszahlungsverhältnisse dar, aber ein Wechsel zwischen ihnen führt zu keiner
Pareto-optimalen Veränderung.

Beide Eigenschaften aber müssen nicht parallel oder nur in bestimmter Kombination auftreten. Es kann deshalb Gleichgewichte geben, die stabil sind, ohne
Pareto-optimal zu sein, wie etwa die Ungleichverteilungen im Fall komplexer
Koordinationsspiele; oder aber instabil, aber Pareto-optimal, wie die Gleichverteilung der Koordinationsgewinne beim Hühnchenspiel. Hingegen haben wir es
bei reinen Koordinationen mit stabilen, aber Pareto-indifferenten Gleichgewichten zu tun und kann sich beim Stag-Hunt-Spiel (und allen übrigen Versicherungsspielen) ein stabiles und zugleich Pareto-optimales Gleichgewicht einstellen.
Pareto-suboptimal und zugleich instabil sind endlich alle Verteilungen, an deren
Vermeidung allen Akteuren in gleichem Umfang gelegen ist.

Wir können diese Kombinatorik dazu nutzen, einige Probleme zu identifizieren, an deren Lösung der Soziologie gelegen sein muss. Zum einen enthält
sie einen Hinweis darauf, wie man das für Soziologen vielfach unverständliche
Faktum erklären kann, dass ungleiche Verteilungen durchaus stabil sein können:
sie sind es, weil jede einseitige Aufkündigung des einmal etablierten Koordinationsverhältnisses jeden, der dies versucht, mit noch schlechteren Verteilungsergebnissen konfrontieren würde. Dieser Zusammenhang gilt auch dann, wenn
die Gefahr, dass Akteure mit ungleichen Verteilungen rechnen müssen, die Etablierung von Koordinationslösungen erschwert. Auf der anderen Seite kann die
Existenz von sich selbst stabilisierenden Koordinationslösungen einen Fingerzeig darauf geben, dass es sich koordinationsinteressierte Akteure ersparen können, bestimmte ihrer Verhältnisse durch gesonderte Anstrengungen gegen deren
Zerfall abzusichern. Das heißt, bestimmte Probleme, die wir späterhin bei der
Besprechung von Kooperations- und Konfliktbeziehungen kennenlernen werden
(wie einseitige Gewinnzuweisungen und Ausbeutung, Abweichungsgewinne und
Trittbrettfahren und dergleichen), treten unter Koordinationsverhältnissen nicht
auf (vgl. (Ullmann-Margalit 1977, S. 123; Vanberg 1994, S. 64 f.). Oder anders:
Im Rahmen von Koordinationsspielen können die Akteure zumal stabile Paretoineffizienzen jederzeit vermeiden, wenn sie die Schwierigkeiten zu überwinden
vermögen, in Unkenntnis dessen zu handeln, was die anderen jeweils vorhaben
(vgl. Sugden 1996, S. 261).

Wir wollen im nachfolgenden Abschnitt deshalb vornehmlich einige der
Lösungswege schildern, die die Brisanz zu mildern versprechen, die daraus

resultiert, dass mögliche Koordinationserträge dauerhaft verschwendet bzw. ungenutzt gelassen werden, weil die Beteiligten nicht wissen, ob die anderen koordinationsdienlich handeln oder nicht. Wir sollten angesichts dessen vermuten, dass koordinationsinteressierte Akteure leicht einsehen, dass es sich für sie lohnen muss, in soziale Mechanismen zu investieren, die entsprechende Informationen vermitteln und so erwarten lassen, dass Akteure unter noch zu klärenden Umständen bereit sind, sich an der ertragssichernden Lösung von Koordinationsproblemen zu beteiligen.

7.3   Lösungen des Koordinationsproblems: Eigenschaften und Folgen

Gibt es für die Auffassung, dass Koordinationsprobleme dann als gelöst gelten können, wenn es den Akteuren gelingt, sich auf eine gleichgewichtige Kombination von Handlungen festzulegen und damit instabile oder auch wenig einträgliche Strategiewahlen zu vermeiden, eine *handlungstheoretisch fundierte Begründung*? Können wir etwas über die Prozesse aussagen, vermittels derer koordinationsinteressierte Akteure einen Weg ausfindig machen können, der sie zu einer ertragssichernden Koordination ihres Handels führt?[14] Wir denken, dass dies möglich ist, müssen den Versuch, eine leistungsfähige Begründung zu finden, allerdings in zwei getrennten, wenngleich logisch aufeinander bezogenen Schritten entwickeln: Zunächst haben wir zu zeigen, dass sich die Lösung von Koordinationsproblemen dann anbietet, wenn das „common knowledge" der betroffenen Akteure eine bestimmte Gestalt (oder Form) hat bzw. eine höchst spezifische, koordinationsdienliche Bedingung erfüllt; daran anschließend werden wir die Mechanismen diskutieren, die dazu hinreichen, die genannte Bedingung des gemeinsamen Wissensbestands der Akteure zu realisieren und zu erhalten.

7.3.1   *Koordinationsgleichgewichte als „Konvention"*

Wir hatten gesehen, dass das einfache Koordinationsproblem in erster Linie darin besteht, die Unsicherheiten zu bewältigen, die damit verbunden sind, dass rationale Akteure ihrer Handlungssituation keine zweifelsfreien Hinweise darüber entnehmen können, ob sich die eventuellen Kooperationspartner am gemeinsamen Ertrag orientiert entscheiden werden, und dass daher die Gefahr droht, das auszahlungsschwächere Gleichgewicht zu erreichen; während die Akteure im reinen Koordinationsproblem zwischen zwei gleichwertigen Lösungen wählen

---

[14] Dass die Beschreibungen von Gleichgewichtslösungen des Modells nichts über den Spielprozess aussagen, wird immer wieder und zu Recht betont (vgl. Muchlinski 1998, S. 279, 290).

und sich auf eine verständigen müssen; wohingegen sie sich bei komplexen Koordinationsproblemen zwischen zwei stabilen Lösungen entscheiden müssen, deren eine deutlich suboptimale Züge trägt. In allen Fällen ist aber eine stabile Lösung erreichbar, sofern die Akteure auf wechselwirksame Erwartungen zurückgreifen können, die ihnen die von allen erwünschte Koordination erlauben. Was aber ist damit genau gemeint? Worin besteht ein solches „System sich wechselseitig stützender Erwartungen"?

Eine mögliche Antwort auf diese Frage bahnt sich an, wenn wir uns daran erinnern, dass das Ausgangsproblem jeder Koordinationssicherung darin liegt, dass die Akteure sich weder aus eigener Kraft auf eindeutige Handlungsstrategien festlegen noch darauf hoffen können, dass dies ihren Koordinationspartnern gelingt. Wenn sie sicher sein *könnten*, dass sich ihre Mitakteure *mit Regelmäßigkeit* in einer koordinationsdienlichen Weise entscheiden werden, dann haben sie selbst keinen Grund, den in dieser Regelmäßigkeit zum Ausdruck kommenden Lösungsvorschlag abzulehnen. Allerdings können die Akteure von einer derartigen Regelmäßigkeit nur wissen, wenn sich ihnen das zu lösende Kooperationsproblem *wiederholt* stellt – einmalige Koordinationsprobleme sind hingegen (aus logischen wie faktischen Gründen) nicht zu bewältigen (vgl. Hardin, R. 1982, S. 163), weshalb erst- und einmalige Begegnungen zwischen Fremden auch dann mit Erwartungsunbestimmtheiten belastet zu sein pflegen, wenn sie sich durchaus wohlwollend gegenüberstehen und im Prinzip geneigt wären, ein erträgliches Koordinationsverhältnis einzugehen. Der nähere Grund dafür (vgl. Lewis 1975, S. 42 ff.; Taylor 1987, S. 155 ff.), dass sich angesichts des mehrfachen Auftretens von Koordinationsproblemen eine erreichbare Lösung abzeichnet, liegt darin, dass die Akteure Wissen darüber ansammeln können, dass sich die anderen Akteure *immer wieder* koordinationsdienlich verhalten und infolgedessen der Erwartungswert der Annahme zunimmt, dass dies auch zukünftig der Fall sein wird – oder doch wenigstens der Fall sein könnte.

Die im Rahmen von Versicherungsspielen auftretenden Probleme lassen sich dann als gelöst betrachten, wenn die Akteure wechselseitig und wiederholte Male beobachten können, dass sie den eindeutigen und von beiden erwünschten Verteilungszustand wählen. Dass sich ihr Koordinationsverhältnis weiterhin fortsetzt, können die Akteure auch dann erwarten, wenn sie wissen, dass ihre Interessenübereinstimmung nicht auf Ewigkeit festliegt und sie auf allerlei Fehlverhalten ihrer Koordinationspartner gefasst sein sollten. Eine parallele Überlegung gilt für die reine Koordination, für die das Problem der doppelten Kontingenz zu lösen ist. Sofern die Akteure gleichlautende Vermutungen darüber hegen, wie die Entscheidungen ihrer Koordinationspartner ausfallen, und sich diese Mutmaßungen im Laufe der Zeit bestätigen, kann jeder mit zunehmendem Vertrauen darauf hoffen, dass allen beteiligten Akteuren zu Bewusstsein kommt, dass ihr wechselseitiges Handeln offenbar einen Zustand produziert, dessen wiederholtes Erscheinen sie als (aggregierbares) Resultat einer sogenannten „Konvention" verstehen können, die als stabile Leitlinie für weitere koordinationsförderliche Entscheidungen aller Akteure dienen kann. Auf diese Weise wird es immer wahrscheinlicher, dass die Koordinationsinteressenten einen der möglichen gleichgewichtigen Verteilungszustände als denjenigen betrachten, den sie sinnvollerweise deshalb anstreben sollten, *weil* die anderen Akteure ihn desgleichen regelmäßig wählen. Eine derartige Konvention liegt in der Folge definitionsgemäß dann vor (vgl. Lewis 1975, S. 3 ff.), wenn die Akteure zu einer „Gruppe" gleichgesinnter Interessenten gehören, die über eine bestimmte „Verhaltensregel" (Lewis 1975, S. 43) verfügt, der zufolge die Mitglieder dieser Gruppe sich angesichts wiederholt auftretender Koordinationsprobleme in einer erkennbar gleichen und damit verlässlichen Art und Weise entscheiden. Eine solche Konvention kann dann als existent bezeichnet werden, wenn jedes der Gruppenmitglieder der betreffenden Verhaltensregel folgt, jeder Akteur von jedem anderen erwartet, dass er ihr folgt, und darüber hinaus jeder es vorzieht, diese Regel zu beachten, *sofern* auch die Übrigen dies tun, weil auf diese Weise in den Augen aller interessierten Akteure das vorliegende Koordinationsproblem als gelöst gelten kann und der damit gesicherte Zustand ein koordinatives Gleichgewicht darstellt.[15] Oder wie Young (1996, S. 105) formuliert: „The main feature of a convention is that, out of a host of conceivable choices, only one is actually used [...]; they resolve problems of indeterminacy in interactions that have multiple equilibria".

Es sollte sich lohnen, die folgenden Implikationen dieser Definition festzuhalten. Liegt eine Konvention der angegebenen Art vor, dann *müssen* die Akteure wissen, in welcher Situation sie sich befinden, was heißt, dass sie ein gemeinsames Verständnis bezüglich deren Problemcharakters voraussetzen können. Und zugleich sollten alle *erkennen*, dass, wann und weshalb eine Konvention eine der erdenklichen Lösungen realisiert. Das heißt aber, sie verlassen sich auf ihre Beobachtung, dass eine bestimmte Regularität des Handelns aller vorliegt und zu erwarten ist bzw. fortdauert, weil sie daraus den einzig akzeptablen Grund für ihre Entscheidung beziehen, sich (ihrerseits) kooperationsdienlich zu verhalten, und weil jeder wissen kann, dass er, indem er dies tut, aus Sicht der übrigen Koordinationsinteressenten zur „tatsächlichen Geltung" (vgl. Weber 1980/1922, S. 19) der betreffenden Regel beiträgt.[16] Die daraus resultierende „Selbstverstärkung" (Ullmann-Margalit 1977, S. 116, 119) oder „Selbsterhaltung" (Bicchieri 2006, S. 36) der Konvention ist demnach verursacht durch die beobachtbaren Folgen, die sie in den Augen jener hat, die sich dafür entscheiden, sie zu beach-

---

[15] Nach Tuomela (1984, S. 212) lassen sich „Konventionen" als die logische Konsequenz von „conditional intentions" rekonstruieren.

[16] Diese These hat Giddens (1992, S. 16 ff.) popularisiert, allerdings auch auf Fälle angewendet, in denen sich die Einhaltung einer Regel nicht als Ergebnis einer Konvention versteht.

ten. Die Wahrscheinlichkeit dafür steigt in dem Maß, in dem andere durch ihr Entscheiden (und Handeln) zu erkennen geben (oder signalisieren), dass sie die Konvention für eine ebenso beachtenswerte wie zweckdienliche Leitlinie ihres Handelns halten. Die Akteure agieren demnach in einer Interdependenzsituation, in der sie – auf der Basis „gemeinsamer induktiver Standards" (Ullmann-Margalit 1977, S. 86) –[17] etwas über das erwartbare Handeln ihrer Mitinteressenten „lernen" können (Lewis 1975, S. 40),[18] und es gehört zu ihrem „common knowledge", dass sie alle diese Lernerfahrungen machen.

Glaubt ein Akteur im Übrigen, eine solche Erfahrungsgemeinsamkeit beobachten zu können, wenn er ein ihm unbekanntes und fremdartiges Milieu betritt, dann ist es für ihn sinnvoll, die Handlungsstrategie der *rationalen Imitation* zu wählen (vgl. Nelson und Winter 1982, S. 123 f.; Hedström 1998; Binmore 1998, S. 289). Auf diese Weise kann er bei der Beantwortung von Koordinationsfragen seinen Entscheidungsweg erheblich verkürzen. Um durch diesen Verzicht auf die *vollständige Rationalität* nicht in gefährliches Fahrwasser zu geraten (vgl. Wärneryd 1990, S. 8), muss der zur Imitation entschlossene Akteur selbstverständlich voraussetzen, dass seine Mitakteure, deren (regelhaftes) Treiben er beobachtet, die richtige Lösung ihres Konventionsgleichgewichts bereits gefunden haben und daraus kein Geheimnis zu machen beabsichtigen (vgl. Chwe 2001, S. 15) und dass die betreffende Konvention einfach und eindeutig genug ist, um sie zu entdecken und im Gedächtnis zu behalten (vgl. Kreps 1990, S. 126 f.). Tatsächlich wird sein Wagemut, falls er seine Handlungssituation richtig eingeschätzt hat, auf hintergründige Art belohnt. Denn entschließt er sich, sich der beobachteten Verhaltensregelmäßigkeit anzuschließen, so steigt damit die Wahrscheinlichkeit, dass die bisherigen Anhänger der Konvention auf einen weiteren Akteur treffen, der sie beherzigt, womit sich die Gewissheit, die betreffende Konventionsregel sei in Geltung, zusätzlich stabilisiert. Indem auf solchem Weg immer mehr Akteure regelbereit agieren, verfestigt sich eine Konvention auf (unbeabsichtigte oder) *spontane* Weise (vgl. Taylor 1987, S. 158), und die von zahlreichen Autoren behandelte ordnungs- und sicherheitsstiftende *Vorhersehbarkeit* und *Verlässlichkeit* des Handelns nimmt zu (vgl. Taylor 1982, S. 48; Elster 1989, S. 1 ff.).

Dabei ist zu beachten, dass es allen Befolgern einer Konventionsregel zum erfolgreichen und reproduktionsfähigen Aufbau dieses gemeinschaftsbildenden Kollektivwissens gleichgültig sein kann, ob sie etwas darüber wissen (oder auch nur ahnen), wie die handlungsleitende Regelhaftigkeit des koordinationsdienli-

---

[17] Wann solche Standards zur Verfügung stehen, ist schwer zu sagen (vgl. Holland et al. 1986).
[18] Erfolg und Nachhaltigkeit eines optimierenden Lernens können variieren (vgl. Bovens und Hartmann 2003), und dessen Bedingungen müssen nicht immer erfüllt sein (vgl. Young 2004). Wir werden nicht verfolgen, ob diese Überlegungen hinreichend sind, um die Stabilisierung von Konventionen zu erklären.

chen Handelns aller anfänglich zustande kam (vgl. Bicchieri 2006, S. 34), d. h., sie können die Ursprünge der Konvention vergessen, ins Unbewusste verdrängt oder längst in eine Legende umgedeutet haben (vgl. Balkin 1998, S. 50), ohne dass ihnen daraus ein Nachteil entstünde, weil es zur Sicherung ihres Handlungserfolgs ausreicht, wenn jeder sich an seine Überzeugung hält, dass eine unstrittige Konvention existiert. Damit verliert die weitere Suche nach einer andersgestalteten Konventionslösung jede Attraktivität und die damit verbundenen Aushandlungs- oder Transaktionskosten entfallen (vgl. Wärneryd 1990, S. 9 ff.). Sofern dieser Zustand sich über einige Zeit erhält, beginnen die Akteure in Situationen, in denen sie objektiverweise (noch immer) eine Alternative besäßen, aus ganz und gar rationalen Überlegungen auf veränderte Entscheidungen zu verzichten und stattdessen aus „Gewohnheit" (vgl. dazu Camic 1986; Schlicht 1998, S. 131 ff.) und „Routine" (vgl. Nelson und Winter 1982, S. 14 ff., 96 ff.; Giddens 1992, S. 60 ff., 111 ff.) zu handeln. Dass sie auf der Basis ihres (individuellen) unerschütterlichen Glaubens an die sachliche Geltung einer Konvention agieren können, erleichtert ihre Entscheidung, sich an die Konvention zu halten, auch dann, wenn die anderen zu zögern beginnen, ihr zu folgen, weshalb eine einmal etablierte Konvention infolge der subjektiven Geltungsüberzeugung oder „Geltungsvorstellungen" (vgl. Weber 1980/1922, S. 15, 19) der Koordinationsinteressenten auch dann noch ihre handlungsleitende Funktion bewahren kann, wenn tatsächlich gar nicht mehr alle der Konvention Beachtung schenken.

Auf der anderen Seite können sich die Akteure in diesem Glauben an die Geltung einer Konvention bestärken, wenn sie dazu übergehen, ihre Erwartungen an das konventionsgemäße Handeln der anderen als eine Art „Norm" zu verstehen (vgl. Ullmann-Margalit 1977; Gilbert 1996; Elster 2007, S. 357),[19] die ihnen das *Recht* zuspricht, sich in genau dem Umfang auf die anderen verlassen zu dürfen, in dem sie selbst bereit sind, die betreffende Konvention zu verteidigen, woraus wiederum die Bereitschaft resultieren kann, eventuelle Konventionsabweichungen mit Zorn und Widerspruch zu sanktionieren (vgl. Schmid 2004, S. 213). Konventionen werden in den Augen der an ihnen interessierten Akteure damit zur Quelle von „joint commitment and obligations", die sie wechselseitig an all jene richten, auf deren Mithilfe sie hoffen müssen, um das eigene Koordinationsziel zu erreichen (vgl. Gilbert 1996, S. 279 ff.).[20] Es ist eine interessante

---

[19] Das Lewis'sche Modell geht hingegen nicht davon aus, dass Konventionen Normen „im strengen Wortsinne" (Muchlinski 1998, S. 285) darstellen; dasselbe meint Gauthier (1990, S. 297). Man sollte deshalb die „Normativität" von Konventionen als eine – empirisch überprüfungsbedürftige – Zusatzvariable betrachten.

[20] Die (vor allem Kant folgende) Soziologie ist voller Hinweise darauf, dass Akteure sich aus „Pflichtgefühl" an eine geltende Ordnung halten (vgl. Weber 1980/1922, S. 16; Münch 1982) oder dass sie Erwartungen anderer „internalisieren" (Parsons und Bales 1955, S. 54 ff.; dort mit Hinweis auf Freud und Durkheim als ‚Väter' des Konzepts der Internalisierung). Die Rationaltheorie des menschlichen

und nach wie vor umstrittene Hypothese, dass solche Obligationen und Verpflichtungen auch dann entstehen, wenn deren Einhaltung nicht mit verbesserten Auszahlungen verbunden ist bzw. wenn feststeht, dass Akteure sie anfänglich nur
deshalb akzeptieren, weil ihnen – wie im Geschlechter- oder Hühnchenspiel zu
erwarten ist – *keine* Möglichkeit offensteht, für sich relative Vorteile zu erlangen bzw. relative Schlechterstellungen zu vermeiden oder auf eine Verbesserung
ihrer Handlungserträge hinzuwirken (vgl. Moore 1978). Jedenfalls aber kann
eine solche Sicht der eigenen Lage unter der Bedingung, dass die Akteure keine
Einwände dagegen formulieren, wenn ihre zögerliche Beachtung von Konventionen verfolgt, eingeklagt und bestraft wird, zu einer *zusätzlichen Stützung* der
anfänglichen Konventionsgeltung beitragen und ein vorhandenes handlungsori-
entierendes Koordinationsgleichgewicht über das erreichte Maß hinaus bestärken
und absichern. Allerdings wird sich – wovon noch zu sprechen sein wird – eine
Konvention dann nicht halten lassen, wenn immer mehr Akteure das Interesse an
ihr verlieren und eine bestehende Koordinationsbeziehung auch dann verlassen,
wenn ihre Kooperationspartner gegen ihre Untreue und Unzuverlässigkeit aufbegehren, sie aber dazu bereit sind, die Kosten zu tragen, die ihnen die Mahnungen
der Zurückbleibenden aufbürden.

   Nach der damit abgeschlossenen – teilweise definitorischen – Klärung der
Tatsache, dass Koordinationsgleichgewichte dazu tendieren, sich über „gemeinsam geteilte" (Bauman 1973, S. 158) und im „common background knowledge"
(Ullmann-Margalit 1977, S. 86) verankerte Konventionen zu manifestieren und
zu stabilisieren, wollen wir uns den Prozessen und Dynamiken zuwenden, die
dafür sorgen, dass entsprechende Konventionsgleichgewichte tatsächlich (immer
wieder) erreicht werden.

7.3.2   Soziale Mechanismen der Konventionsbildung

Infolge des argumentativen Aufbaus unserer bisherigen Darstellung hat es sich
nicht vermeiden lassen, das eine oder andere Mal einen – wenn auch kurzen
und wenig systematischen – Blick auf jene Prozesse und Mechanismen zu
werfen, in deren Gefolge rationale Akteure damit rechnen können, ein vorlie-
gendes Koordinationsproblem zu lösen. Wir mussten diesen Vorgriff auf den
vorliegenden Abschnitt alleine deshalb in Kauf nehmen, weil anders gar nicht
zu klären war, worin ein Koordinationsproblem besteht bzw. was es definito-
risch ausmacht. Wenn wir nunmehr dazu übergehen, Koordinationslösungen
etwas planvoller und systematischer zu betrachten, so nicht in der Absicht, alle

---

Handelns vermutet, dass derartige Internalisierungen die Neigung der Akteure erhöhen, für die
Beibehaltung einer Regel höhere Kosten zu akzeptieren (vgl. Cooter 2000, S. 17 ff.).

denkmöglichen konventionsgenerierenden Mechanismen, die darauf hinsteuern, dass die Akteure eines der möglichen, multiplen Gleichgewichte auswählen, erschöpfend zu behandeln. Auch müssen wir darauf verzichten, die empirisch überaus vielgestaltigen Verknüpfungen und das teilweise höchst undurchsichtige Ineinanderspielen unterschiedlicher Mechanismen der Konventionsgenese zu erörtern, um damit Raum zu schaffen für eine Behandlung einiger, wie wir meinen, ebenso basaler wie hinreichend unterscheidbarer Modelle von Konventionsbildungsprozessen.

So wollen wir in einem ersten Schritt untersuchen, wie Konventionen infolge eines spontanen *Evolutionsprozesses* (Abschnitt 7.3.2.1) entstehen können, sodann werden wir Konventionen als kollektives Resultat absichtsgesteuerter *Kommunikationsprozesse* verstehen (Abschnitt 7.3.2.2), um letztlich zu betrachten, wie Konventionen als eine Folge von *Verhandlungen* (Abschnitt 7.3.2.3), *Anweisungen und Dekreten* (Abschnitt 7.3.2.4) oder von *Wettrennen* (Abschnitt 7.3.2.5) zustande kommen.

7.3.2.1 Evolution

Zur Darlegung des ersten Falls möchten wir einen Prozess modellieren, der davon ausgeht, dass zwar ein geteiltes Koordinationsinteresse einer bestimmten Menge von Akteuren als gegeben und entsprechend unproblematisch angenommen werden kann, der aber meist abläuft, ohne bewusst in Gang gesetzt und gesteuert zu sein. Stattdessen vollzieht er sich – weil und indem die Akteure den Koordinationsanreizen folgen – weitgehend *absichtslos* und *hinter ihrem Rücken*, weshalb die Literatur solche Fälle gerne als „Prozesse der spontanen Ordnungsbildung" behandelt (vgl. Barry 1982; Kliemt 1986; Sugden 1989). Auf diese Weise können wir die oben geschilderte Schwierigkeit umgehen, wonach sich die Akteure bei reinen Koordinationsgleichgewichten in den Unergründlichkeiten der doppelt kontingenten Erwartungsbildung verfangen und oftmals auf die Identifikation und Durchsetzung einer Konvention am Ende verzichten müssen.

Solche spontanen Strukturbildungen sind immer dort zu erwarten, wo die folgenden Bedingungen erfüllt sind: Zum einen wissen die Akteure zunächst wenig oder auch gar nichts über die Erfolgsaussichten ihrer individuellen Handlungsentscheidungen, sind aber dazu in der Lage, deren belohnende und/oder schädigende Effekte zu bemerken und sich zu merken; sie können demnach *erfolgs-* bzw. *schädigungskontrolliert* lernen, was impliziert, dass sie sich über die ertragsbedingenden Eigenschaften ihrer Problemsituation *durchaus* Klarheit verschaffen können. Insofern sie die Wirkungen ihrer Handlungsstrategien aber – zumindest anfangs – nicht kennen, lässt sich deren Auswahl als „blinde

Mutation" oder „Variation" verstehen,[21] die die Akteure aus einer endlichen Menge von möglichen Handlungsalternativen und mit bestimmbaren Häufigkeiten
ausprobieren.[22] Sodann existiert ein gerichteter, auf die Steigerung individueller
Handlungserfolge ausgelegter Selektionsprozess, der dafür sorgt, dass sich eine
der Strategien langfristig gegenüber den vorhandenen Alternativen durchsetzt.
Dies bedeutet, dass die Akteure unter einer spezifischen Restriktion handeln
müssen, die dafür sorgt, dass sich angesichts wiederholter Problemlösungsversuche eine Strategie gegenüber den anfänglich vorhandenen Alternativen gehäuft reproduzieren kann und deshalb mit zunehmender Wahrscheinlichkeit
und am Ende mit Sicherheit gewählt wird. Die gehäufte Berücksichtigung einer
derart selegierten Handlungsstrategie erfüllt die Bedingungen eines Konventionsgleichgewichts, weshalb ihre Wieder- und Weiterverwendung (zumal im
Rahmen von Koordinationsspielen aus den mittlerweile bekannten Gründen)
keine erkennbaren Probleme aufwirft.

Der soziologischen Theorie sind solche Prozesse seit geraumer Zeit durchaus bekannt. Dass symbolisch codierte „ceremonies" das Ergebnis eines ebenso
unbewusst wie spontan verlaufenden Evolutionsprozesses sein müssen, hatte bereits Herbert Spencer vermutet (vgl. Spencer 1897a, S. 24 ff.). Ebenso hat Elias die
durch Intentionen ungesteuerte und insoweit hintergründige Entwicklung „re-
gulativer Symbole" (Elias 1988, S. xxxiii) betont, und auch Luhmann ging der
Überlegung nach, dass sich stabile Erwartungserwartungen gänzlich absichtslos
ausbilden könnten, gleichviel mit welchem Deutungsvorschlag eine Interaktion
beginnt (Luhmann 1987, S. 156, 161 ff.).[23] Auch ließen sich mit wenig Anstrengung – zumal unter Kulturtheorien zuneigenden Autoren – zahlreiche Vorläufer
und Quellen für evolutionstheoretische Modellierungen finden (vgl. Meyer und
Rowan 1977; Boyd und Richerson 1985). Wir wollen diese Versuche aber nicht
im Detail schildern (vgl. dazu die umfangreichen Darstellungen dieser Theorietradition bei Sanderson 1992 und Hodgson 1993), sondern uns zur Dokumentati-
on der Erklärungskraft evolutionstheoretischer Untersuchungen zur Entstehung
von Konventionsgleichgewichten auf eine handliche Modellierung beschränken,
die Brian Skyrms zur Beantwortung der Frage vorgetragen hat, wie sich in einer
Population von Akteuren ebenso wechselwirksame wie eindeutige sprachliche
Signale oder Symbole finden und zur dauerhaften Verwendung durchsetzen lassen, die sich dadurch auszeichnen, dass sie ein eindeutig definiertes Koordina-

---

[21] Vgl. für die verwendeten evolutionstheoretischen Begrifflichkeiten Campbell, D. (1960), Van
Parijs (1981), Nelson und Winter (1982), Hodgson (1993), Luhmann (1997) u. v. a.
[22] Sind die Handlungsmöglichkeiten zu zahlreich, kann der Akteur nichts aus den jeweiligen Reaktionen seiner Mitakteure lernen und es werden sich keine Konventionen ausbilden.
[23] Für eine Modellierung dieses Grundgedankens vgl. Kron und Dittrich (2002).

tionsproblem zu lösen in der Lage sind (vgl. Skyrms 1996, S. 80 ff.; für alternative Modellierungen vgl. auch Lewis 1975, S. 125 ff. und Wärneryd 1990, S. 23 ff.).[24]

Als Beispiel dient Skyrms eine Gruppe von Hominiden, die das gemeinsame Interesse teilen, nicht das Opfer von tödlichen Attacken zu werden, mit denen sie eine bisweilen lebensfeindliche Umwelt konfrontiert, und die angesichts dessen bereit sind, sich gegenseitig zu helfen, diesen Gefahren aus dem Weg zu gehen. Die Interessenverteilung der Gruppe ist – zur sachgerechten, nicht zu komplizierten Modellierung des vorliegenden Problemfalls – auf dieses eine Ziel beschränkt, mit der Folge, dass keine internen Sympathieunterschiede, kein Futter-, Status- und/oder Sexualneid das Verschwinden eines Gruppenmitglieds in den Augen seiner Mitakteure vorteilhaft erscheinen lassen könnten. Das konkrete Problem, mit dem die Gruppe konfrontiert ist, besteht darin, dass es zwei Gefahrenherde: Schlangen und Leoparden, gibt, deren Angriffen zu entgehen eine jeweils unterschiedliche Reaktion erfordert. Im Fall einer Schlange ist die angemessene Reaktion, sich aufzurichten und nach der Gefahrenquelle Ausschau zu halten, um daraufhin ohne weitere Mühe einen näheren Kontakt vermeiden zu können, während im Falle eines Leoparden nur die rasche Flucht auf den nächsten Felsen oder einen hohen Baum Rettung verspricht. Die „Schlangenreaktion" wäre in diesem Fall tödlich, weil sie dem Fressfeind zu einem Zeitvorteil verhülfe, während zur Abwehr der Schlangengefahr die kräftezehrende Flucht in die Höhe eine überflüssige und auf die Dauer existenzmindernde Schwächung bedeutete. Wenn ein gefährdetes Gruppenmitglied eine fehlerhafte Reaktion zeigt, entstehen demnach Schädigungen, die seinen ‚Wert' für seine Mitakteure dauerhaft, wenn nicht endgültig mindern. Vor allem wäre zu verhindern, dass ein Gruppenmitglied das Opfer seiner eigenen Unachtsamkeit wird, was die übrigen motiviert, es zu warnen, wenn es in eine unbemerkte Gefahr gerät. Sich ohne eine Warnung der gefahrenbedrohten Gruppenmitglieder selbst in Sicherheit zu bringen, ist demnach weder das Problem noch seine Lösung.[25]

Unter welchen Bedingungen aber kann eine solche Warnung Erfolg versprechen? Offensichtlich wäre jedem eventuellen Opfer damit gedient, wenn es den Zurufen oder Warnschreien seiner Gruppengenossen vertrauen könnte. Fraglich ist dabei nicht der Wille seiner Kumpane, ihm zu helfen – denn tatsächlich muss das gefährdete Gruppenmitglied voraussetzungsgemäß nicht befürchten, ‚hereingelegt' zu werden, was nicht nur ausschließt, dass es nicht gewarnt wird, wenn ihn ein Mahnruf vor Schädigungen bewahren könnte, sondern auch, dass eine Warnung erfolgt, wenn gar keine Gefahr droht, sodass man davon ausgehen kann,

---

[24] Die Idee, dass sprachliche „Konventionen" einem Evolutionsprozess entstammen, ist der Soziologie seit langer Zeit geläufig (vgl. Giddings 1920, S. 74; Mead 1968/1934, S. 173 ff.).

[25] Auch der gegenteilige Fall eines *echten* altruistischen Handelns lässt sich modellieren (vgl. Field 2004).

dass die Akteure von einem „interest of mutual orientation" (Rambo 1999, S. 324) beherrscht werden. Gleichwohl bleibt das doppelte Problem, dass zum einen die ausgestoßenen Warnungen zwischen den beiden Gefahrenquellen *eindeutig* unterscheiden müssten, um keine schädigungsträchtigen Fehlreaktionen heraufzubeschwören, die der Gewarnte zum anderen nur dann gezielt vermeiden kann, wenn er den Bedeutungsunterschied zwischen den beiden Warnungen *kennt* und wiedererkennt. Damit ist eine wichtige Feststellung getroffen: Der relative Erfolg solcher Alarme, die wir uns in Form eines entsprechend phonetisch codierten Warnlautes oder Warnrufes vergegenwärtigen können, hängt offenbar von einem konstanten *Selektionsprozess* ab, der darauf hinwirkt, dass fehlerhafte Warnungen *und* fehlerhafte Reaktionen auf diese – langfristig und unter weiteren Bedingungen, die im vorliegenden Modellierungsfall nicht von gesondertem Interesse sein müssen –[26] aus dem Pool der Handlungsmöglichkeiten ausscheiden, sodass man die Ausgangsfrage präzisieren kann: Gibt es (mindestens) eine koordinative Kombination von Warnungen und Reaktionen, die genügend Handlungspartner übrig lässt, um das Gruppenleben fortführen zu können?

Um die mögliche Lösung des vorliegenden Problems genauer zu modellieren, schlägt Brian Skyrms (1996) mehrere Schritte vor, mit deren Hilfe man die angeschnittene Frage (formal) beantworten kann:

Zunächst gibt es offensichtlich zwei Gefahrenzustände: Z1 (das Auftauchen der Schlange) und Z2 (das Anschleichen des Leoparden). Warnrufe müssen, um im vorliegenden Fall wirksam zu sein, diese zwei Zustände diskriminieren können, was erfordert, dass es zumindest zwei unterscheidbare Signale oder Botschaften gibt: B1 und B2. Zugleich sind zwei mögliche Reaktionen zugelassen: R1 und R2, wobei R1 darin besteht, dass sich der Hominide aufrichtet und Umschau hält, und R2, dass er den schleunigen Rückzug in die Baumwipfel oder Felswände antritt.

Wenn wir zudem festlegen, dass jeder der Akteure (der Warner wie der Gewarnte) eine Belohnung vom Wert 1 für den Fall erhält, dass der Gewarnte mit R1 auf den Zustand Z1 bzw. mit R2 auf Z2 reagiert; wenn darüber hinaus gilt, dass der Gewarnte wie sein Warner für den Fall, dass eine Warnung zwar nicht zielführend, aber auch nicht letal endet (etwa wenn der Gewarnte auf Z1 mit R2 reagiert), den Belohnungs- oder Nutzenwert von ½ erhält, und wenn wir überdies vorsehen, dass in allen anderen Fällen eine Nullauszahlung fällig ist,[27] dann

---

[26] So darf der Selektionsprozess nicht zur Extinktion der Gruppe führen, muss aber andererseits rasch genug verlaufen, dass die Akteure aus ihren Erfolgs- oder Schädigungserfahrungen lernen können etc.

[27] Diese Nutzenwerte sind ganz willkürlich gewählt; wichtig ist nur, dass ihre *relativen Abstände* dazu hinreichen, dem Selektionsgeschehen eine eindeutige und unumkehrbare Richtung zu verschaffen.

können die Akteure ein Signalisierungssystem aufbauen, das die *logische Struktur* eines Koordinationsspiels besitzt und nur dann eine Lösung kennt, wenn der Gewarnte auf die jeweilige Warnung die richtige – und d.h. die lebensrettende – Reaktion kennt. In der Tat betont Skyrms, dass dieses Spiel einen deutlich *konventionalen Charakter* insoweit besitzt, als sich die möglichen Handlungen so aufeinander abstimmen lassen bzw. derart ergänzen, dass beide Akteure eine optimale Belohnung erhalten können, aber nur unter der Voraussetzung, dass den beiden möglichen Botschaften *ein jeweils wechselseitig austauschbarer, aber gleichwohl eindeutiger Sinn* zugeordnet werden kann.

Das lässt sich durch die folgende Überlegung plausibel machen. Da das vorliegende Koordinationsspiel zwei Rollen für die Akteure kennt: die des „Warners" und die des „Gewarnten", steht jeder der beiden Rollenträger vor der Entscheidung, zwischen vier Strategien wählen zu müssen, wobei wir annehmen wollen, dass diese beiden Rollen von den Akteuren mit gleicher Wahrscheinlichkeit gespielt werden.

Die Warnstrategien (= W) erschöpfen sich dann in der folgenden Aufzählung:

W1: Sende B1, wenn Z1; sende B2, wenn Z2
W2: Sende B2, wenn Z1; sende B1, wenn Z2
W3: Sende B1, wenn Z1; sende B1, wenn Z2
W4: Sende B2, wenn Z1, sende B2, wenn Z2,

während die logisch möglichen Reaktions- bzw. Fluchtstrategien (= F) lauten:

F1: Tue R1, wenn B1; tue R2, wenn B2
F2: Tue R2, wenn B1; tue R1, wenn B2
F3: Tue R1, wenn B1; tue R1, wenn B2
F4: Tue R2, wenn B1; tue R2, wenn B2

Offensichtlich können diese Strategiebündel auf 16 verschiedene Weisen miteinander verknüpft werden, wobei die Durchsicht der dabei entstehenden Liste (vgl. Skyrms 1996, S. 87) zeigt, dass nur die Kombinationen W1/F1 bzw. W2/F2 maximale Auszahlungen bieten und überdies gegenüber einseitigen Abweichungen – seien diese durch interne Strategiemutationen oder durch Zuwanderungen alternativer Strategien verursacht – stabil bleiben.[28] In allen übrigen Fällen passen die Warnungen nicht zu den Reaktionen und führen zu Auszahlungen, die geringer sind als diejenigen, die Akteure dann erreichen, wenn sie *eine* der beiden

---

[28] In diesem Sinne gelten die betreffenden Strategiekombinationen als „evolutionär stabile Gleichgewichte" (vgl. Maynard Smith 1982).

ausgezeichneten Handlungskombinationen finden. Diese stellen dann die beiden
Konventionsgleichgewichte dar.

Allerdings ist damit noch nicht geklärt, welches der beiden sich endlich
durchsetzen wird. Tatsächlich bedarf es dazu einer Reihe von Zusatzannahmen, mit deren Hilfe die relativen Stabilisierungswahrscheinlichkeiten beider
optimalen Strategiekombinationen beurteilt werden können. Zum Ersten sollte
einsichtig sein, dass die Warnenden anfänglich nicht wissen können, welche der
Warnstrategien sie ergreifen sollen, da sie annahmegemäß zunächst keine Information darüber haben, welche Antwortstrategie sie zu erwarten haben; und
umgekehrt weiß der Gewarnte nicht, welchen Gefahrenzustand der Warnende
im Auge hat, wenn er einen der beiden möglichen Rufe ausstößt. Der Selektionsprozess ist also darauf angewiesen, dass sich die Akteure aus dem ihnen
zur Verfügung stehenden Strategiepool per Zufall bedienen, um dann zu sehen,
welche Strategiekombination ihren Zweck erfüllt und welche nicht, wobei sie unglücklicherweise nicht wissen können, ob sie im Fall, dass sie eine offensichtlich
fehlerhafte Strategiekombination versucht haben, ihre bisherige Strategiewahl
beibehalten sollen oder nicht (vgl. Crawford und Haller 1990, S. 575). *Wiederholt*
sich dieses Warnspiel aber, so haben sie immer wieder und vor allem dann die
Gelegenheit, die Erfolgsunterschiede zu bemerken und sich zukünftig für jene
Warnung bzw. Rettungsaktion zu entscheiden, die den bislang weitreichendsten
Nutzen für beide Akteure zu versprechen scheint, wenn die Probanden überleben
und (alleine) deshalb aus ihrem Erfolg lernen können.[29] Wenn im Verlauf dieses
(gemeinsamen oder kollektiven) Lernprozesses keine (unsystematischen) Irrtümer zu befürchten sind und der emotionale Stress der Problemsituation nicht
zu unüberlegter Hektik und Verwirrungen führt, kann sich herauskristallisieren,
dass es zum einen eine Klasse von Strategiekombinationen gibt, die letal enden,
und eine andere, deren Auszahlungen hinter dem erreichbaren Optimum zurückbleiben, und wichtiger noch: dass es mindestens zwei Strategieverknüpfungen
gibt, die zum erwünschten Erfolg führen, wenn sich – wie im Modell zugelassen – zufälligerweise immer wieder jene Partner finden, deren Strategiewahlen zueinander *passen* und die auf diesem Weg „Sinn" (füreinander) gewinnen
(Mead 1968/1934, S. 115 ff.).[30]

Allerdings ist mit dieser Lösung ein Problem verbunden: Können die Gruppenmitglieder nur eines der beiden konventionsfähigen Strategiebündel etablie-

---

[29] Falls ein Gruppenmitglied trotz einer Warnung zu Tode kommt, kann nur der Warnende etwas
lernen. Wenn aber die übrigen potenziell zu warnenden Akteure das Geschehen beobachten können,
werden (wie oben besprochen) Imitationen möglich, die die Durchsetzung oder Verbreitung der
richtigen Strategiewahlen beschleunigen können.

[30] Es gibt auch Modellierungen, die diese Voraussetzung, dass Akteure anhand wiederholter Begegnungen lernen, ob sich eine bislang verfolgte Strategie lohnt, nicht treffen (vgl. Axelrod 1984).

ren, so wird der belohnungsgewichtende Selektionsprozess notwendigerweise auf dessen Stabilisierung hinauslaufen, weil alle übrigen Strategiebündel geringere Auszahlungen bieten. Sofern diese Auszahlungen sich auf die Chance auswirken, auch weiterhin als Mitglied der Gruppe agieren zu können, werden all jene ausscheiden oder aussortiert werden, deren Handlungsstrategie einen Wert abwirft, der unter dem überlebens- und damit mitgliedschaftssichernden Schwellenwert verbleibt. Wenn freilich die jeweiligen Interaktionspaare sich *zufällig* zusammentun, kann mit dieser segensreichen Entwicklung nicht notwendig gerechnet werden. Vielmehr ist dann regelmäßig zu erwarten, dass sich beide effektiven Strategiebündel in einer Gruppe durchsetzen, womit nicht zu verhindern ist, dass ein Akteur einen anderen aus der Gefahr, in die er zu geraten scheint, zwar befreien möchte, dies aber misslingt, weil der Gewarnte zufälligerweise zu der Gruppe gehört, die auf das alternative Strategiebündel festgelegt ist. Solange der Warner nicht im Voraus erkennen kann, zu welcher Strategiegruppe der andere gehört,[31] sind Fehlschläge demnach unvermeidbar.

Wie sich indessen errechnen lässt, können, solange Zufallskontakte vorherrschen, sich beide Strategien innerhalb ein und derselben Gruppe nur dann erhalten, wenn die Kontakt- oder Auswahlwahrscheinlichkeit beider Strategiebündel zufälligerweise ½ lautet, was gleichzusetzen ist mit der Tatsache, dass sich unter dieser Konstellation keine der beiden effektiven Strategiekombinationen gegenüber ihrer Alternative erfolgreich durchsetzen kann. Das heißt aber im Umkehrschluss: Wenn mehr als die Hälfte der Gruppe eines der beiden Strategiebündel benutzt, so erhalten, solange weiterhin Zufallskontakte eine Rolle spielen, die Angehörigen dieser Mehrheit die höheren Auszahlungen und ihre Anzahl wird wachsen, je häufiger das Koordinationsproblem auftritt und je spärlicher infolgedessen die Gewinne jener ausfallen, die aufgrund der Tatsache, dass sie eine Minderheitsstrategie vertreten, zunehmend geringere Erfolgschancen besitzen. Die Gleichverteilung der beiden Strategiekombinationen ist demnach *hochgradig* anfällig gegenüber zufälligen Verschiebungen der Häufigkeiten, mit der Partner aus den beiden praktizierten Strategielagern aufeinandertreffen, aber auch gegenüber Strategiemutationen, sofern die neue Variante eines der beiden Lager stärkt und kein Ausgleich des Verlustes der Gegenstrategie stattfindet. Aber auch Zuwanderungen von Akteuren, die nur eine der beiden Konventionen beherrschen, können die Mehrheitsverhältnisse bzw. die Häufigkeitswerte der Kontaktmuster so verändern, dass sich die Selektionsdynamik zugunsten einer der beiden Konventionsstrategien verschiebt. Ein solches Ergebnis kann sich daneben auch dadurch ergeben, dass sich eine Häufigkeitsverschiebung zwischen den beiden Strategie-

---

[31] Solche „Diskriminierungsgleichgewichte" (Posner, E. 1998, S. 770 ff.) sind das Ergebnis eines weiteren, zwischengelagerten Selektionsprozesses und werfen deshalb dieselben Beschwernisse erneut auf.

bündeln dadurch einstellt, dass die bislang erfolglosen oder benachteiligten Akteure die erfolgreichere Strategiekombination individuell lernen oder imitieren (Choi 1993, S. 73), was ihnen jederzeit auch ohne gemeinsames Wissen über die Logik ihrer Situation und ohne dass die Gruppenmitglieder die Wirkungsweise des Auswahlprozesses durchschauen müssten, möglich ist (Skyrms 1996, S. 93 f.). Sie können auf diesem rein individuellen Weg ein „korreliertes Gleichgewicht" (Aumann 1974)[32] wechselseitig verschränkter Handlungsstrategien nicht zuletzt auch deshalb ausfindig machen, weil es ihnen gänzlich gleichgültig sein kann, welche der anfänglich möglichen Bedeutungen ihrer Warnsignale sie übernehmen und mit welcher der beiden denkbaren Reaktionsweisen sie antworten, solange nur sichergestellt ist, dass sie infolge dieser „self-imposed limitation of responses" (Wärneryd 1990, S. 3) nicht zu jenen gehören, die mit individuellen Auszahlungsabschlägen zu rechnen haben.

Damit gelangen wir zu dem folgenden Ergebnis (vgl. Wärneryd 1990, S. 11 ff.; Boyer und Orléan 1992, S. 165 ff.; Vanberg 1994, S. 90; Young 1996, S. 106 ff.; 1998, S. 144 ff.): Zum einen können wir festhalten, dass der evolutionäre Prozess der Konventionsbildung mit einiger Zwangsläufigkeit (oder Folgerichtigkeit) verläuft (Schotter 1981, S. 21) und dass er dazu in der Lage ist, sich selbst zu stabilisieren, ohne dass sich die Akteure die Entstehung ihrer Konventionen zum Ziel setzen müssten (vgl. Hardin, R. 1995, S. 45). Auch und gerade Akteure mit geringen Entscheidungskompetenzen, mit fragwürdiger „Intelligenz" (Myerson 1991, S. 1 ff.) oder mit einem völligen Mangel an Übersicht über die Fernfolgen ihres Tuns können *lokal lernen* und auf der Basis von „repeated interactions" (Young 1998, S. 145) situative und individuelle Erfolgserfahrungen machen und durch die „accumulation of precident" (Young 1996, S. 196) Verhaltensmuster entwickeln und entdecken, deren Beachtung ihnen dabei hilft, Eigenschädigungen zu meiden. In diesem Zusammenhang können sie die Unergründlichkeiten doppelt kontingenter Erwartungen und die damit verbundenen „cognitive blindspots" (Koons 1992, S. 9) umgehen, zumal sie am Ende gar nicht zu wissen brauchen, dass die Aufrechterhaltung eines stabilen Konventionsgleichgewichts nur davon abhängt, dass möglichst viele Akteure im Verlauf der selektiven Reproduktion einem der beiden Gleichgewichte und im erwartbaren Extremfall alle Akteure *genau einer Konvention* folgen. Welche der möglichen Konventionen sich durchsetzt, bleibt freilich innerhalb evolutionärer Modelle unbestimmt, da diese keine Informationen darüber zur Verfügung halten, von welchen Einflüssen die konventionsgenerierende Veränderung der Häufigkeitsverteilung ihrer Kontakte abhängen sollte; d. h., aus der Sicht des modellierten Selektionsprozesses führt der Zufall (Skyrms 1996, S. 93) zum obsiegenden Konventionsgleich-

---

[32] Dieser Fall lässt sich als Ableitung aus einer *Theorie relativer Präferenzen* verstehen, deren Entwicklungsstand allerdings zu wünschen übrig lässt (vgl. McAdams 1992, S. 10).

gewicht. Welchem ‚Pfad' das Evolutionsgeschehen folgt (vgl. dazu Ackermann 2001), hängt demnach von den anfänglichen „Kontaktstrukturen" (Mayntz 2002, S. 32) ab bzw. von den Zufälligkeiten der Kontaktdynamik, die bestimmen, welcher Akteur durch seine Handlungswahl den Ausschlag dafür gibt, dass sich die Entscheidungssituation aller übrigen derart verändert, dass als völlig unbeabsichtigte Konsequenz des Handelns aller sich eines der beiden Gleichgewichte auf Dauer realisiert.

Wie angedeutet, steht allerdings fest, dass, sofern die Akteure wiederholt miteinander zu tun haben und untaugliche Strategiekombinationen mit Sicherheit ausgeschieden – oder die überlebenszuträglichen erkannt – werden können, die Wahrscheinlichkeit einer Vereinheitlichung der Handlungsstrategien *sehr hoch* ist (vgl. Crawford und Haller 1990, S. 583) und dass ein einmal erreichtes Gleichgewicht gegenüber dem vereinzelten Aufkommen alternativer Koordinationsvorschläge stabil bleiben kann. Dies hat zwei weitreichende Folgen: Zum einen bildet sich infolge des pfadabhängig verlaufenden Selektionsprozesses offenbar ein Pool „gemeinsamer Bedeutungen" (Parsons 1953, S. 36) oder eine gemeinsame, einander signalisierbare bzw. (kommunikativ) mitteilbare Auffassung darüber, welches Verhalten für das Überleben der Gruppe zweckdienlich ist, d. h. im vorliegenden Fall: eine von allen Mitgliedern der Gruppe „geteilte Kultur"[33] bzw. eine symboleinheitliche und bedeutungskonsistente „common culture" (vgl. Parsons 1977, S. 168; Parsons und Shils 1951, S. 105) des Warnens aus, die nachfolgenden Generationen ohne besondere Mühe, allein aufgrund der imitierbaren – und vielleicht auch lehrbaren – Warnpraxis, weitergegeben werden kann, ohne den primären Selektionsprozess erneut zu bemühen. Somit stabilisieren und verstärken sich infolge dieses (selbstkorrektiv verlaufenden) „Enkulturalisierungsprozesses" nicht nur die „Koordinaten" der jeweiligen „sozialen und kulturellen Umwelt" (vgl. Esser 2001b, S. 372), sondern auch jene Voraussetzungen des Lernens und Imitierens vorgegebener Koordinationslösungen, die ihn ursprünglich in Gang gesetzt haben.[34]

Obgleich es vermessen wäre, zu behaupten, man könne mithilfe solcher Überlegungen alle denkmöglichen Facetten und jeden erwartbaren Komplexitätsgrad der Konventionsentstehung erfassen, bleibt doch festzuhalten, dass sich derartige Prozesse der Konventionsevolution wenigstens „im Prinzip" (vgl.

---

[33] Dieses Kulturverständnis folgt der Auffassung von Archer (1988), Wildavsky (1998, S. 196 ff.) und Balkin (1998).

[34] Unseres Erachtens folgt daraus, dass der theoretische Graben zwischen Evolutionsmodellen, die sich auf Mechanismen der individuellen Ertragssteigerung konzentrieren, und jenen, die Prozesse der Gruppenselektion zulassen, nicht so tief sein kann wie oftmals vermutet. Ertragsorientierte Akteure sollten einen Vorteil daraus ziehen können, Mitglieder von Gruppen zu sein, die ihnen erfolgreichere Transaktion erlauben als alternative Gruppen (vgl. Hardin, R. 1995).

Hayek 1972) dadurch verstehen und erklären lassen, dass Akteure eine konventional geordnete Lebensform für sinnvoll, weil vorteilhaft halten.[35]

7.3.2.2 Kommunikationen, Mitteilungen und Absprachen

a)   Kommunikation und Konvention

Allerdings weisen solche Evolutionsmodelle eine Reihe von Einschränkungen auf. So stehen viele Soziologen diesen mit Skepsis gegenüber, weil ihnen die beschränkte Reaktionsausstattung der Akteure bzw. der „myopic choice mechanism" (Cross und Guyer 1980, S. 22), dem diese unterworfen sind, deren ungeregelter Egoismus, der ausschließlich an der Maximierung des individuellen Handlungsnutzens orientiert bleibt, die Zufallsverteilung sozialer Kontakte, die bestenfalls ein „stochastically stable equilibrium" (Young 1993, S. 58) zulässt, und die völlige Absichtslosigkeit des kollektiven Handlungsergebnisses als realitätsferne Idealisierung erscheinen, die man zugunsten realitätsnäherer Erklärungsmodelle aufzugeben hat (vgl. dazu kritisch Hechter 1990b und Zafirovski 1999 und hoffnungsvoller Schelling 1984, S. 221 ff.). Deren Entwicklung erfordert zunächst die Einsicht, dass die zur erfolgreichen Organisation ihres Interdependenzhandelns erforderlichen Kommunikationsfähigkeiten der Akteure erheblich über das hinausreichen sollten, was das Skyrms'sche (oder auch das Lewis'sche) Modell des konventionalistischen Symbollernens vorsehen kann.

Solche Einwände müssen nicht völlig falsch sein, wenngleich auffällt, dass zumindest die in der deutschen Theoriedebatte vorherrschend diskutierten Theorieentwürfe von Habermas und Luhmann, die sich um eine extensivere und gehaltvollere Theorie menschlichen Kommunikationshandelns bemühen, sich – mit Abstrichen – relativ reibungsfrei mit den Überlegungen des rationalen Erklärungsprogramms zur Genese und Funktion von Konventionen vereinbaren lassen. Tatsächlich kann man (vor allem) das Luhmann'sche Kommunikationsverständnis[36] sehr gut dazu verwenden, um die von evolutionären Modellierungen der oben diskutierten Art eingeführten Voraussetzungen zu erläutern, zu spezifizieren und (dann auch) zu erweitern. Im engeren Sinne soziologische Kommunikationstheorien stellen deshalb keine Alternative zu evolutionär-gene-

---

[35] Kommunikationsgemeinschaften reichen weit in die Evolutionsgeschichte zurück (vgl. Bronner 1983).

[36] Unserer Auffassung nach legt Luhmann keine empirische Theorie des sozialen Kommunikationsverhaltens vor, sondern bemüht sich um die Identifikation der notwendigen Bedingungen des „normalen Funktionierens" von Kommunikation (Luhmann 1987, S. 217). Die Habermas'sche Theorie des kommunikativen Handelns behandeln wir unten.

tischen Erklärungen von Konventionen dar, sondern sollten als deren modelllogische Verfeinerung betrachtet werden.

Man wird sich zwar schwer tun, Luhmann als einen engagierten Vertreter eines erklärenden Theorieprogramms zu verstehen (vgl. Schmid 1997; 2001), auf der anderen Seite lässt sich aber auch nicht übersehen, dass er sich mit Brian Skyrms ganz offensichtlich einig darüber wäre, dass jede Kommunikationstheorie von der basalen Möglichkeit auszugehen hat, Kommunikation als einen Prozess (außerbiologischer) „epigenetischer Evolution" einer „Sinnwelt" (Luhmann 1987, S. 206) zu modellieren, der zu einem Zustand „koordinierter Selektivität" (Luhmann 1987, S. 212) führen muss, indem er die Akteure lehrt, zwischen verschiedenen Bedeutungen einer Mitteilung zu unterscheiden.[37] Das können sie auch am „Nullpunkt der Evolution" (Luhmann 1987, S. 217) lernen – an dem (noch) keiner versteht, was der andere von ihm erwartet –, da die Evolution der kommunikativen Verhältnisse schon alleine deshalb in Gang kommt, weil die Akteure sich einer „doppelten Kontingenz" ausgesetzt sehen, deren instabiles Gleichgewicht (vgl. Luhmann 1987, S. 167) sich zwangsläufig, d. h. gleichgültig, mit welcher Kommunikation welcher Akteur beginnt, in die Richtung einer Ausbildung von Erwartungsstrukturen auflöst. Das bare Vorhandensein der „doppelte(n) Kontingenz erzeugt Aktionsdruck" (Luhmann 1987, S. 162), und Handlungen ihrerseits müssen wie ihre entsprechenden Gegenhandlungen auf der Basis von Erwartungen entworfen und geplant werden. Die auf diese zwangsläufige Weise installierten Erwartungen der an der Kommunikation beteiligten Akteure können sich bei der wiederholten Bewältigung gleichgelagerter Problemfälle mit der Folge „bewähren" (Luhmann 1987, S. 236), dass sie sich mit steigender Wahrscheinlichkeit eines „gleichen Wissens" bedienen und „gleiche Einstellungen" (Luhmann 1987, S. 238) ausbilden können.

Natürlich ist ein solcher Evolutionsverlauf auf die Existenz lern- und erinnerungsfähiger Akteure angewiesen, die überdies dazu befähigt sind, kommunikationstaugliche, über den jeweiligen Einzelfall hinausweisende – wie es auch heißt: „symbolisch generalisierte" – „Medien" zu nutzen (vgl. Luhmann 1997, S. 203 ff., 316 ff., 418 ff.), zu denen neben der (gedruckten wie gesprochenen) Sprache als allgemeinstem Medium vor allem jene symbolischen Codierungsformen gehören, mit deren Hilfe Akteure dazu in der Lage sind, voneinander unterscheidbare thematische oder funktionale Selektionen herzustellen und mitzuteilen und damit erwartbar zu machen. Zu diesem Zweck muss jeder einzelnen kommunikativen Handlung eine „Information" zugrunde liegen, d. h., dass ein Akteur aus der Vielzahl dessen, worüber er hätte ‚reden' wollen, eine (erkennbare) Auswahl hat treffen können, die als solche mitgeteilt und vom Kommu-

---

[37] Luhmann hat „Sinn" frühzeitig zum „Grundbegriff der Soziologie" erklärt (Luhmann 1971).

nikationsrezipienten als Mitteilung ‚verstanden' werden kann oder auch nicht (Luhmann 1987, S. 194 ff.; 1997, S. 229). Kommunikation kommt in beiden Fällen zustande: Versteht der Angesprochene die Mitteilung nicht und teilt er dies mit, so provoziert seine Nachfrage eine eventuelle Revision der Mitteilung (oder den Abbruch des Kommunikationsversuchs, worauf er seinerseits reagieren kann); versteht er sie aber, so eröffnet jedes Kommunikationsangebot dem Rezipienten einer Mitteilung die nachgelagerte Möglichkeit, diese anzunehmen oder abzulehnen (Luhmann 1987, S. 203), wodurch „Negierbarkeit reguliert" (Luhmann 1987, S. 214) werden kann. Es wäre in Luhmanns Augen demnach fehlerhaft, das Gelingen von Kommunikation mit der Gewährleistung von „effektiver Koordination" oder gar mit „Konsens" gleichzusetzen (vgl. Luhmann 1997, S. 115); wie etwa bei der Ablehnung eines sehr wohl verstandenen Mitteilungsangebots. Eine erfolgreiche Kommunikation liegt auch dann vor, wenn der Rezipient „Nein" sagt (vgl. Luhmann 1995, S. 120).

Mit diesem Argument freilich beginnen Luhmanns Überlegungen, das im Skyrms'schen Modell erreichte Niveau, das nur eine endliche Anzahl hochselektiver Verknüpfungen von Handlung und Reaktion kennt, zu erweitern bzw. zu übersteigen. Offensichtlich liegt es – folgt man Luhmann – gänzlich beim Mitteilungssender, welches Problem er behandelt sehen möchte, und gänzlich beim Rezipienten, wie er reagiert, ob er die Mitteilung für glaubwürdig einschätzt oder nicht, ob er sie ignoriert oder darauf eingeht, ob er den Kommunikationsversuch selbst zum Gegenstand der Erörterung machen möchte u.a.m. In der Sprache von Luhmann heißt dies, dass Kommunikation immer auch „selbstreferenziell" verlaufen kann bzw. die Kommunikanten zur Selbstreflexion zwingt, indem sie den kommunizierenden Akteuren die Bürde auferlegt, sich in Kenntnis der Tatsache, dass sie dies versuchen müssen, um die Kommunikation weiterzuführen, eine ebenso selektiv gestaltete „Anschlusskommunikation" auszudenken und durchzuführen, auf die der anfängliche Emittent der Nachricht in gleicher Weise reagieren kann.

Luhmann weiß, dass mithilfe solcher Überlegungen nur ein „leeres Evolutionspotential" (Luhmann 1987, S. 236) beschrieben ist, das einer situationsspezifischen bzw., wie es bei ihm heißt, „kontextuellen" Bestimmung unterzogen werden muss.[38] Dies geschieht dadurch, dass sich Kommunikationsverhältnisse an sehr viel mehr „Themen" orientieren und aufbauen, als es das Skyrms'sche Modell vorsieht, welche die Akteure wiederum selbst zum Gegenstand kommunikativer Erörterung machen können, was seinerseits erlaubt, Kommunikationsangebote und erwiderungen als „Themenbeiträge" einzustufen (Luhmann 1987, S. 212 ff.). Die von den Akteuren gesuchte „Abstimmung" (Luhmann 1987,

---

[38] Darauf verweisen soziologische Bedeutungstheorien immer wieder (vgl. Douglas 1971, S. 38).

S. 217) des Mitteilungshandelns erfolgt somit unter wechselseitiger Berücksichtigung inhaltlich spezifischer Selektionserfordernisse, denn „Sinn kann immer nur kontextgebunden verstanden werden" (Luhmann 1987, S. 217); die Bedeutung einer Kommunikation muss sich, um unsere Terminologie zu benutzen, im Gefolge einer spezifischen, als gemeinsam erkennbaren bzw. als gemeinsam ‚definierten' *Problemlage* der Akteure ergeben. Solche Probleme lassen sich im Rahmen der Luhmann'schen Überlegungen infolge der Tatsache bestimmen, dass Kommunikationen *erwartungsbildend* verlaufen (vgl. Luhmann 1987, S. 377 ff.) und dass Akteure, indem sie ihr Handeln an Erwartungen darüber ausrichten, was andere erwarten, einesteils „Störungen" im kommunikativen Geschehen erst bemerken und andererseits den damit verbundenen Enttäuschungen durch neuerliche, ihrerseits kommunikationssteuernde „Entscheidungen" (Luhmann 1987, S. 400; 1997, S. 335) begegnen können.

Wir denken deshalb, dass wir Luhmanns These zustimmen sollten, dass Aufbau und Aufrechterhaltung von Interdependenzen das Vorhandensein von Erwartungsstrukturen ebenso fördern wie erfordern, die den Akteuren die Chance verschaffen, den in aller Regel mit Unsicherheiten und Zweideutigkeiten verbundenen Spielraum des Zufälligen durch wechselseitige Vorgaben und das gegenseitige Eröffnen erwartbarer Möglichkeiten einzuschränken (Luhmann 1987, S. 396 ff.). Desgleichen wollen wir Luhmanns Mahnung, dass die Frage, mit welcher Form von Interdependenz die Akteure konfrontiert sind, bereits einer kommunikativen Klärung hat unterzogen werden müssen (Luhmann 1987, S. 385), für unsere nachfolgenden Überlegungen als erfüllt ansehen, weil anders die Akteure das „gemeinsame Wissen", das sie zur Interdependenzbewältigung benötigen (Myerson 1991, S. 64 f.), gar nicht erwerben und aktivieren können. Mit einem Wort: Der These, dass die Suche nach konventionsgenerierenden Mechanismen in einem Theorierahmen erfolgen muss, der die Möglichkeit eröffnet, die Voraussetzungen und Ablaufbedingungen von Kommunikation zu berücksichtigen, werden wir zustimmen, auch wenn wir – wie dies bereits Walter Buckley (1967) tat – nachdrücklich bestreiten, dass es (eben deshalb) unmöglich sei, kommunikative Prozesse rationaltheoretisch zu erklären (vgl. Grice 1979a; b).

Dies vorausgesetzt, wollen wir im Nachfolgenden eine Reihe koordinationsbedürftiger Problemsituationen untersuchen, die die Akteure durch mehr oder minder „explizite Kommunikation" (Schelling 1960, S. 105) und letztendlich durch gezielte Verhandlungsbemühungen zu lösen versuchen. Wir ordnen die besprochenen Fälle, indem wir zur Variation der untersuchten Lösungswege des immer gleichen Koordinationsproblems zunehmend voraussetzungsreichere Brückenhypothesen über Art und Verlauf der koordinationsdienlichen Kommunikation einführen. Wir unterstellen damit, dass die Akteure Lösungen des Koordinationsproblems mithilfe eines nachweisbaren „Mechanismus der Kommunikation" (Mead 1968/1934, S. 316) ausfindig machen können, wollen aber

festhalten, dass dieser Mechanismus in verschiedenen Situationen jeweils anders
‚funktioniert' und damit zu unterschiedlichen kollektiven Effekten führt.

b)   Verdeckte Koordination oder das Modell der fokalen Punkte
In der Literatur wird ein Fall immer wieder besprochen, der eigenwillig zu sein
scheint, aber bei näherem Hinsehen nur augenscheinlich aus dem hier entwor-
fenen Grundmodell kommunikationsbasierter Konventionsbildung herausfällt:
Thomas Schellings Modell der „fokalen Punkte" (vgl. Schelling 1960, S. 54 ff.;
hier auch Abschnitt 7.2) bzw. Ullmann-Margalits daran anschließende Idee
einer „Verankerung" der Konventionswahl in bestimmten Auffälligkeiten der
Handlungssituation (Ullmann-Margalit 1977, S. 109). Auch diese Modellierungsvorschläge gehen davon aus, dass die Wahl einer Konvention „willkürlich"
ist (vgl. Wärneryd 1990, S. 8; Bicchieri 2006, S. 35), aber gelingt, solange sicher
ist, dass eine Mehrzahl der Koordinationsinteressenten sich ihr anschließen;
indessen sind – aus nicht weiter zu belegenden Gründen – die Bedingungen,
die eine *explizite* Vertragsbildung oder eine *persönliche* Absprache erlauben
würden, (zunächst wenigstens) nicht zu realisieren. Das Problem der Akteure
besteht also nicht darin, zur Entschärfung ihres Koordinationsproblems eine
Symbolsprache erst finden zu müssen, sondern darin, dass sie trotz ihrer unleugbaren Fähigkeiten, in einen koordinationsdienlichen Dialog einzutreten, keine
Gelegenheit dazu haben. Gleichwohl kann sich dann eine Lösung der damit verbundenen Probleme anbahnen, wenn die Akteure überhaupt Erfahrungen mit
der Entschärfung von Koordinationsproblemen besitzen, wenn sie hinreichend
über ihre Handlungssituation bzw. deren Eigenheiten und Auffälligkeiten informiert sind und solange dieses Wissen um die Situationsbedingungen Allgemeingut ist. Zu diesen situativen Auffälligkeiten mögen *Umweltfaktoren* (wie
einzeln stehende Bäume, Kirchtürme, herausragende Gebäude oder Hauptbahn-
höfe) ebenso zählen wie herausstechende *numerisch-formale Eigenschaften* der
auszuwählenden Lösung (etwa vorhandene Symmetrie- oder Asymmetrieeigen-
schaften: die „Hälfte" eines kontinuierlich teilbaren Betrags, die Zahl „1" als
herausstechendes Exemplar einer unendlichen Zahlenreihe) oder aufmerksam-
keitserweckende *„kulturelle Traditionen"* (Myerson 1991, S. 372) wie etwa Feste
oder kollektive Rituale, die als Hinweise auf mögliche (oder sogar verbindliche)
Treffpunkte und Zusammenkünfte verstanden werden können (vgl. Durkheim
1981/1912, S. 443 ff.), geschichtliche Großereignisse mit erinnerungsbedrängen-
den Kollektivfolgen (vgl. Giesen und Schneider 2004) oder der auffällige Einsatz der Nationalflagge und andere gruppenspezifische Sinnbilder, die als ein
Anlass gedeutet werden können, bestimmte sogenannte „expressive Handlungen"
auszuführen (vgl. Posner, E. 1998).
        Kennen die Akteure solche auffälligen Situationseigenschaften, so ist es ih-
nen möglich, „to read the same message into the common situation" (Schelling

1960, S. 54), d. h., sie können eine *Hypothese* darüber entwerfen, welche Handlung der jeweils andere im vorliegenden Fall als eine *situationsangemessene* verstehen und erwartbarerweise wählen könnte, wenn er seinerseits unterstellen würde, dass sich sein Partner in derselben Lage wähnt wie er selbst (Schelling 1960, S. 57).[39] Natürlich kündigt diese Formulierung sofort das oben ausgiebig besprochene Problem der doppelten Kontingenz an, demzufolge sich die Akteure in endlosen Reflexionsschleifen verfangen und ihre Überlegungen kein Ende finden, weil keiner davon ausgehen kann, dass er – ohne die Gedanken des anderen wirklich zu kennen – von sich aus die Symmetrie der Ahnungslosigkeit durch eine vertrauenserweckende Festlegung durchbrechen kann (vgl. Sugden 1996, S. 249).[40] Die damit anklingende Schwierigkeit ist aber dann zu umgehen, wenn die Situation, wie alle Beteiligten wissen, eine stabile Besonderheit oder sogenannte „Singularität" (vgl. Woodcock und Davis 1980, S. 25 f.) aufweist, einen „Fokus", ein einzigartiges Merkmal, dessen „salience" (Ullmann-Margalit 1977, S. 83; Bicchieri 1993, S. 69 ff.; Gilbert 1996, S. 34 ff.) jedem als Folge eines „imaginative process of introspection" (Schelling 1960, S. 96) die Eingebung verschafft, dass der andere wohl genau denselben eigentümlichen „Fokalpunkt" (Schelling 1960, S. 111 ff.) zur Projektion seines Handelns benutzt, mit dessen Hilfe er – aus seiner Sicht – das Koordinationsproblem bewältigen möchte. Ist die Selbstsuggestion dieser Überzeugung groß genug und hat der betreffende Akteur keinen Grund, seiner Intuition zu misstrauen, dann ist es folgerichtig, wenn er sich genau auf den Weg macht, den sein Koordinationspartner – wie unterstellt – vermutlich selbst beschreiten wird. Damit aber kann jeder der beteiligten Akteure darauf zählen, dass die Voraussetzung realisiert ist, um die Vorteile einer eben dadurch zustande kommenden „sich selbst erfüllenden Vorhersage" (vgl. Jones 1977, S. 1 ff.; Myerson 1991, S. 108 f.) bzw. „sich selbst erfüllende[r] Erwartungen" (Bicchieri 1993, S. 69 f.) auskosten zu können, auf denen eine reproduzierbare Konvention beruht.

Natürlich ist ein solches Verfahren in mehrfacher Hinsicht risikobehaftet. Zum einen muss es nicht stimmen, dass der andere dieselbe Auffälligkeit im Auge hat; dass dem nicht so ist, wird wahrscheinlich, wenn der andere gar keine Fokalpunkte kennt oder entdecken kann oder wenn die Handlungssituation mehrere Fokalpunkte aufweist und keiner der beiden Akteure auf eine (als gemeinsam unterstellte) Metahypothese darüber zurückgreifen kann, welche davon die höhere Merkwürdigkeitsgewichtung besitzen mag. Auch kann keiner der Koordinationssuchenden tatsächlich *wissen*, ob der andere den gleichen Einfall hat wie

---

[39] Das setzt voraus, was bei Schelling implizit bleibt, dass die Akteure (bereits) über eine „gemeinsame Sprache" verfügen (vgl. Sugden 1995, S. 541).
[40] Luhmann (1987, S. 631) bezeichnet diese Selektion einer Bedeutung aus einer Vielzahl von möglichen Bedeutungen als „Asymmetrisierung".

er selbst oder ob ihm überhaupt aufgeht, dass ihm etwas ein- oder auffallen sollte, zumal niemand wissen kann, dass er etwas nicht weiß (vgl. Geanakoplos 1992, S. 78). Sind diese Bedingungen nicht zu erfüllen, dann ist nicht zu klären, welche der möglichen „imaginations" (Schelling 1960, S. 58) zutreffen, und die erhoffte Herstellung einer „tacit coordination" (Schelling 1960, S. 54) muss unterbleiben; das im anderen Falle mögliche „fokale Gleichgewicht" (Myerson 1991, S. 108) bleibt damit unerreichbar. Auf der anderen Seite können Fokalpunkte, wenn sie sich als ein erkenntlicher Lösungsweg anbieten, überaus rasch gelernt, gelehrt und auf ähnliche Problemlagen übertragen werden (vgl. Kreps 1990, S. 122 f.) und sich deshalb vor allem dann ohne weitere Beschwernisse erhalten, wenn die Akteure ihr Koordinationsproblem mehrfach und wiederholt zu lösen haben.

Ein paralleles Verfahren, das nicht die Auffälligkeiten von Handlungssituationen nutzt, um Koordinationen zustande zu bringen, sondern auf Kenntnisse der am Koordinationsprozess beteiligten Personen zurückgreift, kann bisweilen denselben Erfolg erbringen. Um diesen Fall zu einem glücklichen Ende zu bringen, müssen die Akteure freilich die Gelegenheit gehabt und genutzt haben, sich so weit kennenzulernen, dass die hypothetische Unterstellung eines bestimmten „Persönlichkeitsprofils", die Vermutung, dass das Handeln anderer einem vorhersagbaren „Stereotypus" (vgl. Jones 1977) folgt oder wahlweise dazu neigt, festliegende Entscheidungsprogramme zu achten (vgl. Vanberg 1994, S. 12) bzw. (koordinationsdienliche) Handlungsdispositionen auszubilden (vgl. Baurmann 1996; Bourdieu 1998, S. 167 f.), ausreicht, um eine Koordination zu erwirken.

c)   First-Mover-Vorteile

Allerdings gibt es auch Fälle, in denen fokale Punkte und die damit verbundenen Prozesse „verdeckter Koordination" keine koordinationsförderliche Rolle spielen. Stattdessen stellen sich Koordinationsgleichgewichte ein, weil einer der Akteure dem anderen glaubhaft machen kann, dass er eine der in Betracht zu ziehenden Koordinationslösungen wählen und seine diesbezügliche Entscheidung nicht revidieren wird. Insoweit ist es angemessener, davon zu sprechen, dass ein Akteur dem anderen eine Mitteilung zukommen lässt, ohne an dessen Erwiderung in besonderem Ausmaß interessiert zu sein.

In Fällen einfacher oder reiner Koordination ist damit keinerlei Problem verbunden, denn somit kann sich der bislang zögerliche Partner jede weitere Überlegung darüber ersparen, wie sich sein Gegenüber verhalten wird, und sich angesichts der unstrittigen Interessensgleichheit dessen Verfahrensvorschlag ohne Bedenken anschließen (vgl. Werle 1995).

Anders verhält es sich freilich bei komplexen Koordinationen wie im Geschlechterspiel. In diesem Fall wird sich der Akteur einen Vorteil verschaffen können, der sich *als Erster* auf eine der beiden möglichen Verteilungslösungen festlegt, wobei er als Nutzenmaximierer danach trachten wird, sich für die

Alternative zu entscheiden, die ihm den höheren Verteilungsvorteil verschafft. Umgekehrt impliziert dieses Szenario, dass der seinerseits Unterlegene – aus welchen Gründen auch immer – offenbar *nicht* dazu in der Lage ist, in Vorleistung zu gehen, und deshalb, wie oben ausgeführt, mit der undankbaren Rolle des „second mover" zufrieden sein muss, um in den Genuss der Koordinationsgewinne zu kommen.

Ein paradigmatischer, wenn nicht gar dramatischer Fall für solche Verhältnisse findet sich überall dort, wo Akteure nur überleben können, wenn sie fest auf die Zuleistungen ihrer Mitakteure rechnen dürfen, zugleich aber wissen müssen, dass die dabei entstehende Nutzenverteilung nicht notwendig zu ihren Gunsten zu regeln ist (vgl. Lenski 1977, S. 25 ff.; Moore 1978, S. 3 ff.). Ein solches Szenario beschreibt die immer wieder diskutierte Theorie gesellschaftlicher Produktionsverhältnisse von Karl Marx. Ihren Ausgang nimmt seine Theorie in der Annahme, dass sich die Akteure zur Sicherstellung ihrer „gesellschaftlichen Produktion" in einer „wechselseitigen Abhängigkeit" (Marx 1974/1857–1858, S. 14) befinden und zu deren Bewältigung dazu gezwungen sind, sich auf eine Aufteilung der gesellschaftlich erforderlichen Arbeit zu einigen. Keinem steht es deshalb frei, sich am gesellschaftlichen Reproduktionsprozess nicht zu beteiligen. Dabei stellt sich heraus, dass jene ins Hintertreffen geraten müssen, die sich an der erfolgreichen primären Akkumulation des produktionserforderlichen Kapitals nicht beteiligen können (vgl. Marx 1965/1867, S. 589 ff.) und deshalb akzeptieren müssen, dass sich infolge ihrer individuellen Bemühungen, angesichts dessen ihr jeweiliges „Überleben" zu sichern (vgl. Lenski 1977, S. 37; Durkheim 1988/1893, S. 314 ff.), auch gegen ihren Willen eine gesellschaftliche Arbeitsteilung (Marx 1965/1867, S. 371 ff.) und darüber hinaus Lohnarbeitsverhältnisse (Marx 1965/1894, S. 831 ff., 886 ff.) ergeben, die sie im Vergleich zu den Kapitaleigentümern benachteiligen. Die damit verbundenen „Antagonismen" der gesellschaftlichen „Produktionsweise" (Marx 1965/1867, S. 352, 465, 675 ff. u. passim) verfestigen sich auch infolge der innerbetrieblichen Arbeitsteilung (vgl. Marx 1965/1867, S. 356 ff., 399 ff.), die ihrerseits keinesfalls darauf hinwirkt, die Einkommensunterschiede und Arbeitsbelastungen auszugleichen. In der Summe entsteht daraus der „absolute Widerspruch" der kapitalistischen Produktionsweise (Marx 1965/1867, S. 511): ein gänzlich unausgeglichenes Verhältnis von individuellem Lohnertrag und gesellschaftlichem Produktionsertrag, der zur Verarmung des Arbeiters und zu einer entsprechenden Auflösung seiner „Sicherheit der Lebenslage" führt (Marx 1965/1867, S. 511, vgl. auch S. 128, 151 ff., 324 ff., 429 ff.). Angesichts der drohenden Unausgewogenheiten der erwartbaren Verteilungseffekte der gesellschaftlichen Arbeitsteilung wird sich überdies kaum vermeiden lassen, dass sich Akteure finden, die befähigt und disponiert sind, die eigenen Reproduktionsbedingungen mit Drohungen und Gewaltanwendung (vgl. Tilly 1986) sowie mithilfe von Manipulationstechniken (vgl. Bourdieu und Passeron 1973) zu sichern bzw. die bislang erworbenen Ressourcen dazu zu nutzen, den eigenen Vorteil im alltäglichen Wirtschafts- und Kulturkampf durchzusetzen (vgl. auch Weber 1980/1922, S. 20 ff., 49; Bourdieu 1982).[41] Dies wiederum wird regelmäßig zur Folge haben, dass die anfänglich benachteiligten Akteure, zumal solange ihnen – wie in diesem Koordinationsmodell unterstellt – keine Exit- oder Ausweichmöglichkeiten (vgl. Hirschman 1974) offenstehen, sich in die ihnen zugänglichen Handlungsmöglichkeiten zu „fügen" haben (Weber 1980/1922, S. 19 f., 122 ff., 153 ff.).

In der weiteren Folge entstehen entlang der auf diese Weise differenziell verteilten Erwerbs- und Statuschancen „Klassenverhältnisse" (vgl. im Überblick Giddens 1973), die sich als eine Folge von Konventionsgleichgewichten erklären lassen (vgl. Roemer 1986, S. 193 f.), wie sie ihm Rahmen eines Geschlechter- oder Hawk-Dove-Spiels anfallen, und die sich noch insoweit verstärken, als sich die daraus resultierenden (mehr oder minder) „feinen Unterschiede" (Bourdieu 1982) des Konsumverhaltens als ein Symbol auch der „kulturellen Klassenlage" betrachten lassen (vgl. Eder 1989). Solche multidimensionalen Verteilungsverhältnisse tendieren so lange dazu, stabil zu bleiben, als „Rückverhandlungen" (vgl. Binmore 1995, S. 334 ff.) nicht vorgesehen sind, Rebellionen (vgl. Leites und Wolf 1970), Widerständigkeiten und gewaltsame Umverteilungen zu kostspielig kommen bzw. aussichtslos sind (Moore 1978; Fogel 1989) und Abwanderungen außer Reichweite liegen bzw. weil es nicht auch zuletzt deshalb keinen Erfolg verspricht, sich gegen die vorherrschenden Verteilungsverhältnisse zur Wehr zu setzen, weil die unteren Klassen dann ihre Existenz gefährden würden.[42] Können die Akteure derartige Verteilungsverhältnisse antizipieren, wird es sich für jeden von ihnen lohnen, in jedem Fall rasch und möglichst als Erster in die Bereitstellung und Verfügbarkeit von Gewaltmitteln zu investieren, dazu überzugehen, die reproduktionswichtigen Produktionsmittel zu kontrollieren, und dafür zu sorgen, dass die benachteiligten „Klassen" sich ihrem Schicksal ergeben (vgl. Elias 1976/1939, Bd. 2; Marx 1974/1857–1858; Moore 1978; Bueno de Mesquita et al. 2005 u. v. a.).[43]

Es geht uns nicht darum, an die seit dem 18. Jahrhundert verbreitete Einsicht zu erinnern, dass die Entwicklung jener „Machtmittel, mit denen gesellschaftliche Abhängigkeiten geschaffen werden" (Millar 1967/1771, S. 161), akkumulativ zu verlaufen pflegt und dass sich „die Geschichte der Unterordnung" auch ge-

---

[41] Vgl. für einen Katalog anstrebbarer Güter Lenski (1977, S. 36 ff.). Wir werden darauf zurückkommen.

[42] Die gesellschaftlichen Verhältnisse können in der Folge als „pfadabhängig" und zunehmend unumkehrbar modelliert werden (vgl. Ackermann 2001), zumal die Akteure zur Verteidigung ihrer Position in Wissen und Fertigkeiten investieren müssen, die sie nicht beliebig fallen lassen oder umgestalten können (vgl. Arthur 1994).

[43] Insoweit bleibt es völlig richtig, dass die „Geschichte aller bisherigen Gesellschaft die Geschichte von Klassenkämpfen ist" (vgl. Marx und Engels 1990/1848, S. 59).

gen den Willen und die Absichten der beteiligten Akteure vollzieht (Ferguson 1986/1767, S. 258 ff.). Wir wollen vielmehr darauf aufmerksam machen, dass sich hinter solchen historisch höchst folgenreichen, gesamtgesellschaftlichen Verteilungskämpfen *ein relativ einfaches Muster koordinativer Interdependenz* verbirgt. Dieses Muster beschreibt eine hochgradig generalisierbare Situationslogik, die sich überall dort findet, wo Partner aus den verschiedensten Gründen aneinander gekettet sind und sich die erreichbaren Erträge angesichts der Bedingungen nur in Koordination verschaffen können. Geschlechterkämpfe entbrennen demnach nicht nur – wie die eingebürgerte Bezeichnung dieses Interdependenztypus nahelegt – um die Frage, wie innerhalb von Paarbeziehungen Lastenverteilungen vorzunehmen sind (vgl. Ott 1998), sondern auch dort, wo es um die Festlegung von Produktionsstandardisierungen und die damit verbundenen Ertragsverteilungen geht (vgl. Schmidt und Werle 1994) oder – wie gezeigt – um die koordinationsbasierte und arbeitsteilige Herstellung und – damit verbunden – um die Verteilung des infolgedessen angesammelten „Reichtums der Nationen" (Smith 1974/1776).[44] Dasselbe gilt auch für Verhältnisse, die den Charakter eines Hühnchenspiels haben, in dem sich die Verteilungskämpfe vor dem Hintergrund der Tatsache abspielen, dass die Gegner das Interesse teilen, nicht gemeinsam dem Zustand wechselseitiger Schädigung ausgesetzt zu sein.

d)   Abmachungen und Absprachen

Den Umweg über Prozesse relativ blinder Evolution, aber auch das Risiko, bei der Wahl von Fokalpunkten das Koordinationsgleichgewicht zu verpassen oder bei Geschlechter- und Hühnchenspielen in die Position des relativen Verlierers zu geraten, können sich die Akteure freilich ersparen, wenn sie sich ihre Handlungsentscheidungen wechselseitig bekannt machen können und damit eine Art „Öffentlichkeit" herzustellen wissen (vgl. Chwe 2001, S. 15, 49 ff.). Die Zusammenkunft der Akteure ist dazu ein taugliches Mittel.[45] Dann kann es zu einer „Kommunikation unter Anwesenden" (Kieserling 1999) kommen, die es den betreffenden Akteuren erlaubt, eine Koordinationslösung in direktem Sprechkontakt herzustellen. Auch in diesem Fall direkter Kommunikation ist es indessen sinnvoll, zwischen einfachen bzw. reinen und komplexen Koordinationen zu unterscheiden, da sich die jeweiligen Erfolgsbedingungen nachhaltig unterscheiden.

---

[44] Für die Selbstreproduktion der Distributions- und Reproduktionsverhältnisse vgl. auch Marx (1965/1894, S. 884–891).

[45] Der Begriff der „Konvention" („Zusammenkunft") *meint* ursprünglich genau dieses Verfahren. Wenn Hobbes von „convenant" spricht, dann meint er (in einem daran anschließenden Sinn) die „Übereinkunft", dass ein bindender Vertrag besteht (vgl. Kavka 1986, S. 304). Das wiederum setzt voraus, dass niemand ein Interesse daran hat, diesen einseitig aufzukündigen. Tut dies jemand dennoch, so besteht keine „Übereinkunft".

Solange sich die Akteure in einer einfachen oder reinen Koordinationssituation befinden, wird ihnen nicht verborgen bleiben können, dass sie ihr Koordinationsproblem mithilfe von *Abmachungen* oder *Absprachen* höchst effizient lösen können. Das gilt selbst dann, wenn sie sich nur ungenau kennen; wichtig ist nur, dass sie sich ein geteiltes Interesse am Gelingen der Koordination unterstellen können und dass die Gewinne aus der einmal erreichten Koordination größer sind als der Aufwand, den sie treiben müssen, um sie zu erreichen. Wenn die erwartbare Lösung des Koordinationsproblems – um unser Standardbeispiel erneut zu bemühen – darin besteht, ein Treffen zu vereinbaren, dann können sie wissen, dass der Inhalt einer gemeinsamen Vereinbarung eine *Zusage* oder ein „Koordinationsversprechen" (Lahno 1995, S. 69) sein muss, sich an einem bestimmten Ort zu einer angegebenen Zeit zu einem Treffen, über dessen näheren Zweck wir nichts wissen müssen, einzufinden.[46] Natürlich können dem Gelingen einer solchen Absprache, neben der von Luhmann immer wieder herausgehobenen Schwierigkeit, eine Mitteilung ‚herzustellen' und zu ‚verstehen', jede Menge an Hindernissen im Wege stehen, die es den Akteuren trotz des unstrittigen Willens verwehren, sich zu einigen. Falls diese Hindernisse aber unter Inkaufnahme erträglicher Kosten, die – wie die Rationaltheorie des Handelns nahelegt – geringer bleiben sollten als der individuelle Auszahlungswert des angestrebten Koordinationsgleichgewichts, beseitigt oder umgangen werden können, wird der Sach- und Transaktionskostenaufwand für eine Einigung in der Regel nur so lange gering sein, als es den Akteuren im Prinzip gleichgültig sein kann, welche der beiden möglichen Konventionen sie wählen. Die koordinationserforderlichen Anstrengungen können sogar halbiert werden, wenn auch nur einer der Interessenten ein solches Gelöbnis erkennbarerweise abgibt und der andere daraufhin wissen kann, dass er zu dem damit vereinbarten Treffen kommen wird; denn gleichfalls zu kommen, ist unter diesem Umstand die „bestmögliche Reaktion" (Young 1996, S. 109).[47] Weil voraussetzungsgemäß der beiderseitige Nutzen gleich ist, brauchen sich die Akteure überdies weder im Vorfeld darüber zu verständigen, wer welchen Gewinnanteil erhalten sollte, noch müssen sie nach erfolgter Koordination in Verhandlungen um die Verteilung einer etwaigen Koordinationsrente eintreten – bei denen der eine verwirkt, was der andere gewinnt – oder sich um immer strittig bleibende Verteilungskompromisse bemühen (vgl. Kap. 9).

---

[46] Wenn die Abgabe eines Versprechens die „saliente Handlung" ist, die für mich selbst ein Motiv abgibt, mich an es zu halten, dann hat mein Versprechen für den anderen die Eigenschaft eines Fokalpunktes, sofern er meine Situationseinschätzung teilt und wir beide dies wissen. Obligationen müssen dadurch nicht entstehen (vgl. Gauthier 1990, S. 295 f.).

[47] Diese Lösung ist verallgemeinerbar. In koordinativen Mehrpersonenspielen reicht es aus, wenn die Hälfte der Koordinationsinteressenten ein solches Gelöbnis verlautbart und alle dies als einen Fokalpunkt bewerten können.

Natürlich ist nicht auf logischem Wege auszuschließen, dass einer der beiden Akteure in der Zwischenzeit sein Interesse an einer erfolgreichen Koordination des beiderseitigen Handelns verliert; die Abmachung aber wird ihre Geltung behalten, solange keiner der Koordinationssuchenden Anlass hat, an der Aufrichtigkeit, dem Erinnerungsvermögen und der Willensfestigkeit der oder des anderen zu zweifeln. Vertrauensbildende Maßnahmen (vgl. Hardin, R. 2002) sind angesichts dieser Situationseigenheiten ebenso wenig erforderlich wie Schutzgarantien durch Dritte (vgl. Gambetta 1993) oder die Drohung, sich gegen eventuelle Schädigungsversuche des Koordinationspartners zur Wehr setzen zu wollen (vgl. Schelling 1960, S. 6 ff., 12 ff., 35 ff.). Die Akteure können auf alle derartigen Vorsichtsmaßnahmen verzichten, weil man in all den Fällen, in denen die angegebenen Voraussetzungen erfüllt sind, davon sprechen kann, dass eine „ausdrückliche Abmachung" vorliegt oder ein „expliziter Vertrag" (vgl. Ripperger 1998, S. 46 ff.), bei dessen Abschluss keine Befürchtungen laut werden können, dass jene (vorvertraglichen) Hinterhältigkeiten und (nachvertraglichen) Vertrauensbrüche aufkommen könnten, die in der ökonomischen Theorie des Vertrags (vgl. Schweizer 1999) bzw. in der Agenturtheorie (Ripperger 1998, S. 63 ff.; Saam 2002) ausgiebig diskutiert werden. Weder muss einer der Akteure befürchten, dass der andere über Informationen verfügt, deren Nutzung ihn benachteiligt, noch verursacht ihm die Mitteilung, dass er weiß, wie er zu dem gemeinsamen Ziel beitragen kann, Kosten (vgl. Hannerz 1992, S. 102). Ebenso wenig kann sich der Tatbestand erfolgsgefährdend auf die beiderseitigen Koordinationsbemühungen auswirken, dass die Akteure nicht wissen können, ob der Vertrag tatsächlich erfüllt wurde (vgl. Kreps 1990, S. 104 f.), denn da man sich offenbar nur treffen kann, wenn man sich tatsächlich sieht, miteinander spricht oder auf eine andere Weise Kontakt aufnehmen kann, sind entsprechende Vorbehalte ebenso gegenstandslos wie Vorkehrungen, um das Verfehlen der Koordination zu verifizieren.[48]

Vor diesem Hintergrund kann man auch Habermas' „Theorie des kommunikativen Handelns" einordnen. Ihr Anspruch war von Anfang an, das kommunikative Handeln als einen „Mechanismus der Handlungskoordination" (Habermas 1981, S. 370; 1984, S. 602) zu bestimmen. Die Idealisierungen seiner „pragmatischen Wahrheitstheorie" (Habermas 1984, S. 127 ff.) bzw. seiner „Universalpragmatik" (Habermas 1984, S. 441 ff.), denen zufolge eine wechselwirksame Einigung dann möglich wird, wenn die Akteure gutwillig miteinander umgehen, auf hinterlistige Einflussnahmen und auf Einschüchterungen sowie auf Herrschaftsgebaren verzichten, lassen sich somit als Ausdruck der These deuten, dass es unsinnig wäre, wollten die Akteure bei der

---

[48] Das allerdings kann eine Variable sein, d. h., es mag koordinationsdienliche Handlungen geben, die nicht ohne Weiteres beobachtbar sind.

Suche nach einer ihre Verständigung sichernden Koordination eigeninteressierte Schädigungsstrategien verfolgen.

Allerdings sollte man infolgedessen zwei Sachverhalte nicht übersehen: Zum einen muss die Tatsache, dass Akteure bei ihrem Versuch, sich koordinativ zu verständigen, auf Schädigungen der Interessen anderer verzichten, nicht heißen, dass es ihnen unmöglich wäre, Zustände der Koordination *strategisch* anzustreben (vgl. Hardin, R. 1995, S. 51). Und zum anderen muss man beachten, dass es fehlerhaft wäre, dieses Modell der verständigungsorientierten Handlungskoordination auf Fälle zu übertragen, in denen *keine einfachen oder reinen* Koordinationsprobleme vorliegen (vgl. Heath 2001, S. 72, 126 f.). So muss man vor allem in Rechnung stellen, dass verständigungsorientierte Diskussionen *nichts* mit Verhandlungen zu tun haben, in denen es um die Aufteilung von Renten geht (vgl. Elster 1989, S. 50).

7.3.2.3 Verhandlungen

In vielen Fällen reicht es nicht aus, Koordinationszustände dadurch anzustreben, dass man Erwartungen über die Absichten anderer ausbildet. Insbesondere bei komplexen Koordinationen müssen die Akteure – in einem technischen Sinn des Begriffs – „verhandeln".[49] Wir wollen in diesem Abschnitt die Schwierigkeiten diskutieren, die mit der Etablierung von koordinationsdienlichen *Verhandlungsmechanismen* verbunden sind.

Die Problematik solcher Verhandlungslösungen liegt primär darin, dass es aus der Sicht rationaler Akteure *keine* einvernehmliche Lösung geben kann, solange jeder von beiden die Koordinationslösung bevorzugt, die ihm die relativ höheren Auszahlungen zuschreibt, diese aber nur dann erreichen kann, wenn er die Zustimmung desjenigen Akteurs erhält, der relativ gesehen weniger erwarten kann (vgl. Harsanyi 1977, S. 117).[50] Die verbreitete Suche nach handlungstheoretisch begründbaren Einigungsverfahren verlief bislang indessen insofern wenig erfolgversprechend, als sich die an der Modellierung solcher Verhältnisse interessierten Theoretiker dazu gezwungen sahen – ohne dafür einen rationaltheoretisch einsichtigen Grund angeben zu können –, „Selbstbindungen" (oder „commitments") einzuführen (vgl. Sen 1977), die das Problem indessen nur verlagern,

---

[49] Auf die umfangreiche verhandlungsanalytische Literatur können wir nicht eingehen, vgl. Murnighan (1991), Raiffa et al. (2002). Eine technische Einführung findet sich bei Holler (1992) und eine untechnische bei Dixit und Nalebuff (1997, S. 278 ff.) sowie Scharpf (2000, S. 197 ff.).

[50] Das bedeutet auch, dass die Identifikation einer sogenannten Pareto-optimalen Lösung, die dort zu suchen wäre, wo kein Akteur mehr eine Handlungsänderung realisieren kann, ohne dass sich andere verschlechtern würden, keine wirkliche Lösung darstellen kann, weil beide Kooperationsgleichgewichte Pareto-optimal sind.

ohne es zu lösen (vgl. Terberger 1994, S. 207 ff.; Binmore 1998, S. 59, 120 ff.). So ist es natürlich richtig – wie viele an solchen Fragen interessierte Soziologen hoffen –, dass das zur Aushandlung anstehende Verteilungsproblem bewältigt werden kann, wenn einer der beiden Koordinationspartner aus freien Stücken und guten, etwa altruistischen Gründen (vgl. Mansbridge 1990, S. 254 ff.; Ockenfels 1999, S. 16 f.), oder weil er den anderen durch seinen Verzicht belobigen, besänftigen oder ehren möchte (vgl. Ziegler 2007), auf (s)einen höheren Anteil verzichtet, Vorteile weitergibt oder aber akzeptiert, dass eine (faire oder gerechte)[51] Verteilungsregel gelten soll (für einen Vorschlag vgl. Rawls 1979), die seinen Partner nicht benachteiligt. Aber weshalb sollte sich ein rationaler Akteur an eine Regel halten, die ihn annahmegemäß mit geringeren Auszahlungen versorgt, als er sie erhalten könnte, wenn eine alternative Regel gelten würde, die ihn bevorteilt? Und vor allem: Weshalb sollte er erwarten, dass sich sein Partner an eine Regel hält, die diesen benachteiligt? Auf diese Probleme mit dem Ratschlag zu reagieren, die Verteilungsinteressenten sollten sich auf eine weitere Regel einigen, die vorschreibt, dass sie sich an die erste zu halten haben, löst das Problem selbstverständlich nicht, solange die Geltung dieser „Metakonvention" (McAdams 2000b, S. 1674) an eine ebenso wenig glaubhafte Verpflichtung gebunden ist wie die erste.[52] Verhandlungen zwischen rationalen Akteuren scheinen somit kaum eindeutige Lösungen zu kennen und genau besehen zum Scheitern verurteilt zu sein (vgl. Elster 1989, S. 53).

Es wird also notwendig sein, nach Brücken- oder Zusatzhypothesen Ausschau zu halten, um das angesprochene Verhandlungsproblem angemessen bearbeiten und mit eventuellen Lösungswegen versehen zu können. Dieses Problem liegt im vorliegenden Fall weniger darin, dass es nicht genügend Ressourcen gibt, deren Zuteilung die Akteure zufriedenstellen könnte, als vielmehr darin, zu klären, unter welchen Bedingungen *Verteilungsvorschläge* oder *versprechen* Koordinationsprobleme lösen können. Die Suche nach einer handlungstheoretisch haltbaren Lösung wird zunächst durch den Tatbestand erleichtert, dass das andere, vorgelagerte Verteilungsproblem außer Acht bleiben kann, demzufolge die Akteure zur erträglichen Gestaltung ihres Geschlechterkampfes wissen müssen, wie sie den Gesamtertrag unter sich aufteilen sollen (vgl. für die Theorie Binmore

---

[51] Unserer Auffassung nach hat die beständige Suche nach eindeutigen Kriterien der Fairness und Gerechtigkeit bislang zu keinem Abschluss geführt. Vgl. zur Vielzahl der Kriterien Miller (1976) und für die Mehrdeutigkeit von Fairnesskriterien Klendauer et al. (2006). Auch die empirische Gerechtigkeitsforschung hat nur zeigen können, dass es offenbar eine Mehrzahl situationsspezifischer Auffassungen darüber gibt, wem gebührt (vgl. Ockenfels 1999; Dalbert 2001).

[52] Solange man Interdependenzverhältnisse unter der Annahme modelliert, dass Verteilungsregeln gelten, entsteht keine „Verfassungsfrage" (vgl. zu deren Behandlung Buchanan 1975; Coleman 1990a; Brennan und Buchanan 1993). Dass Selbstverpflichtungen auf keiner Entscheidungsebene leicht durchzusetzen sind, zeigen die Überlegungen bei Schelling (1984; 2006).

1998, S. 42 ff., 59 ff. und für die Empire Ockenfels 1999). Im vorliegenden Fall gilt diese Schwierigkeit als bewältigt, weil die beiden zugelassenen Verteilungen bereits festliegen (vgl. Kap. 9). Wie aber können rationale Akteure, die sich in jedem Fall „Raum für strategisches Verhalten" (Terberger 1994, S. 210) verschaffen wollen, verhindern, sich in einem unabschließbaren Regress unglaubwürdiger Festlegungen und Versprechen zu verfangen? Muss der auszahlungsbenachteiligte Akteur glauben, dass sein Partner bereit ist, sich die ‚Rolle' des Bevorzugten etwas kosten zu lassen? Kann Letzterer sich darauf verlassen, dass sein Partner die Benachteiligung akzeptieren wird?

Man kann eine Antwort auf diese Frage aus dem Modell ableiten, das Rubinstein vor bald 30 Jahren vorgeschlagen hat (vgl. Rubinstein 1982) und das seitdem zur vielfach ergänzten und erweiterten Leitlinie des rationalistischen Forschungsprogramms avancierte, indem man es an die Modellierung von koordinationsdienlichen Verhandlungen adaptierte (vgl. Elster 1989, S. 54 ff.; Myerson 1991; Binmore 1998, S. 126 ff.).

Worum geht es? Unter der Voraussetzung, dass die Akteure wissen, in welcher Situation sie agieren, und dass sie die Auszahlungserwartungen ihrer Partner ebenso kennen wie die Verluste, die sie in Kauf nehmen müssen, wenn sie sich nicht einigen können,[53] und wenn sie darüber hinaus auch die beiderseitig anfallenden Kosten kennen, die sie im Falle von Verhandlungsaufschüben und Auszahlungsverzögerungen auf sich zu nehmen haben, dann ist anzunehmen, dass die Akteure ihre jeweilige „Verhandlungsmacht" (Terberger 1994, S. 216) kennen. Die Verhandlungsmacht eines Akteurs ist umso größer, je mehr Schädigungen sein Mitakteur erfährt, wenn die Verhandlung kein Erfolg wird (vgl. Harsanyi 1964). Damit wird es möglich, nach Lösungen zu suchen, die dann zustande kommen, wenn die Verhandlungsmacht des einen Akteurs größer ist als die des anderen und letzterer diesen Zustand mit der Akzeptierung des geringeren Auszahlungsanteils quittiert (vgl. Elster 1989, S. 74 ff.; McAdams 1995; 2005).

Übertragen auf den „Kampf der Geschlechter" oder das Hühnchenspiel heißt dies, dass sich der Akteur durchsetzen wird, der deutlich machen kann, dass er trotz der damit verbundenen Kosten (vgl. Rubinstein 1982, S. 99) länger auf seine Auszahlungen warten kann als sein Verhandlungspartner, bzw. der aufgrund seines Machtvorsprungs glaubhaft zu machen vermag, dass er eine Position, die ihn benachteiligt, nicht akzeptieren wird, unter anderem, weil er weiß, dass der andere auf einen Verhandlungserfolg nicht verzichten kann bzw. dass er über kein höheres Droh- und Schädigungspotenzial verfügt als er selbst. Unter diesem Umstand stellt es keine angemessene Reaktion dar, wenn sich sein Ko-

---

[53] Man kann deshalb vom „breakdown point" (vgl. Binmore 1998, S. 66) oder vom „disagreement point" (Myerson 1991, S. 387) sprechen, der die Auszahlungen der Rückfallposition eines Akteurs festlegt.

ordinationspartner auf denselben Standpunkt stellt wie er selbst. Da im Fall des Geschlechterkampfes die Rückfallpositionen beider Akteure gleich sind – denn annahmegemäß erhält keiner eine Auszahlung, wenn sie keines der beiden Koordinationsgleichgewichte erreichen –, wird die Glaubwürdigkeit einer solchen Drohung davon abhängen, dass der unterlegene Partner weiß, dass sein Gegenüber durch mögliche Gegenmaßnahmen nicht betroffen ist. Dasselbe gilt im Hühnchenspiel, in dem sich die Akteure in der Ablehnung ihres beiderseitigen Schädigungszustands einig sind. In jedem Fall wird der Machtunterlegene klein beigeben und die Rolle des benachteiligten Akteurs akzeptieren. Auf der anderen Seite sind seine Interessen im vorliegenden Fall dadurch geschützt, dass der mächtigere Verhandlungspartner auf seine Zuleistungen nicht verzichten kann, um die eigenen Handlungserträge zu sichern. Wie empirische Forschungen zeigen, sind bevorzugte Akteure allerdings nicht dazu bereit, Ertragsteilungen zu akzeptieren, die ihren Auszahlungsvorteil auf null absenken (vgl. Ockenfels 1999, S. 96 ff.); d. h., Gleichverteilungen sind in Verhandlungsspielen mit ungleichen Machtausstattungen nicht zu erwarten.

Allerdings verbirgt sich hinter diesen Überlegungen ein Problem: Tatsächlich ist eine Verhandlungslösung des so gekennzeichneten Koordinationsproblems nur möglich, wenn keiner der Akteure dem anderen glaubhaft damit drohen kann, die Verhandlungen abzubrechen, bzw. wenn der verhandlungsmächtigere Akteur sich nicht gegen den Verdacht wehren muss, dass er seinen potenziellen Vorteil gar nicht im Ernst suchen wird. Tatsächlich sind derartige Drohungen im Rubinstein-Modell ohne Belang, weil jeder die Verhandlungsposition des anderen kennt. Wenn man diese Bedingung freilich fallen lässt und – um diese Komplikation berücksichtigen zu können (vgl. Elster 1989, S. 82 ff.) – das Modell des Geschlechterspiels durch die Möglichkeit erweitert, dass sich die Akteure erfolgreich drohen können, dann sind Verhandlungslösungen nur so lange zu haben, als solche Drohungen *glaubhaft* bleiben. Wenn allerdings die Akteure nicht alles über sich wissen, wird diese Glaubwürdigkeit zum zwangsläufigen Problem.

Auf dieses Problem wurde bereits vor geraumer Zeit verwiesen (vgl. Schelling 1960, S. 35 ff.; Harsanyi 1977, S. 167 ff.; Boulding 1978, S. 141 ff.). Tatsächlich verändert eine solche Drohung – wie auch die entsprechende Gegendrohung – die Entscheidungssituation des bedrohten Partners in gewichtiger Weise. Wenn er der Drohung glaubt, wird er sich den Wünschen des anderen unterwerfen, und dieser kann die Realisierung seiner Drohung unterlassen. Diese Form der Zurückhaltung wird er bevorzugen, solange ihm die Durchführung der angedrohten Sanktionen Kosten verursacht. Die Höhe der Kosten, sofern sie dem bedrohten Akteur bekannt sind, sollte aber nicht höher sein als die Differenz zwischen dem Ertrag der erzwungenen Lösung und den Auszahlungen, mit denen der drohende Akteur für den Fall zu rechnen hat, dass sich der Bedrohte einer Einigung verweigert;[54] andererseits legt die Gegenrechnung nahe, dass die erwartbaren Abschläge, die der bedrohte Akteur erwarten muss, falls sein Gegenüber seine Drohungen durchführt, geringer sein sollten als die Auszahlungen, die er in seiner Rückfallposition erhält, weil dies im Falle des Koordinationsspiels bedeuten muss, dass auch der Drohende nicht mehr bekommen kann als der Bedrohte (vgl. Myerson 1991, S. 389).

Wenn die Realisierungskosten der Drohung hingegen erträglich sind, kann es sich der drohende Akteur ersparen, seine Drohung überhaupt auszusprechen, sofern die beteiligten Akteure die Voraussetzungen und Folgen ihres Verhandlungsspiels vollständig überblicken. Er kann sich dann auf kostengünstige unbezweifelbare Signale beschränken, die dem Gegenüber klar machen, wann Nachgeben angesagt ist (vgl. Dixit und Nalebuff 1997, S. 141; Myerson 1991, S. 399). Wird mehrfach und bei verschiedenen Gelegenheiten verhandelt, kann der Drohende überdies eine Art *Reputation* dafür erwerben wollen, als ein zuverlässiger Realisator seiner Drohungen zu gelten (vgl. Kreps und Wilson 1982), was ihn allerdings, um diesen Eindruck nicht verblassen zu lassen, veranlassen wird, seine Drohfähigkeiten – bisweilen wenigstens und in möglichst unzweideutiger Weise – zu dokumentieren (vgl. Kern 2005). Wenn hingegen die damit verbundenen Selbstschädigungen eine unglaubwürdige Höhe erreichen, kann es sich der Bedrohte leisten, die Drohung zu überhören. Der Neigung nachzugeben, auf eine Drohung mit Gegendrohungen zu antworten, unterliegt denselben Voraussetzungen bzw. Einschränkungen, sodass am Ende die für alle beteiligten Akteure durchschaubare Drohbilanz darüber Auskunft geben muss, wer sein maximales Handlungsziel erreichen kann und wer sich mit verminderten Auszahlungen zufriedengeben muss.

Können die Akteure die Kosten ihres wechselseitigen Drohgebarens aber verheimlichen, stehen natürlich beiden Seiten eventuell erfolgreiche „Manipulationen" (Elster 1989, S. 82 ff.), Winkelzüge, Finten und Bluffs offen (vgl. Boulding 1978, S. 142 ff.; Rubinstein 1982, S. 100). Erfolge sind auch erwartbar, wenn der Drohende sich den Ruf erwerben kann, er kultiviere eine „Taktik der Irrationalität" (vgl. Schelling 1966, S. vii, 37 ff.), die ihn auf emotional unkontrollierte Weise dazu anhält, „ohne Rücksicht auf Verluste" zu agieren (vgl. Hirshleifer, J. 1987) – was allerdings keine dauerhafte Handlungsstrategie darstellt und was er sich ersparen kann, wenn es zu den akzeptierten Regeln des Koordinationsspiels gehört, dass nachverhandelt werden kann (vgl. dazu Myerson 1991, S. 408 ff.; Binmore 1995; 1998). Wie Schelling (1960, S. 35 f.) betont, besteht ein gesondertes Problem darin, dass es sich für den Drohenden nicht lohnen kann, seine Ankündigung mit Leben zu erfüllen, wenn vorweg feststeht, dass der andere sich

---

[54] Drohstrategien, bei denen die Drohkosten den Droheffekt zu übersteigen beginnen (vgl. Holler 1992, S. 76 ff.), sind nicht mehr vorteilhaft.

unter keinen Umständen aus seiner vorteilhaften Position verdrängen lässt. Sich auf die Durchführung der Androhung glaubwürdig festzulegen, ist auch hier das Problem, das nicht zu lösen ist, wenn die Akteure ihre Kostenkalkulationen durchschauen. Drohungen sind demnach nur so lange angebracht und die daraus zu beziehende Position nur so lange erfolgversprechend, als die Akteure die genaue Kostenlage ihres Drohspiels nicht erfassen und stattdessen darauf angewiesen sind, sich über die Verteilung der jeweiligen Drohpotenziale nicht genau konfirmierbare Hypothesen auszudenken. Allerdings steigt unter diesem Umstand die wechselseitige Unsicherheit der Erwartungen. Es kann deshalb auch nicht verwundern, wenn zur Feststellung der Glaubwürdigkeit bisweilen Spionage bzw. Gegenspionage betrieben wird (vgl. Goffman 1981) oder versuchsweise Kämpfe oder Scharmützel ausbrechen, um das gegenseitige Kräfteverhältnis zu testen (Boulding 1978, S. 150 ff.). Freilich sind beide Informationsbeschaffungstechniken in der Regel mit hohen Zusatzkosten verbunden und empfehlen sich zur Lösung des hier diskutierten Koordinationsspiels vor allem dann nicht, wenn zu befürchten ist, dass infolge allzu fintenreicher Erkundigungen oder gar gewaltsamer Auseinandersetzungen am Ende keiner eine Auszahlung erhält, weil derartige Manöver die Koordinationsgewinne aufzehren oder infolgedessen Zusatzverluste auftreten, die durch die Erträge der hernach noch möglichen Koordination nicht zu decken sind. Wie oben schon vermutet, sind erfolgversprechende Lösungen komplexer Koordinationsfragen nur dort in Reichweite, wo der Suche nach erträglichen Ergebnissen eine wechselwirksame ‚Abschreckung‘ zugrunde liegt, die sich in der letztlich unerschütterlichen Überzeugung der Akteure äußert, dass sie sich eine gegenseitige Schädigung ersparen *müssen*, um ihr koordinatives Wechselverhältnis zum Erfolg zu führen.[55]

Aus dem bislang Gesagten folgt allerdings, dass für den Fall, dass beide Akteure über dasselbe Drohpotenzial verfügen und dies wissen, eine abschließende Lösung des Geschlechterkampfes nicht in Sichtweite ist. Aus solchen Pattsituationen führen nur wenige Wege heraus. Neben dem wenig einträglichen Zustand der wechselseitigen Immobilisierung durch Misstrauen können die Akteure nur versuchen, sich die weiteren Drohmöglichkeiten zu verbauen, was freilich nur dann nicht noch mehr Probleme aufwirft, wenn dieser Drohverzicht seinerseits glaubwürdig bleibt. Zur Absicherung dieser Glaubwürdigkeit bleiben vor allem zwei Auswege: Im einen Fall müssen die Akteure dafür sorgen, nur solche Koordinationsgleichgewichte anzustreben, zu deren Erreichung ihre Machtausstattung keine Rolle spielt; oder aber die Akteure nehmen einen Strategiewechsel vor, der erfordert, dass man die Lasten ausgleicht, die mit der Realisierung komplexer oder ‚unreiner‘ Koordinationen verbunden sind. Das kann bei einmaligen Begegnungen

---

[55] Auch an dieser Stelle kann man fragen, ob das Geschlechterspiel nicht angemessener durch das Hawk-Dove-Spiel zu ersetzen sei (vgl. Maynard Smith 1982; McAdams 2000b).

dadurch geschehen, dass der bevorzugte Akteur zustimmt, die Koordinationsrente zu teilen und damit in ein reines Koordinationsspiel zu überführen. Vor allem dort, wo die Akteure wissen, dass sie über längere Perioden miteinander zu tun haben werden, kann jener Akteur, der die von ihm bevorzugte Gleichgewichtslösung durchsetzen möchte, dem anderen aber auch versprechen, ihn (späterhin und bei folgenden Gelegenheiten) für die anfänglich erlittenen Schädigungen zu *kompensieren*. Aber auch diese Lösungen sind mit Problemen der Selbstbindung vorrangig dort behaftet, wo die Entschädigungen erst in der Zukunft anfallen und nicht zwangsweise durchzusetzen sind. Das heißt zum einen, dass derartige Versicherungen bei einmaligen Koordinationsrunden keine Bedeutung haben können, und zum Zweiten, dass bei fortgesetzten Koordinationsrunden durch die eventuelle Unsicherheit eines Kompensationsgelöbnisses eine typische „Hold-up-Situation" entsteht, in der sich der Versprechende den Vorteil verschaffen kann, seine Zusagen – nach Belieben und unter nur durch ihn selbst kontrollierbaren Umständen – zu widerrufen und sein Gegenüber mit wahrscheinlich unabschreibbaren Verlusten zurückzulassen, die umso höher ausfallen, je kostspieliger es war, sich in eine Koordinationsbeziehung zu begeben, bzw. je größer die damit verbundenen anfänglichen Gewinnerwartungen waren (vgl. Williamson, O. 1990, S. 190 ff.). Auch hier gilt, dass jener den Vorteil auf seiner Seite hat, der auf die Zuleistungen des Partners eher verzichten und deshalb die sogenannte „Quasirente" abschöpfen (oder ausbeuten) kann (vgl. Ribhegge 1993, S. 79 ff.). Belastbarer werden angesichts dessen Verteilungslösungen dann, wenn die Kompensationsintervalle kurz sind und sich die Koordinationsbeziehung in absehbarer Weise über längere Zeiträume erstreckt (vgl. Macneil 1980), wenn die Verhandlungspartner zur Ahndung oder zur Korrektur vernachlässigter oder gebrochener Versprechen auf vorweg abgesicherte interne Sanktionen und eventuelle Neuverhandlungen zurückgreifen können oder aber externe – legale wie außerlegale – Hilfen und „Mediatoren" in Anspruch nehmen können (vgl. Murnighan 1991, S. 49 ff.; Cooter und Ulen 1997; McAdams 2000b, S. 1677; vgl. auch den nächsten Abschnitt 7.3.2.4). Wie Russel Hardin meint, können die mit Koordinationsbeziehungen verbundenen Verpflichtungen und Belastungen auch dadurch erträglich werden, dass die Koordinationsinteressenten das Zusammenlegen ihrer Leistungen als Quelle ihrer gemeinsamen Macht gegenüber Dritten erkennen (vgl. Hardin, R. 1995, S. 28 ff.; 1999, S. 114). Ist diese Macht nötig, um sich den unerwünschten Zugriffen anderer zu entziehen, entsteht eine Prämie auf rasche Koordinationsbeteiligungen sogar dann, wenn diese mit relativen Ertragsminderungen verbunden sind. Ein nicht geringer Vorteil dieses Sachstands kann es sein, dass sich die Akteure auf diese Weise die Aufwendungen ersparen können, die mit der Organisation und Durchführung von Verhandlungsgesprächen verbunden sind und deren Antizipation ihre Aufnahme bisweilen gänzlich verhindern kann, wenn die erwarteten Koordinationsgewinne die Verhandlungskosten nicht zu decken versprechen.

7.3.2.4 Anweisung und Dekret

Die durch das Beschreiten der vorgängigen Lösungswege provozierten Evo-
lutions-, Kommunikations- und Aushandlungskosten können die Akteure
vermeiden, wenn sie sich dazu durchringen, die Vorschläge eines Dritten zu
übernehmen und zu befolgen bzw. die *Anweisungen* eines – wie man ihn nennen könnte – „Schiedsrichters" oder „Bevollmächtigten" zu beachten, der ein
Koordinationsgleichgewicht vorgibt. Die unleugbare Attraktivität dieser Lösung
wird – wie wir noch zeigen werden – allerdings durch den Tatbestand eingeschränkt, dass auf diese Weise andere als ihre eigenen Interessen ins Spiel kommen. Vordergründig kann ein Schiedsrichter eine schnelle und durchgreifende
Lösung alleine dadurch anbieten, dass er ein „Dekret" (Ullmann-Margalit 1977,
S. 97) oder ein „Edikt" (Young 1998, S. 4) verkündet, dem die Akteure Hinweise
bzw. Informationen darüber entnehmen können, welche ihrer Handlungen koor-
dinationssichernde Folgen haben werden. Die Etablierung eines Schiedsrichters
dient demnach der zweifelsfreien Identifikation eines „Fokalpunktes" (vgl. Schelling 1960; McAdams 2000a; b), weshalb er auch als „focal arbitrator" (Myerson
1991, S. 372) bezeichnet werden kann. Dessen Aufgabe ist es, Konventionen zu
erlassen oder auch nur zu *verkünden*, denen sich die Akteure dann anvertrauen
können, wenn sie Grund zu der Vermutung haben, dass sich der Erlass als hinreichend dafür erweisen wird, dass alle übrigen Koordinationsinteressenten dem
Konventionsvorschlag desgleichen folgen werden, weshalb es für keinen von ihnen ratsam sein kann, dies nicht (auch) zu tun.[56] Dazu werden sie umso mehr Anlass haben, wenn solche Koordinatoren bereits zur Verfügung stehen, wie etwa
im Falle von Priestern, die – um ihre Heilsverkündung besser ,organisieren' zu
können – aus eigenem Interesse und auf eigene Kosten Vorschläge über Zeitein-
teilungen unterbreiten, die nicht nur den Ablauf des Kirchenjahrs koordinieren,
sondern von den Gläubigen auch zur Koordination all ihrer weiteren Tätigkeiten
benutzt werden können.[57] Koordinatoren ersparen auf diesem Wege ihrer Klientel alle Vereinbarungskosten und ,entlasten' sie, indem sie ihr eine „klare kognitive Orientierung" vorgeben (Sofsky und Paris 1994, S. 69).

Es bedarf keiner sonderlichen Fantasie, sich vorzustellen, dass ein solcher
externer Mentor oder „Schlichter" (vgl. Murnighan 1991, S. 50 ff.), der bereit ist,
sich für die ihm zugedachte Rolle zu erwärmen, dazu beitragen kann, Koordina-

---

[56] McAdams vertritt die These, dass sich die staatliche Emission von Gesetzen ebenso in den Dienst
der damit ermöglichten „third party communication" (McAdams 2000a, S. 1664) zur Verkündigung
möglicher Koordinationspunkte verstehen lässt wie die Rechtsprechung selbst, die deshalb auch
dort wirksam ist, wo sie keinerlei Sanktionen androhen kann, um ihre Schiedssprüche durchzusetzen (vgl. McAdams 2000a; b; 2008).

[57] Vgl. für diese und andere „koordinative Funktionen" Elias (1988, S. 19).

tionsprobleme zu lösen. Dass man eine solche Person finden kann, ist allerdings nicht selbstverständlich. Aus handlungs- oder rationaltheoretischer Sicht stehen der Nutzung eines Ediktors in der Tat eine Reihe von Schwierigkeiten entgegen, die sich teils aufseiten der Koordinationsnachfrager auftun, teils in den Voraussetzungen liegen, die der betreffende Koordinator erfüllen muss, um seine Koordinationsdienste in glaubwürdiger Weisen anbieten zu können.

Zunächst müssen die Akteure gemeinsam einsehen, dass sie einen externen Mentor benötigen. Dazu werden sie sich in der Regel durchringen, wenn sie keine Möglichkeit wahrnehmen, die Fülle koordinativer Gleichgewichte auch nur zu identifizieren, oder wenn sie vermuten, dass ihnen ihre Versuche, eines der möglichen Gleichgewichte ausfindig und für alle verbindlich zu machen, unerträgliche Transaktionskosten aufbürden. Auch wenn man die Kosten nicht unterschätzen darf, die sich aus dem Bemühen ergeben müssen, sich wechselseitig darüber aufzuklären, dass man die weiteren Koordinationschancen gering einschätzt, kann es unter solchen Umständen sinnvoll sein, ‚zusammenzukommen‘ und sich zu überlegen, ob es denkbar und wünschenswert ist, ein *Amt* mit einer entsprechend befähigten Person zu betrauen, um sich auf diese Weise mit der erwünschten Koordinationsleistung zu versorgen.[58] Allerdings hängt diese Lösung von der Möglichkeit ab, die Kosten der primären Zusammenkunft aufbringen zu können, wozu die Situationsumstände nicht immer beitragen mögen. Wenn die Koordinationsinteressenten keine Kontakte aufnehmen können, weil dazu die Mittel und Möglichkeiten nicht ausreichen[59] oder weil sie sich nicht einigen können, wie das vorgelagerte Koordinationsproblem zu lösen ist, wie, wo und wann sie ihre Zusammenkunft organisieren sollten,[60] werden sie mit ihrem Bemühen, sich die Dienste eines Konventionsediktors zu sichern, bereits im Vorfeld scheitern.[61]

Darüber hinaus müssen sich die koordinationswilligen Akteure darüber verständigen, dass sie bereit dazu sind, ihre bislang unstrittigen Handlungsfreiheiten aufzugeben und die Kontrolle ihres Handelns auf eine bislang unbeteiligte Instanz zu übertragen. Diese Übertragung wiederum erfordert die Lösung eines vorgelagerten Koordinationsproblems (vgl. Chwe 2001, S. 19), denn die Akteure

---

[58] Damit ist das Grundmodell der sogenannten „Vertragstheorie" der Gesellschaft gekennzeichnet (vgl. dazu Kersting 1994).

[59] So konnte sich in den USA des 19. Jahrhunderts keine direkte Demokratie durchsetzen, weil die Entfernungen zu groß waren und der Aufwand einer regelmäßigen Zusammenkunft zu hoch war (vgl. de Tocqueville 1976/1835–1840, S. 98 ff., 148 ff.).

[60] Vgl. den von Marx (1990/1848) beschriebenen Fall der isolierten Bauernschaft im Frankreich des 19. Jahrhunderts, die erst dann zur politischen Kraft wurde, als ihr Louis Bonaparte III seine Dienste als Koordinator ihrer Interessen anbot.

[61] Wer das Zustandekommen einer Konvention verhindern möchte, wird an dieser Stelle tätig werden können.

müssen sicherstellen können, dass tatsächlich alle Koordinationsinteressenten dazu bereit sind, einen derartigen Dritten für sich entscheiden zu lassen. Das Wissen um die doppelten Kontingenzen, mit denen jeder Lösungsversuch eines Koordinationsproblems konfrontiert und belastet ist, und die damit verknüpften, notwendig ins Leere führenden Reflexionsspiralen sind sicher Grund genug, eine solche Übertragung vorzunehmen; es nützt aber keinem, wenn die Übrigen ihre Zustimmung zu einer solchen *Lösung per Edikt* verweigern. Damit aber stellt sich, wenigstens solange die betreffenden Übertragungsentscheidungen voneinander abhängen, ein unweigerliches „Freiwilligendilemma" (vgl. Diekmann 1986) ein, das in die Frage mündet, wer als Erster beginnen sollte, seine Entscheidungsfreiheiten für die anderen erkennbar und glaubwürdig abzutreten bzw. seine Bereitschaft dazu kundzutun, eine solche Übertragung vorzunehmen. Bedauerlicherweise ist diese Frage nur schwer zu beantworten, weil jeder dazu wissen müsste, ob bereits hinreichend viele Mitentscheider den erforderlichen Freiheitsverzicht geleistet bzw. glaubwürdig und ernsthaft kundgetan haben, dass sie in dieser Frage kein ‚Vetorecht' in Anspruch nehmen wollen.[62]

Allerdings kann man sich vorstellen, dass dieses Freiwilligendilemma überwunden werden kann, wenn alle beteiligten Akteure wissen, dass ihnen aus ihrem gemeinsamen Verzicht darauf, ohne weitere Hilfe Dritter Koordinationsprobleme lösen zu wollen, keine Nachteile erwachsen, die im vorliegenden Fall in erster Linie aus der offenen Frage resultieren, ob man dem vorgesehenen Schiedsrichter ‚vertrauen' kann, dass er sein ‚Amt' sorgsam und effektiv versieht. Dieses Vertrauen in die Etablierbarkeit einer „conjoint authority relation" (Coleman 1990a, S. 72) aufzubringen oder zu ‚investieren', kann indessen aus einem mehrfachen Grund zum Problem werden. Zum einen müssen die Koordinationsinteressenten natürlich voraussetzen dürfen, dass der Schiedsrichter dafür Sorge trägt, dass seine Erlasse tatsächlich von allen zur Kenntnis genommen werden können; d. h., er muss für sie den Grad an „Öffentlichkeit" herstellen können (McAdams 2000b, S. 1668 f.; Chwe 2001, S. 49 ff.), der hinreichend dafür ist, dass sich niemand darüber beklagen kann, er habe keine Gelegenheit gehabt, dem koordinationsdienlichen Edikt zu folgen, weil er es gar nicht kannte. Tatsächlich erfüllen Edikte nur dann ihre notwendige „expressive Funktion" (vgl. McAdams 2000a; b; Cooter 2000), wenn sie alle koordinationsinteressierten Akteure möglichst eindeutig und unmissverständlich (vgl. McAdams 2000b, S. 166 ff.) darüber informieren, dass sie mit koordinationsdienlichen Einstellungen ihrer Mitakteure rechnen dürfen. Der Erfolg einer Ediktverkündigung hängt also vom Vorhandensein einer ebenso bezahlbaren wie organisatorisch wirkungsvollen Veröffentlichungstechnologie ab, womit nicht immer gerechnet werden kann.[63] Des Weiteren muss jeder der

---

[62] Die Logik dieses Freiwilligendilemmas werden wir in Kap. 8 genauer klären.
[63] Die Geschichte der Medienentwicklung ist wiederholt beschrieben worden (vgl. Hörisch 2004).

Koordinationsnachfrager zu Recht vermuten dürfen, dass der Schiedsrichter wirkungsvolle Koordinationsgleichgewichte kennt und herstellt und nicht etwa „aus der Luft gegriffene" und entsprechend haltlose „Empfehlungen" (Sugden 1995, S. 452) ausspricht, die das Koordinationsproblem, zu dessen Bewältigung er aufgerufen werden soll, gar nicht lösen. Auch sollte der Amtsträger kein Interesse haben, zu lügen oder fahrlässig zu agieren, indem er in Kenntnis der erreichbaren Gleichgewichte fehlerhafte Bestimmungen erlässt. Keiner der Koordinationsnachfrager hätte Freude an derartigen Späßen, denen sie sich freilich entziehen können, solange die Kenntnis der für alle erreichbaren und akzeptablen Lösungen zum Gemeinwissen aller gehört. Diese eventuellen Beschwernisse werden auf der anderen Seite dadurch aufgewogen, dass der Erfolg fokaler Anweisungen durch Dritte wenigstens so lange nicht an deren „moralische Autorität" oder gar „Legitimität" gebunden ist (vgl. Gauthier 1990, S. 297; McAdams 2000b, S. 1664), als die Akteure kein hinterhältiges Verhalten des Koordinators vermuten müssen bzw. fest darauf zählen dürfen, dass sie infolge seiner Mitteilung, welches der Koordinationsgleichgewichte zu wählen ist, nicht in die Rolle des Ausgebeuteten oder Düpierten geraten.

Aber gerade dieses zuletzt genannte Problem bleibt bedauerlicherweise nicht immer aus. Zwar können die Koordinationsnachfrager, zumal in einfachen und reinen Koordinations- und in Versicherungsspielen, das Risiko einer Vertrauensinvestition relativ sicher abschätzen, nicht aber in Situationen komplexer Koordination. In diesem letzteren Fall tritt die zusätzliche Schwierigkeit zutage, dass der Schiedsrichter eine Verfügung erlassen muss, deren Erfüllung aus der Sicht wenigstens einiger der Akteure mit Benachteiligungen verbunden sein wird. In diesem Fall entsteht das Problem, ob und wie der Amtsträger seine Entscheidung *rechtfertigen* kann und inwieweit die von seinen Entscheidungen betroffenen Akteure seine Rechtfertigung akzeptieren können, wollen oder müssen. Tatsächlich lassen sich vor allem bei einmaligen Ediktlösungen eines Geschlechterspiels Unausgewogenheiten nicht vermeiden, und die Benachteiligten brauchen sich nur deshalb keine weiteren Gedanken über ihr Verteilungsschicksal zu machen, weil ihnen zum Verzicht auf höhere Auszahlungen keine Alternative bleibt, solange sie unterstellen müssen, dass ihre Koordinationspartner den Empfehlungen des Schiedsgewaltigen umso williger folgen werden, als sie niemand dazu zwingen kann, ihre Zuteilungen an andere abzutreten oder auch nur zu teilen (vgl. McAdams 2008). Jeden Groll über die nachteilige Zuteilung können die benachteiligten Akteure überdies dann aufgeben, wenn sie unterstellen können, dass der Schiedsrichter ohne Ansehen der betroffenen Personen wie eine „Lotterie" funktioniert (vgl. McAdams 2005, S. 239 f.; 2000b, S. 1681), was vor allem dann sichergestellt ist, wenn er erkenntlicherweise keinerlei eigene Verteilungsinteressen verfolgt. Denselben Effekt würde auch haben, wenn er sich – womit empirisch freilich kaum zu rechnen ist – in einem benennbaren Sinne *irrational* verhält, unvorhersehbare Irrtümer begeht oder nicht weiß, was er tut. Umgekehrt ist der Schlichter natürlich vor allen eventuellen Nachstellungen und Vorwürfen der an seinen Koordinationsleistungen interessierten Akteure dann geschützt, wenn er das Entscheidungsfeld nach der einmaligen Befriedung der Verhältnisse wieder verlassen kann und nicht damit rechnen muss, nochmals um seine Dienste angefragt zu werden. Deshalb ist es in solchen Fällen auch möglich und sinnvoll, die Lösung des anstehenden Koordinationsproblems Fremden und deren „power of suggestion" anzuvertrauen (vgl. Schelling 1960, S. 144).[64] In diesem Fall können die Koordinationsinteressenten zumindest darauf hoffen, dass der beauftragte Schiedsrichter die Koordinations- oder Verteilungsverhältnisse, die er moderiert, nicht oder nur ungenau kennt und deshalb davon Abstand nehmen muss, jemanden in eigenwilliger Weise zu bevorzugen und/oder zu benachteiligen. Auch dieses Verfahren wirkt demnach als eine ‚Lotterie'.[65]

Sind derartige Koordinationsedikte aber immer wieder vonnöten, weil sich ein bestimmtes komplexes Koordinationsproblem ständig stellt, so entsteht für alle beteiligten Akteure eine veränderte Situation. In diesem Fall muss der Schiedsrichter plausibel machen können, dass er nach (irgendwelchen) Fairness- oder Gleichbehandlungsprinzipien handelt, die Hinweise darauf enthalten, wie systematische Benachteiligungen zu vermeiden sind; oder invers formuliert: Die Koordinationsinteressenten haben zu klären, wie sichergestellt werden kann, dass der Schiedsspruch nicht nach Maßstäben erfolgt, die den Verteilungskriterien der Akteure nicht entsprechen bzw. mit dem Koordinationsproblem, das die Koordinationsinteressenten gelöst haben möchten, erwiesenermaßen nichts zu tun haben (Myerson 1991, S. 372). Das heißt, in Fällen, in denen koordinationsdienliche Verteilungsentscheidungen immer wieder gefällt werden müssen, entsteht auf der Seite der Koordinationsinteressenten eine Nachfrage nach einem „impartial arbitrator" (Myerson 1991, S. 372), der sich um Lösungen bemüht, welche die Belastungsumfänge (möglichst) gleich verteilen oder wenigstens Ausdruck einer ‚fairen' Ungleichverteilung sind.[66] Kriterien der Fairness zu definieren, ist

---

[64] Die ethnologische Literatur weiß schon lange, dass bei Vorherrschaft koordinativer Aufgaben Gesellschaften auch ohne zentrale Sanktionsgewalten auskommen (vgl. Sigrist 1967; Fried 1967; Roberts 1981, S. 120 ff.).

[65] Wir werden noch besprechen, mit welchen Verteilungsmechanismen zu rechnen ist, wenn sich die Hoffnung, dass die Maßnahmen eines Schiedsrichters nicht mit eigenen Verteilungsinteressen belastet sind, als unberechtigt erweist und wenn die Unterlegenen sich mit ihrer Rolle im Verteilungsspiel nicht abfinden wollen.

[66] Ob diese Suche nach Gleichheit eine anthropologische Konstante ist oder nicht, wollen wir nicht entscheiden. Jedenfalls zeigen zahlreiche experimentelle Befunde aus dem Bereich von Ultimatums-, Diktator- oder Vetospielen etc., dass Akteure auf die Durchsetzung von Gleichheitsstandards auch dann Wert legen, wenn ihnen dies Kosten abverlangt (vgl. Ockenfels 1999). Dass Verteilungsprobleme symmetrisch gelöst werden können, war auch John Nashs Grundidee, die Schelling aber

schwierig. Im vorliegenden Fall ist es wahrscheinlich, dass zwei Gesichtspunkte eine Rolle spielen: Zum einen kann man versuchen, erhöhte Auszahlungen
unter Verweis auf den besonderen Kostenaufwand zu rechtfertigen, der mit der
Leistungserbringung verbunden ist, oder mit deren Gewichtigkeit für die Sicherstellung des beiderseitigen Koordinationsertrags; oder aber die Koordinationsinteressenten sind dazu bereit, geringere Auszahlungen gegen die Sicherheit
abzuwägen, auch weiterhin am Verteilungsspiel beteiligt zu werden.[67]

Wir haben bislang vorausgesetzt, dass sich keine Schwierigkeiten auftun,
jemanden zu finden, der von sich aus ein Interesse daran hat, sich als ein zentraler Koordinator ins Gespräch zu bringen, und sich dieser Aufgabe tatsächlich
gewachsen zeigt. Tatsächlich ist das keineswegs immer der Fall und es können
sowohl Über- wie Unterversorgungsprobleme auftreten. Im ersten Fall empfehlen sich mehrere mögliche Kandidaten, was die Koordinationsinteressenten dazu
zwingt, das Problem zu lösen, welchen von diesen sie auserwählen sollen. Das
wird ihnen umso schwerer fallen, je gleichwertiger die Angebote der Leistungs-
anbieter ausfallen (vgl. Hardin, R. 2003, S. 43); erneut sind die Akteure mit der
Beantwortung einer ihrem Kernproblem vorgelagerten Koordinationsfrage konfrontiert. Auf der anderen Seite können die Koordinationsnachfrager auch nicht
ausschließen, dass es (aus kontingenten Gründen) keinen Interessenten für ein
ausgelobtes Schlichteramt gibt oder dass dessen Übernahme- und Betreuungs-
kosten den eventuellen Amtsträger teurer zu stehen kommen als seine möglichen
Gewinne, was jeden ernsthaften Kandidaten abschrecken muss, sich zu bewer-
ben. Das heißt, ohne Aussicht auf eine Konventionsbeschaffungsrente wird sich
kein Kandidat melden (vgl. Ekelund et al. 1996).

Gleichwohl können wir immer wieder sehen, dass sich „Konventionsunternehmer" finden,[68] die sich um die Identifikation verwendbarer Konventionen
bemühen und die Kosten aufbringen, die mit deren Verbreitung und Bekannt-
machung verbunden sind. Allerdings wird es in vielen Fällen naiv sein, darauf
zu hoffen, dass der Mentor dazu bereit ist, die Kosten seines Wirkens aus Eigen-

---

früh in Frage stellte, wenngleich er nicht leugnet, dass Gleichverteilungen als eine Art fokale Verteilungslösung gelten können.

[67] Die fragliche Literatur ist völlig unübersichtlich; für die Soziologie wurden die Arbeiten von
Davis und Moore (1967) sowie Homans (1967b) auschlaggebend, die sich aber auf Fragen der Aus-
tauschgerechtigkeit beschränken.

[68] Die nachfolgenden Überlegungen stellen eine Ableitung aus Eric Posners Modell des „Normun-
ternehmers" dar (Posner, E. 2000, S. 29 ff.). Dessen vordringliches Problem besteht darin, seine
Vertrauenswürdigkeit zu signalisieren (vgl. dafür Posner, E. 1998). Allerdings entwickelt Posner
dieses Problem im Zusammenhang mit Kooperationsproblemen und weniger mit Koordinationsfragen. Den eher „koordinativ-kognitiven" Charakter der Normunternehmerschaft betont – wenn auch
nur im Vorbeigehen – Hannerz (1992, S. 156).

mitteln zu begleichen.[69] Vielmehr werden derartige Konventionsunternehmer in der Regel nur tätig werden, wenn es ihnen gelingt, ihren Lebensunterhalt aus der Bereitstellung koordinativer Gleichgewichte zu beziehen, wozu sie sich von deren Nachfragern werden bezahlen oder aushalten lassen müssen (vgl. Levi 1988).[70] Auf der anderen Seite werden diese zu einer derartigen Alimentierung des Koordinationsaufwands ihres Konventionsbeschaffers nur bereit sein, wenn sie glauben, dass es ihm gelingt, hinreichend viele Mitakteure auf seinen Konventionsvorschlag einzuschwören.[71] Oder ein Konventionsgeber wirkt derart einleuchtend und überzeugend, dass sich die Akteure zu seinen Konventionsvorschlägen ‚bekehren‘ lassen, auch ohne die Sicherheit zu haben, dass sie für ihre Voreiligkeit nicht büßen müssen. In beiden Fällen müssen die Konventionsunternehmer Vertrauenswürdigkeit, Verlässlichkeit und Glaubensstärke signalisieren, indem sie mit hohem und sichtbarem Einsatz für die anzustrebende Konventionslösung werben, indem sie allseits zugängliche Symbole zur Verfügung stellen und popularisieren, durch deren verbreiteten Gebrauch die Akteure darauf schließen können, dass andere dieselben Überzeugungen teilen wie sie selbst (vgl. Posner, E. 1997, S. 109 ff.). Sie können in diesem Sinne für sich werben, indem sie zur Verbreitung koordinationswichtiger Informationen in unveräußerliche und nicht-teilbare Güter investieren, die plausibel machen, dass sie nicht einfach die Koordination aufgeben, ohne die erwünschte Koordinationsleistung tatsächlich erbracht zu haben, was sie umso unmissverständlicher machen werden, je mehr deren Charakter ihr dauerhaftes Engagement erfordert.[72] Man kann überdies vermuten, dass dieses Engagement umso aufwendiger ausfällt, je mehr mögliche Konventionsgleichgewichte als unplausible Alternativen ausscheiden bzw. je mehr Konventionsunternehmer im Wettbewerb um das Gehör der Koordinationsinteressenten buhlen. Man kann aus diesem Szenario ableiten, dass Koordinatoren und Koordinationsnachfrager, um die Auswahl einer Konvention nicht zum Verwirrspiel degenerieren zu lassen, offenbar ein gemeinsames Interesse daran haben müssen, dass es einem Konventionsunternehmer – möglichst rasch – gelingt, etwa mithilfe einer Polarisierungsstrategie, die die Abwahl alternativer

---

[69] Das wird nur dann der Fall sein, wenn der zentrale Koordinator den Wert eines Koordinationsgleichgewichts höher einstuft als die Verluste, die er zu begleichen hat, wenn er versucht, es zur Verfügung zu stellen.

[70] Man kann vermuten, dass mit zunehmenden Herrschaftsrenten die Anzahl möglicher Bewerber um das Koordinationsamt zunimmt (vgl. Frohlich et al. 1971, S. 138).

[71] Dass soziale Bewegungen (auch) die Funktion haben, das Handeln der Akteure zu koordinieren, die gesellschaftliche Veränderungen für möglich halten, ist ein gängiges Theorem der Bewegungsforschung (vgl. Rammstedt 1978, S. 195 f).

[72] Darauf weist die Gründung von Glaubensgemeinschaften hin, denen sich jene verbindlich anschließen werden, die am Konsum der gemeinschaftlich hergestellten „commodities" ein hohes Interesse haben (vgl. Iannaccone 1994; Stark 1996; Brinitzer 2003).

Koordinationsvorschläge erleichtert, ein Deutungsmonopol bezüglich der einzu-
haltenden Konvention zu errichten und aufrechtzuerhalten (vgl. Eilinghoff 2004,
S. 139 ff.). Solange eine angebotene und kollektiv durchgesetzte Konvention in
den Augen ihrer Nachfrager zu einer eindeutigen, ertragssichernden Lösung
des anfänglichen Koordinationsproblems führt, werden diese in der Folge umso
leichter anerkennen können, dass ihr ‚Monopolist' aus den Koordinationsgewin-
nen zu entlohnen ist, die ihnen infolge seines segensreichen Wirkens zufallen
(vgl. Ekelund et al. 1996, S. 28).

7.3.2.5 Wettrennen

Wir wollen noch einen letzten Mechanismus kurz ansprechen, der zur Bewältigung einfacher Koordinationsprobleme kaum etwas beiträgt, wohl aber zur
Entschärfung von Geschlechterkämpfen und möglicher Folgen von Falken-
Tauben-Auseinandersetzungen. Wir hatten bereits bei der Darstellung von Verhandlungslösungen gesehen, dass in beiden Fällen jener Akteur einen Vorteil
verbuchen kann, der sich als *Erster* (eventuell aufgrund seiner Machtstellung)
glaubhaft auf die Position des ‚Siegers' festlegt. Die Logik der Verteilungssituation drängt die Akteure zur Eile; derjenige erhält den höchsten Ertrag, der
dem anderen zuvorkommt.[73] Diesen Tatbestand kann man auch dazu nutzen,
ein Wettrennen zwischen den Aspiranten zu etablieren, das sich weniger ihren
Machtvorteilen verdankt als anderen ihrer Fähigkeiten.[74] Aber selbstverständlich
sind solche Wettrennen an die Vorbedingung gebunden, dass die Akteure das
vorgelagerte Koordinationsproblem gelöst haben, welchen ihrer ganz verschiedenen Fähigkeiten sich der Handlungserfolg verdanken soll, welchen Konventionen
der Rennverlauf selbst unterworfen werden soll, ob die Einhaltung der erlaubten
Spielzüge kontrolliert werden muss und bis zu welchem Grad Revanchen und Revisionen eines einmal erzielten Rennergebnisses zugelassen werden sollen. Dass
sich die Verteilungsinteressenten auf diese Meta-Konventionen einigen können,
steht selbstverständlich nicht fest und kann Second-Order-Festlegungen erfordern, die ihrerseits nur schwerlich, in jedem Fall aber nur dann herbeizuführen
sind, wenn die in den vorherigen Abschnitten beschriebenen Hindernisse überwunden werden können.

---

[73] Diese situationslogische Eigenheit bestimmt auch die Mechanismen, mit deren Hilfe sogenannte „Positionsgüter" zugänglich gemacht werden (vgl. Abschnitt 9.3.2).
[74] Sollen für die Verteilung der Erträge keinerlei Fähigkeiten den Ausschlag geben, dann muss man
zu *Lotterien* greifen; der Zufall entscheidet dann, wer den größeren Ertragsanteil erhält. Auch Lotterien lassen sich – im Sinne des nachfolgenden Abschnitts 7.4 – institutionalisieren (vgl. Becker, T.
2007).

7.4   Institutionalisierung von Konventionen

Wir sind mehrfach darauf zu sprechen gekommen, dass die Frage nach der sozialen Ordnung schon lange vor dem Beginn ihrer ‚akademischen Karriere' im Zentrum der soziologischen Theorie stand und dass Letztere immer wieder den Versuch unternimmt, diese Frage unter Hinweis auf die Dauerhaftigkeit und Verlässlichkeit von Interaktionsbeziehungen und Institutionen zu beantworten. Wir wollen näher durchleuchten, inwieweit sich die Dauerhaftigkeit von Institutionen dadurch erklären lässt, dass ihnen Konventionsgleichgewichte zugrunde liegen.

Eine solche Überlegung findet ihren Niederschlag in einer mehrschichtigen These. Eine beachtliche Teiltradition der Soziologie hat die Vorstellung entwickelt, dass soziale Ordnung nur dort auf Dauer zu stellen ist, wo die Akteure einen Grund dafür haben, *Gewohnheiten* auszubilden (Camic 1986; Giddens 1992), und wo gesellschaftsweit verbreitete Überzeugungen als Ausdruck eines gemeinsamen „Habitus" (Bourdieu 1979; Reckwitz 2008, S. 97 ff.) vorherrschen, der es den Akteuren erlaubt, ihr Handeln wechselseitig unter der Annahme zu planen und zu koordinieren, dass auch die Mitakteure habitualisierte Regeln, Normen und Rechtstraditionen beachten. Zum theoretischen Kern dieses Arguments führt die Beobachtung, dass sich soziale Ordnung nur dann herstellen lässt, wenn die Akteure zur Organisation ihres Alltags auf sichere Erwartungen bezüglich des Handelns ihrer Mitakteure zurückgreifen können (vgl. Weber 1956, S. 112 ff.) und dabei unterstellen, dass die Mitakteure die Rechte und Freiheiten, die sie selbst in Anspruch nehmen möchten, grundsätzlich zu berücksichtigen bereit sind (vgl. Durkheim 1988/1893, S. 43; Etzioni 1988). Verstehen wir unter „Institutionen" die verhaltensabstimmende Funktion derartiger Erwartungen, dann ist damit das Faktum angesprochen, dass Institutionen offenbar fraglos eingehaltene Regeln unterliegen, die nicht notwendig mit Gewalt und externen Sanktionen aufrechterhalten werden müssen (vgl. Hardin, R. 1995, S. 49) und für deren Bewahrung moralische Überzeugungen und Verpflichtungen wenigstens bisweilen keine wirklich auffällige Rolle spielen (vgl. Moebius 2008, S. 59 f).

Dieser Gedanke lässt sich theoretisch untermauern und empirisch bestätigen, wenn man sich dazu durchringt, Institutionen als „Konventionsgleichgewichte" zu betrachten (vgl. Schotter 1981, S. 10 ff.; Sugden 1986; Young 1998, S. 8 ff.), die daraus resultieren, dass alle beteiligten Akteure den Eindruck haben, dass ihren Zielen gedient ist, solange sie zu Recht davon ausgehen dürfen, dass die Mitakteure sich ihrerseits an die unterstellten Regeln halten, die sie zur Organisation ihrer Handlungspläne benötigen. Akteure wissen demnach, dass sie ihr Handeln konventional *regulieren müssen*, um aus der Zu- und Mitarbeit anderer ihren Nutzen ziehen zu können, und sie *akzeptieren* aus wohlverstandenem Eigeninteresse jene der möglichen Konventionen, denen ihre Mitakteure beipflichten (Young 2003, S. 390 f.). Sofern die Akteure für den Fall, dass sie gemeinsam das Koor-

dinationsgleichgewicht verfehlen, Ertragseinbußen zu befürchten haben, werden
einem einmal bestehenden Koordinationsregime auch jene zustimmen, die unter
ihm ihre höchsten Auszahlungen nicht erreichen können. Infolgedessen lassen
sich Institutionen als eine Folge sich wechselseitig stabilisierender Erwartungen
von Akteuren darüber verstehen, dass alle in Übereinstimmung mit dem gemeinsamen Ziel der Handlungsabstimmung handeln werden; und umgekehrt führt die
sich daraufhin immer wieder bestätigende und *deshalb* dauerhafte Wechselstüt-
zung der Erwartungen zu einem „settled pattern of expectations" (Young 1998,
S. xi), dessen unstrittige Existenz die Akteure ihren weiteren Handlungsplanungen zugrunde legen können. In genau diesem Sinne wirken Institutionen als
Handlungsrestriktion (vgl. Grafstein 1992).

Die daraus resultierende Regelhaftigkeit des Verhaltens lässt sich im Weiteren auch deshalb aufrechterhalten, weil individuelle Abweichler von einem
einmal etablierten Erwartungsgleichgewicht sich selbst bestrafen oder benachteiligen. Im Wissen um diesen Umstand wird jeder der Akteure ein Interesse daran
haben, sein Handeln wenigstens so lange „selbst zu überwachen" (Schotter 1981,
S. 11), als er sich keine Gewinne davon versprechen kann, die Zuleistungen seiner
Mitakteure auszubeuten oder seine Mitgliedschaft in der betreffenden Institution
aufzukündigen oder abzuwandern. Dann wird der betreffende Akteur die Realität – oder die Geltung – von Institutionen daran erkennen können, dass sich
seine Mitakteure über seine Unwilligkeit, der unterlegten Konvention zu folgen,
zu beklagen beginnen. Da deshalb jeder der Akteure – wenigstens unter Vorbe-
halt – das konventionsgerechte Handeln anderer erwarten kann, kann er umgekehrt die gemeinsame und allseits erkenntliche Konventionsbeachtung auch als
ein (eventuell zeremoniell, rituell und symbolisch zum Ausdruck gebrachtes)[75]
Anzeichen des tatsächlichen Vorhandenseins gemeinsamer Zielsetzungen, „Hal-
tungen" oder (verlässlicher) „Identitäten" (vgl. Mead 1968/1934, S. 327) deuten.[76]

Vor diesem Hintergrund lässt sich auch die vielfache Beobachtung erklären,
dass „Institutionen die Interessen beeinflussen" (Lichbach und Seligman 2000,

---

[75] Im Gefolge von Durkheim (1981/1912) ist immer wieder darauf verwiesen worden, dass Riten
und Kulte die „theatrical dimension of social life" (Alexander und Mast 2006, S. 16 f.) darstellen,
mit deren Hilfe ein Akteur die „authenticity of one's intentions" (Alexander, J. 2006, S. 29) zum
Ausdruck bringen kann.

[76] Wir vermuten, dass die Verteidiger der überkommenen soziologischen Gemeinschaftssemantik
wenigstens zum guten Teil (auch) den konventionalen Charakter institutioneller Regulierungen
meinten, aber zu guter Letzt deshalb nur zu einer mangelhaften Theorie des konventionsgesteuer-
ten Handelns kamen, weil sie die Interessenbasierung des Gemeinschaftshandelns vernachlässig-
ten (nicht so bei Weber 1980/1922, S. 203 ff.). So stituiert etwa Tönnies die Wechselorientierung an
gemeinsamen Freiheitsrechten als „Konvention" (Tönnies 1972/1887, S. 51), geht aber dann dazu
über, „Gemeinschaft" mit (kollektiven) „Gemütslagen", „Gewissensorientierungen" und einer – aus
heutiger Sicht: ominösen – „Volksseele" in Verbindung zu setzen. Die Korrektur solcher – letztlich
Schopenhauer und Nietzsche geschuldeten – Übertreibungen kann man Hechter (1987) entnehmen.

S. 153).[77] Dies kann in einem zweifachen Sinn geschehen: Zum einen werden sich die Akteure schwer damit tun, Ziele zu verfolgen, die im Rahmen einer bestehenden Institution als ‚unangemessen' gelten (vgl. March und Olsen 1989). Und zum anderen wirken Institutionen – aus der Sicht der einzelnen Mitglieder – auch deshalb auf deren Zielvorgaben ein, weil es im Ziel- und Erwartungsbereich der bereits vorhandenen Koordinationsinteressenten liegt, durch „die Sozialisation (der nachkommenden Generationen) in die Institutionen" (Gebauer und Wulf 1998, S. 139) für Verhaltenssicherheit zu sorgen.[78] Hinter solchen Investitionen mag das von Sozialisatoren wie Sozialisanden geteilte Wissen stehen, dass sich die Akteure aller koordinationsabhängigen Zugewinne berauben werden, wenn die betreffende Konvention ihre handlungsbestimmende Kraft verliert. Auf der anderen Seite bedarf es zur Aufrechterhaltung identitäts- oder gemeinschaftsstiftender Sozialbeziehungen keiner zusätzlichen Aufwendungen, solange sich das konventionssichernde Wechselspiel der Erwartungen durch das gemeinsame Wissen darüber stabilisiert, dass die Umstellung des bestehenden Konventionsgleichgewichts auf eine alternative Lösung, die die Abweichung zum Regelfall machen würde, mehr Beschwernisse verursachen und eine geringere Ausbeute abwerfen wird als die gemeinsame Beachtung der derzeit dominanten „Übereinkunft" (Hume 1973/1739–1740, S. 233). Sich an die bestehende institutionelle Ordnung zu halten und weder über ihre Veränderung nachzudenken noch aufwendig nach Möglichkeiten zu fahnden, wie man die Mitakteure, die sich an die bestehende Ordnung halten, düpieren könnte, ist unter diesen Bedingungen rational (vgl. Ostrom 2005, S. 118).

Die Funktionsweise derart geordneter Verhältnisse basiert im Weiteren auch darauf, dass jede auf diese Weise fortdauernde Orientierung des Handelns aller an bestehenden Handlungsgewohnheiten als eine Art „Gedächtnis" dient (Berger und Luckmann 1969, S. 74; Nelson und Winter 1982, S. 99 ff.), indem jede erfolgreiche Handlung eines Akteurs nicht nur ihn selbst, sondern auch die übrigen Akteure daran erinnert, wie zu verfahren ist, um den erwünschten Handlungserfolg auch weiterhin zu sichern. Oder anders gesagt: In den überlieferten und praktizierten Routinen speichert sich die historische Erfahrung, die die Akteure mit der Bewältigung ihrer Koordinationsprobleme haben gewinnen können (vgl.

---

[77] Vgl. für diese These auch Zafirovski (1999) sowie Held und Nutzinger (1999). Natürlich muss diese Prägung der Mitglieder durch ihre Institutionen – wie viele Eltern und Erzieher wissen – nicht immer gelingen.

[78] Natürlich bleibt eine entsprechende Investition nur so lange sinnvoll, als die Sozialisatoren damit rechnen können, in den Genuss ihrer Anstrengungen zu kommen. Die Soziologie beschäftigt sich mit den Bedingungen gelingender Sozialisation (vgl. Tillmann 2007), seit Mead (1968/1934) und Parsons (1951, S. 201 ff.) auf deren systemreproduktive Wichtigkeit aufmerksam gemacht hatten.

March und Olsen 1989, S. 38).[79] Verfestigen sich die mit solchen Lernerfahrungen verbundenen Erwartungen zu einem wechselseitig zugestandenen Anrecht, sich auf das regelkonforme Verhalten anderer verlassen zu dürfen (vgl. Schlicht 1998, S. 22 ff.), so *definieren* Institutionen am Ende die dem „common knowledge" aller zugänglichen „rules of the game" (North 1990a; b, S. 364, 4 f.; Hodgson 2006), die den Bereich mehr oder minder eindeutig abstecken, innerhalb dessen die Akteure ihre Intentionen und Zielsetzungen, ohne Proteste und Einwände befürchten zu müssen, mit gesicherten Ertragsaussichten verfolgen dürfen.[80]

Diesen Gedanken haben ganz verschiedene soziologische Paradigmen zur Grundlage ihrer Ordnungsvorstellung gemacht. So favorisiert die sogenannte Praxistheorie die These, wonach die Akteure zur Stabilisierung ihrer Interdependenzverhältnisse auf *gemeinsame Praktiken* und eine diese stützende „soziale Verteilung des Wissens" (Berger und Luckmann 1969, S. 17 f.; Schütz und Luckmann 1975, S. 304 ff, 319 ff.; Hannerz 1992) zurückgreifen (müssen).[81] In der Einheitlichkeit und Geteiltheit der Regeln, denen das alltägliche Handeln folgt, kommt nach Auffassung der Praxistheoretiker der gesellschaftsbildende Charakter tradierter Praktiken ebenso zum Ausdruck wie in der gemeinsamen Anerkennung von Standards, denen eine ‚eingeführte' Praxis zu genügen hat (vgl. MacIntyre 1987, S. 252). Indem jede „praktische Tätigkeit" (MacIntyre 1987, S. 252) durch (situativ oder kontextuell) vorgegebene, mit minimalem Entscheidungsaufwand genutzte, kollektive „Wissensvorräte, kulturelle Sinnsysteme und symbolische Strukturen [...] konfiguriert" wird (Moebius 2008, S. 60), lässt sie sich naheliegenderweise als Bestandteil eines regelgeleiteten „übersubjektiven Handlungsgefüges" erklären (Moebius 2008, S. 61), an dessen unstrittiger Existenz sich Akteure gewohnheitsmäßig orientieren können, sofern sie keine

---

[79] Dass man (deshalb) die „alten Meinungen und Lebensregeln" nicht fallen lassen sollte, „ohne die Verluste zu berechnen" (Burke 1971/1790, S. 133), gehört zwar seit jeher zur „Rhetorik der Reaktion" (vgl. Hirschman 1991), muss deshalb aber nicht falsch sein.

[80] Giddens (1992, S. 64) hat die Aufrechterhaltung derartiger Routinen mit der Gewährleistung von „trust and ontological security" in Verbindung gebracht. Obgleich diese Verknüpfung etwas funktionalistisch klingt, muss nicht falsch sein, dass Akteure die Kosten, die mit der Beibehaltung ‚eingefleischter' Praktiken verbunden sind, mit den Verlusten an Erwartungssicherheiten verrechnen, die sie dann befürchten müssen, wenn sie eine Routine verlassen.

[81] Wissens- wie wertbasierte Praktiken werden sowohl von der Praxistheorie als auch von der sogenannten Kultursoziologie bearbeitet. Ob dabei der Wert- oder der Wissensaspekt bevorzugt beforscht wird, ist offen (vgl. Reckwitz 2000, S. 334 f., 359 ff.). Auch der Symbolische Interaktionismus hat begonnen, der Kritik, er behandle nur strukturferne Phänomene, (unter anderem) mit der Untersuchung erwartungssichernder „convention practices" (Hall 1987, S. 2) zu begegnen. Man sollte sich auch darauf einigen können, dass die in der Ethnomethodologie behandelte „organization of common practices" (Garfinkel 1967, S. 33) Handlungskonventionen zum Gegenstand hat. Diese setzt Garfinkel aber nicht mit der Kombinatorik „rationaler Entscheidungsstrategien" in Verbindung, obgleich er die Arbeit von Neumann und Morgenstern (1947) kannte (vgl. Garfinkel 1967, S. 264).

dezidierten Abweichungsinteressen haben. Auf diese Weise werden „soziale Praktiken" (Bourdieu 1979; Reckwitz 2008, S. 97 ff.) etabliert, die auf die Aufrechterhaltung einer „institutionellen Ordnung" (Schütz und Luckmann 1975, S. 61 ff., 102 ff.) hinwirken, welche nur für den Fall, dass sich unerwartete Folgen des kollektiven Handelns oder unabsehbare externe Bestandsgefährdungen nicht länger leugnen lassen, sinnvollerweise zugunsten innovativer (Castoriadis 1984) bzw. kreativer Abhilfen (Joas 1992; Reckwitz 2008, S. 127 f.) verlassen oder in Frage gestellt wird.

Während Praxistheorien auf die ordnungsstiftende Rolle „kollektiver Wissensordnungen" (Reckwitz 2004, S. 33) oder von „Relevanzsystemen" (Schütz 1971) verweisen, bestehen Werttheoretiker darauf, dass die Gesellschaftsordnung darauf basiert, dass Akteure ihr Handeln an gemeinsamen Werten orientieren (vgl. Parsons 1968/1937).[82] Jede Einigung auf gemeinsame Werte gilt als Ausdruck einer regeldefinierenden Verfassung (vgl. Vanberg 1994, S. 167 ff.; Hardin, R. 1999, S. 11 f.), die aus der „Notwendigkeit" (vgl. Buchanan 1991, S. 17; Esser 2003b, S. 173 ff.) folgt, sich im Rahmen eines Koordinationsspiels auf gemeinsame, anerkannte Zielsetzungen festzulegen.[83] Die Akteure akzeptieren solche Werte folgerichtig als gewohnheitsmäßigen Maßstab ihres Handelns, weil sie darin eine rationale Strategie sehen, jene allgemeinen Spielregeln verbindlich zu fixieren, denen ihr alltägliches Entscheidungshandeln anerkanntermaßen und konfliktfrei folgen kann. Werte sind dieser Auffassung nach Konventionen, denen keiner der beteiligten Akteure seine Zustimmung versagen kann, ohne seinen Handlungserfolg zu riskieren. Die tatsächliche Gemeinsamkeit der Werte definiert ein Konventionsgleichgewicht, das denselben Stabilisierungsbedingungen genügt wie die wissensbasierten sozialen Routinen, die die Praxistheorie hervorhebt.

Solche sich selbst erhaltenden Verhältnisse stellen sich vor allem dort ein, wo die Akteure auf „recurrent societal problems" reagieren müssen (Schotter 1981, S. 17) und wo sie zudem voraussetzen dürfen, dass zu deren Lösung Konventionen tatsächlich hinreichen.[84] Institutionen als Konventionen anzusehen, geht theoretisch demnach nur an, sofern sie Koordinationsprobleme lösen (Schotter

---

[82] Andererseits haben führende Mitglieder der Parsons-Schule natürlich erkannt, dass sich die fraglose Geteiltheit der Werte bisweilen als eine Idealisierung erweisen muss (vgl. Smelser 1972, S. 77 ff.). Die Unzulänglichkeiten der Werterhaltungsthese analysieren Archer (1988) und Wrong (1994). Auch kann es mehrere, voneinander geschiedene Wertsphären geben (vgl. Schwinn 2001). Bisweilen ist auch von unterschiedlichen „Kulturen" (Hannerz 1992), „Sinnwelten" (Brittan 1973), „Paradigmen" (Choi 1993) oder „Mythen" (Meyer und Rowan 1977) die Rede.

[83] Das mag mit der Ausbildung von Wir-Intentionen zusammenfallen (vgl. Bratman 1987; Tuomela 1984, S. 31 ff., 111 ff.; 1993), was aber nicht so gelesen werden kann, dass infolgedessen die Akteure ihre eigenen Interessen an entsprechenden Konventionen verlieren müssten (vgl. Hardin, R. 1995, S. 45, 65).

[84] Wir werden im nächsten Abschnitt 7.5 zeigen, dass diese Voraussetzung nicht immer erfüllt ist.

1981, S. 11); und dies können sie nur leisten, solange jede individuelle Abweichung vom Konventionsgleichgewicht mit selbstschädigenden Ertragsabschlägen und Zusatzkosten für den Abweichler verbunden ist, die auch darin bestehen
können, dass er von seinen Mitakteuren nicht länger als jemand betrachtet wird,
der dieselbe Zielsetzung teilt wie sie selbst, was sie endlich mit der Weigerung
quittieren können, seine Interessen bei der weiteren Beschaffung von Koordina-
tionsgewinnen zu achten.[85] Misslingen solche Versuche, Abweichler „auf Linie
zu halten", so werden Konventionsgleichgewichte durch Verteilungskonflikte
abgelöst, deren Regelung die Gemeinsamkeit der Koordinationsinteressen nicht
länger voraussetzen kann.

Die Vorstellung, dass Institutionen als sich selbst verstärkende Vorkehrungen wirken bzw. sich kontinuierlich über gemeinsames Wissen und gemeinsame
Wertmaßstäbe vermittelt reproduzieren, eröffnet die Möglichkeit, ein Problem
zu lösen, das die Sozialtheorie immer wieder beschäftigt: Die Frage nämlich, inwieweit Institutionen als emergente soziale Tatsachen betrachtet werden dürfen,
ohne zu diesem Zweck den Rahmen eines methodologischen Individualismus
zu überschreiten (vgl. Kontopoulos 1993; Sawyer 2005). In der Tat liegt es nahe,
institutionelle Konventionsgleichgewichte als eine „institutionelle" (Manicas
2006, S. 57) oder „soziale Tatsache" (Gilbert 1989) zu bewerten, die nachgerade
deshalb eine ganz unstrittige „Objektivität" (Berger und Luckmann 1969, S. 64)
oder „Autonomie" (Bauman 1973, S. 115) besitzt, weil die *einzelnen Koordinationsinteressenten* zu Recht daran glauben (können), dass ihrem konventions-
gesteuerten Handeln die gemeinsam geteilte Absicht zugrunde liegt, es unter
Ausbau ihres „common knowledge" aufeinander abzustimmen (vgl. Gilbert 1989,
S. 315 ff.; Searle 1997; Collin 1997, S. 185 ff.). Der seit Durkheim und Sumner immer wieder betonte „Zwangscharakter" solcher sozialen Phänomene (vgl. Durkheim 1961/1895, S. 105 ff.; Sumner 1992, S. 357 ff.) erklärt sich deshalb angesichts
der Wirkungsweise von Konventionsgleichgewichten alleine schon aus der Tatsache, dass es nicht im Belieben einzelner Akteure stehen kann, die Erwartungen
anderer zu ignorieren, solange ihr eigener Handlungserfolg darauf angewiesen
ist, dass sie eingeführten Konventionen folgen (Young 1996, S. 109). Und indem
sie ihre gegenläufigen Impulse kontrollieren, erhalten sie genau jene Konventionen am Leben, von deren Geltung der Erfolg aller weiteren Handlungen abhängt.

---

[85] Das kollektive Ergebnis sind dann Exklusionen aus den bestehenden Koordinationszusammen-
hängen bzw. die Schließung einer koordinativen Beziehung gegenüber externen Mitgliedschaftsan-
sprüchen (vgl. Mackert 2004a; b).

7.5   Auflösung und Wandel von Konventionen

Wir haben im Abschnitt 7.3 den Versuch unternommen, wenigstens ansatzweise die Entstehung von Konventionsgleichgewichten zu modellieren. Damit ist zum einen ein Kernmodell eingeführt, das – wie angedeutet – durch Zusatzfaktoren und Brückenannahmen erweitert und entsprechend ausgebaut werden kann. Mit derselben Absicht aber kann man auch nach den Bedingungen suchen, angesichts derer die Ausbildung von Konventionen scheitert. Wir wollen in gebotener Kürze zwei Fälle untersuchen, die die Akteure dazu zwingen, eine institutionalisierte Routine aufzugeben bzw. umzugestalten.

7.5.1   Konventionsauflösungen

Wir hatten gezeigt, dass Konventionsgleichgewichte darauf angelegt sind, dass Akteure sich einem sich selbst verstärkenden Prozess der Gewohnheitsbildung anvertrauen. Diese Neigung impliziert „a certain amount of inadaptability" (Choi 1993, S. 96) insoweit, als die Akteure zur Aufrechterhaltung ihrer Routinen auf feststehende Denkmuster und Theorien zurückgreifen müssen (vgl. Eggertsson 2005), die sie angesichts veränderter Umstände nur schwer aufgeben können. Sie geraten deshalb leicht in eine Sackgasse, die das Betreten von Neuland erschwert (vgl. Arthur 1994, S. 133 ff.); und auch zunehmende Wettbewerbsnachteile, die durch die abnehmende Geltung vorhandener Konventionen provoziert sind, reichen oft nicht aus, um das Handeln der Akteure auf einen Erfolgspfad zurückzuführen (vgl. Aldrich 1979, S. 195 ff.). Verursacht werden solche Adaptionsmängel durch eine Reihe von Umständen: Im auffallenden Extremfall lösen sich Konventionen auf, weil die Akteure, die sich ihnen bislang anvertraut hatten, sich – aus welchen Gründen auch immer – in alle Winde zerstreuen; zum anderen aber können sich Konventionen auch dann zu lockern beginnen, wenn die überlieferten Fokalpunkte verloren gehen oder sich Beurteilungsfehler einschleichen, wenn die Konventionen vergessen werden, ohne Alternativen zur Hand zu haben, oder wenn die Akteure ihr Interesse an der bisherigen Konventionallösung verlieren. In allen Fällen folgen zunehmend weniger Akteure der bisherigen Konvention, was bei den übrigen den Verdacht verstärkt, dass sie an Geltung verliert. Am Ende findet sich keine hinreichende Anzahl weiterer Koordinationspartner und die bisherigen Auszahlungen, die mit der Orientierung an einer Konvention verbunden waren, entfallen zusehends. Die damit angestoßene Zerfallsdynamik kann mithilfe von Schwellenwertmodellen modelliert werden (vgl. Granovetter 1978; Schelling 2006, S. 249 ff.), mit denen sich zeigen lässt, dass die Auszahlungswahrscheinlichkeiten geringer werden, je weniger Koordinationspartner zur Verfügung stehen, je weniger man sich gegen deren Unwilligkeit zur Wehr

setzen kann und je geringer die Chancen sind, sich vor Ort oder anderswo auf die
Etablierung neuerlicher Konventionsbeziehungen zu einigen.

7.5.2 Konventionswandel

Konventionswandel besteht darin, eine Konvention durch eine andere zu ersetzen. Ausgangspunkt ist dann die Einsicht, dass die Koordinationsleistung der
überkommenen Konvention zu wünschen übrig lässt, und zugleich eine erreichbare Alternative bekannt ist. Erfindungen erfordern allerdings Such- und Ex-
perimentierkosten, weshalb es vielfach günstiger kommt, externe Vorgaben zu
nutzen oder sich der Führung eines Konventionsunternehmers anzuvertrauen. In
jedem Fall sollten die infolge des Konventionswechsels in Aussicht stehenden
Gewinne höher sein als die zu gewärtigenden Wechselkosten (vgl. Hardin, R.
1999, S. 16). Dazu zählen die Kosten, die mit der Inthronisation und Ausstattung
eines Meinungsführers verbunden sind, ebenso wie die andernfalls auflaufenden
Verhandlungskosten, die man aufbringen muss, um die Zögerlichen zu überzeugen. Beschwernisse beim Aufbau neuer Konventionen sind vor allem dann zu
erwarten, wenn die fälligen Kosten sich ungleich verteilen und zudem die Nutznießer der bisherigen Konventionslösung zu benachteiligen versprechen. Auch
sollten die erwarteten Gewinne einer Neuregelung höher liegen als deren be-
fürchtete Benachteiligungen und Schäden. Schwierigkeiten entstehen aber auch
dann, wenn sich die Akteure als schlechte Entscheider einstufen (vgl. Heiner
1983; 1988), was sie nur dann kompensieren können, wenn die überkommenen
Institutionen größere Nachteile nach sich ziehen als das Risiko, das die Akteure
eingehen, wenn sie nicht länger zuwarten. Natürlich sollten die „Implementie-
rungsstrategien" (Muchlinski 1998, S. 293) tatsächlich zweckmäßig sein und auf
Zustimmung stoßen. Die dafür erforderlichen Prozesse der Vertrauensbildung
sind nicht immer organisierbar und häufig sehr teuer.
　　Möchte man solche Neugestaltungsdynamiken modellieren, so kann man
sich an die soziologische Diffusionsforschung und Netzwerkanalyse wenden (vgl.
Rogers 1983; Jansen 2006). Dem einfachsten Standardmodell der Neuerungsfor-
schung folgend übernimmt jeder Akteur, der zufällig auf einen Verteidiger der
neuen Konvention trifft, dessen Regulierungsvorschlag und macht sich hernach
auf den Weg, andere, die sich noch nicht zugunsten der Neuregelung entschieden
haben, vom Sinn eines solchen Schritts zu überzeugen. Die dieser Modellierung
zugrunde gelegten Annahmen müssen aber nicht in allen Anwendungsfällen stimmen. Weder muss es richtig sein, dass sich die Akteure mit gleicher Wahrscheinlichkeit kontaktieren, noch wird es regelmäßig zutreffen, dass die Nachfrage nach
der neuen Konvention homogen ist. Lässt man diese Beschränkungen fallen, dann
wird rasch sichtbar, dass die Verbreitungsmuster neuer Konventionen einesteils

durch höchst variable „Kontaktstrukturen" (Mayntz 2002, S. 32), „Konstella-
tionsstrukturen" (Schimank 2002, S. 177) oder opportunitätsbestimmende „Netzwerke" (Granovetter 1985), anderenteils aber auch durch die Heterogenität der
Übernahmestrategien der Akteure kanalisiert und begrenzt werden (vgl. Coleman et. al. 1976; 1983). Von der Art solcher Kontaktstrukturen hängt im Weiteren
ab, welche Wege zur Verfügung stehen, um die neuerungsrelevanten Informationen weiterzutragen (vgl. Katz und Lazarsfeld 1962; Coleman et al. 1976), und
damit, wie schnell sich eine Konventionsneuerung verbreiten und in welcher Reihenfolge die Zustimmung erfolgen kann. In anderen Fällen sind die Akteure – anders als bislang unterstellt – nicht vollständig über die Verbreitungsbedingungen
der Neuerung informiert, weshalb sich Zustände „pluraler Ignoranz" (Kuran 1995,
S. 76 ff.) bilden, die dazu führen können, dass sich der Übernahmeprozess verzö-
gert oder unterbleibt bzw. sich in unerwarteter Weise beschleunigt. In anderen
Fällen neigen Akteure angesichts der Unkenntnis ihrer genauen Entscheidungs-
lage dazu, das Handeln anderer zu imitieren, ohne den tatsächlichen Handlungserfolg dieser Strategiewahl abzusehen (vgl. Banerjee 1992), oder sie übernehmen
neue Konventionen aufgrund der Tatsache, dass sie dafür geachtet werden (vgl.
Cowen 2002; Chong 1991; McAdams 2005), auch ohne zu wissen, ob ihr Beitrag zur Durchsetzung tatsächlich hinreichend ist. Andererseits scheinen solche
Zustände des kollektiven Nichtwissens nicht sehr stabil zu sein (vgl. McAdams
2000a, S. 325), weshalb zu erwarten ist, dass die Akteure, wenn sie an der Aufrechterhaltung ihrer Koordination festhalten, mit einiger Sicherheit so lange einen
Weg finden, die Ineffizienz der bisherigen Konvention zu beheben, als sich die
Bedingungen herstellen lassen, die wir in Abschnitt 7.2.3 diskutiert hatten.

7.6   Fazit

Wir wollen an dieser Stelle abbrechen. Sicherlich ließen sich ohne Schwierigkeiten weitere und verfeinerte Beispiele dafür anführen, wie sich der Aufbau und die
Umgestaltung von Konventionen vollziehen.[86] Die angeführten Modellierungsvorschläge sollten indessen ausreichen, um unser Hauptanliegen zu bekräftigen,
nämlich zu zeigen, dass sich soziologische Erklärungen im Rahmen mikrofundierter Strukturmodelle geben lassen, die festhalten, mithilfe welcher Mechanismen
rational agierende Akteure ihre Ziele und Erwartungen bzw. ihr daraus resultie-
rendes Wechselhandeln aufeinander abstimmen. Im vorliegenden Kapitel hatten
wir uns auf die Lösung von unterschiedlich gelagerten *Koordinationsproblemen*
konzentriert, die grundsätzlich darin bestehen, dass Akteure nicht immer wissen

---

[86] Tatsächlich ist die empirische Menge der Koordinationsmechanismen unendlich (vgl. Medina
2007, S. 254).

können, ob und auf welchen Wegen sich die in Frage kommenden Koordinationspartner bei der Realisierung gemeinsamer Interessen engagieren. Wir hatten gesehen, dass die Lösung dieses Koordinationsproblems in erster Linie darin liegt,
dass die Akteure soziale Mechanismen etablieren, mit deren Hilfe sie *Informationen* über die Koordinationszuträglichkeit des Handelns ihrer Partner erhalten
und abschätzen können. Um dies plausibel zu machen, ist es wichtig festzuhalten,
dass sich Koordinationsprobleme *unterschiedlicher Dringlichkeit* identifizieren
lassen, die jeweils festlegen, welche Lösungswege den Akteuren offenstehen und
wie kostenträchtig diese sind. Einfachen und reinen Koordinationen unterliegt
eine vollständige Interessensgleichheit, während sich die übrigen Koordinationsformen durch ein zunehmendes Maß an Zieldivergenzen auszeichnen, die aber in
allen Fällen dadurch erträglich bleiben, dass es Zustände gibt, die für jeden der
Akteure attraktiver sind als der völlige Ausfall jeder Koordination.[87]

Der erste hier diskutierte Lösungsmechanismus ging davon aus, dass ein
blinder Selektionsprozess bei reiner Koordination darauf hinwirkt, dass an Koordinationslösungen interessierte Akteure die wiederholte Gelegenheit haben,
per Zufall und doch zwangsläufig auf eine der möglichen Lösungen zu stoßen
und aufgrund der daraufhin erwartbaren Erträge kein individuelles Interesse
entwickeln können, nach einer alternativen Lösungsmöglichkeit zu suchen bzw.
die sich abzeichnende Lösung aufzugeben. Die Hauptbelastung eines solchen auf
evolutionären Wegen zustande kommenden Gleichgewichts besteht sicher in der
Unvermeidbarkeit der Schädigungen, die auftreten müssen, damit die Akteure
(möglichst optimal) ‚lernen' können, welches Koordinationsgleichgewicht sich
ihnen anbietet. Demgegenüber ist der Erfolg der Lösungswege, die auf Kommunikationsprozessen aufbauen, von der Schwierigkeit befreit, mühsam und in
stummer Einsamkeit aus Fehlern lernen zu müssen, denn dann können die Akteure sich zu diesem Zweck Mitteilungen zukommen lassen oder in ein Gespräch
bzw. in Verhandlungen darüber miteinander eintreten und abstecken, welches
der Koordinationsgleichgewichte, die sie bereits kennen, in einer für alle akzeptablen Weise angestrebt werden sollte. Beschwernisse sind aber auch in diesem
Fall nicht vermeidbar, sofern die Akteure einsehen müssen, dass sich infolgedessen eine steigende Anzahl von ihnen einem erhöhten Transaktionskostenaufwand gegenübersieht und dass überdies dann Nachteile für einige von ihnen
entstehen werden, wenn sich die Wertigkeiten der zu identifizierenden Koordinationsgleichgewichte zu unterscheiden beginnen, was deren erfolgreiche und
zielführende Absprache, wie wir gezeigt haben, nicht erleichtert bzw. gar zum
Scheitern bringen kann. Davon deutlich abzuheben sind Verhandlungslösungen

---

[87] Dieser Gesichtspunkt kann als Vorgriff auf Kapitel 9 dienen, wo wir zeigen werden, dass gegenüber Verteilungskonflikten im Schatten von Koordinationserträgen die Bearbeitung reiner Konflikte sich schwieriger darstellt und mit größeren sozialen Effekten einhergeht.

oder Wettrennen, die vor allem bei komplexen Koordinationen zu erwarten sind, weil dort relative Vorteile und Nachteile verteilt werden müssen. Dass der Einsatz zentraler Koordinatoren oder die Bestellung eines Schiedsrichters vornehmlich dann eine Lösung für Koordinationsprobleme darstellt, wenn solche Personen oder Positionen ohnehin schon vorhanden sind und ihre Tätigkeit keine gesonderten Überwachungs- und Kontrollprobleme aufwirft, dürfte ebenfalls kenntlich geworden sein. Treten Beschaffungs- wie Kontroll- und Sicherungsprobleme auf, so müssen die Koordinationserträge sie erträglich machen; andernfalls haben die Akteure einen kontinuierlichen Anreiz, sich nach einfacheren und kostengünstigeren Lösungen umzusehen.

Die soziologische Theorie- und Modellbildung hat sich nur selten mit der Frage nach der Genese von Koordinationsgleichgewichten mithilfe von Absprachen und Verhandlungen, Verträgen und Versprechen sowie der anschließenden Frage beschäftigt, unter welchen Bedingungen solche Verfahren zielführend sind. Daran ist zum einen die lang nachwirkende funktionalistische Prägung der Disziplin verantwortlich, die es vorzieht, Koordinationen ihrer augenscheinlichen Unstrittigkeit wegen als unproblematisch einzustufen und vorauszusetzen, statt sich um den Nachweis dafür zu kümmern, wie Koordinationsgleichgewichte erreichbar sind.[88] Die nähere Beschäftigung mit diesem Problemfeld unterblieb aber auch infolge der Neigung der soziologischen Theorie, die Frage nach der *interessengeleiteten Herkunft* erfolgreicher Abmachungen mit dem Hinweis abzuwehren, diese seien nur dann stabil, wenn die Beteiligten auf eine gemeinsame Gruppenmoral (vgl. Durkheim 1988/1893) bzw. auf überlieferte Gewohnheiten (vgl. Camic 1986) oder (wahlweise) auf affektuelle Bindungen (vgl. Münch 1982, S. 149, 261 ff., 294 ff.) und anderweitig „nicht-rationale" Formen des Handelns (vgl. Alexander, J. 1988a, S. 15 ff.) zurückgreifen können, die das Koordinationsgeschehen in eindeutige Bahnen zwingen und das Erreichen eines von allen erwünschten Zustands kooperativen Gleichgewichts zum Regelfall werden lassen.

Wir sind der Auffassung, dass solche Überlegungen eine „degenerative Problemverschiebung" (vgl. Lakatos 1970, S. 118) darstellen, die die soziologische Theoriebildung für lange Zeit gelähmt hat. In der Tat läuft die Diagnose auch wohlwollender Beobachter der soziologischen Theorienlandschaft darauf hinaus, dass sich zumal kulturelle und institutionelle Gleichgewichte zwar leicht empirisch identifizieren und als Koordinationsgewinne verbuchen lassen, dass aber alle Versuche, die Frage eingehend und abschließend zu beantworten, *wie die damit verbundenen Konventionen zustande kommen*, welche zumal handlungstheoretisch fundierten *Erklärungen* ihrer Genese man akzeptieren sollte, immer wieder zu „difference and debate" führen (vgl. Smelser 1992, S. 10). Demge-

---

[88] So stellt die Existenz funktionaler Äquivalente die Akteure vor ein Koordinationsproblem (vgl. Merton 1974, S. 225). Auswahlregeln diskutiert Merton aber nicht.

genüber neigen rationalistische Erklärungen von Konventionen bisweilen dazu, die Differenzen einzuebnen, die wir zwischen reinen und komplexen Koordinationsproblemen zu ziehen hatten, indem sie die Verschiedenheit der Belastungen übersehen oder doch unterbelichten, die mit der Erreichbarkeit von gänzlich unumstrittenen reinen Koordinationszuständen einerseits und der Etablierung von Lösungen für Geschlechter- bzw. Hühnchen- und Falken-Tauben-Spiele andererseits verbunden zu sein pflegen.[89] Um diese Unterschiede theoretisch angemessen behandeln zu können, braucht man die auf David Hume zurückgehende partielle Definition nicht fallen zu lassen, wonach Konventionen dort existieren, wo jeder bereit ist, sie einzuhalten, sofern er voraussetzen kann, dass die übrigen Akteure sich in gleicher Richtung entscheiden (vgl. Hume 1973/1739–1740, II, 3, S. 233). Aber man sollte sehen, dass es *unterschiedliche Grade* der Gemeinsamkeit von Interessen ebenso gibt wie *unterschiedlich bewertete Differenzen* zwischen den erwartbaren Auszahlungen und den zu entrichtenden Opportunitätskosten und dass überdies Planung und Ausführung arbeitsteiliger Handlungen zu unausgewogenen Belastungen führen können. Es ist deshalb damit zu rechnen, dass die Herstellungskosten von Konventionen in dem Ausmaß variieren, in dem sich die Akteure erst auf die gemeinsame Abwahl von (nur zufällig gleichgewichtigen) Schädigungszuständen einigen müssen und zudem auch zu einem nicht durchweg unstrittigen Einverständnis darüber zu gelangen haben, wie sie die Aufwendungen bewerten wollen, die sie betreiben müssen, um die mit positiven Auszahlungen verbundenen Zustände erreichen zu können.

In jedem Fall sollte gelten, dass unter zielorientiert handelnden, rationalen Akteuren Versicherungsspiele oder reine Koordinationsfälle immer kostengünstiger zu bearbeiten sind als Geschlechter- und Falkenkämpfe und andere mit mehr oder minder auffälligen Antagonismen (und Konflikten) belastete Koordinationsaufgaben (vgl. Schimank 2007, S. 168 f.), weshalb die theoretische Modellbildung der Versuchung widerstehen muss, sich nur mit solchen Koordinationen zu beschäftigen, in denen die zu überwindenden Koordinationshindernisse in der Tat leicht zu bewältigen sind, oder so zu tun, als seien sie bereits – ganz selbstverständlich und auf unabsehbare Dauer – überwunden.

Wichtig ist auch zu sehen, dass nicht jedes Koordinationsproblem auf dieselbe Weise gelöst werden kann. Es existieren *unterschiedliche* Abstimmungsmechanismen (wie beispielsweise spontane Evolution, Kommunikation, Verhandlungen, Dekrete und Wettrennen), die einen erträglichen Handlungserfolg versprechen, zwischen denen die Akteure nach ihren jeweiligen Möglichkeiten und den Kosten zu entscheiden haben, die im Einzelfall zu erbringen sind. Infolgedessen sind jeweils andersartige Handlungsdynamiken zu beobachten. Wir hatten im Ein-

---

[89] Unseres Erachtens machen sich beispielsweise die Modellierungen von Schotter (1981), Sugden (1986) und Young (1998) einer solchen Vernachlässigung schuldig.

zelfall Wert darauf gelegt, wenigstens auszugsweise zu demonstrieren, wie sich unterschiedliche Modellierungen durch das Fallenlassen oder Hinzufügen von bestimmten Brücken- oder Anwendungshypothesen miteinander in Beziehung setzen lassen.

In allen Fällen aber liegt das Geheimnis der koordinativen Handlungsabstimmung darin, eine *Konvention* zu finden, an die sich jeder halten wird, solange er an den Erträgen interessiert ist, die er alleine infolge einer koordinativen Handlungsabstimmung erhält, und solange er weiß, dass sich auch seine Mitakteure (in hinreichendem Umfang) an die betreffende Regel halten werden. Vor dem Hintergrund dieses Ergebnisses konnten wir plausibel machen, dass sich die einheitliche Stoßrichtung unterschiedlicher soziologischer Ordnungstheorien zu einem Gutteil der Tatsache verdankt, dass sie sich der Klärung der Voraussetzungen der Konventionsbildung widmen. Im abschließenden Teil unserer Darstellung sind wir mithilfe unserer Modellüberlegungen zur Konventionsentstehung der Frage nachgegangen, unter welchen Bedingungen wir die Auflösung oder Veränderung von etablierten Konventionen erwarten dürfen.

Mit alledem ist aber nur ein *Teilaspekt* der Frage behandelt, worin die von der theoretischen Soziologie seit jeher gesuchten Bedingungen sozialer Ordnung bestehen. Wir werden deshalb in den beiden nachfolgenden Kapiteln zu behandeln haben, wie sich nach demselben Erklärungsschema auch voraussetzungsreichere bzw. problematischere und entsprechend weniger kostengünstig zu lösende Interdependenz- und Abstimmungsprobleme und damit weitere Teilantworten auf die Frage finden lassen, „wie Gesellschaft möglich ist".

8 Kooperation

8.1 Von den Schwierigkeiten, die Vorteile sozialen Handelns zu realisieren

Wir machen uns mit Sicherheit keiner Übertreibung schuldig, wenn wir behaupten, dass die Identifikation des Kooperationsproblems und die Suche nach denkbaren Bewältigungsverfahren von Beginn an den Kern der sozialwissenschaftlichen Analyse bildeten. Allerdings gelang es bislang nur unzulänglich, das Kooperationsproblem *theoretisch eindeutig* zu umreißen. Zwar stand und steht allen Denkern das normative Ziel einer kooperativen Gesellschaft relativ klar vor Augen,[1] und es herrscht Einigkeit darüber, dass Akteure solche Kooperationen überall dort anstreben werden, wo sie erwarten, dass „gewisse vorteilhafte Projekte die Fähigkeiten des einzelnen Individuums überschreiten" (Kliemt 1986, S. 15), aber gemeinsam zum „wechselseitigen Vorteil" (Rawls 1979, S. 20) realisiert werden können. Es ist aber oftmals nicht erkennbar, worin das Kooperationsproblem besteht bzw. was dessen bestimmende *Handlungs-* und *Strukturmerkmale* sind. Infolge dieser Unbestimmtheit sind auch die Lösungswege für die Probleme einer kooperativen Handlungsabstimmung nicht klar erkennbar. In der Regel behelfen sich Autoren dann damit, theoretisch kühne und empirisch unauffindbare Voraussetzungen anzuführen oder funktionalistisch aus der Konzeption idealer Kooperationsformen auf soziale Realisationsvoraussetzungen zu schließen.[2]

Die Behandlung des Kooperationsproblems leidet damit in doppelter Weise: Entweder verfügen die Theoretiker gesellschaftlicher Kooperation über keine Handlungstheorie und können infolgedessen auch *nicht erklären*, warum ord-

---

[1] Es geht um die „Tugendhaftigkeit" des gesellschaftlichen Lebens (Aristoteles), um die Sicherung der gesellschaftlichen „Gerechtigkeit" (Platon), um die Befreiung des Menschen aus seinen „Ketten" (Rousseau) und aus seiner „selbstverschuldeten Unmündigkeit" (Kant), um die herrschaftliche Kontrolle von Gewaltverhältnissen (Hobbes), um die Erweiterung der beengten Nahbereichsmoralität des Menschen (Hume), um die Steigerung der gesellschaftlichen „Wohlfahrt" (Smith), um die Eindämmung des marktgenerierten „Egoismus" (Engels), um die Beseitigung der „Beliebigkeiten individueller Zielsetzungen" und des daraus resultierenden gesellschaftlichen „Chaos" (Parsons), um die Aufhebung der „Entfremdung" (Marx), um die Bekämpfung der „Anomie" (Durkheim), um die Garantie von „Fairness" (Rawls) u. a. m.

[2] Vgl. paradigmatisch Parsons (1951, S. 201–207) und zur Kritik an dieser Vorgehensweise Turner und Maryanski (1979).

nungsstiftende gesellschaftliche Verhältnisse entstehen und sich auch wieder auflösen, oder sie setzen normativ wünschenswerte Lösungen ein, ohne präzise angeben zu können, weshalb die Akteure sie realisieren werden. Diese Mängel bleiben nicht zuletzt deshalb verdeckt und unerkannt, weil die Suche nach Kooperationsordnungen nur zu gerne von dem selbstverständlichen Glauben geleitet ist, dass Akteure gemeinsame Ziele verfolgen und aufgrund ihrer einheitlichen Weltsicht, geteilter Sozialisationserfahrungen, wechselseitiger Empathie und guter Gesinnung ein zieldienliches kollektives Zweckhandeln auch problemlos organisieren können. Es erscheint angesichts der offensichtlichen Vorteile des sozialen Zusammenhandelns nahezu widersinnig, diese zu verfehlen. Und so haben auch viele übersehen, dass das „Böse" nicht aus der Welt zu schaffen ist (Neimann 2004), dass die „Erziehung des Menschengeschlechts" regelmäßig misslingt und dass bisweilen erreichte Zustände gesellschaftlicher Kooperation immer wieder zu „Pathologien" degenerieren (vgl. u. a. Durkheim 1988/1893; Parsons 1976).

Vor diesem Hintergrund lässt sich die Entwicklung der gesellschaftlichen Ordnungs- oder Kooperationstheorie geradezu als eine Geschichte ihres Scheiterns verstehen. Dies gilt, seit Aristoteles die Frage stellte, für welche Tugenden die Mitglieder einer „Gemeinschaft" sich „entscheiden" müssten, um einen arbeitsteiligen, durch „Gerechtigkeit" und „gegenseitige Wohlgesinntheit" (Aristoteles 1972, S. 233 (8,1)) angeleiteten „Zusammenhang" herzustellen (Aristoteles 1972, S. 162 (5,8)), ohne dass er eine Erklärung dafür gab, weshalb sich Akteure tugendhaft verhalten sollten. Auch die Rhetorik in Platons Staatstheorie setzt darauf, dass Leistungsträger sich unter Anleitung weisheitsliebender Männer zusammentun, um auf der Basis eines wohlgeordneten „gegenseitigen Verkehrs" eine „Gemeinschaft" zu gründen (Platon o. J., S. 76 f.), welche „die Grenzen des Notwendigen zu überschreiten" vermag (Platon o. J., S. 79). Diese Theorie der Philosophenherrschaft bleibt allerdings nicht nur normativ, sondern auch empirisch höchst zweifelhaft (vgl. Popper 1958, Bd. 1, S. 169 ff.). Dieselben Unausgewogenheiten finden sich auch in der nach-platonischen utopischen Literatur, in der desgleichen ideale Modelle gesellschaftlicher Kooperation vorgeschlagen und diskutiert werden, um ein friedfertiges und ertragreiches Zusammenleben postulieren zu können (vgl. Neusüß 1968; Saage 1991), ohne dass deren Leser auf Dauer übersehen konnten, dass die vorgetragenen Kooperationslösungen in der Summe davon abhängen, dass die Akteure keine wirkliche ExitOption besitzen bzw. sich die Verfolgung nicht-kooperativer Ziele erfolgreich verbieten können.

Wenn Hobbes fragt, wie es eigensinnigen Akteuren gelingen kann, den Naturzustand wechselseitiger Gewaltanwendung in Richtung auf eine ‚bürgerliche Gesellschaft' zu verlassen, nimmt er das Kooperationsthema auf und führt es in einer Weise fort, die – wie viele Kommentatoren zugestehen (vgl. Ullmann-Margalit 1977, S. 62 ff.; Taylor 1987, S. 125 ff.; Coleman 1990a, S. 15 ff.; de Jasay 1989, S. 85 ff.; Maurer 1999, S. 27 ff.) – zum ersten Mal deutlich macht, dass es Interaktionspartnern allein deshalb nicht gelingt zu kooperieren, weil sie keine wechselseitigen Erwartungen bezüglich ihrer jeweiligen Kooperationsbereitschaft auszubilden vermögen. Auch in Hobbes' Theorie können sich die Akteure rasch auf die Vorteile einigen, die ein friedenssichernder Schutzverband bieten könnte, zugleich werden sie aber mit der Überlegung konfrontiert, ob und wann es für sie überhaupt vernünftig wäre, auf Gewalt zu verzichten. Augenscheinlich ist ein solcher Verzicht dann nicht einsichtig, wenn sie ihrerseits *nicht sicher sein können*, dass die anderen *in gleicher Weise* den Einsatz von Gewalt unterlassen werden (vgl. Hobbes 1966/1651, S. 99 f.). Das Kooperationsproblem taucht nicht etwa deshalb auf, weil die Akteure die Gewinne übersehen würden, die eine Zusammenarbeit mit sich bringen kann, sondern weil sie keine sicheren Erwartungen darüber haben, was die Mitakteure tun werden, oder schlimmer noch: weil sie zu Recht befürchten müssen, dass sie in dem Fall, dass nur sie allein sich kooperativ verhalten, von den anderen ausgebeutet würden.[3] Aber auch Hobbes entwickelte keine theoretisch befriedigende und empirisch haltbare Lösung des so identifizierten Kooperationsproblems (vgl. Hernes 1993). Schon früh wandte sich Hume gegen die Idee, die Akteure könnten sich im Rahmen eines kollektiven Vertrags auf einen Gewaltverzicht einigen (vgl. Hume 1988/1742, S. 301 ff.), und versuchte, dem eine – bis heute einflussreiche, wenn auch interpretationsbedürftige – Theorie spontan entstehender, moralisch wirksamer Konventionen gegenüberzustellen (vgl. Sugden 1986; Lahno 1995; hier Abschnitt 8.4). Auch wurde zunehmend offensichtlich, dass Hobbes' Theorie der absoluten Herrschaft, die das Problem der Erwartungsunsicherheit zu lösen vorgibt, insoweit unzureichend ist, als sie deren unerwünschte und destruktive Nebenfolgen nicht genügend thematisiert (vgl. die Diskussion bei Maurer 1999 und Barzel 2002; hier Abschnitt 8.5).

Obgleich mit Hobbes ein Problembewusstsein erreicht war, das seine Nachfolger nur schwerlich unterschreiten konnten, wurden die theoretischen Konsequenzen der Hobbes'schen Modellierung des Kooperationsproblems nur langsam bewusst. So folgt etwa noch Rousseau der Hobbes'schen Problemstellung, wenn er die Erreichung des „gesellschaftlichen Zustands" von der Fähigkeit der Gesellschaftsmitglieder abhängig sieht, ein „gemeinsames Interesse" an dessen verfassungsmäßiger Gestaltung zu formulieren (Rousseau 1959/1762, S. 26). Daher beruht bei ihm die Verfassungsbildung und aufrechterhaltung auf wenig erklärungstauglichen normativen Festlegungen. Unter diesem Mangel leidet auch Kants Traktat „Zum Ewigen Frieden" (1973/1765), in dem Vorschläge unterbreitet werden, wie zwischenstaatliche Kooperation friedfertig zu organisieren sei. Und auch Marx und Engels wollten die zum Zweck des gemeinsamen Klassenkampfs eingeforderte Vereinigung der internationalen Arbeiterschaft aus deren gemein-

---

[3] Die Akteure befinden sich – wie man heute sagen würde – in einem sogenannten „Sicherheitsdilemma" (vgl. Schelling 1966; Weede 1986).

samen Erfahrungen und Erfolgen erklären (vgl. Marx und Engels 1990/1848, S. 87), ohne die Fülle der Widrigkeiten zu beachten, die derartigen „Assoziationen" entgegenstehen (vgl. Olson 1968, S. 101 ff.; Roemer 1986, S. 195 ff.).

Noch zu Beginn der Akademisierung des sozialtheoretischen Denkens hatte sich an dieser Problemlage nur wenig geändert. So geht Spencer von der geradezu apodiktisch klingenden These aus, dass „social life in its entirety is carried on by cooperation" (Spencer 1897b, S. 553), kann aber wiederum mangels einer tauglichen Handlungstheorie nicht zeigen, unter welchen Bedingungen „the various kinds of acting together" (Spencer 1897b, S. 565) sich durchsetzen und wann die Akteure besser daran tun, auf jeden „mutual benefit" (Spencer 1897b, S. 566) zu verzichten und zur Selbsthilfe überzugehen. Seine These, dass der Gleichklang der sozialen und der psychischen Evolution für ein ständiges Fortschreiten des gesellschaftlichen Assoziationsgrads sorgen wird (Spencer 1897b, S. 573 u. passim), hatte schon zu seinen Lebzeiten nicht nur Anhänger. In ähnlicher Weise begreift Durkheim in seiner Dissertation „Über soziale Arbeitsteilung" (Durkheim 1988/1893), dass die Organisation jeder arbeitsteiligen Gesellschaft – die sich Durkheim als „Genossenschaft" dachte – die nachhaltige Zusammenlegung kooperationsförderlicher Beiträge erfordert. Sein Lösungsvorschlag, die mit jeder Teilung der sozialen Arbeit verbundenen Interessendivergenzen mithilfe einer „neuen Moral" (Durkheim 1988/1893, S. 480) in Einklang zu bringen, ist aber insoweit nicht ganz schlüssig, als er offenlässt, ob das ‚Gefühl' der wechselseitigen Abhängigkeit hinreicht, um moralische Anforderungen vor Kosten- und Nutzenüberlegungen zu schützen (vgl. Schmid 1998, S. 113 f.). Höchst einflussreich war endlich auch Parsons' (an Durkheim anschließender) Versuch, das Kooperationsproblem mithilfe einer Umformulierung der ‚utilitaristischen' Handlungstheorie von Hobbes zu lösen. Parsons gesteht ausdrücklich zu, dass Hobbes recht hatte, als er das Kooperationsproblem als ein Problem der Erwartungssicherheit einstufte, das dadurch entsteht, dass sich die Akteure bei der passionierten Verfolgung ihrer privaten Ziele nur ungern Beschränkungen unterwerfen,[4] er wirft ihm aber vor, keine Vorstellung davon entwickelt zu haben, dass sich solche Beschränkungen über Normen ergeben (vgl. Parsons 1968/1937, Bd. 1, S. 91). Indem Parsons damit unterstellt, dass Akteure gar nicht anders können, als normorientiert zu agieren, begeht er allerdings zwei Fehler: Er übersieht zum einen, dass Kooperationen auch in einem normfreien Raum entstehen können (vgl. Taylor 1976; Kliemt 1986; Raub und Voss 1986), und zum anderen, dass ein gemeinsames Streben nach Kooperation noch nichts über deren Erfolg aussagt. Zwar sucht er späterhin zu zeigen, dass psychische und soziale Kontrollprozesse darauf hinwirken, kooperationsförderliche Regeln sicherzustellen (vgl. Parsons

---

[4] Parsons (1968/1937, Bd. 1, S. 89 ff.) hat den auch heute noch oft verwendeten Begriff des „Hobbes'schen Problems" zur Kennzeichnung des „problems of order" in die Soziologie eingeführt.

1951; Parsons und Bales 1955), setzt dabei allerdings die anderweitig unterstellte
Autonomie und Kreativität seiner Akteure nachhaltig aufs Spiel (vgl. Garfinkel
1967). Weitere Kosten seiner funktionalistischen Abwehr jeder ‚utilitaristischen'
Lösung des Kooperationsproblems resultieren zudem daraus, dass Parsons nicht
berücksichtigt, dass eigensüchtiges Handeln in zahllosen Situationen für andere
durchaus vorteilhaft sein kann, was zu einer doppelten Fehleinschätzung führt:
Zum einen wirft er seinen Akteuren vor, deviant zu agieren, wenn sie die Interessen ihrer Mitakteure missachten, was freilich nur angeht, wenn – was nicht
notwendig der Fall sein muss – vorweg eindeutig geklärt ist, dass diese Interessen
in der Tat schützenswert sind. Zum anderen kann er den rationalen Einsatz von
Gewalt zur Durchsetzung von individuellen Interessen nur schwerlich in seine
Theorie des Handlungssystems einfügen und behilft sich am Ende damit, Gewalt
nur insoweit zu behandeln, als sie der Aufrechterhaltung der Systemintegration
dient (vgl. Parsons 1967, S. 264 ff.). Dass Gewaltverhältnisse stabil sein können,
auch ohne für alle Beteiligten optimale Erträge zu gewährleisten, kann er damit
nicht berücksichtigen.

Wir wollen zur Klärung der Sachlage diese Argumentationslinie verlassen
und auf der Basis unseres Ausgangsbildes eines intentional und rational handelnden Akteurs die situationslogischen Eigenschaften des Kooperationsproblems
kennzeichnen und dabei verschiedene Problemgrade unterscheiden, um uns dann
der Frage zuwenden zu können, auf welchen zum Teil höchst beschwerlichen
und auch nicht immer erfolgreichen Wegen es rationalen Akteuren gelingt, das
Kooperationsproblem zu bewältigen.

8.2   Die Logik des Kooperationsproblems

Koordinationsprobleme bergen aufgrund der dort gegebenen Übereinstimmung
der individuellen Zwecke keine Schädigungsstrategien und erlauben es den Akteuren, eine einmal gefundene Lösung durch Nash-gleichgewichtige Verteilungslösungen abzusichern. Die *Situationslogik* von Kooperationen ist demgegenüber
durch das gleichzeitige Vorliegen teils übereinstimmender und teils konfligieren-
der Interessen und durch das Aufkommen unerwünschter Nash-Gleichgewichte
bestimmt, was auch den soziologisch interessanten Fall umfasst, dass das Erreichen der individuellen Höchsterträge durch Nicht-Kooperation möglich wird.
Die Logik derartiger „mixed motive games"[5] sieht zwar die Möglichkeit vor, dass

---

[5] Der Begriff „mixed motive games" geht auf Thomas Schelling (1960, S. 99 ff.) zurück. Davon zu
unterscheiden sind reine Koordinationsspiele (vgl. Kap. 7) und Nullsummenspiele (vgl. Kap. 9), die
im ersten Fall völlig übereinstimmende und im zweiten Fall ausschließlich konfligierende Interessen
aufweisen (vgl. Rapoport 1976, S. 192 ff.). Dabei entstehen nicht notwendig eindeutige Zuordnun-

Kooperationen dann zustande kommen, wenn die Akteure zuverlässig und sicher erwarten können, dass die jeweiligen Mitakteure sich kooperativ verhalten werden; sie enthält aber auch einen Hinweis darauf, dass das sichere Wissen eines der Akteure, dass die übrigen sich kooperativ verhalten werden, Anreize enthält, seinerseits nicht-kooperativ zu handeln. Diese Situationslogik hat ihren Ursprung darin, dass es für einen Akteur attraktiv scheint, von den Effekten des kooperativen Handelns der anderen zu profitieren, ohne einen eigenen Beitrag zu deren Handlungserfolg zu leisten, bzw. dass er versuchen kann, den eigenen Leistungsaufwand zulasten der anderen zu minimieren. Sofern alle beteiligten Akteure die damit gegebenen Verhältnisse durchschauen, ist im Normalfall die Nicht-Kooperation aller rational.

Um die theoretische Betrachtung der koordinativen und kooperativen Situationstypiken vergleichbar zu machen und dabei die Erfolgsaussichten der jeweiligen Abstimmungsmechanismen abzuschätzen, die den Akteuren als Lösungshilfen dienen, greift unsere Darstellung der Kooperationsproblematik auf *dieselben Handlungsvoraussetzungen* zurück, die wir bereits im letzten Kapitel verwendet hatten. Zunächst unterstellen wir zum Zweck der Modellanalyse, dass die Akteure ihre Intentionen kennen und dass sich in diesen ihre Eigeninteressen widerspiegeln (wovon wir später zugunsten der Berücksichtigung ‚altruistischer‘ Ziele auch wieder abrücken können). Darüber hinaus gehen wir davon aus, dass sie rational in dem Sinne handeln, dass sie, um ihre als gegeben betrachteten *Intentionen* zum Erfolg zu führen, ihren Entscheidungen *Erwartungen* über das Handeln der anderen und die entsprechenden Effekte ihres eigenen Tuns zugrunde legen (wobei wir statisch argumentieren und die Möglichkeit der Akteure, aus ihren Erfahrungen zu lernen, vorerst nicht eigens beachten). Das individuelle Handeln wird auch weiterhin in der eingeführten Weise als rationale Wahl verstanden, die dem Akteur erlauben soll, jene Handlungsalternative ausfindig zu machen, die ihm im jeweiligen Handlungskontext die höchstmöglichen Erträge verspricht. Daneben behandeln wir wie zuvor den Grad, in dem die Akteure über ihre Handlungssituation und deren Ertragsfolgen informiert sind, als eine Variable. Als konstant setzen wir demgegenüber das Wissen der Akteure darüber an, in welcher Handlungssituation sie sich befinden und mit welchem *Abstimmungsproblem* sie konfrontiert sind.[6] Wie im letzten Kapitel halten wir somit auch im

---

gen; so wird etwa das im vorigen Kapitel behandelte Hühnchenspiel in spieltheoretischen Systematisierungen bisweilen auch als Unterfall eines Kooperationsproblems gefasst, weil es durch eine minimale Veränderung seiner Auszahlungsverteilung in ein Gefangenendilemma überführt werden kann und dann anstelle des suboptimalen Gleichgewichts zwei Pareto-optimale Gleichgewichte aufweist, von denen eines der kollektive Zustand werden wird.

[6] Diese Annahme muss man nicht machen (vgl. Schick 2003, S. 23 ff.), aber wenn man sie fallen lässt, kann man nicht länger behaupten, ein Akteur befände sich in einem „Dilemma“. Wir werden noch sehen, was unter diesem Begriff verstanden werden kann.

folgenden Abschnitt daran fest, dass sich die Problematik des Wechselhandelns auch im vorliegenden Fall nur sichtbar machen lässt, wenn wir den Akteuren unterstellen dürfen, dass sie ihren Interessen folgen und dass sie wissen, unter welchen Bedingungen sie damit welchen Erfolg haben können. Entsprechend kann – wie bereits praktiziert – auch im vorliegenden Fall der *Problemgehalt* entsprechender Modellierungen durch weitere Annahmen sowohl verschärft als auch abgeschwächt werden, indem wir zusätzliche und explizite Brückenannahmen und Transformationsmodelle einsetzen, mit deren Hilfe wir einesteils die Intentionen und die Handlungsfähigkeiten der Akteure spezifizieren, andernteils aber auch zusätzliche Konstellationen der individuellen Handlungen einbeziehen (vgl. ausführlich Kap. 4).

8.2.1 Das Gefangenendilemma: Die Situationslogik bei zwei Akteuren

Es gibt unterschiedliche Möglichkeiten, das Kooperationsproblem zu systematisieren (vgl. Orbell und Dawes 1981; Messick und Brewer 1983; Komorita und Parks 1995; Kollock 1998 u. a.). Wir wollen diese Vorschläge nicht einzeln durchgehen, sondern beschränken uns auf das sogenannte „Gefangenendilemma", das sich in besonderer Weise dazu eignet, die in der Soziologie gängigen Vorstellungen darüber zu systematisieren, mit welchen Problemen Entstehung und Aufrechterhaltung geordneter Sozialbeziehungen verbunden zu sein pflegen. Um diese These zu klären, bietet sich unserer Auffassung nach ein zweistufiges Verfahren an: In einem ersten Schritt werden wir, um zunächst einen ebenso einfachen wie erweiterungsfähigen Zugang zur vorliegenden Problematik zu gewinnen, die situationslogischen Grundeigenschaften des Kooperationsproblems mithilfe einer schlichten (und weitgehend nicht-formalen) Modellierung darstellen. Wie bei der Analyse der basalen Logik der Koordination erläutern wir das Kooperationsproblem anhand der Wechselhandlungen *zweier Akteure*, die über genau zwei Handlungsalternativen verfügen und für *eine Spielrunde* aufeinanderstoßen. Sodann werden wir die erstgenannte Restriktion aufgeben, um auch die Handlungskombinationen von *mehr als zwei Akteuren* berücksichtigen zu können.[7] Dabei wird sich zeigen, dass derartige kollektive Handlungsdilemmata – im Vergleich zum Zweipersonenkooperationsdilemma – eine reichhaltigere Situationslogik aufweisen, die sich aber aus dem Zusammenspiel nur weniger Situationsmerkmale ergibt, die ihrerseits wiederum die möglichen Lösungswege erkennen helfen, die die Akteure beschreiten können. Wir wollen also zunächst

---

[7] Abschnitt 8.3 gibt dann die zweitgenannte Bedingung auf.

die kennzeichnenden Eigenheiten des Gefangenendilemmas herausstellen und dessen Kern anhand eines einmaligen Kooperationsspiels analysieren.

Die Logik dieses Kooperationsproblems lässt sich einsichtig anhand des paradigmatischen Falls diskutieren, der ihm seinen geläufigen Namen gab: das *Prisoner's Dilemma* bzw. das *Gefangenendilemma.*[8] Das vielfach dargestellte Szenario beschreibt die unerfreuliche Lage zweier Häftlinge, die in Einzelzellen untergebracht und entsprechend daran gehindert sind, sich zu verständigen und Vereinbarungen zu treffen. Die beiden Gefängnisinsassen sind mit einem Staatsanwalt konfrontiert, der sie eines Verbrechens anklagen möchte, dazu aber keine hinreichenden Beweise zur Verfügung hat und ohne Selbstbezichtigung der Inhaftierten bestenfalls in der Lage ist, sie für ein kleineres Vergehen zu belangen, dessen sie sich nachweislich schuldig gemacht haben. Da Folterdrohungen und Einschüchterungen – im Modell jedenfalls – nicht vorgesehen sind, basiert die Strategie des Anklägers auf der Kronzeugenregelung, der zufolge derjenige, der seinen Tatanteil eingesteht und zugleich bereit ist, bei der Überführung des Mittäters behilflich zu sein, auf freien Fuß gesetzt werden kann. Infolge dieser Verfahrensregel hat der Ankläger das Recht, die beiden Verhafteten vor die folgenden Alternativen zu stellen: Wenn einer der beiden Festgenommenen seine Tat gesteht, der andere aber nicht, soll er mit Haftverschonung belohnt werden, während der schweigsame Komplize mit einer hohen Haftstrafe bedacht wird, wobei der Staatsanwalt keine Präferenz hat, wer als Erster sein Schweigen brechen sollte. Falls keiner von beiden den Vorteil der Kronzeugenregelung in Anspruch nimmt und sich beide über den Hergang der gemeinsamen Tat ausschweigen, werden sie für das erwähnte geringe Vergehen bestraft, das ihnen der Staatsanwalt zweifelsfrei nachweisen kann. Für den Fall aber, dass beide Gefangenen gestehen, tritt die Kronzeugenregelung außer Kraft und sie werden für ihr Verbrechen verurteilt, wobei ihnen eine Strafe droht, deren individueller Umfang höher ist als die Buße für ihr gemeinsames geringfügiges Vergehen, zugleich aber geringer als das Strafmaß, das denjenigen erwartet, der als Einziger schweigt. Die Inhaftierten kennen ihre Lage und wissen, dass jeder dies weiß. Infolge ihrer Isolation müssen beide Häftlinge unabhängig voneinander entscheiden und haben – so will es die Modellierung – keine Gelegenheit, ihre Entscheidung zu widerrufen. Was werden die beiden Gefangenen tun?

---

[8] Folgt man Luce und Raiffa (1957, S. 94), dann geht das „Gefangenendilemma" auf den 1995 verstorbenen Mathematiker Albert William Tucker zurück. Kollock (1998, S. 185) weist darauf hin, dass Tucker damit einen experimentellen Spieltypus kennzeichnen wollte, der 1950 von Merill Flood und Melvin Dresher erfunden wurde. Die Literatur zu diesem Thema ist schlechterdings *unüberschaubar* geworden; man zählt Tausende von Artikeln und Titeln, die sich mit dieser Problematik beschäftigen. Hier kann der Hinweis auf zentrale Anwendungen in der Soziologie genügen (vgl. dazu exemplarisch Coleman 1990a; Lichbach 1996; Esser 2000b; Bicchieri 2006).

Um diese Frage zu beantworten, wird man gut daran tun, sich die *Logik ihres Entscheidungsproblems* anzusehen. Wir wollen dies in einer Weise tun, die von den Besonderheiten ihrer Handlungssituation – d.h. ihrem Status als Gefangene in einem amerikanischen Provinzgefängnis – absieht, um klarzustellen, dass es *zahllose* alltägliche und weniger alltägliche Handlungssituationen gibt, die *dieselbe situationslogische Struktur* aufweisen. Wir denken, dass sich die verallgemeinerbaren Eigenschaften eines Kooperationsdilemmas anhand der folgenden Merkmale analysieren und in ein vielfach anwendbares *Gesamt- oder Strukturmodell* (vgl. Esser 2000d; hier Kap. 4) integrieren lassen:[9]

Die potenziellen Kooperateure kennen ihre Interessen und verfolgen diese auf *rationale Weise*. Sie können ihre Situation überdies als Interdependenzproblem durchschauen und wissen daher, dass die Erträge ihrer jeweiligen Handlungen von den Entscheidungen ihrer Mitakteure abhängen. Ihr Wechselverhältnis ist typischerweise dadurch gekennzeichnet, dass sie gleichumfängliche Erträge nur durch ein wechselseitig kooperatives Handeln realisieren können. Zugleich ist ihnen aber auch bewusst, dass ihnen – aus individueller Sicht betrachtet – die beiderseitige Bereitschaft, sich kooperativ zu geben, *nicht* den höchsten Ertrag erbringt. Im Gegensatz zu Koordinationsverhältnissen, in denen die Akteure rationalerweise keine Schädigungsstrategien verfolgen, stehen in Kooperationsbeziehungen, in denen Anreize zum Trittbrettfahren wirken, Kooperations- und Schädigungsinteressen im Widerstreit zueinander und binden die Beteiligten über gemeinsame und konfligierende Interessen aneinander. Es entsteht insoweit ein „social dilemma" (Tullock 1974; Kollock 1998 u.a.) oder „Kooperationsdilemma" (Aschke 2002, S. 248 ff.), als jeder der Akteure seine Auszahlungen auch dann steigern kann, wenn der Kooperationsgesamtbetrag dadurch sinkt. Die Folge ist, dass die Akteure auf ihrer Suche nach einer Lösung der damit verbundenen Schwierigkeiten dazu gezwungen sind, ein „nicht-kooperatives Spiel" (Taylor 1987, S. 61) durchzustehen, insoweit sie zwischen kooperativen und nicht-kooperativen Handlungsstrategien wählen müssen. Um die nachfolgenden Modellüberlegungen – wenigstens anfänglich – nicht zu unübersichtlich werden zu lassen, bleibt unterstellt, dass die Aufwandskosten dieser beiden Handlungsalternativen für alle beteiligten Akteure *gleich* sein sollen.[10] Für die jeweilige Erwartungsbildung der Akteure sind in deren Augen *nur* die in Aussicht stehenden Eigenerträge wichtig.

Die Modellierung sieht nun vor, dass sich die Akteure für eine der beiden (im Modell zugelassenen) Handlungsmöglichkeiten: kooperieren oder nicht kooperieren, zu entscheiden haben, wobei drei Vorbedingungen realisiert sein

---

[9] Vgl. auch Abbildung 8-1.
[10] Zur Darstellung des Mehrpersonengefangenendilemmas werden wir diese Annahme ändern.

müssen:[11] Zum einen kennen sie die Auszahlungsbeträge, die sie in Abhängigkeit von der Wahl des Kooperationspartners für jede ihrer Handlungswahlen erhalten; zum Zweiten besitzen sie keine Möglichkeiten, sich vorweg und sicher erwartbar auf eine bestimmte Handlungsstrategie zu verpflichten und etwa Abmachungen zu treffen oder einen bindenden Auftrag an einen externen Dritten zu erteilen, um ihren Kooperationserfolg sicherzustellen; und drittens wissen die Akteure, dass sie nur *einmal* vor die Frage gestellt werden, ob sie kooperieren wollen oder nicht, es gibt demnach weder Spielwiederholungen noch haben die Akteure *nach* ihrer einmaligen Begegnung anderweitigen Kontakt zueinander.[12] Diese zukünftige Kontaktlosigkeit hat zur Folge, dass die Akteure ihre Entscheidungen weder durch Versprechen oder Drohungen beeinflussen noch aus ihren Erfahrungen mit dem Kooperationsverhalten ihrer Mitakteure etwas für sie weiterhin Nützliches lernen können.[13] Alle diese Bedingungen sind Bestandteile des „common knowledge" (vgl. Kap. 7). Die Standardmodellierung des einmaligen Gefangenendilemmas stellt diesen Tatbestand durch die Annahme in Rechnung, dass sich die Akteure parallel und gleichzeitig entscheiden und hernach auseinandergehen.

Damit ist das Entscheidungsproblem der Akteure *definiert*, das sie als rationale Akteure nach Maßgabe der möglichen Ertragsoptimierung lösen. Wann aber können sie mit welchen Erträgen rechnen? Infolge der Kombinatorik ihrer Handlungsopportunitäten ergeben sich vier Fälle: Die erste Möglichkeit besteht darin, dass beide Akteure kooperieren und infolgedessen eine Auszahlung (3,3) erhalten, die wir als ihren „Kooperationsgewinn" bezeichnen wollen. Dieser Kooperationsgewinn fällt ihnen als empirische Konsequenz ihrer *beiderseitigen* kooperativen Handlungswahl zu sowie aufgrund der Tatsache, dass es ihnen gelingt, ihn untereinander aufzuteilen,[14] wobei die entscheidungswichtige Höhe des jeweiligen Ertrags durch die Auszahlungen der noch zu besprechenden Handlungsalternativen bestimmt ist.

---

[11] Modellerweiterungen, die wir in Teilen noch besprechen werden, sind dann möglich, wenn man diese strengen Vorbedingungen späterhin fallen lässt und ‚realistischere' Annahmen einführt.

[12] Sanktionsträchtige Vorwürfe oder Rache sind im Modell nicht vorgesehen. Um den möglichen Einfluss solcher Faktoren auszuschließen, sehen verschiedene experimentelle Untersuchungen des Kooperationsverlaufs vor, dass sich die Akteure weder vor Spielbeginn kennen noch hernach Kontakt miteinander haben (vgl. Ockenfels 1999; Diekmann 2009). Dadurch entstehen allerdings ‚Künstlichkeiten', die die Verallgemeinerbarkeit der experimentellen Befunde deutlich erschweren (vgl. Erlei 2003, S. 357 ff.).

[13] Zur Untersuchung des komplexeren Kooperationsfalls werden wir diese beiden Bedingungen späterhin fallen lassen.

[14] Dass die Aufteilung dieses Gewinns Probleme mit sich bringen kann, werden wir noch als Folgeproblem verhandeln (Abschnitt. 8.5).

Spaltenspieler

Zeilenspieler

	kooperieren	nicht kooperieren

	kooperieren	nicht kooperieren
kooperieren	3 3	1 4
nicht kooperieren	4 1	2 2

Abbildung 8-1 Matrix eines Gefangenendilemmas (vgl. Diekmann 2009, S. 30)

Es wäre allerdings voreilig, aus der Existenz eines ‚gerecht' teilbaren Kooperationsgewinns zu folgern, dass ihre Kooperation den Akteuren infolgedessen als „ein Unternehmen zur Förderung des gegenseitigen Vorteils" (Rawls 1979, S. 20) erscheint, der sie dazu bewegen müsste, sich als eine „Solidaritätsgruppe" (vgl. Hechter 1987) zu verstehen, deren Mitglieder bereit sind, sich wechselseitig den Schutz ihrer Interessen zuzugestehen. Tatsächlich besteht *keine durchgehende Interessenübereinstimmung*, weil im vorliegenden Problemfall jeder der Akteure seine *höchstmögliche Auszahlung* (4) nur durch Nicht-Kooperation erreichen kann, was jedoch dem anderen dessen schlechtestes Auszahlungsergebnis (1) beschert. Die Interdependenzstruktur ist durch anfallende Erträge in Form von „Abweichungsgewinnen" gekennzeichnet; in einer weit verbreiteten Terminologie spricht man auch vom „Trittbrettfahren" oder „free riding" (vgl. de Jasay 1989; Kirchgässner 1991; Weede 1992; Vanberg 1994). Als typische Handlungsweise folgt daraus, dass die Einzelnen zwar die Vorteile der Zusammenarbeit für sich in Anspruch nehmen, aber *keine* kooperationsdienlichen Handlungen (Beitragszahlungen, Verzicht auf Schädigungshandlungen usw.) vornehmen wollen. In der Tat verhindert der Anreiz zur Nicht-Kooperation nicht nur das Entstehen des allgemein begrüßten Kooperationsgewinns, sondern er mutet den Partnern auch *geringstmögliche* Auszahlungen (1) zu. Jede einseitige Kooperationsverweigerung versetzt kooperationswillige Akteure somit in die Rolle des „Deppen" (Weise 1999), dessen Leistungsaufwand die schlechteste Entlohnung, den sogenannten „sucker's payoff" (vgl. Braun 1999, S. 205), zur Folge hat. Dass diese Anreizsituation für beide spiegelbildlich besteht, impliziert logisch, dass für *keinen* der beiden Akteure die Sicherstellung des gemeinsamen Kooperationsertrags an erster Stelle steht.

Auf der anderen Seite werden die Entscheidungsüberlegungen der Akteure aber auch davon beeinflusst sein, dass sie beide ein *gleichgelagertes, wenn auch*

kein gemeinsames Interesse daran haben, genau diesen, für jeden von ihnen desaströsen Zustand der einseitigen Kooperationsbereitschaft zu vermeiden. Im Resultat wird jeder der beiden Akteure darauf bedacht sein, die Rolle des Düpierten
oder Ausgebeuteten zu vermeiden. Im Gegensatz zu Koordinationsspielen (vor
allem zu dem in Kap. 7 angesprochenen Hühnchenspiel) ist die Rückfallposition also offensichtlich *nicht* grundsätzlich mit der schlechtesten der beiderseits
erreichbaren Auszahlungen verbunden. Mehr noch, genau besehen ist für jeden
der beteiligten Akteure der Anreiz, zu defektieren, *vorherrschend* oder *dominant*,
sofern er die Logik des Kooperationsverhältnisses durchschaut: Kooperiert der
andere, so erreicht ein Akteur mithilfe einer Defektionsstrategie seinen größt-
möglichen Ertrag; defektiert der Mitakteur auch, dann wären eigene kooperative
Beitragsleistungen wirkungslos und würden ihn sogar zum Geschädigten werden
lassen. Sofern sich die Situationsbedingungen nicht ändern – weil etwa positive
Erwartungen über Kooperationsbereitschaften ins Spiel kommen –, ist die rationale Strategie *in jedem Falle*, keine Beiträge zur Kooperation beizusteuern.

Da beide Akteure voraussetzen müssen, dass jeder von ihnen so denkt, kann
sich jeder herleiten, dass der andere seinerseits wissen kann, dass er selbst keinen
Leistungsbeitrag erbringen wird, was die Entscheidung, jede Zuleistung zu verweigern, bereits von vornherein stützt. Zu diesem Ergebnis wird jeder der beiden
Akteure auch dann kommen müssen, wenn er über die ‚wahren‘ Motive seines
Partners gar nicht informiert ist. Im Gegensatz zum einfachen Koordinationsproblem führen die (auch im Kooperationsfall angezeigten) wechselseitigen Refle-
xionen und *Erwartungsspiralen* über die jeweiligen Absichten und Handlungen
der anderen deshalb nicht ins Unendliche, sondern enden in der raschen Einsicht,
dass es keinen Sinn macht, sich umständliche Gedanken darüber zu machen, was
der andere tun wird. Denn gleichviel, wie sich der Mitakteur festlegt, ist jeder
am besten beraten, nicht zu kooperieren und sollte diese Einsicht zunächst auch
dem anderen unterstellen. Eine Handlungssituation dieses Zuschnitts ist offenbar durch das beiderseitige Vorhandensein sogenannter „dominanter" Strategien
(Ullmann-Margalit 1977, S. 30 ff.; Bicchieri 1993, S. 45, 82, 103) gekennzeichnet,
die für beide die niedrigste Auszahlung (2) bedeuten würden.[15]

Worin aber besteht die „Dilemmastruktur" (Homann und Suchanek 2000,
S. 38 ff.) einer solchen Situation, wenn jeder genau weiß, wie er sich zu entscheiden hat?[16] Es gibt mehrere, sich ergänzende Möglichkeiten, sie zu beschreiben.

---

[15] Davon sind solche Situationen abzuheben, die sich durch *einseitig* dominante Strategien auszeichnen. So florieren mafiöse Geschäfte dann sehr gut, wenn der Mafioso eine Reputation dafür erwerben kann, dass er ausnahmslos aggressiv gegen Vertragsbrüche vorgehen wird, während seinen
Kunden eine derartige Option nicht zur Verfügung steht (vgl. Gambetta 1993, S. 43 ff.).
[16] Der Duden-Bedeutung des Begriffs, wonach ein „Dilemma" darin besteht, zwischen zwei gleich
unattraktiven Alternativen wählen zu müssen, kommen die nachfolgenden Ausführungen nur mit-

Zunächst steht für alle Fälle fest, dass von einem „Dilemma" allein aus der Sicht der betroffenen Entscheider und nicht etwa aus der Perspektive eines Beobachters gesprochen werden kann. Das Gefangenendilemma ist eines der Gefangenen und nicht etwa das eines Bürgers, der sich Gedanken über die Verfolgung von Verbrechen macht (Pies 1993, S. 160 ff.). Sofern dies vorausgesetzt wird, sieht man das Dilemma einer Kooperationssituation zum einen dadurch verursacht, dass der Zustand der wechselseitigen Kooperation sehr wohl zu einer als ‚fair' oder ‚angemessen' geltenden Aufteilung des Kooperationsgewinns führen *kann* (vgl. Hardin, R. 1982, S. 216 f.),[17] es aber aus der individuellen Sicht beider Akteure *nicht* rational ist, zugunsten eines kooperationsförderlichen „Kompromisses" (Rapoport und Chammah 1965, S. 65) auf die erreichbaren Abweichungsgewinne zu verzichten (vgl. Schick 1984, S. 79). Wenn aber beide ihrer individuellen Maximierungsstrategie folgen, entsteht eine (kollektive oder gemeinsame) Ertragssituation, die jedem von ihnen eine geringere Auszahlung (2,2) gewährt, als sie im Kooperationszustand (mit 3,3) *hätten* erreichen können. *In diesem Sinne* stellen sich alle Akteure schlechter (vgl. Kollock 1998, S. 183). Mehr noch: Aufgrund der unveränderlichen Verschränkung ihrer Interessen und der dominanten Handlungsstrategie sehen sie sich in „tragisch" zu nennender Weise (vgl. Hardin, G. 1968) zur Selbstschädigung *gezwungen*, insoweit strikt eigeninteressierte Akteure – da sie nichts füreinander tun wollen – ohne weitere soziale Techniken keinen Ausweg aus ihrem so definierten „Dilemma" finden (Parfit 1984, S. 91). Die Dilemmastruktur dieser Konstellation ist der Tatsache geschuldet, dass in einem einfachen Kooperationsspiel rationale und eigeninteressierte Akteure keinen individuellen Anreiz haben, sich auf eine Kooperationsstrategie zu verpflichten, und überdies keine Möglichkeiten haben, ihren Kooperationspartnern eine solche Festlegung glaubhaft oder auch nur begreiflich zu machen. Da das individuell vorteilhafteste Handeln notwendig zur Schädigung des Handlungserfolgs anderer führt und sich alle in der gleichen Lage wiederfinden, verfangen sich Egoisten notwendig in einem Zustand, der durch die Unvermeidbarkeit „wechselseitig negativer Externalitäten" gekennzeichnet ist (Orbell und Dawes 1981, S. 4; Konrad 2009, S. 109).

Aus dieser Situation können sich strikt rationale Akteure, die ihre Intentionen beibehalten, nicht ohne Weiteres befreien. Wenn sie die genannten negativen Folgen ihres Handelns etwa durch die beiderseitige Voraberklärung, dass sie kooperativ agieren werden, zu vermeiden versuchen, dann muss der jeweilige Mitakteur dies unweigerlich als Aufforderung zur Defektion verstehen; denn so-

---

hilfe von Zusatzthesen nahe – aber der Begriff „Gefangenen-" oder „Kooperations*dilemma*" hat sich nun einmal eingebürgert.

[17] Auch die empirische Gerechtigkeitsforschung dokumentiert deutlich, dass die *Aufteilung* von Gewinnen und der Charakter der dabei verwendeten *Verfahren* ständig debattiert werden müssen (vgl. Klendauer et al. 2006).

fern er der Erklärung des anderen tatsächlich glaubt, wird er als rationaler und eigennütziger Akteur den sofortigen Ansporn verspüren, von seinem zuvor abgegebenen Versprechen abzurücken. Dass beide dieser Versuchung unterliegen, können sie wissen, sodass es – unter der gegebenen Bedingung ihrer wechselseitigen Informiertheit – keinen Sinn macht, eine solche Deklaration abzugeben. Mit demselben Ergebnis muss ein Akteur auch dann rechnen, wenn er einseitig in Vorleistung geht, etwa in der Hoffnung, dadurch den anderen zu einer „angemessenen" (March und Olsen 1989, S. 23 ff.) bzw. kooperationsförderlichen Reaktion ‚überreden' oder gar ‚verpflichten' zu können. Da er die Haltlosigkeit eines solchen Schritts vorhersehen muss, wird es freilich nicht rational für ihn sein können, sich auf ein solches Vorleistungsangebot einzulassen. Solche Versuche werden alleine wegen der Dominanz der Defektion scheitern (vgl. Taylor 1987, S. 61), und die basale Problematik des Gefangenendilemmas wiederholt sich auch auf der nächsten Ebene der Sicherung von Lösungen als ein „second order dilemma" (Heckathorn 1989; Ostrom 1990, S. 43). Rationale Akteure können ohne vertrauensschaffende zusätzliche Bedingungen offensichtlich nicht kooperieren, da sie, sobald sie kooperative Absichten ernsthaft verkünden, ausbeutbar werden, was wiederum dem von ihnen am meisten gefürchteten Zustand entspricht. Dieser Überlegung folgend besteht das Kooperations*dilemma* darin, dass ein Akteur zwar weiß, dass Kooperation an sich vorteilhaft wäre, dass er indessen nicht darauf hoffen kann, das schlechteste Ertragsergebnis für den Fall, dass er in glaubwürdiger Weise kooperiert und der oder die andere/n nicht, ausschließen zu können. Jeder Schritt in diese Richtung muss angesichts der Situation seine Erwartungen steigern, dass der andere darauf verzichtet, die Kooperation zu verweigern und ihn dadurch zu schädigen.

Man kann auch davon sprechen, dass das Kooperationsdilemma daraus resultiert, dass der Zustand wechselwirksamer Kooperation zwar in einem *kollektiven Sinne optimal* ist, weil die Summe der Erträge und damit die *Wohlfahrt beider Akteure* in diesem Fall am höchsten ist (nämlich 6 Nutzeneinheiten umfasst), es ihnen aber – wie gesagt – nicht möglich ist, sich wechselwirksam auf das erforderliche kooperative Handeln zu verpflichten. Stattdessen landen beide Akteure in einem *suboptimalen Verteilungszustand* (Olson 1968, S. 21 ff.; Orbell und Dawes 1981, S. 38), dessen Quersummenertrag mit 4 Nutzeneinheiten geringer ausfällt als der bei wechselseitiger Kooperation. Zugleich aber sollte keiner der Akteure davon ausgehen, den Zustand wechselwirksamer Schädigung durch eine *einseitige* Investition in die Verbesserung der beiderseitigen Kooperationschancen beheben zu können, etwa indem er sich einseitig – und d. h. auch ohne Sicherheiten darüber, wie sich der andere infolgedessen verhalten wird – darauf einlässt, ein haltbares Kooperationsangebot zu unterbreiten, weshalb der suboptimale Verteilungszustand nicht nur suboptimal, sondern auch *stabil* und unveränderlich ist. Die Wechseldefektion ist folglich die „einzige strategisch verteidigungsfähige Strategie" (Rapoport und Chammah 1965, S. 66). Daran ändert auch nichts, dass beide Akteure wissen können, dass die einseitige Ausbeutung – aus Sicht der Steigerung des kollektiven Gesamtertrags – vorteilhafter wäre als die wechselseitige Schädigung, dass aber einer von beiden dann den „sucker's payoff" zu akzeptieren und dem anderen den Abweichungsgewinn zu ‚gönnen' hätte. Ein strikt rationaler Egoist kann jedoch eine solche Motivation nicht haben. Solange man die handlungstheoretischen und/oder situationalen Modellbedingungen des Kooperationsdilemmas nicht ändert, wird man akzeptieren müssen, dass das rationale Verfolgen individueller Zielsetzungen der Erreichung der *kollektiven Wohlfahrt* zwangsläufig nicht förderlich ist.[18]

In der Theorie des kollektiven oder institutionellen Entscheidens dienen solche Quersummenbetrachtungen als Hinweis auf die Effizienz und Stabilität eines sozialen Handlungsergebnisses oder sozialen Zustandes (vgl. Simon 1959, S. 179; Oberschall und Leifer 1986; Mueller 1989, S. 9 ff.), weshalb man auch sagen kann, dass das Kooperationsdilemma die Konsequenz des bedauerlichen Tatbestands ist, dass der spontan erreichbare (und überdies als einziger stabile) Zustand – verglichen mit dem Kooperationszustand – „sozial ineffizient" (vgl. Tullock 1974, S. 2) oder Pareto-suboptimal[19] ist, gerade weil es für jeden der Akteure individuell rational ist, nicht den zu verteilenden Gesamtertrag zu maximieren, sondern Abweichungsgewinne anzustreben, wenn diese höher ausfallen als die Zuteilungen aus Kooperationserträgen. Vielfach deutet man diesen bedauerlichen Umstand als ein Auseinanderfallen von kollektiver und individueller Rationalität, was als Thema die ganze an Max Weber ausgerichtete Verbands- und Organisationsforschung durchzieht (vgl. Luhmann 1964; Coleman 1990a).

In noch anderer Sicht besagt das Kooperationsdilemma, dass die wechselseitige Kooperation *kein* Nash-Gleichgewicht darstellt, was die Akteure daran hindern würde, zu defektieren (vgl. Taylor 1987, S. 63). Anders als Pareto-effiziente Koordinationsgleichgewichte stabilisieren sich Kooperationen deshalb nachweislich *nicht* spontan oder *von selbst*. Stattdessen ist der Pareto-suboptimale Zustand der wechselseitigen Schädigung Nash-gleichgewichtig, da ihn kein Akteur mithilfe einer *einseitigen* Veränderung seiner Handlungsstrategie verlassen kann – denn sofort begäbe er sich infolgedessen in die nachteilige Position des Ausgebeuteten. Zwar können die Akteure durch eine *beiderseitige* Strategieänderung den Zustand wechselseitiger Kooperation erreichen, sie haben aber wegen

---

[18] Der Wunsch, einen Zustand der „kollektiven Wohlfahrt" (bzw. des „sozialen Optimums") einer Verteilungslösung zu erreichen, ist noch immer Ausgangs- und Zielpunkt vieler Politiken (vgl. Coleman 1990a, S. 40 ff.; Braun 1999, S. 18 f.; Farmer und Stadler 2005, S. 388 ff.; s. schon Abschnitt 7.2.4).

[19] „Pareto-Optimalität" meint, dass kein anderer Zustand möglich ist, indem sich ein Akteur verbessert, ohne dass sich ein anderer verschlechtern würde (vgl. Roemer 1996, S. 65). Nash-Gleichgewichte sind demgegenüber dadurch definiert, dass kein Akteur mehr von sich aus einen Anreiz hat, eine andere Handlung zu wählen (vgl. dazu ausführlich Binmore 2007; Erlei 2007; Diekmann 2009).

der bereits geschilderten Gründe kein handlungswirksames Interesse daran, ihn zu erhalten, weshalb es leichtsinnig wäre, ihn (ohne vorgelagerte Absicherung des Schädigungsfalls) auch nur anzustreben. Die suboptimale – oder eben: ineffiziente – Ertragsverteilung stellt den *einzigen* stabilen und überdies *selbsterhaltenden Zustand* dar, den die Akteure angesichts eines Kooperationsdilemmas erreichen können. In deutlichem Gegensatz zum Koordinationsproblem fallen im einmaligen Kooperationsspiel Gleichgewicht und kollektives Ertragsmaximum *nicht* zusammen; oder wie Andreas Diekmann passend formuliert: Im Fall eines sozialen Dilemmas „gehen John Nash und Vilfredo Pareto nicht Hand in Hand" (Diekmann 2009, S. 105).

Der unbezwingbare ‚Charme' der Spieltheorie liegt darin: den Mechanismus genau benennen zu können, der dazu führt, dass Akteure augenscheinlich so attraktive Kooperationen alleine deshalb verpassen müssen, weil sie den Einzelnen geringere Vorteile bieten als die individuellen Abweichungsgewinne. Dies liegt daran, dass das Modell des Gefangenendilemmas die Notwendigkeit hervorhebt, bei Kooperationen die Beiträge der anderen sicher erwarten können zu müssen, und für alle Umstände, in denen dies nicht der Fall ist, das individuelle Nicht-Kooperieren und daraus logisch zwingend das kollektive Verpassen von Kooperationen folgt.

8.2.2 Das Gefangenendilemma: Die Situationslogik bei mehreren Personen

Die Soziologie ist in letzter Instanz nicht an der Modellierung solcher einfachen Kooperationsbeziehungen interessiert, sondern fragt sich, womit zu rechnen ist, wenn man die im einfachen Modell geschilderte Problemlogik durch die Annahme erweitert, dass der Kooperationserfolg vom Zutun vieler oder gar aller abhängt, die an einem Kooperationsverhältnis interessiert sind.[20] Ihre entscheidende und fruchtbarste Anwendung hat diese erweiterte Kooperationsproblematik bei der Lösung des Problems gefunden, wie mehrere Akteure gemeinsame Ziele wie *soziale Ordnungsbildung* realisieren können (vgl. Kap. 5). Ein für die Soziologie relevanter Erweiterungsschritt besteht darin, sich um eine genauere Beschreibung der *Eigenschaften* des zu realisierenden *Kooperationsertrags* zu kümmern. Soziologische Kooperationstheoretiker können sich dabei an die ökonomische Theorie anlehnen, die neben der Herstellung und Nutzung (markt- und tauschfähiger) privater Güter auch die Produktion solcher Güter thematisiert, die keinen Nutzungsausschluss kennen und deren Bereitstellung nicht durch die Erwartbarkeit direkter Gegenleistungen motiviert wird. Solche – wie wir sie

---

[20] Wobei der Einfachheit halber vielfach unterstellt wird, dass alle Akteure bezüglich ihrer Kooperationsbedingungen den gleichen Wissensstand aufweisen.

summarisch nennen wollen – „kollektiven Güter"[21] können weiterhin danach unterschieden werden, wie sich ihr individueller Konsum auf ihren Bestand und
ihre Wiederbeschaffung auswirkt (vgl. Abschnitt 8.2.2.2) oder wie es in einer
geschlossenen Gruppe gelingt, sie herzustellen (vgl. Abschnitt 8.2.2.3).

Derartige Probleme der *kollektiven Kooperation* können in ganz verschiedener Weise systematisiert werden, wobei die Ähnlichkeit zum Gefangenendilemma größer oder geringer werden kann (vgl. Buchanan 1965a; Hardin, R. 1971;
Schelling 1978). Wir wollen die verschiedenen Explikationsversuche aber nicht
gegeneinander abwägen, sondern stattdessen deren basale Eigenschaften mithilfe
zweier Kriterien definieren (vgl. Olson 1968; Marwell und Oliver 1993):[22] Zum
einen hängt der Problemcharakter kollektiver Kooperationsverhältnisse davon
ab, in welchem Umfang die Akteure von der Nutzung der erstellten Güter *ausgeschlossen* werden können, und zum anderen, ob sich ihre Nutzungsinteressen
vertragen oder wechselseitig behindern, ob demnach *Rivalität* oder *Nichtrivalität*
der Konsuminteressen von handlungsleitender Bedeutung ist. Vor dem Hintergrund dieser Begriffsbestimmung lassen sich die Differenzen zwischen zweiseitigen und multilateralen Kooperationsproblemen genau angeben. Die bislang
behandelten Probleme bilateraler Kooperation waren dadurch gekennzeichnet,
dass jeder der Akteure die Kosten der Leistungserbringung ebenso alleine tragen
musste, wie er die (letztlich unbestreitbare) Freiheit hatte, die ihm zufallenden
Gewinne dem eigenen Konto gutzuschreiben. Gewinne und Kosten der gemeinsamen Unternehmungen fallen ausschließlich auf die beiden Kooperateure selbst
zurück und haben in diesem Sinne einen durchweg „internalisierten" bzw. „privaten" Charakter.[23] Fragen der Exklusivität des Zugangs zu den gemeinsam
zu verantwortenden Verteilungszuständen oder Probleme der Konsumrivalität
stellen sich nicht; *in diesem Sinn* taucht ein *soziales* (Tullock 1974; Pies 1993,
S. 160 ff.) oder *kollektives Dilemma* (Braun 1999, S. 188) *nicht* auf.

---

[21] Wir verwenden den Begriff des „Kollektivguts" als Oberbegriff und „öffentliche Güter", „Allmende" und „Clubgut" als Unterfälle. Selbstverständlich sind auch andere Bezeichnungsvorschläge
in Umlauf. Anhand der beiden genannten Kriterien: Nichtausschluss und Nichtrivalität im Konsum,
können Kollektivgüter von privaten, direkt aneignungsfähigen Gütern unterschieden werden. Für
solche Privatgüter können Märkte existieren, in deren Rahmen Tauschinteraktionen auf der (relativ
unproblematischen) Basis von Leistung und Gegenleistung erfolgen. Infolgedessen sind rationale
Akteure unmittelbar dazu motiviert, solche Tauschgüter herzustellen und anzubieten, wohingegen
bei Kollektivgütern das Problem der suboptimalen Bereitstellung systematisch zu erwarten ist.
Märkte für Kollektivgüter gibt es in der Regel keine.

[22] Bisweilen nutzt man zur Abgrenzung verschiedenartiger Kollektivgüter auch das Kriterium
der „Teilbarkeit" bzw. der „Unteilbarkeit". Bei Unteilbarkeit kann keine Konsumrivalität entstehen,
andererseits erleichtert die Teilbarkeit die Privatisierung von Gütern.

[23] In der Theorie des Eigentums spricht man von der „Internalisierung externer Effekte" (Furubotn
und Richter 2005, S. 101).

Dies ändert sich bei der Bearbeitung kollektiver Kooperationsprobleme, denn in diesem Fall müssen die Akteure das Problem lösen, Erträge und Kosten so aufzuteilen, dass Zumutungen und Gewinnaussichten durch Verteilungslösungen erwartbar werden (vgl. Orbell und Dawes 1981, S. 38). Infolgedessen stellen sich den Akteuren in der Regel zwei zusammenhängende Fragen: Zum einen werden sie wissen wollen, was und wie viel sie *beitragen* müssen, damit die Zusammenarbeit erfolgreich gestaltet werden kann. Zum Zweiten stehen sie vor dem Problem, in Erfahrung bringen zu müssen, in welchem Umfang sie darauf zählen können, *an dem gemeinsam produzierten Nutzen beteiligt zu werden*. Die Bereitschaft, zur Herstellung kollektiver Güter beizutragen, hängt demnach sowohl von *Erwartungen* über die Lösbarkeit des *Beitrags-* wie auch des *Zuteilungsproblems* ab (vgl. Olson 1968; Vanberg 1982). Beide Erwartungen werden entscheidend davon geprägt sein, wie viele andere Akteure mit im Spiel sind und wie sie angesichts dessen den erwartbaren Zusammenhang zwischen ihrer individuellen Beitragsaufwendung und den daraus resultierenden Nutzungschancen beurteilen. Von der Lösung des Beitragsproblems hängt im Näheren ab, inwieweit es den Akteuren gelingt, eine Kooperation zu etablieren, und von der Lösung des Zuteilungsproblems, inwieweit sie die betreffende Kooperation aufrechterhalten wollen.

8.2.2.1 Öffentliche Güter

Wir wollen nun unterschiedliche Ausprägungen multilateraler Kooperationen unterscheiden und beginnen mit den öffentlichen Gütern. Kooperationen stellen dann öffentliche Güter bereit, wenn – wie bei allen Kollektivgütern – die möglichen Interessenten von den Erträgen einer erfolgreichen Kooperation nicht ausgeschlossen werden können. Lässt sich zugleich jede Konsumrivalität vermeiden, dann steht dem freien Zugriff eines jeden Akteurs auf das öffentliche Gut kein Hindernis entgegen. Immer wieder diskutierte Beispiele für ein solches Verhältnis sind die innere oder äußere Sicherheit eines Staatswesens: Sind die Investitionen in die Entdeckung, Verfolgung und Bestrafung krimineller Taten und Machenschaften getätigt und sind die Streitkräfte aufgebaut, trainiert und mit den notwendigen Waffen gegen militärische Übergriffe fremder Mächte versehen, dann kann kein Bürger von den Segnungen der damit verbundenen Effekte ausgeschlossen werden und die Sicherheit keines Bürgers leidet darunter, dass auch alle übrigen sich des Schutzes durch die bewaffneten Kräfte des Landes erfreuen können – und vielleicht auch: erfreuen müssen (vgl. Sened 1997; Knöbl 1998).[24]

---

[24] Diese beiden Eigenschaften können eine Variable sein, was die Analyse über das Maß hinaus erschwert, auf das wir uns im vorliegenden Fall einlassen müssen (vgl. Kollock 1998, S. 189).

Allerdings verbirgt sich hinter dieser Beschreibung ein Problem. Denn solange jeder der Akteure zu Recht darauf zählen darf, dass seine Nutzung des
öffentlichen Gutes nicht behindert werden darf, und er allein es nicht herstellen
kann, wird er es sich überlegen, ob er sich an dessen Bereitstellung beteiligen
oder seinen dafür gedachten Leistungsbeitrag nicht für andere Zwecke verwenden bzw. sich als Trittbrettfahrer verhalten sollte (vgl. Olson 1968; Tuck 2008).
Diese Überlegung ist gänzlich unabhängig von der Frage, ob ein Akteur erwarten
kann, dass sich auch die anderen an der Erstellung des öffentlichen Guts beteiligen oder nicht: Tun sie es, so kann er als Trittbrettfahrer auftreten, tun sie es
nicht, so ist sein Einsatz wenigstens nicht verloren. Verfolgen alle – oder doch zu
viele – Akteure eine solche Kalkulation, so sind die vorgenommenen Investitionen am Ende zu gering, um die Protektions- und Verteidigungskosten zu decken;
die Versorgung mit dem Gut der öffentlichen Sicherheit unterbleibt infolgedessen
und die Akteure befinden sich – aufgrund ihrer durchweg rationalen Entscheidung, einer dominanten Strategie der Kooperationsverweigerung zu folgen – in
einem Zustand der „suboptimalen Versorgung" (vgl. Olson 1968, S. 26). Dabei
ist wichtig, dass die Akteure dieses aggregierte Ergebnis ihrer Überlegungen
zunächst auch dann nicht vermeiden können, wenn sie wiederholt miteinander
zu tun haben oder die Gelegenheit finden, sich zu verständigen (vgl. Buchanan
1965a, S. 8), weil die Rationalität ihrer Zurückhaltung nicht (nur) daran hängt,
dass sie nicht wissen, was ihre Mitakteure tun werden, sondern weil sie realistischerweise davon ausgehen müssen, dass ihr Beitrag für die Bereitstellung des
betreffenden Gutes weder hinreicht noch relevant ist. Mit einer parallelen Problemlage haben die Akteure zu kämpfen, wenn sie ein „public bad" (Olson 1985,
S. 55) oder ein „collective disaster" (Kollock 1998, S. 188) bearbeiten wollen.

Allerdings wäre es zu kurz gegriffen, wollte man annehmen, dass die Nachfrage nach einem öffentlichen Gut für jeden der Betroffenen gleich dringlich sein
muss, sodass die These, alle Mehrpersonendilemmata hätten die Struktur eines
letztlich destruktiven kollektiven Gefangenendilemmas, nicht richtig ist. Dass
dies nicht so sein muss (vgl. Olson 1985, S. 43; Marwell und Oliver 1993), sieht
man daran, dass solche Güter vor allem dann ohne Weiteres besorgt werden können, wenn jene, die in besonderem Maße an ihnen interessiert sind, sich um eine
erkenntliche Einlage bemühen, während die weniger interessierten Akteure sich
zunächst zurückhalten und allenfalls später und dann mit geringeren Beiträgen
dazustoßen. Unter solchen Umständen besteht die Chance, das notwendige Bei-
tragsvolumen auch dann zu erreichen, wenn manche – oder gar viele – sich ihrem
Leistungsbeitrag auf Dauer und erfolgreich entziehen.[25] In anderen Fällen können

---

[25] Man hat diesen Tatbestand damit in Verbindung gebracht, dass unterschiedliche Nachfrageinten-
sitäten dazu führen können, dass ‚kleine' Beiträger die zahlungskräftigen Großnachfrager ‚ausbeuten' (vgl. Olson und Zeckhauser 1991).

öffentliche Güter aber auch dann bereitgestellt werden, wenn sich viele leistungs- und beitragsschwache Akteure dafür besonders interessieren und sich die wohl- habenden, aber weniger interessierten Akteure eventuell hernach melden, um die Restkosten zu begleichen; auch in diesem Fall brauchen sich absehbarerweise nicht alle Interessenten zu beteiligen, um das öffentliche Gut zu produzieren (bzw. ein öffentliches Übel zu beseitigen). Ebenso mag es einen linearen oder einen stufenförmigen Zusammenhang zwischen Leistungsbeitragshöhe und Bei- tragsinteresse geben.[26] Im ersten Fall ist der erwartbare Nutzenzuwachs zu jedem Zeitpunkt für alle Investoren gleich, während im zweiten erst eine hinreichende Menge von Vorleistungen zu erbringen ist, bevor auch nur einer der Interessenten einen Nutzenertrag erhält; jenseits dieser Schwelle sinkt der Nutzen für jeden weiteren Beiträger und die übliche Trittbrettfahrersituation stellt sich ein.[27]

8.2.2.2 Allmende

Ein etwas anders gestaltetes Problem kollektiver Kooperation entsteht, wenn keiner der Interessenten von der Nutzung eines kollektiven Guts ausgeschlossen werden kann, sich die Konsumenten bei dessen Nutzung aber im Wege sind, etwa weil die Anteile, die einer verbraucht, den übrigen nicht länger zur Verfügung stehen oder weil alle zusammen zu viel davon verbrauchen und das Kollektivgut entsprechend übernutzen. Man bezeichnet solche Güter üblicherweise als „All- mende", „common pool property" (vgl. Hardin, G. 1968; Feeny et al. 1990; Ostrom 1990) oder „common property" (Sandler 1992, S. 217 f.). Auch in diesem Fall kann es zu einem Beitragsproblem kommen, weil die Akteure in Erwartung der Schwierigkeiten, die mit dem rivalisierenden Konsum verbunden sind, gar nicht erst an der Bereitstellung des betreffenden Gutes interessiert sind. Die viel- fach besprochene „Tragik der Allmende" (Hardin, G. 1968) tritt demgegenüber erst dort zutage, wo die Allmende vorhanden ist und die Akteure – wohl wissend, dass jede Entnahme aus dem gemeinsamen „Pool" die Verwertungschancen der übrigen Akteure beschränkt und verschlechtert – zur egoistischen Selbstversor- gung (bzw. Gewinnabschöpfung) auf Kosten der anderen übergehen. Eine solche einseitige Aneignung mag zunächst unbemerkt bleiben, solange sich deren Kos-

---

[26] Die Grundzüge solcher Stufenmodelle finden sich etwa bei Coleman (1976; 1990, S. 371 ff.) oder in neueren Simulationen (vgl. etwa Macy 1991; Macy und Flache 2002 oder Hedström 2005) besprochen.

[27] Diese Form des Problems kollektiver Kooperation ist im Anschluss an Olson (1968) umfangreich bearbeitet und durch die systematische Veränderung von Situationsbedingungen in alle Richtun- gen erweitert worden. Die Ergebnisse fasst Lichbach (1995; 1996) zusammen. Die dahinter ste- hende Modelltheorie, die auch wir vertreten, expliziert anhand desselben Forschungsprogramms Kuipers (1984).

ten auf alle Akteure gleichmäßig verteilen. Wird der betreffende Nutzer aber immer kühner und agieren am Ende alle übrigen Mitnutzer der Allmende – und sei es nur, um nicht zum ‚Deppen' des Ausbeutungsverhaltens der anderen Bezugsberechtigten zu werden – dauerhaft in der gleichen Weise, so stellt sich eine erwartbare Überbeanspruchung der Allmenderessource ein, wodurch sie am Ende ihre Ertrags- und mitunter auch ihre Reproduktionskraft verliert (vgl. Ostrom 1990). Auf dem Weg dorthin haben die Akteure insoweit mit einer doppelten, sich verstärkenden Widrigkeit zu kämpfen, als sie im Verlauf der Nutzungsgeschichte ihrer Allmende lernen müssen, dass sich deren Schonung in eben dem Umfang immer wenig lohnt, in dem sie sich auf Investitionen zu deren noch schnellerer Ausbeutung einlassen. Das Ergebnis ist absehbar: Auf ihrer Suche nach kurzfristigen Belohnungen enden die Akteure in einer „sozialen Falle" (vgl. Platt 1973; Cross und Guyer 1980), die sie ihrer dominanten Ausbeutungsstrategie wegen auch dann nicht verlassen können, wenn sie das desaströse Ergebnis ihrer mangelnden Zurückhaltung sehr wohl voraussehen können. Man kann auch davon sprechen, dass die Akteure infolge ihrer gemeinsamen Missachtung zukünftiger Nutzungschancen in eine „Rationalitätsfalle" geraten (Herder-Dorneich 1992, S. 85 f.), der sie nur mit gesonderten Anstrengungen entkommen können.

8.2.2.3 Clubgüter

Von *Clubgütern* spricht man, wenn es möglich ist, zur Erhaltung konsumrivalisierender Kollektivgüter deren Nutzerkreis zu beschränken (vgl. Buchanan 1965b; Zintl 1993). Der Ausschluss kann einesteils dadurch erfolgen, dass man die Nutzung des Guts ‚besteuert' oder von der Entrichtung einer Maut oder einer Clubaufnahmegebühr abhängig macht. Die Erstellung des Clubgutes gelingt dann, wenn auf genau diesem Weg die dazu notwendigen Einzelbeiträge erfolgreich eingesammelt werden können, ohne dass mehr Anspruchsberechtigte zugelassen sind, als die sinnvolle Nutzung des betreffenden Clubguts erfordert (oder erlaubt). Je kostspieliger die Beschaffung von Clubgütern ist, desto mehr oder desto reichere Mitglieder benötigt der Club. Infolge des Zusammenwirkens all dieser Faktoren entsteht ein Korridor, unterhalb dessen Clubgüter zwar nachgefragt, aber nicht produziert werden und oberhalb dessen sich immer mehr Akteure fragen müssen, weshalb sie Mitglieder in einem Club bleiben sollten, dessen Kollektivgut sie nicht nutzen können, weil zu viele es nachfragen. Die erwartbaren Schädigungen möglicher Clubinteressen verdanken sich also einmal der aus dem Gefangenendilemma bekannten Unterversorgung mit Kooperationsgewinnen und zum anderen der Übernutzung des Gemeinguts, wie wir sie im Allmendefall kennengelernt haben. Im Versorgungsgleichgewicht befindet sich das Clubleben dann, wenn abhängig von der Beitragsrate hinreichend viele

Mitglieder das betreffende Clubgut genau in dem Umfang finanzieren, in dem es jeder Zugangsberechtigte seiner Nachfragevorstellung folgend nutzen kann. Dieser Zustand ist aber auch deshalb nicht immer erreichbar, weil neben der üblichen Unterversorgung auch der Fall auftreten kann, dass ein Clubgut im Übermaß bereitgehalten wird. Solche Überproduktionsgefahren können auch bei den übrigen kollektiven Gütern auftreten, werden aber von den an diesen Themen interessierten Wissenschaften in aller Regel nicht behandelt, weil die betreffenden Modellierungen – implizit und unausgesprochen – davon ausgehen, dass die Interessenten ihre Beiträge kürzen oder ihre Nachfrage steigern, wenn sie sich mit den betreffenden Gütern als hinreichend versorgt sehen,[28] bzw. dass sie ihre Investition einstellen, wenn das erforderliche Beschaffungsniveau erreicht ist.

8.2.3 Problemlogiken und Lösungsanalyse

Das Ergebnis unserer bisherigen Überlegungen sollte nicht sein, dass die Akteure unter keinen Umständen oder nur angesichts hoch voraussetzungsreicher Bedingungen dazu in der Lage wären, bilaterale oder kollektive Kooperationsbeziehungen aufzubauen. Eine solche Behauptung wäre nicht nur empirisch fragwürdig, sondern verfehlte auch ihren modelltheoretischen Sinn. Tatsächlich sollen unsere Ausführungen zur Situationslogik und Transformationsregel kooperativer Beziehungen zeigen helfen, *worin ein Kooperationsproblem aus der Sicht rationaler Akteure besteht* und wie sich dessen Charakter in Abhängigkeit von bestimmten Situationsmerkmalen und Informationsvorgaben der beteiligten Akteure verändert, wobei wir zwei davon hervorgehoben haben: die Menge der Kooperationsinteressenten und die Eigenart des betreffenden Kooperationsgutes. Im Unterschied zu Koordinationsproblemen, die keine Abweichungsgewinne bergen, bleiben Kooperationsprobleme mit der Schwierigkeit behaftet, *Schädigungshandlungen zu provozieren*. Das ist gleichzusetzen damit, dass alle Akteure, um ihr Ertragsmaximum zu erhalten, sichere wechselorientierte Erwartungen über die kooperativen Zuleistungen ihrer Kooperationspartner benötigen. Die Notwendigkeit einer solchen Erwartungsverschränkung resultiert aus der Tatsache, dass *Kooperationen keine sich selbst tragenden Konstruktionen darstellen*, sondern dass die Kooperationsinteressenten angesichts der dauernden Aussicht auf Abweichungsgewinne empirisch verschiedenster Art *immer* mit der Möglichkeit zu rechnen haben, dass die Kooperation nicht zustande kommt oder scheitert, weil sie die Gefahr der Düpierung von an sich kooperationsgeneigten Partnern nicht bannen können. Das Kooperationsproblem besteht also nicht darin, dass sich die Akteure

---

[28] Daraus kann aber dann eine zerstörerische Dynamik entstehen, wenn sich die Akteure in ihrem Kürzungsverhalten zu überbieten beginnen.

über die Vorteile ihrer Zusammenarbeit streiten müssten, sondern es ergibt sich
daraus, dass sie dem Problem gegenüberstehen, wechselseitig sichere Erwartungen darüber auszubilden, dass die vorhandenen und bekannten Abweichungsinteressen der Beteiligten eingehegt oder gar gänzlich unterbunden sind.

Damit ist auch die Richtung möglicher Lösungsmechanismen ausgeschildert, mit deren Hilfe die befürchteten Kooperationsprobleme überwunden werden können: Akzeptable Abstimmungsmechanismen müssen garantieren, dass
Abweichungen vom kooperativen Handeln, die systematisch durch die einseitige
Inanspruchnahme von Vorteilen motiviert sind, in erwartbarer Weise unterbleiben. Das offensichtliche Beschwernis bei der Etablierung entsprechender Regelungen liegt darin, dass wiederum jedem Akteur gedient wäre, wenn die anderen
die kooperationserforderliche Zurückhaltung auferlegt bekämen oder aus eigenen Stücken auf Abweichungsgewinne verzichteten, er selbst aber an derartige
externe wie interne Restriktionen nicht gebunden wäre. Wie deutlich zu erkennen ist, bilden die erwartungssichernden Lösungen auf diese Weise das Kooperationsproblem auf einer höheren Ebene nach und führen damit zu einem „second
order problem".[29] Jeder Versuch der sozialen Kooperationssicherung wird daher
in Rechnung stellen müssen, dass die Akteure versuchen werden, die Kosten solcher Beschränkungen – wenn möglich – auf andere abzuwälzen, bzw. dass auch
kooperationsinteressierte Akteure nicht unter allen Umständen willens sind, sich
derartigen Restriktionen zu unterwerfen.

Dass es, um das Gelingen wechselseitig vorteilhafter Kooperationsformen
zu erklären, darauf ankommt, das Wechselspiel zwischen individueller Selbst-
verpflichtung (vgl. Schelling 2006, S. 1 ff.) und externem Zwang (vgl. Durkheim
1988/1893) aufzuhellen, ist der Sozialtheorie seit geraumer Zeit bekannt (vgl. für
eine Zusammenstellung aller Argumente Bayertz 2004). Dass dabei ganz unterschiedliche kooperationsförderliche Mechanismen möglich und nötig werden,
zeigt sich nach unserem Dafürhalten erst klar und präzise, wenn die zugrunde
liegenden Handlungsannahmen und Situationsmodelle expliziert und theoriegeleitet kombiniert und konkretisiert werden. So dokumentiert unser Vorgehen,
dass Kooperationsprobleme, abhängig von verschiedenen Umständen, einer unterschiedlichen Logik folgen können und dass ihre Lösung entsprechend unterschiedlich aussehen wird. Wir können unsere Analysen deshalb nicht mit der
funktionalistischen These beginnen, dass sich kooperative Gleichgewichte immer wieder problemlos und ohne unerwünschte Nebenfolgen einpendeln werden, wie es vielfach vermutet wurde und noch immer wird (vgl. Parsons und
Bales 1967), sondern müssen erklären, wann und wie rationale Akteure, die über

---

[29] Die zentrale sozialtheoretische Implikation solcher Verhältnisse besteht darin, dass jede unein-
geschränkte Inanspruchnahme *vollständiger* Entscheidungsfreiheit jede Kooperation zum Einsturz
bringt (vgl. für diese Grundidee Buchanan 1975; Sen 1976 und Gauthier 1986).

verschiedene Fähigkeiten und Ertragsinteressen verfügen, soziale Mechanismen einsetzen, die es ihnen *trotz* oder gerade *wegen* ihrer unausrottbaren Eigeninteressen ermöglichen, kooperationsdienliche Erwartungen auszubilden und abzusichern, und sie damit in die Lage versetzen, auch angesichts ihres gelegentlichen Interesses an Ausbeutungsgewinnen (vgl. Vanberg 1994, S. 21 ff.), fruchtbare und mitunter auch dauerhafte Kooperationsbeziehungen aufrechtzuerhalten.

In den folgenden Abschnitten wollen wir verschiedene Lösungen des facettenreichen Kooperationsproblems entlang der sich steigernden Anforderungen an ihre Einsetzung, Gestaltung und Effekte vorstellen und damit eine systematische, d. h. theoriegeleitete Darstellung verschieden gestalteter sozialer Mechanismen vorlegen. Dabei werden wir auch zu zeigen versuchen, wie man diese Mechanismen auseinander ableiten bzw. miteinander kontrastieren kann. Wir werden dazu *spontane Lösungen* von *Gruppenlösungen* und von zentral organisierten *Herrschaftslösungen* unterscheiden und deren jeweilige Entstehungs- wie auch Erfolgsbedingungen vor dem Hintergrund der entwickelten Problemstruktur besprechen.

8.3   Lösungsmechanismen des Gefangenendilemmas

8.3.1   *Spontane Lösungen durch wiederholte Interaktionen*

Zu den Voraussetzungen der vorherigen Abschnitte gehört die Annahme, dass die Kooperationsbeziehung der Akteure keine Wiederholung kennt und dass ihr erst- und zugleich einmaliger Versuch, Leistungsbeiträge kooperativ zusammenzulegen, ein letztlich für alle Beteiligten unbefriedigendes Ende fände. Nun ist es keinesfalls zu beobachten, dass jeder Kooperationsversuch scheitern müsste[30] oder die Akteure keine Möglichkeit hätten, sich auf wiederholte Kontakte einzulassen. Wir wollen deshalb untersuchen, ob und mit welchen Effekten sich eine Lösung des beschriebenen Dilemmas abzeichnet, wenn wir die Situationsbeschreibung – um ein realistischeres Szenario in den Blick zu bekommen – verändern und vorsehen, dass sich die Beteiligten in kooperativen Kontexten

---

[30] Experimentelle Untersuchungen zeigen (weltweit), dass auch in anonymen und einmaligen Kooperationsrunden zu einem hohen Anteil *nicht* defektiert wird (vgl. Fehr et al. 2002; Falk 2003). Weshalb das so ist, ist noch nicht abschließend geklärt. Es könnten biogenetisch vermittelte Handlungsprogramme existieren (vgl. Alexander, R. 1987; Field 2004), bisherige Lernerfahrungen könnten die Akteure dazu disponieren, sich kooperativ zu verhalten (vgl. Macy und Flache 2002), die experimentellen Ergebnisse könnten Artefakte sein (vgl. Ockenfels 1999) oder es könnten bereits kooperationsförderliche (institutionelle) Regeln vorliegen, deren Einhaltung den Akteuren geboten erscheint (vgl. Schmid und Maurer 2003b). Die ungeheure Resonanz entsprechender Experimente gerade in der Ökonomie verweist darauf, dass dahinter attraktive Lösungen gesehen werden.

wiederholt begegnen. In spieltheoretischer Diktion bedeutet dies, dass die Akteure von einer einfachen Spielsituation in ein wiederholtes (oder iteratives) Gefangenendilemma bzw. in ein sogenanntes „Superspiel" überwechseln (vgl. u. a. Voss 1985, S. 185 ff.; Kliemt 1986, S. 78 ff.; Taylor 1987, S. 60 ff.; Bicchieri 1993, S. 20 f., 217 ff.), in dessen Verlauf die Möglichkeit wiederholter Kooperationshandlungen dazu hinreicht, die Wahrscheinlichkeit zu erhöhen, dass die Akteure einen einmal eingeschlagenen Kooperationspfad (über mehrere Runden hinweg) weiterverfolgen können.

Die Aufgabe dieses Abschnitts wird es sein, den auf dieser Möglichkeit aufbauenden Mechanismus näher und soziologisch gehaltvoll zu identifizieren und seine kooperationsförderlichen Effekte aus Akteurssicht zusammenzustellen. Auf diese Weise können wir theoretisch begründen, warum und wie die erwartbare Wiederholung ihrer Kontakte es den Akteuren ermöglicht, das Koordinationsproblem aus eigenen Kräften und insoweit *spontan* zu lösen.

Um den angesprochenen Lösungsmechanismus des wiederholten Gefangenendilemmas nachvollziehen zu können, müssen wir eine Reihe von Annahmen einführen. Die Akteure agieren zunächst nach wie vor als rationale Entscheider; sie werden aber wissen, dass es ihnen offensteht, ihre Kooperationsbeziehung über einen erweiterten Zeitraum hinweg aufrechtzuerhalten, und zugleich können sie erkennen, dass ihre zukünftigen Auszahlungen davon abhängen, wie sie sich hier und jetzt entscheiden. Damit können sie zusätzliche Erträge erwarten, wenn es ihnen gelingt, Defektionsstrategien zu unterbinden oder zu unterlassen, sofern „the future (has) a sufficiently large shadow" (Axelrod 1984, S. 174). Diese Chance, im Schatten der Zukunft zu wirken, eröffnet sich ihnen vor allem dann, wenn sie sich vor Augen halten, dass die Notwendigkeit (oder die Gelegenheit), ihre Leistungsbeiträge mehrfach zu erbringen, sie dazu zwingt, die bei den einzelnen Kooperationsschritten anfallenden Einzelerträge zu einem *Gesamtnutzen* aufzuaddieren (vgl. Taylor 1987, S. 63). Alle diese Bedingungen implizieren, dass die Akteure die Auswirkungen einer Verlängerung des Kooperationszeitraums eindeutig beurteilen und deren mögliche Folgen für ihre Ertragsinteressen in Rechnung stellen können. Auch in diesem Fall wollen wir der Einfachheit halber unterstellen, dass sich die Auszahlungen jedes einzelnen Kooperationsschritts gleichen, dass die Kosten solcher ertragsrelevanten Einzelhandlungen für alle Akteure identisch sind und dass alle Akteure um diese Gegebenheiten wissen.

Das genannte gemeinsame Wissen impliziert, dass sich infolge der über einen längeren Zeitraum ausgedehnten Kooperationsbeziehung ihre Opportunitätsstruktur nachhaltig umgestaltet. Zwar hängt der erreichbare Ertrag auch im vorliegenden Fall davon ab, wie sich der jeweilige Koordinationspartner entscheidet, sodass die Handlungssituation ihren Interdependenzcharakter keinesfalls verliert. Die Tatsache aber, dass sich die Kooperation über mehrere Runden hinzieht, verändert die *Einfluss-* und *Steuerungsmöglichkeiten* und damit die möglichen wechselseitigen Erwartungen der Akteure in einer doppelten Weise: Zum einen sind sie nunmehr dazu in der Lage, die zurückliegenden Entscheidungen ihres Partners als eine (mehr oder minder zutreffende) Information darüber zu nutzen, mit wem sie es zu tun haben, um daraufhin ihr weiteres Handeln – nach verschiedenen, ihnen überlassenen Regeln – an dessen Handlungsstrategie anzupassen (vgl. Kliemt 1986, S. 105; Lomborg 1996); und umgekehrt können sie dazu übergehen, die eigenen Handlungen oder Handlungssequenzen als Mitteilungen (oder als Signal) dafür zu verwenden, was sie zukünftig tun werden, um dadurch die Erwartungen ihrer Mitakteure zu prägen. Infolgedessen eröffnet sich den Akteuren die Möglichkeit, „joint strategies" auszubilden und die eigenen Entscheidungen davon abhängig zu machen, wie sich die Mitakteure in der Vergangenheit verhalten haben.

Je öfter sich die Kooperationsinteressenten treffen, desto komplexere Kombinationen aus defektierenden bzw. kooperativen Handlungen können im Prinzip entstehen. So können die Akteure bereits bei nur wenigen Wiederholungen ihrer Kontakte, die zufällig erfolgreiche Kooperationen herbeigeführt haben, die Hoffnung hegen, auf ein Kooperationsangebot auch weiterhin eine positive Antwort zu erhalten. Diese Hoffnungen müssen sich nicht erfüllen – solange aber die Aussicht besteht, die Kooperationsbeziehung auch für den Fall weiterführen zu können, dass ein Kooperationsangebot einmal ohne Erwiderung bleibt, eröffnet jede weitere Kooperationsrunde einem im Grundsatz kooperationsbereiten Akteur die zusätzliche Chance, auf unkooperative Übergriffe mit gleicher Münze zu antworten und damit zu signalisieren, dass er mit dem zurückliegenden Verhalten seines Partners nicht einverstanden ist; oder aber er wählt trotz dessen offensichtlicher Widerborstigkeit – vielleicht auch nur gelegentlich – eine kooperative Antwort, um damit seinem Interesse Ausdruck zu verleihen, die Beziehung gleichwohl fortzuführen, oder anderes mehr.[31] Eine wichtige Folgerung dieser Strategieerweiterungen besteht damit darin, dass Akteure ein Superspiel dazu nutzen können, das Handeln ihrer Mitakteure zu beeinflussen und insoweit *Macht* über sie zu gewinnen, als sie deren Interessen durch Zuleistungsverweigerungen schädigen können. Sofern die Kooperationspartner geneigt sind, diesen Tatbestand in Rechnung zu stellen, werden sie ihre weiteren Entscheidungen auf die Machtvorteile anderer ausrichten und insoweit dazu beitragen, ihr Handeln vorhersagbar zu machen. Auf diese Weise lässt sich die spezifische Restriktion einmaliger Kooperationsformen, in denen derartige Beeinflussungsversuche keine Option darstellen, beheben.

---

[31] Diese Form der Erweiterung ihrer Handlungsmöglichkeiten verdankt sich natürlich der im vorliegenden Zusammenhang nicht erneut zu behandelnden Fähigkeit der kooperationsinteressierten Akteure, Sinn und Absicht ihres Handelns mitzuteilen und zu verstehen.

Diese zunehmenden Handlungsmöglichkeiten bedeuten darüber hinaus aber auch, dass die bei einmaliger Kooperation vorherrschende dominante Defektionsstrategie in Erwartung zukünftiger Erträge durch alternative (und *weitaus komplexere*) Strategien ersetzt werden kann.[32] Damit ist nicht gesagt, dass unter derartig geänderten Bedingungen nicht auch weiterhin reine (oder dominante) Defektierer auftreten können; sie tun sich indessen zumal dann schwer, bei fortgesetzter Kontakthäufigkeit durch Leistungsverweigerung und Ausbeutungsstrategien einen optimalen Ertrag zu erhalten, wenn sie etwa in Wettbewerbskontexten auf Akteure treffen, die es sich erlauben können, nichts mit ihnen zu tun zu haben (Baurmann 1996, S. 283 ff.), oder die ihren Ausbeutungsversuch ihrerseits mit Schädigungshandlungen beantworten, um auf diesem Weg „Vergeltung" (vgl. Mueller 1989) zu suchen. Anhänger reiner Defektionsstrategien verschenken unter diesen Umständen mögliche Kooperationsgewinne, werden zunehmend isoliert und treffen am Ende, sofern sie jeder erkennt und erfolgreich zurückweist, nur mehr auf ihresgleichen und landen daraufhin im von Hobbes beschriebenen ‚Naturzustand'. Umgekehrt können kooperationsbereite Akteure den Versuch unternehmen, sich die Zuleistungen ihrer Partner dadurch zu sichern, dass sie auf kooperative Angebote mit gleichsinnigen Handlungen antworten, damit ein Signal ihrer Kooperationsbereitschaft aussenden und *genau auf diese Weise verhindern*, dass ihre Mitkooperateure die von ihrer Reaktion abhängenden zukünftigen Erträge durch einseitige Defektionshandlungen aufs Spiel setzen. Auf diese Weise können (auch) eigeninteressierte Akteure *lernen*, dass es Umstände geben kann, unter denen es ihren Interessen entspricht, der ausbeuterischen „Versuchung" (Taylor 1976, S. 43) nicht zu folgen.[33]

Welche Strategieformen sich unter der Voraussetzung bewähren, dass Kooperationsverhältnisse dauerhaft erwartbar werden, ist nicht zuletzt deshalb nicht abschließend geklärt, weil der langfristige Erfolg jedes gewählten Strategiebündels von den Handlungsstrategien der potenziellen Mitspieler und deren Reaktionen auf die eigenen Kooperationsofferten bzw. verweigerungen abhängt (vgl.

---

[32] Dazu wären wiederum zusätzliche Annahmen über die Situationskonstellation (z. B. Anzahl der Beteiligten, Umfang des gemeinsamen Projektes, Aufteilbarkeit der Vor- oder Nachteile usw.) bzw. die Fähigkeiten und Interessen der Akteure (z. B.: wie gut durchschauen sie die Logik; gibt es Altruisten; ist ein Wechsel von Egoismus zu Altruismus zu erwarten; sind alle gleich interessiert oder gibt es Unterschiede usw.) einzusetzen. Solche Ausarbeitungen haben sich insbesondere in der Erklärung von Normen, Sozialkapital oder sozialen Bewegungen ergeben (vgl. Abschnitt 8.5).

[33] Vgl. dazu neuere agentenbasierte Modellierungen, die ähnlich wie die Axelrod'schen Simulationen berücksichtigen, dass Gruppen aus reinen Egoisten und aus absoluten bzw. bedingten Altruisten bestehen und dass Letztere bei positiven Erfahrungen den Kooperationsgrad erhöhen bzw. diesen bei negativen Erfahrungen, die durch viele Egoisten im Spiel bewirkt werden, senken. Der Kooperationsgrad lässt sich dann aus der Zusammensetzung der Gruppe ableiten und als zugrunde liegender Mechanismus lassen sich die Erfahrungen der bedingten Altruisten angeben.

Axelrod 1984; Kliemt 1986, S. 100 ff.; Schüßler 1986; 1990; Lomborg 1996; Schick 1997, S. 100 ff.). Es steht aber fest, dass es ganz unterschiedliche individuelle Strategien gibt: Vom gutwilligen Kooperateur, der, gleichviel wie man ihn behandelt, immer (wieder) kooperiert, bis zum reinen Defektierer, der keine Ausbeutungsgelegenheit auslässt, können die Akteure ihre beiden Handlungsalternativen nach *allen denkbaren Gesichtspunkten*, auch auf der Basis einer Zufallsregel, *mischen* oder *kombinieren*. Man ist dazu übergegangen, verschieden ‚programmierte‘ Abfolgen kooperativer und defektierender Handlungen zu typifizieren und Misstrauensstrategien von Rache- und Grollstrategien oder Bestrafungsstrategien zu unterscheiden bzw. Strategien, die auf Schädigungsversuche mit zunehmender Verbitterung reagieren, von vorsichtigen Sondierern abzuheben, die ihre Strategieprogramme darauf abstellen, herauszufinden, mit wem sie es zu tun haben, um erst hernach zur Defektion überzugehen, falls sich dies lohnt u. a. m. (vgl. für eine Liste möglicher Strategien Diekmann und Manhart 1989, S. 143 ff.). In jedem Fall wird es wahrscheinlich, dass auch rationale Akteure im gelegentlichen Resultat ihrer wechselseitigen Begegnungen und strategischen „Koorientierungen“ (Raub und Voss 1986, S. 97 f.) Szenarien „bedingter Superspielstrategien“ (Kliemt 1986, S. 90) ausbilden können, die nicht zwangsläufig zur dauerhaften Wechseldefektion, sondern zu Formen der „antagonistischen“ (Kliemt 1986) bzw. der „konditionalen Kooperation“ (Taylor 1987, S. 65 ff., 84 ff.) führen.[34] Damit ist gesagt, dass rationale Akteure, selbst wenn sie komplexe Strategiekombinationen verfolgen, immer wieder auf Situationskonstellationen stoßen können, die sie jedenfalls so lange zur Fortführung der Kooperation bewegen, als es ihnen wechselseitig gelingt, ihr Handeln als ein Signal ihrer Absichten zu deuten.

Die Untersuchung der *Situationsbedingungen*, unter denen sich solche konditionalen Kooperationen stabilisieren und verbreiten, erfolgt unter zwei Voraussetzungen. Zunächst beantwortet die betreffende Forschung die Frage, welche Verteilungsfolgen das Aufeinandertreffen welcher zufälliger Strategiebündel hat, und bemisst deren relative Erträge danach, worauf die Träger der verschiedenartigen Handlungsstrategien hoffen dürfen, wenn sie auf Vertreter der eigenen oder andersgestalteter Strategien stoßen (vgl. Rapoport und Chammah 1965; Axelrod 1984; Maynard Smith und Price 1990). Von soziologischer Wichtigkeit ist daneben, ob es Akteuren, die eine bestimmte Strategie verfolgen, gelingt, in eine Gruppe von Akteuren einzudringen, die zu befriedigenden Ertragsverhältnissen gefunden haben, um deren Kooperationsbereitschaft auszubeuten. Die Verfolgung dieser und abgeleiteter Fragen führt zu einem prinzipiell unabschließba-

---

[34] Die Arbeit der Spieltheoretiker konzentriert sich auf den Nachweis, dass es für alle Strategiekombinationen (möglicherweise auch *mehrfache*) Gleichgewichte geben kann (vgl. Taylor 1987, S. 68 f., 106). Die Sozialtheorie tut gut daran, dieses Faktum zu Kenntnis zu nehmen, wird aber eher an situationalen Wirkgrößen der Strategiewahlen interessiert sein.

ren Forschungsprogramm, das mit Simulationsmitteln vorangetrieben und in
alle denkbaren Richtungen erweitert werden kann (vgl. Diekmann und Manhart
1989; Axelrod 2000 u. v. a.).

An dessen Anfang stand der aufschlussreiche Nachweis, dass sich vor allem
die sogenannte „Tit-for-tat-Strategie" in zahlreichen, wenn auch nicht in allen
Fällen (vgl. Schüßler 1990), als ein probates Mittel des Aufbaus von Kooperation und damit der Realisierung von Kooperationserträgen anbietet (vgl. Axelrod
1984). Die Anhänger dieser Erfolgsstrategie beginnen, wenn sie nicht durch eine
vorgängige Defektion provoziert wurden, jede Serie erwartbarer Kooperations-
schritte mit einer Vorleistung, beantworten jede ausbleibende Zulieferung mit
nicht-kooperativen Handlungen und imitieren in allen anderen Fällen die jeweiligen Handlungen des Partners. Diese Strategie hat neben den geringen Anforderungen an das Wissen und die Kalkulationsfähigkeiten der Akteure den großen
Vorteil, übereifrige und allzu trickreiche Defektierer mit relativ geringen Kosten
abwehren und – bei hinreichender Anzahl von zugänglichen Kontaktalternati-
ven – eventuelle Kooperateure entdecken zu können. Sie wird sich daher immer
dann durchsetzen, *wenn* tit-for-tat-orientierte Kooperateure wiederholt auf ihresgleichen – oder auch auf sogenannte „reine Kooperateure" – treffen, weshalb sich
unter dieser Bedingung „co-operative clusters" (Vanberg 1994, S. 73) *zwangsläufig* bilden, die – sofern sich die Hintergrundbedingungen nicht ändern – sich
zudem mit steigender Kontakthäufigkeit „selbst verstärken" (Axelrod 1984,
S. 189).[35] Ein derartiges Vorgehen ist allerdings fehleranfällig, falls der Tit-for-
tat-Stratege irrtümliche Defektionen nicht als solche identifizieren kann; denn
gelingt einem Akteur das nicht, dann greift er, wenn sein Gegenüber seine reak-
tiven Defektionen in gleicher Weise heimzahlt, zur ständigen Rache und vergibt
sich folglich die Chance, in das ertragreichere Fahrwasser wechselseitiger Kooperation zurückzukehren. Um nicht in die Gefahr zu geraten, an sich selbst zu
scheitern, kann der Tit-for-tat-Anhänger aber dazu übergehen, jede beliebig lange
Phase wechselseitiger Schädigung mit einem erneuten Kooperationsangebot zu
beenden, um zu erfahren, ob der Partner seinerseits über Kooperationsreserven
verfügt, woraufhin sich das zuerst geschilderte Szenario vor allem dann erneut
aufbauen lässt, wenn die Akteure vergebliche Kooperationsversuche vergessen
und ihren Partnern nicht weiter nachtragen, dass diese sie in den zurückliegenden Zeiten hatten düpieren wollen. Im Gefolge einer solchen Strategieergänzung
erhöht sich die Chance, kooperatives Handeln erwarten zu können, über das bislang zugängliche Maß hinaus.

---

[35] Vor allem die Netzwerkforschung hat sich um die genaueren Bedingungen gekümmert, unter denen sich solche Kooperationsnester ausbilden können, sofern sie auf zumeist freiwilliger Beteiligung und individuellen Sanktionen beruhen (vgl. die Theoriearbeiten in Stegbauer 2008, S. 65–211).

In anderen Fällen aber gibt sich die Forschung mit der Behandlung solcher zufallsgesteuerter „Evolutionen der Kooperation" (Axelrod 1984) nicht zufrieden, sondern möchte stattdessen der Frage nachgehen, ob Akteure die Identifikation ertragreicher Kooperationsverhältnisse nicht beschleunigen können, indem sie sich bemühen, noch vor Aufnahme kooperativer Beziehungen die kooperationsfreundlichen Absichten ihrer Mitakteure zuverlässig zu entdecken bzw. sich selbst in überzeugender Weise als Kooperationspartner zu präsentieren. Wie man aus der empirischen wie der theoretischen Forschung weiß, existiert eine aufgefächerte Palette von Signalen und Anzeichen, mit deren Hilfe die Akteure versuchen können, ihr Gegenüber dazu zu bewegen, ihre immer naheliegenden Bedenken, die der Aufnahme einer Kooperation im Wege stehen könnten, zurückzustellen (vgl. Spence 1973; Malho 1997; Posner, E. 2000 u. a.).

Auch wird zur Etablierung und Stabilisierung erfolgreicher Kooperationen beigetragen, wenn die Akteure dazu in der Lage sind, aus ihren Erfahrungen miteinander zu lernen und somit ihre bisherigen Strategien aufgrund zunehmender oder sich verringernder Erfolgserwartungen zu ändern und umzugestalten (vgl. Cross und Guyer 1980; Macy und Flache 2002). Damit wird im Erfolgsfall ein kooperationsdienliches, freilich allenfalls instrumentelles Vertrauen (vgl. Sztompka 1999, S. 62 ff.) möglich, und stabile wechselseitige Erwartungen in die Zuverlässigkeit der Handlungspartner können sich durchsetzen;[36] es besteht aber auch die Möglichkeit, dass erfolgreiche Kooperationen die Ausbildung von Gefühlen der Zuneigung und der Verpflichtung befördern, welche nach unserem Verständnis dann als ‚stille' Helfer für das intentionale Handeln dienen (vgl. Mauss 1968; Collins 2004), indem sie die Akteure daran hindern, in opportunistischer Weise nach alternativen Kooperationspartnern zu suchen, wohingegen wiederholte oder fortdauernde Misserfolge zum Anlass werden können, die betreffende Beziehung umzuorganisieren oder – soweit dies möglich ist – zu verlassen.[37] Die entscheidende Situationsvariable der *wiederholten Kontakte* setzt sich in allen diesen Fällen am Ende in eine veränderte Erwartungsbildung um: Es ist dann nicht mehr gleichgültig, mit wem die Akteure kooperieren, sodass der anfänglich unterstellte Zufallscharakter ihrer Begegnungen abnimmt. Und am Ende verbleiben sie auch dann in einer eingespielten Kooperation, wenn zwar direkte Gewinne zugunsten anderer Opportunitäten sprechen, sie aber unsicher

---

[36] So ließe sich das bereits mehrfach angeführte Argument von Marx und Engels, wonach gemeinsame und erfolgreiche Aktionen zur Bildung von Gruppen und Organisationen führen, handlungstheoretisch aufschlüsseln.

[37] Präzise (soziologische) Modellierungen dieser Prozesse der Kooperationsstabilisierung und deren Zusammenhänge gibt es nicht, obgleich die Soziologie vielfach dazu neigt, Rationalmodelle gerade deshalb zu kritisieren, weil sie die Kooperationsnotwendigkeit derartiger Zusatzstützen nicht zur Prämisse ihrer Überlegungen machen möchte.

darüber sind, ob die Wechselgewinne tatsächlich die Erträge übersteigen, die sie
infolge der Fortführung ihrer überkommenen Beziehung erwarten können.

Allerdings müssen wir, um diesen und ähnlich gelagerte Zusammenhänge be-
rücksichtigen zu können, die Prämisse aufgeben, dass die Kooperateure über die
Bedingungen ihres Handlungserfolgs vollständig informiert sind (vgl. Sen 1977;
Kollock 1998). Realistischerweise müssen die Akteure infolge ihres mangelnden
Durchblicks zudem damit rechnen, dass die Partner ihre Selbstpräsentationsstra-
tegien dazu verwenden, um *falsche* Informationen über die eigene Leistungsbereitschaft zu verbreiten. Und zudem ist auch nicht auszuschließen, dass die
Vertreter bislang kooperativer Strategien die Möglichkeiten entdecken, die im
Verlauf wiederholter Begegnungen offenbar gewordene Kooperationsbereitschaft
anderer durch Lug und Trug auszunützen (vgl. Wiese 1994). Dann werden die
daraus resultierenden Verhältnisse nur so lange stabil bleiben, als die Betrogenen
ihre Lage nicht durchschauen oder ihre Erträge trotz der Abstriche, die sie infolge
der Übergriffe ihres Partners erdulden müssen, noch immer höher sind als die
Nutzenversprechen ergreifbarer Alternativen (vgl. Darby und Karni 1973).

Unabhängig davon aber, auf welche Weise Akteure kooperationsförderliche
Strategien finden, ausbauen und aufeinander abstimmen können, steht die rei-
bungsfreie Organisation und Fortführung ihrer Zusammenarbeit vor einer un-
ausgesetzten Schwierigkeit: Ist den Akteuren nämlich bekannt, dass sich ihre
Kooperationsserie nicht bis ins *Unendliche* erstreckt, und wissen sie, dass und
wann das *letzte Spiel* gekommen ist, gerät ihre Kooperation bereits früh in eine
Krise (vgl. Myerson 1991, S. 337 ff., Bicchieri 1993, S. 196 ff.). Auch der wohlmei-
nendste Kooperateur muss als rationaler Agent seinen Partner schädigen, wenn er
das, ohne dessen reaktive Sanktionen befürchten zu müssen, tun kann; gehäuft
wird dies der Fall sein, wenn ihm Konkurrenzsituationen keine andere Wahl lassen. Und tatsächlich kann er wissen, dass, sofern die letzte Spielrunde naht, sein
Mitakteur keine Gelegenheit finden wird, ihn *hernach* für sein Fehlverhalten ab-
zustrafen, weshalb er sich ermuntert sehen muss, in der letzten Runde zu defektieren, um den (nur hier) greifbaren Abweichungsgewinn zu ‚kassieren'. Unter der
Bedingung allerdings, dass sein Partner diese Defektion voraussehen kann, wird
er sich seinerseits dazu entschließen, bereits in der vorletzten Runde auf dessen
Lieferung mit einer Defektion zu antworten, um auf diese Weise den erwartbaren Schaden des letzten Spiels abzuwehren. Dem kann der erstgenannte Akteur
unter den gegebenen Umständen nur entgegenwirken, wenn er seinerseits in der
Runde zuvor zur Schädigungshandlung wechselt usf. In der Konsequenz dieser
wechselwirksamen Erwartungsspirale oder – wie sie vielfach genannt wird – dieser „Rückwärtsinduktion" (vgl. Bicchieri 1993, S. 95 ff., 139 ff., 149 ff.)[38] kommt

---

[38] Die Erstverwendung dieses Arguments wird sowohl Neumann und Morgenstern als auch Reinhard Selten zugeschrieben.

eine serielle Kooperation nicht zustande und das iterative Kooperationsspiel wird zum problematischeren einmaligen Spiel.

Jedes Modell endlicher Kooperation scheint deshalb zwei logische Implikationen zu haben: Zum einen wird offenbar jener Akteur einen Gewinnvorteil erhalten, der sich darauf vorbereitet hat, die Kooperationsbeziehung früher zu beenden als von seinem Mitakteur erwartet. Das wird vor allem dann der Fall sein, wenn er seine zukünftigen Gewinnerwartungen[39] geringer bewertet als seine naheliegenden Abweichungsgewinne (vgl. Taylor 1987, S. 61) und solange sein Partner dies nicht erahnt bzw. ihm nicht aufgrund gleichlautender Überlegungen zuvorkommt. Umgekehrt ist zu vermuten, dass rationale Egoisten langfristig angelegte Kooperationen vornehmlich dann – ohne in den Strudel „rückwärtsgewandter Induktionen" zu geraten – installieren können, wenn sie *keine Informationen* über das absehbare Ende ihres Kooperationsunternehmens haben oder erlangen können (vgl. Myerson 1991, S. 308 ff.; Bicchieri 1993, S. 201 f.), wobei man unterscheiden kann, ob sie den genauen Zeitpunkt des sicheren Endes nicht kennen oder ob sie nicht wissen, dass es eines gibt.[40] Man kann dieses Argument aber auch von einer anderen Seite beleuchten und damit an eine überkommene Einsicht der Sozialtheorie anschließen: Dieser Einsicht folgend werden sich Kooperationen dann mit größerer Wahrscheinlichkeit dauerhaft organisieren lassen, wenn die Akteure auf einen beständigen Leistungsaustausch *angewiesen* sind und wenn es *deshalb* nicht vernünftig für sie sein kann, mögliche aktuelle Abweichungsgewinne gegenüber den in Aussicht stehenden zukünftigen Einkommen aus der Zusammenarbeit überzubewerten. Wie wir an anderer Stelle bereits klargestellt haben und wiederholt klarstellen werden, spielt es angesichts des Mangels an Handlungsalternativen für die Akteure im Weiteren keine entscheidende Rolle, dass sie im Verlauf ihrer Kooperationsgeschichte ungleiche Auszahlungen erhalten; sie werden sie immer dann rationalerweise akzeptieren (müssen), wenn die Fortführung der Kooperation sie besserstellt als die Suche nach möglichen Substituten oder der gänzliche Verzicht auf die Kooperationsleistungen anderer. Ist es indessen aufgrund der Langfristigkeit eines Kooperationsverhältnisses gelungen, ein wechselseitiges Vertrauen aufzubauen und sehen die Akteure keinen Anlass, durch Schlussdefektionen ihre Reputation als Kooperationspartner zu ruinieren, wird jede Rückwärtsinduktion unterbleiben und die Akteure erhalten dadurch die Gelegenheit, den Erfolg ihrer vergangenen Kooperationsbemühun-

---

[39] Man spricht von der (im Grundsatz variablen) „Diskontierung" erwartbarer Gewinne, verwendet diese Größe in zahlreichen Modellierungen aber auch als Parameter (vgl. Axelrod 1984, S. 174, 207).
[40] Der Verlauf der Dinge hängt also davon ab, ob die Akteure die Zukunftschancen ihrer Kooperationsbeziehung vollständig überblicken; wenn die Akteure nur über „inexact knowledge" verfügen, ändert sich ihre Opportunitätsstruktur und sie können Kooperationen in der Hoffnung aufbauen, die nunmehr verdeckten Schwierigkeiten zu vermeiden (vgl. Williamson, T. 1992).

gen – mithilfe von Feiern, Riten und offiziellen Verlautbarungen – angemessen
zu symbolisieren.

Man kann aufgrund der vorgetragenen Überlegungen ahnen, dass Modelle iterativer Kooperation sehr schnell einen Komplexitätsgrad erreichen, der nur
mehr mithilfe formaler und apparativ bearbeitbarer Rechenverfahren kontrolliert
werden kann. Das gilt umso mehr, wenn wir in Rechnung stellen, dass sich die
Kooperationsverhältnisse noch unübersichtlicher gestalten, wenn die Akteure
sich die weiteren Kooperationschancen dauerhaft nehmen können (Hirshleifer
und Rasmusen 1989) oder wenn sie sich nach Belieben weiteren Kooperationspartnern zuwenden bzw. die bestehenden Kooperationsverhältnisse (ohne eigenen
Schaden) verlassen können (vgl. Vanberg und Congelton 1992). Komplexitätsstei-
gernd wirkt aber auch, wenn die Akteure ihre aktuell verwendeten Strategien
nicht zuletzt deshalb jederzeit ändern können, weil sie nichts über die Strategi-
en ihrer Mitspieler in Erfahrung bringen können (vgl. Schick 1997, S. 103), oder
wenn es von der kontingenten und möglicherweise ganz interpretationsbedürfti-
gen Erfolgsgeschichte ihrer Kooperation abhängt, ob sie ihrem Kooperationspartner (auch weiterhin) Vertrauen entgegenbringen oder besser nicht (vgl. Coleman
1990a, S. 91 ff.; Ripperger 1998; Hardin, R. 2002; Raub und Buskens 2006 u. v. a.).

Wir wissen nicht, wohin es führen mag, die Versuche einer formalen Analyse verschiedengestaltiger Iterationsformen zwischenmenschlicher Kooperationen
weiterzutreiben, und wollen auch keinen weiteren Beitrag zu diesen Forschungen
leisten. Uns ist aber wichtig, *im Licht unserer Handlungstheorie* auf jene Situationsfaktoren und Transformationen hinzuweisen, die sich in unterschiedlicher,
bisweilen auch gegenläufiger Weise auf die Ausbildung sicherer Kooperationserwartungen auswirken und so dazu beitragen, kooperatives Handeln der Akteure
zu fördern, aber auch zu behindern. Im Rahmen eines iterativen Gefangenendilemmas bleiben die Akteure zwar auch weiterhin ein potenzielles Opfer ihrer dominanten Handlungsstrategien, sie können sich aber zu Kooperationen in
dem Umfang ermuntern, in dem die Dauerhaftigkeit ihrer Zusammenarbeit einen
auch langfristig erwartbaren Ertragsvorteil bietet, der sich – worauf seit Durkheim viele Soziologen hoffen – zudem in wechselseitigen Gefühlsbindungen niederschlagen kann. Man muss aber auch sehen, dass es zur Aufrechterhaltung
kooperativer Verhältnisse in jedem Fall hilfreich ist, wenn sich die Akteure gegen
die Verweigerungsdrohungen und das opportunistische Fehlverhalten ihrer Mitakteure erfolgreich und zielgenau zur Wehr setzen können. Schädigungsversuche
in erkenntlicher Weise zu unterlassen, eignet sich angesichts dessen als Signal der
eigenen Kooperationsbereitschaft, was die Erwartung der Partner an die Zuverlässigkeit des eigenen Handelns stabilisieren kann, solange diese selbst vorhaben,
die Zusammenarbeit aufrechtzuerhalten. Ob das regelmäßig und dauerhaft der
Fall sein wird, hängt – jedenfalls im Zusammenhang mit den in diesem Abschnitt
diskutierten Modellierungen – letztlich davon ab, ob es zur Stützung kooperati-

ver Beziehungen hinreicht, wenn der Mangel an Gelegenheit zur kooperationsdienlichen Tugend werden kann.

8.3.2 Wann und wie weit tragen spontane Lösungen?

Wir konnten zeigen, dass Situationsfaktoren oder konstellationen die Etablierung und Aufrechterhaltung kooperativer Verhältnisse dann begünstigen,
wenn sie rationale Akteure dazu motivieren, sich auf *dauerhafte Beziehungen*
einzulassen. Damit haben wir in einem ersten Schritt auf einen relativ einfachen Lösungsmechanismus hingewiesen, der sich *spontan* in dem Sinne ergibt,
als sich die Akteure durch die gezielte Fortsetzung bzw. die Unterbrechung
und Wiederaufnahme ihrer Kooperation die Gelegenheit verschaffen, (mehr
oder weniger) sichere Erwartungen darüber auszubilden, ob ihre Mitakteure
kooperationsbereit bleiben oder nicht. Das heißt, allein die situative Opportunitätsstruktur ihres dauerhaft angelegten Kooperationsverhältnisses bietet
ihnen – unter den angeführten Umständen – haltbare Informationen darüber,
ob sie eine objektive Chance besitzen, auf das kooperative Handeln anderer
rechnen zu können. Die Zusammenarbeit wird unter solchen Bedingungen so
lange fortgeführt, als jeder der Akteure im Verhalten seiner Mitakteure einen
Grund dafür sieht, sich selbst in rationaler Weise dafür zu entscheiden, (bis
auf Weiteres) in der betreffenden Beziehung zu verbleiben. Damit besteht für
alle die Möglichkeit, sich auf eine kontingente „joint decision" einzulassen, die
so lange rational bleibt, als sich die unterlegten Erwartungen im Fortgang des
Kooperationsverhältnisses bestätigen bzw. solange Erwartungsenttäuschungen
erfolgreich mit Leistungsverweigerungen sanktioniert werden können. Das
damit aufgedeckte Geheimnis einer spontanen Überwindung von Kooperationsdilemmata und problemen beruht demnach darauf, dass intentionale Akteure höchst rational in der Situation nach Erwartungssicherheiten suchen und
diese auch finden können. Die Gegebenheiten ihrer Handlungssituation leiten
das immer berechtigte wechselseitige Misstrauen der Akteure hinsichtlich der
Kooperationsbereitschaft ihrer Partner in objektive Chancen um, dass sich ihre
Kooperationserwartungen erfüllen, und tragen so dazu bei, die ansonsten unzu-
gänglichen Kooperationserträge zu realisieren.
    Dass dieser Effekt auch vermittels bewusster Regelsetzung und durch die
Etablierung von herrschaftlichen Organisationsformen erreicht werden kann,
die freilich wesentlich höhere Aufwendungen erfordern und – wie im Fall von
Meta-Konventionen – typischerweise mit Second-Order-Problemen verbunden
sind, für deren Bewältigung zusätzliche Mechanismen gefunden werden müssen,
wollen wir im Folgenden ausführen. Wir fahren zunächst fort mit kooperationsförderlichen Mechanismen, die in Gruppen, deren Mitglieder ein Interesse daran

entwickeln, ihrer Kooperation einen erwartungssichernden Regelrahmen zu verschaffen, Erwartungen definieren und stützen.

8.4   Gruppenlösungen: Normen und Moral

Die bisher vorgetragenen Überlegungen zu der Frage, wie es intentionalen und
rational agierenden Akteuren gelingen kann, eine ertragsorientierte kooperative
Beziehung aufzubauen, waren von der implizit gelassenen, wenngleich leicht erkennbaren Voraussetzung ausgegangen, dass sich die kooperationsinteressierten
Akteure zufällig und als Fremde begegnen, die ihre Kooperationen beliebig auf-
kündigen können, wenn deren Ertragschancen sinken.

8.4.1   Das orthodoxe Modell der Kooperationsgruppe

Selbstverständlich ist diese Voraussetzung nicht in allen Fällen erfüllt. Die Soziologie hat tatsächlich immer vermutet, dass sich zumal dauerhafte und friedferti-
ge Kooperationsbeziehungen nicht ausschließlich auf dem schwankenden Boden
rein individueller Ertragsinteressen aufbauen lassen. Um eine berühmte Stelle
bei Durkheim zu zitieren: „Das Interesse ist in der Tat das am wenigsten Beständige auf der Welt. Heute nützt es mir, mich mit Ihnen zu verbinden; morgen
macht mich derselbe Grund zu Ihrem Feind. Eine derartige Ursache kann damit
nur zu vorübergehenden Annäherungen und zu flüchtigen Verbindungen führen." (Durkheim 1988/1893, S. 260) Und Tönnies ergänzt: „Gemeinschaft ist das
dauernde und echte Zusammenleben; Gesellschaft nur ein vorübergehendes und
scheinbares" (Tönnies 1972/1887, S. 5). Um der damit beschworenen Brüchigkeit
des sozialen Zusammenlebens entgegenzutreten, das ihrem – aus heutiger Sicht
vielleicht als ‚romantisch' zu verstehenden – Ideal einer unkündbaren, durch ein
stabiles „soziales Band" integrierten Gemeinschaft offenbar nicht entsprach,[41]
haben viele klassische Autoren mit einigem Nachdruck die These popularisiert,
dass Akteure, um eine erfolgversprechende Kooperationsbeziehung aufnehmen
zu können, sich persönlich kennen müssten und einander vertrauen können sollten. Im Extremfall – so die Hoffnung der Soziologie – sollte sich auf dieser Basis
ein gewohnheitsmäßiges „Gemeinschaftsempfinden" entwickeln (vgl. Tönnies
1972/1887, S. 4), das die Akteure zum einen darin beflügelt, sich für alle verbindliche Ziele zu setzen,[42] was sie zum anderen dazu anhält, die zu deren Reali-

---

[41] Vgl. für die Geschichte dieser Integrationsidee Nisbet (1970).
[42] Die Weber-Parsons-Tradition hat versucht, unterschiedliche „Wertsphären" (Weber 1980/1922,
S. 528, 658) bzw. „Wertmuster" (vgl. Parsons 1951, S. 57 ff.) zu systematisieren, was allerdings zu

sierung erforderlichen Kräfte arbeitsteilig zu „assimilieren" (Tönnies 1972/1887, S. 129) und die daraus resultierenden Zuleistungserwartungen der anderen als ein berechtigtes Anliegen zu beachten und zu erfüllen und insoweit darauf zu verzichten, bei jeder kooperationsrelevanten Entscheidung ihre Eigeninteressen in den Vordergrund zu rücken und die Wertigkeit des gemeinsamen Unternehmens (damit) in Frage zu stellen.[43]

Von besonderer Bedeutung war das aus diesen beiden Prämissen abgeleitete Postulat, das seit Durkheim, Tönnies und Weber über Parsons und bis hin deren Nachfolgern das Selbstverständnis zumal der akademischen Soziologie als einer eigenständigen Disziplin nachhaltig geprägt hat, dem zufolge die Akteure zur Institutionalisierung geordneter Sozialbeziehungen in kooperationsdienliche *Normen* „einwilligen" (Tönnies 1981/1931, S. 200) oder diese so weit in ihre Persönlichkeit „internalisieren" müssen, dass die unhinterfragte Normbefolgung – aus der Sicht der Mitakteure – zum verlässlichen Bedürfnis wird (vgl. Parsons 1951).[44] Die auf beiden Wegen erreichbare Verbindlichkeit solcher Normen hat insoweit eine doppelte Bedeutung, als Normen zum einen angeben, *welche Ziele* gemeinsam verfolgt werden sollen, und zum anderen, *wie* und mithilfe welcher „Lebensmethodik" (Weber 1980/1922, S. 322 ff.) die zieldienliche Kooperation zu organisieren ist. Die Befolgung dieser Normen wird dann durch das Wissen der Akteure erleichtert, dass sie ihre Ziele nur in „wechselseitiger Abhängigkeit" (vgl. Durkheim 1988/1893, S. 468) erreichen können, weshalb sie sich den Leistungsanforderungen jener zu fügen haben, die ihnen bei der Realisierung ihrer Wünsche beiseitestehen. Und außerdem verdankt sich der verpflichtende „Moralcharakter" dieser „Verhaltensregeln" (Durkheim 1988/1893, S. 466) einer dauerhaften „gegenseitigen, verbindenden Gesinnung" (Tönnies 1972/1887, S. 20), die sich zwanglos daraus ergibt, dass deren Wirksamkeit die Kooperateure von allen Nützlichkeitskalkulationen befreit (vgl. Durkheim 1988/1893, S. 469). Somit ist „Moral […] nichts anderes, als die durch die sociale Gruppe dem Geiste ihrer Angehörigen eingepflanzte Überzeugung von der Statt-

---

[43] Die gründerväterliche Soziologie hat immer gehofft, dass die gemeinsame Herkunft und das gemeinsam erwartete Schicksal dazu hinreichen, ein „sociales Medium" zu schaffen, dessen „allgewaltige(m) Einfluß" sich die Menschen nicht entziehen können (Gumplowicz 1885, S. 171).

keiner abschließenden Problempalette der Art führte, wie wir sie zur Grundlage unserer Systematisierung machen.

[44] Die Soziologie hat sich bis heute nicht darauf einigen können, ob sie diese Zusammenhänge unter Berücksichtigung des „wertrationalen" oder des „normativen Handelns" erklären möchte. Für uns ist entscheidender, dass Normen dann vorliegen, wenn ein Akteur das unbestrittene Recht hat, von anderen eine bestimmte Handlung, Einstellung, Überzeugung etc. zu erwarten. Dieses Recht ist selbstverständlich nicht unter allen Umständen erwerbbar, sondern bedarf des Nachweises bestimmter Bedingungen, die freilich aus Sicht der Handlungstheorie adressiert werden (vgl. Schmid 1998, S. 118 ff., 131 ff.; 2004, S. 199 ff.)

Kooperation

haftigkeit der ihnen durch dieselbe auferlegten Lebensführung" (Gumplowicz 1885, S. 179). Das schließt zwar nicht aus, dass in auf Kooperation ausgerichteten Gemeinschaften auch „Konkurrenz" (Tönnies 1972/1887, S. 75 ff.) und Wettbewerb bzw. Stammes-, Klassen- und Standeskämpfe (vgl. Durkheim 1988/1893, S. 485 f.; Marx und Engels 1990/1848) auftreten, zwingt aber zu der noch heute vertretenen Einsicht (vgl. Wrong 1994, S. 243), dass die „gegenseitige Lebensförderung" (Tönnies 1981/1931, S. 5) der Fluchtpunkt jeder sozialen Ordnung sein muss. Die theoriegeschichtliche Wirkung dieser Vorstellung, die Vorteile, die mit der Bildung von moral- und/oder gefühlsbasierten „Gemeinschaften" verbunden zu sein scheinen, mit den Beschwernissen einer rein interessengeleiteten Etablierung von „Gesellschaft" zu kontrastieren, war enorm (vgl. für die Problemgeschichte Nisbet 1970 und für den derzeitigen Diskussionsstand Wrong 1994).[45] Die orthodoxe Theorie der normgeleiteten Kooperation lässt zwei eng verknüpfte Fragen offen: Zum einen hat sie kein Erklärungsangebot für das Problem, wie eigeninteressierte Akteure gemeinsame Wert- und Normüberzeugungen ausbilden (vgl. Alexander, J. 1988a, S. 2 ff.), und zum anderen lässt sie die Frage unbeantwortet, weshalb an sich intentional-rationale Akteure darauf verzichten sollten, die installierten gemeinschaftsdienlichen Obligationen zu problematisieren bzw. zum Gegenstand von Revisionsentscheidungen zu machen (vgl. Coleman 1991, S. 311 ff.). Die beiden üblichen Antworten auf entsprechende Anfragen bleiben unbefriedigend: Zum einen hören wir, die Akteure würden in die Erfordernisse der Kooperation hineinsozialisiert (vgl. Parsons und Bales 1955), was – wie man leicht beobachten kann – nicht immer gelingt; und zum anderen bleibt damit ungeklärt, woher die Sozialisatoren ihr Wissen und ihren Willen beziehen, Nachkommen im Dienst einer Kooperationsordnung zu erziehen (vgl. Coleman 1991, S. 381 f.).[46] Eine alternative Vorstellung setzt den Erfolg solcher Bemühungen voraus und betont die gewohnheitsmäßige Kooperationsbereitschaft der Akteure bzw. die beharrende Kraft der jeweils herrschenden Verhältnisse (vgl. Camic 1986; Reckwitz 2000, S. 129 ff.).

---

[45] Insbesondere waren damit zwei weitreichende Vorentscheidungen verbunden: Zum einen verdankt sich der Gegenüberstellung von „Gemeinschaft" und „Gesellschaft" offensichtlich die Überzeugung, dass sich die Probleme, die die Akteure in verschiedenen Gruppierungsformen zu lösen haben, kategorial voneinander unterscheiden und ihr (historischer) Übergang zum Gegenstand einer eigenständigen Theorie des „sozialen Wandelns" werden müsse (vgl. Nisbet 1969). Zum anderen hat sich infolgedessen der Eindruck verfestigt, wir benötigten zwei unterschiedliche Handlungstheorien, um der unbezweifelbaren Differenzen beider Gruppierungsformen Herr zu werden (vgl. Hechter 1990a, S. 144). Beide Thesen gehören nicht zu den Implikationen unserer Überlegungen.

[46] Hechter (2001, S. 400) weist zu Recht auf die Naivität der funktionalistischen Normanalysen hin, die annehmen, dass die Akteure über die Instrumentalität bestimmter Normen ausreichend Bescheid wüssten.

Es muss auffallen, dass alle diese Lösungen eine petitio principii enthalten: Sie setzen die Existenz der Kooperationsordnung, deren Herstellung uns als erklärungsbedürftig gilt, bereits voraus, und dies in zweifacher Hinsicht: Zum einen behandeln sie die in bestimmten Kooperationsgruppen wirksamen Obligationen als eine Gegebenheit (vgl. Hechter 1987, S. 21), d. h., sie versäumen zu erklären, wie eine kooperationsdienliche Moral in erster Linie entstehen kann; und zum anderen meinen sie, der These folgen zu sollen, dass gemeinsame Kooperationsziele hinreichen, um Kooperationsgruppen entstehen zu lassen. Damit aber bleiben wiederum einige Punkte offen: So wissen wir spätestens seit Thomas Hobbes (1966/1651) und Mancur Olson (1968), dass die Gemeinsamkeit der Interessen als solche nicht genügt, um Trittbrettfahren und andere Formen des räuberischen und ausbeuterischen Verhaltens auszuschließen, bzw. umgekehrt, dass die Übereinstimmung der Zielsetzungen vielfach nicht hinreicht, die Kooperationsinteressenten zu einer Mitgliedschaft in entsprechenden Gruppierungen anzuhalten (vgl. ausführlicher Abschnitt 8.5). Darüber hinaus bleibt offenbar auch ungeklärt, weshalb, unter welchen Umständen und mit welchen Erfolgsaussichten Akteure gemeinsame Interessen auszubilden versuchen;[47] und im Weiteren ist auch nicht gesagt, weshalb sie sich zu deren Umsetzung in Kooperationsgruppen zusammenfinden, statt in isolierte Tauschbeziehungen oder Herrschaftsstrukturen einzutreten (vgl. Williamson, O. 1990). Zu guter Letzt hat die orthodoxe Theorie der Kooperationsgemeinschaft auch keine ausgearbeitete Vorstellung darüber, wann Akteure gegen ihre bisherigen Gruppenmitgliedschaften aufbegehren und ihre Zielsetzungen wechseln und was sie infolgedessen tun werden. Zu behaupten, man könne diese Punkte übergehen und Kooperationen als eine weitgehend unproblematische Errungenschaft behandeln, weil die Akteure Verhaltensverpflichtungen unter allen Umständen folgen und regelmäßig darauf verzichten, Entscheidungen über die Zuträglichkeit ihre Verbleibs in Gruppen zu treffen, ist demnach unrealistisch und handlungstheoretisch nicht begründbar.

8.4.2 Das Rationalmodell der Normentstehung

Wir halten diese Vorbehalte für einschlägig und wollen ihnen dadurch gerecht werden, dass wir dazu übergehen, die spezifischen Prozesse einer gemeinschaftsorientierten Norm- und Gruppenbildung zu erklären, wie sie rationale Akteure in Reaktion auf situationsspezifische Konstellationen und Handlungsprobleme in

---

[47] Das kann auf ganz unterschiedlichen Wegen geschehen, etwa in Auseinandersetzung mit anderen, bereits organisierten Interessen (vgl. Hechter 1987, S. 25 f.), aufgrund gemeinsamer Erfahrungen (vgl. Joas 1997) oder auf anderen Wegen. Auch bleibt offen, wann der Versuch, sich gemeinsame Ziele zu beschaffen, scheitert.

Gang setzen. Wir werden das Grundmodell einer derartigen Kooperationsform[48]
zunächst auf Situationen beschränken, in denen sich rationale Akteure gleichbe-
rechtigt und vor allem *freiwillig* zu kooperativen Teams zusammenfinden,[49] um
durch ein arbeitsteiliges Vorgehen Kollektivgüter bereitzustellen.

8.4.2.1 Normentstehung in Kooperationsgruppen

Das Ausgangsmodell basiert auf den folgenden Überlegungen. Der freiwillige
Beitritt zu einer Kooperationsgruppe hängt entscheidend davon ab, wie die betreffenden Akteure die zugrunde liegende Interdependenz beurteilen, d.h. in
erster Linie, für wie notwendig (vgl. Gilbert 1996, S.15) und für wie sicher sie
die Beiträge dafür unerlässlicher Mitakteure halten (vgl. Chong 1991, S.6). Ihre
Partizipation ist damit entscheidend dadurch bestimmt, ob sie den übrigen Gruppenmitgliedern einerseits das gleiche Kooperationsinteresse unterstellen wie sich
selbst und inwiefern sie davon ausgehen können, dass sich der eigene Beitrag
zum Gruppenerfolg, den sie infolge ihrer Mitgliedschaft zu entrichten haben, tatsächlich für sie auszahlt (Hardin, R. 1995, S.49).[50] Bis zu diesem Punkt entspricht
die vorliegende Modellierung den Bedingungen, die wir im Zusammenhang mit
der Entstehung spontaner Kooperationsverhältnisse identifiziert hatten. Um allerdings erklären zu können, weshalb die Akteure zur dauerhaften Etablierung
kooperativer Beziehungen *normative Verpflichtungen* eingehen, die sich an sie
selbst und an ihre Mitkooperateure gleichermaßen richten, müssen wir das Szenario ergänzen. Die erweiterte Basisannahme des nachfolgenden Normentste-
hungsmodells setzt voraus, dass das herzustellende Kollektivgut, das Michael
Hechter als „joint good" (1987, S.42) charakterisiert hat, nicht nur kooperativ
produziert wird, sondern darüber hinaus auch *gemeinsam konsumiert* werden
muss.[51] In Erweiterung zur ökonomischen Betrachtung des Herstellungsprozes-

---

[48] Vgl. zu dessen Grundlagen Hechter (1984; 1987; 1990b), Lichbach (1996) und Ostrom (1990), für
Anreicherungen aus der Religionsökonomik Iannaccone (1998) und Schmidtchen (2000).

[49] Hechter (1987, S.41; 1990b) spricht deshalb recht passend von „intentional communities".

[50] Diese These muss dann revidiert werden, wenn die Akteure um die Trittbrettfahrerchancen ihrer
(eventuellen) Gruppenmitgliedschaft wissen und deshalb im ‚vorvertraglichen Stadium' ihrer Überlegungen, ob sie sich zu einer Gruppe formieren sollen, einen Anreiz empfinden, ihre Nachfrage
nach der Mithilfe anderer vor diesen zu verheimlichen (vgl. Brubaker 1975, S.153). Auch lassen wir
das Problem beiseite, wer angesichts dieser Sachlage damit beginnt, sich für das Zustandekommen
einer entsprechenden Kooperationsgruppe starkzumachen (vgl. Oliver 1984).

[51] Man könnte also genau besehen vier Beziehungsformen danach unterscheiden, ob die Leistungs-
zusammenlegung kollektiv oder durch privaten Tausch erfolgt und ob das betreffende Gut privat
oder als Gruppe konsumiert werden muss. In der Gary-Becker-Tradition bezeichnet man kollektiv
produzierte Güter als „commodities" (vgl. Iannaccone 1994, S.1183); der Aspekt der gemeinsamen
Nutzung wird dort im Allgemeinen nicht gesondert hervorgehoben.

ses wird in diesem Sinne auch der Gebrauch als ein kooperativer Akt verstanden, der seinerseits einen kollektiven Interaktionsprozess erfordert.[52] Infolgedessen ist der Beitritt zu einer Kooperationsgruppe nur dann sinnvoll für die eventuellen Kooperateure, wenn sie sich sicher sein können, dass alle übrigen Gruppenmitglieder im Gleichklang dasselbe Gut konsumieren[53] bzw. ihrerseits bereit sind, durch die Beteiligung an einem Akt gemeinsamer Konsumtion dazu beizutragen, den Nutzenwert für jedes einzelne Gruppenmitglied zu realisieren.[54] Dabei kann zunächst unberücksichtigt bleiben, ob solche Güter einen vornehmlich materiellen Charakter haben, wie die gegenseitige Absicherung gegen die Unwägbarkeiten der Natur oder die Unbilden sozialer Beziehungen (Hechter 1987, S. 13), einen eher ideellen, wie die Herstellung gemeinsamer Situationsdeutungen und Glaubensüberzeugungen (Durkin und Greely 1991), oder ob sie der Befriedigung von Geselligkeitsmotiven dienen (Hechter 1987, S. 53; Zintl 1993, S. 90).[55] Der Kollektivgutcharakter folgt in allen Fällen daraus, dass die anfallenden „benefits" nur im Handlungsverbund und im gemeinsamen Genuss in der Gemeinschaft erreichbar sind (vgl. Iannaccone 1992, S. 273; Sherkat und Wilson 1995, S. 999; Uhlaner 1989).[56] Die Besonderheit dieser Interdependenzform resultiert aus ihrem nachhaltigen Unterschied zu jenen Kooperationsbeziehungen, die das Ziel verfolgen, ein Kollektivgut herzustellen, an dessen gemeinsamem Konsum die Produzenten nachgerade *nicht* interessiert sind.[57] Im Gegenteil dazu bedürfen etwa Familien, die einen gemeinsamen Ausflug planen, des „commitment" aller

---

[52] *In diesem Sinn* bewerten die Beteiligten die Mittel der Zielerreichung selbst als Ziele (vgl. Lichbach 1996, S. 110 f.).

[53] Dieser Konsum kann materielle und soziale Aspekte haben wie die Zuteilung von Fischerei- oder Weiderechten in Genossenschaften (vgl. Ostrom 1990) oder eher kulturellen Anliegen wie im Falle religiöser Veranstaltungen dienen, weshalb bisweilen auch von „cultural consumption" die Rede ist (vgl. Sherkat und Wilson 1995).

[54] Gelingt dies, dann besitzt das betreffende „joint good" die Eigenschaft eines „immanenten Guts" (Hechter 1987, S. 42). In einem performativ zu nennenden Sinn entsteht das Gut also erst dann, wenn alle dabei mittun, es entstehen zu lassen und zu gebrauchen.

[55] Der „Markt für Märtyrer" (vgl. Iannaccone 2003) könnte durch das Angebot von bzw. die Nachfrage nach sozialem Zuspruch funktionieren. Was als Zentralgut firmiert und welche Güter sich als ein ungeplantes Beiprodukt (Hechter 1987, S. 10) einstellen mögen, ist eine empirische Frage.

[56] Sandler und Tschirhart (1980) bezeichnen Gruppen, in denen die Akteure gemeinsam die Produktionskosten tragen und das Gut gemeinsam nutzen, als „Clubs"; andere Autoren untersuchen das gleiche Phänomen unter der Rubrik „Netzwerke" (vgl. Stark und Bainbridge 1980; Granovetter 1985). Diese Ansätze stellen demnach keine eigenständigen Paradigmen dar, sondern können als Versionen des Kooperationsproblems betrachtet werden.

[57] Beispiele hierfür sind Genossenschaften, die zwar ein Ressourcensystem kollektiv bereitstellen, die von den Nutzungsberechtigten entnommenen Ressourceneinheiten hingegen als individuellen Besitz einstufen (vgl. Ostrom 1990, S. 23 ff.), vor allem aber Firmen, die marktgängige Waren herstellen, welche die Produzenten keinesfalls gemeinsam konsumieren müssen.

Familienmitglieder, als eine einheitliche Gemeinschaft zu agieren,[58] wohingegen religiöse Gruppierungen und politische Parteien, die an der Durchsetzung einer für ihre Mitglieder verbindlichen Weltsicht interessiert sind, den von allen Gruppenmitgliedern geteilten Eindruck erwecken sollten, dass die kollektive Aktion einer gemeinsamen Idee zum Durchbruch verhilft (vgl. Wilson 1995, S. 101 f.; Iannaccone 1994, S. 1187). Die Herstellung von *joint goods*[59] kann aus Sicht der daran beteiligten Akteure demnach nicht auf die Gewährung eines privaten Nutzungsrechts ausgerichtet sein. Wenn Akteure beschließen, sich an der Herstellung eines kommunalen Gutes zu beteiligen, dann werden sie sich fragen müssen, ob sie sicher sein können, dass die Mitakteure dieselben Wertentscheidungen treffen wie sie selbst, und inwieweit sie damit rechnen können, dass der eigene Beitrag zur Realisierung des Nutzenertrags – auch in den Augen der anderen – hinreicht.[60]

Darüber hinaus spielen auch weitere Aspekte des bei Kollektivgütern üblichen Beitragsproblems eine ebenso variable wie kritische Rolle. Wenn es notwendig ist, das Kooperationsgut arbeitsteilig zu erstellen, wird jeder ein Interesse daran haben, dass alle ihre jeweiligen Pflichten erfüllen, weil ansonsten die eigenen Leistungseinlagen keinen Wert haben bzw. erbracht werden, ohne dass ein konsumtionsfähiges Kooperationsgut entsteht; ist die Zusammenlegung (gleicher) Leistungen erforderlich, so hat jeder ein Interesse, dass das produktionserforderliche Mindestmaß an Leistungsbeiträgen zusammenkommt. In beiden Fällen kann man davon sprechen, dass jeder der betroffenen Akteure ein Interesse daran haben wird, dass Schlampereien und Leistungszurückhaltungen – vor allem der anderen (davon gleich mehr) – unterbleiben.

Nun kann es durchaus sein, dass die Akteure vor einer komplexen Aufgabe stehen, wenn sie für alle (wieder)erkennbar und verbindlich festlegen müssen, *auf welche Weise* sie zusammenarbeiten sollten, um die erhofften Kollektiverträge sichern zu können. Daher kann es sinnvoll sein, einen einmal erreichten Konsens in der Form eines satzungsgemäß niedergelegten oder auch informellen Vertrags festzuschreiben.[61] Solange die produktionstechnisch erforderliche Arbeitsteilung bzw. das Poolen der Anstrengungen in diesem Sinne einem die *Kooperationsverfassung* enthaltenden Regelwerk folgt, bezieht sich das im letz-

---

[58] Vgl. Becker, G. (1991, S. 23 ff.) im Zusammenhang mit der gemeinsamen Herstellung von Haushaltsgütern. Denselben Gedanken verfolgen auch Gilbert (1996, S. 219) und Tönnies (1981/1931, S. 22).

[59] Wir wollen dann, wenn wir den gemeinsamen Konsum eines Guts betonen wollen, von einem „kommunalen Gut" und dann, wenn der Beitragsaspekt und *zugleich* der Konsumtionsaspekt gemeint sind, von „Kooperationsgütern" sprechen.

[60] Dass die Abstimmung solcher Bewertungen nur in kleinen Gruppen gelingt, die die Informationsbedingungen bereithalten, die es den einzelnen Akteuren erlauben, sich auf bestimmte Werte festzulegen, gehört auch heute noch zu den Standardthesen der „Gemeinschaftstheorie der Kooperation" (vgl. Hechter 1994; Lichbach 1996, S. 126).

[61] Wir setzen im Rahmen der vorliegenden Modellbildung einen Konsens voraus.

ten Absatz angesprochene Interesse der Akteure in logischer Folge darauf, dass dessen Bestimmungen beachtet und eingehalten werden.[62] Dabei muss es einen Unterschied machen, ob diese Regeln vorsehen, dass die Einzelleistungen kollektiv oder getrennt (und als vereinzelte Handlungen) erbracht werden können oder dürfen, und ob sich die Akteure dabei beobachten können oder nicht.

Es existiert aber noch eine weitere Konfliktlinie, die dann auftritt, wenn die gemeinsame Nutzung des von allen kooperativ erstellten Guts nicht nur Probleme der bereits ausgiebig besprochen Art aufwirft, sondern überdies bestimmten Verträglichkeitsregeln bzw. Komplementaritätsregeln unterliegt. Eine solche Notwendigkeit ergibt sich im Zusammenhang mit der Nutzung eines immanenten Guts dann, wenn der eigene Nutzungswert des Kooperationsguts davon abhängt, dass die Akteure darauf verzichten müssen, sich ihren Wertanteil ohne Rücksicht auf die Nutzungsinteressen ihrer Mitkooperateure anzueignen, bzw. dazu angehalten werden müssen, ihren Beitrag ohne Sonderentgelt in den Dienst der Nutzenrealisation ihrer Mitakteure zu stellen. Unter diesem Umstand wird jeder Akteur ein Interesse daran entwickeln, dass alle kooperationsbeteiligten Akteure derartige Konsumtionsregeln, deren Beachtung das angesprochene Problem lösen kann, einhalten werden. Dazu kann zählen, dass nur jene an der Nutzung des Kooperationsguts beteiligt sein sollten, die zu seiner Herstellung beigetragen haben. Angesichts dessen kann es sinnvoll sein, über die offizielle, d. h. allen Gruppenmitgliedern bekannte Vergabe von Mitgliedschaften das Nutzungsrecht des Kooperationsguts exklusiv zu gestalten (vgl. Ostrom 1990, S. 91 ff.); und wie bei Clubgütern oder anderen Formen des Gemeineigentums wird jeder Akteur darauf achten, nicht mehr Gruppenmitglieder zu dulden, als er zu dessen Genuss benötigt (vgl. Buchanan 1965b).

Kritisch aber kann auch die Vermeidung von Übernutzungseffekten sein, die daraus resultieren, dass jeder der konsumberechtigten Akteure seinen Anteil zur selben Zeit, am selben Ort und in derselben Weise konsumieren möchte, obgleich dies technisch nicht möglich ist. Im umgekehrten Fall kann aber auch problematisch sein, dass sich nicht genügend Akteure am Konsumakt beteiligen, nicht in der rechten Stimmung sind oder sich nicht auf die kollektive Erstellung des betreffenden Guts konzentrieren wollen – oder sie gar stören – und vieles andere mehr. So werden die Angehörigen einer Religionsgemeinschaft kaum Freude daran haben, sich am Versammlungsplatz einzufinden, um dann festzustellen, dass sie den Ritus alleine durchführen, alleine beten und den Gottesdient alleine fei-

---

[62] *Was* reguliert werden muss, hängt demnach von den technischen Voraussetzungen ab, unter denen das Kooperationsgut produziert werden muss: Fischereikooperative werden den gemeinsamen Bootsbau oder das Flicken der Netze regulieren, Allmendenutzer werden die Zäune der Dorfweiden gemeinsam ausbessern müssen und Hortikulturalisten die koordinierte Pflege von Wasserkanälen und Rückhaltebecken (vgl. Ostrom 1990).

ern müssen, ohne gemeinsamen Gesang und ohne das nur gemeinsam zu produzierende Gefühl, zu den „Auserwählten des Herrn" zu gehören (vgl. Mühlmann 1962, S. 207) – wenn ihnen also die Gewinne eines hinreichenden „participatory crowding" (Iannaccone 1992, S. 271) entgehen. Keiner der Konsumenten wird seiner Verpflichtung, sich an diese Regeln des gemeinsamen Konsums zu halten, nachkommen, ohne voraussetzen zu können, dass alle oder doch eine hinreichende Anzahl seiner Mitakteure sich daran halten werden. Entsprechend wird sich ein potenzieller Konsument eines heilsproduzierenden Kollektivguts nur dann zum Ritus einfinden, wenn er die Entscheidung der anderen, desgleichen zu erscheinen, als einen gesicherten Parameter einstufen kann und infolgedessen die Erwartungen aller in die Zuträglichkeit des Verhaltens der Übrigen auf diese Weise „konvergieren" (vgl. Lichbach 1996, S. 92 ff.).

Jede gelingende Kooperation ist demnach darauf angewiesen, dass die Akteure wissen – oder mit hinreichender Wahrscheinlichkeit erwarten können –, dass sich die Mitakteure an das Regelwerk halten werden und dass sie sich zur anteiligen Herstellung des kommunalen Guts ebenso angemessen engagieren wie bei dessen gemeinsamem „Verbrauch". Insoweit *alle* Beteiligten in gleicher Weise einsehen, dass sie diesen Anforderungen folgen sollten, um die „negativen externalen Effekte" zu vermeiden, die dann auftreten, wenn sie dies unterlassen (vgl. Coleman 1991, S. 311 ff), und sich infolgedessen hinreichend dazu verpflichtet fühlen und zugleich wissen, dass sich die anderen in gleicher Weise Handlungsbeschränkungen auferlegen, besteht definitionsgemäß „a system of shared responsibilities" (Heckathorn 1988, S. 536) bzw. „Solidarität" (Hechter 1987) unter ihnen. Diese Solidarität ist zunächst die (notwendige) Konsequenz der spezifischen Anreizstruktur, die dahin wirkt, dass es die Akteure darauf absehen, ein Kooperationsgut bereitzustellen und es gemeinsam zu nutzen. „High levels of solidarity are likely to be confined to groups whose rationale is the production of joint goods that members themselves desire to consume" (Hechter 1987, S. 39). Rationale Akteure werden nicht übersehen, dass ihnen die Einhaltung der Regel, sich an der Produktion und am Konsum des Kooperationsguts (angemessen) zu beteiligen sowie Rücksicht auf die Beitragswilligkeit und die Nutzungsinteressen ihrer Mitkooperateure zu nehmen, Kosten verursachen muss; aber solange die damit verbundenen Verluste geringer sind als der Nutzen, den die Akteure durch ihren anteiligen Konsum des Kooperationsguts erhalten, werden sie ihren Anteil an der Bürde des Gemeinschaftslebens tragen. In den Augen seiner Mitakteure handelt ein derart engagiertes Gruppenmitglied damit insoweit ‚moralisch', als diese annehmen, dass die anderen Gruppenmitglieder nicht zuletzt deshalb seinem Beispiel folgen werden, weil sie die Verbindlichkeit seines Handelns anerkennen (vgl. Guttman 1978). Auf diese Weise bildet sich die Bereitschaft, sich an Beteiligungserwartungen zu halten, nicht bedingungslos, sondern es gilt: „A person who is moral can expect to enjoy the benefits of cooperation when they arise. She will be able to cooperate with others who observe moral constraints to take advantage of opportunities which are unavailable to egoists no matter how enlightened." (Sayre-McCord 1989, S. 115) Angesichts dessen kann es allen Akteuren zusammen umso leichter fallen, sich moralisch zu binden, wenn sie sich dazu durchringen, die Erwartungen, die andere an sie richten, als legitime oder rechtmäßige Erwartungen einzuordnen. Umgekehrt können sie ihre durchschaubare Bereitschaft bzw. ihre für andere erkennbare Verpflichtung, sich an der Bereitstellung und am Konsum des kommunalen Guts zu beteiligen und die damit verbundenen Aufwendungen in Kauf zu nehmen, als eine Art „Mitgliedschaftssteuer" (Hechter 1987, S. 41) dafür einrechnen, dass sie infolge ihrer Kooperationsbeteiligung in den Augen ihrer Mitakteure das Recht erwerben, an der Nutzung des „joint good" beteiligt zu werden.

Zwar ist es nicht wirklich einfach, den Mitakteuren diese Bereitschaft in unzweideutiger Weise zu signalisieren, solange jeder wissen kann, dass man die Begeisterung für die ‚gemeinsame Sache' auch bis zu einem gewissen Grad fingieren und vortäuschen kann; nur bringt ein solcher Mangel an Authentizität seine eigenen Beschwernisse mit sich (vgl. Baurmann 1996, S. 411 ff.) – „deception is a costly activity" (Iannaccone 1992, S. 275) – und kann vor allem dann nicht auf Dauer durchgehalten werden, wenn die Produktions- und Konsumtionsbedingungen des gemeinsam zu verfertigenden Kooperationsguts der Vortäuschung falscher Dispositionen entgegenstehen (vgl. für solche Fälle Ostrom 1990; Iannaccone 1992; Ripperger 1998) und die Akteure zugleich keine Neigung haben, auf die Segnungen zu verzichten, die aus der persönlichen Glaubwürdigkeit und Integrität erwachsen (vgl. Baurmann 1996, S. 422). Indem sich die Akteure aber darauf einlassen, den Erwartungen ihrer Mitakteure gerecht zu werden, eben weil diese Konzession – bei allem Risiko, ob die anderen eine entsprechende Abmachung befolgen werden – eine Bedingung dafür ist, dass diese die eigenen Ansprüche gelten lassen, entsteht Vertrauen (vgl. u. a. Ripperger 1998, S. 36), das zu enttäuschen Zusatzkosten mit sich bringt,[63] die wenigstens bisweilen über das hinausgehen, was die – nicht notwendig erfolgreich verlaufende – Suche nach neuen Kooperationspartnern verspricht. Und selbst wenn Vorbehalte gegen eine weitere Mitwirkung bei der Beschaffung eines Kooperationsguts aufkeimen, wenn sich Zweifel an dessen Wertigkeit zu melden beginnen und sich damit die zu erbringenden Obligationskosten erhöhen, kann ein Akteur immer noch wissen, dass er mit seiner weiteren Beteiligung an den Produktions- und

---

[63] Randall Collins (2004) hat eine Theorie der emotionsgesteuerten Solidarität entworfen, die an dieser Stelle ‚andocken' kann. Mehr noch, wir denken, dass Collins' Idee, dass Akteure sich an gemeinsamen Riten (d. h. an der Herstellung und am Konsum von Kooperationsgütern) vornehmlich dann beteiligen, wenn sie dadurch ihre Gefühlsbilanz verbessern können, darauf angewiesen ist, die im Hechter-Modell ausgewiesenen Situations- und Randbedingungen aufzugreifen.

Konsumtionskosten den für ihn unangenehmsten Zustand: zur Partizipation an den Produktionskosten gezwungen, von der Nutzung des Kooperationsguts aber ausgeschlossen zu werden, vermeiden kann. Angesichts solcher Fallstricke kann bereits die von allen beobachtbare Tatsache, dass jeder darauf verzichtet, den anderen zu schädigen, für den Akteur hilfreich sein, weil ihm dadurch die Möglichkeit geschaffen wird, sich *ohne Verlusterwartung* kooperativ zu verhalten (vgl. u. a. Field 2004, S. ix).[64] Zu den erfreulichen Aggregationseffekten solcher Verhältnisse kann gehören, dass infolgedessen kooperationsdienliche Schwellenwerte überschritten werden können (Bicchieri 1990, S. 845), „reciprocal feed-back spirals" (Buckley et al. 1974, S. 278) in Gang kommen und „Bandwaggoneffekte" (vgl. Lichbach 1996, S. 95 ff.) installiert werden, welche die kontinuierliche Beteiligung an der Herstellung eines Kooperationsguts zu einer wenigstens lokalen und sich selbst stabilisierenden Lösung des Kooperationsproblems werden lassen. Zu demselben Ergebnis führen Überlegungen, die auf die Identifikation der Bedingungen abstellen, die zu einem Zustand des „wechselseitigen Vertrauens" führen können (vgl. Yamagishi 1986).[65]

8.4.2.2 Verpflichtungsgrad

Dass eine derartige Überlegung (oftmals) im Hintergrund bleiben kann, ist der unterstellten Freiwilligkeit (oder Bereitwilligkeit) geschuldet, mit der sich die Kooperateure annahmegemäß zur Kooperation ein- und bereitfinden. Diese Freiwilligkeit aber ist von zwei Seiten her gefährdet. Zunächst muss man festhalten, dass die Bereitschaft eines Akteurs, sich an Kooperationen zu beteiligen, in dem Grade variiert, in dem die Realisierung seiner Zielvorstellung von den Zuleistungen seiner Mitkooperateure abhängt. Von Freiwilligkeit kann nur schwer die Rede sein, wenn er auf die Gruppenmitgliedschaft unbedingt und alternativlos angewiesen ist, ihre möglichen Schwankungen werden aber dann an Bedeutung gewinnen, wenn der Akteur zwischen mehreren Mitgliedschaften wählen kann (oder auch muss); umgekehrt wird seine Bereitschaft, sich einer Kooperations-

---

[64] Field (2004, S. xi) ist der Meinung, dass diese Form des Altruismus *notwendig* dafür ist, dass Kooperationen zuallererst entstehen. Coleman lehnt es ab, die Modellbildung mit einer Altruismusannahme zu beginnen, weil ein solcher Versuch den Aufbau einer Theorie behindert, die angibt, wie *eigeninteressierte* Akteure dazu kommen, sich für andere einzusetzen (vgl. Coleman 1991, S. 39), und schlägt stattdessen die These vor, dass als gutwillig erkennbare Akteure dazu übergehen können, ihre Leistungsbereitschaft (gewissermaßen) zu ‚tauschen' (vgl. Coleman 1991, S. 344 ff.).

[65] Im Gegensinn gilt dann die folgende Hypothese: Wenn immer mehr Akteure zu wissen glauben, dass andere nicht kooperieren, steigt ihre Neigung, sich im gleichen Sinne zu verhalten (vgl. Orbell und Dawes 1981, S. 59). Damit setzt ein Zersetzungsprozess der Gruppensolidarität ein (vgl. Buckley et al. 1974, S. 290).

gruppe anzuschließen, aus Sicht von deren Mitgliedern dann besonders wertvoll sein, wenn er über zahllose Alternativen verfügt.

Dieser Tatbestand hat verschiedene Implikationen: Zum einen kann man erwarten, dass die Bereitschaft, sich freiwillig an die (spezifischen) Gruppennormen zu binden und die kooperationsdienlichen Regeln – als Gewohnheitsprogramm bzw. in Form eines sogenannten „Habitus" – zu übernehmen, dann zu sinken beginnt, wenn die Zahl der Opportunitäten zunimmt und sich einem Akteur infolgedessen eine Exit-Option eröffnet, deren Ergreifen ihn nicht schlechterstellt als es ihm durch seine bisherige Gruppenmitgliedschaft garantiert ist.[66] Ob er allerdings in den Besitz entsprechender Informationen über die Erweiterung seines Handlungsspielraums gelangen kann, ist demgegenüber eine offene Frage. So sollte er zum einen damit rechnen, dass zumal diejenigen Gruppenmitglieder, die ein Interesse an seiner weiteren Mitgliedschaft haben, einige Anstrengungen investieren werden, um ihm diese Information vorzuenthalten.[67] Umgekehrt wirkt die relative Geschlossenheit vieler Kooperationsgruppen, die als eine mögliche Referenzgruppe für die eigenen Aspirationen in Frage kommen, dahin, diese Informationen nicht zur Verfügung zu stellen. Das ist vor allem dann der Fall, wenn sie – aus den oben referierten Gründen – auf neue Mitglieder tatsächlich gar keinen Wert legen oder wenn sie die jeweiligen Kooperationsgüter in einer Art und Weise herzustellen gezwungen sind, die von Nichtmitgliedern nur unter erschwerten Bedingungen eingesehen werden kann.

Auch die pure Kenntnis einer Kooperationsalternative stellt noch keinen hinreichenden Anreiz dar, die Gruppe zu wechseln, wenn die Abwanderungskosten hoch sind (vgl. Hirschman 1974); diese können sich als Austritts- wie als Eintrittskosten auswirken (vgl. Schmidtchen 2000, S. 26). Manche Gruppen verleihen Mitgliedschaftsrechte nur nach Erbringung kostspieliger Einsätze oder nur unter Hinterlegung hoher persönlicher Einlagen, die im Falle eines Austritts nicht zurückgefordert werden können; damit ist nur eine von zahlreichen Zwangsmaßnahmen angesprochen, denen sich ein Abwanderungswilliger gegenübersehen kann.[68] Auch muss er wissen, dass das während seiner Mitgliedschaftszeit akku-

---

[66] Das Verhalten auf expandierenden oder auch schrumpfenden Religionsmärkten ist ein vielfach untersuchter Anwendungsfall dieser Überlegungen (vgl. Iannaccone et al. 1997; Koch 2010). Die zunehmende Zahl von Opportunitäten kann auch den Fall mit umfassen, dass die Akteure *andersgeartete* Kooperationsgüter nachzufragen beginnen oder in zunehmendem Maße am Erwerb privat nutzbarer Güter interessiert sind (vgl. Montgomery 1996).

[67] Das wird im Übrigen unabhängig davon eintreten, ob die betreffende Kooperationsgruppe autoritär und monokratisch (vgl. Tullock 1987) oder auf der Basis konjunkter Zuteilungsrechte organisiert ist (vgl. Coleman 1990a).

[68] Die Auflage, alle Brücken hinter sich abzubrechen, um in ein neues, gruppenzentriertes Leben einzutreten (vgl. Stark und Bainbridge 1996, S. 165 f.), hohe Vorinvestitionen in exzentrische Kenntnisse wie Bibelfestigkeit oder die Fähigkeit, kunstvolle Gedichte zu verfertigen (vgl. Weber

mulierte Sozial- und Wissenskapital (oder Humankapital) verloren geht, wenn er
seine bisherige Kooperationsgruppe – aus deren Sicht betrachtet – im Stich lässt
(vgl. Coleman 1991, S. 389 ff.). So muss er für den Fall, dass er den bisherigen
Produktionsverbund alleine verlassen möchte (oder muss), seine Freundschaften,
Liebschaften, Kontaktpersonen und Bekanntschaften (zumeist) in einem wörtlichen Sinne zurücklassen und damit als *sunk costs* abschreiben (vgl. Hechter 1987,
S. 47),[69] während er sein (bislang kooperationsrelevantes) Wissen zwar mitneh-
men, aber nicht wirklich sicher sein kann, dass er es weiterhin erfolgreich wird
einsetzen können.[70] Allerdings kann er seine erwartbaren Kosten in diesem Zusammenhang dann mindern, wenn er sich einer Kooperationsgruppe anschließt,
in der ähnliche Kooperationsgüter produziert werden, wie er sie bislang kannte.
So fällt etwa auf, dass Akteure, die ihre religiöse Denomination wechseln, sich
oftmals Gruppen anschließen, deren Ritus dem ihrer bisherigen Mitgliedschafts-
gruppe in hohem Maße nahekommt (vgl. Sherkat und Wilson 1995; Montgomery
1996). Dass mit abnehmender Auswahl an Alternativen die Abhängigkeiten eines
Abwanderungswilligen von seiner Kooperationsgruppe zunehmen, muss zugleich
heißen, dass ihm jene, die keine Abwanderungspläne hegen, höhere Obligationen
abverlangen, als er mit einer erreichbaren Abwanderungsalternative in Aussicht
einzugehen bereit wäre (vgl. Hechter 1987, S. 45).[71] Der Verpflichtungsaufwand,
den er auf sich zu nehmen hat, um ein Partizipationsrecht an einem Kooperationsgut zu erlangen, steigt demnach mit sinkender Anzahl an wahrnehmbaren

---

1988/1920, S. 395 ff.; Eilinghoff 2004, S. 74 ff.), aber auch das Durchstehen gefahrvoller Zeremonien
(vgl. van Gennep 1986) und vor allem die Selbststigmatisierung durch die Übernahme von „bizarre
behavioral standards" (Iannaccone 1994, S. 1183) gehören zum Standardinventar solcher Maßnahmen (vgl. verallgemeinert Iannaccone 1992).

[69] Wie wir aus der Theorie der Firma wissen, können sich auch reine Produktionsgruppen gegen
die Entwertung des in ihrem Rahmen akkumulierten Sozialkapitals dadurch schützen, dass sie es
als eine Art „kollektives Eigentum" behandeln und dessen individuelle Veräußerung unterbinden
(vgl. Alchian und Woodward 1987). Dass kollektivgüter- und damit auch gemeinschaftsgüterpro-
duzierende Gruppen genau den Platz bezeichnen, an dem solche Freundschaften und andere „F-
Connections" entstehen und sinnvoll genutzt werden können, ist seit geraumer Zeit bekannt (vgl.
Ben-Porath 1980).

[70] Dass ein Stellenwechsel eine *Unterbewertung* des mitgebrachten Wissens nach sich ziehen kann,
betont Malho (1997, S. 44). Gary Becker (1993a) hat eine vieldiskutierte Modellierung wichtiger
Faktoren vorgenommen, die bei Investition und Nutzung des an die Person gebundenen Wissens
eine Rolle spielen.

[71] Bei hoher Abhängigkeit von der Gruppenleistung entsteht eine Art Monopol, was – wie man
aus der Preistheorie weiß – immer mit erhöhten Preisen einhergeht. Auf der anderen Seite kann
eine solche Monopolgruppe ein fruchtbares Milieu für jene darstellen, die am Erwerb einer guten
Kooperationsreputation interessiert sind (vgl. Kreps und Wilson 1982), wodurch es solchen Gruppierungen gelingen kann, einen überdurchschnittlich hohen Anteil an jenen anzuziehen, die gegen
eine moralische Regulierung ihres Verhalten keine Einwände haben (vgl. Anderson und Tollison
1992; Cowen 2002).

Opportunitäten. Umgekehrt gilt zugleich, dass seine Bereitschaft, Obligationen anzuerkennen und zu übernehmen, deutlich zunehmen muss, wenn er das jeweilige Kooperationsgut in erhöhtem Umfang nachfragt bzw. wenn dessen Wert in seinen Augen steigt (vgl. Hechter 1987, S. 49).[72] Sind seine Mitakteure in derselben Situation, so kann er deren Kooperationsbereitschaft durch seine Drohung, abzuwandern, wenn die anderen ihre Leistungszuweisungen zurücknehmen – sofern solche Ankündigungen glaubhaft sind –, umso stärker beeinflussen.

8.4.2.3 Kontrollprobleme

Der glückliche Umstand, sich durch Drohpotenzial absichern zu können, verhindert allerdings nicht, dass die Freiwilligkeit der Bereitschaft, sich an das kooperationsdefinierende Regelwerk zu halten und es zu achten, noch aus einer zweiten Richtung unter Druck geraten kann. Unsere bisherige Modellierung war davon ausgegangen, dass die Disposition, sich kooperationsgerecht zu verhalten, hinreichend entwickelt ist, dass sich die Akteure aufgrund ihrer als dringlich wahrgenommenen Abhängigkeiten darauf einstellen, die Kooperationserwartungen der Mitkooperateure zu erfüllen, bzw. dass sie herausfinden können, dass ihren Kooperationsinteressen dann am besten gedient ist, wenn sie sich in authentischer oder gewohnheitsmäßiger Weise verfassungsgemäß verhalten. Auch darf man damit rechnen, dass unter Freiwilligkeitsbedingungen – und bei entsprechend niedrigen Wechselkosten – oftmals jene bei ihrer Suche nach geeigneten Kooperationsgruppen gehäuft aufeinandertreffen, die grundsätzlich bereit sind, sich ‚moralisch', d. h. kooperationsdienlich, zu geben (vgl. Bierhoff und Küpper 1998, S. 269). Mit einer ertragssichernden Organisation einer Kooperationsbeziehung ist aber aus zwei Gründen nicht immer zu rechnen. So darf man nicht übersehen, dass kooperative Güter alle Eigenschaften kollektiver Güter teilen und deshalb den üblichen Gefährdungen ausgesetzt sind, die beim Versuch auftreten, sie zur Verfügung zu halten. Auch wenn ein Akteur weiß, dass er sich die Zuneigung und die Zuleistungen seiner Mitakteure dann am leichtesten verdienen kann, wenn er sich an den Produktionskosten des von allen angestrebten Kooperationsguts beteiligt, wird ihm zugleich nicht entgehen, dass er infolge seiner Gruppenmitgliedschaft die berechtigte Hoffnung darauf hegen darf, es auch dann nutzen zu können, wenn er seinen Produktionsbeitrag drosselt und am Ende gänzlich

---

[72] Aus der Anerkennungs- und Statusforschung weiß man, dass die Akteure sich darum bemühen, Mitglieder in jenen Gruppen zu werden, in denen sie das Verhältnis von Leistungsaufwand und Erhalt entsprechender – im Grundsatz partizipationsabhängiger – „relational goods" (Uhlaner 1989) optimieren können (vgl. Frank 1985; Brennan und Pettit 2004). Dasselbe gilt auch für Kooperationsgruppen der hier diskutierten Art.

einstellt. Nur muss er dann in der Folge mit einem rechnen: Solange die übrigen Gruppenmitglieder auf seine Mitarbeit zählen, wird er sich nicht darüber beklagen dürfen, wenn sie zur Vermeidung seines Trittbrettfahrens ein Interesse daran entwickeln, zu erfahren, ob und in welchem Umfang er seinen Aufwandsanteil erbringt oder nicht (vgl. u. a. Baurmann 2001, S. 121). Und mehr noch: Er kann auch wissen, dass sie bereit sind, sich für eine Regelung ihrer Zusammenarbeit einzusetzen, die es ihnen erlaubt, sich die Informationen zu beschaffen, die sie zur Abschätzung der Angemessenheit seines Leistungsbeitrags zu benötigen glauben (vgl. Buckley et al. 1974).

Die Entwicklung und Durchsetzung derartiger „regulatorischer Interessen" (Heckathorn 1988, S. 535) wird ihnen zwar Zusatzkosten verursachen; aber je wichtiger und zugleich unsicherer der Leistungsbeitrag des betreffenden Akteurs ist, desto höher wird die Bereitschaft sein, diese Kosten zu decken, um dem Zustand auszuweichen, trotz der eigenen Beteiligung an dessen Gestehungskosten das erwünschte Kooperationsgut am Ende nicht realisiert zu sehen. Diese Furcht kann auf der anderen Seite aber auch Anlass dafür sein, die positiven Beiträge eines willigen Kooperateurs zu belobigen. Sofern er diese Zustimmung nachfragt, kann sich dies auf seine weitere Leistungsbereitschaft verstärkend auswirken, was – wenn hinreichend viele Gruppenmitglieder an solchen Zuwendungen interessiert sind – dazu führen muss, dass die „social welfare" innerhalb der Gruppe, d. h. die Versorgung mit kommunalen Gütern, zunimmt bzw. in jedem Fall gewährleistet werden kann (vgl. dafür Holländer 1990). Dass zu diesem Zweck das Verhalten der Akteure nicht unbeobachtet bleiben kann, steht selbstverständlich fest, weshalb auch jene, die im Prinzip moralisch und kooperationsbereit agieren wollen, sich darauf gefasst machen müssen, dass die Neigung der Mitakteure, sie auszuzeichnen, nicht gleichgesetzt werden kann mit ihrem völligen Desinteresse daran, zu erfahren, was jemand treibt. Auch hinter Belobigungsverfahren verbirgt sich vielfach ein gerütteltes Maß an Misstrauen.

Aber es gibt noch einen weiteren Anlass, das Handeln der Mitakteure zu beargwöhnen. Wie wir gesehen hatten, müssen die im vorliegenden Modellfall untersuchten Akteure Wert darauf legen, dass sich alle Produzenten am gemeinsamen Konsum des Kooperationsguts beteiligen. Diese gemeinsame Nutzung ist *Bestandteil* der gelungenen Kooperation und verbietet es jedem, sich dabei zurückzuhalten. Zwar kann man sich denken, dass sich ein Akteur an den Produktionskosten beteiligt, hernach aber von der weiteren Teilnahme am Gruppenleben abrückt – indessen wird ein solches Handlungsmuster seitens der Mitakteure auf Unverständnis stoßen und ihren Verdacht aufkommen lassen, dass der betreffende Akteur mit seinem Leistungseinsatz am Ende höchst eigensüchtige und zumindest zwielichtige Zielsetzungen verfolgt, die mit dem Ziel des gemeinsamen Konsumhandelns gar nichts zu tun haben oder diesem eventuell geradezu entgegenstehen. Diejenigen, die sich an der Herstellung eines Kooperationsguts beteiligen, brauchen in den Augen ihrer Mitstreiter gute Gründe dafür, wenn sie anschließend auf dessen gemeinsamen Konsum verzichten wollen. Um diesen Fall auszuschließen und um sicherzustellen, dass alle ‚bei der Sache' sind, wenn es um den gemeinsamen Konsum des kooperativen Guts geht, werden vor allem jene der beteiligten Akteure, die ein nachdrückliches Interesse an dessen gemeinsamer Nutzung haben, ein paralleles Interesse daran entwickeln, dass die konsumleitenden Regeln von möglichst allen zur Kenntnis genommen und eingehalten werden. Dieses Interesse wird so lange nicht erlahmen, als zu befürchten ist, dass es – immer wieder und trotz aller gegenteiligen Vorkehrungen – Gruppenmitglieder gibt, die die Konsumveranstaltung nicht ernst genug nehmen und infolge solcher Fahrlässigkeit den Nutzen der übrigen schmälern.

Andererseits kann sich als kollektiver Effekt eines jeden erfolgreichen Kontrollhandelns dieser Art herumsprechen, dass eine derartige Gruppierung ein besonders attraktives Milieu für jene abgibt, die sich gerne und für alle erkennbar für eine gemeinsame Sache engagieren. Dabei reichen oft wenige Übereifrige hin, um ein Stimmungsbild zu produzieren, das Trittbrettfahrer und wenig engagierte Gruppenmitglieder abschreckt, sich als unzuverlässig erkennen zu geben (vgl. Coleman 1991, S. 353 ff.). „Strictness makes organizations stronger and more attractive because it reduces free-riding. It screens out members who lack commitment and stimulates participation among those who remain." (Iannaccone 1994, S. 1180) Auf der anderen Seite aber können sich die ‚Lauen' und Mitläufer jeden Bekenneraufwand ersparen, solange „motivated leaders" (Ellickson 2001, S. 42 ff.) oder Eiferer das „gemeinsame Interesse" (Coleman 1991, S. 355) stärken und dafür sorgen, das Versorgungsniveau des kollektiven Engagements auch angesichts der Tatsache hochzuhalten, dass nicht alle Gruppenmitglieder dasselbe (hohe) Engagement für die gemeinsame Sache aufbringen wollen. Diese These wird allerdings nur zutreffen, wenn die Anzahl derjenigen, die sich für das Kooperationsgut einsetzen, sich nicht darauf auswirkt, in welchem Umfang die Übrigen es genießen können (vgl. Marwell und Oliver 1993, S. 45 f.). Zumal wenn die *Eiferer* das anders sehen, werden sie versuchen, den Konformitätsdruck innerhalb der Gruppe zu erhöhen. In jedem Fall wird das bare Vorhandensein von Eiferern zwei Konsequenzen haben: Zum einen werden sie infolge ihres fortgesetzten und intensiven Interesses daran, den Takt des kooperationsdienlichen Gruppenlebens hochzuhalten, dafür sorgen, zur Stützung der etablierten Zusammenarbeit Legitimationsfiguren und Deutungsmuster in Umlauf zu setzen, deren allgemein verständliche Symbolik ein koordiniertes Handeln erlaubt; und zum anderen wird deren kontinuierliche Anwendung verhindern, dass sich das Wissen über die kooperationswichtigen Verfahrensweisen verliert und verflüchtigt, dessen offensive Praktizierung gleichermaßen dazu dient, die Zweifler im Zaum zu halten und die ‚Gläubigen' in ihrer Entscheidung zu bestärken, der Gruppe treu zu bleiben.[73]

Aus diesen beiden Quellen – der notwendigen Vermeidung des Trittbrettfahrens und der (dazu erforderlichen) Identifikation der Lauen und Zögerlichen – speist sich demnach die Notwendigkeit und das Interesse, die Kooperationstauglichkeit des Handelns der Gruppenmitglieder zu *kontrollieren*, um damit kooperationsschädliche – oder wie es heißt: abweichende – Handlungen im Vor- oder Nachhinein zu vermeiden bzw. zu unterbinden. Allerdings sind mit der Bereitstellung solcher Kontrollen eine Reihe von Schwierigkeiten verbunden (vgl. Hechter 1984; 1987, S. 59 ff.; Popitz 1980), die jeden Versuch in dieser Richtung in unterschiedlichem Grad behindern, wenn nicht gar zum Scheitern verurteilen und in der Folge alleine deshalb zum eventuellen Zusammenbruch der Kooperation beitragen, weil es wegen der offensichtlichen Mängel bzw. wegen des Ausfalls von Kontrollmaßnahmen in den Augen der Akteure zunehmend unwahrscheinlicher ist, dass sich ihre weiteren Investitionen in das Gelingen der gemeinsamen Kooperation lohnen. Im besten Fall muss eine Kooperationsgruppe darauf hoffen, dass sie Mitglieder in ihren Reihen hat, die aufgrund des Wertes, den die Gruppe für ihr eigenes Wohlergehen hat, sich dazu bereit finden, sich zu deren Rettung die „Hände schmutzig zu machen" – oder ihre Mitglieder stehen vor der Frage, ob sie sich dazu durchringen können, die Kosten eines Neuaufbaus oder einer Neuausrichtung des Gruppenlebens zu tragen. Im schlimmsten Falle löst sich ihr Kooperationsverbund auf, weil sie sich durch fortgesetzte Defektionen und Unzuverlässigkeiten die vertrauensvolle Weiterführung ihrer gemeinsamen Anstrengungen verbaut haben.

Aber sehen wir uns die Beschwernisse näher an, die mit der Etablierung effektiver Kontrollmaßnahmen verbunden sind. Das Ausgangsproblem, das seit geraumer Zeit bekannt ist und auch gegenüber der orthodoxen Lösung des Kooperationsproblems vorgetragen wird (vgl. Schmid 1998, S. 93 ff.), besteht darin, dass die gruppenweite Beschaffung eines Kontrollsystems seinerseits auf ein „Problem der öffentlichen Güter", also auf ein – dem eigentlichen Kooperationsproblem nachgelagertes – „Second-order-collective-good"-Problem (vgl. Hechter 1987, S. 51) bzw. auf ein „Second-Order-" oder „Free-Rider"-Problem (Oliver 1980) hinausläuft, dessen Lösung denselben Restriktionen unterworfen

---

[73] Es wird immer wieder vermutet, dass die Ausbildung von „symbols of group membership" (Horne 2001, S. 13) unmittelbar an die kontinuierliche oder wiederholte Inszenierung des Gemeinschaftslebens geknüpft ist. Gründungsmythen und eindeutig codierte Heilsversprechen sind die üblichen Szenarien, um die Hoffnungen zu stärken, dass die Bildung der Kooperationsgruppe (für ihre Mitglieder) von dauerhaftem Wert sein sollte. Die Literatur zu identitätsstiftenden Ideologien, zur Integrationswirkung gemeinsamer mentaler Modelle, zur problemlösenden Funktion von Deutungsmustern und Mythen, die den Kooperationsinteressenten als eine Handlungsleitlinie dienen, ist unüberblickbar geworden (vgl. zur beispielhaften Illustration Bonacker et al. 2008).

ist wie die übrigen Fälle, in denen sich die Akteure die Versorgung mit einem
Gut dieser Form zur Aufgabe gemacht haben. Die Lösung dieses nachgelagerten Problems könnte sich von selbst ergeben, etwa weil alle Gruppenmitglieder
guten Willens sind und die Strategie unbedingter Kooperation verfolgen oder
weil sich – komplementär dazu – keiner der Mitakteure vom Eigensinn eines
Abweichlers beeindruckt zeigt und etwa deshalb seine moralischen Neigungen
aufgibt; in der Regel aber werden die Akteure bemerken, dass der Aufbau kon-
trollierbarer Beziehungen zusätzliche Anstrengungen erfordert, deren Kosten
jene, die sie aufzuwenden haben, von ihrem erreichbaren Kooperationsgewinn
abziehen müssen, wozu sie nicht immer bereit sein werden. Infolgedessen kann
man damit rechnen, dass Gruppen sich hinsichtlich ihrer „Kontrollkapazität"
(Hechter 1987, S. 49) unterscheiden. Diese Kontrollen können in zwei Formen erbracht werden: Entweder gehen die Kooperateure dazu über, sich wechselseitig
zu kontrollieren, um eine „straffe Sittenzucht" (Weber 1980/1920, S. 227) aufrechtzuerhalten, was freilich nur in kleinen, wenig formal strukturierten Gruppierungen möglich sein wird (vgl. Messick und Brewer 1983, S. 34 f.; Iannaccone
1994, S. 1188); oder sie beauftragen – um die Reichweitennachteile wechselseitiger Kontrollen in unüberblickbareren Gruppierungen auszugleichen – einen
Agenten mit dieser Aufgabe (vgl. Hechter 1984, S. 165 f.; 1987, S. 52), was wiederum voraussetzt, dass dieser sich seinerseits auftrags- und pflichtgemäß verhält, was er nur gegen eine Kompensation seiner Aufwandskosten tun wird (für
Näheres vgl. Abschnitt 8.5).

Einen vollständigeren Überblick über die möglichen Kontrollformen gewinnt man, wenn man quer dazu einrechnet, dass Kontrollen als vorgelagerte oder aber als nachgelagerte Maßnahmen konzipiert werden können. Einige
Handlungstheoretiker neigen dazu, in erster Linie die nachträgliche Kontrolle zu
betonen, weil sie von der Überlegung ausgehen, dass strikt rationale Akteure wenig dazu neigen, ihren Ambitionen Zügel anzulegen, und sich deshalb allenfalls
von negativen Sanktionen beeindrucken lassen; während andere Vertreter der
anfangs geschilderten Gemeinschaftstheorie der Kooperation auf die Bildungs-
fähigkeit bzw. den gewohnheitsmäßigen Gehorsam der Akteure hoffen und voraussetzen, dass sich jemand findet, der sie auf die Regulationsbedürftigkeit ihres
gemeinsamen Kooperationsunterfanges aufmerksam macht und ihnen nahelegt,
deren prospektive Erwartungen als berechtigt zu antizipieren. Im Rahmen unserer Überlegungen liegt es nahe, beide Mechanismen zusammen zu betrachten und deren Ergänzungsbedürftigkeit zu betonen. So kann es sinnvoll sein,
wenn die Kooperationsinteressenten im Vorgriff auf den möglichen Abfall ihrer kommunalen Erträge einesteils darauf achten, nur solche Gruppenmitglieder
zu akzeptieren, die hinreichend „vertrauenswürdig" sind (vgl. Zintl 1993, S. 97;
Sayre-McCord 1989, S. 115) – was festzustellen seinerseits nicht eben einfach

ist und umfangreiches „screening" erfordern kann,[74] wenn man seinen „Bauch-
gefühlen" (Gigerenzer 2007, S. 11 ff.) nicht trauen will –, oder wenn sie sich
andernteils bereitfinden, ein gruppeninternes Kontrollsystem aufzubauen, um
Missetäter wenigstens post hoc zur Rechenschaft ziehen zu können.[75]

Solche Überlegungen sollten die an Überwachungserfolgen interessierten
Akteure durch Festlegungen darüber ergänzen, *welche* Sanktionen sie verabrei-
chen wollen, um die zeitweilig entgleiste Kooperation fortzuführen. Dabei wird
hilfreich sein, wenn sie wissen, dass sie zu diesem Zweck auf eine ganze Palette
unterschiedlich kostspieliger und differenziell wirksamer Maßnahmen zurückgreifen können. Vor allem die Tatsache, dass die Realisierung des Nutzens der
Akteure auf die Mitwirkung der Restgruppe angewiesen ist, verschafft deren – im
Grunde höchst preisgünstiger – Androhung, den eventuellen Abweichler von der
weiteren Gruppentätigkeit gänzlich auszuschließen, eine hohe Durchschlagskraft,
um die Unterlassung kooperationshinderlicher Handlungsentscheidungen zu erzwingen (vgl. Hechter 1984, S. 175). Mehr noch: Jeder potenzielle Abweichler
kann wissen, dass sein Ausschluss den Nutzen jener erhöht, die sich auch weiterhin bereitfinden, sich zugunsten der gemeinsamen Sache einzusetzen (vgl.
Iannaccone 1992, S. 276); dies einmal, weil ihnen die Vertreibung des renitenten
Gruppenmitglieds weitere Kontrollkosten erspart, und wichtiger noch: weil auf
diese Weise die ‚Gutgläubigen' unter sich bleiben und das betreffende Kooperationsgut deshalb unter gesteigerten Wohlfahrtsbedingungen konsumieren können.
Vor dem endgültigen Ausschluss sollten sie freilich sicher sein, dass der Leistungsbeitrag des exkludierten Mitglieds tatsächlich entbehrlich ist bzw. dass sie seinen
Leistungsausfall ersetzen oder wenigstens ausgleichen können. Die weniger starken Drohmittel laufen auf negative Sanktionen hinaus, die die desinteressierten
Akteure mit den (unterschiedlichen) Konsequenzen ihres Handelns konfrontieren
(vgl. Hechter 1987, S. 50), und können von Ermahnungen, übler Nachrede und
Prügel bis zur Nachforderung der unterlassenen Beitragsleistungen reichen.

Allerdings resultieren an dieser Stelle zwei Probleme: Zum einen sind die Be-
schaffungsmittel für Sanktionen in letzter Instanz beschränkt, weshalb an Kontrolle interessierte Kooperationsgruppen dafür Sorge tragen müssen, dass die an
‚Recht und Ordnung' interessierten Mitglieder dazu bereit sind, die damit verbun-

---

[74] Stzompka (1999, S. 69 ff.) vermutet, dass „primary trust" voraussetzt, dass die Reputation der
Vertrauensnehmer bekannt und ihr Verhalten beobachtbar ist. Es kann aber auch „kontextuelle"
Faktoren geben, die einen Rückschluss auf die Vertrauenswürdigkeit jener zulassen, die sich in den
betreffenden Kontexten bewegen. Im besten Fall entwickeln Gruppen eine Art „Vertrauenskultur",
deren Regeln hinreichende Informationen darüber zu entnehmen sind, was einen Akteur erwartet,
wenn er die Entscheidung fällt, einem anderen zu vertrauen. Diesem Szenario folgend steigen die
Vertrauenskosten mit der Gruppengröße und sinken in Abhängigkeit zur Problemlosigkeit, mit der
das regelbestimmte Verhalten anderer beobachtet werden kann.
[75] Hechter (1987, S. 69) betrachtet die Sozialisation der Akteure als eine mögliche Kontrolltechnik.

denen Gestehungs- und Durchführungskosten zu tragen.[76] Man kann vermuten, dass deren Neigung, diese Kosten auf sich zu nehmen, zum einen von der Bereitschaft Einzelner von ihnen abhängen wird, „heroische Sanktionen" zu verhängen und damit die Gesamtheit der Sanktionskosten selbst zu übernehmen (vgl. Coleman 1990a, S. 360 f.), oder aber von dem wahrgenommenen Ausmaß der Schädigungen, die jeder einrechnen muss, wenn nicht sanktioniert wird (vgl. Iannaccone 1994, S. 1187), aber auch von den Ressourcen, die ein Sanktionsinteressent zu diesem Zweck verausgaben kann, ohne seine eigenen Kooperationspflichten vernachlässigen zu müssen (vgl. Ostrom 1990, S. 45, 94 ff.). Zum anderen aber müssen, um keine Ungerechtigkeitsdebatten aufkommen zu lassen, die verabreichten Sanktionen eindeutig als „selektive Anreize" (Hechter 1997, S. 50) wirken, d. h. zielsicher diejenigen treffen, die sich ihrer Beitrags- oder Konsumpflicht entzogen haben. Die Verabreichung von Sanktionen muss sich entsprechend am „Prinzip der individuellen Zurechnung" (vgl. Baurmann 1997, S. 78 f.) orientieren. Auch in dieser Dimension werden sich die Leistungsprofile verschiedenartiger Kooperationsgruppen unterscheiden. Mit anderen Worten: Die „Sanktionskapazität" (Hechter 1987, S. 50) einer Kooperationsgruppe ist prinzipiell schwankend, wenn nicht sogar limitiert, weshalb damit zu rechnen ist, dass ebenso kooperationsunwillige wie rationale Akteure – wenn ihre Handlungsgewohnheiten oder ihr internalisiertes Pflichtgefühl sie nichts anderes lehren – versuchen werden, den Leerraum auszufüllen, den ihnen die Unzulänglichkeit belässt, der sich die Kontrollinteressenten bei der Beschaffung der Sanktionsmittel und bei der selektiven „Allokation der Sanktionen" (Hechter 1984, S. 173 ff.) gegenübersehen. Auf der anderen Seite können die Kontrollinteressenten auch versuchen, diesen Freiraum bereits im Vorgriff einzuschränken, indem sie sich dafür entscheiden, Sanktionen öffentlich, ausgerichtet auf die Mitglieder eines „Publikums" (Ellickson 2001, S. 38), zu verhängen, wobei sie vielfach auch auf Mitwirkung der ‚braven' Akteure hoffen können, die damit ihre Loyalität gegenüber der Kooperationsverfassung zum Ausdruck bringen wollen und sich davon Anerkennung erhoffen (vgl. Cowen 2002). In jedem Fall wird das verbreitete Wissen darüber, dass sanktioniert wurde, auch jenen, die bislang nicht durch ‚abweichendes Verhalten' aufgefallen, aber bereits wankelmütig geworden sind, die zu erwartenden Kosten eines Regelbruchs vor Augen führen können. Ob die Akteure aber tatsächlich eine Art „demand for intervention" (Heckathorn 1988, S. 549) formulieren und sich für die Etablierung von Kontrollverfahren einsetzen möchten, wird nicht nur davon abhängen, ob ihnen deren Etablierung nicht als zu kostspielig erscheint, sondern auch davon, ob sie an deren Abschreckungswirkung glauben.

---

[76] In diesem Zusammenhang kann es auch zu „hypocritical cooperations" kommen, wenn Akteure sich an den Herstellungs- und Konsumierungskosten des Gruppenguts nicht beteiligen, aber andere dazu auffordern, dies zu tun (vgl. dazu Heckathorn 1989).

Die Organisation von Kontrollen und die kooperationsrestituierende Verabreichung von Sanktionen setzt die Kooperateure unter Zwang, die dafür benötigte „Überwachungskapazität" oder „monitoring capacity", wie Hechter (1987,
S. 51) sie nennt, zur Verfügung zu halten. Dabei ist wichtig zu erkennen, dass solche Überwachungsmaßnahmen eine kostenintensive Sache darstellen und zudem,
sofern die Kontrolleure an einer genaueren Austarierung und Feinabstimmung ihrer Sanktionierungstätigkeit interessiert bleiben, eine brauchbare Messlatte erfordern (Hechter 1984, S. 162). Das nähere Ausmaß der Abweichungen zweifelsfrei
festzustellen, ist nur möglich, wenn die Kontrollinteressierten die eingeforder-
ten Leistungsbeiträge ihrer Mitakteure reliabel und valide messen können (vgl.
Hechter 1987, S. 51). Kostenlos sind Entwicklung und Anwendung entsprechender
Messverfahren allerdings nicht zu haben (vgl. Hechter 1984, S. 105 ff.). Natürlich
wird man nicht voraussetzen wollen, dass alle Akteure, gewissermaßen im Vorgriff auf ihre schwankende Kooperationswilligkeit, darauf aus sind, alle ihre Bei-
trags- und Konsumtätigkeiten zu verheimlichen. Vor allem jene Akteure werden
dazu kaum neigen, die sich als treue und wohlgesinnte Kooperateure verstehen.

Allerdings ist der erfolgreiche Einsatz solcher Überwachungsmaßnahmen
auch davon abhängig, dass unter den Mitgliedern der Kooperationsgruppe Einigkeit darüber besteht, dass ihre Privatsphäre kein Gut darstellt, das unter
allen Umständen zu schützen ist (Hechter 1987, S. 51; Posner, R. 1981). Deren
Einschränkung muss dabei keinen offensiven Zwangscharakter annehmen, sondern kann alleine daraus resultieren, dass die Erfordernisse der gemeinsamen
Kooperation die Akteure an einem Platz zusammenführen, wo sie Arbeitszeit
und Freizeit zusammen verbringen, sich also sehen und beobachten können (vgl.
Posner, R. 1981, S. 146 ff.; Ostrom 1990, S. 73 f.), oder dass die Kriterien, nach
denen die Kooperateure ihren (gemeinsamen) Erfolg zu bemessen bereit sind,
eine intersubjektiv gleichartige Beurteilung erlauben. Solange jeder damit rechnet, dass er sich gegen das Fehlverhalten seiner Mitkooperateure dadurch zur
Wehr setzen kann, dass er dazu beiträgt, es zu „skandalisieren" (vgl. dazu Hondrich 2002), wird er es sich nicht nehmen lassen, die anderen durch ‚Klatsch und
Tratsch' über seine Beobachtungen zu informieren. Damit entsteht eine Gerüch-
teküche, die zwar nicht immer die richtigen Informationen bereitstellt und auch
dazu dient, private Rechnungen zu begleichen, und die mit der Lösung der Frage,
ob sich jemand in kooperationswichtiger Weise verhalten hat oder nicht, wenig zu
tun hat; gleichwohl steht damit ein relativ kostengünstiges Informationsbeschaf-
fungssystem zur Verfügung, das jeden zentralisierten Überwachungszugriff
überflüssig macht. Auf die „Enteignung des Privatlebens" (Zintl 1993, S. 107)
können die Kontrollinteressenten auf der anderen Seite verzichten, wenn die Eigenschaften eines regelgerecht erbrachten Leistungsoutputs unabhängig davon
beurteilt werden können, wie er zustande kam (vgl. Hechter 1984, S. 174). Und sie
müssen darauf verzichten, in das Privatleben anderer einzudringen, wenn die zu-

nehmenden Kosten für die allgemein akzeptierte Aufrechterhaltung moralischer
Strenge deren Gewinne zu übersteigen beginnen (vgl. Iannaccone 1994, S. 1202),
wenn sich Misstrauen bezüglich der Gutwilligkeit der Kontrolleure breitmacht,
infolgedessen die zumeist nur ideologisch gestützte Legitimität (vgl. Oliver 1980,
S. 1371) der verabreichten Sanktionen sinkt und damit die Abwanderungs- bzw.
die Rebellionskosten (vgl. Heckathorn 1988, S. 536) abnehmen. Dem steht gegenüber, dass erfolgreiche kollektive Regulierungsversuche sowohl zu einer Reduktion der Defektionsneigungen der Akteure führen können als auch zur Stärkung
jener regulatorischen Interessen, die für den anfänglichen Aufbau des Kontrollsystems und dessen Erhaltung verantwortlich sind (Heckathorn 1988, S. 544).

   In der Summe steht somit fest, dass kooperationsinteressierte Akteure auf
die geregelte Überwachung kooperationsschädlichen Handelns und dessen Sicherung nicht verzichten können. Gleichwohl sollten sie wissen, dass der Aufbau
eines Kontrollsystems teuer kommt, fehlerbehaftet bleibt und in letzter Instanz
alleine daran scheitern kann, dass die Entdeckung und Bestrafung jener, die sich
an Kontrollmaßnahmen nicht beteiligen wollen, eine Art „third order collective
good problem" aufwirft (vgl. Heckathorn 1988, S. 543; Field 2004, S. 134), das
nur schwer zu lösen ist.

8.4.3   Wie tragfähig ist die Gemeinschaft?

Wir wollten anhand eines möglichst einfachen Modells untersuchen, auf welchem
Wege intentional und rational agierende Akteure Kooperationsbeziehungen mit
Verpflichtungscharakter eingehen, die ihnen „joint goods" bzw. kommunale Güter versprechen. Wir haben dazu das Problem aufgegriffen, dass die Herstellung
solcher Güter die Regelung von Trittbrettfahren erfordert und ihr Konsum nur
im Rahmen von Kollektivhandlungen möglich ist, an denen sich die Akteure bisweilen nur ungern beteiligen. Die Akteure können beide Probleme lösen, wenn
sie sich auf Regeln verpflichten, deren Einhaltung für alle erkennbar signali-
siert, dass die eigene Leistungsbereitschaft nicht vergebens sein wird. Um sich
gegen trotzdem erwartbare Schwankungen der normativ abverlangten Kooperationsbereitschaft zu sichern, sind weiterhin Überwachungen und Sanktionen
relevant. „Without control, group solidarity is, at best, a chimera" (Hechter 1987,
S. 52). Solche Kontrollen können dort enden, wo sich die Akteure den normativen
Anforderungen, die sie zur gemeinsamen Produktion und Nutzung der von ihnen
erwünschten Kooperationsgüter akzeptieren müssen, wechselseitig unterwerfen.

   Die klassische soziologische Theorie hat die kostengünstigsten Varianten
derartiger Gemeinschaftsverhältnisse zu Recht dort vermutet, wo sich die Akteure bereitfinden, die an sie gerichteten Erwartungen als legitim zu betrachten und
ihnen gewohnheitsmäßig Beachtung zu schenken, ohne im Einzelfall alle Op-

portunitäten auf Zu- und Abweichungsgewinne zu bedenken. Allerdings stellen sich die Gemeinschaftsorientierung und damit verbunden gemeinsame Ziele und Normen, eine verbindliche Gemeinschaftsmoral und eine unstrittige Methode der gemeinsamen Lebensführung weder von selbst ein noch reichen sie aus, um eine Kooperationsgruppe unter allen Bedingungen vor dem Zusammenbruch ihrer Moral zu bewahren. Der von der orthodoxen Theorie der Kooperationsgemeinschaft ins Auge gefasste Typus einer moralisch integrierten Kooperative stellt demnach (allenfalls) einen Grenzfall oder eine *Ecklösung* eines weit umfangreicheren Modells der „gesellschaftlichen Produktionsverhältnisse" dar (Marx 1965/1867, S. 92 ff.).[77] In Erweiterung dieser Ecklösung wollten wir auf einige der zusätzlichen oder zu verfeinernden Mechanismen aufmerksam machen, die einer erfolgversprechenden Kooperation zugrunde liegen müssen. Aber auch unter diesen erweiterten Bedingungen bleibt jeder Kooperationsversuch der Gefahr ausgesetzt, dass sich das Interesse der Akteure, auch weiterhin zum Kooperationserfolg aller beizutragen, verflüchtigt und dass die erhofften Kollektiveffekte trotz aller Regulierungsbemühungen letztlich ausbleiben.

Im Verlauf der spezifizierenden Korrektur der orthodoxen Gemeinschaftstheorie zeigt sich gelegentlich auch, wie sie theoriegeleitet weitergeführt werden kann. So kann man sich zum einen darum kümmern, wie Kooperationsinteressenten sich an sozialen oder religiösen Bewegungen beteiligen bzw. Rebellionen und Aufstände unterstützen (vgl. Stark 1987; Stark und Iannaccone 1993; Lichbach 1995), indem sie sich Informationen darüber beschaffen, mit wem sie sich unter welchen Umständen ‚vergemeinschaften' können bzw. aufgrund ihrer Status- oder Klassenlage auch müssen. Fragen kann man aber auch, aufgrund welcher strukturellen Voraussetzungen die Akteure dazu neigen, die Gemeinsamkeit ihrer Ziele und Wertungen zu betonen; wie sich herausstellt, besteht dazu Anlass, wenn eine Gruppe sich dazu genötigt sieht, gemeinsame, sogenannte „historische" Erfahrungen zu verarbeiten, wenn es gilt, zur Sicherung von Transaktionen verwandtschaftlich-ethnische Zugehörigkeiten zu aktivieren oder sich auf die Suche nach „transzendentalen Göttern" zu begeben, die man ohne gemeinschaftliche Überzeugungsarbeit kaum wird identifizieren können (vgl. Joas 1992; Stark 1999).[78] Zudem kann man untersuchen, weshalb Akteure ihr Kooperationsinteresse verlieren. Dazu wäre auf Änderungen in der Opportunitätsstruktur ebenso hinzuweisen wie auf die Notwendigkeit, sich durch einen

---

[77] Im Lichte unserer Erläuterungen können Marxens Ausführungen zum „Kommunismus" der gesellschaftlichen Lebensverhältnisse (vgl. Marx 1965/1867, S. 92 ff.) klar dem orthodoxen Modell zugeordnet werden.

[78] Die Vielzahl solcher Prozesse der Mitgliederrekrutierung wird oftmals unter dem Gesichtspunkt diskutiert, dass die Akteure über „homogene" Eigenschaften verfügen müssen, um die Effektivität ihrer Kooperation steigern zu können.

Präferenzwechsel auf neue Gegebenheiten einzustellen (vgl. Snow und Machalek 1984; Sherkat und Wilson 1995, S. 996 ff.). Auch kann man versuchen, das dargestellte Strukturmodell komplexer anzulegen, indem man in Rechnung stellt, dass Kooperationsgruppen auch versuchen können, mehrere Kooperationsgüter – zugleich oder in Serie – herzustellen, dass die Gruppengröße schwanken oder auch dauerhaft zunehmen kann. Auch wird es sich zur Fortschreibung eines entsprechenden Forschungsprogramms lohnen, die einfache Rollenstruktur der bislang untersuchten Kooperationsgruppen, die vorsieht, dass alle Akteure *zugleich* Produzenten, Konsumenten und Kontrolleure ihres Gemeinschaftshandelns sind, aufzubrechen, was neue soziale Konstellationen relevant werden lässt.

Im folgenden Abschnitt wenden wir uns alternativen Kooperationsformen zu, die Akteure dann einsetzen werden, wenn spontane bzw. gruppenspezifische Lösungen weder machbar noch erfolgreich erscheinen.

8.5   Herrschaftslösungen

Die im Gefangenendilemma dargestellte Kooperationsthematik erschließt eine *soziale Handlungskonstellation* (vgl. dazu schon Abschnitt 4.4), über deren Dramatik die klassische Sozialtheorie aufgrund idealisierender Handlungsannahmen vielfach hinweggegangen ist: das Problem, dass formal freie, rationale Akteure in vielen Fällen *gemeinsame Zwecke* nicht oder nicht in dem von ihnen gewünschten Maße realisieren können.[79] Um dieses Problem zu umgehen, wird entweder aus dem sozialen Wesen der Menschen an sich oder aus einer vorausgesetzten gemeinsamen Moral auf ein kooperationsdienliches Handeln geschlossen (Rousseau, Marx, Kant, Sozialutopisten) oder aber es wird davon ausgegangen, dass soziale Gruppen im Laufe der Evolution immer die dafür notwendigen Mechanismen hervorbringen (vgl. Abschnitte 8.3 und 8.4). Wird von solchen Annahmen abgesehen und aus Sicht rationaler, eigeninteressierter Akteure auf Situationen geblickt, in denen gemeinsame Zwecke das Zutun aller oder doch vieler Akteure verlangen, dann wird offenbar, dass rationale Egoisten ihren erforderlichen Beitrag verweigern, wenn sie auch ohne Zutun in den Genuss kooperativ erstellter Güter kommen können – weil diese öffentlich sind und ein Ausschluss nicht möglich oder nicht gewollt ist –, was noch bestärkt werden wird, wenn sie zudem davon ausgehen, dass ihr Beitrag überflüssig ist oder nicht hinreicht, um das gemeinsame Ziel zu erreichen. Aus theoretischer Sicht stehen die Akteure vor einem Problem der wechselseitig *verlässlichen Erwartungsbildung*, das seine Ursache in der Situationslogik der spezifischen sozialen

---

[79] Wir werden in diesem Abschnitt die Kooperationsproblematik vor allem in Form der Erstellung öffentlicher Güter durch ein kollektives Zweckhandeln erfassen.

Interdependenz hat. Gemeinsame Zwecke, deren erfolgreiche Realisierung vom
Zutun vieler anderer abhängt (vgl. Olson 1968; Wiesenthal 2000), motivieren die
individuelle Beitragsleistung tatsächlich nicht, wenn Trittbrettfahren möglich ist
und wenn überdies rationalerweise die Einschätzung vorherrscht, dass das kollektive Zweckhandeln unabhängig davon, was man selbst tut, erfolgen wird (oder
auch nicht), sodass ein Akteur aus dieser Sicht heraus die Kosten einer Beitragsleistung in jedem Fall zu vermeiden sucht. Dies kann manchmal unter den oben
benannten Bedingungen durch wiederholte Interaktion (vgl. Abschnitt 8.3) und
gruppeninterne Normierung geschehen (vgl. Abschnitt 8.4), aber auch durch die
Errichtung einer zentralen Herrschaftsinstanz.

Wir setzen zur Schilderung dieser Möglichkeit am Grundproblem der wechselseitigen Erwartungen an, woraus folgt, dass zentrale Instanzen, die solche
Erwartungen definieren und sanktionieren könnten, eine Lösung des Abstimmungsproblems darstellen würden, die darauf abzielt, die Kosten des koopera-
tionshinderlichen Trittbrettfahrens zu erhöhen bzw. die Handlungen dauerhaft
und glaubwürdig anzuweisen, die den gemeinsamen Kooperationserfolg sicherzustellen versprechen. Allerdings stellt eine solche Lösung die Akteure auf der
nächsten Ebene vor das gleiche Dilemma, da sie sich über die Zulässigkeit und die
Kostenverteilung einer solchen Zentralinstanz einigen müssen. Wir suchen daher
nach Situationsbedingungen, die erklären, wie dieses sekundäre Dilemma überwunden werden kann, ändern also zunächst nicht den handlungstheoretischen
Kern, der zur Problemexplikation geführt hat. Eine logisch konsistente Erklärung
setzt damit voraus, Herrschaft als einen Mechanismus sozialer Ordnungsbildung
aus dem rationalen Handeln der Akteure ableiten und als Grundlage kollektiven
Zweckhandelns vorstellen zu können. Entsprechend der Handlungsannahmen und
der Logik der Situation fahnden wir zuvorderst nach Faktoren, welche die Erfolgswahrscheinlichkeit des Gemeinschaftsprojektes der Herrschaftsgründung erhöhen
und/oder die dabei anfallenden individuellen Beitragskosten senken. Wir diskutieren dazu erstens den Fall, dass sich „Gleiche unter Gleichen" (Abschnitt 8.5.1)
auf die Einsetzung einer Herrschaft verständigen, und zeigen Mittel und Wege
auf, einen entsprechenden *Kollektivvertrag* zu etablieren und damit das Gemein-
schaftsprojekt zu garantieren. Im zweiten Schritt nehmen wir zusätzlich an, dass
die Akteure neben den Zwecken der gemeinsamen Herrschaftsetablierung auch
noch andere Ziele verfolgen und darauf angewiesen sind, ihre unterschiedlichen
Fähigkeiten arbeitsteilig zu organisieren, wodurch politische oder wirtschaftliche
oder Zwangsunternehmer auf den Plan treten (Abschnitt 8.5.2), deren primäre Motivation nicht auf das herzustellende Kollektivgut gerichtet ist, sondern auf die
Abschöpfung von Herrschaftsrenten, und die in diesem Kontext eher beiläufig
Handlungssicherheit herstellen und Kooperation organisieren helfen.

8.5.1 Der kollektive Herrschaftsvertrag

Wir beginnen mit dem Fall, dass die Leistungsbeiträge *aller* oder *vieler Akteure* für die Bereitstellung eines kollektiven Gutes notwendig sind, dass alle *gleichermaßen* daran interessiert sind und dass *niemand* von dessen Nutzung ausgeschlossen werden kann, wenn es denn bereitgestellt ist.[80] Die Etablierung einer guten Ordnung oder geregelte soziale Beziehungen in einer großen Gruppe werden in der Soziologie normalerweise unter dieser Situationsmodellierung thematisiert. Es handelt sich dabei um komplexe kollektive Vorhaben, die ein *abgestimmtes Handeln* möglichst vieler bzw. aller Akteure verlangen und deren Erfolg demnach entscheidend von der *sicheren Erwartung* abhängt, dass die anderen kooperativ agieren werden. Dass alle in gleichem Umfang von der erfolgreichen Kooperation profitieren, ist aus Sicht rationaler und eigennütziger Akteure nicht förderlich, sondern gerade das Problem, da dies Anreize zum Trittbrettfahren setzt. Sofern kostengünstige, spontane oder einfache Gruppenlösungen nicht zu haben sind, bietet sich daher eine Sicherung *sozial definierter Erwartungen* durch eine (eigens geschaffene) zentrale Instanz an, die dafür vielfältigste Machtmittel einsetzt, die sie entweder selbst aufbringt oder – und auf diesen Fall wollen wir uns hier konzentrieren – die durch die am Kollektivgut interessierten Akteure bereitgestellt werden müssen. Die damit verbundenen Kosten resultieren aus dem Aufbringen persönlicher Leistungsbeiträge in Form von Abgaben, Steuern, Hilfsdiensten usw.

Wie solche Herrschaftsmechanismen etabliert und gestaltet werden können, die *wechselseitige Erwartungssicherung* bieten und damit *kollektive Vorhaben* bzw. ein *kollektiv organisiertes Zweckhandeln* erfolgreich werden lassen, gehört zum Kern der soziologischen Ordnungsdiskussion. Allerdings weist die klassische Bearbeitung dieses Themas von Thomas Hobbes (1966/1651) über David Hume (1973/1739–1740) bis hin zu Max Weber (1980/1922) Inkonsistenzen auf. Obwohl die jeweils aufgeworfenen Kooperationsprobleme aus Sicht intentional-rationaler Akteure formuliert werden, basiert die vorgesehene Einsetzung und Gestaltung von zentralen Herrschaftsinstanzen auf Annahmen wie deren Richtigkeitsanerkennung, deren Funktionalität usw. Kurzum: Es herrscht die Neigung vor, die Existenz von Herrschaft entweder einfach als gegeben und unproblematisch vorauszusetzen oder aus der Einsicht der Akteure oder aus guten, objektiv gegebenen Gründen abzuleiten. Damit war der Soziologie eine differenzierte Analyse der Funktionsweise(n) und Effekte von Herrschaft lange verstellt. Wir wollen demgegenüber demonstrieren, dass ausgehend vom Dilemma kollektiver Zweckverfolgung verschiedene Mechanismen angegeben werden können, die aus

---

[80] Wir unterstellen weiterhin, dass alle Akteure die Kollektivgutproblematik erkennen und dass Konsumrivalität bzw. Übernutzungsgefahren ausgeschlossen sind (vgl. Abschnitt 8.2).

Sicht rationaler und eigennütziger Akteure den Aufbau einer kooperationsdienlichen Herrschaft begründen. Der Ertrag einer solchen systematischen Vorgehensweise liegt darin, *unterschiedliche Entstehungs-* und *Erfolgsbedingungen* einer
kooperationsdienlichen Herrschaft erschließen zu können. Wir werden vor allem
zur Diskussion stellen, dass die in der Soziologie und in liberalen Staatsmodellen
favorisierte Herrschaft „Gleicher unter Gleichen" hoch voraussetzungsvoll und
an die Überwindung wiederholter Anreize zum Trittbrettfahren gebunden ist.

8.5.1.1 Herrschaft: ein Problem zweiter Ordnung

Eine Herrschaft zur Bereitstellung kollektiver Güter ist teuer und anspruchsvoll,
da die zentrale Instanz mit Herrschaftsmitteln und rechten ausgestattet werden
muss, um die notwendigen Kooperationsbeiträge einfordern und die dafür notwendigen dauerhaften Strukturen aufbauen zu können. Da die herrschaftliche
Ordnungssicherung Vorteile für alle mit sich bringt, hängt die Beitragsleistung
der einzelnen Akteure nicht allein von den in Aussicht stehenden Erträgen der
Herrschaftsetablierung, sondern zusätzlich von ihrer Einschätzung darüber ab,
wie erfolgreich die Herrschaftsordnung sein wird und ob die genannten Vorteile
ohne eigene Beiträge zu erlangen sind.

Bereits in der klassischen Herrschaftssoziologie Webers wird festgehalten,
dass eine rein interessenbasierte Herrschaft sowohl aufseiten der Verbandsmitglieder als auch aufseiten des Verwaltungsstabes instabil wäre. Weber folgert
daraus, dass alle Herrschaftsformen bei den Herrschaftsunterworfenen den Glauben an ihre Rechtmäßigkeit zu wecken versuchen (Weber 1980/1922, S. 122) und
dass nur eine derart als legitim anerkannte Herrschaft einen wirksamen Ordnungsmechanismus darstellt, der in seinen Augen grundsätzlich darin besteht,
dass ein Akteur anderen *erfolgreich befehlen* kann und dass bestimmte Personen auf diese Befehle erwartbar gehorchen werden (Weber 1980/1922, S. 29).
Weber löst das Problem kollektiven Zweckhandelns durch die Annahme einer
gegebenen, legitimen Herrschaft und konzentriert sich stattdessen auf die Frage nach der formal rationalen Struktur der Herrschaft. Aus unserer Sicht findet
sich bei ihm damit eine von Trittbrettfahreranreizen freie Herrschaft analysiert,
die aber nur dann zu gewärtigen ist, wenn tatsächlich von einem normativ gebundenen Handeln aller aufgrund einer gegebenen Legitimitätseinbindung ausgegangen werden kann, was sicherlich nicht immer oder doch nur phasenweise
der Fall sein dürfte. Dieser Mangel schlägt sich auch darin nieder, dass Webers
Gestaltungsvorschläge zudem keine Einsetzungs- und Agency-Probleme in den
Blick nehmen, sondern allein die formal technisch-rationale Organisation des
herrschaftlichen Gemeinschaftshandelns (vgl. ausführlich Maurer 2004a; 2010b).
Webers Herrschaftssoziologie ist demnach ein idealtypisches Modell, das von

einer *gegebenen Anerkennung* der Befehlsgewalt ausgehend das Gehorchen als Pflicht setzt, und zwar unabhängig von eventuell gegenläufigen individuellen Interessen. Damit ist sowohl die Errichtung als auch die Ausübung der Herrschaft kein wirkliches Problem mehr.

Im Verlauf der neueren Herrschaftssoziologie stellte sich zunehmend heraus, dass das Problem der *Herrschaftsetablierung* nicht einfach zu umgehen ist, sondern dass in dessen handlungstheoretischer Bearbeitung eine wichtige Weiterführung der Klassiker zu sehen ist. Im Anschluss an die Gesellschafts- und Staatstheorien von Hobbes, Locke, Hume, Nozick u. a. (vgl. dazu Coleman 1992a, S. 7 ff.) setzte sich in den Sozialwissenschaften mehr und mehr die Erkenntnis durch, dass die erfolgreiche Begründung eines Herrschaftsverhältnisses für die Akteure angesichts der Ausgangslage ein neuerliches Gefangenendilemma aufwirft. In solchen Fällen erweist sich jede Herrschaftsetablierung als ein *Kollektivgutproblem zweiter Ordnung.* Zwar gehen die Akteure berechtigt davon aus, dass sie ihr primäres Kooperationsproblem lösen können, wenn sie auf herrschaftlich abgesicherte Regeln zurückgreifen; diese müssen aber definiert und durch eine Zentralinstanz gesichert werden, die es zu finden, auszustatten und auch zu kontrollieren gilt, was Kosten nach sich zieht, die verteilt und getragen sein wollen. Sowohl die Existenz und Gestalt sozialer Regeln als auch deren Sicherung mittels Herrschaft ist dann als ein Problem der Bereitstellung eines öffentlichen Guts zweiter Ordnung zu verstehen, was nicht ausschließt, später zu fragen, wann sich eine solche Richtigkeitsanerkennung einstellt und die beiden anfänglichen Probleme zusätzlich zu entschärfen hilft.

Herrschaftslösungen liegen also keineswegs und unter allen Umstanden auf der Hand. Ein einfacher Ausweg eröffnet sich, wenn rationale Akteure auf einfachere, in jedem Fall kostengünstigere Lösungen zurückgreifen können.[81] Wenn solche Wege versperrt sind, werden sich die Akteure aufraffen müssen, gemeinsam in die Etablierung von Herrschaftsinstanzen zu investieren, wobei sie dann wiederum auf Probleme kollektiven Handelns treffen. Dabei kann für sie hilfreich sein, wenn sie Verhältnisse antreffen oder aufbauen können, die darauf hinwirken, die allgemeine Vorteilhaftigkeit der Herrschaft zu demonstrieren

---

[81] Dazu mögen alle Versuche zählen, dem (sekundären) Kollektivgutproblem der Herrschaftsfindung und begründung dadurch aus dem Weg zu gehen, dass sich die Akteure auf Lösungen ihres Ausgangsproblem einlassen, deren Bereitstellungskosten geringer sind als in den Fällen, in denen sich die Errichtung einer zentralen Weisungsinstanz letztlich nicht umgehen lässt. So können die Akteure versuchen „Selbstverwaltungssysteme", „Selbsthilfegruppen" und dergleichen zu errichten, deren Kooperationserträge in einem akzeptablen Verhältnis zu den Beteiligungskosten stehen, sie können aber auch versuchen, das Ausgangsdilemma durch das Knüpfen von Freundschaftsbanden oder dadurch zu bewältigen, dass sie sich in Erwartung von Anerkennung, Reputation oder der Zuweisung von einträglichen sozialen Positionen zugunsten eines kooperationsdienlichen Handelns entscheiden.

und die betreffenden Investitionsentscheidungen so wechselseitig zu erleichtern.[82]
Wir können die dazu benötigen Voraussetzungen mithilfe von *Schwellenwert-*
oder *Tipping-Point-Modellen* entwickeln. Solche Modellierungen erlauben die
Beschreibung positiver Rückwirkungen auf die Erfolgsschätzungen der Akteure, indem sie anstelle unverbundener Einzelentscheidungen sequenzielle Ent-
scheidungsketten setzen. Einen alternativen Weg dazu zeigt Coleman mit der
kollektiven Definition sozialer Handlungsrechte auf.[83] Die Überwindung des
Kollektivgutdilemmas folgt aus der Annahme, dass eine zentrale Zusammenfas-
sung von Handlungsrechten als Ergebnis eines kollektiven Konsenses aufgefasst
werden kann, der zum Ausdruck bringt, dass die Einzelnen prinzipiell dafür sind,
bestimmte Handlungsrechte abzutreten, weil ihnen die *stellvertretende Kontrolle*
ihres Handelns vorteilhafter erscheint als autonome Handlungsentscheidungen.
Entscheidend ist, dass Herrschaft als das Resultat einer *kollektiv beschlossenen*
Verteilung von Handlungsrechten und nicht als das Ergebnis vereinzelter individueller Übertragungen erklärt wird. Der kollektive Konsens ist in diesem Fall
möglich, weil alle Akteure aufgrund ihrer jeweiligen Kosten-Nutzen-Überle-
gungen bestimmte Handlungen nicht in das eigene Belieben, sondern unter die
stellvertretende Kontrolle einer Herrschaftsposition stellen wollen. Ein solcher
kollektiver Entschluss ist Trittbrettfahreranreizen entzogen und gibt an, welche
Rechte bei den Einzelnen verbleiben und welche *kollektiv* und *im Auftrag aller*
von einer zentralen Instanz in Anspruch genommen werden sollen. „Ein Akteur
übt in einem bestimmten Handlungsbereich Herrschaft über einen anderen Akteur aus, wenn er das Recht besitzt, die Handlungen des anderen in diesem Bereich zu bestimmen." (Coleman 1991, S. 83).

Allerdings kann auch diese Lösung der Herrschaftsetablierung mithilfe der
kollektiven Übertragung von Kontrollrechten einige Probleme aufwerfen, deren
Analyse soziologisch wichtige Einsichten vermittelt. Einerseits müssen der Herrschaft notwendige Mittel zur Sicherung der Kooperation oder zur Bereitstellung
der öffentlichen Güter zugestanden werden, andererseits ist ein derartiges Zugeständnis für die Einzelnen mit Kosten verbunden. Zudem ist die Ausstattung
des Herrschers mit Herrschaftsmitteln mit dem Nebeneffekt verbunden, dass ein
mächtiger Akteur geschaffen wird, sodass die Einzelnen natürlich nur so viel an
Rechten übertragen wollen, als sie zur Etablierung einer erfolgreich agierenden
Zentralinstanz für nötig erachten. Der kollektive Vertrag zur Einsetzung einer

---

[82] Wir modellieren das Problem der Herrschaftsetablierung zunächst, ohne darauf zu achten, ob sich
ein Herrscher findet, der die ihm angetragenen Aufgaben der Kollektivgutsicherung übernehmen
kann und will. In den nachfolgenden Abschnitten wenden wir uns dann der zusätzlichen Frage zu,
was geschehen kann, wenn sich Herrschaftsanbieter ‚aufdrängen'.
[83] Herrschaft wird als Verteilung von Handlungsrechten beschrieben, die aus dem rationalen Handeln der Einzelnen in bestimmten Situationen hervorgeht (vgl. Coleman 1992a).

Herrschaft setzt ein mit Unsicherheiten verbundenes Abwägen darüber voraus, welche Rechte von den Individuen auf die Herrschaft übertragen werden sollen bzw. welche sie zurückbehalten möchten. Die Entscheidung der Akteure folgt aus dem Vergleich der erwarteten Erträge mit den individuellen Aufwendungen. Sofern sie gleiche Ziele in gleichem Maße verfolgen, fällt für jeden die Entscheidung gleich aus, und jede Entscheidung eines Akteurs repräsentiert die der anderen. Der kollektive Konsens sieht dann vor, so viele Kontrollrechte auf die Körperschaft zu übertragen, bis „die Gewinne (oder Kosten), die aus der Ausübung der Handlung resultieren – errechnet aus allen Situationen, in denen man sich erwartungsgemäß in dieser Position befindet – geringer sind als die Kosten (oder Gewinne), die aus externen Effekten der Handlung resultieren – errechnet aus allen Situationen, in denen man sich erwartungsgemäß in dieser Position befindet. Wenn Rechte über die Handlung der Körperschaft übertragen werden, entspricht die erste dieser beiden Positionen der des Zielakteurs und die zweite der des Nutznießers der gemeinschaftlichen Handlung" (Coleman 1992a, S. 15).

8.5.1.2 Herrschaftskritik: ein Problem dritter Ordnung

Mit der kollektiv entschiedenen Übertragung von Herrschafts- und Kontrollrechten auf zentrale Instanzen ist das Problemfeld der Herrschaftsetablierung noch nicht zur Gänze ausgeleuchtet. Das Modell einer Herrschaft zur Realisierung gemeinsamer Interessen oder zur Bereitstellung kollektiver Güter kann, anders als Hobbes und Weber sich dies vorstellen wollten, *typische Folgeprobleme* nach sich ziehen, welche die Kooperationserfolge schmälern, die Vorteile einer Herrschaft problematisieren und damit die rationale Umgestaltung und Nachbesserung von Herrschaftsstrukturen zum Thema machen. Der leitende Gesichtspunkt der Analyse bleibt zwar weiterhin die Leistungsfähigkeit der Herrschaftsstrukturen im Hinblick auf das kollektive Zweckhandeln, es treten nun aber noch *belastende Nebenfolgen* und *ungeplante Effekte* hervor, deren Bewältigung die Akteure, wie leicht einzusehen ist, vor ein Kooperationsproblem dritter Ordnung stellt. Die primäre Leistungsfähigkeit herrschaftlicher Beziehungen haben wir ja schon in Form der Frage behandelt, welche Ausstattung die Herrschaft benötigt und wie ihre Übertragung durch rationale Akteure erfolgt. Dies ist Gegenstand von *Verfassungen* – und dies ist auch der Aspekt kollektiven Zweckhandelns, auf den sich die Weber'sche Herrschafts- und Verbandssoziologie konzentriert, die ihrerseits für lange Zeit die Organisationsforschung insgesamt angeleitet hat (vgl. stellvertretend Coleman 1990a).

Herrschaftsanalysen, die sich allein auf die Einsetzung einer Herrschaftsinstanz und auf deren primären Zweck: kooperationsdienliche Erwartungssicherheiten, konzentrieren, greifen indes zu kurz, denn sie übersehen allzu leicht, dass die Herrschaftsausübung nur dann für alle vorteilhaft ist, wenn eine umfassende Interessengleichheit gilt und wenn damit keine unerwünschten Nebenfolgen verbunden sind. Dass die Definition und Operationalisierung gemeinsamer Ziele nicht immer konflikt- und problemfrei erfolgen muss, zeigt sich bei auseinanderfallenden Neben- oder Unterzielen; denn das begründet die Kritik am Herrschaftsverband als Minimalstaat bei Nozick.[84] Solche divergenten Unterziele werfen weitergehende Fragen der *Zwecksetzung* und der *Verteilung* auf und machen Konfliktregelungen nach innen zum entscheidenden *Erfolgs-* und *Bestandsfaktor* des herrschaftlich organisierten Zweckhandelns; auf staatlicher Ebene wird dies als Wohlfahrts- und Sozialpolitik und auf Organisationsebene als Governance und Mitbestimmungsproblem verhandelt. Der zweite Aspekt möglicher unerwünschter Folgen eingesetzter Herrschaftsstrukturen ist für die Herrschaftssoziologie allgemein relevant, denn gerade dann, wenn von eigeninteressierten Akteuren ausgegangen wird, ist die Einsetzung von Herrschaftsagenten oder beauftragten und die Überweisung von Herrschaftsrechten und mitteln an diese mit Kontrollproblemen behaftet, welche die erwünschten Koordinationseffekte gänzlich überlagern können, auf jeden Fall aber soziologisch bedacht sein wollen.

Auch legitime und von den Akteuren rational eingesetzte Herrschafts- und Ordnungsformen bedürfen der ständigen Kritik und Korrektur. Die Soziologie geht der Frage der Kontrolle und der Korrektur von Herrschaftsstrukturen in der Regel unter dem weiten Begriff der Herrschaftskritik nach – dass dafür schon umfassende Erklärungsargumente vorliegen, die den Aufbau kollektiver Handlungen bei Unzufriedenheit mit herrschaftlicher Koordination diskutieren (vgl. Hirschman 1974; Williamson, O. 1990; Coleman 1990a; hier ausführlicher Abschnitt 4.4), übersieht sie dabei häufig. Die empirisch beobachtbaren Kritikformen wie Rebellion, Widerstand und Revolution wären nach unserem bisherigen Problemaufriss als ein *nachgelagertes Trittbrettfahrerproblem* zu behandeln. Das oft vermerkte Faktum, dass Revolutionen in der menschlichen Geschichte relativ selten vorkommen, dass hingegen von den Individuen als schlecht und unvorteilhaft wahrgenommene Ordnungen von relativer Dauer sind, lässt sich nun dadurch erklären, dass die Korrektur und Auflösung etablierter Herrschaftssysteme nicht nur ein Kollektivgutproblem darstellt, sondern auch mit einem nicht unerheblichen Kostenfaktor belastet ist: den *Widerstandskosten*, die *Oppositionshandlungen* aufgrund der herrschaftlichen Sanktionsmittel und der Herrschaftstechniken zu gewärtigen haben. Vor allem die mit sozialen Konstellationen arbeitende ausgefeilte Herrschaftstechnik des „teile und herrsche" kann die erfolgreiche Organisation kollektiven Handelns relativ einfach und vor allem systematisch be- und verhindern (Maurer 2010b).

---

[84] Wir gehen von „Gleichen unter Gleichen" aus und für die Zukunft vom „Schleier des Nichtwissens" (vgl. Rawls 1979).

Und in der Tat hat es sich als heuristisch sehr fruchtbar erwiesen, die Analyse des Aufbaus von kollektiven Protestaktionen, Rebellionen und Revolutionen als ein Problem kollektiven Handelns zu betrachten (vgl. Taylor 1988; Lichbach 1995) und ausgehend von der Grundkonstellation dieses Problemfelds sozial relevante Zusatzfaktoren in Form sozialer Interdependenzen nachzuweisen, die belegen, was die für den kollektiven und zweckgerichteten Umbau der Herrschaftsverhältnisse dringend erforderliche Herrschaftskritik ermöglicht und befördert bzw. erschwert. Herrschaftskritik ist neben innerer Emigration und Abwanderung (vgl. Hirschman 1992; Coleman 1992a, S. 186 ff.) eine mögliche Reaktion der Gruppenmitglieder auf eine schlecht arbeitende Herrschaft, bedarf aber im Unterschied zu den beiden anderen Reaktionsformen zumeist eines kollektiven Engagements.[85] Die Grundstruktur einer kollektiven Herrschaftskritik aus der Sicht rationaler Akteure lässt sich grundsätzlich so charakterisieren: Ein rationaler Akteur wird seine aktive Teilnahme an der Umorganisation (oder Abschaffung) einer bestehenden Herrschaftsstruktur davon abhängig machen, für wie wahrscheinlich er den Erfolg der kollektiv-kooperativ zu erbringenden Handlungen und wie hoch er den Ertrag, den er infolge einer Verbesserung der Herrschaft erwartet, einschätzt; dem wird er zwangsläufig die Kosten seiner Teilnahme entgegensetzen, die zu einem wesentlichen Teil aus den *Sanktionsmöglichkeiten* der Herrschaft folgen bzw. aus deren Unwillen, einer Umgestaltung der Verfassung zuzustimmen. Im Grenzfall wird ein Akteur nicht nur deshalb auf eine Beteiligung an den erforderlichen Umbaumaßahmen des Herrschaftsgebäudes verzichten, weil er den Erfolg seines Beitrags für vernachlässigbar einstuft, die notwendigen Beiträge der anderen nicht sicher erwarten kann und auch noch befürchten muss, dass seine Widerstandshandlungen auf Gegenreaktionen der Herrschaftsinhaber stoßen, die ihm teuer zu stehen kommen. Die geschätzte Macht der Herrschaftsinstanz und die geschätzte Einflussmöglichkeit der eigenen Gruppe bestimmen damit die Teilnahmebereitschaft einzelner Akteure an kollektiven herrschaftskritischen Aktionen. Solange Einzelne davon ausgehen, dass solche Aktionen keinen erwartbaren Erfolg haben, sollte das individuelle Unbehagen auch auf der Makroebene ohne Effekt bleiben: Revolutionen sind eher selten und auch schlecht beurteilte Herrschaftssysteme außerordentlich stabil.

Wie kann nun aber der mitunter doch zu konstatierende Aufbau kollektiver Kritik oder das Zustandekommen von Revolutionen erklärt werden? Zur Beantwortung dieser Frage sollte wieder nach solchen Faktoren Ausschau gehalten

---

[85] Alternative Revolutionserklärungen gehen nicht von der rational, aus den Erträgen einer Herrschaftskorrektur begründeten Erklärung aus, sondern von den Frustrations- oder Ungleichheitserfahrungen der Individuen bzw. von Zusammenhängen auf der Strukturebene wie kulturellen Vorstellungen, Ungleichheiten usw. (vgl. für einen Überblick etwa Coleman 1990a, S. 191 ff.; Maurer 2004a, S. 103 ff.).

werden, die den Erfolg des kollektiven Handelns erhöhen, etwa weil einzelne
Akteure sich durch *kulturelle Deutungsmuster* dazu besonders befähigt fühlen,
Umgestaltungswege zu kennzeichnen, weil *soziale Beziehungen* kritikunterstüt-
zende Handlungen erwartbar werden lassen oder weil die herrschende Macht
Schwächen zeigt, woraufhin sich die Erfolgsschätzungen ihrer Umgestaltung
systematisch erhöhen können.[86] Dass der Aufbau revolutionären Handelns nicht
einfach und kein Automatismus ist, sondern dass ihm vielfach soziale *Mechanismen des Herrschaftserhalts* („teile und herrsche", Verräter, Doppelagenten,
Eliten usw.) entgegenwirken können, lässt sich anhand der Geschichte der jünge-
ren Guerilla- und Terrorgruppen, aber auch anhand der Widerstandsbewegungen
im Dritten Reich oder der Studentenunruhen Ende der 1960er oder Anfang der
1980er Jahre belegen.

Eine erfolgreiche Herrschaftskritik hängt demnach von *sozialen Bedingungen* ab, die sich über drei Kosten- und drei Ertragsarten beschreiben und
systematisieren lassen: Bei den Kosten handelt es sich erstens um erwartete
Sanktionen bei einem Misserfolg, zweitens um Kosten durch Strafaktionen während des unmittelbaren Widerstandes (also unabhängig vom Erfolg) und drittens
um direkte Kosten der Teilnahme. Damit sind drei Ertragsmöglichkeiten zu verrechnen: Erstens die Gewinne aus einer besseren Herrschaft, zweitens Erträge
aus der eigenen Teilhabe beim Erfolg der revolutionären Handlungen (Position
im neuen System) und drittens Erträge aus der Teilnahme wie soziale Anerkennung, Pflichterfüllung usw. (vgl. ausführlich Coleman 1990a, S. 466 ff.). Ohne
diese sozialstrukturellen Voraussetzungen würden die Akteure auch dann keine herrschaftskritischen Aktionen ergreifen, wenn die Herrschaft ihre primären
Aufgaben nicht mehr erfüllt; was dann der Fall ist, wenn bürokratische Erstar-
rung, überbordender Konsum oder Klientelversorgung die Oberhand gewinnen.[87]
Soziale Situationen, in denen enge, direkte Beziehungen zwischen den Herr-
schaftskritikern zur Regel werden, können revolutionäre Handlungen zur Bekämpfung derartiger Fehlentwicklungen in Gang setzen (vgl. Taylor 1988), weil
sie unabhängig von dem anfänglich als unrealistisch eingeschätzten Erfolg bzw.
unabhängig von der Relevanz, die die Akteure ihrem eigenen Handeln zuschreiben, Erträge bieten, die – solange die Kosten und deren geschätzte Eintrittswahrscheinlichkeiten niedrig sind – wirksam werden.

---

[86] Vgl. dazu insbesondere die Modelle und empirischen Studien von Hirschman (1992) oder Opp
et al. (1993) zu den Umbruchprozessen 1989 in der DDR.
[87] Dafür können Ineffizienzen der aufgebauten Strukturen und Verfahren, die falsche Operationalisierung von Zwischenzielen, das Nicht-Verhindern von Trittbrettfahren oder auch ineffiziente Verteilungen und Re-Investitionen der kollektiv erwirtschafteten Erträge ausschlaggebend sein (vgl.
schon Weber 1980/1922; Williamson, O. 1990; Hayek 1994b; Benz et al. 2007 u. a.). In allen Fällen
beginnen die Renten, die sich die Nachfrager nach herrschaftlichen Lösungen ihrer Kooperationsprobleme erhofft hatten, zu sinken (vgl. Lane 1979).

Aus all dem folgt, dass Erfolg und Bestand kollektiver und konsensuell errichteter Herrschaftssysteme in jedem Fall der wechselseitigen Erwartungssicherung bedürfen, daneben aber auch Strukturen und Verfahren gefunden und etabliert werden müssen, die dabei helfen, aus der Vielzahl zum Teil gegenläufiger Interessen zustimmungsfähige Ziele sinnvoll und adäquat zu operationalisieren, Mittel zu deren Realisierung zu finden und für die Mehrzahl der davon betroffenen Akteure tragbare Auflagen und Verteilungen zu identifizieren. Herrschaftskritik wäre in diesem Kontext als ein ganz wesentlicher Mechanismus zur funktionalen Gestaltung einer kooperationsdienlichen Herrschaft einzuordnen, der aber durch Trittbrettfahreranreize und Herrschaftssanktionen eingeschränkt wird.[88]

8.5.2 Private Unternehmer

Was aber, wenn nicht eine Gruppe eine Herrschaft einsetzt, sondern ein Einzelner an eine Gruppe mit dem Angebot herantritt, ihr Handeln in einem bestimmten Bereich zentral zu lenken, und damit für sie in einem gewissen Maße aufeinander abgestimmte Handlungserwartungen definiert und absichert? Ein solches „Herrschaftsangebot" ist aber bei den gesetzten Annahmen nur zu erwarten, wenn absehbar Herrschaftsrenten abgeschöpft werden können. In diesem Falle sind *private Unternehmer*[89] motiviert, eine herrschaftliche Steuerung zu übernehmen, ein Angebot, das aber von den Beherrschten nur angenommen werden wird, wenn für sie infolgedessen Vorteile wie etwa Ordnungsbildung und weitere Kooperationsmöglichkeiten in Reichweite gelangen. Herrschaft oder hierarchisch gesicherte Regeln generieren dann eine Interaktionsstruktur, die nicht mehr durch Trittbrettfahren geprägt ist, sondern durch die fortdauernd problematische *Zerlegung der Erträge* in *Herrschaftsrenten* und individuell aufteilbare *Kooperationserträge*. Privat angebotene Herrschaftslösungen gehen deshalb typischerweise mit Verteilungskonflikten unterschiedlicher Problemgehalte einher (vgl. dazu Kap. 7). Zwar beruht die Anerkennung eines Herrschaftsangebots von *politischen Unternehmern* (Abschnitt 8.5.2.1), *wirt*-

---

[88] Es sollte aber auch deutlich geworden sein, dass all diese Vorteile nur dann uneingeschränkt zur Entfaltung kommen, wenn Akteure durch *identische Interessen* miteinander verbunden sind, wohingegen schon unterschiedliche Sub- und Nebenziele Verteilungskonflikte auf den Plan rufen.

[89] Wir verwenden den Begriff des „privaten Unternehmers" als Oberbegriff zur Bezeichnung von Akteuren, die den Herrschaftsnachfragern ein Angebot unterbreiten, wenn sie dafür ‚entlohnt' werden, und unterscheiden hernach „politische" und „wirtschaftliche" Unternehmer als Untertypen. Damit ist auch gesagt, dass es „private" Unternehmer auf vielfältigen anderen Gebieten geben kann: die bereits genannten Konventionsunternehmer, aber auch Moralunternehmer, Ideologieunternehmer, Geschmacksunternehmer etc. In diesem Sinn kommt auch die Herrschaft von Gewaltunternehmern zur Sprache.

schaftlichen Unternehmern (Abschnitt 8.5.2.2), aber auch von *Gewaltanbietern* (Abschnitt 8.5.2.3) auf Erträgen: den Herrschaftsrenten auf der einen Seite und den möglichen Kooperationsgewinnen auf der anderen Seite, aber in deren Folge entstehen Konflikte und Kontrollprobleme. Diese resultieren vor allem daraus, dass die Herrschaftsunternehmer nur mittelbar an das Kollektivgut angebunden sind und sich zwischen Herrschern und Beherrschten vielfältige Abhängigkeiten ergeben, die sich einerseits aus dem notwendigen Zusammenspiel zur Realisierung des primären Kooperationsertrages speisen und andererseits aus den Konflikten um die Verteilung des Kuchens. Eine durch die Abschöpfung von Renten motivierte Herrschaft ist daher im Regelfall eine durchaus praktikable, weil von Trittbrettfahreranreizen entlastete Lösung, dafür aber eine mit vielfältigen Nachfolgekonflikten verbundene.

8.5.2.1 Politische Unternehmer

Die privat-hierarchische Steuerung innerhalb einer Gruppe ist zuvorderst auf die Ziele des politischen Unternehmers ausgerichtet und daher kein öffentliches Gut, sofern dieser nicht in erster Linie an Kooperationserträgen interessiert ist. Rationale, eigennützige Akteur lassen sich also durchaus dazu bewegen, eine zentrale Steuerung im Hinblick auf kollektive Zwecke zu übernehmen, sofern ihnen daraus erwartbare, persönlich nutzbare Erträge zukommen, die sich aus der Herrschaftsausübung selbst speisen und die ihnen höhere Erträge versprechen als eine einfache Gruppenmitgliedschaft. Frohlich, Oppenheimer und Young (1971) haben in Auseinandersetzung mit dem von Mancur Olson (1968) und Russel Hardin (1971; 1982) formulierten Problem des zweckgerichteten kollektiven Handelns darauf hingewiesen, dass herrschaftlich koordinierte Handlungssysteme dann einen Anreiz zur Wahrnehmung von Herrschaftsaufgaben bereitstellen, wenn die Gruppe willens ist, dafür einen bestimmten Anteil der Kooperationserträge an den Herrscher zu übergeben.[90] „If individuals are rational and self-interested and the provision of collective goods requires an organization, such goods will be supplied when someone finds it profitable to set up an organization (or make use of some existing organization), collect resources, and supply the goods in question. Any individual who acts to supply a collective good without providing all of the resources himself we will call a *political leader* or *political entrepreneur.*" (Frohlich et al. 1971, S. 6)

Derartige politische Unternehmer sind demnach durch die *erwartete Herrschaftsrente* motiviert, effiziente Koordinationen und Kooperationen bereit-

---

[90] Colin Crouch (1982) hat aus der Logik des kollektiven Handelns heraus die Probleme von Gewerkschaften behandelt (vgl. dazu auch Offe und Wiesenthal 1980 sowie Edwards 1986).

zustellen, sie sind aber auch daran interessiert, formale und gut ausgestattete Herrschaftspositionen zu sichern (vgl. Lenski 1977). So besteht einerseits ein Anreiz, Herrschaftsrenten abzuschöpfen, aber auch, die Leistungen der Gruppenmitglieder möglichst effizient zu organisieren, was umso eher gelingen kann, je effizienter die Kollektivgutproduktion organisiert wird. Damit wird die effiziente Organisation der Kollektivgutproduktion in diesem Fall zu einem wichtigen Bestandskriterium der Herrschaftslösung und bei deren Bereitstellung werden bereits kleine, sichtbare Erfolge wirksam. Die Beauftragung eines politischen Unternehmers bietet sich aus Sicht seiner Klientel umso mehr an, je höher sie seine Fähigkeiten und damit die erwartbaren Kooperationserträge einschätzt. Dem steht indes entgegen, dass eine einmal errichtete Herrschaft auch über strategische Allianzen und Koalitionen den Ausbeutungsgrad erhöhen kann (vgl. für Beispiele Elias 1976/1939). Aber auch die Bildung von Clubs (vgl. Buchanan 1965b; Olson 1968), Eliten (Bourdieu 1982) oder Oligarchien (Marx 1990/1848; Marx und Engels 1990/1848) steigert die Erfolgschancen politischer Unternehmer, ohne zugleich die Kooperationseffizienz zu erhöhen, und geht somit zulasten der Gruppe (vgl. für eine formale Modellierung und ausgiebigere Betrachtung Lichbach 1996; Bueno de Mesquita et al. 2005; North et al. 2009, S. 30 ff.).

Dies ist deshalb wichtig für soziologische Analysen, da politische Unternehmer die Logik der Situation erheblich verändern: War die dominante Interdependenzstruktur auf der ersten Ebene durch gemeinsam geteilte, wenn auch nur schwer realisierbare Interessen charakterisiert, ist das Verhältnis zwischen dem politischen Unternehmer und der Gruppe durch die widersprechenden Interessen an denselben Erträgen dominiert. Die Situationslogik stellt sich nunmehr als ein Verteilungskonflikt zwischen den Gruppenmitgliedern und den Herrschaftsagenten dar, der in seiner stärksten Form, wenn eine konstante oder gar sinkende Produktion aufgeteilt werden muss, einem Nullsummenspiel entspricht (vgl. Abschnitt 9.2.2). Stehen aber Kooperations- und Koordinationserträge zur Verteilung, dann können mittels Verhandlungs- und Machtstrategien Lösungen gefunden werden (vgl. Abschnitt 7.3). Das Motiv der politischen Unternehmer ist die maximale Herrschaftsrente, das der Gruppenmitglieder eine bestmögliche Bereitstellung der öffentlichen Güter, was für sie bedeutet, die Kosten der Herrschaft möglichst niedrig zu halten und möglichst effiziente Herrschaftsverfahren und strukturen anzustreben (vgl. etwa Lane 1979; Levi 1988). Die Mitglieder einer solchen Gruppe haben mithin zwei Folgeprobleme zu bewältigen: sie müssen einerseits den politischen Unternehmern so viel Herrschaftsrente versprechen, dass diese aktiv werden, aber eben auch nicht mehr, was heißt, dass sie ihr Risiko, ausgebeutet zu werden, minimieren wollen; und sie müssen andererseits Mittel und Wege finden, damit sie oder die Herrschaftsagenten effiziente Organisationsformen, Techniken, Produktionsweisen, Wissen usw. fördern, entdecken, einsetzen und organisieren. Demgegenüber wollen die Herrschaftsagenten so viel private Erträge wie nur möglich aus dem Herrschaftssystem herausziehen und sie können infolge ihrer monokratischen Entscheidungen auch besondere und kostengünstige Herrschaftstechniken und ressourcen einsetzen, wohingegen die Gruppe bei der erfolgreichen Durchsetzung ihres Anliegens, eine effiziente und kostengünstige Herrschaftslösung zu finden, wiederum mit dem zumeist kostenträchtigen Problem des kollektiven Handelns konfrontiert ist.

Aus dieser Logik lassen sich nun verschiedene Problemtypiken ableiten, die in verschiedensten Mischformen die Problematik solcher Herrschaftsstrukturen abbilden und in modernen Gesellschaften in Form von Organisationen und komplexen Managementstrukturen allgegenwärtig sind (vgl. Williamson, O. 1974; 1990; für einen Überblick Büschges et al. 1995 oder Maurer 2004a). Da ist erstens die zweckentfremdete Nutzung übertragener Mittel zu nennen, die die Effizienz der Herrschaft – in den Augen der Beherrschten jedenfalls – einschränkt. Beispiele hierfür sind die Verschwendung der kollektiven Ressourcen (Dienstwagen, Büroausstattungen, öffentliche Gebäude, Hofhaltungen und Festivitäten), der Missbrauch von Herrschaftsmitteln zum Herrschaftserhalt (Unterdrückung von Kritik, Ausschalten von Konkurrenz, Schutzstaffeln, Klientelbildung und Privilegien), die Vorteilnahme gegen die eigene Gruppe in Kooperation mit anderen (Korruption, Schmiergelder) usw. Zum Zweiten ist der systematische Ausbau der Herrschaft zulasten individueller Freiheit zu beachten. Drittens ergeben sich, und das hat die Soziologie seit jeher beschäftigt, Veränderungen der Sozialstruktur bzw. die Beeinflussung sozialer Interaktionen mittels Herrschaftstechniken (Geheimdienste, Willkürmaßnahmen etc.), die Staffelung von Gruppen über den Zugang zur Herrschaft (persönliche Audienzen, Bittbriefe) und die Versuche, die Herrschaftsrechte und positionen über das ursprünglich vereinbarte Maß hinaus auszuweiten. All dies schafft typische *Kontrollprobleme* für die Beherrschten, die in verschiedener Ausprägung je nach Anfangssituation in allen Herrschaftssystemen dieser Art zu erwarten sind und die sich drastisch verschärfen, wenn zusätzlich angenommen wird, dass die Akteure über unterschiedliche Informationen verfügen bzw. die Herrscher zur Durchsetzung ihrer Interessen auf mehr und bessere Informationen zurückgreifen können.

Allein dieser kurze Problemaufriss[91] macht deutlich, dass sich zwar die Herrschaft durch politische Unternehmer als eine mögliche Antwort auf das Kollektivgutproblem auf der ersten Ebene verstehen lässt; zugleich ist aber auch erkenntlich, dass dadurch eine neue soziale Interdependenzstruktur entsteht, die weitergehende Kontrollprobleme birgt und daher Anlass für noch mehr (zentrale) Steuerung sein kann, sofern nicht institutionelle Rahmenbedingungen für eine adäquatere Gestaltung der Herrschaftsstrukturen sorgen – zu nennen wären

---

[91] Historisch-empirische Ausführungen finden sich etwa bei Elias (1976/1939) und Moore (1966) sowie in den mikrosoziologischen Analysen von Popitz (1992) und Goffman (1981).

soziale (oder moralische) Bindungen der politischen Unternehmer ebenso wie
Meta-Kontrollen und selektive Anreize (wie etwa der Schutz vor Einkommens-
verlusten im Fall des Rücktritts).

Die herrschaftliche Organisation der Kollektivgüter und des dafür nötigen
kollektiven Zweckhandelns hängt entscheidend davon ab, inwiefern es gelingt, die
innere Konfliktdynamik derartiger Herrschaftsverhältnisse zu bändigen und auf
der einen Seite die Anreize zur maximalen Abschöpfung einer Herrschaftsrente
zulasten der Gruppe so weit einzuhegen, dass sie die primären Erträge nicht völlig auffressen, und andererseits solche Strukturen und Verfahren zu fördern und
auszubauen, welche die effiziente Bereitstellung der Kollektivgüter garantieren.
An dieser Stelle begegnen wir parallel zur Problematik konsensuell eingesetzter Herrschaft – nunmehr auf einer dritten Ebene – dem Problem, die Organisationsform des kollektiven Zweckhandelns effizient zu gestalten; denn auch die
Kontrolle und die effiziente Gestaltung der Herrschaft folgen der Logik des Trittbrettfahrens, wofür sich nun aber mehrere Lösungen anbieten, die der veränderten Situationslogik entsprechen. Der wohl wichtigste Lösungsweg sind Märkte
für politische Unternehmer, weil so – ohne nur schwer organisierbares kollektives
Kontrollhandeln, allein über den Wettbewerbsmechanismus – der politische Unternehmer dazu angehalten wird, Herrschaftsrenten nicht unnötig auszudehnen
und für effiziente Strukturen und Verfahren zu sorgen, da sonst die Nachfrager
seiner Dienste zu den Konkurrenten abwandern würden, wie dies etwa Schumpeter (1993) für den demokratischen Wettbewerb von Eliten darlegt. Politische
Unternehmer, die noch Gewinnerwartungen haben, werden ihre Arbeit auch dann
korrigieren, wenn ihre Mitglieder ihre Unzufriedenheit etwa durch Proteste oder
Abwanderung zum Ausdruck bringen, zumindest solange sie sich dem Wettbewerb um Mitglieder ausgesetzt sehen. Die Konkurrenz anderer motiviert sie daher,
die Grenzen ihrer Herrschaft zu erkennen, ein Mindestmaß an öffentlichen Gütern bereitzustellen und Machtmissbrauch einzudämmen. Für die Beherrschten
folgt daraus, dass sie wohlweislich keine Herrschaftssysteme ohne Exit-Optionen
einrichten bzw. sich dann zumindest Widerspruchsrechte und Entzugsrechte (z. B.
vermittels Verfassungen) sichern sollten (vgl. Williamson, O. 1974; Coleman
1991). Als besonders wirksames Mittel der Herrschaftskontrolle eignet sich der
Zusammenschluss der Beherrschten zu Koalitionen, wodurch sie vermeiden, dass
der Herrscher Benachteiligte seiner Verteilungspolitik durch minimale Vorteile
gegeneinander ausspielt. Dies könnte noch dadurch verstärkt werden, dass Herrscher sich wenigstens zeitweilig und begrenzt dazu gezwungen sehen, sich zur
Wahrung ihrer Interessen mit Teilen der Beherrschten zu verbünden (vgl. zu beiden Phänomenen Elias 1976/1939). Dass sich solche herrschaftskontrollierenden
Effekte allein schon durch soziale Gruppenbildung ergeben können, zeigen Modellierungen wie die von Mark Lichbach (1995; 1996), die auf soziale Konstellationen aufmerksam machen, die das Trittbrettfahrerproblem auf der dritten Ebene

überwinden helfen, etwa die Konkurrenz politischer Unternehmer untereinander oder zwischen von ihnen geführten Gruppen (Lichbach 1996, S. 167 f.). Konkurrenzkonstellationen zwingen die Herrscher nämlich dazu, sich ihrer Anhängerschaft zu versichern (vgl. etwa Williams 2008), und entlasten Letztere davon, sich eigens zur Herrschaftskontrolle kollektiv organisieren zu müssen. Wie man seit geraumer Zeit vermutet, spielt bei der kollektiv zu organisierenden Kontrolle des Herrschaftshandelns indessen die Gruppengröße eine einschränkende Rolle (vgl. Olson 1968; Buchanan 1965a), da nur die Bildung kleiner, kommunikationsfähiger Gruppen bzw. überblickbarer Clubs eine relativ günstige oder gar kostenfreie Beobachtung und Kontrolle der Führer ermöglicht. Vor allem Clubs lösen Kontrollprobleme über die Steuerung ihrer Größe und Aufnahmekriterien. Das aus der Sozialpsychologie und dem Alltag bekannte Phänomen, dass Arbeitsgruppen, Kommissionen, Beiräte usw. mindestens drei, aber nicht mit mehr als fünf Mitglieder haben sollten, um effektiv zu sein, findet in der Senkung von Kontrollproblemen eine rationale Begründung. Der Einhegung und Kontrolle politischer Unternehmer kann darüber hinaus dienlich sein, wenn Gruppen gegenüber fehlgeleiteten Herrschaftsansprüchen Sanktionen ergreifen können (vgl. Popitz 1980). Zwar stehen die Gruppenmitglieder (wie in Abschnitt 8.4 bereits gezeigt) dabei vor einem Problem der kollektiven Handlungsorganisation (vgl. Heckathorn 1989; Yamagashi 1986); die dabei anfallenden Kosten und Schwierigkeiten werden indessen in vielen Fällen dadurch aufgewogen, dass mit positiven wie negativen Sanktionen den Beherrschten eine reiche Palette an Steuerungsmöglichkeiten zur Verfügung steht: selektive Anreize wie Positionen, Aufstiegswege, Auswahl- und Berufungsverfahren, Gewinnbeteiligungen, Entlohnungsmodalitäten usw. oder die direkte Kontrolle des Führungsverhaltens vermittels Verfassungen, Prüfungen, Managementstrukturen etc. Jedoch kann natürlich nicht geleugnet werden, dass vor allem der Einsatz negativer Sanktionen die Gefahr birgt, die erwünschte kooperationsdienliche Herrschaftsleistung einzuschränken.

Auf der anderen Seite lassen politische Unternehmer nur selten die Gelegenheit aus, sich gegen derartige Kontrollmaßnahmen zu wehren. Sie können den an ihrer Kontrolle interessierten Gruppierungen als mächtiger Akteur gegenübertreten, der in einem relevanten Ausmaß über Ressourcen verfügt, die er einerseits dazu verwendet, Herrschaftskritik und kontrolle einesteils erheblich zu verteuern, andererseits dazu, Herrschaftsmittel an Günstlinge zu übertragen und Klientelsysteme aufzubauen, die es ihm erlauben, seinen Handlungsbereich auszuweiten und Anerkennung sowie Unterstützung zu erhalten. Es ist diese Chance, Herrschaftsstrategien und technken zu entwickeln, in Kombination einzusetzen und gegen die Untergebenen zum Einsatz zu bringen, die ein kritikbedrohter Herrscher im Normalfall zur Absicherung und Aufrechterhaltung seiner Herrschaftsrenten nutzen wird und die daher zur erwartbaren Begleiterscheinung solcher Herrschaftsformen wird. Die Suche nach und die Ausweitung von Aner-

kennung durch die Beherrschten, die Nutzung von Symbolen, Formen der Selbst-
darstellung, die Staffelung von Gruppen, die Bildung von Allianzen usw. sind
typische Positionssicherungsverfahren in herrschaftlich koordinierten Handlungssystemen. Der kollektiv beobachtbare Effekt wird daher der – von massiven,
wenn auch bisweilen hintergründigen Konflikten begleitete – Auf- und Ausbau
von Macht- und Herrschaftspositionen sein.

Es sollte deutlich geworden sein, dass das in der Soziologie weitverbreitete
Modell einer legitimen Herrschaft von all diesen Problemen nur so lange abzusehen erlaubt, als die unstrittige Anerkennung der Positionsvollmacht der Herrschaftsagenten durch die Beherrschten vorausgesetzt werden kann. Wir wollten
zeigen, dass damit nur dann zu rechnen ist, wenn sich in den Augen der Herrschaftsunterworfenen ein politischer Unternehmer diese Zustimmung dadurch
verdient hat, dass er ihr primäres Kooperationsdilemma aufzulösen vermag und
weiterhin Erfolge dabei aufweisen kann, die anstehenden Konflikte um die Aufteilung der Kooperationserträge zu bewältigen, und endlich akzeptiert hat, dass
seine Entscheidungen zu diesem Zweck einer Kontrolle unterzogen werden.

8.5.2.2 Wirtschaftliche Unternehmer

Von der im letzten Abschnitt dargestellten Sicherung von Handlungserwartungen
durch politische Unternehmer heben wir in diesem Abschnitt die Absicherung
von arbeitsteiligen Kooperationsformen durch wirtschaftliche Unternehmer ab,
da sich die Entstehungs- und Funktionsbedingungen beider Herrschaftsformen
klar unterscheiden. Während der politische Unternehmer von einer existierenden
Gruppe nachgefragt oder beauftragt wird, bieten wirtschaftliche Unternehmer,
die über eine eigene, erfolgversprechende Ausstattung (Kapital, technisches Wissen, Sozialkapital usw.) verfügen, eine zentrale Koordination fremder Handlungen im Hinblick auf ihre *eigenen, privaten Zwecke* an und bewirken nebenbei
kollektive Güter in Form einer effizienten Arbeitsorganisation und Ressourcennutzung, befriedeter Handelsbeziehungen oder eines höheren Lebensstandards.
Im folgenschweren Unterschied zu gemeinsam und konsensuell organisierten
Kontrollrechtsübertragungen konstituiert sich im vorliegenden Fall Herrschaft
durch *bilaterale Verträge* zwischen einzelnen Akteuren. Die privaten Unternehmer kaufen – in einem technischen Sinne des Wortes – per Vertrag Handlungsrechte anderer, die sich bezüglich der Vertragsbedingungen untereinander
(zunächst) nicht verständigen können und gänzlich aus der Perspektive ihrer
jeweils individuellen Einkommensverbesserung handeln,[92] und machen diese

---

[92] Lässt man diese Bedingung fallen, münden die weiteren Modellierungen in die Partei- und Ge-
werkschaftsforschung ein.

im Umfang der erworbenen Anweisungsrechte zu ihren Agenten. Oder anders gesagt: Der privatwirtschaftliche Unternehmer agiert im eigenen Interesse, er errichtet herrschaftliche Entscheidungs- und Kontrollstrukturen, um durch die bewusste und zweckgerichtete Koordination anderer Akteure *seine* Ziele besser zu realisieren, und entlohnt diese dafür, dass sie sich seiner Anleitung unterwerfen. Das Second-Order-Problem der Errichtung der Herrschaft verschwindet in dieser Konstellation (vgl. Coleman 1990a, Kap. 4, 7), weil die Etablierung der Herrscherposition keinerlei Trittbrettfahrerprobleme aufwirft und das Kollektivgut der kooperationsdienlichen Absicherung der wechselseitigen Erwartungssicherheit als ein *unbeabsichtigtes Nebenprodukt* eigeninteressierten Handelns bereitgestellt wird. Die Soziologie hat diese Form sozialer Beziehungen lange Zeit völlig ignoriert, da diese auf den ersten Blick gänzlich ohne soziale Mechanismen auszukommen scheinen.

Die Sozialstruktur des modernen Unternehmens stellt den dominanten Typus einer auf bilateralen Verträgen basierenden herrschaftlichen Organisationsform in modernen Gesellschaften dar (vgl. im Überblick Maurer 2008). Es waren zunächst Ökonomen, die in der Firma eine Organisationsform erkannt haben, die das Trittbrettfahren in Teams zu lösen sucht (vgl. Alchian und Demsetz 1972). Unternehmen nutzen dazu das Recht, die betreffenden sozialen Beziehungen kraft vertraglich zugestandener Autorität, und wenn nötig durch Sanktionen, zu regeln.[93] Dass solche sozialen Beziehungen auf der Basis bilateraler Verträge möglich sind, aber weitergehende soziale Regeln benötigen, wird seit den 1980er Jahren erfolgreich im Kontext der neuen Institutionentheorien bearbeitet (vgl. Maurer und Schmid 2002a; Berger, J. 2002 u. a.). In der Soziologie finden sich thematische Anknüpfungspunkte zu derartigen Überlegungen allenfalls im Zusammenhang mit Untersuchungen zum Auftragshandeln, das eine Form rationaler Herrschaft beschreibt, die nicht durch einen Kollektivvertrag zwischen „Gleichen" entsteht, sondern durch einen zweiseitigen, freiwilligen Vertrag zwischen Auftraggeber und Auftragnehmer.[94] Zwar ist in allen diesen Fällen die Errichtung der Herrschaft durch das vertraglich strukturierte Eigeninteresse der privaten Unternehmer wie der Beschäftigten motiviert, gleichwohl ist aber auch unter dieser Bedingung nicht ohne Weiteres davon auszugehen, dass rationalen Akteuren eine dauerhafte Ordnung zugänglich ist, da sie jederzeit in die Versuchung geraten können, die vertraglich vereinbarte Leistung zurückzuhalten.

---

[93] Auch mit der Figur des „wohlwollenden Diktators", der vorteilhafte politische Institutionen wie Steuern setzt oder bei der Auswahl von Gleichgewichtspunkten hilft, hat die Herrschaftsthematik in die Ökonomie Eingang gefunden (vgl. Weede 1992).

[94] Die Prinzipal-Agenten-Theorie gehört längst zum Standardwerkzeug der ökonomischen und auch von Teilen der soziologischen Institutionentheorie (vgl. dazu etwa Furubotn und Richter 2005; Berger, J. 2002).

Die Prinzipale werden die zugesicherte Entlohnung ihrer Agenten ständig neu verhandeln und zu minimieren versuchen und die Agenten ihrerseits die anfallenden Aufwendungen für das Auftragshandeln. Die Auftragsform ist infolgedessen von allfälligen Kontrollproblemen durchzogen und auch von gelegentlichen Konflikten begleitet. Grad und Ausmaß dieser Probleme hängen davon ab, wie sich die Interessen zueinander verhalten (vgl. Abschnitt 7.2). Die Kontrollprobleme können je nach Situation bzw. je nach Art der Auftragsbeziehungen an Schärfe und Umfang zunehmen; ausschlaggebend ist dabei, inwieweit unvollständige oder gar asymmetrische Informationen vorliegen. Solche Informationsvorsprünge können den Agenten zugeschrieben werden, etwa als Erfahrungswissen der Arbeiter oder als Insiderwissen von Managern (vgl. dazu Berger, J. 2002), und sind für die Unternehmer Grund für Regelungen. Sie können indes auch aufseiten der Unternehmer und deren Informationsbeschaffungsmöglichkeiten durch Buchführung und Controlling verortet werden und stellen dann die Agenten etwa vor die Schwierigkeit, Erträge und Entgelt richtig zu schätzen oder sich gegen Unternehmensentscheidungen zu wehren.

Dass für die Steuerung der Agenten neben Überwachungs- und Kontrollmechanismen auch andere Lösungen bedeutsam werden, liegt daran, dass deren Leistungsbeiträge für den Gesamterfolg zwingend notwendig sind. Sofern die spezifische Interdependenz zwischen Prinzipal und Agent zugunsten des Agenten wirkt, kann der Prinzipal grundsätzlich und sinnvoll zu selektiven Anreizen in Form von materiellen Gratifikationen, Aufstiegs- und Karrierewegen, Sonderleistungen usw. greifen. Aber auch solche erweiterten Kontrollen und Interventionen sind, wie oben bereits angesprochen, nur dann wirksam und zweckdienlich, wenn sie sich mit dem Auftrag des Agenten vertragen und nicht an dessen Gegenmacht scheitern. Selbstregulierende Formen wie Vertrauen oder Kultur – d. h. gemeinsame Überzeugungen und Bewertungen – bieten sich zwar auch an, sind aber aufgrund der gesamten Situationslogik und der konfliktbehafteten Interdependenzstruktur eher als zufällige Lösungen zu betrachten. *Selektive Anreize* sind in diesem System indessen insofern die ideale Lösung, als sich dadurch die Interessen der Agenten an die der Prinzipale annähern, etwa durch Mitarbeiteraktien, Gewinnanteile, Prämienlohnsysteme usw. Vor allem das Besetzen höherer Positionen, deren Inhaber zu Handlungen greifen können, die den Prinzipal erheblich schädigen können, wird daher besser durch selektive Anreize gerahmt. Das Auswahlkriterium für weitere Motivations- oder Kontrollformen in privatwirtschaftlichen Hierarchien ist für rationale Prinzipale deren Wirksamkeit bei der Bewältigung des grundsätzlichen Kontrollproblems, wobei sie für dessen Bearbeitung die über die anfänglichen Kontrollversuche hinausgehenden Kosten und originären Erträge gegeneinander abzuwägen haben.

Daneben durchzieht privatwirtschaftliche Herrschaftssysteme, wie wir dies auch für politische Herrschaftsverhältnisse zu konstatieren hatten, ein zumindest latenter, wenn nicht offener Verteilungskonflikt (vgl. Knight, J. 1992). Es handelt sich ja um eine Interdependenz, in der das Handeln der Agenten auf die Ziele der Prinzipale ausgerichtet wird, wofür sie entlohnt werden, wohingegen der Wirtschaftsunternehmer den Residualgewinn für sich beanspruchen wird. Da es keine selbstverständliche Aufteilung zwischen Lohnsumme und Gewinn gibt, ist die privat etablierte Herrschaft grundsätzlich von einem immanenten Interessenkonflikt zwischen den beiden Akteursgruppen geprägt und ihr Bestand wird daher wesentlich davon abhängen, inwiefern es gelingt, dafür geregelte Lösungen wie etwa das Recht der Gewinnabschöpfung bzw. eine akzeptierte Gleichverteilung zu finden, die optimalerweise so angelegt sein sollten, dass nicht nur die Lösung des Verteilungskonflikts, sondern auch die primäre Koordination der ertragsbestimmenden Leistungsbeiträge optimal unterstützt wird. Private Eigentumsrechte an Produktionsfaktoren, aber auch an Wissen, Erfindungen usw. werden vor allem in der wirtschaftshistorischen Literatur als erfolgreiche institutionelle Lösungen dafür angeführt (vgl. dazu exemplarisch North 1988; 1992). In der Soziologie sind derartige privatunternehmerische Herrschaftsstrukturen hingegen bislang meist unter dem Aspekt der Kontrolle und – da man unter Soziologen dazu neigt, den Gesichtspunkten und Motiven der Herrschaftsunterworfenen eine gesonderte Bedeutung beizumessen – vielfach unter dem Fokus des Herrschaftsabbaus diskutiert worden (vgl. Maurer 2008).

8.5.2.3 Zwangsherrschaft

Als eine dritte Form herrschaftsbasierter Ordnungsbildung kann die Unterwerfung einer Gruppe durch eine von außen kommende Zwangsmacht beschrieben werden, die als zufälliges Beiprodukt öffentliche Güter wie innere oder äußere Sicherheit für diese bereitstellt, sodass es der anfänglichen Zwangsherrschaft gelingen kann, stabile Herrschaftspositionen auszubilden und die Anerkennung der Unterdrückten zu finden (vgl. Sened 1997). Situationen, die derartige Machtergreifungen erlauben, enthalten einen Anreiz für auf eigene Rechnung agierende Gewaltunternehmer, sich die dazu tauglichen Macht- und Unterwerfungsmittel zu beschaffen und in die Gründung eines Ausbeutungs- und Zwangsherrschaftsapparates zu investieren. Dass sich auf diesem Wege dauerhafte und anerkannte Herrschaftsstrukturen bilden können bzw. gebildet haben, belegen historische Studien zur Entstehung des modernen Nationalstaates durch vagabundierende Räuber- und Diebesbanden, die sich zu strategischen Allianzen und Ausbeutungskoalitionen zusammenfanden (vgl. Tilly 1986; Elias 1976/1939; Moore 1966). Wir wollen im Nachfolgenden solche Situationen unter der Perspektive beschreiben, welche Prozesse rational Handelnde dazu motivieren, eine Zwangsherrschaft anzuerkennen, und welche Rolle dabei der Tatbestand spielt, dass damit – zumeist unbeabsichtigt – vorteilhafte Kooperationen einhergehen.

Die Argumentation verweist mit Charles Tilly (1986 u. a.) darauf, dass die Gründung von Staaten nicht nur wie oben beschrieben (vgl. Abschnitt 8.5.1) aus einem kollektiven Gesellschaftsvertrag zwischen „Gleichen" gefolgert werden kann und darf, sondern dass dies auch als das unintendierte Ergebnis organisierter Verbrechen bzw. des Wirkens von Verbrecherbanden zu behandeln ist, womit andere herrschaftsbildende Faktoren in den Blick geraten als die bislang behandelten. Bei Tilly lernen wir, dass sich die Gründung von Staaten mächtigen Räuberbanden[95] verdanken kann, die einer zumeist sesshaften Bevölkerung, die sich solchen ‚Angeboten' nur schwer entziehen kann, ihren Schutz durch Gewalteinsatz aufdrängen und dafür Gehorsam und andere Ressourcen verlangen. Der *willkürliche, aber durchaus rationale Gebrauch von Zwang und Gewalt* macht es organisierten Banden möglich, auf der einen Seite konkurrierende Schutzanbieter (etablierte Feudalherren, die Kirche oder internationale Konzerne) auszustechen und auf der anderen Seite die Organisation von Gegenwehr aufseiten der unterworfenen Gruppierungen zu verhindern und diesen das eigene Schutzangebot zu diktieren.[96] In solchen Momenten bleibt den nicht oder nur schlecht Organisierten kaum mehr eine andere Wahl, als zu bezahlen und sich zu unterwerfen oder aber sich in einer ungeschützten, durch Willkür geprägten und kollektiver Schutzleistungen entbehrenden Welt zurechtzufinden. Es ist schnell einsichtig, dass rationale Akteure dann auf den kostenträchtigen Schutz einer gut organisierten, über Gewaltmittel verfügenden Gruppe zurückgreifen werden, und das umso mehr und eher, als sie davon ausgehen müssen, dass es ihnen selbst nicht gelingt, solche Schutzleistungen aufzubieten. Die Geschichte lehrt uns weiterhin, dass immer dann, wenn es Machtkoalitionären darüber hinaus gelingt, das Einziehen von Herrschaftsrenten und Machtressourcen (Soldaten, Nahrungs- und Transportmittel) durch weitergehende organisatorische Maßnahmen wie etwa staatliche Verwaltung, ein Steuersystem, Statistiken usw. auf Dauer zu stellen und damit für die

---

[95] Es dürfte klar geworden sein, dass aus unserer Sicht an dieser Stelle eine Erklärung dafür notwendig wäre, wie es denn einzelnen Personen gelingt, solche Räuberbanden erfolgreich zu organisieren. Die Geschichte von Robin Hood illustriert dies etwa mit dem Hinweis auf Situationen, wo Akteure – die Rechtlosen und Besitzlosen – nahezu nichts zu verlieren haben, sodass schon niedrige Erfolgswahrscheinlichkeiten für sie hinreichend sind. Dass dieses Argument verallgemeinerungsfähig ist, zeigt die Literatur (vgl. Marx und Engels 1990/1848).

[96] Die Überführung von Gewalt und Zwang in anerkannte Herrschaftsformen ist aber nicht auf Staaten beschränkt, sondern findet sich auch im sozialen Mikrokosmos. Mit Heinrich Popitz (1992) können wir dafür Situationen als relevant ausmachen, in denen Akteure keine Austrittsmöglichkeiten haben (Lager, Internate, Schiffe). Auch dann sind zufällige Machtchancen hinreichend für Machtbildung, die, sofern kollektive Güter bereitgestellt werden, zur Institutionalisierung von Herrschaft führen kann.

Herrschaftsunterworfenen berechenbar zu machen, sich ihre Herrschaft zunehmend stabilisiert (vgl. Levi 1988). Da die Unterworfenen zudem hoffen können, dass die Ausbeutungseliten nicht wagen werden, sie auf Dauer gänzlich zu pauperisieren und bestimmte allgemeine Versorgungseffekte aus reinem Eigeninteresse anbieten müssen, besteht die Chance, dass das obwaltende Machtverhältnis in ihren Augen zunehmend Anerkennung und Legitimität findet. Zu diesen Versorgungsangeboten gehören auch die Entmachtung konkurrierender Eliten und die rechtliche Sicherung der inneren Verkehrsverhältnisse (vgl. Tilly 1999; Lenski 1977 u. a.). Es sind diese gruppeninternen Probleme sozialer Ordnungsbildung: Einfriedung von Gewalt, Normierung des Sozialverhaltens, Sanktionierung von Normbrüchen, Regelung von Normkonflikten und Verteidigung nach außen, die ‚Schutzgruppen‘ und Machthabern die Institutionalisierung und Legitimierung ihrer Herrschaftspositionen erleichtern (vgl. Popitz 1992, S. 247 ff.).[97] Indem die Machthaber durch die Monopolisierung der Gewaltmittel äußere Feinde abzuwehren versprechen und durch die Monopolisierung der Normsetzungskompetenzen Rechtsprechung und Sanktionierung von Normverletzungen stabilisieren (vgl. Popitz 1992, S. 260), unterbreiten sie den weniger gut organisierten Gruppen oder Akteuren ein glaubwürdiges Sicherungsangebot, das deren Abstimmungsprobleme zu lösen verspricht. Fehlen diesen zudem Alternativen, dann lassen sich willkürliche Kontributionen, Korruptionen bzw. die Privilegierung politischer Unterstützergruppen kaum vermeiden.[98] „Der Prozess der Macht-Institutionalisierung ist auf dieser Stufe besonders auffällig mit Machtsteigerungen anderer Art verbunden. [...] Vor allem aber zwingt der Versorgungsbedarf der Gefolgschaft zur Stabilisierung der Machtbasis. Ohne die langfristige Sicherung der Versorgung wird sich die Positionalisierung nicht durchsetzen können. [...] Nur so läßt sich für die nicht-produzierenden Spezialisten der Macht eine kontinuierliche Einnahmequelle sichern." (Popitz 1992, S. 257 f.) Die Ausbeutungsinteressen der Machthaber und die Schutzinteressen der Machtunterworfenen finden damit einen eventuellen Ausgleich, den man als ein repetitives Gleichgewicht verstehen kann, das sich auch dann immer wieder einpendelt, wenn Erstere bei ihren Versuchen, sich die Reichtümer ihrer Untertanen anzueignen, das Augenmaß verlieren und Letztere mit regelmäßigem Misserfolg dagegen revoltieren.

Es gehört zu den auffälligen Befunden und lange Zeit gepflegten Rätseln der Sozialwissenschaften, dass Gewalt- und Zwangsherrschaften Anerkennung finden und sich in einem erstaunlichen Maße zu stabilisieren wissen. Wir haben

---

[97] Ihre Chance, persönliche Macht zu gewinnen, liegt in Situationen, die sich als kollektive Krise beschreiben lassen: Krieg, Seuchen, Naturkatastrophen, Bedrohung von außen (vgl. dazu schon Weber (1980/1922, S. 140).

[98] Erst wenn die Machteliten Anlass dazu haben, sich selbst an das Recht, das sie schaffen, zu binden, besteht Aussicht auf wahrhaft rechtsstaatliche Verhältnisse (vgl. North et al. 2009).

in den zurückliegenden Abschnitten gezeigt, dass sich dies aus dem rationalen Handeln verstehen und als zufälliges Beiprodukt der gewaltsamen, aber kooperationsförderlichen Schutzangebote mächtiger Gruppen erklären lässt. Wenn es mächtigen Gruppen gelingt, eine überlegene Organisationsstruktur aufzubauen, die ihnen den Einsatz und die Steigerung verschiedener Herrschaftstechniken erlaubt: selektive Anreize, Staffelung von Gruppen und Akteuren, Verhindern von Widerstand usw., sodass Alternativen weder in Sicht kommen noch machbar erscheinen, dann bleibt letztlich nur die Akzeptanz der Zwangsherrschaft, zumal wenn sie – wenn auch nur als Nebenprodukt – ein Mindestmaß an Versorgung mit kollektiven Gütern befördert. Solange keine neuen Machtressourcen ins Spiel kommen, wird sich daran nichts ändern. Es besteht mithin Anlass für die Zwangsherren, möglichst effiziente und konfliktfreie Herrschaftsstrukturen auszubilden, gegen die sich die unterworfenen Gruppen kaum mehr zur Wehr setzen können und auch immer weniger wollen. Derartige Zwangsverhältnisse sind darüber hinaus auch dadurch geschützt, dass jeder Versuch, sie gegen den Widerspruch der Herrschenden zu ändern, die Untergebenen mit dem oben ausführlich geschilderten Problem des kollektiven Handelns konfrontiert. Dieses Problem werden die Herrschaftsunterworfenen umso weniger lösen können, je erfolgreicher die Machthaber ihre Herrschaftsrenten dazu nutzen, ihre Herrschaft kontinuierlich gegen Einwände und Gegenmaßnahmen abzusichern, indem sie die ohnehin mangelhafte Organisationsfähigkeit der Unterworfenen weiterhin ein- und beschränken. Auf der anderen Seite kann eine Zwangsherrschaft über die angebotenen Herrschaftsleistungen Anerkennung finden und so den inneren Widerstand der unterworfenen Bevölkerung mindern.

8.5.3 Wann und warum Herrschaft?

Herrschaft kann zwar als ein rationaler Mechanismus sozialer Ordnungsbildung erklärt werden, der kooperatives Handeln gegen das dominante Trittbrettfahrerproblem sichert, es wird aber schnell deutlich, dass die Etablierung eines Herrschaftsverhältnisses in der Regel selbst ein kooperatives Handeln und damit die Bewältigung von Trittbrettfahreranreizen auf der nächsthöheren Ebene erforderlich macht. Sofern nicht – wie noch die meisten klassischen Arbeiten dies tun – unterstellt wird, dass die Akteure diese Probleme jederzeit aufgrund von gemeinsam geteilten, normativen Vorstellungen lösen können, müssen Mechanismen benannt werden, die die zur Überwindung der Gefahren des Trittbrettfahrens erforderliche Erwartungssicherheit herstellen und dabei an die Interessen der beteiligten Akteure anknüpfen.

Dafür sind gemeinsame Interessen eine Voraussetzung. Es muss dann aber immer auch noch gezeigt werden können, wann und wie es gelingt, eine zentrale

Organisationsinstanz einzurichten und durch individuelle Beiträge hinreichend auszustatten, die Trittbrettfahren erfolgreich verhindert. Dass sich die Einsetzung einer solchen Herrschaft durch rational-intentionale Akteure unter Verweis auf spezifische Situationskonstellationen erklären lässt, dass dabei aber unterschiedliche Funktions- und Bestandsbedingungen der kooperationsförderlichen Herrschaft zu beachten sind, war unsere Leitthese. Wir haben dazu demonstriert, dass ein kollektiver Herrschaftsvertrag erfolgreich sein kann, wenn dieser von einer Sozialstruktur gerahmt ist, in der Einzelne bereit sind, die Set-up-Kosten für einen solchen Vertrag auf sich zu nehmen, in der einige Altruisten den Einstieg in die notwendigen Vertragserörterungen erleichtern, selektive Anreize der Gruppe den im Vorfeld einer Abmachung wirksamen Trittbrettfahreranreiz außer Kraft setzen oder wenn sich alle Herrschaftsinteressenten gemeinsam darauf einigen können, die herrschaftskonstituierenden Kontrollrechte nicht individuell, sondern kollektiv zu übertragen und normativ abzusichern.

Solche vorteilsgewährenden und kooperationsdienlichen Herrschaftsstrukturen entstehen aber keinesfalls automatisch und sind auch nicht einfach von Dauer: sie erfordern vielmehr die Installierung sozialer Mechanismen zur erfolgreichen Verhinderung der beständig zu erwartenden Trittbrettfahreranreize und mitunter auch aufwendige Nachgestaltungen. Herrschaftskritik und Oppositionsgruppen können der Verbesserung der Herrschaftsorganisation zwar förderlich sein, verlieren ihre Wirksamkeit aber dann, wenn damit ein weiteres Kooperationsdilemma verbunden ist, das sich noch zusätzlich dadurch verstärkt, dass die Vertreter und Sachwalter einer einmal etablierten Herrschaft Kritik und Umgestaltungswünsche ignorieren bzw. durch Sanktions- und Machtmittel bekämpfen. Aus dem Nachweis dieser spezifischen Funktionserfordernisse einer Herrschaft folgen äußerst praxisrelevante Forschungsfelder und fragen.

Während der kollektive Herrschaftsvertrag bei gemeinsamen Interessen zum Kern vieler soziologischer Analysen zählt, haben private Herrschaftsformen in der Soziologie bislang wenig Beachtung gefunden. Dies mag zuvorderst daran liegen, dass die soziale Kooperation dort nur als ein zufälliges Beiprodukt erstellt wird. Sozialtheoretisch interessant ist dabei allerdings, dass nicht der soziale Konsens, sondern der private Vertrag zum entscheidenden Mechanismus avanciert. Wir haben nachgewiesen, dass private Herrschaftsverträge sogar eine einfachere Lösung des Kooperationsdilemmas darstellen, weil sich mit ihrer Hilfe das Second-Order-Problem in allen Fällen umgehen lässt. Politische wie privatwirtschaftliche Unternehmer lösen das Trittbrettfahrerproblem bei der Errichtung von Herrschaft auf. Dagegen sind politische wie private Herrschaftsunternehmer im Folgenden mit massiven Kontrollproblemen und latenten Verteilungskonflikten konfrontiert, von deren weiterer Regelung die Aufrechterhaltung der Herrschaft und die der beiläufigen Kooperationssicherung abhängen. Eine einfache, immanente Lösung verdankt sich effizienten Organisationsformen, welche die zu verteilenden Beträge erhöhen und materielle Anreize als Kontrolloption erlauben. Aber auch private Schutzanbieter können zu einer stabilen Herrschaft und darüber zu wechselseitigen Erwartungssicherheiten führen, wenn es ihnen auf diesem Weg zufällig gelingt, vorteilhafte Kooperationen und Koordinationen zu organisieren, Macht und Zwang in Herrschaftspositionen zu gießen und die Aneignung der Herrschaftserträge weitgehend von Konflikten zu befreien. Dazu sind vor allem der Aufbau eines ständigen Herrschaftsapparates und effizienter Rechts- und Verwaltungsleistungen, das Ausschalten konkurrierender Schutzanbieter und der Aufbau von Legitimation wichtig, um durch Verhaltenssicherheiten Erträge zu erwirtschaften, die im unorganisierten Zustand verloren gingen. Das wichtigste Folgeproblem von Zwangsherrschaften ist die effiziente Leistungsproduktion in Verbindung mit einer Demokratisierung von Macht und Herrschaft.

Wir haben mithilfe einiger weniger, theoretisch inspirierter Zusatzannahmen über die Handlungssituation gezeigt, wie sich der Aufbau von Herrschaft als Antwort auf Kooperationsprobleme erklären lässt, und haben weiterhin deutlich machen können, dass damit sich auf anderen Ebenen wiederholende Kooperationsdilemmata einhergehen, deren Bewältigung die Dynamik in Herrschaftssystemen speist, wofür den Akteuren ganz heterogene und verschieden voraussetzungsvolle Lösungen zur Verfügung stehen. Damit ist gegenüber klassischen Ansätzen auf der einen Seite kenntlich zu machen, dass reine Herrschaftslösungen – die schon dann die Kooperationsbereitschaft der Akteure erhöhen, wenn es diesen gelingt, ihre Handlungsrechte auf einen Herrscher zu übertragen – selten sind, dass Herrschaft vielmehr ein sehr mehrschichtiger und entsprechend komplizierter Ordnungsmechanismus mit vielfältigen Folgeproblemen darstellt, der rationale Akteure immer wieder vor die Wahl stellen wird, auf alternative Lösungen zurückzugreifen oder mit anderen, erneut zu institutionalisierenden Lösungsmechanismen nachzusteuern. Auf der anderen Seite aber werden dadurch all die Ansätze als ein ‚Idealmodell' ausgewiesen, die von einer problemfreien Kooperation ausgehen, weil sie die Akteure als grundsätzlich sozial oder normativ integriert betrachten.

8.6   Das Dilemma von Kooperationen

Es war unser Ziel, in diesem Kapitel eine soziale Interdependenzstruktur theoretisch zu entschlüsseln, deren Relevanz unstrittig und deren Dramatik unglaublich ist. Das zu verhandelnde Problem folgt primär aus zwei Annahmen: dass wir es mit intentional-rationalen Akteuren zu tun haben, die sich in einer sozialen Konstellation befinden, die es für sie lohnend macht, gemeinsam Zwecke zu verfolgen. Soziologisch relevant ist diese Interdependenzstruktur, weil sie auf die Möglichkeit sozialer Erträge durch ein entsprechendes Handeln hinweist. Dramatisch ist sie, weil sie auf die Gefahr verweist, dass infolge individuell rationaler Orientierung sowohl individuelle als auch soziale Vorteile verloren gehen. Das Dilemma der Kooperation besteht für intentional-rational Akteure darin, dass die in Aussicht gestellten Kooperationserträge individuell zum Trittbrettfahren motivieren, weshalb es für sie sinnvoll ist, davon auszugehen, dass auch die anderen sich nicht-kooperativ verhalten werden und dass die im Prinzip zugänglichen Kooperationserträge infolgedessen unerreichbar bleiben bzw. verspielt werden. Rationale Akteure werden also systematisch und individuell durchaus rational darauf verzichten, sich auf ein kooperatives Handeln einzulassen, solange sie nicht sicher sind, ob die anderen kooperieren und ihre Vorleistungen nicht ausgebeutet werden.

Dies kann als eine Spezifikation des in der klassischen Soziologie beschriebenen allgemeinen Problems der wechselseitigen Handlungserwartungen gelesen werden. Die Verbesserung dieser theoretischen Deutung liegt nun darin, das Problem zu *schärfen*, das der Ausbildung von Handlungserwartungen zugrunde liegt: der Anreiz zum Trittbrettfahren. Davon ausgehend ist es uns dann gelungen, verschiedene Grade des Problems und damit auch verschiedene Lösungen anzugeben. Wir haben zunächst auf eine relativ einfache Lösung hingewiesen, die sich *spontan* in dem Sinne ergeben kann, dass Akteure unter der Bedingung wiederholter Kontakte sich durch ihr Handeln wechselseitig signalisieren können, dass sie an den Erträgen ihrer gemeinsamen Kooperation interessiert bleiben. Dazu müssen sie keine gesonderten Anstrengungen in Kontroll- und Sicherungsmechanismen investieren; solange sie überhaupt interessiert sind, die Kooperationsbeziehung weiterzuführen, werden sie dies von sich aus tun. Allerdings sind solche Verhältnisse gegen Akteure, die unablässig ihren eigenen Vorteil suchen, nicht zu schützen. Das damit aufgedeckte Geheimnis einer spontanen Überwindung von Kooperationsdilemmata und problemen beruht demnach darauf, dass die erkennbare Chance, in mehrfachen Kooperationsrunden als Kooperateure aufeinanderzustoßen, es intentionalen Akteuren erlaubt, nach Erwartungssicherheiten zu suchen und diese im Handeln oder den Signalen anderer zu finden. Angesichts dessen unterbleibt jedes Trittbrettfahren, solange die Akteure wissen, dass sie durch die Fortsetzung ihrer Kooperation ihre höchstmöglichen Auszahlungen erreichen können, und erwarten, dass ihre Partner dieses Wissen teilen.

Aber auch bewusste soziale Anstrengungen, die sich in normativen Verpflichtungen wiederfinden, können durch innere und äußere Sanktionen das Trittbrettfahrerproblem überwinden, schaffen aber insofern ein Second-Order-Problem, als die Definition, die Androhung und die Durchführung der Sanktionen Kosten verursachen, die niemand wird tragen wollen, solange er hofft, dass sich die Mitakteure der Normdurchsetzung annehmen. Wir haben am Beispiel der „joint goods" – kollektive Güter, deren Bereitstellung und Konsum ein gemeinschaftlich-kooperatives Handeln erfordern – aufgezeigt, dass sich eine Lösung dieses nachgeordneten Trittbrettfahrerproblems relativ zwanglos ergeben kann, wenn die Abwanderung aus einer Gruppe mit unerträglichen Kosten verbunden ist, wenn Eiferer Zweifler im Zaum halten oder selektive Anreize der Gruppenmitgliedschaft die Kontroll- und Sanktionsbereitschaft befördern. Auch dann ist nicht von einer vorgängigen moralischen Integration auszugehen, die das Trittbrettfahrerproblem auf der ersten und der zweiten Ebene zum Verschwinden bringt, sondern es wirken Situationsfaktoren, die das Trittbrettfahrerproblem, das beim Kontrollieren und Sanktionieren aufzutreten pflegt, mindern und *genau dadurch* dazu beitragen, dass die Gruppenmitglieder das Trittbrettfahrerproblem auf der ersten Stufe ihrer Kooperation bewältigen.

Auch kann sich die Einsetzung einer Herrschaft dem erwarteten Effekt einer dauerhaften Kooperationsförderung verdanken; wir müssen aber sehen, dass sich solche Herrschaftsverhältnisse unter gänzlich heterogenen Umständen einstellen werden. Wir haben daher mehrere Formen von Herrschaftslösungen unterschieden, die auf einer jeweils anderen Lösung des Trittbrettfahrerproblems auf der zweiten Ebene basieren und daher unterschiedliche Funktions- und Bestandsbedingungen aufweisen. Da ist zunächst die in der Soziologie gängig referierte Herrschaft auf Grundlage eines kollektiven Konsensus, die dann rational zustande kommen kann, wenn alle Akteure sich einig sind, die zur Absicherung der wechselseitigen Kooperationsbereitschaft benötigte Übertragung von Entscheidungsrechten an einen Herrscher kollektiv vorzunehmen. Damit können sie in der Tat das Trittbrettfahren der zweiten Ebene vermeiden, geraten dann aber in ein Third-Order-Problem, wenn es sich als notwendig erweist, die Amtsführung des Herrschers zu kritisieren und zu kontrollieren und gegebenenfalls für eine Umgestaltung der Herrschaftsverhältnisse, für Widerstand gegen den Amtsinhaber zu sorgen. Anders liegen die Dinge, wenn sich Herrschaftsunternehmer anschicken, das Trittbrettfahrerproblem aufzulösen, ohne direkt durch die Kooperationserträge motiviert zu sein. Die Herrschaftsanbieter haben es dann auf Herrschaftsrenten abgesehen, wohingegen die Herrschaftsunterworfenen in einem Fall die Zusicherung von Kollektivgütern und im anderen die Gewährung von Entlohnungseinkommen im Auge haben. Solche Herrschaftssysteme stellen zwar als Beiprodukt Erwartungssicherheit innerhalb der Gruppe sicher, sind aber von Verteilungskonflikten und vielfältigen Kontrollproblemen durchzogen, die in der Regel Macht- und Herrschaftsdynamiken von enormer Gewalt in Kraft setzen. Als letzten Fall hatten wir Zwangsherrschaften unterschieden. Auch ein solches Herrschaftssystem wird durch die Suche nach Herrschaftsrenten motiviert, und es umgeht wie die zuvor besprochenen Herrschaftsformen das Trittbrettfahrerproblem auf der zweiten Ebene. Die Beherrschten werden sich dem ausgehandelten Vertrag freiwillig nur beugen, solange ihnen nur die Wahl zwischen unorganisierter Nicht-Kooperation und zwangsgeregelten Zuständen bleibt.

Zudem hängt der langfristige Erfolg der Herrschaft – und damit der Kooperation – von Erträgen der gleichwohl beschafften Kollektivgüter ab, aber auch von
der endlichen Legitimierung und Legalisierung der Zwangsherrschaft.

Aus diesen Argumenten folgt, dass die klassische Soziologie in zwei Eng-
führungen eingemündet ist, die ihr eine realistische Analyse und Gestaltung von
Kooperationsproblemen verwehrt haben: Zum einen ist davon auszugehen, dass
intentional-rationale Akteure aufgrund der dominanten Handlungsstrategie des
Trittbrettfahrens Kooperationen systematisch versäumen und daher rationale Lösungen nicht automatisch zu erwarten, sondern durch die Einführung von glaub-
würdigen Handlungsrestriktionen zu entwerfen sind. Zum anderen ist es naiv, zu
meinen, dass soziale Kooperationsmechanismen wie Herrschaft oder Gruppenmoral einfach und ohne weitere Kosten und Probleme zu haben sind. Vielmehr
sollte deutlich sein, dass auch derartige soziale Mechanismen, die ganz rational
zur Realisierung der Vorteile des Sozialen eingesetzt werden, ungeplante Effekte
haben und nicht zu unterschätzende negative Folgen für die Beteiligten nach sich
ziehen. Deren Analyse ist unerlässlich, um praxisrelevante Vorschläge unterbreiten zu können.

9   Konflikte

Die Sozialtheorie verhandelt seit Jahrhunderten Probleme der gesellschaftlichen Ordnungsbildung. Parallel dazu rückt sie immer wieder auch die Frage in den Vordergrund, womit die Mitglieder einer Gesellschaft rechnen müssen, wenn es ihnen nicht gelingt, ihre Sozialbeziehungen erwartungssicher und zweckdienlich zu gestalten. Gesellschaftliche Umbrüche, individuelle Desorientierung und Existenznöte werden als die unabwendbaren Folgen einer nicht gelingenden Ordnung problematisiert. Solche Prozesse und Erscheinungen haben Philosophen und Sozialwissenschaftler gleichermaßen fasziniert wie verängstigt und dazu veranlasst, sie in vielfältigster Form zu beschreiben und auszudeuten. So ist vom „Chaos" der Verhältnisse die Rede (Parsons 1976), von „Entfremdung und Verdinglichung" (Marx und Engels 1990/1848), von „Irrationalitäten" (Weber 1980/1922), aber auch von einer mangelhaften „Systemintegration" (Parsons und Bales 1967), den „Dysfunktionen" (Merton 1964) bzw. den „social disturbances" gesellschaftlicher Beziehungen (Smelser 1968) oder gar vom „anomischen" Verlust jeder Erwartungssicherheit (Durkheim 1988/1893).

Unter der Vielzahl der Deutungen ragt der Versuch der modernen Soziologie heraus, Zerfallserscheinungen bzw. Um- und Zusammenbrüche auf die weitverbreitete und letztlich unvermeidbare *Konflikthaftigkeit menschlicher Beziehungen* (vgl. Simmel 1968/1908) zurückzuführen. Wir wollen im Folgenden in einem kurzen Abriss die hauptsächlichen Schwächen der überkommenen soziologischen Konfliktanalyse resümieren (Abschnitt 9.1) und daran anschließend eine Systematik von Konflikten aus handlungstheoretischer Sicht vorstellen, die zwei grundsätzliche Konfliktkonstellationen anhand ihrer Dramatik bzw. Lösbarkeit entschlüsselt. Zunächst behandeln wir Konflikte, die sich hinter Koordinations- und Kooperationsfragen verbergen und deshalb als „gemischte Konflikte" bezeichnet werden können (Abschnitt 9.2), um im darauffolgenden Abschnitt unser Augenmerk auf sogenannte „reine Konflikte" und auf die Mechanismen zu richten, die intentional und rational agierende Akteure zu deren Bewältigung einsetzen können (Abschnitt 9.3). Zugleich möchten wir am Fall des reinen Konflikts auch zeigen, wie durch erweiterte Modellannahmen eine heuristisch tragfähige Forschungs- und Erklärungspraxis aufgebaut werden könnte, die Thesen darüber aufzustellen und auszubauen erlaubt, wie derartige Konflikte erwartbarerweise verlaufen und mit welchen Resultaten sie verbunden sein können (Abschnitt 9.4).

9.1 Konflikte in der soziologischen Theorie

Die herkömmliche Thematisierung von sozialen Konflikten folgt zumindest drei Argumentationslinien. Zum einen hat Thomas Hobbes (1966/1651) herausgestellt, dass Konflikte im ‚Naturzustand' unvermeidbar sind und erst mithilfe der Sicherheitsgarantien eines Herrschers so geregelt werden können, dass frei verfügbare Gewaltmittel das soziale Zusammenleben nicht länger bedrohen. In ähnlicher Weise hat auch Norbert Elias (1976/1939; vgl. ausführlich Abschnitt 9.3.1) die Konkurrenz um knappe irdische Güter betont und darauf hingewiesen, dass die im *vorstaatlichen Raum* agierenden Akteure den Gewaltdrohungen und Schädigungsübergriffen ihrer Mitmenschen ausgeliefert sind und dass die infolgedessen zu erwartenden Konfliktlagen erst durch sozial organisierte Schutzmechanismen so entschärft werden, dass längere und vorteilhafte Handlungsketten möglich werden (vgl. dazu auch Lenski 1977; Levi 1988 u. a.).

Besondere Bedeutung für das soziologische Konfliktverständnis hat zum anderen die auf Karl Marx und Max Weber zurückreichende Denktradition erlangt, welche die Dynamik gesellschaftlicher Verhältnisse und Entwicklungen betont, die auf die Auseinandersetzung konflikthaft zueinander stehender Gruppen zurückgeht (vgl. rekonstruierend Olson 1968).[1] Konflikte treten demnach nicht im ‚Naturzustand' oder im vorgesellschaftlichen Bereich zutage, sondern sind eingelagerter und unabwendbarer Bestandteil bestehender gesellschaftlicher (Produktions-)Verhältnisse (vgl. grundlegend Collins 1985). Die Vielgestaltigkeit und Veränderlichkeit der Umstände, unter denen derartige Gruppenauseinandersetzungen stattfinden, führt zu variantenreichen Richtungen und Verlaufsformen der Konfrontation. Für den Fall, dass sich – zumal im Verlauf kontinuierlicher Auseinandersetzungen – die Vor- und Nachteile diversifizieren bzw. akkumulieren (vgl. Merton 1988), werden sich verschiedene Formen von Ungleichheiten und Stratifikationssystemen ausbilden (vgl. Lenski 1977; Collins 1975; Bourdieu 1982; Rössel 2005), die für die gesellschaftliche Dynamik richtungsweisend sind. Machtdifferenzen, Einkommensunterschiede und differenzielle Einflussmöglichkeiten prägen den Lauf der Gesellschaft und unterwerfen sie so lange einem beständigen Wandlungsdruck, bis sich die Akteure auf Zuteilungsmaßstäbe und Verteilungsmechanismen einigen können.

Demgegenüber betonen funktionalistisch orientierte Autoren die gesellschaftsinternen, von „vested interests" (Parsons 1951) getragenen Tendenzen, differenzierte Institutionen der Konfliktbewältigung auszubilden, die eine Erhöhung der gesamtgesellschaftlichen Reproduktionsfähigkeit bewirken, indem

---

[1] Vgl. für eine Integration der durch Marx und Weber vorgetragenen Argumente Giddens (1971) oder Collins (1985, S. 47 ff.); die Literatur zur Konfliktträchtigkeit von Protestgruppen und sozialen Bewegungen ist unüberschaubar (vgl. für viele Rammstedt 1978 und Giesen 1993, S. 119 ff.)

sie durch die Trennung der Streithähne (vgl. Parsons 1964a, S. 218) oder durch die Etablierung von „Mechanismen sozialer Kontrolle" (Parsons 1986, S. 164) den Grad der gesellschaftlichen Integration erhöhen. „Spannungsbewältigung" und „Strukturerhaltung" sind die Folge derartiger konfliktmindernder Verfahren (vgl. Parsons 1976, S. 172 ff.). Unter solchen Voraussetzungen erhalten auch „wettbewerbliche Systeme" (Davis und Moore 1967, S. 348) ihre legitime Verteilungsfunktion. Im Gefolge einer vielbeachteten Idee Georg Simmels (vgl. Simmel 1968/1908, S. 186 ff.) gewinnen Konflikte eine ordnungsbewahrende Bedeutung, indem sie die Interessen der Akteure bündeln bzw. gegeneinander zur Geltung bringen und damit dem dadurch angestoßenen Kampf um „Lebenschancen" (Dahrendorf 1992, S. 39 ff.) eine ausgleichsfähige Form verschaffen (vgl. Coser 1965).

Mit der zunehmenden Kritik an reinen Makrotheorien wie dem Marxismus und dem Funktionalismus laufen die Konfliktanalysen diverser Denkschulen noch weiter auseinander, da sie jeweils andere Aspekte des Konfliktgeschehens hervorheben und mit jeweils unterschiedlicher Bedeutung versehen (vgl. Bühl 1976; Giesen 1993, S. 127 ff.; Bonacker 2009, S. 181 ff.).[2] Man kann also kaum behaupten, dass die sozialwissenschaftliche Konfliktforschung eine einheitliche Thematik verfolgen würde oder dass sich die zahlreichen Forschungen auf diesem Gebiet durch eine integrierte Auffassung darüber auszeichnen würden, was einen (sozialen) Konflikt ausmacht und welche Konfliktdynamiken bzw. lösungen wann zu erwarten sind. Zwar steht weitgehend fest, dass Konflikte ihren primären Ursprung darin haben, dass Akteure mit unterschiedlichen bis hin zu unvereinbaren Interessen, die sich sowohl auf individuelle und soziale als auch auf ideelle und materielle Zielsetzungen beziehen können, aufeinanderstoßen. Unser Eindruck aber ist, dass sich die Soziologie bislang noch nicht dazu durchgerungen hat, ihre Vorstellungen in einen *einheitlichen handlungstheoretischen Rahmen* einzubauen. In der Konsequenz ist es ihr auch nicht gelungen, eine integrative Forschungsheuristik zu entwickeln, die es ihr erlauben würde, soziale Konflikte aus der Sicht intentionaler Akteure zu erschließen, unter dieser Vorgabe Aussagen sowohl über deren *Verlauf* als auch über unterschiedliche *Lösungsmöglichkeiten* vorzulegen und diese miteinander in Beziehung zu setzen. Stattdessen neigen viele Soziologen dazu, Konfliktlagen und das Handeln in sozialen Konfliktsituationen jeweils für verschiedene Handlungsfelder getrennt

---

[2] Obwohl dies angestrebt wurde (vgl. Collins 1975; Bühl 1976), haben sich generalisierbare Verlaufsmuster von Konflikten bislang – mit Ausnahme des Monopolmechanismus bei Elias – nicht gefunden, was, wie wir noch erläutern werden, nicht zuletzt durch den *bündnisabhängigen* (vgl. Simmel 1968/1908, S. 75 ff.) und *strategischen* Charakter solcher Konflikte (vgl. Schelling 1960; Gintis 2000) bedingt ist. Die neuere soziologische Konfliktforschung erklärt sich diesen Befund hingegen durch Verweis auf die Multiparadigmatik der soziologischen Theoriebildung (vgl. Bonacker 2005).

und in der Regel als ‚machtgewichtete' Auseinandersetzungen zu betrachten, die zwangsläufig in kritisierbare soziale Ungleichheitsstrukturen einmünden, die zu einer Stärkung der bereits Privilegierten führen. Die aktuelle empirische Forschung begnügt sich mit induktiven Auflistungen unterschiedlicher Aspekte thematisch ganz heterogen gelagerter Konfliktszenarien, ohne theoriegeleitet nach den Verbindungslinien zu fragen, die sich zwischen unterschiedlichen Konfliktkonstellationen und typiken nachzeichnen lassen (vgl. zu aktuellen Überblicken Rössel 2005; Vobruba 2009).

9.2   Die Logik von Konfliktsituationen

Die Herausforderung besteht entsprechend darin, sowohl die Logik und Dynamik von Konfliktverläufen als auch die möglichen sozialen Regelungen von Konflikten zu entschlüsseln. In Verfolgung unserer hauptsächlichen Zielrichtung wollen wir zu diesem Zweck darlegen, wie eine handlungstheoretisch basierte Erklärung dabei helfen kann, soziale Konfliktlagen und verläufe so zu rekonstruieren und zu konkretisieren, dass die verschiedenartige Logik von Konflikten präzisiert und zudem angegeben werden kann, welche Mechanismen der Konfliktbewältigung möglich sind. Indem wir unterschiedliche Konfliktlogiken aus Sicht der Akteure und deren Intentionen rekonstruieren, können wir unterschiedliche soziale Konfliktlagen handlungstheoretisch systematisieren (vgl. auch Rapoport 1976; Zürn 1992; Kunz 2005) und in der Folge danach ordnen, in welchem Umfang sie in den Augen intentional-rationaler Akteure ein lösungsbedürftiges und lösbares *Problem* darstellen. Wir werden zu diesem Zweck nochmals auf die in den vorangegangenen Kapiteln explizierten Koordinations- und Kooperationsprobleme zurückgreifen und zeigen, dass auch sie zu Konflikten Anlass geben, dass für diese aber Regelungen im Schatten der erwartbaren Erträge möglich sind (Abschnitt 9.2.1). Davon unterscheiden wir sodann „reine Konflikte" (Schelling 1960, S. 4) als einen *Extrem-* oder *Spezialfall*, der dadurch gekennzeichnet werden kann, dass die Intentionen der Akteure in einer gänzlich unversöhnlichen Art und Weise aufeinanderprallen. Es kann daher nicht Wunder nehmen, wenn diese Interdependenzform im Unterschied zu Konflikten, die im Zusammenhang mit der Lösung von Koordinations- und Kooperationsproblemen auftreten, eine andere Logik und Dynamik aufweist und in der Folge auch andere Regelungen erwarten lässt (Abschnitt 9.2.2).

9.2.1 Rationales Handeln und die steigende Dramaturgie von Konflikten

Klären wir zunächst, wie Konfliktsituationen unter der Annahme eines intentional-rationalen Handelns[3] erschlossen und welche soziologischen Perspektiven daraus gewonnen werden können. Konflikte kennzeichnen eine Situationstypik, in der sich das (erwartete) intentionale Handeln der Mitakteure *negativ* auf die Realisierung der eigenen Handlungsziele auswirkt. Verallgemeinert gesprochen bezeichnet der Konfliktbegriff den Tatbestand, dass die Akteure sich in einer Interdependenzbeziehung befinden, in der die individuelle Zweckerreichung durch die Zweckverfolgung anderer eingeschränkt, wenn nicht gänzlich unterbunden wird. Der Extremfall davon ist eine Interdependenz, die völlig unvereinbare oder widersprüchliche Zwecke umfasst, zu deren Ausgleich keine koordinativen oder kooperativen Erträge vorliegen; was nicht ausschließen soll, dass nicht eine gelungene Konfliktlösung einen Ertrag erbringen würde. Die Theorie rationalen Handelns besagt in allen Fällen, dass beide Akteure den Konflikt als Sieger beenden und die damit verbundenen Vorteile *für sich gewinnen* wollen (vgl. Bernard 1954, S. 314). Dies bedeutet angesichts der sozialen Interdependenz logisch zwingend, dass jede abschließbare Konfliktaustragung unabwendbar *Verlierer* generiert[4] und dass sich der Konfliktgehalt der Beziehung anhand des Ausmaßes an *Schädigungen* bzw. *Vorteilszuwächsen* bemessen lässt, die dem Verlierer bzw. dem Sieger jeweils zukommen. Das soziale Resultat von Konflikten kann im Rahmen der Theorie rational-intentionalen Handelns als *Verteilung*[5] der begehrten Dinge verstanden werden, die zum Ausdruck bringt, welche der Konfliktparteien welche begehrten Güter in welchem Umfang für sich in Anspruch nehmen kann, seien dies soziale Güter wie Anerkennung, Reputation, Einfluss, ökonomische Güter wie Gewinne, Konsumchancen, Risikoabschläge oder ideelle Güter wie Heilserwartung, Offenbarungsversprechen, Anerkennung usf. Das heißt nichts anderes, als dass Konflikte sich daran erkennen lassen, ob und in welchem Ausmaß sich die Akteure darin *behindern*, ihre Intentionen zu realisieren bzw.

---

[3] Zur Erinnerung (vgl. Abschnitt 4.3): Wir beschreiben die Akteure als Handelnde, die ihre Intentionen kennen, diese logisch konsistent ordnen und auch stabil halten. Zum Zweiten unterstellen wir, dass sie über die notwendigen Fähigkeiten verfügen, die Welt im Lichte ihrer Intentionen wahrzunehmen und ‚richtig‘ einzuschätzen, was sie in die Lage versetzt, rational in dem Sinne zu handeln, dass sie keine Handlung wählen, die für sie schlechter wäre als eine andere mögliche. Dahinter steht die von Savage (1954) vorgenommene Axiomatisierung individuellen rationalen Handelns, die verlangt, dass ein rationales Handeln das Ergebnis von Erwartungen und Bewertungen ist.

[4] Verlierer oder Gewinner zu sein, ist dann die Variable.

[5] Wir verwenden diesen Begriff *nicht* ausschließlich im Zusammenhang mit materiellen oder monetären Werten und Gütern, sondern nehmen an, dass Interessenkonflikte aus der ungelösten Frage resultieren, wie der Zugang zu beliebig dimensionierten Nutzung*schancen* zu regeln ist. Es kann demnach auch Streit um Anerkennung, Lebensformen oder Heil*schancen* geben.

aus ihrem intentionalen Handeln Vorteile zu ziehen. Die Konfliktlogik dominiert eine Handlungssituation demgemäß so lange, als es den Konfliktparteien nicht gelingt, *verbindliche* Vorfahrtsregeln zur Vergabe von Nutzungschancen festzulegen bzw. Ausgleichsmöglichkeiten für die erwartbaren Benachteiligungen zu finden.[6] Umgekehrt leitet sich daraus ab, dass sich Akteure dann *nicht* in einem Konflikt befinden, wenn die eigene Zielverfolgung für die des Mitakteurs *ohne* einschränkenden Belang verläuft.[7]

Dieses Szenario hat einige wichtige Konsequenzen. Wenn sich die jeweiligen Absichten der Akteure im Wege stehen und damit die Gefahr aufkommt, dass Einzelne zu Verlierern werden, die durch keinerlei Zuwendungen entschädigt werden können, dann entstehen daraus Interdependenzsituationen, in denen der *Wettstreit* bzw. die *Konkurrenz* um *knappe Chancen bzw. Güter dominant ist.* Je mehr Aufwand die Einzelnen um die begehrten Nutzungschancen treiben müssen, desto höher sind die Konfliktkosten.[8] Dazu kann etwa auch gehören, dass die Konfliktparteien die Macht haben, den Gegner zu verletzen (vgl. Schelling 1966, S. v) bzw. zu vernichten (vgl. Popitz 1992, S. 66 ff.), oder dass ein Verlierer darauf aus ist, dem Sieger die Gewinnzuwächse zu ‚vermiesen', sodass dieser in die Abwehr der möglichen Übergriffe des Verlierers investieren muss; wohingegen Letzterer zusätzlich die Kosten seiner Rache einzurechnen hat. Dies führt zu der Schlussfolgerung, dass rationale Verlierer sich nicht mit ihren Auszahlungen zufriedengeben und den Kampfplatz so lange nicht räumen bzw. so lange in kostspielige Umverteilungsmaßnahmen investieren, als sie meinen, doch noch zu den Gewinnern eines Konflikts zählen zu können.[9] Im Umkehrschluss lautet die soziologisch einschlägige These, dass Konfliktdynamiken dann zum Erliegen kommen, wenn Verlierer keine weitere Hoffnung auf Änderung haben und sich in der Folge in ihre Verhältnisse fügen oder sich anderen Tätigkeitsbereichen zuwenden.

---

[6] Wir entnehmen diese Darstellung der lebhaften Beschreibung von „Vorfahrtscliquen", die sich Vorrechte ohne jede Zustimmung der davon benachteiligten Akteure verschaffen (vgl. Zintl 1993, S. 110).
[7] Dass die Akteure strittige oder gegenläufige Erwartungen darüber haben, womit sie angesichts ihres Verteilungskonflikts zu rechnen haben oder was sie tun können, fällt somit auch dann *nicht* unter diesen Begriff, wenn sich diese Erwartungen als inkompatibel oder unverträglich erweisen. Erwartungen können sich *selbstverständlich* widersprechen, aber das ist im Zusammenhang mit der Frage, wie Konflikte entstehen, nur dann relevant, wenn sich die Akteure zum Ziel setzen, dass andere Akteure bestimmte Erwartungen – zumal über die Situation, in der sich beide befinden – haben. Diese Erweiterung benötigen wir dann, wenn es um die Modellierung von sogenannten „Normkonflikten" geht und damit um die Lösung der Frage, wer unter welchen Bedingungen damit rechnen darf, dass die Mitakteure die eigenen Zielsetzungen anerkennen und entsprechend schonend oder förderlich behandeln. Vgl. für die dabei beobachtbaren Dynamiken Archer (1988).
[8] Vgl. die mittlerweile klassische Analyse durch Richardson (1960) und für eine erweiterte Interpretation Lichbach (1990).
[9] Wenn das Räumen des Feldes mit hohen Kosten verbunden ist, sind Racheinvestitionen durchaus sinnvoll (vgl. Boehm 1984).

Die Theorie rationalen Handelns versteht unter einem „sozialen Konflikt"
demnach eine Interdependenzsituation, in der sich die Akteure in verschiedenen Graden und mit unterschiedlichen Mitteln wechselseitig bei der Realisierung
ihrer Absichten beeinträchtigen, sodass jede Konfliktaustragung zum Wettstreit
darüber wird, wer daraus in welchem Maß als Sieger und wer in welchem Umfang als Verlierer hervorgeht. Wir wollen diesen Tatbestand anhand der oben
(Kap. 7 und 8) identifizierten Konflikte, wie sie im Schatten von Koordinations-
und Kooperationsverhältnissen auftreten, belegen und diese ‚Schatten'-Konflikte
nach der Dramatik, die ihnen zugrunde liegt, derart sortieren, dass sich die zu
erwartenden sozialen Folgen und Regelungsformen erschließen lassen.

9.2.1.1 Reine Koordination

Ausgangspunkt einer entsprechenden Systematisierung ist unsere Feststellung,
dass es durchaus Verhältnisse gibt, in denen die Akteure gemeinsame Zwecke
verfolgen und infolgedessen *nicht* damit rechnen müssen, dass sie sich bei deren
Realisation im Wege stehen. So müssen sie (vgl. Abschnitt 7.2) in Situationen, die
wechselseitige Koordinationserträge in Aussicht stellen, allenfalls wechselseitig
wissen, welcher Handlungsstrategie sie jeweils folgen wollen, um die gemeinsamen Zwecke zu erreichen. Und zugleich haben sie – sobald dies der Fall ist und
solange sich die „Logik der Situation" nicht ändert – keinen Anreiz, eine einmal
gefundene Abstimmungslösung aufzugeben. In jedem Fall können sich rationale Akteure ein wechselseitiges Desinteresse daran unterstellen, die Zielerfüllung
ihres Gegenübers zu behindern oder zu vereiteln, was gleichgesetzt werden kann
damit, dass sie das Aufkommen von Schädigungen nicht befürchten müssen
und entsprechend auf vorsorgliche Abwehrmaßnahmen verzichten können. Dies
erleichtert es rationalen Akteuren, zu sozialen Abstimmungen zu gelangen, die
bei affektueller oder wertrationaler Orientierung nicht aufscheinen würden. Der
‚Charme' von Koordinationslösungen liegt unter den damit gegebenen Umständen darin, dass sich alle beteiligten Akteure in gleichem Maß verbessern, sodass
nur geklärt werden muss, was zu tun ist, und Beitrags- und Verteilungsfragen
völlig ausgeblendet werden können.

9.2.1.2 Einfache Koordination: Eindeutige Kooperationserträge

Im Versicherungsspiel wie auch im Stag-Hunt-Fall (vgl. hier S. 373) stehen eindeutige *Kooperationsgewinne* in Aussicht, wenn alle sich an der Beschaffung des
höchstmöglichen Koordinationsgewinnes beteiligen, statt individuell und auf eigene Rechnung tätig zu werden; und alle Beteiligten können wissen, dass diese

Erträge grundsätzlich nicht durch Abweichungsgewinne oder Trittbrettfahren gefährdet sind. Der Anteil an diesem gemeinsamen Gewinn wird für jeden höher ausfallen als die Auszahlung, die der einzelne Akteur erhoffen kann, wenn er auf die Erträge verzichtet, die durch das Poolen der Einsätze erreichbar wären. Gleichwohl steht jeder der Akteure zunächst vor dem Problem, in Erfahrung bringen zu müssen, ob sich die anderen koordinationstauglich verhalten werden oder nicht, wohingegen er sicher weiß, dass ihm die zögerliche Zuleistung der anderen nicht schadet, wenn er allein agiert. Wenn er sich daraufhin nicht an der Beschaffung des gemeinsamen Höchstertrags beteiligt, wird sein Verhalten in jedem Fall aber diejenigen schädigen, die sich für dieses Vorhaben engagieren wollen und die dann weniger gewinnen können, als wenn sie versucht hätten, sich den Ertrag eines Alleingangs zu sichern. Das ist dem Akteur, der nicht weiß, ob die anderen das gemeinsame Unternehmen stützen werden, allerdings gleichgültig, zumal wenn er sicher sein kann, dass sie ihm seinen Kleinertrag nicht streitig machen können. Der Logik dieses Falles folgend, ergibt sich ein Konflikt dann, wenn sich Akteure darauf verlassen, ihre Bemühungen zur Erreichung ihres gemeinsamen Ziels zusammenzulegen, dann aber feststellen müssen, dass sich Einzelne, von deren Zuleistung das Gelingen des gemeinsamen Unternehmens abhängt, individuellen Zielsetzungen zuwenden.[10] Die Lösung eines solchen Konflikts ist möglich, wenn sich die Akteure ihre Bereitschaft, sich an dem gemeinsamen Projekt zu beteiligen, zusichern können und die damit steigende Wahrscheinlichkeit des gemeinsamen Erfolgs sie davon abhält, alleine zu agieren.

Bereits im komplexeren Fall des sogenannten Geschlechterspiels (vgl. hier S. 217) ist die Lage komplizierter. Hier sind sich die Akteure zwar jederzeit darüber einig, dass sie den Zustand gemeinsamer Nicht-Koordination vermeiden wollen, weil sonst keiner von ihnen eine positive Auszahlung erreicht. Eine Auseinandersetzung aber ist insoweit nicht vermeidbar, als sie sich darauf festlegen müssen, wer für den Fall, dass eine Koordination des gemeinsamen Handelns zustande kommt, den höheren Auszahlungsbetrag erhalten soll und wer seine Ansprüche zurückstellen muss. Ein Konflikt resultiert in jedem Fall daraus, dass nur einer der Akteure seinen Maximalgewinn einstreichen kann und den anderen in die Rolle des relativen Verlierers zwingt. Glücklicherweise wird jeder Abstrich am (im Prinzip möglichen) Zugewinn wenigstens insoweit erträglich, als Erträge aus der primären Regelung auch dem Verlierer in Aussicht stehen, der in keinem Fall damit rechnen muss, mit leeren Händen dazustehen. Ob sich die Akteure – im Vor- oder im Nachfeld einer Verteilungslösung – Kompensationen oder Umverteilungen zusichern können oder ob der Sieger seine Interessen im Einzel- wie im

---

[10] Der Konflikt darüber, wie die Großwildbeute nach erfolgreicher Jagd *aufzuteilen* ist, ist nicht Gegenstand der vorliegenden Modellanalyse.

Wiederholungsfall durchsetzt, bleibt zunächst ungeklärt. Eventuelle Konfliktlösungen müssen die damit verbundenen Fragen beantworten.

9.2.1.3 Hühnchenspiel

Demgegenüber konkurrieren die Akteure im Hühnchenspiel (vgl. hier S. 218) um die Rolle des „relativen Gewinners" bzw. müssen sie sich auf einen Wettlauf einlassen, um nicht zum „relativen Verlierer" zu werden. Dass jeder damit die schlechteste Auszahlung vermeidet, die der Verzicht auf jegliche Koordination bedeuten würde, ist für die Entscheidung, am Wettrennen teilzunehmen, so lange ohne Belang, als jeder sich Hoffnung auf eine relative Verbesserung machen kann. Aber gewinnen können nicht beide, weshalb, um zu einer stabilen Lösung zu gelangen, einer von ihnen die Rolle des Verlierers akzeptieren muss. Solange jeder seinen maximalen Gewinn sichern will und auch davon ausgeht, dass ihm dies gelingen kann, bleibt die Konfliktdynamik erhalten und damit immer auch die Gefahr, dass der schlechteste Zustand eintritt. Immerhin könnten die Akteure dann auf eine einvernehmliche Verteilungslösung spekulieren, wenn sich beide davon überzeugen könnten, den zugänglichen Gesamtgewinn gleichmäßig aufzuteilen. Ohne eine wechselseitige oder herrschaftlich organisierte Sanktionssicherung dieser Lösung aber – die kostspielig sein wird – stellt sich kein dauerhaftes Verteilungsgleichgewicht ein. Denn rationale Akteure können freiwillig nicht verzichten, weshalb solche Interdependenzen vom laufenden Konflikt um die Erreichung der relativen Vorteilsposition angetrieben bleiben. Will sich jeder gegen eine drohende Gefährdung seiner Maximalinteressen wappnen, sind Rüstungswettläufe und damit eventuelle Rentenverluste unvermeidbar.

9.2.1.4 Gefangenendilemma und Verteilungskonflikte

Im Gefangenendilemma (vgl. S. 284 ff. und 293 ff.) verschärft sich die Konfliktlage der Akteure um einen weiteren Grad. In diesem Fall erreichen beide Akteure aufgrund individuell dominanter Strategien nur eine deutlich suboptimale Verteilungslösung, die sie zwingt, auf höhere, aber leider ungewisse Kooperationsgewinne zu verzichten. Ein Konflikt zwischen den Zielsetzungen der Akteure taucht dadurch auf, dass kooperationsbereite Akteure bemerken müssen, dass sie ihr Ziel nicht erreichen können, wenn die anderen sich entschlossen haben, die Freifahrerrolle zu übernehmen und sie auszubeuten. Wehren sie sich dagegen, indem sie sich ihrerseits unversöhnlich geben, zwingen sie sich wechselseitige Schädigungen auf, die sie sich nur dann ersparen könnten, wenn es ihnen gemeinsam gelänge, auf ihre dominante Handlungsstrategie zu verzichten. Immerhin könnte man vermuten, dass die in gleichem Umfang zu erwartende Schädigung die Akteure dazu motivieren könnte, einer Regelung zuzustimmen, die insoweit als erträglich gilt, als jeder immerhin seinen zweithöchsten Gewinn kassieren könnte, wenn alle sich kooperativ verhalten würden. Gelungene Kooperationslösungen führen aber mitunter zu Folgekonflikten, wenn die Akteure divergierende Nebenzwecke verfolgen oder wenn ihnen die gemeinsame Zielerreichung unterschiedlich kostspielige Beiträge und Belastungen abfordert.

Die Dramatik von Verteilungskonflikten im Schatten von Koordinations- und Kooperationserträgen steigert sich also mit den Kosten, die diese den Verlierern aufbürden, und mit deren Einschätzung, als Verlierer daraus hervorzugehen. Im Falle einer einmal gefundenen einfachen Koordinationslösung will niemand mehr etwas ändern, während die Beteiligten im Stag-Hunt-Spiel sich darauf beschränken können, herauszufinden, wie sich die Partner, denen nichts Böses unterstellt werden muss, entscheiden. Demgegenüber kann es im Hühnchenspiel wichtig werden, den eigenen Strategievorschlag als den ‚wahrscheinlicheren' auszugeben und so den potenziellen Verlierer in eine schlechtere Position drängen. Aufgrund dessen sind Konflikte um die relative Siegerposition latent immer wirksam und treiben die Konfliktdynamik an. Hingegen ist die Auszahlungserwartung im Gefangenendilemma davon abhängig, dass die Akteure einen Anlass sehen, ihr völlig berechtigtes Misstrauen in die Kooperationsbereitschaft ihrer Handlungspartner aufgeben zu dürfen. Zum anderen müssen sie gewärtigen, dass sie – gleichviel mithilfe welcher Maßnahmen oder Regeln sie sich Erwartungs- oder Handlungssicherheiten verschaffen – nicht von deren unbedingter und dauerhafter Einhaltung ausgehen sollten. Allen diesen Fällen ist gemeinsam, dass sie Zustände kennen, in denen sich die Akteure unter der Bedingung, dass sie auf ihre maximalen Auszahlungen verzichten, die Rente ihrer möglichen Zusammenarbeit (fair und gleich) teilen könnten. Solange ihnen dies nicht gelingt, bleibt das Ausmaß ihrer Verteilungskonflikte durch zwei Größen geprägt: Einerseits durch die auf die Einzelnen zukommenden Verluste und andererseits durch die Einschätzung der Erfolgswahrscheinlichkeit, einmal gefundene Verteilungen wieder zu ändern.

9.2.2 Der reine Konflikt oder das Nullsummenspiel

Wir wollen uns für den Rest des Kapitels auf die Konfliktform konzentrieren, in der das Auseinanderdriften der Interessen im Unterschied zu den bislang behandelten Fällen dazu führt, dass *Negativauszahlungen* auf einer Seite unvermeidlich werden. Dieser Fall des reinen *Konflikts* ist dadurch charakterisiert, dass die Auszahlungen beider Akteure „perfekt negativ miteinander korreliert" sind (Diekmann 2009, S. 91). Das heißt, die Auszahlungsbeträge von Gewinnern und

Verlieren gleichen sich, unterscheiden sich aber bezüglich ihrer Vorzeichen: was der eine gewinnt, wird dem anderen genommen; Letzterer erleidet in diesem Sinne einen *absoluten Verlust*.

9.2.2.1 Die Situationslogik des Nullsummenspiels

Die Spieltheorie modelliert derartige reine Konflikte in der Regel als sogenannte *Nullsummenspiele* (vgl. Gintis 2000, S. 75 f.; Holler und Klose-Ullmann 2007, S. 161 ff.; Diekmann 2009, S. 90 ff.), deren Kernmodell sich im einfachsten Fall dadurch kennzeichnen lässt, dass mindestens zwei Akteure vor zwei Handlungsalternativen stehen, die in allen Kombinationen dazu führen, dass sich die jeweiligen Gewinne und Verluste zu einem Nullwert aufaddieren. Damit ist zum Ausdruck gebracht, dass der Gewinn des einen der Verlust des anderen ist; auf diesem Wege lässt sich die Annahme präzisieren, dass rationale Akteure *widersprüchliche* Ziele verfolgen.

Spaltenspieler

Zeilenspieler

	rot	grün	max. Gewinn Zeile
rot	4 / -4	2 / -2	+4
grün	3 / -3	1 / -1	3
min. Verlust Spalte	-3	-1	

Abbildung 9-1 Matrix eines Nullsummenspiels (vgl. Diekmann 2009, S. 91)

Diese Problemsituation muss freilich keinen der Akteure daran hindern, seinen Vorteil anzustreben. Dabei ist zunächst der Fall zu untersuchen, dass Konfliktkonstellationen einen sogenannten „Sattelpunkt" besitzen. Dieser kann mithilfe der in Abbildung 9-1 dargestellten Auszahlungsmatrix verdeutlicht werden, die eine Konfliktkonstellation wiedergibt, in der jeder der beiden Spieler eine dominante Strategie kennt, die ihm den höchsten Nutzen bringt. Für den Spieler „Zeile" ist dies die Strategie „rot", da diese seinen Gewinn *maximiert* (unabhängig davon, was Spieler „Spalte" wählt, ist „rot" immer die bessere oder dominierende Strategie), wohingegen sich Spieler „Spalte" für die Strategie „grün" entscheiden

wird, da diese seinen Verlust *minimiert*, unabhängig davon, was Spieler „Zeile"
wählt. Die Spieltheorie bezeichnet diese Strategiekombination („rot"/„grün") deshalb als „Minimax-Strategie", die hier zu einem Nash-Gleichgewicht führt.

Die beiden Entscheider werden folgende Überlegungen anstellen: Der Zeilenspieler hätte seinen maximalen Gewinn (+4), wenn sich beide für „rot" entscheiden würden. Der Spaltenspieler wird aber in keinem Fall „rot" wählen, weil
dies seinen maximalen Verlust bedeutet. Er entscheidet sich, was der Zeilenspieler auch antizipieren kann, für „grün", weil er damit seinen Verlust in jedem Fall
minimiert (−1).

Unter der Annahme, dass die beteiligten Akteure rational entscheiden, stellt
sich die Kombination der Strategien „rot" (Zeile) und „grün" (Spalte) als *eindeutige* wie auch als *stabile* Lösung dar: Die Handlungswahl beider Akteure führt
zu einer alternativlosen Auszahlungsverteilung, und keiner der Spieler kann
sich durch eine einseitige Veränderung seiner Strategie verbessern. Auch Nullsummenkonflikte kennen daher unter der Bedingung dominierender Strategien
stabile Lösungen. Diese zementieren aber angesichts der kombinierten *Minimax-
Strategie* die Gewinner- sowie die Verliererrolle. Damit wird das in der Soziologie so oft behandelte Phänomen erklärbar, dass Verlierer die für sie ungünstigen
Verhältnisse dulden und Macht und Ungleichheit, die in diesen zum Ausdruck
kommen, damit legitimieren (vgl. dazu etwa Popitz 1992).

Nicht immer aber gibt es einen Sattelpunkt dieser Form, und nicht immer
sind dominante Strategien erkennbar und wirkmächtig, sodass reine Konflikte
nicht immer spontan und ohne weitere soziale Regelungen in einen stabilen Zustand münden. Bisweilen treffen Akteure aufeinander, die nicht-dominante Strategien verfolgen, die aber durchaus einen Sattelpunkt in dem angeführten Sinne
finden, dass eine gewinnmaximierende Strategie auf eine verlustminimierende
stößt und infolgedessen keiner der Konfliktpartner einen weiteren Anreiz ver-
spürt, diesen Verteilungszustand zu verlassen. In anderen Fällen mag es auch
mehrere Sattelpunkte geben, was die Akteure dazu anhält, zwischen diesen zu
wählen. Für den Fall, dass alle Sattelpunkte zu gleichen Auszahlungen führen,
stehen die Akteure vor einem Koordinationsproblem; sofern sich die Auszahlungen gegensinnig unterscheiden, sehen sie sich den Verteilungszwängen eines
Geschlechterkampfs ausgesetzt.

Aus soziologischer Sicht interessant sind endlich all jene Nullsummenkonflikte, in denen *kein* Sattelpunkt erreichbar ist. Diese Fälle beschreiben Konfliktlagen, in denen die Akteure aufgrund der Minimax-Strategie keine spontane und
zugleich stabile Aufteilung ausfindig machen können. Vielmehr verfangen sie
sich in einem unabschließbaren Konflikt, weil jeder der Konfliktakteure im Gefolge einer einseitigen Strategieänderung immer auf eine bessere Verteilungslösung hoffen kann. Damit stehen die beteiligten Akteure vor dem Problem, dass
sie keinen Anhaltspunkt haben, wie sie sich entscheiden sollen; ihre Überlegun-

gen finden deshalb keinen Halt, weil sie keine dominante Strategie erkennen
können und auch keinen Anlass zu der Vermutung haben, dass der Mitspieler
jeweils auf seinen Maximalgewinn verzichten wird. Ohne Veränderung der Rahmenbedingungen kann keiner von ihnen verhindern, dass sich der andere ihrem
Maximierungsversuch entzieht. Damit sind Interdependenzsituationen beschrieben, in denen *jede zufällig* auftauchende *Machtchance* einem der beiden Kontrahenten die Gewinnerrolle zuspielt, wenn er sein Gegenüber auf eine für ihn
selbst günstigere Wahl festlegen kann. Machtverschiebungen werden damit zum
entscheidenden Faktor in reinen Konflikten, wie dies die Soziologie schon lange
vermutet und in vielfältigen Studien auch nachgezeichnet hat (vgl. dazu ausführlich Abschnitt 9.3)

9.2.2.2 Konkretisierungen und Modellerweiterungen

Um dieser Situationslogik des Nullsummenspiels soziologisch relevante Interpretationen zu entnehmen, wollen wir das bislang geschilderte Kernmodell der
reinen Konfliktinterdependenz einigen Konkretisierungen und Erweiterungen
unterziehen und dabei vier Erweiterungen näher ausführen. Zu diesem Zweck
folgen wir wiederum unserem Erklärungsmodell und der damit verbundenen
Empfehlung, Konkretisierungen und Erweiterungen entsprechend der Sparsam-
keitsregel (vgl. vor allem Kap. 3) in Form von Brückenhypothesen einzuführen,
mit deren Hilfe die Intentionen der Akteure spezifiziert und darauf bezogen die
verteilungswirksamen Situationsfaktoren präzisiert werden können. Wir werden
dazu sowohl Erweiterungen vorstellen, die sich auf die *handlungswirksamen Eigenschaften* der konfliktgenerierenden Faktoren beziehen, als auch solche, die
Eigenschaften der Konfliktinteraktion betreffen. Dazu werden wir zum Ersten
einige der konfliktgenerierenden Eigenschaften von Gütern bzw. entsprechenden
Nutzungschancen hervorkehren, also zeigen, inwiefern spezifische Eigenschaften begehrter Chancen die Konfliktdramatik und bearbeitung strukturieren und
beeinflussen. Wir werden sodann die Tatsache berücksichtigen, dass Konflikten
spezifische Interaktionsmuster zugrunde liegen können, die für ihre Bearbeitung
‚richtungsweisend‘ sind. Wir werden zu diesem Zweck klären, inwieweit der jeweiligen Ausgangsausstattung wichtige und spezifizierende Informationen für
die Analyse von Konflikten entnommen werden können. Zudem werden wir auf
die Unterscheidung zwischen einmaligen und repetitiven Konfliktaustragungen
zu sprechen kommen und daran anschließend das einschlägige soziologische
Argument vortragen, dass wiederholte Konflikthandlungen zu Staffelungspro-
zessen bzw. Koalitionsbildungen führen, die sowohl die Konfliktbearbeitung als
auch die infolgedessen zu erwartenden Verteilungsmuster entscheidend prägen.
Diese Betrachtungen werden uns dabei helfen, die gleichzeitige Stabilisierung

von Konfliktkonstellationen und Ungleichheitsstrukturen zu erklären (vgl. dazu exemplarisch Elias 1976/1939; Hirschman 1980; Popitz 1992; Lenski 1977). Wir illustrieren auf diesem Weg, wie die Grundlogik des reinen Konflikts durch systematische Erweiterungen zu soziologisch relevanten Erklärungen ausgebaut werden kann.

a)   Konfliktgenerierende Eigenschaften von Gütern
Die spieltheoretische Darstellung der Situationslogik von Konflikten sagt nichts darüber aus, *worüber* sich die Akteure streiten bzw. welche *Chancen* sich die Akteure verschaffen, wenn sie einen Verteilungskonflikt als Verlierer oder Gewinner beenden. Auch die oben angesprochene Nullsummenmodellierung geht auf diese Frage nicht ein, weil sie zur Charakterisierung der Konfliktlage ausschließlich auf abstrakte Nutzenauszahlungen zurückgreift, ohne zu kennzeichnen, aufgrund welcher Vorkommnisse diese zustande kommen. Dies ist soziologisch unbefriedigend, lässt sich aber auflösen, wenn man sich die Eigenschaften der begehrten Chancen näher betrachtet, deren Verteilung zwischen den Akteuren konflikthaft verläuft. Dann kann man bemerken, dass die Eigenschaften der begehrten Chancen Art und Dynamik auch des reinen Nullsummenkonfliktes, auf den wir uns konzentrieren wollen, ganz wesentlich mitbestimmen.
     Wir können annehmen, dass Konflikte in unterschiedlicher Weise verlaufen, wenn sich die unvereinbaren Ansprüche der Akteure auf teilbare bzw. auf unteilbare Güter beziehen. Teilbare Güter führen zu Anteilskonflikten und können durch entsprechende Fairnessregeln gelöst werden, die klären, welcher Akteur welche Teilmenge des betreffenden Guts sein Eigentum nennen darf; private Güter lassen sich derart verhandeln. Unteilbare Güter hingegen können einen zweifachen Charakter aufweisen: Zum einen haben Kollektiv- oder Clubgüter die Eigenschaft, unteilbar zu sein; mögliche Konflikte beziehen sich dann auf den Nutzungszugang, wobei die Akteure in Erfahrung bringen müssen, ob die jeweiligen Nutzungsrechte auf Kosten anderer in Anspruch genommen werden müssen oder nicht. Ist nur eine gemeinsame Nutzung möglich, können allenfalls Konflikte aus Verteilungsasymmetrien hervorgehen; stehen sich die individuellen Nutzungsrechte im Wege, müssen Nutzungsreihenfolgen oder Nutzungszeitanteile festgelegt werden, um die üblichen, bereits beschriebenen Übernutzungsphänomene zu vermeiden.
     Die Eigenschaft der Unteilbarkeit aber können nicht nur kollektiv nutzbare, sondern auch individuell konsumierbare Güter haben. Da wir vermuten, dass sich reine Konflikte bzw. Nullsummenverhältnisse aufgrund dieser Eigenschaft definieren lassen, wollen wir sie etwas näher betrachten. Die Grundidee der Unteilbarkeit eines Guts oder einer Handlungschance besagt, dass es materiell oder technisch unmöglich oder aber sozial unerwünscht sein kann, das Nutzungsrecht eines solchen Gutes unter mehreren Akteuren – oder Gruppen von ihnen – auf-

zuteilen. Entsprechend besteht zwischen den Ansprüchen mehrerer Akteure eine strikte *Nutzungsrivalität*, und dies zunächst unabhängig von der nachgelagert hinzutretenden Frage, wie viele Akteure um die betreffenden Nutzungsmöglichkeiten konkurrieren und wie knapp das betreffende Gut ist. Wollen mehrere Akteure sich in den Besitz eines solchen Guts und der damit verknüpften Handlungschancen setzen, so müssen sie zu diesem Zweck *exklusive* Nutzungs- oder Eigentumsrechte an ihm erwerben, woraufhin sie sich der zwangsläufigen Tatsache gegenübersehen, dass ihnen dies nur gelingen kann, wenn sie allen übrigen Aspiranten die Nutzung des betreffenden Gutes verwehren können. Diese Rivalität der Nutzung hat zur zwingenden Konsequenz, dass die Festlegung der jeweiligen Nutzungschancen die wirksame Etablierung eines Mechanismus erfordert, der durch den – aus der Sicht der Eigentümer möglichst dauerhaften – Ausschluss aller anderen Mitbewerber *einen* (eindeutigen) Sieger festlegt. Zum Verständnis der Verlaufsdynamik eines solchen reinen Konflikts ist mithin entscheidend, dass sich der Gewinn oder Erfolg eines Akteurs darauf gründet, dass die Mitbewerber nach erfolgter Gewinnzuteilung *keinen Zugriff* mehr auf das betreffende Gut nehmen können, wofür es – wie wir in Abschnitt 9.3 zeigen werden – unterschiedliche Gründe geben mag. In der logischen Folge einer solchen Selektion entgehen jedem der Verlierer genau die Nutzungswerte, die dem Sieger zufallen, und er muss überdies die Kosten tragen, die er vorweg hat aufbringen müssen, um seinen Anspruch zur Geltung zu bringen. Das bedeutet umgekehrt, dass der Verlierer die dadurch entstehende Nutzungsdistanz als *Verlust* registriert[11] und dass die umsonst erbrachten Investitionen in den Erwerb des betreffenden Guts ihm zum *Schaden* gereichen. Damit ist zugleich gesagt, dass jeder eventuelle Mechanismus, der eine Lösung von Nullsummenspielen etablieren soll, darauf hinwirken muss, dass der Verlierer seine Position akzeptiert oder einsieht, dass er seine Nutzenzuteilung aus eigener Kraft nicht ändern kann.

Diese Konstellation kann weiter spezifiziert werden, wenn man der doppelten Frage nachgeht, um *welche* unteilbaren Güter sich die Akteure streiten und um *wie viele* davon sie sich bemühen. Die soziologische Theorie ahnt seit Langem, dass der Verlauf von Konflikten nachgerade dadurch bestimmt wird, über welche Art und Anzahl von *Dimensionen* er sich erstreckt. Im einfachsten Fall bleibt der Wettstreit auf die exklusive Zuteilung *einer* Güterart begrenzt (Status und überlegene Anerkennung, Macht und Einfluss, Geld und Konsumchancen, Aufstiegs-

---

[11] Dies wird eine Konsequenz der Tatsache sein, dass das Streben nach Gütern selbstverständlich nur so lange zum Konflikt führt, als ihr Erwerb für beide Kontrahenten die jeweils „beste Verhaltensalternative" darstellt (Bühl 1976, S. 54), sowie der Zusatzannahme, dass der Verlierer unter seinem Misserfolg *leidet*. Die Forschungen zur Relativität von Frustrationserfahrungen sind an dieser Stelle einschlägig (vgl. paradigmatisch Boudon 1979, S. 144 ff.).

und Heiratschancen etc.).[12] Jede Beschränkung des Verteilungskonflikts schafft damit auf den Gebieten, auf denen aktuell keine Auseinandersetzungen anstehen, Raum für Kooperationen und Koalitionen oder doch für ‚Nichtangriffspakte' und ermuntert stattdessen – je nachdem, auf welche Weise das Gut produziert werden muss – entweder die Zusammenlegung oder die Trennung der Anstrengungen und Einsätze. Es besteht aber auch die Möglichkeit, dass sich Konfliktverläufe entlang mehrerer Dimensionen oder – wie Peter Blau sie nennt – divergenter „Parameter" aufbauen und sich diesen folgend zu mehr oder minder „konsolidierten" Frontlinien auswachsen (vgl. Blau 1976, S. 220 ff.).[13] Man kann folgern, dass sich daraufhin das Konfliktniveau erhöht und die Konfliktstärke zunimmt. Auf der anderen Seite erwartet die Soziologie, dass sich die Verteilungsmechanismen der verschiedenen Streitgüter unterscheiden.

Wenn unteilbare und konsumrivalisierende Güter, über deren Zuteilung sich die Akteure streiten, überdies nicht nachhaltig produziert werden können (vgl. Ostrom 1990, S. 30), spitzt sich die Logik der Verteilungssituation zu. Unter diesem Umstand wird jeder der Aspiranten darauf achten, als Erster den Erfolg zu suchen und sich in den Besitz des umstrittenen Guts zu setzen, bevor dies seinen Mitbewerbern gelingt. Es entsteht ein *Wettlauf* um den Erwerb von Nutzungsrechten, der – um mit Hirschman (1996, S. 254) zu sprechen – den Charakter eines „Konflikts des Entweder-Oder" annehmen muss. Solange die Akteure einen Verzicht ihrer Ansprüche weder einseitig noch wechselseitig glaubhaft machen können,[14] werden sie zudem einen Anreiz haben, sich auch mit nicht anerkannten Mitteln: Macht, Zwang, List, Täuschung, Intrigen usw., und auf unerlaubten Wegen um die einseitige und exklusive Vorteilnahme zu bemühen. Lösungen des Verteilungswettlaufs werden demnach nicht nur die Verluste und Schädigungen rechtfertigen müssen, die die Verlierer auf sich nehmen müssen, sondern

---

[12] Bisweilen versucht man, diese Vielzahl an Konfliktdimensionen auf eine handliche Anzahl zu beschränken, wobei die von Weber initiierte Trias von (sozialen) Status-, (politischen) Macht- und (ökonomischen) Erwerbschancen beliebt ist. Die Rationaltheorie sieht keinen Anlass, sich vorweg auf bestimmte oder nur wenige *Zielarten* festzulegen. Die Zuteilung *aller Güter*, deren Zugangs- und Nutzungschancen man *differenziell* verteilen kann, kann Anlass zu Streitereien sein.

[13] Die Soziologie hat seit jeher ein nachdrückliches Interesse an der Beantwortung der Frage angemeldet, wie diese parametrischen Dimensionierungen, etwa infolge funktionaler, aber auch horizontaler und vertikaler Differenzierungen oder der Ausdehnung gesellschaftlicher Aktionsfelder, entstehen. Auch hat sie sich häufig damit beschäftigt, wie sich die Tatsache, dass sich die Handlungschancen der Akteure infolgedessen ständig verschieben, auf die kollektiven Reproduktions- bzw. Folgewirkungen sozialer Verteilungsmechanismen auswirkt (vgl. Bourdieu 1997; Berger und Vester 1998; Schimank 1998; Schwinn 2004; Rössel 2005; Beck 2007; Solge et al. 2009 u. v. a.). Die derzeitige Diskussion um Exklusion und Inklusion bestimmter Gruppen in vorhandene Versorgungssysteme stellt eine aktuelle Weiterführung dieser zentralen Fragestellung dar (vgl. Mackert 2004a; b).

[14] Dem anderen den Vortritt lassen zu wollen, führt dann zu einem Altruismusdilemma (vgl. Ullmann-Margalit 1977, S. 48).

auch die Frage zu beantworten haben, *welche Verfahren* der Konfliktaustragung akzeptabel sind und inwieweit diese überhaupt einer Regulierung unterworfen werden können.

b) Ausstattungsunterschiede

Normalerweise werden Nullsummenkonflikte modelliert, ohne die Voraussetzungen näher zu beachten, die erfüllt sein müssen, damit die Akteure überhaupt daran teilhaben können.[15] Damit bleibt unentschieden, ob und inwieweit sich die jeweiligen Verteilungsergebnisse den verschiedenartigen Fähigkeits- und Ressourcen*ausstattungen* verdanken, mit denen die Akteure in das Konfliktspiel einsteigen, und wo infolgedessen der jeweilige „Konfliktpunkt" der Akteure liegt, jenseits dessen ein Akteur „auf die unmodifizierte Durchsetzung seiner Präferenzen verzichten muss" (Bühl 1976, S. 54). Es wäre demnach relativ misslich, wenn ‚realistische' Modellierungen von Konflikten grundsätzlich darauf verzichteten, die relative Ressourcenausstattung der Akteure und damit deren jeweilige *Machtpotenziale* zu berücksichtigen. Um diese festzulegen, wird wichtig sein zu wissen, wie sich die Ausgangsausstattungen der Akteure zueinander verhalten, in welchem Umfang sie sich außerhalb ihrer Konfliktbeziehung mit Ressourcen versorgen können, ob sich ihre Fähigkeiten und Ressourcen im Verlauf des Konflikts erweitern oder verzehren. Mit einiger Sicherheit wird sich deren Erschöpfung auf die Willigkeit auswirken, sich auch weiterhin am Konflikt zu beteiligen, wohingegen ein Akteur die Auseinandersetzung umso eilfertiger betreiben kann, je sicherer er weiß, dass ihm kein Ausstattungsnachteil droht und sich seine Fähigkeiten und Einsatzmittel im Verlauf der Auseinandersetzung nicht verschleißen. Von solchen durchweg variablen Vorgaben wird abhängen, ob sich die Akteure auf eine Eskalation ihrer Auseinandersetzung gefasst machen müssen (vgl. Raiffa et al. 2002, S. 156 ff.) und ob sie asymmetrische Konflikte (vgl. Münkler 2002, S. 48 ff.) zu gewärtigen haben, deren Kollektiveffekt – eine Konfliktspirale – rationalen Akteuren angeraten sein lässt, das Konfliktfeld zu verlassen. Das wird im Besondern dann naheliegen, wenn der Verlierer des Streits um knappe und begehrte Chancen einsehen muss, dass sein Einsatz nicht ausreicht bzw. völlig umsonst wäre und – in beiden Fällen – die damit verbundenen Investitionen bzw. die Ausstattungsverluste nicht kompensiert werden können.

Dabei bleibt zu bedenken, dass der Erfolg des Ressourceneinsatzes eines Akteurs immer auch davon bestimmt ist, wie sich sein betreffender Kontrahent verhält bzw. welche Reaktionen dieser antizipiert. Es sind die wechselseitigen Siegeserwartungen und Belohnungen, die die Dynamik von Konfliktaustra-

---

[15] Die Spieltheorie ignoriert sowohl die Frage der Mindestausstattung als auch die des Ressourcenverbrauchs und vermittelt Ausstattungsunterschiede über Auszahlungen.

gungen anfeuern oder mindern.[16] Am Ende mögen auch die im Konfliktverlauf steigenden Opportunitätskosten für die Revision der anfänglichen Beteiligungs- entscheidung ausschlaggebend sein, da ressourcenaufzehrende Konflikte die Realisierung alternativer Handlungsvorhaben zu unterminieren pflegen. Von den Ressourcenbilanzen wird es endlich auch abhängen, ob die Akteure auf die Re- vision einer einmal gefundenen Verteilungslösung drängen, zu Rachefeldzügen aufbrechen können oder ob sie sich in ihr Verteilungsschicksal fügen müssen.

c)   Einmalige oder mehrmalige Interaktion
Für die Varianz und Reichweite von Konfliktmodellen sind aber nicht nur die nä- here Bestimmung des Konfliktguts und die anfänglichen Ausstattungen relevant, sondern auch die Wiederholung bzw. die Einmaligkeit der Konfliktinteraktion. Denn davon hängt die Kalkulation der Erfolgschancen im Gefolge der bisherigen Entscheidungen der Akteure ebenso ab wie davon, ob es diesen im Konfliktver- lauf gelingt, die Begrenzungen des Nullsummenspiels aufzuheben.

Müssen die Akteure ihren Verteilungswettbewerb vermittels eines einmali- gen Verfahrens lösen, ist ihr Handeln vornehmlich dadurch beeinflusst, dass sie die im Prinzip variablen Gewinnerwartungen mit den jeweiligen Kosten verrech- nen, die damit verbunden sind, dass sie sich an der Auseinandersetzung beteili- gen, wobei diese Kosten anwachsen, wenn sie die Auseinandersetzung verlieren. Dann erwachsen ihnen Nachteile, die zumal im Falle von Nullsummenkonflik- ten durch keine erreichbaren Erträge gemindert werden, die ihnen ihr Vertei- lungsschicksal akzeptabel gestalten könnten. Viel wird deshalb davon abhängen, Erfolgschancen sofort zu nutzen,[17] da die Akteure in jedem Fall damit rechnen müssen, dass sie keine zweite Chance erhalten werden.

Für den Fall eines Dauerkonflikts ändert sich die Situationslogik ihrer Aus- einandersetzung indessen. Dann ist es für sie wichtig, zu wissen, ob ihnen in allen Runden Verluste drohen bzw. wie häufig sie in die Rolle des Siegers schlüp- fen können. Ebenso wird ihr Handeln in diesem Fall davon bestimmt sein, ob sie fürchten, dass ihnen die Verluste der Vorrunden weitere Erfolgsaussichten verwehren bzw. ob sie darauf hoffen können, dass ihnen noch Gewinne zufallen, die ihnen die aussichtsreiche Fortführung des Konflikts erlauben. Eine detaillier- tere, weil sequenzielle Modellierung ihrer Wechselhandlungen wird in Rechnung stellen, *wie* sich die jeweiligen Erfolgschancen im Konfliktprozess steigern oder mindern. Der Konflikteinsatz der Akteure, die sich in einer erfolgversprechen-

---

[16] Im Fall vollständiger Information können die Akteure jeden Dauerkonflikt in einen einmaligen Konfliktgang transformieren, weil sie dann die differenzielle Durchsetzungsmacht kennen, die je- der aufbringen kann, um zu obsiegen (vgl. Rubinstein 1982).
[17] Unter der Bedingung, dass die Konfliktparteien ihre Handlungssituation vollständig überblicken und reine Strategien verfolgen, ist die Einschätzung ihres relativen Wagemuts natürlich entbehrlich.

den Lage glauben, wird zunehmen; er wird hingegen absehbarerweise sinken, wenn zukünftige Gewinne auszubleiben drohen, entweder weil die Erfolgschancen sinken oder weil der Konflikt in seine marginale Phase eingetreten ist und keine zureichenden Erträge mehr verspricht.

d)   Koalitionen und Staffelung

Eine wichtige Größe, die die Erfolgsaussichten in einem Konflikt mitbedingt und eine soziologisch relevante Kategorie bezeichnet, ist die Zahl der Wettstreiter bzw. die Sozialstruktur, in der die Wettstreitenden eingebunden sind. Es kann deshalb ratsam sein, die vereinfachende spieltheoretische Annahme fallen zu lassen, dass Konflikte zwischen nur zwei Akteuren stattfinden und dass ihnen nur zwei Handlungsstrategien zur Verfügung stehen. Damit kann der Blick frei werden für die Tatsache, dass sich die Gewinnchancen verändern, je mehr Aspiranten in den Verteilungskonflikt eintreten bzw. je weniger Akteure sich etwas davon versprechen, den Streit weiterzuführen, und es kann untersucht werden, ob die Erfolgschancen sinken bzw. steigen, wenn sich Akteure zu Konfliktparteien zusammenfinden und untereinander Koalitionen bilden.[18] Im ersten Fall ist vor allem das Verhältnis zwischen der Anzahl der Wettstreiter und deren möglichen Auszahlungen beachtenswert. Und im zweiten werden sich die Akteure Gedanken darüber machen müssen, wie groß der *Umfang der Koalition* sein muss, um den Sieg davonzutragen (die sogenannte minimale Gewinnkoalition). Deren optimale Größe wiederum wird sich zum einen danach bestimmen, wie stark eine Koalition sein muss, um die Angriffe der gegnerischen Akteure und deren Koalitionen abzuwehren, und zum anderen danach, inwieweit die einzelnen Koalitionäre infolgedessen mit sinkenden Auszahlungen rechnen müssen oder nicht.

Allein vor diesem Hintergrund unterliegen die Dynamiken der Koalitionsbildung einigen Besonderheiten, auf die wir kurz zu sprechen kommen wollen.[19] Zunächst fällt auf, dass Koalitionsmodellierungen zwar berücksichtigen können, dass der Sieg vornehmlich davon abhängt, dass Wettstreiter sich zusammenfinden, um ihre Machtressourcen zu bündeln, dass aber unentschieden bleibt, *wer* der Koalition zugehören sollte. Unter Streitbedingungen ist es entsprechend

---

[18] Viele Autoren wollen erst dann von „sozialen" Konflikten sprechen, wenn sich (organisierte) Gruppen um etwas streiten. Wie wir bereits geklärt haben, kann die Rationaltheorie des Handelns diesem beengten Sprachgebrauch nicht folgen. Die Soziologie kann sich bei der Entwicklung einer Theorie der Koalition von der Parteiensoziologie (vgl. Riker 1962), der Verhandlungsanalyse (vgl. Raiffa et al. 2002, S. 430 ff.) oder von Modellen militärischer Allianzen (vgl. Bueno de Mesquita 2005) anregen lassen. Fragen der Koalitionsbildung werden vordringlich auch in der Organisationstheorie, der Regierungslehre und hinsichtlich der kollektiven Durchsetzung von öffentlichen Gütern behandelt sowie auch in der Mikrosoziologie (vgl. Popitz 1992; Goffman 1981).

[19] Genauer besehen, unterliegt die Bildung von Koalitionen den Schwierigkeiten, die wir in Kapitel 8 geschildert haben.

wichtig, dass sich ein potenzieller Koalitionär möglichst bald als Helfer empfehlen kann, um nicht in die Lage zu geraten, ein überflüssiges Koalitionsangebot
zu unterbreiten, weil diejenigen, die sich bereits zu einer Koalition zusammen-
gefunden haben, seinen Beitrag zum schlussendlichen Sieg als entbehrlich einstufen. Allerdings kann ein Koalitionsinteressent ein solches Angebot auch zu
voreilig unterbreiten, wenn sich hernach nicht genügend weitere Interessenten
an einer gemeinsamen Aktion finden und er infolgedessen auf seinen Investitionskosten sitzenbleibt. Auf der anderen Seite kann er eine bestehende Koalition auch wieder sprengen, wenn er einer hinreichenden Anzahl ihrer Mitglieder
plausibel machen kann, dass sich ein Koalitionswechsel alleine deshalb lohnt,
weil er der neuen Koalition einen Teil seiner Gewinne überträgt. Solche Kom-
pensationsversprechen können stabile Koalitionsbildungen allerdings unmöglich
machen, wenn genügend Zeit zur Verfügung steht, in wiederholte Verhandlungen
einzutreten. Unter solchen Bedingungen entsteht ein Interesse, eine Koalition
rasch aufzubauen und durch baldmögliche Erträge und den Ausschluss anderer
zu stabilisieren, um derart destruktive Nachverhandlungen zu unterbinden. Res-
sourcenstarke Koalitionäre erreichen diesen Schwellenwert in der Regel eher und
mit geringerem Verhandlungsaufwand als ressourcenschwache. Im Extremfall
reicht ein Koalitionär zumal dann hin, um die Koalition zusammenzubringen,
wenn er bereit ist, die fälligen Verhandlungs- und Transaktionskosten zu tragen.
Umgekehrt können sich schwächere Koalitionäre dann untereinander zusammentun, wenn ihnen daran liegt, die Mitgliedschaft in einer Koalition der Starken zu
vermeiden, in der sie nur mit Brosamen abgespeist werden würden. Zugleich ist
es für einen schwachen Partner allerdings attraktiv, sich seine Mitgliedschaft in
einer Koalition der Starken deshalb mit einem Aufschlag seiner Abfindung entlohnen zu lassen, wenn von seinem Beitritt abhängt, dass die betreffende Koalition die hinreichende Größe einer „Gewinnkoalition" erreicht. In allen Fällen
gerät die Identifikation der optimalen Gruppengröße dann in einen Widerspruch
mit den individuellen Nutzungsabsichten und Ertragserwartungen der Koalitionäre, wenn diese der Aufbau und die Unterhaltung der zum Sieg nötigen Koalition mehr kostet, als ihnen ihre dadurch zugänglichen Auszahlungen wert sein
können (vgl. dazu klassisch Riker 1962 und Olson 1968).

Die Nutzenwerte können aber auch dann enttäuschend ausfallen, wenn ein
dominanter Spieler, der die Macht hat, sich seine Mitwirkung reichlich entlohnen zu lassen, in der Koalition das Sagen hat und sich die Auszahlungshoffnun-
gen der Übrigen infolgedessen als ein ‚Traum' erweisen (vgl. Raiffa et al. 2002,
S. 446). Popitz (1992, S. 209 ff.) hat geschildert, wie sich Machtprozesse gestalten, wenn Akteure sich gegen dominante Begründer einer Koalition, die wichtige
Ressourcen kontrollieren, durchsetzen wollen und dabei in die abhängige Rolle
einer *Hilfstruppe* geraten. Die betreffende Koalition ist demnach infolge der dif-
ferenziellen Machtausstattung der Teilnehmergruppen intern ‚gestaffelt', wobei

die Helfer ihre geringeren Auszahlungen nicht zuletzt deshalb akzeptieren, weil sie dadurch Unterprivilegierung oder gar den Ausschluss vom koalitionsinternen Verteilungsprozess vermeiden können. Das daraus entstehende Verhältnis ist umso stabiler, je geringer die Abwanderungschancen der Helfergruppe sind. Aus der Sicht der dominanten Koalitionäre ist eine derartige asymmetrische Machtverteilung aus mehrfachen Gründen erwünscht. Zum einen werden infolge der internen Abhängigkeitsverhältnisse Bündnisse aus den Reihen der Helfer, die sich gegen ihre Machtstellung wenden, weniger wahrscheinlich. Überdies können die dominanten Mitglieder der Koalition unliebsame Arbeiten delegieren und darauf verzichten, sich die Hände schmutzig zu machen. Und endlich können sie die Gruppe der Helfer als Rekrutierungsfeld für den Fall nutzen, dass sich ihre Reihen lichten und aus eigener Kraft nicht aufgefüllt werden können, was die Helfer als eine Aufstiegschance wahrnehmen können, die ihnen den – wie sie hoffen: vorläufigen – Verbleib in ihrer minoren Stellung schmackhaft machen kann.

Die Dynamik einer reinen Konfliktsituation kann in vierfacher Weise variieren: Zum einen in Abhängigkeit davon, wie sicher die Sieger eines Verteilungswettbewerbs sein können, exklusive Nutzungsrechte zu gewinnen; sodann davon, auf welche Fähigkeiten und Ressourcen sie bei der Auseinandersetzung um knappe, aber begehrte Güter zurückgreifen können; im Weiteren davon, ob sich die Konfliktpartner einmalig oder mehrmalig gegenüberstehen; und letztlich davon, ob und in welchem Umfang sie zum Erwerb der exklusiven Zuteilungen intern Koalitionen eingehen können.

9.3   Reine Konflikte und ihre Lösungsmechanismen

Aber nicht nur der Verlauf eines reinen Konflikts hängt von zahlreichen Zusatzbedingungen ab, sondern auch dessen eventuelle Lösung. Das Kernmodell enthält dazu nur den vagen Hinweis, dass die Akteure ein *Verteilungsproblem* zu lösen haben. Dieses Problem besteht im Grundsatz darin, dass *unteilbare Güter* oder *Handlungschancen* zu verteilen sind, deren Nachfrage nicht voll befriedigt werden kann, weil sie *nicht beliebig vermehrt* werden können und weil ihre *Nutzung exklusiv* verläuft. Die Modellierung von Lösungen hat auf zwei Problemfelder zu reagieren: Zum einen muss man wissen, weshalb welche Chancen oder Güter knapp sind, und zum anderen benötigt man Annahmen darüber, wie die betreffenden Güter oder Chancen verteilt werden können. Offensichtlich bedarf jede haltbare Verteilungslösung eines *„Selektionsprozesses"* (Elias 1976/1939, S. 134; Hirsch 1980, S. 55), der Nachfrage ,aussondert' und dafür sorgt, dass die exklusiven Nutzungschancen *eindeutig* demjenigen zugesprochen werden, der den Erfordernissen des betreffenden Selektionsmechanismus am ehesten gerecht wird und der demgemäß als Sieger aus dem Verteilungswettbewerb hervorgeht.

Die dauerhafte Etablierung eines konfliktregelnden Selektionsmechanismus kann den Akteuren unter der Voraussetzung relativ einfach gelingen, dass sich eine einmal gefundene Lösung in dem Sinne selbst trägt (Arthur 1994, S. 8 ff.), dass keiner der Interessenten sich der Verteilungswirkung des Selektionsprozesses – allein und ohne auf die Intentionen anderer zu achten – zu entziehen vermag. Das heißt nicht, dass die Aspiranten nicht unterschiedliche Interessen bezüglich der Gestaltung des Selektionsprozesses haben können (vgl. Knight, J. 1992, S. 40 ff.). Es heißt aber, dass der betreffende Verteilungsmechanismus, wenn er einmal etabliert wurde, allein deshalb nur schwer wieder aufgegeben werden kann, weil seine Nutznießer dies zu verhindern wissen und/oder weil den Verlierern die Möglichkeit fehlt, den anfänglichen Zustand aufrechtzuerhalten oder in eigener Regie alternative Verteilungslösungen durchzusetzen, die sie besserstellen würden. Wir sollten deshalb damit rechnen, dass der Aufbau gesellschaftlich wichtiger Verteilungsinstitutionen umkämpft und auch nicht immer das intendierte Ergebnis der Entscheidungen jener Akteure sein wird, die auf den Erwerb exklusiver Nutzungsmöglichkeiten nicht verzichten wollen. Im ersten Fall sind die „herrschenden Institutionen die Institutionen der Herrschenden" (Marx 1965/1894) und im zweiten Fall gilt, dass „die Nationen gleichsam im Dunkeln auf Einrichtungen (stoßen), die zwar durchaus das Ergebnis menschlichen Handelns sind, nicht jedoch die Durchführung irgend eines menschlichen Plans" (Ferguson 1986/1767, S. 258).

Zur – wenn auch nur auszugsweisen – Demonstration solcher Verteilungsprozesse wollen wir die Eliminationswirkungen des *„Machtmechanismus"*, wie ihn schon Norbert Elias geschildert hat (vgl. Elias 1976/1939, Bd. 2, S. 123 ff., 201 ff.), für den Fall untersuchen, dass die Akteure ihre Nutzungschancen im wörtlichen Sinne ,ausfechten' müssen, indem sie um sie kämpfen. Sodann betrachten wir die Verteilungswirkungen des *Preismechanismus* und die Rolle, die Auktionen dabei zukommt (Hirsch 1980, S. 59 ff.). Und endlich stellen wir anhand der Untersuchung von „Winner-Take-All-Märkten" dar, wie sich knappe Chancen durch die Erhöhung von Qualifikationserfordernissen verteilen lassen, die als eine Art Siebungsprozess institutionalisiert werden können (Frank und Cook 1995; Frank 1999, S. 235 ff.).

9.3.1   Der Machtmechanismus

Norbert Elias wollte plausibel machen, unter welchen Bedingungen es zur Staatsbildung kommt, wenn dazu die Monopolisierung der Gewaltmittel und die Errichtung eines zentralisierten Besteuerungssystems vonnöten sind. Wie Hobbes war er der Meinung, dass der Krieg aller gegen alle nur zu vermeiden ist, wenn sich ein zentraler Herrscher etablieren kann, der seinen Untertanen eine Friedenspflicht aufnötigt und dadurch die Voraussetzung dafür schafft, dass sich die arbeitsteilige Herstellung tauschbarer Güter zu lohnen beginnt. Daraus wiederum entsteht der Reichtum, den der Herrscher besteuern kann, um seine Privatschatulle zu füllen und seine Beherrschungs- und Verwaltungskosten zu decken. Anders als Hobbes aber vermutete Elias, dass es nicht sehr wahrscheinlich ist, dass sich die Friedensinteressenten auf einen Herrscher *einigen*, um ihm *per Vertrag* das Recht zu überantworten, kriegerische Auseinandersetzungen zwischen ihnen zu unterbinden. Vielmehr ging er davon aus, dass sich ein zentraler Herrscher erst im Verlauf eines „Ausscheidungskampfes" (Elias 1976/1939, Bd. 2, S. 134) zwischen mehreren Machthabern durchaus unbeabsichtigt durchsetzt, weshalb in der Konsequenz die Zustimmung des hernach beherrschten Volkes keine wirklich entscheidende Bedeutung für die Staatenbildung haben kann.

Elias entwickelte einen solchen „Mechanismus der Vormachtbildung" (Elias 1976/1939, Bd. 2, S. 128) anhand der Verhältnisse im frühmittelalterlichen Frankreich und schlug zu dessen Modellierung das folgende Szenario vor. Eine erste Prämisse hält fest, dass eine Menge von gleich mächtigen Feudalherren um die Kontrolle des des knappen, nicht vermehrbaren Landes konkurriert, das als die wichtigste Reproduktions- und Reichtumsquelle der damaligen Agrarökonomie gelten muss. Das Konkurrenzverhältnis entsteht infolge der Tatsache, dass alle Feudalherren ein Motiv haben, sich durch Landerwerb privat nutzbare Einkommensquellen zu verschaffen, die sie zur Aufrechterhaltung ihrer gesellschaftlichen Stellung benötigen. Elias unterstellt den Akteuren eine einheitliche (oder homogene) Intention, sich um die Kontrolle eines möglichst umfangreichen Landbesitzes zu bemühen, die aus der seinerzeitigen Organisation der Ökonomie zwingend folgt (Esser 1984; Maurer und Schmid 2008).

Damit ist die Logik der Handlungssituation in mehrfacher Hinsicht festgelegt: Solange das Ansinnen der Wettbewerber auf die Kontrolle des nicht vermehrbaren Gutes „wirtschaftlich nutzbares Land" gerichtet ist, kann dies jedem nur in dem Umfang gelingen, in dem seine Mitakteure auf dessen gleichgelagerte Nutzung verzichten. Die unterlegte Interdependenz zwischen den Landaspiranten hat den Charakter eines *Nullsummenspiels*. Damit steht fest, dass ein Feudalherr seine Positionssicherung unter der Bedingung vornehmen muss, dass alle übrigen ihm genau die Ressource streitig machen müssen, nach der jeder von ihnen streben muss, um seine bestmögliche Verteilungsposition zu erhalten oder auszubauen. Diese Konstellation wird dadurch generiert, dass die Präferenzen eines jeden Spielers die folgende Reihung aufweisen: Seinen Maximalertrag kann ein Feudalherr dann erreichen, wenn es ihm gelingt, sich zusätzliches Land anzueignen, weil er sich damit gegenüber seinen Konkurrenten einen relativen Vorteil verschaffen kann. Die zweitbeste Lösung wird die Besitzstandwahrung sein – es ist aber strittig, wie sich die Feudalherren auf diese Lösung einigen können, solange keiner ein Interesse daran hat, einen entsprechenden Vertrag einzuhalten, und solange es keine Zentralinstanz gibt, die sie daran hindern kann, bei nächster Gelegenheit alle Möglichkeiten zu nutzen, um das Land anderer zu vereinnahmen. Die am wenigsten attraktive individuelle Alternative ist natürlich, Land abgeben zu müssen; das gilt vor allem dann, wenn der Verzicht auf Land mit der Vernichtung von Lebenschancen verbunden ist, die einem nur der Landbesitz eröffnen kann. Damit wissen alle Beteiligten, dass in dieser Gesellschaft ein Konkurrenzdruck dominiert, sodass jeder ‚automatisch' verliert, wenn er versucht, nur das zu bewahren, was er bereits besitzt (vgl. Elias 1976/1939, S. 134). Der Zwang zum Erwerb zusätzlicher Ressourcenanteile gilt für alle, sofern sie nicht vorzeitig aus dem Spiel ausscheiden und damit alle weiteren Erwerbschancen verlieren möchten. Angriff ist unter solchen Umständen die beste Verteidigung, und sich Land zu beschaffen, wird unter gleich mächtigen Akteuren zur *dominanten Handlungsstrategie*. Die Beziehungs- bzw. Interdependenzform der Feudalherren erweist sich als eine jeden Ausgleich verbietende *Konkurrenz um Vorteile*, für die es unter den von Norbert Elias diskutierten Umständen nur den Wettbewerbsmechanismus als Bewältigungsverfahren gibt. Wichtig ist dabei, dass der mit dem Landbesitz gegebene Vorteil, ein statusgemäßes Leben führen zu können, mit dem Vorteil, sich im Kampf um den Besitz dieser statussichernden Güter durchsetzen zu können, zusammenfällt. In der Konsequenz kann keiner der Landbesitzer sich dazu überreden lassen, freiwillig auf seinen Besitz zu verzichten, sondern ist jeder von ihnen gut beraten, den Überfall auf benachbarte Besitztümer zu erwägen bzw. sich darauf vorzubereiten, dass die Mitkonkurrenten zur Realisation ihrer primären Wahl gewaltbereit sind. Der eigene Besitz ist somit nicht durch allseits anerkannte Eigentumsrechte geschützt, vielmehr ist jede Transaktion zwischen Landbesitzern von Macht und daher berechtigterweise auch von Misstrauen und Argwohn durchzogen.[20]

Dieses Szenario basiert auf einigen Hintergrundannahmen, die Elias nicht sehr ausführlich anspricht, die aber leicht als konstante Parameter seiner Modellüberlegung entdeckt werden können. Zum einen unterstellt der Autor mit seiner These von der Gleichmächtigkeit der Kontrahenten offenbar, dass alle Feudalherren zu Beginn ihrer Ausscheidungskonkurrenz nicht nur über einen gleichwertigen Feudalbesitz verfügen, sondern zudem über die gleiche Art der Bewaffnung, dass sie im Weiteren auf eine gleich umfängliche und in der Bilanz gleich fähige Gefolgschaft zurückgreifen können und deshalb die gleichen militärischen Fähigkeiten besitzen. Es kann sich also – *zunächst* jedenfalls – keiner eines Machtvorteils erfreuen und keiner ist dazu in der Lage, ihn sich durch gesonderte Anstrengung zu verschaffen. Zugleich sollte man beachten, dass sich keiner der Feudalherren dem möglichen Übergriff der Konkurrenz entziehen

---

[20] Dem korrespondiert, dass die Spieltheorie nichts darüber aussagt, wer warum im Nullsummenspiel Zeilen- und Spaltenspieler ist.

kann, ohne hohe Verluste in Kauf zu nehmen. Das gilt in einem doppelten Sinn: Weil es einerseits unmöglich ist, das eigene Land mitzunehmen, kann keiner der Landbesitzer abwandern, ohne seine Position im bestehenden System aufs Spiel zu setzen; umgekehrt gilt, dass jede Abwanderung auch deshalb unmöglich ist, weil annahmegemäß kein Neuland zur Besiedelung offensteht. Abwanderung ist somit unmöglich oder doch sehr teuer, weshalb sich die Konkurrenten nicht aus dem Weg gehen können.

Damit ist aber nur die Ausgangslage der Auseinandersetzung festgehalten. Elias lässt auf der anderen Seite kein Missverständnis darüber aufkommen, welche Dynamik er vor dem geschilderten Hintergrund erwartet: Das anfangs unterstellte Machtgleichgewicht der Wettbewerber ist angesichts ihrer Motive instabil. Jeder der Feudalherren wird die geringste Chance nutzen, sich den Besitz anderer anzueignen, wobei zur Erhöhung seiner Siegeschancen zunächst zufällige Veränderungen der Wahrscheinlichkeit, im Wettkampf zu obsiegen, hinreichen. Damit ist schon an dieser Stelle vermerkt, dass Konflikte ‚machtanfällig' sind. Man kann der Darstellung von Elias zwei verschiedene Startkonstellationen für die Akkumulationsdynamik entnehmen. Im einen Fall kann sich einer der kampfbereiten Mitbewerber dadurch eine verbesserte Ausgangsposition verschaffen, dass er zusätzliche Besitztümer durch Heirat oder Erbschaft erlangt. Wenn zu dem damit verbundenen Kontrollzuwachs auch die Verfügung über zusätzliche Waffen und Truppen gehört, so verschiebt sich das Machtgleichgewicht zwischen ihm und seinen weniger glücklichen Nachbarn zu seinen Gunsten und er kann infolgedessen versuchen, diese durch die Drohung, er werde sie überfallen und enteignen, dazu zu zwingen, ihm ihre Kontrollrechte zu übertragen. Damit erweitert sich erneut sein Dispositions- und Handlungsspielraum, solange auch diese Form der zwangsweisen Kontrollübertragung mit einem Anwachsen seiner Ressourcen verbunden ist. Für seinen benachteiligten Gegner heißt dies indessen, dass er sich um die Sicherung seiner Subsistenz unter verschlechterten Bedingungen kümmern muss bzw. dass er im übelsten Fall sein Land verliert und sich unter die Protektion des Siegers stellen muss, wenn er glücklich genug ist, die militärische Auseinandersetzung zu überleben. Im anderen Fall verbleiben die Feudalherren in einem Machtgleichgewicht, unterscheiden sich aber bezüglich ihrer Risikobereitschaft oder ihrer Tollkühnheit und Tücke, was es ihnen angeraten sein lässt, auch dann zum Angriff überzugehen, wenn der Ausgang des Kampfes aus objektiver Sicht ungewiss ist. Dabei ist für den weiteren Verlauf der Kampfdynamik und die daraus resultierenden Kollektiveffekte des diskutierten Verteilungsmechanismus unwichtig, ob der Übergriff gelingt oder abgewehrt werden kann, ob sich infolgedessen die Ressourcen der Konkurrenten im Verlauf der Auseinandersetzung verzehren und welcher von beiden das Schlachtfeld endlich als Sieger verlässt. Denn in jedem Fall wird der Sieger sich des Besitzes seines unterlegenen Gegners bemächtigen und ihn in die Abhängigkeit zwingen, vertreiben oder töten. Der Sieger kann seine kampfrelevanten Ressourcen aufstocken und dadurch die nächste Runde der Auseinandersetzung mit vergrößerten Chancen bestehen.[21] Die Akkumulation der Macht hat begonnen.

Damit lässt sich der im Modell ableitbare Verlauf und Ausgang der Kämpfe bereits erahnen: Das Konkurrenzhandeln wird so lange anhalten, als die Akteure weiterhin motiviert bleiben, sich auf die geschilderten Ausscheidungskämpfe einzulassen, und solange sie über die dazu erforderlichen Mittel verfügen; und es wird erst dann enden, wenn die sich aus den gestaffelten Auseinandersetzungen ergebende Verteilung der Macht- und Gewaltmittel es immer weniger Kämpfern erlaubt, sich weiterhin mit Aussicht auf Erfolg an dem Ausscheidungsturnier zu beteiligen. Der Prozessverlauf ist infolgedessen logisch zwingend durch eine abnehmende Anzahl an Konkurrenten und durch die fortschreitende Akkumulation der Macht in den Händen immer weniger Akteure gekennzeichnet. Unter der Voraussetzung, dass sich die Bedingungen der Machtakkumulation im Verlauf dieses Prozesses nicht ändern, findet er einen möglichen Abschluss letztlich dann, wenn ein Feudalherr seinen letzten Konkurrenten besiegt, infolgedessen alle im Spiel befindlichen Machtmittel kontrolliert und es im Weiteren versteht, sie zur Aufrechterhaltung seiner eroberten Machtfülle einzusetzen (vgl. Elias 1976/1939, S. 222 ff.). Diese Monopolisierung der Machtmittel und Machtbefugnisse in der Hand eines Herrschers (oder Monokraten) und damit die „Zentralisierung der Verfügungsgewalt" (Elias 1976/1939, S. 227) stellt unter der Annahme, dass alle Konkurrenten eliminiert sind – und sich in Zukunft auch keine stärkeren Opponenten finden –, ein Gleichgewicht dar.

Auch diese Akkumulationsdynamik setzt einige Hintergrundbedingungen voraus, die Elias nur beiläufig erwähnt. So scheint er zu unterstellen, dass die Anzahl der Kontrahenten sich im Verlauf der Auseinandersetzung nicht vermehren kann und dass sich die Kämpfe paarweise und konsekutiv vollziehen und nicht alle zugleich übereinander herfallen, was seinerseits voraussetzt, dass sich die jeweiligen Kampfpaare tatsächlich erreichen und ihren Streit ausfechten (lassen) können. Desgleichen bleibt undiskutiert, ob die geschilderte Prozessdynamik nicht dadurch beeinflusst wird, in welcher Reihenfolge die jeweiligen Sieger der Vorrunden aufeinandertreffen, und wie wahrscheinlich es ist, dass Konkurrenten aufeinandertreffen, die sich in unterschiedlich vielen Vorrunden als Sieger erwiesen hatten; d. h., alle aktuellen Kampfpaare sind jeweils gleich mächtig. Auch sind offenbar Koalitionsbildungen ausgeschlossen, d. h., die Wettbewerber können sich keinen Beistand besorgen, indem sie Mitkämpfer suchen und vertraglich an sich binden; vielmehr agiert jeder auf eigene Rechnung und

---

[21] Wenn sich zwischen zwei Kämpfern ein wechselseitiger Abnutzungskampf ergibt, dann werden in der Logik des Elias-Modells am Ende beide jenen unterliegen, denen es gelungen ist, ihre Gegner erfolgreich zu überwältigen. Pattsituationen sind in diesem Sinn instabil.

auf der Basis jeweils nicht vermehrbarer Machtmittel. Auch bleibt stillschweigend vorausgesetzt, dass der Transfer der Kontrollrechte auf den Sieger gelingt und sich nicht etwa die Gefolgsleute des Besiegten oder auch die hörigen Bauern, die ihren allseits verehrten Herrn mit Lebensmitteln und Dienstleitungen zu versorgen und dafür seinen Schutz genossen hatten, zusammenrotten und gegen die Kontrollrechtsübernahme durch einen fremden Herrn zur Wehr setzen. Auch rechnet das Elias-Modell nicht damit, dass die Verlierer eine aussichtsreiche Kooperation gegen die immer geringer werdende Zahl der Sieger bilden könnten.[22] In gleicher Weise bleibt unerwähnt, dass die abschließende Machtakkumulation ausbleiben wird, weil sich unter den nach vielen Durchgängen übrig geblieben Kämpfern Kriegsmüdigkeit einstellt und ihnen der Versuch chancenreich erscheint, ein Machtkartell zu gründen und einen Waffenstillstand auszuhandeln und durchzusetzen. Dies kann auch das Ergebnis der Tatsache sein, dass es unter den obwaltenden Infrastrukturbedingungen des Frühmittelalters logistisch nicht möglich war, über größer werdende Distanzen erfolgversprechende Kriegs- und Eroberungszüge zu organisieren.

Ungeachtet dieser Anschlussfragen kann man die Darstellung des Machtakkumulationsprozesses als ein *idealisiertes Modell* verstehen, das rationale Akteure voraussetzt, die in Reaktion auf ihr spezifisches Interdependenzverhältnis ihre gesellschaftliche Stellung halten und ausbauen möchten und in Verfolgung ihrer individuellen Interessen um jeden Preis konkurrieren und so – gegen jede Absicht (vgl. Elias 1976/1939, S. 220 ff.) – logisch zwingend ein Gewaltmonopol installieren, das Voraussetzung für einen Zentralstaat moderner Prägung geworden ist. Der konkrete Verlauf dieses machtbasierten Konfliktprozesses, vor allem seine variable Zeitdauer und sein Kontinuitätsgrad, kann in Abhängigkeit von der anfänglichen Ressourcenausstattung, über die die Kämpfer verfügten, sowie der konkreten Beschaffenheit des umstrittenen Guts, um das es ihnen geht, bestimmt werden. Zu einer realitätsgerechteren Modellierung gelangt man in der Folge dadurch, dass man zur genaueren Erklärung des Akkumulationsprozesses (auch) die im Hintergrund als Konstante gehandelten Parameter betrachtet. Durch deren Variabilisierung kann dann sichtbar werden, unter welchen Bedingungen die Machtakkumulation auch hätte abgebrochen werden können oder eine gänzlich andere Richtung hätte einschlagen können.[23] Aber auch in diesem

---

[22] Was sie allerdings vor die nicht unerheblichen Probleme des Trittbrettfahrens und vor allem der Sanktionsmöglichkeiten der Mächtigen stellen würde.

[23] Um nur einige Modellerweiterungen anzudeuten: Wenn neues Land besiedelt werden kann, wird sich ein Wettrennen installieren lassen, wie wir es aus der Besiedelungsgeschichte der Westprovinzen der USA kennen oder aus den Zeiten des kalifornischen Goldrausches, bei denen sich Gewalteinsätze so lange nicht lohnen, als die Wettbewerber auf kostengünstigere Weise Land in Besitz nehmen und ausbeuten können. Wenn ein überaus machtvoller Akteur alles Land kontrolliert, aber es nicht selbst nutzen kann, so werden Feudalverhältnisse entstehen, wie sie Elias als Voraussetzung

Fall bleibt deutlich, dass sich der geschilderte Selektionsprozess allein deshalb in der Form eines Ausscheidungskampfes vollzog, weil der Zwang zur Konkurrenz und zum Siegen auf der einen Seite und die Abwesenheit von Machtregelungen auf der anderen die Situation dominierten. Da jeder Verzicht auf den Einsatz von Gewaltmitteln mit Einbußen in der ökonomischen Basis eines jeden Feudalherrn verbunden gewesen wäre, war deren Einsatz aus Sicht jedes Einzelnen ‚unvermeidbar', sodass es tatsächlich zur Ausscheidung der schwächeren Konkurrenten kam. Es existieren demnach Situationen, in denen der Einsatz von Gewaltmitteln in jedem Fall rational ist.

9.3.2   Der Preismechanismus

Wie man sich den Übergang von einer Gesellschaft, die ihre Verteilungsprobleme mittels macht- und gewaltbasierter Ausscheidungskämpfe löst, zu Beziehungsverhältnissen erklären kann, in denen Eigentumsrechte garantiert und gegen gewaltsame Übergriffe geschützt sind, ist Gegenstand einer umfangreichen Debatte, auf die wir an dieser Stelle nicht eingehen können (vgl. Tilly 1986; Sened 1997; North et al. 2009). Vielmehr wollen wir untersuchen, welcher Dynamik der Erwerb von Gütern folgt, wenn nicht Gewaltmittel, sondern der Preismechanismus eines Auktionsprozesses die Verteilung herbeiführt, wenn also garantierte Eigentumsrechte vorliegen.

Unsere Darstellung folgt den Überlegungen, die Fred Hirsch (1980, S. 59–64) zur Modellierung des Verteilungsprozesses für ebenso stark begehrte wie knapp gehaltene *Positionsgüter* vorgelegt hat. Hirsch baut zu diesem Zweck ein Szenario auf, das durch die folgenden Prämissen gekennzeichnet werden kann. Das Verteilungsproblem, dem sich die Akteure gegenübersehen, besteht im vorliegenden Fall darin, sich einen „exklusiven Zugang zu einem Stück Natur" (Hirsch 1980, S. 61) zu sichern, das als Freizeitgelände (Hirsch 1980, S. 60 f.) dienen soll. Dabei bleibt vorausgesetzt, dass solche Grundstücke durch eine Reihe typischer Eigenheiten charakterisiert sind: durch ihre leichte Erreichbarkeit, den Blick auf

---

seines Ausscheidungsmodells annimmt. Wenn Koalitionen zwischen den Kämpfern möglich sind, nimmt der Akkumulationsprozess einen anderen Verlauf und wird sich zeitlich verkürzen, die Entstehung einer Monopolherrschaft aber vielleicht behindern. Länger wird er indessen dauern, wenn die Verlierer eine zweite Chance haben und auf eine Revision der Verhältnisse hoffen können. Wird der Zentralisierungsprozess aufgehalten, so entstehen Warlord-Systeme, wie wir sie aus der früheuropäischen, der zentralasiatischen bzw. der chinesischen Geschichte kennen. Wenn es kein Erbrecht gibt und keinen Eigentumstransfer infolge von Heiraten, wird die Entstehung von Machtasymmetrien behindert. Elias selbst erweitert seine Modellierung durch den Hinweis, dass der Gewaltmonopolist den damit gegründeten Staat nicht alleine verwalten kann und zudem darauf achten muss, die verschiedenen Statusgruppen daran zu hindern, sich gegen ihn zu verbünden.

das Meer oder die Berge, die ruhige Lage am See oder am Waldesrand etc.[24] Daraus folgt, dass das mögliche Angebot solcher Anwesen begrenzt ist und die eventuellen Nachfrager infolgedessen in einer unmittelbaren Konkurrenz zueinander stehen, die insoweit einem Nullsummenspiel gleicht, als jede Nutzung der betreffenden Grundstücke den Modellannahmen folgend davon abhängt, dass der jeweilige Eigentümer die „anderen fernhalten (kann)" (Hirsch 1980, S. 60). Damit entgehen jenen Akteuren, denen es nicht gelingt, ein entsprechendes Positionsgut zu erwerben, die damit verbundenen Nutzen- und Lebenschancen in voller Höhe, wenngleich sie auch im eigentlichen Sinne keine Negativauszahlungen oder Verluste zu verzeichnen haben – im Unterschied zu dem im nächsten Abschnitt geschilderten Fall bleiben ihnen allerdings die Erwerbs- und Unterhaltungskosten einer solchen Erwerbung zur Gänze erspart.

Vor diesem Hintergrund kann man die folgende Dynamik erwarten. Zu Beginn des Verteilungsprozesses gibt es eine reichliche Auswahl attraktiver Grundstücke, aber nur eine geringe Anzahl von Nachfragern. Damit ist eine erste Weiche gestellt: Offenbar trifft nunmehr eine Nachfrage auf ein Angebot, und unter der Annahme, dass ökonomische Transaktionen auf friedlichem Wege erfolgen und der transferierte Besitz als rechtmäßiges Eigentum gilt, wird infolgedessen der „Preismechanismus zum grundlegenden Regulativ" (Hirsch 1980, S. 54). Im vorliegenden Fall führt dieser aber nicht zu einem (klassischen) Tauschmarkt, der auf eine Steigerung der Nachfrage mit einer Vermehrung des Angebots reagiert, sondern zu einer „Versteigerung", mit deren Hilfe die nicht vermehrbare Menge an Freizeitdomizilen „den jeweils höchsten Bietern" zufallen sollte (Hirsch 1980, S. 54).

Ein solcher Auktionsprozess ist indessen an einige Bedingungen geknüpft, die sein Ergebnis determinieren. Zunächst werden die ursprünglichen Landbesitzer, die ihr Land annahmegemäß landwirtschaftlich nutzen, erst dann zum Verkauf neigen, wenn der Verkaufspreis den Ausfall der bisher möglichen Rendite übersteigt.[25] Bietet ein Freizeitler mehr, so kann er damit rechnen, das betreffende Grundstück erwerben zu können. Dass er als Käufer auftritt, hängt seinerseits daran, dass er – als Angehöriger der Mittel- oder Oberklasse – über freies Vermögen und hinreichend freie Zeit verfügt, was es ihm gestattet, den „Freizeitauf-

---

[24] Im vorliegenden Fall entsteht die Knappheit aufgrund der topologisch-geografischen Eigenschaften der besagten Grundstücke. In anderen Fällen können auch sozial regulierte Knappheiten eine Rolle spielen: so hängt die geringe Anzahl an Generälen von der Entscheidung ab, der Armee eine hierarchische Struktur zu geben; Vermeer-Gemälde sind hingegen deshalb knapp, weil der Meister nur wenige davon produziert hat. Wir nehmen an, ohne dies auszuführen, dass verschiedenartig generierte Knappheiten mit *unterschiedlichen* Verteilungsmechanismen behandelt werden können.

[25] Dabei muss der Zeithorizont, den der Verkäufer seiner Renditeneinschätzung zugrunde legt, berücksichtigt werden. Hirsch (1980) nimmt zusätzlich an, dass die Käufer offenbar keine Intention haben, ihren Besitz weiterzuverkaufen. Wir sehen noch, warum das so ist.

schlag" (Hirsch 1980, S. 62), den der Verkäufer ihm aufnötigen wird, zu bezahlen bzw. die „Charmeprämie" zu entrichten (Frank 1999, S. 27 ff.), um die sich das betreffende Grundstück infolge seiner veränderten Nutzungsform verteuert. Anfänglich gibt es – so die Annahme – nur eine geringe Anzahl von Käufern, sodass jede Nachfrage befriedigt werden kann, ohne dass sich der Grundstückspreis merklich erhöht. Ein Preisanstieg lässt sich jedenfalls so lange kaum erwarten, als die Anbieter kein Kartell bilden, das ihnen Preisabsprachen erlaubt, bzw. solange sie von der Nachfrage im Nachbarbezirk und darüber hinaus möglicherweise gar keine Kenntnis haben.

Die Dinge ändern sich grundlegend, wenn der „Reichtum der Nationen" zunimmt und deshalb immer mehr und zunehmend wohlhabendere Akteure Freizeitgelände erwerben wollen. Da das Angebot nicht über seine ‚natürlichen' Grenzen erweitert werden kann, wird der Preis für Freizeitgrundstücke bei zunehmender Nachfrage unweigerlich steigen. Dann aber tritt eine Reihe von Effekten ein, die die weitere Verteilung der Positionsgüter bestimmen. Zum einen steigt der Wert der Immobilien sowohl derjenigen, die sich als ‚Frühreiche' bereits im Besitz entsprechender Grundstücke befinden, als auch jener Landwirte, die bislang gezögert haben, ihr Land dem Freizeitkonsum der städtischen Oberschicht zur Verfügung zu stellen. Die Erweiterung der Nachfrage über jene hinaus, die anfänglich Freizeitgrundstücke erwerben wollten, setzt einen „kumulativen Prozess der Wertsteigerung" (Hirsch 1980, S. 62) in Gang, der die aktuellen Erben aller Besitzer von Freizeitgeländen bevorteilt; der schon stattfindende Prozess der Vermögenskonzentration beschleunigt sich alleine dadurch, dass immer mehr Akteure um die besagten Grundstücke in Konkurrenz geraten.

Gleichzeitig verschlechtert sich die Lage der nachzüglerischen Nachfrager. Wenn ein einzelner Interessent reicher wird als seine Zeitgenossen, wird er seine Nachfrage nach Freizeitraum zum jeweils aktuellen Grundstückspreis decken können, und solange es noch Angebote gibt, wird er sich einkaufen. Misslich ist aber, wenn sehr viele Zeitgenossen zugleich zu größeren Vermögen kommen und das Durchschnittseinkommen damit steigt. Unter dieser Bedingung sehen sich die Nachfrager einem verstärkten „positionalen Wettbewerb" (Hirsch 1980, S. 85) ausgesetzt, der daraus resultiert, dass jedes zusätzliche Einzelvermögen an relativem Wert verliert. Das heißt, kollektiver Reichtumszuwachs lässt die Menge jener steigen, die gleichwohl keine Chance haben, ein Freizeitgrundstück zu erwerben. Im Einzelfall findet die Auktion ihr schlichtes Ende darin, dass unabhängig davon, wie viele noch so wohlhabende Nachfrager es gibt, keine Angebote mehr gemacht werden können, weil es keine privat nutzbaren Freizeitgrundstücke mehr gibt bzw. weil taugliche Areale – aus den verschiedensten Gründen – nicht angeboten werden. „Um sich die Objekte des Auktionskatalogs zu sichern, zählt das relative und nicht das absolute Einkommen und Vermögen" (Hirsch 1980, S. 63 f.). Wie vielfach beobachtet wurde, nimmt infolgedessen die

Frustration jener zu, deren Nachfrage nicht mehr zum Zuge kommt. Sofern sich die Neuankömmlinge nicht darauf einigen können, die besetzten Grundstücke gewaltsam zu enteignen, werden sie in andere Regionen abwandern müssen, in denen die erwünschten See- und Gebirgsblickgrundstücke noch zu erwerben sind. In jedem Fall müssen sie zur Kenntnis nehmen, dass „früh Reichgewordene den Personen mit neuerworbenem Reichtum den Aufstieg auf der relativen Vermögensleiter erschweren" (Hirsch 1980, S. 63) und im Fall eines Angebotsausfalls gänzlich verwehren. Damit sind sie von der gesamten Nutzungspalette, die mit dem Erwerb der betreffenden Güter verbunden ist, ausgeschlossen. Zwar entstehen für die Ausgeschlossenen damit negative Externalitäten, gleichwohl werden alle Beteiligten nicht übersehen können, dass die Vergabe knapper Positionsgüter vermittels einer Auktion sozial akzeptiert sein kann und dazu dient, den unbestimmten Wert von Freizeitanwesen festzulegen sowie deren (friedliche) Verteilung zu regeln (vgl. Smith, C. 1989, S. x).

Auch diese von Hirsch favorisierte Modellierung von Positionsgüterwettbewerben kann erweitert und verändert werden. Man kann dies auf eine zweifache Weise tun: zum einen, indem man die Situationsbedingungen des Auktionsprozesses verändert oder aufgibt – und etwa durch Erwerbsschwankungen oder Luxusbesteuerungen verursachte Vermögensverluste zulässt, die zum Verkauf von Positionsgütern zwingen – oder indem man die Möglichkeit von Enteignungen berücksichtigt, die infolge des Zusammenbruchs der bestehenden Eigentumsordnung erwartbar werden. Auch kann man fragen, ob die zu kurz gekommenen Nachfrager sich Ersatz beschaffen können oder ob sie dazu gezwungen sind, jede „conspicious consumption" (Veblen 1956) endgültig aufzugeben. Auf der anderen Seite kann man auch die dem Modell unterlegten Handlungsannahmen ändern und den Akteuren, die bislang über Positionsgüter verfügen konnten, veränderte Präferenzen unterstellen, die sie zur Aufgabe oder zur Vergabe ihres Eigentums anregen, bzw. man kann untersuchen, wovon die Nachfrage nach Positionsgütern abhängt und ob sich nicht Umstände finden lassen, unter denen sie teilweise oder völlig nachlässt.

9.3.3 Der Lizenzierungsmechanismus

Das Hirsch-Modell kümmert sich wenig um die Frage, woher die Akteure die Vermögen beziehen, vermittels derer sie Positionsgüter kaufen, sondern betont die Prozesse und deren Folgen, die die Allokation derartiger Güter bewirken. Es gibt indessen Verhältnisse, in denen neben der Frage, woher die Positionsgüter stammen und unter welchen Umständen sie zum Verkauf angeboten werden, auch wichtig wird, die Anreizstruktur zu erkennen, vor der jene stehen, die in ihre Fähigkeiten erst noch investieren müssen, um in entsprechenden Verteilungsverhältnissen als Wettbewerber auftreten zu können. Sofern über den Erfolg solcher Investitionen nicht etwa Schädigungskämpfe oder Tauschmärkte, sondern Gremien oder Auswahlkommissionen entscheiden, kann man davon sprechen, dass sich die Aspiranten erst die *Lizenz* beschaffen müssen, um den betreffenden Positionsgütermarkt zu betreten. Robert H. Frank und Philip J. Cook (1995) haben ein entsprechendes Modell vorgestellt, in dem sie sogenannte „Winner-Take-All-Märkte" (oder kurz: WTA-Märkte) beschreiben und deren Eigenheiten anhand zahlreicher Beispiele demonstrieren. Wir beschränken uns auf eine Darstellung der wesentlichen Prämissen und wählen als Beispiel den Unterhaltungssektor der klassischen Musik.

Die Funktionsweise von WTA-Märkten wird von den folgenden Bedingungen bestimmt: Zunächst zeichnen sie sich dadurch aus, dass fast ihre gesamte Wertschöpfung von den Anstrengungen nur einer sehr kleinen Schar von Anbietern abhängt. Nur wenige namhafte Dirigenten, Interpreten und Orchester produzieren die Mehrzahl aller Tonträger, bestreiten die großen Festivals und bevölkern die berühmten Bühnen. Zwar ist es aufwendig und keinesfalls billig, Originalaufführungen beizuwohnen, aber das Einzelprodukt (der jeweilige Tonträger bzw. die einzelne Aufnahme) ist aus Sicht des einzelnen Konsumenten schon seit Längerem nicht mehr übermäßig teuer, weil es in Massenproduktion hergestellt, vertrieben und beworben werden kann (Frank und Cook 1995, S. 45 ff.). Auf der anderen Seite ist die Aufmerksamkeit des interessierten Publikums begrenzt, der ‚normale' Kunde hat kaum Zeit und Lust, die zahllosen Sänger, Orchester und Chöre miteinander zu vergleichen, sondern er wird sich nicht zuletzt deshalb den bekannten Namen zuwenden, weil deren Angebote als „Erfahrungsgüter" (Nelson, P. 1970) einzustufen sind: Ihr Genuss erfordert die zeitaufwendige Entwicklung und Pflege von Hörgewohnheiten, was infolgedessen insoweit zu Bindungseffekten führt, als jeder Wechsel zu einem anderen Interpreten oder Musikanbieter dem Musikliebhaber Informationskosten verursacht, sofern er deren Angebote nicht kennt und sich erst eine Meinung bilden muss. Damit unterstellt das Modell, dass die Opernliebhaber oder Konzertfreunde über einen konservativen Geschmack verfügen, zugleich aber an einer hohen, ja der höchstmöglichen Qualität des Angebots interessiert sind, weshalb sie vorzugsweise die Produkte jener Anbieter erwerben bzw. in die Konzerte jener Dirigenten, Musiker und Sänger strömen werden, die in ihren Augen schon seit Langem verdient hatten, zur Kenntnis genommen zu werden (Frank und Cook 1995, S. 29).

Diese Aufmerksamkeitsschranke begrenzt das mögliche Angebot der Interpreten klassischer Musik und legt die Bedingungen fest, unter denen die Anbieter um das – im Modell als *endlich* und *konstant* gesetzte – Interesse des Publikums in einen Wettbewerb eintreten müssen. In der damit inszenierten Arena reduziert jeder zusätzliche Wettbewerber die Chancen der übrigen Anbieter vor allem dann, wenn es ihm gelingt, die Aufmerksamkeit des interessierten Publikums von dessen bisherigen Vorlieben abzulenken. Das geschieht nur unter der Voraussetzung, dass der Neuling in der Musikszene eine bessere Leistung zu erbringen vermag oder jedenfalls in den Ruf kommt, dazu in der Lage zu sein (vgl. Cowen 2000). Diese Anstrengung ist nötig, weil alle Zeichen dafür sprechen, dass sich beispielsweise ein Opernpublikum lieber einer Produktion mit Luciano Pavarotti zuwenden wird, als einem anderen Tenor zu lauschen, auch wenn dieser am Ende nur wenig schlechter singen sollte als der italienische Superstar (vgl. Frank 1999, S. 38). Der Verkaufserfolg jedes Unterhaltungsanbieters hängt nicht vom absoluten Niveau seines Könnens ab, sondern von seiner *relativen Vorzugswürdigkeit*, die er gegenüber seinen Konkurrenten, mit denen er es zufälligerweise zu tun hat, geltend machen kann. In der Folge dieses Interdependenzverhältnisses, das ihnen dieser Kohorteneffekt aufnötigt, stehen die Anbieter in einem Nullsummenkonflikt zueinander (Frank und Cook 1995, S. 9). Die Aufmerksamkeit, die ein Künstler auf sich ziehen kann, steht seinen Konkurrenten nicht zur Verfügung. Und ebenso wenig können Letztere darauf hoffen, an den (zum Teil höchst erstaunlichen) Gewinnen beteiligt zu werden, die einem Künstler im Gefolge seines Aufmerksamkeitsvorsprungs zuwachsen.

Damit sind drei spezifische, partiell auseinander ableitbare Folgen verbunden: Um den Unterhaltungsmarkt als Anbieter betreten zu können, müssen die Wettbewerber, selbst wenn es sich um ‚Wunderkinder‘ handeln sollte, in den Erwerb und Ausbau ihrer Fähigkeiten und Kompetenzen investieren, in der Hoffnung, dadurch ein attraktiveres Gut anbieten zu können, als die übrigen Mitbewerber dies (bereits) können. Damit aber treten sie in einen „positionalen Rüstungswettlauf" mit ihren Konkurrenten ein (Frank und Cook 1995, S. 11, 139). Ohne sich diesem Konkurrenzdruck in einer öffentlich wirksamen Weise zu stellen, besteht überhaupt *keine Chance*, dass das interessierte Publikum auch nur von ihrer Existenz erfährt. Zudem wird es sich angesichts dieser Opportunitätsstruktur für jeden Anbieter lohnen, sein Angebot rasch zu unterbreiten, weil er auf diese Weise die Kundschaft eher an sich binden kann als die Konkurrenz, was ihm bei dem Versuch, deren Absatzchancen zu mindern, einen Startvorteil verschafft (Frank und Cook 1995, S. 19, 61 ff.). Aus beidem folgt, dass sich die Einkommen, die auf diesem Markt zugänglich sind, bei jenen anhäufen werden, die den größten Anteil der überhaupt zugänglichen Kundschaft für sich begeistern können und die sich das, wenn auch geringfügige, aber entscheidende Mehr an Fähigkeiten erwerben können, von dem es abhängt, dass sie der betreffenden Konsumenten- und Käuferschaft auffallen.

Hinzu tritt in der Folge ein weiterer einkommensförderlicher Effekt: Wenn sich einmal infolge des üblichen Ausscheidungsturniers (Frank und Cook 1995, S. 7) ein vielversprechender ‚Star‘ herausgebildet hat, dann kann unter den verschiedenen, den internationalen Markt beherrschenden Produktions-, Vermarktungs- und Vertriebsfirmen ein Überbietungswettbewerb um das Recht entstehen,

den Jungstar zu betreuen, was diesem erlaubt, seine Bezüge erheblich zu erhöhen. In unmittelbarer Konsequenz seiner gesteigerten Berühmtheit kann er mehr
Tonträger auf den Markt bringen, höhere Einkommen für einen Firmenwechsel
verlangen oder höhere Gagen für die verschiedenen Einspielungen und Auffüh-
rungen aushandeln. Dass derart berühmt gewordene Interpreten auf Jahre im
Voraus ausgebucht sind, kann dann kaum noch verwundern. Auf diese Weise bildet sich infolge des Zusammenwirkens der Nachfrage der Kunden und der Nachfrage der Betreuer, Multiplikatoren und Vermarkter ein sich selbst verstärkender
Feed-back-Prozess aus, in dessen Rahmen jeder Erfolg jedenfalls so lange zur
Voraussetzung des weiteren Erfolgs wird (Frank und Cook 1995, S. 36, 19, 189 ff.),
als der betreffende Künstler seine Schaffenskraft erhält und von der Konkurrenz
noch genialerer Mitstreiter verschont bleibt.

WTA-Märkte stellen demnach nur eine geringe Anzahl an Top-Positionen
zu Verfügung, die mit hohen Einkommenschancen verbunden sind, welche aber
nur dann realisiert werden können, wenn sich ein Anbieter gegen die Mehrzahl
seiner eventuellen Mitanbieter durchsetzt und diese am Ende auch in dem Sinne eliminiert, dass sie den Musikmarkt gar nicht erst betreten können (Frank
und Cook 1995, S. 32). Dieser Anbieterwettbewerb verläuft seinerseits nach einer
feststehenden „competitive logic" (Frank und Cook 1995, S. 63). Wenn gilt, dass
das Publikum nur die beste Produktqualität honoriert, so entsteht aufseiten der
Anbieter ein Anreiz, um nicht zu sagen: ein Zwang, sich unter hohem Aufwand
auszubilden bzw. ihr Talent zu ‚pflegen', um sich die relativen Vorteile zu beschaffen, die über ihren Markterfolg entscheiden. Sind den Wettbewerbern die
Bedingungen, unter denen „Übung den Meister macht", nur undeutlich bekannt
und haben sie keine wirkliche Chance, die jeweiligen Mitbewerber und deren
Leistungsniveau kennen und beurteilen zu lernen, so lässt sich ableiten, dass infolge der Begrenztheit der erreichbaren Positionen eine Mehrzahl der Investoren
ihre Einlagen verlieren wird. Da zwar „viele berufen, aber nur wenige auserwählt
sind", besteht zudem die nachhaltige Gefahr, dass sich allzu viele junge Talente
Hoffnungen auf einen Erfolg machen, der bei näherem Hinsehen für die meisten
unter ihnen – und nicht nur für die untalentiertesten – völlig außer Reichweite liegt.
Stattdessen müssen sie sich auf lange Sicht eingestehen, nicht nur dazu verdammt
zu sein, auf die Einkommen der unerreichbaren Top-Positionen zu verzichten,
sondern sich zudem auf einen Verschwendungswettlauf eingelassen zu haben
und nicht darauf zählen zu können, für ihren vergeblichen Einsatz kompensiert
zu werden (Frank und Cook 1995, S. 125 ff.). In ein solches „entrapment game"
(Frank und Cook 1995, S. 128) schlittern sie umso eher, je verzerrter sie – gerade
infolge der hohen Gewinnbeträge – ihre eigenen Erfolgsaussichten einschätzen
und je länger sie dem Glauben anhängen, kurz vor dem Ziel zu stehen und mit nur
ein wenig erhöhtem Aufwand ihre Konkurrenten endlich überflügeln zu können.
Solange diese Rechnung aber von allen Kontrahenten aufgemacht wird, ist es

unwahrscheinlich, dass auch nur einer von ihnen vorzeitig aufgibt. Damit aber nimmt weder der Konkurrenzdruck ab noch steigt die Wahrscheinlichkeit, am Ende doch zur schmalen Schar der ‚Erwählten' zu zählen. Ist aber letztendlich doch nicht zu übersehen, dass der eigene Leistungsaufwand zum Ergreifen einer entsprechenden Künstlerkarriere nicht ausreicht, so gehen Verlierer hervor, die nicht nur ihre Eingangsinvestitionen verloren haben, sondern zudem damit belastet sind, sich nach einer alternativen Existenzsicherung umsehen müssen. Mehr noch: Weil der gescheiterte Dirigenten- oder Opernstar wegen der mittlerweile verlorenen Zeit einen anderweitigen Beruf nicht ohne Weiteres (wieder) aufnehmen kann, muss er dem Einkommensverlust, der mit dem Scheitern der Künstlerkarriere verbunden war, noch die Opportunitätskosten seiner fehlgeleiteten, in jedem Fall verspäteten Berufswahl hinzuzufügen.

Kosten fallen aber auch andernorts an. Zunächst muss auffallen, dass der Zwang, sich rasch einen Ruf als erfolgversprechender Künstler anzueignen, vielfach nicht nur Kinderstars provoziert, die sich auf Dauer gar nicht in den oberen Aufmerksamkeitsrängen halten können, sondern auch dazu führt, dass Spätentwickler durchweg benachteiligt werden (Frank und Cook 1995, S. 4). Zum anderen führen die hohen Prämien, die dem erfolgreichen Star winken, zu einer möglichen Fehlallokation von Anstrengungen und Motivationen; d. h., produktive, gesellschaftlich wichtigere Tätigkeitsbereiche bleiben wegen des letztlich zur Übernachfrage führenden Andrangs auf die Berufssparten, die die Anzeichen eines WTA-Marktes aufweisen, unterversorgt (Frank und Cook 1995, S. 20 f.). Zudem nimmt in Gesellschaften, die solche Fehlinvestitionen zulassen, die Einkommensspreizung zu, wovon dann wieder falsche Signale für eventuelle Berufswahlen ausgehen können (vgl. Frank und Cook 1995, S. 7). Im Weiteren führt die Zunahme des Eliminationswettbewerbs um den Erwerb von Berufseingangslizenzen zu einer Steigerung der durchschnittlichen Leistungsanforderungen aufseiten der Erfolgreichen und zu einer Umlenkung des Konsums in die Angebotssparten, in denen unter hohen Investitionsverlusten Spitzenleistungen geboten werden, deren kontinuierlich erzeugte, marginale Verbesserungen kaum noch wahrnehmbar sein werden (vgl. Frank 1999). Nur unwesentlich ‚schlechtere' Künstler verlieren infolgedessen jeden Marktwert und endlich auch jede Auftrittsmöglichkeit, weil die Alimentierung der wenigen Superstars die Haushalte auch großer Bühnen und Konzertsäle verzehrt bzw. die Nachfrage nach auch nur zweitbesten Angeboten fast gänzlich unterminiert. Mit diesen Kosten ist allenfalls die Tatsache aufzurechnen, dass der Siebungswettbewerb zwischen WTA-Aspiranten zu einer Steigerung der zum Teil weltweit erreichbaren Angebotsqualität führen wird.

Man kann sich den möglichen Ausbau dieses Modells ohne weitere Schwierigkeiten vorstellen. Zum einen kann man natürlich die These fallen lassen, dass die verschiedenen WTA-Märkte voneinander isoliert sind, um zu untersuchen, was geschieht, wenn ein Künstler mehrere Segmente des Publikums fasziniert.

Oder man lässt die Annahme, dass das Publikum konservativ sei, beiseite, um zu klären, wie sich die Einkommen der Künstler unter der Bedingung verteilen, dass ständig neue Stimmen und neue Gesichter nachgefragt werden, und welchen Anreizen sich die Anbieter jeweils ‚neuer Produkte' infolgedessen gegenübersehen. Auch sollte man nicht unter allen Umständen an der Auffassung festhalten, die Musikliebhaber müssten sich ohne die Hilfe von Werbemanagern und Musikkritikern einen Angebotsüberblick verschaffen. Die selektionswichtige Aufmerksamkeitsschwelle könnte sich einem Prozess verdanken, der den direkten Kontakt zwischen einem Anbieter und seinem Publikum umgeht. Am Ende ist vielleicht auch die These falsch, dass die hohen Gewinne einer WTA-Karriere in allen Fällen zu einem Overcrowding-Effekt führen und zu viele Aspiranten dazu verleiten, ihr Glück am untauglichen Platz zu versuchen. Wenn nämlich die Akteure darüber informiert sind, dass sie nicht jeder Form der Leistungskonkurrenz gewachsen sind, so können sie versuchen, ihre Anstrengungen auf jene Verteilungsarenen zu beschränken, in denen sie die größten Erträge für ihre Fähigkeiten erwarten. Auch können sie ihr Einkommen optimieren, wenn sie sich dafür, dass sie nicht in die Top-Ränge einrücken, von jenen, denen sie den Vortritt gelassen haben, entschädigen lassen können (vgl. Frank 1985). Ebenso nahe liegt es, die implizit bleibende These von der globalen Zugänglichkeit kultureller Angebote in Frage zu stellen, oder man überlegt sich, wie man jene Künstler versorgen kann, die zwar nicht gut genug für eine Weltkarriere, aber immer noch gut genug für eine lokale Verwendung sind (Frank und Cook 1995, S. 110 ff.). Auch kann man sich bemühen herauszufinden, was geschieht, wenn man das Statusmotiv von der Wirkungsweise eines WTA-Marktes abkoppelt oder allgemeiner, wie man den Nullsummencharakter des Verteilungsproblems mindert und umdeutet, um auch jenen einen Zugewinn zu verschaffen, die zwar gerne ein Instrument spielen, ohne zu diesem Zweck Mitglied der Berliner Philharmoniker werden zu müssen (Frank und Cook 1995, S. 114).

Auch kann man dazu übergehen, modellinterne Implikationen zu überprüfen: Etwa ob es richtig ist, dass WTA-Märkte vorzugsweise von risikofreudigen Wettbewerbern aufgesucht werden (Frank und Cook 1995, S. 116 ff.), oder welche Möglichkeiten bestehen, um eine zu frühzeitige Investition in eine WTA-fähige Karriere zu unterbinden bzw. auch dann zu fördern, wenn fähigen jungen Leuten die Möglichkeit fehlt, ihr Talent frühzeitig zu schulen u. a. m. Dass solche institutionellen Nachbesserungen sich nicht aufgrund der Wirksamkeit einer ‚unsichtbaren Hand' einstellen, sollte klar sein (Frank und Cook 1995, S. 212). Auf der anderen Seite wird man auch überprüfen müssen, ob die vorgeschlagenen Maßnahmen zur Begrenzung des verlustproduzierenden Eliminationswettbewerbs zwischen Nachwuchskünstlern, wie etwa die Besteuerung hoher Einkommen aus WTA-Tätigkeiten, um deren Attraktivität zu schmälern, den erwünschten Erfolg nach sich ziehen.

9.4   Zu einer soziologischen Erklärung und Analyse von Konflikten

Wir wollten aufzeigen, welche Wege zur soziologischen Erklärung und Analyse sozialer Konflikte im Rahmen einer erklärenden Soziologie ausgeschildert und eingeschlagen werden können. Die Theorie des rationalen Handelns erfüllt dabei eine doppelte Aufgabe. Zum einen können wir mit ihrer Hilfe unterschiedliche Konfliktformen präzise beschreiben und durch Hinweise auf die ihrer Situationslogik zugrunde liegenden Interessenkonstellationen und vor allem Interessendivergenzen präzise kennzeichnen. Zum anderen sind mithilfe der Theorie der rationalen Wahl die Lösungsmechanismen zu identifizieren, denen intentionale Akteure dabei erwartbarerweise folgen können.

Die Grundidee jeder erklärenden Analyse sozialer Konflikte beruht auf dem theoriegeleiteten Nachweis, dass Konfliktkonstellationen unabwendbar zu einem Wettstreit um knappe Chancen und Güter führen müssen und dass Konfliktlösungen nur möglich sind, wenn dessen Sieger und Verlierer feststehen. Wie man anhand spieltheoretisch inspirierter Modellüberlegen zeigen kann, hängen die jeweiligen Erfolgserwartungen bzw. die Schwere der mit der Verliererrolle verbundenen Benachteiligungen von den situationslogischen Eigenheiten der jeweiligen Konfliktform ab. Wir haben dies vor allem durch die Unterscheidung von Konflikten im Schatten von Koordinations- und Kooperationserträgen und reinen Konflikten eingefangen, aber auch innerhalb dieser beiden Konflikttypen verschiedene Problemgrade erfasst und entsprechende Konfliktlogiken und dynamiken voneinander abgehoben.

So werfen Lösungen reiner Koordinationsfragen kaum einen Konflikt auf, da die erwartbaren Erträge gleich sind und der Koordinationsaufwand für alle Beteiligten erträglich bleibt. Alle anderen Fälle von Koordinationsproblemen führen aber zu unterschiedlichen Ertragsverteilungen, über deren Akzeptanz sich rationale Akteure werden streiten müssen und können. Solange sich die Akteure in einem Szenario bewegen, in dem Koordinations- oder Kooperationserträge (wenigstens im Prinzip) erreichbar sind, besitzen ihre Konflikte einen partiellen Charakter. In diesen Fällen motivieren die ansonsten drohenden Schädigungsfolgen dazu, mithilfe von ausgehandelten Kompensationsgeschäften und Ausgleichszahlungen, aber auch durch die Teilung der betreffenden Rente den mittelbaren Konflikt zu entschärfen. Damit können, zumal wenn sich Verteilungsprobleme über längere Zeiträume wiederholen, auch die relativen Verlierer weiterhin hoffen, mit Erträgen am Verteilungsspiel beteiligt zu sein. Die Kernthese besagt, dass alle Konflikte, die im Schatten von Geschlechterspielen, Gefangenendilemmata, Hühnchenspielen oder von Stag-Hunt-Situationen anfallen, daraus resultieren, dass rationale Wettstreiter versuchen werden, relative Vorteilspositionen einzunehmen und die relativen Verliererpositionen den anderen zuzumuten. Die zentrale Erklärungsgröße in solchen Konflikten ist demnach die

Macht, die Einzelne einsetzen können, um die Auszahlungsverteilung zu ihren Gunsten zu beeinflussen. Sofern rationale Akteure also davon ausgehen müssen, dass sie *nicht* über die notwendige Macht verfügen, Verteilungen zu ihren Gunsten zu verändern, werden sie auch für sie ungünstige akzeptieren. Konflikte, die durch einen Interessensausgleich im Rahmen von Koordinations- und Kooperationserträgen gemildert werden können, kennen dann stabile Verteilungslösungen, wenn *einseitige* Strategieänderungen keine Zugewinne versprechen.

Die Verhältnisse verschärfen sich allerdings dramatisch im Fall reiner Konflikte, deren Logik – wie die Spieltheorie anrät – als ein Nullsummenspiel dargelegt werden kann. Wir haben plausibel zu machen versucht, dass im Unterschied zu den anfangs geschilderten Konfliktszenarios reine Konflikte aufseiten einer Konfliktpartei zu unvermeidbaren Verlusten führen und absolute Verlierer produzieren, die im Rahmen solcher Auseinandersetzungen keine Erleichterungen erwarten können. Reine Konflikte können darin bestehen, dass knappe Lebenschancen exklusiv verteilt werden oder dass der Versuch, an gesellschaftlichen Verteilungsspielen mitzuwirken, hohe Einstiegs- und Investitionskosten verlangt, die im Falle der Niederlage nicht rückerstattet und deshalb nicht anders eingesetzt werden können. Wie klassische soziologische Analysen freilich gerne übersehen, lassen sich auch für reine Konflikte durchaus Lösungswege angeben. So ist zum einen ganz unübersehbar, dass die Verteilungsergebnisse einer kombinierten *Minimax-Strategie* in den Augen rationaler Akteure stabil sind, obwohl – oder gerade weil – der unvermeidbare Verlierer seinen maximalen Verlust minimiert und der Gewinner seinen minimalen Gewinn maximiert. Sofern derartige Kombinationen der ‚besten‘ Strategien vorliegen, ist auch die notwendig asymmetrische Verteilungslösung, die einen Akteur mit Verlusten aus dem Rennen gehen lässt, stabil, da jede andere Strategieverknüpfung mindestens einen von ihnen oder beide schlechterstellen würde. In anderen Fällen enthalten reine Konflikte den ständigen Anreiz, sich durch die – sei es zufällige oder systematische – Akkumulation von Macht- und Gewaltmitteln Vorteile zu verschaffen, um auf diese Weise die Verlierer dazu zu zwingen, sich mit ihrer Benachteiligung abzufinden. Bestehen hingegen durchsetzbare Eigentums- und Verfügungsrechte, dann können solche Verteilungen auch mithilfe von Auktionen und Lizenzierungsverfahren statt mittels Macht und Gewalt zustande kommen, sind aber erwartbar stark asymmetrisch.

Wie in den vorangegangenen Kapiteln haben wir uns auch bei der Behandlung von Konfliktlösungsprozessen darum bemüht, erkennen zu lassen, welche Situations- und Handlungsannahmen wir zu deren Präzision und vor allem Zuspitzung fallen lassen oder hinzufügen, sodass deutlich wird, was die zentralen Erklärungsfaktoren sind. Auf diese Weise war es uns einerseits möglich, Varianten der jeweils einsetzenden Selektionsmechanismen zu kennzeichnen und andererseits damit auch zu begründen, wie der Übergang von einem Konfliktlösungsmechanismus zu einem anderen verläuft und wie sich damit die zu erwartenden Verteilungen verändern. Mithilfe dieser Technik sollten sich im Gefolge der kontinuierlichen Umformulierung der jeweiligen Vorgängermodelle weitere Lösungsszenarien herleiten und analysieren sowie empirisch untersuchen lassen.

10 Ein integratives Forschungsprogramm und seine Anwendung

Wir wollen zum Abschluss einen kurzen Blick zurück werfen und gleichzeitig die Ziellinien umreißen, die sich für die weitere Arbeit stellen.

10.1 Methodologie und Erklärungsanspruch

Ausgangspunkt unserer Überlegungen war die Überzeugung, dass die erste Aufgabe der Soziologie darin besteht, eine möglichst zutreffende Darstellung unserer gesellschaftlichen Lebensumstände zu geben und zu erklären, was die soziale Welt zusammenhält. Dazu brauchen wir neben der sachlich richtigen Erhebung empirischer Daten und dem Erstellen ordnender Typologien, neben zutreffenden Beschreibungen oder forschungsleitenden Orientierungshypothesen auch *Theorien* und *Modelle*, mit deren Hilfe wir die Wirkungszusammenhänge der sozialen Welt *erklären* können. Wie von Max Weber und Georg Simmel über Karl R. Popper (und genau besehen von allen Kantianern) eingefordert wird, benötigen wir nomologische Theorien, um zu einer kausal relevanten Ordnung unseres Weltverständnisses zu kommen und um uns Klarheit darüber zu verschaffen, *warum* wir bestimmte Erfahrungen machen. Ohne theoretische Anleitung können wir weder sinnvoll beobachten noch soziale Zusammenhänge verstehen. Nur mithilfe von Theorien können soziale Rätsel bearbeitet und mitunter sogar ‚aufgeklärt' werden. Darüber hinaus muss auch für die Soziologie gelten, dass es ohne valides, empirisch geprüftes theoretisches Wissen verantwortungslos wäre, über Gestaltungen der sozialen Welt bzw. über die gezielte Einsetzung sozialer Mechanismen nachzudenken. Ohne theoretisch nachvollziehen zu können, welche Steuerungsfunktionen Gesetzesvorhaben besitzen (Albert 1978), wie institutionelle Regelungen in und auf Organisationen wirken (Coleman 1990a; Hernes 1993) oder welche sozialen Mechanismen dem sozialen Wandel zugrunde liegen (Mayntz und Nedelmann 1987; Boudon 1998a; Schmid 1998), werden wir nichts über das Scheitern oder den Erfolg entsprechender Bemühungen wissen und lernen. Es wäre deshalb höchst naiv, zu glauben, wir könnten ohne wahrheitskontrolliertes Wissen unsere Alltagspraxis bewusst gestalten (vgl. Albert 1978).

Dieses umfassende, auf Erklärungen wie auf die kontrollierte Gestaltung des sozialen Lebens bezogene Erkenntnisanliegen hat bereits die vorakademische Phase der Sozialwissenschaften beherrscht, wie die heute noch immer einflussreichen Werke von Adam Smith, Alexis de Tocqueville oder Karl Marx belegen, war aber auch ein Anliegen der Gründervätergeneration um Max Weber, Georg Simmel, Ferdinand Tönnies und Norbert Elias gewesen. Wir stellen uns ganz bewusst – und mit vielen anderen – nicht zuletzt auch deshalb in deren *analytisch-erklärende Tradition*, weil nur auf diese Weise Theoriearbeit möglich und die unfruchtbare Abschottung zwischen den sozialwissenschaftlichen Teildisziplinen, aber auch zwischen soziologischer Theorie und den verschiedenen Bindestrichsoziologien aufzubrechen ist.

10.2 Mehrstufige, mikrofundierte Erklärungen

Die Ausarbeitung möglichst wahrer und empirisch gehaltvoller Theorien und ein darauf aufbauendes Forschungsprogramm ist in den letzten Jahrzehnten ungemein dadurch erleichtert worden, dass sich zunehmend mehr Sozialwissenschaftler einer Erklärungslogik zugewandt haben, die eine über Disziplingrenzen hinweg verallgemeinerbare Form an die Hand gibt. Dem ehrgeizigen Versuch von Wissenschaftstheoretikern wie Ernest Nagel, Rudolf Carnap, Karl R. Popper und Carl G. Hempel, eine philosophisch verteidigungsfähige Erklärungstheorie zu entwickeln, standen in den Sozialwissenschaften zunächst zahlreiche Gegner gegenüber. Die Kritik kreiste unter anderem darum, dass sich weder „soziale Gesetze" hatten finden lassen, die man als eine gültige Erklärungsprämisse hätte verwenden können, noch dass soziale Phänomene reduktiv allein mithilfe von psychologischen Gesetzmäßigkeiten hatten erklärt werden können. Als kritisch erwies sich auch die wiederholt behandelte Schwierigkeit, dass das soziale Geschehen immer wieder völlig rätselhafte und überraschende Prozesse und Phänomene hervorbrachte – etwa dass an sich konfliktfreie, gemeinsame Zwecke nicht realisiert werden konnten, dass in arbeitsteiligen, anonymen Handlungsfeldern Moral brüchig wurde und als sozialer Kitt versagte, dass sich große kulturelle Unterschiede zwischen Nationen und Völkern ausbildeten usw. –, die sich keinesfalls als das Ergebnis eines sinnhaften und vernünftigen Handelns einiger oder vieler Akteure begreifen ließen. Solche ungeplanten, „emergenten" Verteilungs- und Struktureigenschaften zu erklären und mit der Annahme individueller Sinnhaftigkeit in Verbindung zu setzen, wurde mehr und mehr als Herausforderung erkannt und angenommen. Die seither als „Makro-Mikro-Makro-Problem" diskutierte Schwierigkeit, individuelles Handeln und soziale Verhältnisse bzw. Strukturen im Rahmen eines Erklärungsarguments aufeinander zu beziehen und dafür eine logische Form anzugeben, hat zwar zu der Einsicht geführt, dass die Logik sozialwissenschaftlicher Erklärungen komplexer angelegt werden muss, als es das Hempel-Modell vorsieht, darf aber noch nicht als umfassend gelöst betrachtet werden. Wir neigen dazu, eine Lösung in der Idee zu sehen, das von

Popper und Hempel vorgetragene Grundmodell der DN-Erklärung in Richtung eines Modells der *mehrstufigen Erklärung* weiterzuführen, das seit geraumer Zeit als „struktur-individualistische Erklärung" (Lindenberg 1977; Wippler 1978b; Wippler und Lindenberg 1987), als „Modell der soziologischen Erklärung" (Esser 1993), als „mechanismische Erklärung" (Bunge 1998; Hedström und Swedberg 1998; Mayntz 2002) oder als mikrofundierte Erklärung (Little 1998) diskutiert wird. Solche mehrstufigen Erklärungen halten an nomologischen Erklärungen fest, insofern sie als Mikrofundament eine allgemeine Handlungstheorie vorsehen, sie sind aber darüber hinaus darauf bedacht, empirisches Wissen über soziale Strukturen zu nutzen und den soziologischen Gehalt aus der Beschreibung sozialer Verhältnisse und deren variierenden Eigenschaften zu gewinnen. Eine aussichtsreiche Version eines solchen Erklärungsprogramms ist nach unseren Überlegungen dadurch zu gewinnen, dass der Forscher von allgemeinen Eigenschaften der Akteure ausgehend Handlungssituationen als ‚handlungsleitenden Rahmen' erschließt und dabei einer klassischen Prämisse der Soziologie folgend *soziale Interdependenzmuster* als erklärungsrelevante Situationseigenschaften bemüht. So gerüstet kann er die weiterführende Frage stellen, welche Kollektivphänomene für den Fall entstehen, dass bestimmte Interdependenzverhältnisse eine handlungsleitende Rolle spielen, und wie diese sozialen Phänomene auf das Handeln der einzelnen Akteure zurückwirken.

Die Logik solcher Mehrstufenmodelle besteht darin, die zunächst analytisch getrennt beschriebenen Ebenen: die Handlungs- und die Strukturebene, miteinander in Beziehung zu setzen, sodass gesagt werden kann, warum das interessierende Phänomen: kulturelle Variation, ein erfolgreiches kollektives Handeln, die Etablierung von Konfliktlösungen usw., eintritt. Dazu wird in einem ersten Schritt das Handeln einzelner Akteure angesichts einer bestimmten Makrokonstellation erklärt. Zu diesem Zweck ist eine allgemeine und empirisch haltbare *Theorie des individuellen Handelns* nötig, die angesichts der Mehrstufigkeit der Erklärung zudem so angelegt sein muss, dass sie eine funktionale Beziehung zur Makroebene herzustellen erlaubt. Zur Erfüllung dieser Aufgabe sind „Brückenhypothesen" vorzusehen, mit deren Hilfe hypothetische Aussagen darüber formuliert werden, wie sich die Eigenschaften der Handlungssituation auf die handlungsbestimmenden Prozesse auswirken. Als eine soziologisch attraktive Ausarbeitung von Brückenhypothesen konnten wir auf die von Siegwart Lindenberg (1989) empfohlenen „sozialen Produktionsfunktionen" verweisen, die Situationen einerseits als Konkretion der individuellen Ziele und andererseits als empirisch gut bestätigte Ziel-Mittel-Relationen fassen. Daraufhin kann der zweite Erklärungsschritt relativ einfach vollzogen werden, der aus den in einer Situation erschlossenen Handlungsmöglichkeiten unter Anwendung eines allgemeinen Handlungsprinzips die typischerweise zu erwartende Handlung folgert, etwa die nutzenmaximierende oder die angstminimierende. Danach erfolgt der auch von uns als relativ schwierig eingeschätzte dritte Erklärungsschritt, der dazu dient, die erklärten Einzelhandlungen und die als relevant erachteten Struktur- oder Verhältniseigenschaften so aufeinander zu beziehen, dass sichtbar wird, welche sozialen Konstellationen wie wirksam werden und welche Makroeffekte oder Verteilungsstrukturen daraus folgen. Dies geschieht mithilfe sogenannter Transformationsregeln im Rahmen von Transformationsmodellen, die erklären, wie sich die entsprechenden Makroeffekte de facto aus den Einzelhandlungen und deren Verbindungen ergeben. Wie diese Transformationen anzulegen und für die soziologische Praxis zu sortieren sind, konnten wir in Ansätzen klären. Unser Hinweis ist, dass vor dem Hintergrund einer Theorie intentionalen Handelns Kollektiveffekte als geplant oder ungeplant und dann wiederum als erwünscht oder unerwünscht gekennzeichnet werden können, was einem ‚aufklärerisch' angelegten Erklärungsprogramm die Chance eröffnet, weitergehend zu fragen, wie sich die Akteure daraufhin verhalten werden und ob und wie es ihnen gelingt, ihre kollektiven Handlungsfolgen zu bearbeiten.

Wir konnten in unseren Ausführungen eine der großen Streitfragen unserer Tage aufgreifen: den Stellenwert und die Ausarbeitung soziologisch sinnvoller Handlungstheorien. Wir hoffen, etwas zur Klärung dieser nicht immer scharf konturierten Diskussion beizutragen, indem wir hervorgehoben haben, dass sich die Frage, welcher Handlungstheorie sich die Soziologie anvertrauen soll, nur klären lässt, wenn gesagt werden kann, wozu Handlungsannahmen oder theorien verwendet werden sollen. Wir haben deutlich gemacht, dass wir darin den nomologischen Kern eines integrativen und erklärenden Forschungsprogramms zu finden meinen und daher eine Handlungstheorie favorisieren, die dazu in der Lage ist, zu eindeutigen und möglichst allgemeinen Aussagen über das situations- oder kontexttypische Tun und Lassen von Akteuren zu gelangen. Die theoretische Annahme, dass Akteure intentional handeln, eignet sich dazu besonders, weil sie Handeln zum einen als eine situationsbezogene Wahl beschreibt und weil sie zudem – im Gegensatz zu strukturdeterministischen, aber auch biologistischen Erklärungen – Erweiterungen im Hinblick auf die Fähigkeiten, welche die Akteure dazu einsetzen können, anleitet und weil sie zulässt, die prinzipielle Intentionalität durch die Angabe aktueller Ziele und Interessen zu konkretisieren. Die Soziologie verhandelt mehrere Handlungsmodelle und theorien; aber nicht jeder dieser Theorien kann die Bearbeitung der hier vorgestellten Aufgabe anvertraut werden: Auch an sich erklärungstaugliche Handlungsannahmen (Kreativität, Habitus usw.) scheiden, so unsere wesentliche Einsicht, alleine deshalb aus, weil sie keine eindeutigen Aussagen über die in einer sozialen Konstellation zu erwartenden Handlungen erlauben. Wir kommen daher zu dem eindeutigen Schluss, dass Theorien intentionalen Handelns – und als deren engere Fassung eine Theorie rationaler Wahl – deshalb einen akzeptablen Startpunkt bieten, weil sie die erforderlichen Brücken- und Transformationshypothesen formulieren helfen und weil

sie empirisch inspiriert erweiter- und ausbaubar sind. Alternative Handlungstheorien tun sich dabei bisweilen schwer, weil sie nur bestimmte Handlungsgründe
oder motive bzw. nur eingegrenzt gültige Wahlmodi beinhalten.

Die in letzter Zeit betonte Bedeutsamkeit von sozialen Mechanismen, die
sowohl das Gefälle zwischen Struktur- und Handlungstheorien als auch das
zwischen „Großtheorien", „Theorien mittlerer Reichweite" und „Beschreibungen" überbrücken helfen (vgl. Bunge 1998; Hedström 2005; Mayntz und Scharpf
1995; Schmid 2006), fügt sich in das Bild einer mikrofundierten Erklärung ein
und ist sogar als eine besonders attraktive Variante davon zu betrachten. Mechanismen beschreiben jene Dynamiken, die daraus resultieren, dass absichtsgelei-
tete Akteure ihre Handlungen miteinander in Beziehung setzen und auf diese
Weise verschiedenartig regulierte Interdependenzverhältnisse (oder „Interak-
tionsregimes" (Hedström 2005, S. 90; kommentierend Kron und Grund 2010)
hervorbringen. Die Sozialwissenschaften hatten sich seit Langem danach voneinander unterscheiden wollen, dass sie verschiedenartige solcher Mechanismen
erforschen: den ökonomischen Markt, die *politische* Herrschaft, die *ethnologische* Gemeinschaft, die *soziale* Gruppe, das *juristische* System, die *künstlerische*
Produktionsform, den *bürokratischen* Verband, die *betriebliche* Organisation
etc. Gegen die sich damit andeutende arbeitsteilige Bearbeitung komplexer Fragen lässt sich wenig einwenden; uns ist aber daran gelegen, zu betonen, dass
aus der Sicht eines mikrofundierten und erklärenden Forschungsprogramms die
wechselseitige Abschottung der jeweiligen Bemühungen nicht gerechtfertigt ist.
Denn einerseits kann keineswegs ausgeschlossen werden, dass zur Behandlung
konkreter Verhältnisse mehrere Mechanismen ineinandergreifen und sich beeinflussen, und zum anderen steht mit einiger Sicherheit fest, dass einige Modellierungen typischer Mechanismen in ganz unterschiedlichen Kontexten zur
Anwendung kommen können. Dieser Intuition haben zahlreiche Forscher mit
der Einschätzung Ausdruck verliehen, dass die Sozialwissenschaften durchaus
über einen vollen „Werkzeugkasten" an „Strukturmodellen" verfügen, die sie
auf verschiedenste Themenfelder anwenden können (vgl. Lindenberg et al. 1986;
Hedström und Swedberg 1998a; Esser 2002; Maurer 2004a).

10.3   Soziologische Anwendungen

Unser Versuch, an die Tradition einer analytisch-erklärenden Sozialwissenschaft anzuschließen, hat nicht nur eine methodologisch-erklärungstheoretische,
sondern auch eine inhaltliche Zielstellung und eine genuin soziologische Aus-
richtung. Uns war es wichtig, das ausgearbeitete Modell handlungstheoretisch
fundierter Erklärungen zur weiterführenden Bearbeitung des *Problems sozialer
Ordnungsbildung* zu verwenden, mit dem die Soziologie seit ihren Gründerjah-

ren beschäftigt ist. Unser Ziel war es dabei, zu dokumentieren, dass einerseits die Problemkonturierung in der Regel zu allgemein und unscharf erfolgt und dass andererseits die klassisch vorgestellten Lösungen enge Grenzen besitzen, die offenzulegen und präzise anzugeben Voraussetzung dafür ist, die überkommenen Lösungsvorschläge zu verbessern und damit genauere Einsichten in das soziale Zusammenleben zu gewinnen. Eine wesentliche Aufgabe bestand daher darin, das vielfach nur unsystematisch und implizit formulierte Problem der sozialen Ordnung in einen exakteren handlungstheoretischen Rahmen zu stellen. Dies gelang, indem wir das einzeldisziplinäre Bemühen der Soziologie, Prozesse der „gesellschaftlicher Integration" zu thematisieren, als einen Teilbeitrag zur disziplinenübergreifenden Erforschung von Interdependenz- und Abstimmungsproblemen verstanden haben, die in *allen* sozialen Kontexten der gleichen Grundlogik folgen. Die für lange Zeit dominante Selbstbegrenzung der Soziologie auf klassische soziale Mechanismen wie „Norm" und „legitime Herrschaft" rechtfertigt sich dann nicht länger, sondern verdient durch die Untersuchung von Tausch-, Konkurrenz-, Konflikt- und *anderen* Verteilungsmechanismen erweitert zu werden.

Dazu haben wir den Vorschlag unterbreitet und ausgearbeitet, das an sich kompakte und undurchsichtige Ordnungsproblem, das die Theorieklassik aufgeworfen hat, in Einzelprobleme zu zerlegen, um daraufhin systematisch Problemvariationen und zuspitzungen vorzunehmen und sodann die Erfolgsbedingungen verschiedener Lösungen präziser darstellen und deren Folgewirkungen genauer erfassen zu können.

Das damit sich sofort einstellende Problem: in *welche* Einzelprobleme das Ordnungsproblem zergliedert werden kann, konnten wir im Rückgriff auf die vorweg eingeführte Theorie intentionalen Handelns lösen. Dieser Rückgriff hat im vorgegebenen Zusammenhang einen doppelten Aspekt: Zum einen kann man eine solche Theorie dazu benutzen, um zum Kernthema jeder soziologischen Analyse, zur Bestimmung des „sozialen Handelns" durchzustoßen, indem man soziale Konstellationen danach analysiert, wie und in welchem Umfang sich die Intentionen der Akteure wechselseitig beeinflussen und vereinbaren lassen; zum anderen erlaubt sie eine genaue Bestimmung der verschiedenartigen Problemlagen, in die die Akteure dann geraten, wenn sie in sozialen Kontexten handeln müssen. Von Wert ist die Theorie des intentional-rationalen Handelns also deshalb, weil sie es gestattet, eine *Typifizierung sozialer Handlungssituationen* vorzunehmen, deren Leitkriterium der Grad der wechselseitigen Beeinflussung bei der Realisierung der jeweiligen Intentionen ist. Oder anders formuliert: Ausgehend von einem individuell-intentionalen Handeln lassen sich soziologisch interessante Konstellationen als Interdependenzmuster kennzeichnen und auf die jeweils zu erwartenden sozialen Effekte hin befragen. Diese Beziehungsmuster können aus Sicht der Akteure als erfolgsmindernd oder erfolgssteigernd interpretiert werden, sodass sich deren Problemgehalt handlungstheoretisch fundiert abschätzen und darüber hinaus variieren lässt.

Um diese Einschätzung möglichst präzise vornehmen zu können, haben wir auf das Anregungspotenzial der Spieltheorie zurückgegriffen. Hilfreich ist in unseren Augen vor allem, dass spieltheoretische Modellierungen erlauben, die Grundlogik bzw. die Problemstruktur sozialer Interdependenzen einsichtig herauszuarbeiten und genau anzugeben, unter welchen Umständen man von der Logik einer sozialen Interdependenzstruktur in die einer anderen überwechseln kann. Auf diese Weise kann man verschiedene spieltheoretische Modellszenarien auseinander ableiten oder aufeinander beziehen.

Wir meinen, diese Möglichkeiten zur soziologisch sinnvollen Unterscheidung dreier problembehafteter Interdependenzmuster genutzt zu haben. Zu deren Kennzeichnung greifen wir auf den Vorschlag von Edna Ullmann-Margalit (1977), aber auch anderer Autoren zurück und unterscheiden zwischen *Koordinationsproblemen, Kooperationsdilemmata* und *reinen Konflikten* und gliedern die drei Konstellationen danach, wie beschwerlich es für die Akteure sein mag, Lösungen zu identifizieren und durchzusetzen. Dabei zeigt sich, dass der Problemcharakter dieser Konstellationen erst vor dem Hintergrund der Annahme klar hervortritt, dass die Akteure ihre Intentionen bestmöglich zu realisieren suchen, dass sie dabei aber vom Tun und Lassen der anderen abhängig sind.

Daraus aber zu schließen, dass sich die Beteiligten wechselseitig an den Erwartungen der anderen orientieren – die Sozialwissenschaften also als „moral science" zu betreiben, wie John St. Mill und Emile Durkheim dies vorgeschlagen haben –, halten wir für fehlgeleitet. Die Frage muss vielmehr lauten, wie es den Akteuren gelingt, sich wechselseitig und vor allem glaubhaft auf bestimmte Handlungsstrategien festzulegen und welche Vorkehrungen ihnen dabei helfen, ihr Handeln erwartbar zu machen. Wir haben die entsprechenden Prozesse als „Abstimmungsmechanismen" gekennzeichnet und uns zu zeigen bemüht, welche Abstimmungsprobleme durch welche Lösungsmechanismen gebannt werden können und welche Folgeprobleme dabei auftreten.

Zu den wichtigen Ergebnissen unserer Überlegungen gehört, dass Koordinationsprobleme in erster Linie darin bestehen, dass sich die Akteure Informationen darüber beschaffen müssen, wie sich ihre Mitakteure erwartbarerweise verhalten werden, und dass einmal gefundene Lösungen dazu neigen, sich in Form von Konventionen zu verfestigen, an die sich jeder hält, solange er weiß, dass dies auch die anderen tun. Kooperationsprobleme sind schwerer zu bewältigen, weil im Prinzip erreichbare Lösungen zwar gemeinsame Erträge versprechen, aber alle Akteure zugleich mit dem Anreiz versehen, sich auf Kosten anderer zu bereichern. Glaubhaft Abweichungsgewinne zu verhindern, gelingt dann, wenn die Akteure auf längere Zeit und wiederholt aufeinander angewiesen sind, wenn gruppeninterne Überwachungs- und Sanktionsprozesse die Abweichler im Zaum halten oder wenn es gelingt, sich kollektiv einer Herrschaft zu ‚unterstellen' bzw. private Unternehmer mit der Organisation und Kontrolle der Zusammenarbeit zu betrauen. Aber zumal die letztgenannten Lösungen sind mit erheblichen Folgeproblemen insoweit verbunden, als die Suche nach einem geeigneten ‚Herrscher' sowie dessen Kontrolle ihrerseits Probleme des kollektiven Entscheidens aufwerfen, die die Akteure nicht unter allen Bedingungen lösen können. So kann es nicht wirklich verwundern, wenn sich negativ bewertete Herrschaftsverhältnisse erhalten, zumal die Herrscher sich Büttel suchen, die Herrschaftsunterworfenen gegeneinander ausspielen und deren Gegenwehr durch Herrschaftsmittel unterminieren können. Konflikte endlich können bisweilen spontan oder vermittels institutionalisierter Selektionsverfahren in stabiler Weise entschärft werden. In allen Fällen sind damit aber Ungleichverteilungen verbunden, die nicht unter allen Bedingungen erträglich sind. Verallgemeinert gesehen heißt dies, dass alle Lösungen von Abstimmungsproblemen darauf angewiesen sind, dass sich höchst spezifische soziale Mechanismen realisieren und aufrechterhalten lassen, und dass in zahllosen Fällen einmal gefundene Lösungen nicht deshalb stabil bleiben, weil die Akteure sich keine wünschenswertere Problemlösungen denken können, sondern weil ihnen die Macht und die Möglichkeiten fehlen, sich alleine oder in Koalitionen mit anderen aus ihren „sozialen Fallen" zu befreien.

Die *Analyse der Lösungsmechanismen* ihrerseits folgt ein und derselben Logik: Wir erheben den Problemcharakter unterschiedlicher Interdependenzsituationen, vermessen den Opportunitätsspielraum der Akteure und untersuchen deren Möglichkeiten, sich auf einen Lösungsweg festzulegen, der entweder zu einem Nash-Gleichgewicht führt oder aber Anlass zu Nachbesserungen gibt. Der Vorteil dieses Vorgehens scheint uns im Folgenden zu liegen: Zum einen kann deutlich werden, dass gleiche Abstimmungsprobleme ganz heterogene Lösungen besitzen können bzw. zum anderen, dass unterschiedliche Theorievorschläge, die in der Soziologie mit zum Teil imperialem Anspruch propagiert werden, bestenfalls restriktionsreiche Teillösungen darstellen, deren Trefflichkeit nicht darunter leidet, dass man sie als solche erkennt und einordnen kann. Wir haben die Beschränktheit abgeschotteter und ‚idealisierender' Analysen von Abstimmungsmechanismen mehrfach für das Weber'sche Verbandsmodell und das ökonomische Wettbewerbsmarktmodell gezeigt. Wir haben aber auch darauf hingewiesen, dass die Konventionsanalysen der Kultursoziologie so lange richtig sind, solange sie sich als Lösung für einfache Koordinationsprobleme zu erkennen geben. Ebenso unterbreitet die Konflikttheorie von Marx aus unserer Sicht auch dann ein faszinierendes Erklärungsangebot, wenn man sieht, dass nicht alle Abstimmungsprobleme Konflikte beinhalten und dass auch reine Konflikte spontane bzw. relativ vorteilhafte und deshalb stabile Lösungen kennen. Dasselbe Argument gilt auch für die Durkheim'sche Standardlösung, wonach eine „gemeinsame Moral" Kooperationen ermöglicht. Das muss auch der nicht bezweifeln, der darin keine im strikten Sinn verallgemeinerungsfähige These sieht.

Dass die Soziologie ganz unterschiedliche Abstimmungsprobleme und mechanismen untersucht, kann ihr zum heuristischen Vorteil gereichen, wenn sie erkennt und zur Verfeinerung ihrer Modellierungsarbeit beherzigt, dass solche Abstimmungsmodelle offenbar – je nach den Umständen, die wir aktuell als für ihr Funktionieren relevant unterstellen können –, nach Belieben erweitert oder eingeschränkt werden können. Vor allem Erweiterungen können dabei auch dazu dienen, verschiedene Modellierungen aneinander anzukoppeln und deren Implikationen von Neuem zu testen. Interner Modellfortschritt wird damit ebenso möglich wie die sukzessive Integration unterschiedlicher Modelle. Insofern Anwendungsmodelle, die durch eine einheitliche und im Forschungsverlauf konstant gehaltene Handlungstheorie informiert sind, miteinander verbunden werden, kann man sie als Paradigmen – im Kuhn'schen und Stegmüller'schen Sinne: als intendierte und zugleich erfolgreiche Anwendungen – *ein und desselben Forschungsprogramms* verstehen.

Dass sich auf diesem Weg inner- wie interdisziplinäre Brücken schlagen lassen, ist unsere Hoffnung. Und wichtiger noch: Es könnte einsichtig werden, dass die Bearbeitung unterschiedlicher Modelle legitim und sinnvoll ist, auch ohne aus den Augen zu verlieren, „that there is, of course, only one social science." (Coleman 1992b, S. 119)

Literaturverzeichnis

Abel, Bodo (1983), Grundlagen der Erklärung menschlichen Handelns. Zur Kontroverse zwischen Konstruktivisten und Kritischen Rationalisten, Tübingen: J.C.B. Mohr (Paul Siebeck)

Abell, Peter (Hg.) (1991), Rational Choice Theory, Aldershot: Edward Elgar Publishing

Abrams, Philip (1982), Historical Sociology, Ithaca et al.: Cornell University Press

Achinstein, Peter (1971), Law and Explanation. An Essay in the Philosophy of Science, Oxford: Clarendon Press

Ackermann, Rolf (2001), Pfadabhängigkeit, Institutionen und Regelreform, Tübingen: J.C.B. Mohr (Paul Siebeck)

Agassi, Joseph (1960), Methodological Individualism, in: British Journal of Sociology 2, S. 244–270

Albert, Hans (1964), Probleme der Theoriebildung. Entwicklung, Struktur und Anwendung sozialwissenschaftlicher Theorien, in: Hans Albert (Hg.), Theorie und Realität. Ausgewählte Aufsätze zur Wissenschaftslehre der Sozialwissenschaften, Tübingen: J.C.B. Mohr (Paul Siebeck), S. 3–70

Albert, Hans (1965), Wertfreiheit als methodisches Prinzip. Zur Frage der Notwendigkeit einer normativen Sozialwissenschaft, in: Ernst Topitsch (Hg.), Logik der Sozialwissenschaften, Köln et al.: Kiepenheuer & Witsch, S. 181–210

Albert, Hans (1967), Marktsoziologie und Entscheidungslogik. Ökonomische Probleme in soziologischer Perspektive, Neuwied et al.: Luchterhand Verlag

Albert, Hans (1968), Traktat über kritische Vernunft, Tübingen: J.C.B. Mohr (Paul Siebeck)

Albert, Hans (1976), Aufklärung und Steuerung. Aufsätze zur Sozialphilosophie und zur Wissenschaftslehre der Sozialwissenschaften, Hamburg: Hoffmann und Campe Verlag

Albert, Hans (1977), Individuelles Handeln und soziale Steuerung. Die ökonomische Tradition und ihr Erkenntnisprogramm, in: Hans Lenk (Hg.), Handlungstheorien interdisziplinär. Band 4, München: Wilhelm Fink Verlag, S. 177–225

Albert, Hans (1978), Traktat über rationale Praxis, Tübingen: J.C.B. Mohr (Paul Siebeck)

Albert, Hans (1980), Die Wissenschaft und die Suche nach der Wahrheit, in: Gerard Radnitzky; Gunnar Andersson (Hg.), Fortschritt und Rationalität der Wissenschaft, Tübingen: J.C.B. Mohr (Paul Siebeck), S. 221–245

Albert, Hans (1982), Die Wissenschaft und die Fehlbarkeit der Vernunft, Tübingen: J.C.B. Mohr (Paul Siebeck)

Albert, Hans (1994), Kritik der reinen Hermeneutik. Der Antirealismus und das Problem des Verstehens, Tübingen: J.C.B. Mohr (Paul Siebeck)

Albert, Hans (1998), Marktsoziologie und Entscheidungslogik. Zur Kritik der reinen Ökonomik, Tübingen: J.C.B. Mohr (Paul Siebeck)

Albert, Hans (2000), Methodologischer Revisionismus und diskursive Rationalität. Bemerkungen zur Methodendiskussion in den Sozialwissenschaften, in: Österreichische Zeitschrift für Soziologie 25, S. 2–28

Alchian, Armen A.; Harold Demsetz (1972), Production, Information Costs, and Economic Organization, in: American Economic Review 62, S. 777–795

Alchian, Armen A.; Susan Woodward (1987), Reflections on the Theory of the Firm, in: Journal of Institutional and Theoretical Economy 143, S. 110–136

Aldrich, Howard E. (1979), Organizations and Environments, Englewood Cliffs, NJ: Prentice Hall Inc.

Alexander, Jeffrey C. (1983), The Modern Reconstruction of Classical Thought: Talcott Parsons, Band 4, London et al.: Routledge & Kegan Paul

Alexander, Jeffrey C. (1988a), Action and Its Environments. Toward a New Synthesis, New York: Columbia University Press

Alexander, Jeffrey C. (1988b), The New Theoretical Movement, in: Neil J. Smelser (Hg.), Handbook of Sociology, Newbury Park, CA: Sage Publications, S. 77–101

Alexander, Jeffrey C. (2006), Cultural Pragmatics. Social Performances between Ritual and Strategy, in: Jeffrey C. Alexander; Bernhard Giesen; Jason L. Mast (Hg.), Social Performance. Symbolic Action, Cultural Pragmatics, and Ritual, Cambridge: Cambridge University Press, S. 29–90

Alexander, Jeffrey C.; Bernhard Giesen; Richard Münch; Neil J. Smelser (Hg.) (1987), The Micro-Macro Link, Berkeley et al.: University of California Press

Alexander, Jeffrey C.; Jason L. Mast (2006), Introduction. Symbolic Action in Theory and Practice: The Cultural Pragmatics of Symbolic Action, in: Jeffrey C. Alexander; Bernhard Giesen; Jason L. Mast (Hg.), Social Performance. Symbolic Action, Cultural Pragmatics, and Ritual, Cambridge: Cambridge University Press, S. 1–28

Alexander, Peter (1968), Rational Behaviour and Psychoanalytic Explanations, in: Norman S. Care; Charles Landesman (Hg.), Readings in the Theory of Action, Bloomington et al.: Indiana University Press, S. 159–178

Alexander, Richard D. (1987), The Biology of Moral Systems, New York: Aldine de Gruyter

Anderson, Gary M.; Robert D. Tollison (1992), Morality and Monopoly: The Constitutional Political Economy of Religious Rules, in: Cato Journal 12/2, S. 373–392

Andersson, Gunnar (1988), Kritik und Wissenschaftsgeschichte. Kuhns, Lakatos' und Feyerabends Kritik des Kritischen Rationalismus, Tübingen: J.C.B. Mohr (Paul Siebeck)

Archer, Margret S. (1988), Culture and Agency. The Place of Culture in Social Theory, Cambridge et al.: Cambridge University Press

Aristoteles (1972), Die nikomachische Ethik, übersetzt und hg. von Olof Gogon, München: dtv

Arthur, Brian W. (1994), Increasing Returns and Path Dependence in the Economy, Ann Arbor: The University of Michigan Press

Aschke, Manfred (2002), Kommunikation, Koordination und soziales System. Theoretische Grundlagen für die Erklärung von Evolution von Kultur und Gesellschaft, Stuttgart: Lucius & Lucius

Aumann, Robert (1974), Subjectivity and Correlation in Randomized Strategies, in: Journal of Mathematical Economics 1, S. 67–96

Aumann, Robert (1976), Agreeing to Disagree, in: The Annals of Statistics 4, S. 1236–1239

Axelrod, Robert (1984), The Evolution of Cooperation, New York: Basic Books

Axelrod, Robert (2000), On Six Advances in Cooperation Theory, in: Analyse & Kritik 22, S. 130–151

Balkin, Jack M. (1998), Cultural Software. A Theory of Ideology, New Haven et al.: Yale University Press

Balog, Andreas (2006), Soziale Phänomene. Identität, Aufbau und Erklärung, Wiesbaden: VS Verlag für Sozialwissenschaften

Banerjee, Abhijit V. (1992), A Simple Model of Herd Behavior, in: Quarterly Journal of Economics 107/3, S. 797–817

Barry, Norman (1982), The Tradition of Spontaneous Order, in: Literature of Liberty 5, S. 7–58

Barzel, Yoram (2002), A Theory of the State. Economic Rights, Legal Rights, and the Scope of the State, Cambridge: Cambridge University Press

Bates, Robert H. (1988), Contra Contractarianism: Some Reflections on the New Institutional Economics, In: Politics and Society 16, S. 387–401

Bauman, Zygmunt (1973), Culture as Praxis, London et al.: Routledge & Kegan Paul

Baurmann, Michael (1996), Der Markt der Tugend. Recht und Moral in der liberalen Gesellschaft, Tübingen: J.C.B. Mohr (Paul Siebeck)

Baurmann, Michael (1997), Universalisierung und Partikularisierung der Moral – Ein individualistisches Erklärungsmodell, in: Rainer Hegselmann; Hartmut Kliemt (Hg.), Moral und Interesse. Zur interdisziplinären Erneuerung der Moralwissenschaft, München: Oldenbourg Verlag, S. 56–110

Baurmann, Michael (2001), Freiheit und Tugend. Moralische Bedarfsdeckung durch die unsichtbare Hand?, in: Manfred Prisching (Hg.), Postmoderne Tugenden? Ihre Verortung im kulturellen Leben der Gegenwart, Wien: Passagen-Verlag, S. 109–141

Baurmann, Michael (2008), Homo Ökonomikus als Idealtypus. Oder: Das Dilemma des Don Juan, in: Analyse & Kritik 30, S. 555–573

Bayertz, Kurt (1980), Wissenschaft als historischer Prozeß. Die antipositivistische Wende in der Wissenschaftstheorie, München: Wilhelm Fink Verlag

Bayertz, Kurt (2004), Warum überhaupt moralisch sein?, München: Verlag C. H. Beck

Beck, Ulrich (2007), Weltrisikogesellschaft, Frankfurt am Main: Suhrkamp Verlag

Beck, Ulrich; Anthony Giddens; Scott Lash (1996), Reflexive Modernisierung. Eine Kontroverse, Frankfurt am Main: Suhrkamp Verlag

Becker, Gary S. (1991), A Treatise on the Family, Cambridge, MA et al.: Harvard University Press

Becker, Gary S. (1993a), Human Capital. A Theoretical and Empirical Analysis with Special Reference to Education, 3. Aufl., Chicago et al.: The University of Chicago Press

Becker, Gary S. (1993b), Ökonomische Erklärungen menschlichen Verhaltens, Orig. 1976, 2. Aufl., Tübingen: J.C.B. Mohr (Paul Siebeck)

Becker, Tilman (2007), Der Markt für Glücksspiele und Wetten, in: Tilman Becker; Christine Baumann (Hg.), Glücksspiele im Umbruch, Frankfurt am Main et al.: Peter Lang Verlag, S. 1–24

Beckermann, Ansgar (Hg.) (1977a), Analytische Handlungstheorie. Band 2: Handlungser-klärungen, Frankfurt am Main: Suhrkamp Verlag

Beckermann, Ansgar (1977b), Gründe und Ursachen. Zum vermeintlich grundsätzlichen Unterschied zwischen mentalen Handlungserklärungen und wissenschaftlich-kausa-len Erklärungen, Kronberg et al.: Scriptor Verlag

Ben-Porath, Yoram (1980), The F-Connection: Families, Friends and Firms and the Organi-zation of Exchange, in: Population and Development Review 6, S. 1–30

Benz, Arthur; Susanne Lütz; Uwe Schimank; Georg Simonis (Hg.) (2007), Handbuch Governance. Theoretische Grundlagen und empirische Anwendungsfelder, Wiesba-den: VS Verlag für Sozialwissenschaften

Berger, Johannes (2002), Normativer Konsens und das Agenturproblem der Unternehmung, in: Andrea Maurer; Michael Schmid (Hg.), Neuer Institutionalismus. Zur soziologi-schen Erklärung von Organisation, Moral und Vertrauen. Frankfurt am Main: Campus, S. 193–218

Berger, Peter A.; Michael Vester (Hg.) (1998), Alte Ungleichheiten – Neue Spaltungen, Opladen: Leske + Budrich

Berger, Peter L.; Thomas Luckmann (1969), Die gesellschaftliche Konstruktion der Wirk-lichkeit. Eine Theorie der Wissenssoziologie, Frankfurt am Main: Fischer Verlag

Bernard, Jessie (1954), The Theory of Games of Strategy as a Modern Sociology of Con-flict, in: American Journal of Sociology 59/4, S. 411–424

Berofsky, Bernard (Hg.) (1966), Free Will and Determinism, New York et al.: Harper & Row Publishers

Bhaskar, Roy (1975), A Realist Theory of Science, Hassocks et al., NJ: The Harvester Press/ Humanities Press

Bicchieri, Cristina (1990), Norms of Cooperation, in: Ethics 100, S. 838–861

Bicchieri, Cristina (1993), Rationality and Coordination, Cambridge: Cambridge Univer-sity Press

Bicchieri, Cristina (2006), The Grammar of Society. The Nature and Dynamics of Social Norms, Cambridge: Cambridge University Press

Bierhoff, Hans W.; Beate Küpper (1998), Sozialpsychologie der Solidarität, in: Kurt Bayertz (Hg.), Solidarität. Begriff und Probleme, Frankfurt am Main: Suhrkamp Ver-lag, S. 263–296

Binmore, Ken (1995), Game Theory and the Social Contract. Band 1: Playing Fair, Cam-bridge, MA et al.: MIT Press

Binmore, Ken (1998), Game Theory and the Social Contract. Band 2: Just Playing, Cam-bridge, MA et al.: MIT Press

Binmore, Ken (2007), Game Theory. A Very Short Introduction, Oxford: Oxford University Press

Blau, Peter M. (1976), Parameters of Social Structure, in: Peter M. Blau (Hg.), Approaches to the Study of Social Structure, London: Open Books, S. 220–253

Blau, Peter M. (1977), Inequality and Heterogeneity. A Primitive Theory of Social Struc-ture, New York et al.: The Free Press et al.

Blumer, Herbert (1969), Social Interactionism. Perspective and Method, Englewood Cliffs, NJ: Prentice Hall

Boden, Margret (1992), Die Flügel des Geistes. Kreativität und Künstliche Intelligenz, München: Artemis und Winkler Verlag

Boehm, Christopher (1984), Blood Revenge. The Anthropology of Feuding in Montenegro and other Tribal Societies, Lawrance, KS: University Press of Kansas

Bonacker, Thorsten (2005), Sozialwissenschaftliche Konflikttheorien. Einleitung und Überblick, in: Thorsten Bonacker (Hg.), Sozialwissenschaftliche Konflikttheorien. Eine Einführung, Wiesbaden: VS Verlag für Sozialwissenschaften, S. 9–29

Bonacker, Thorsten (2009), Konflikttheorien, in: Georg Kneer; Markus Schroer (Hg.), Handbuch soziologischer Theorien, Wiesbaden: VS Verlag für Sozialwissenschaften, S. 179–197

Bonacker, Thorsten; Rainer Greshoff und Uwe Schimank (Hg.) (2008), Sozialtheorien im Vergleich. Der Nordirlandkonflikt als Anwendungsfall, Wiesbaden: VS Verlag für Sozialwissenschaften

Boudon, Raymond (1973a), Mathematische Modelle und Methoden. Hauptströmungen der sozialwissenschaftlichen Forschung, franz. Orig. 1970, Frankfurt am Main et al.: Ullstein Verlag

Boudon, Raymond (1973b), Strukturalismus – Methode und Kritik. Zur Theorien und Semantik eines aktuellen Themas, Düsseldorf: Bertelsmann Universitätsverlag

Boudon, Raymond (1974), The Logic of Sociological Explanation, franz. Orig. 1971, Harmondsworth: Penguin Ed.

Boudon, Raymond (1979), Widersprüche sozialen Handelns, franz. Orig. 1971, Darmstadt et al.: Luchterhand Verlag

Boudon, Raymond (1980a), Die Logik gesellschaftlichen Handelns. Eine Einführung in die soziologische Denk- und Arbeitsweise, franz. Orig. 1978, Darmstadt/Neuwied: Luchterhand Verlag

Boudon, Raymond (1980b), The Crisis in Sociology. Problems of Sociological Epistemology, franz. Orig. 1971, London et al.: MacMillan

Boudon, Raymond (1986), Theories of Social Change. A Critical Appraisal, Cambridge: Polity Press

Boudon, Raymond (1987), The Individualistic Tradition in Sociology, in: Jeffrey C. Alexander; Bernhard Giesen; Richard Münch; Neil J. Smelser (Hg.), The Micro-Macro Link, Berkeley et al.: University of California Press, S. 45–70

Boudon, Raymond (1988), Ideologie. Geschichte und Kritik eines Begriffs, franz. Orig. 1986, Reinbek bei Hamburg: Rowohlt Verlag

Boudon, Raymond (1990), Subjektive Rationalität und die Theorie der Ideologie, in: Hans Haferkamp (Hg.), Sozialstruktur und Kultur, Frankfurt am Main: Suhrkamp Verlag, S. 384–414

Boudon, Raymond (1994), The Art of Self-Persuasion. The Social Explanation of False Beliefs, franz. Orig. 1990, Cambridge: Polity Press

Boudon, Raymond (1997), The Present Relevance of Max Weber's Wertrationalität (Value Rationality), in: Peter Koslowski (Hg.), Methodology of the Social Sciences, Ethics, and Economics in the Newer Historical School. From Max Weber and Rickert to Sombart and Rothacker, Berlin et al.: Springer Verlag, S. 3–29

Boudon, Raymond (1998), Social Mechanisms without Black Boxes, in: Peter Hedström; Richard Swedberg (Hg.), Social Mechanisms. An Analytical Approach to Social Theory, Cambridge: Cambridge University Press, S. 172–203

Boulding, Kenneth E. (1978), Ecodynamics. A New Theory of Societal Evolution, Beverley Hills et al.: Sage Publications

Bourdieu, Pierre (1970), Zur Soziologie der symbolischen Formen, Frankfurt am Main: Suhrkamp Verlag

Bourdieu, Pierre (1979), Entwurf einer Theorie der Praxis auf der ethnologischen Grundlage der kabylischen Gesellschaft, franz. Orig. 1972, Frankfurt am Main: Suhrkamp Verlag

Bourdieu, Pierre (1982), Die feinen Unterschiede. Kritik der gesellschaftlichen Urteilskraft, franz. Orig. 1979, Frankfurt am Main: Suhrkamp Verlag

Bourdieu, Pierre (1987), Sozialer Sinn. Kritik der theoretischen Vernunft, franz. Orig. 1980, Frankfurt am Main: Suhrkamp Verlag

Bourdieu, Pierre (1997), Ökonomisches Kapital – Kulturelles Kapital – Soziales Kapital, in: Franzjörg Baumgart (Hg), Theorien der Sozialisation, Bad Heilbronn: Klinkhardt, S. 217–231

Bourdieu, Pierre (1998), Praktische Vernunft. Zur Theorie des Handels, Frankfurt am Main: Suhrkamp Verlag

Bourdieu, Pierre; Jean-Claude Passeron (1973), Grundlagen einer Theorie der symbolischen Gewalt, Frankfurt am Main: Suhrkamp Verlag

Bovens, Luc; Stephan Hartmann (2003), Bayesian Epistemology, Oxford: Clarendon Press

Boyd, Richard; Peter J. Richerson (1985), Culture and the Evolutionary Process, Chicago et al.: The University of Chicago Press

Boyer, Robert; André Orléan (1992), How Do Conventions Evolve, in: Journal of Evolutionary Economics 2, S. 165–177

Braithwaite, Richard Bevan (1953), Scientific Explanation. A Study of the Function of Theory, Probability and Law in Science, Cambridge: Cambridge University Press

Bratman, Michael E. (1987), Intention, Plans, and Practical Reason, Cambridge, MA: Harvard University Press

Braun, Dietmar (1999), Theorien rationalen Handelns in der Politikwissenschaft, Opladen: Leske + Budrich

Brennan, Geoffrey; James M. Buchanan (1993), Die Begründung von Regeln. Konstitutionelle Politische Ökonomie, Tübingen: J.C.B. Mohr (Paul Siebeck)

Brennan, Geoffrey; Philip Pettit (2004), The Economy of Esteem. An Essay on Civil and Political Society, Oxford: Oxford University Press

Brinitzer, Ron (2003), Religion. Eine institutionenökonomische Analyse, Würzburg: Ergon Verlag

Brittan, Arthur (1973), Meanings and Situations, London et al.: Routledge & Kegan Paul

Brodbeck, May (1968), Explanation, Prediction and Imperfect Knowledge, in: May Brodbeck (Hg.), Readings in the Philosophy of the Social Sciences, London: The Macmillan Company et al., S. 363–398

Brodbeck, May (1975), Methodologischer Individualismus. Definition und Reduktion, in: Bernhard Giesen; Michael Schmid (Hg.), Theorie, Handeln und Geschichte. Erklärungsprobleme in den Sozialwissenschaften, Hamburg: Hoffmann und Campe Verlag, S. 189–216

Bromberger, Sylvain (1966), Why-Questions, in: Robert G. Colodny; Herbert A. Simon (Hg.), Mind and Cosmos. Essays in Contemporary Science and Philosophy, Pittsburgh: University of Pittsburgh Press, S. 86–111

Bronner, John Tyler (1983), Kultur-Evolution bei Tieren, Berlin et al.: Verlag Paul Parey

Brubaker, Earl D. (1975), Free Ride, Free Revelation, or Golden Rule?, in: The Journal of Law and Economics 18, S. 147–161

Buchanan, James M. (1965a), Ethical Rules, Expected Values, and Large Numbers, in: Ethics 75, S. 1–13

Buchanan, James M. (1965b), An Economic Theory of Clubs, in: Economia 32, S. 1–14

Buchanan, James M. (1975), The Limits of Liberty. Between Anarchy and Leviathan, Chicago et al.: The University of Chicago Press

Buchanan, James M. (1991), The Economics and the Ethics of Constitutional Order, Ann Arbor: The University of Michigan Press

Buckley, Walter (1967), Sociology and Modern Systems Theory, Englewood Cliffs, NJ: Prentice Hall

Buckley, Walter; Tom Burns; L. D. Meeker (1974), Structural Resolutions of Collective Action Problems, in: Behavioral Science 10, S. 277–297

Bueno de Mesquita, Bruce (2005), Principles of International Politics. People's Power, Preferences, and Perceptions, Washington D.C.: Congressional Quarterly Press

Bueno de Mesquita, Bruce; Alastair Smith; Randolf Silverson; James D. Morrow (2005), The Logic of Political Survival, Cambridge, MA et al.: MIT Press

Bühl, Walter L. (1976), Theorien sozialer Konflikte, Darmstadt: Wissenschaftliche Buchgesellschaft

Bunge, Mario (1996), Finding Philosophy in the Social Sciences, New Haven et al.: Yale University Press

Bunge, Mario (1998), Social Science Under Debate. A Philosophical Perspective, Toronto et al.: University of Toronto Press

Burke, Edmund (1971/1790), Betrachtungen über die französische Revolution, Frankfurt am Main: Suhrkamp Verlag

Büschges, Günter; Martin Abraham; Werner Funk (1995), Grundzüge der Soziologie, München et al.: Oldenbourg Verlag

Camic, Charles (1986), The Matter of Habit, in: American Journal of Sociology 91, S. 1039–1087

Campbell, Colin (1996), The Myth of Social Action, Cambridge: Cambridge University Press

Campbell, Donald T. (1960), Blind Variation and Selective Retention in Creative Thought as in Other Knowledge Processes, in: Psychological Review 67, S. 380–400

Carnap, Rudolf (1956), Meaning and Necessity. A Study in Semantics and Modal Logic, Chicago et al.: The University of Chicago Press

Cartwright, Nancy (1999), The Dappled World. A Study of the Boundaries of Science, Cambridge: Cambridge University Press

Castoriadis, Cornelius (1984), Gesellschaft als imaginäre Institution, Frankfurt am Main: Suhrkamp Verlag

Chalmers, Alan F. (2001), Wege der Wissenschaft. Einführung in die Wissenschaftstheorie, 5. Aufl., Berlin et al.: Springer Verlag

Charon, Joel M. (1979), Symbolic Interactionism. An Introduction, an Interpretation, an Integration, Englewood Cliffs, NJ: Prentice Hall

Choi, Young Back (1993), Paradigms and Conventions. Uncertainty, Decision Making and Entrepreneurship, Ann Arbor: The University of Michigan Press

Chong, Dennis (1991), Collective Action and the Civil Rights Movement, Chicago: University of Chicago Press

Chong, Dennis (2000), Rational Lives. Norms and Values in Politics and Society, Chicago et al.: The University of Chicago Press

Chwe, Suk-Young Michael (2001), Rational Ritual. Culture, Coordination, and Common Knowledge, Princeton et al.: Princeton University Press

Coleman, James S. (1964), Introduction to Mathematical Sociology, New York: The Free Press of Glencoe

Coleman, James S. (1971), Collective Decisions, in: Herman Turk; Richard L. Simpson (Hg.), Institutions and Social Exchange. The Sociologies of Talcott Parsons & George C. Homans, Indianapolis et al.: The Bobbs-Merrill Company, Inc., S. 272–286

Coleman, James S. (1978), Soziale Struktur und Handlungstheorie, in: Peter M. Blau (Hg.), Theorien sozialer Strukturen. Ansätze und Probleme, amerik. Orig. 1975, Opladen: Westdeutscher Verlag, S. 93–115

Coleman, James S. (1983), Free Riders and Zealots, in: Wolfgang Sodeur (Hg.), Ökonomische Erklärungen sozialen Verhaltens, Wuppertal: Verlag der Sozialwissenschaftlichen Kooperative, S. 135–165

Coleman, James S. (1985), Introducing Social Structure into Economic Analysis, in: American Economic Review 74, S. 84–88

Coleman, James S. (1986a), Individual Interests and Collective Action. Selected Essays, Cambridge: Cambridge University Press

Coleman, James S. (1986b), Micro Foundations and Macrosocial Theory. General Discussion, in: Siegwart Lindenberg; James S. Coleman; Stefan Nowak (Hg.), Approaches to Social Theory. New York: University of California Press, S. 345–363

Coleman, James S. (1986c), Social Theory, Social Research, and a Theory of Action, in: American Journal of Sociology 91/6, S. 1309–1335

Coleman, James S. (1987), Microfoundations and Macrosocial Behavior, in: Jeffrey C. Alexander; Bernd Giesen; Richard Münch; Neil J. Smelser (Hg.), The Micro-Macro Link, Berkeley et al.: University of California Press, S. 153–173

Coleman, James S. (1989), The Emergence of Norms, in: Michael Hechter; Karl-Dieter Opp; Reinhard Wippler (Hg.), Social Institutions. Their Emergence, Maintenance and Effects, New York: de Gruyter, S. 35–59

Coleman, James S. (1990a), Foundations of Social Theory, London et al.: Belknap Press of Harvard University Press

Coleman, James S. (1990b), Rational Organization, in: Rationality and Society 2/1, S. 94–105

Coleman, James S. (1990c), Commentary: Social Institutions and Social Theory, in: American Sociological Review 55, S. 333–339

Coleman, James S. (1990d), Interview by ‚James S. Coleman', in: Richard Swedberg (Hg.), Economics and Sociology. Redefining their Boundaries. Conversations with Economists and Sociologists, Princeton: Princeton University Press, S. 47–60

Coleman, James S. (1991), Grundlagen der Sozialtheorie. Handlungen und Handlungssysteme. Band 1, amerik. Orig. 1990, München et al.: Oldenbourg Verlag

Coleman, James S. (1992a), Grundlagen der Sozialtheorie. Körperschaften und die moderne Gesellschaft. Band 2, amerik. Orig. 1990, München et al.: Oldenbourg Verlag

Coleman, James S. (1992b), The Vision of Foundations of Social Theory, in: Analyse & Kritik 14/2, S. 117–128

Coleman, James S. (1992c), The Problematics of Social Theory. Four Reviews of Foundations of Social Theory, in: Theory and Society 21/2, S. 263–283

Coleman, James S. (1993c), Reply to Blau, Tuomela, Diekmann and Baurmann, in: Analyse & Kritik 15/1, S. 63–69

Coleman, James S. (1994), A Rational Choice Perspective on Economic Sociology, in: Neil J. Smelser; Richard Swedberg (Hg.), The Handbook of Economic Sociology, Princeton: Princeton University Press, S. 166–180

Coleman, James S.; Thomas J. Fararo (Hg.) (1992), Rational Choice Theory. Advocacy and Critique, Newbury Park, CA: Sage Publications

Coleman, James S.; Elihu Katz; Herbert Menzel (1976), Die Ausbreitung von Neuerungen unter Ärzten, in: Peter Schmidt (Hg.), Innovation. Diffusion von Neuerungen im sozialen Bereich, Hamburg: Hoffmann und Campe Verlag, S. 25–40

Collin, Finn (1997), Social Reality, London et al.: Routledge

Collins, Randall (1975), Conflict Sociology. Toward an Explanatory Science, New York et al.: The Academic Press

Collins, Randall (1980), Weber's Last Theory of Capitalism, in: American Sociological Review 45, S. 925–942

Collins, Randall (1985), Three Sociological Traditions, New York et al.: Oxford University Press

Collins, Randall (1999), Macrohistory. Essays in Sociology of the Long Run, Stanford, CA: Stanford University Press

Collins, Randall (2004), Interaction Ritual Chains, Princeton: Princeton University Press

Cooter, Robert (2000), Three Effects of Social Norms on Law. Expressive, Deterrence, and Internalization, in: Oregon Law Review 79, S. 1–22

Cooter, Robert; Thomas Ulen (1997), Law and Economics, 2. Aufl., Reading, MA et al.: Addison-Wesley

Coser, Lewis A. (1965), Theorie sozialer Konflikte, Neuwied et al.: Luchterhand Verlag

Cosmides, Leda; John Tooby (2006), Evolutionary Psychology. A Primer, Center for Evolutionary Psychology, Santa Barbara: University of California, http://www.psych.ucsb.edu/research/cep/primer.html

Cowen, Tyler (2000), What Price Fame?, Cambridge, MA et al.: Harvard University Press

Cowen, Tyler (2002), The Esteem Theory of Norm, in: Public Choice 113, S. 211–224

Crawford, Vincent P.; Hans Haller (1990), Learning How to Cooperate. Optimal Play in Related Coordination Games, in: Econometrics 58, S. 571–595

Cross, John G.; Melvin J. Guyer (1980), Social Traps, Ann Arbor: The University of Michigan Press

Crouch, Colin (1982), Trade Unions. The Logic of Collective Action, London: Fontana Press

Dahrendorf, Ralf (1992), Der moderne Konflikt. Essay zur Politik oder Freiheit, Stuttgart: Deutsche Verlagsanstalt

Dahrendorf, Ralf (2006), Homo sociologicus. Ein Versuch zur Geschichte, Bedeutung und Kritik der Kategorie der sozialen Rolle, 16. Aufl., Wiesbaden: VS Verlag für Sozialwissenschaften

Dalbert, Claudia (2001), The Justice Motive as a Personal Ressource. Dealing with Challenges and Critical Life Events, New York: Kluwer Academic Press et al.

Damasio, Antonio R. (1995), Descartes' Irrtum. Fühlen, Denken und das menschliche Gehirn, München et al.: List Verlag

Danto, Arthur C. (1973), Methodological Individualism and Methodological Socialism, in: John O'Neill (Hg.), Modes of Individualism and Collectivism, London: Heinemann, S. 312–337

Darby, Michael R.; Edi Karni (1973), Free Competition and the Optimal Amount of Fraud, in: Law and Economics 16, S. 67–88

Davis, Kingsley; Wilbert E. Moore (1967), Einige Prinzipien der sozialen Schichtung, amerik. Orig. 1945, in: Heinz Hartmann (Hg.), Moderne amerikanische Soziologie. Neuere Beiträge zur soziologischen Theorie, Stuttgart: Ferdinand Enke Verlag, S. 347–357

de Jasay, Anthony (1989), Social Contract, Free Ride. A Study in the Public Goods Problem, Oxford: Clarendon Press

Denzau, Arthur T.; Douglass C. North (1994), Shared Mental Models. Ideologies and Institutions, in: Kyklos 47, S. 3–31

Diekmann, Andreas (1985), Volunteer's Dilemma, in: Journal of Conflict Resolution 29, S. 605–610

Diekmann, Andreas (1986), Volunteer's Dilemma. A Social Trap without a Dominant Strategy and Some Empirical Results, in: Andreas Diekmann; Peter Mitter (Hg.), Paradox Effects of Social Behavior. Essays in Honor of Anatol Rapoport, Heidelberg et al.: Physica-Verlag, S. 187–197

Diekmann, Andreas (2009), Spieltheorie. Einführung, Beispiele, Experimente, Reinbek bei Hamburg: Rowohlt Verlag

Diekmann, Andreas; Klaus Eichner; Peter Schmidt; Thomas Voss (Hg.) (2008), Rational Choice. Theoretische Analysen und empirische Resultate, Wiesbaden: VS Verlag für Sozialwissenschaften

Diekmann, Andreas; Klaus Manhart (1989), Kooperative Strategien im Gefangenendilemma. Computersimulation eines N-Personen-Spiels, in: Analyse & Kritik 11, S. 134–153

Diekmann, Andreas; Thomas Voss (Hg.) (2004a), Rational-Choice-Theorie in den Sozialwissenschaften, München et al.: Oldenbourg Verlag

Diekmann, Andreas; Thomas Voss (2004b), Die Theorie rationalen Handelns. Stand und Perspektiven, in: Andreas Diekmann; Thomas Voss (Hg.), Rational-Choice-Theorie in den Sozialwissenschaften, München et al.: Oldenbourg Verlag, S. 13–29

Dilthey, Wilhelm (1973/1910), Der Aufbau der geschichtlichen Welt in den Geisteswissenschaften. Gesammelte Schriften Band 5, Stuttgart et al.: Teubner et al.

DiMaggio, Paul J. (1997), Culture and Cognition, in: Annual Sociological Revue 23, S. 263–287

DiMaggio, Paul J.; Walter W. Powell (1983), The Iron Cage Revisited, in: American Sociological Review 48, S. 147–160

DiMaggio, Paul J.; Walter W. Powell (1991), Introduction, in: Paul J. DiMaggio; Walter W, Powell (Hg.), The New Institutionalism in Organizational Analysis, Chicago/London: The University of Chicago Press, S. 1–38

DiMaggio, Paul J.; Janette A. Colyvas (2008), Microfoundations in Institutional Theory, in: Royston Greenwood; Christine Oliver; Roy Suddaby; Kerstin Sahlin (Hg.), The SAGE Handbook of Organisations Institutionalism, Los Angeles et al.: Sage

Dixit, Avinash K.; Barry J. Nalebuff (1997), Spieltheorie für Einsteiger. Strategisches Know-how für Gewinner, amerik. Orig. 1991, Stuttgart: Schäffer-Poeschel Verlag

Douglas, Jack D. (1971), Understanding Everyday Life, in: Jack D. Douglas (Hg.), Understanding Everyday Life, London: Routledge & Kegan Paul, S. 3–44

Dray, William (1957), Laws and Explanation in History, Oxford: Oxford University Press

Druwe, Ulrich; Volker Kunz (Hg.) (1998), Anomalien in der Handlungs- und Entscheidungstheorie, Opladen: Westdeutscher Verlag

Durkheim, Emile (1961/1895), Regeln der soziologischen Methode, Neuwied et al.: Luchterhand Verlag

Durkheim, Emile (1981/1912), Die elementaren Formen des religiösen Lebens, Frankfurt am Main: Suhrkamp Verlag

Durkheim, Emile (1988/1893), Über soziale Arbeitsteilung. Studie über die Organisation höherer Gesellschaften, 2. Aufl., Frankfurt am Main: Suhrkamp Verlag

Durkin, John T.; Andrew Greely (1991), A Model of Religious Choice Under Uncertainty, in: Rationality and Society 3, S. 178–196

Eder, Klaus (1989), Klassentheorie als Gesellschaftstheorie. Bourdieus dreifache kulturtheoretische Brechung der traditionellen Klassentheorie, in: Klaus Eder (Hg.), Klassenlage, Lebensstil und kulturelle Praxis. Theoretische und empirische Beiträge zur Auseinandersetzung mit Pierre Bourdieus Klassentheorie, Frankfurt am Main: Suhrkamp Verlag, S. 15–43

Edwards, Paul K. (1986), Conflict at Work, Oxford: Oxford University Press

Eggertsson, Thráinn (2005), Imperfect Institutions. Possibilities and Limits of Reform, Ann Arbor: University of Michigan Press

Eifler, Stefanie (2008), Die situationsbezogene Analyse kriminellen Handelns mit dem Modell der Frame-Selektion, in: Jens Greve, Annette Schnabel und Rainer Schützeichel (Hg.), Das Mikro-Makro-Modell der soziologischen Erklärung. Zur Ontologie, Methodologie und Metatheorie eines Forschungsprogramms. Wiesbaden: VS Verlag für Sozialwissenschaften, S. 164–192.

Eilinghoff, Christian (2004), Ökonomische Analyse der Religion. Theoretische Konzepte und rechtspolitische Empfehlungen, Frankfurt am Main et al.: Peter Lang Verlag

Eisenstadt, Shmuel N. (1978), Revolutions and the Transformation of Societies. A Comparative Study of Civilizations, New York: The Free Press

Ekelund, Robert B.; Robert F. Hébert; Robert D. Tollison; Gary M. Anderson; Audrey B. Davidson (1996), Sacred Trust. The Medieval Church as an Economic Firm, New York et al.: Oxford University Press

Elias, Norbert (1976/1939), Über den Prozeß der Zivilisation. Soziogenetische und psychogenetische Untersuchungen, 2 Bände, Frankfurt am Main: Suhrkamp Verlag

Elias, Norbert (1988), Über die Zeit, hg. von Michael Schroeter, Frankfurt am Main: Suhrkamp Verlag

Ellickson, Robert C. (2001), The Evolution of Social Norms: A Perspective From the Legal Academy, in: Michael Hechter; Karl-Dieter Opp (Hg.), Social Norms, New York: Russell Sage Foundation, S. 35–75

Elster, Jon (Hg.) (1986a), Rational Choice, Oxford: Basil Blackwell

Elster, Jon (1986b), Introduction, in: Jon Elster (Hg.), Rational Choice, Oxford: Basil Blackwell, S. 1–33

Elster, Jon (1989), The Cement of Society. A Study of Social Order, Cambridge: Cambridge University Press

Elster, Jon (1999), Alchemies of the Mind. Rationality and the Emotions, Cambridge: Cambridge University Press

Elster, Jon (2007), Explaining Social Behavior. More Nuts and Bolts for the Social Sciences, Cambridge: Cambridge University Press

Endreß, Martin (2008), Verstehen und Erklären bei Alfred Schütz, in: Rainer Greshoff; Georg Kneer; Wolfgang Ludwig Schneider (Hg.), Verstehen und Erklären. Sozial- und kulturwissenschaftliche Perspektiven, München: Fink, S. 95–116

Erlei, Mathias (2003), Experimentelle Ökonomie? Was folgt für die Theorie der Institutionen?, in: Martin Held; Gisela Kubon-Gilke; Richard Sturn (Hg.), Normative und institutionelle Grundfragen der Ökonomik. Jahrbuch 2: Experimente in der Ökonomik, Marburg: Metropolis, S. 343–371

Erlei, Mathias (2007): Mikroökonomie, in: Thomas Apolte et al. (Hg.), Vahlens Kompendium der Wirtschaftstheorie und Wirtschaftspolitik. Band 2, 9., überarbeitete Aufl., München: Vahlen, S. 1–139

Erlei, Mathias (2010), Neoklassik, Institutionenökonomik und Max Weber, in: Andrea Maurer (Hg.), Wirtschaftssoziologie nach Max Weber, Wiesbaden: VS Verlag für Sozialwissenschaften, S. 69–96

Erlei, Mathias; Martin Leschke; Dirk Sauerland (1999), Neue Institutionenökonomik, Stuttgart: Schäffer-Poeschel Verlag

Erlenkämper, Ralf (1976), Reduktives Erkennen. Eine methodologische Untersuchung am Beispiel der Psychologie, München et al.: Ernst Reinhardt Verlag

Esser, Hartmut (1984), Figurationssoziologie und Methodologischer Individualismus. Zur Methodologie des Ansatzes von Norbert Elias, in: Kölner Zeitschrift für Soziologie und Sozialpsychologie 36, S. 667–702

Esser, Hartmut (1987), Über einige gute Gründe für eine (bestimmte) mikrosoziologische Revolution in der Soziologie, in: Jürgen Friedrichs (Hg.), 23. Deutscher Soziologentag 1986, Technik und Sozialer Wandel. Sektions- und Ad-hoc-Gruppen, Opladen: Westdeutscher Verlag, S. 338–342

Esser, Hartmut (1989), Verfällt die soziologische Methode?, in: Soziale Welt 40, S. 57–75

Esser, Hartmut (1991), Alltagshandeln und Verstehen. Zum Verhältnis von erklärender und verstehender Soziologie am Beispiel von Alfred Schütz und ‚rational choice‘, Tübingen: J.C.B. Mohr (Paul Siebeck)

Esser, Hartmut (1993), Soziologie. Allgemeine Grundlagen, Frankfurt am Main et al.: Campus Verlag

Esser, Hartmut (1996), Die Definition der Situation, in: Kölner Zeitschrift für Soziologie und Sozialpsychologie 48, S. 1–34

Esser, Hartmut (1999), Soziologie. Spezielle Grundlagen. Band 1: Situationslogik und Handeln, Frankfurt am Main et al.: Campus Verlag

Esser, Hartmut (2000a), Soziologie. Spezielle Grundlagen. Band 2: Die Konstruktion der Gesellschaft, Frankfurt am Main et al.: Campus Verlag

Esser, Hartmut (2000b), Soziologie. Spezielle Grundlagen. Band 3: Soziales Handeln, Frankfurt am Main et al.: Campus Verlag

Esser, Hartmut (2000c), Soziologie. Spezielle Grundlagen. Band 4: Opportunitäten und Restriktionen, Frankfurt am Main et al.: Campus Verlag

Esser, Hartmut (2000d), Soziologie. Spezielle Grundlagen. Band 5: Institutionen, Frankfurt am Main et al.: Campus Verlag

Esser, Hartmut (2000e), Normen als Frames. Das Problem der „Unbedingtheit" des normativen Handelns, in: Regina Metze; Kurt Mühler; Karl-Dieter Opp (Hg.), Normen und Institutionen. Entstehung und Wirkungen, Leipzig: Leipziger Universitätsverlag, S. 137–155

Esser, Hartmut (2001a), Wie lebendig ist der Kritische Rationalismus? Symposium zu Hans Albert, Kritischer Rationalismus, in: Soziologische Revue 24/3, S. 273–279

Esser, Hartmut (2001b), Soziologie. Spezielle Grundlagen. Band 6: Sinn und Kultur, Frankfurt am Main et al.: Campus Verlag

Esser, Hartmut (2002), Was könnte man (heute) unter einer „Theorie mittlerer Reichweite" verstehen?, in: Renate Mayntz (Hg.), Akteure – Mechanismen – Modelle. Zur Theoriefähigkeit makrosozialer Analysen, Frankfurt am Main et al.: Campus Verlag, S. 128–150

Esser, Hartmut (2003a), Institutionen als ‚Modelle‘. Zum Problem der ‚Geltung‘ von institutionellen Regeln und zur These von der Eigenständigkeit einer ‚Logic of Appropriateness‘, in: Michael Schmid; Andrea Maurer (Hg.), Ökonomischer und soziologischer Institutionalismus. Interdisziplinäre Beiträge und Perspektiven der Institutionentheorie und analyse, Marburg: Metropolis, S. 47–72

Esser, Hartmut (2003b), Die Rationalität der Werte. Die Typen des Handelns und das Modell der soziologischen Erklärung, in: Gert Albert; Agathe Bienfait; Steffen Sigmund; Claus Wendt (Hg.), Das Weber-Paradigma. Studien zur Weiterentwicklung von Max Webers Forschungsprogramm, Tübingen: J.C.B. Mohr (Paul Siebeck), S. 153–187

Esser, Hartmut (2003c), Wohin, zum Teufel, mit der Soziologie?, in: Soziologie 2, S. 72–82

Esser, Hartmut (2003d), Das Modell der soziologischen Erklärung und die Paradigmen der Soziologie, in: Barbara Orth; Thomas Schwietring; Johannes Weiß (Hg.), Soziologische Forschung: Stand und Perspektiven. Ein Handbuch, Opladen: Leske + Budrich, S. 523–532

Esser, Hartmut (2004a), Sinn, Kultur und ‚Rational Choice‘, in: Friedrich Jäger; Jürgen Straub (Hg.), Handbuch der Kulturwissenschaften. Paradigmen und Disziplinen, Stuttgart et al.: J. B. Metzler, S. 248–265

Esser, Hartmut (2004b), Wertrationalität, in: Andreas Diekmann; Thomas Voss (Hg.), Rational-Choice-Theorie in den Sozialwissenschaften. Anwendungen und Probleme, München: Oldenbourg Verlag, S. 97–112

Esser, Hartmut (2004c), Soziologische Anstöße, Frankfurt am Main/New York: Campus Verlag

Esser, Hartmut (2005), Rationalität und Bindung. Das Modell der Frame-Selektion und die Erklärung des normativen Handelns, in: Martin Held; Giesela Kubon-Gilke; Richard Sturn (Hg.), Normative und institutionelle Grundfragen der Ökonomik. Jahrbuch 4: Reputation und Vertrauen, Marburg: Metropolis, S. 85–111

Esser, Hartmut (2010), Sinn, Kultur, Verstehen und das Modell der soziologischen Erklärung, in: Monika Wohlrab-Sahr (Hg.), Kultursoziologie. Paradigmen – Methoden – Fragestellungen. Wiesbaden: VS Verlag für Sozialwissenschaften, S. 309–335

Esser, Hartmut; Klaus Klenovits; Helmut Zehnpfennig (1977), Wissenschaftstheorie. Band 1: Grundlagen und analytische Wissenschaftstheorie, Stuttgart: Verlag B. G. Teubner

Esser, Hartmut; Klaus G. Troitzsch (Hg.) (1991a), Modellierung sozialer Prozesse. Neuere Ansätze und Überlegungen zur soziologischen Theoriebildung. Ausgewählte Beiträge zu Tagungen der Arbeitsgruppe ‚Modellierung Sozialer Prozesse‘ der Deutschen Gesellschaft für Soziologie, Bonn: Informationszentrum Sozialwissenschaften

Esser, Hartmut; Klaus G. Troitzsch (1991b), Einleitung. Probleme der Modellierung sozialer Prozesse, in: Hartmut Esser; Klaus G. Troitzsch (Hg.), Modellierung sozialer Prozesse. Neuere Ansätze und Überlegungen zur soziologischen Theoriebildung. Ausgewählte Beiträge zu Tagungen der Arbeitsgruppe ‚Modellierung Sozialer Prozesse‘ der Deutschen Gesellschaft für Soziologie, Bonn: Informationszentrum Sozialwissenschaften, S. 12–26

Etzioni, Amitai (1988), The Moral Dimension. Toward a New Economics, New York et al.: The Free Press et al.

Etzrodt, Christian (2003), Sozialwissenschaftliche Handlungstheorien. Eine Einführung, Konstanz: UVK

Falk, Armin (2003), Fairness und Intentionen. Wider das konsequentialistische Weltbild der Ökonomik, in: Martin Held; Giesela Kubon-Gilke; Richard Sturn (Hg.), Normative und institutionelle Grundfragen der Ökonomik. Jahrbuch 2: Experimente in der Ökonomik, Marburg: Metropolis, S. 69–85

Farmer, Karl; Ingeborg Stadler (2005), Marktdynamik und Umweltpolitik. Ein Beitrag zur gleichgewichts- und ordnungstheoretischen Fundierung umweltorientierter Volkswirtschaftslehre, Berlin et al.: LIT Verlag

Feeny, David; Fikret Berkes; Bonnie J. McCay; James M. Acheson (1990), The Tragedy of the Commons. Twenty Years later, in: Human Ecology 18, S. 1–19

Fehr, Ernst; Urs Fischbacher; Simon Gächter (2002), Strong Reciprocity, Human Cooperation and the Enforcement of Social Norms, in: Human Nature 13, S. 1–25

Feigl, Herbert (1970), The ‚Orthodox‘ View of Theories. Remarks in Defense as well as Critique, in: Michael Radner; Stephen Winokur (Hg.), Analyses of Theories and Methods of Physics and Psychology, Minnesota Studies in the Philosophy of Science. Band 4, Minneapolis: University of Minnesota Press, S. 3–16

Ferguson, Adam (1986/1767), Versuch über die Geschichte der bürgerlichen Gesellschaft, Frankfurt am Main: Suhrkamp Verlag

Field, Alexander J. (2004), Altruistically Inclined? The Behavioral Sciences, Evolutionary Theory, and the Origins of Reciprocity, Ann Arbor: The University of Michigan Press

Fligstein, Neil (1987), The Intraorganizational Power Struggle: Rise of Finance Personnel to Top Leadership in Large Corporations, 1919–1979, in: American Sociological Review 55/1, S. 44–58

Fogel, Robert W. (1989), Without Consent or Contract. The Rise and Fall of American Slavery, New York et al.: W. W. Norton

Frank, Robert H. (1985), Choosing the Right Pond. Human Behavior and the Quest for Status, New York et al.: Oxford University Press

Frank, Robert H. (1988), Passions Within Reason. The Strategic Role of the Emotions, New York et al.: W. W. Norton & Company

Frank, Robert H. (1999), Luxury Fever. Money and Happiness in an Era of Excess, Princeton et al.: Princeton University Press

Frank, Robert H.; Philip J. Cook (1995), The Winner-Take-All Society. How More and More Americans Compete for Ever Fewer and Bigger Prizes, Encouraging Economic Waste, Income Inequality and an Impoverished Cultural Life, New York et al.: The Free Press

Franz, Peter (1986), Der „Constrained Choice"-Ansatz als gemeinsamer Nenner individualistischer Ansätze in der Soziologie. Ein Vorschlag zur theoretischen Integration, in: Kölner Zeitschrift für Soziologie und Sozialpsychologie 38, S. 32–54

Frey, Bruno S. (1990), Ökonomie ist Sozialwissenschaft. Die Anwendung der Ökonomie auf neue Gebiete, München: Verlag Vahlen

Fried, Morton (1967), The Evolution of Political Society. An Essay in Political Anthropology, New York: Random House

Friedman, Debra; Michael Hechter (1990), The Comparative Advantages of Rational Choice Theory, in: George Ritzer (Hg.), Frontiers of Social Theory. The New Syntheses, New York et al.: Columbia University Press, S. 214–229

Friedman, Jeffrey (Hg.) (1996), The Rational Choice Controversy. Economic Models of Politics Reconsidered, Orig. 1995, New Haven et al.: Yale University Press

Friedman, Milton (1968), The Methodology of Positive Economics, Orig. 1953, in: May Brodbeck (Hg.), Readings in the Philosophy of Social Sciences, London: The Macmillan Company/Collier-Macmillan Ltd., S. 508–528

Frohlich, Norman; Joe A. Oppenheimer; Oran R. Young (1971), Political Leadership and Collective Good, Princeton: Princeton University Press

Führ, Martin; Kilian Bizer; Peter H. Feindt (Hg.) (2007), Menschenbilder und Verhaltensmodelle in der wissenschaftlichen Politikberatung, Baden-Baden: Nomos Verlag
Furubotn, Eirik G.; Rudolf Richter (2005), Institutions and Economics. The Contribution of
the New Institutional Economics, 2. Aufl., Ann Arbor: University of Michigan Press

Gabriel, Manfred (Hg.) (2004), Paradigmen der akteurszentrierten Soziologie, Wiesbaden:
VS Verlag für Sozialwissenschaften
Gadenne, Volker (1984), Theorie und Erfahrung in der psychologischen Forschung, Tübin-
gen: J.C.B. Mohr (Paul Siebeck)
Gadenne, Volker (1998), Bewährung, in: Helmuth Keuth (Hg.), Logik der Forschung, Ber-
lin: Akademie Verlag, S. 125–144
Gadenne, Volker (2001), Bewährung in Wissenschaft und Technologie, in: Dariusz Alek-
sandrowicz; Hans Günther Ruß (Hg.), Realismus – Disziplin – Interdisziplinarität.
Schriftenreihe zur Philosophie Karl R. Poppers und des Kritischen Rationalismus,
Amsterdam et al.: Rodopi Verlag, S. 73–82
Gallie, Walter Bryce (1964), Philosophy and Historical Understanding, London: Chatto &
Windus
Gambetta, Diego (1993), The Sicilian Mafia. The Business of Private Protection, Cam-
bridge, MA et al.: Harvard University Press
Gambetta, Diego; Michael Bacharach (2001), Trust in Signs, in: Karen S. Cook (Hg.), Trust
and Society, New York: Russell Sage Foundation, S. 148–184
Garfinkel, Harold (1967), Studies in Ethnomethodology, Englewood Cliffs, NJ: Prentice
Hall
Garfinkel, Harold (1988), Evidence for Locally Produced, Naturally Accountable Phe-
nomena of Order*, Logic, Reason, Meaning, Method, etc. in and as of the Essential
Quiddity of Immortal Ordinary Society, (I of IV): An Announcement of Studies, in:
Sociological Theory 6, S. 103–109
Gauthier, David (1986), Morals by Agreement, Oxford: Clarendon Press
Gauthier, David (1990), Coordination, in: David Gauthier, Moral Dealing. Contracts,
Ethics, and Reason, Ithaca et al.: Cornell University Press, S. 274–297
Geanakoplos, John (1992), Common Knowledge, in: Journal of Economic Perspectives 6,
S. 53–82
Gebauer, Gunther; Christian Wulf (1998), Spiel – Ritual – Geste, Reinbek bei Hamburg:
Rowohlt Verlag
Gerhards, Jürgen (2010), Kultursoziologie diesseits des ‚Cultural Turn‘, in: Monika Wohl-
rab-Sahr (Hg.), Kultursoziologie. Paradigmen – Methoden – Fragestellungen, Wies-
baden: VS Verlag für Sozialwissenschaften, S. 277–308
Gibson, Quentin (1960), The Logic of Social Inquiry, London: Routledge & Kegan Paul
Giddens, Anthony (1971), Capitalism and Modern Social Theory. An Analysis of the
Writings of Marx, Durkheim and Weber, Cambridge: Cambridge University Press
Giddens, Anthony (1973), The Class Structure of the Advanced Societies, London: Hutchin-
son University Library
Giddens, Anthony (1984), Interpretative Soziologie. Eine kritische Einführung, engl. Orig.
1976, Frankfurt am Main et al.: Campus Verlag

Giddens, Anthony (1992), Die Konstitution der Gesellschaft. Grundzüge einer Theorie der Strukturierung, Studienausgabe, engl. Orig. 1984, Frankfurt am Main et al.: Campus Verlag

Giddings, Franklin H. (1920), Principles of Sociology. An Analysis of the Phenomena of Association and of Social Organization, New York et al.: Macmillan Company

Giesen, Bernhard (1993), Die Konflikttheorie, in: Günter Endruweit (Hg.), Moderne Theorien der Soziologie, Stuttgart: Ferdinand Enke Verlag, S. 87–134

Giesen, Bernhard; Christoph Schneider (Hg.) (2004), Tätertraumata. Nationale Erinnerungen im öffentlichen Diskurs, Konstanz: Universitätsverlag Konstanz

Gigerenzer, Gerd (2000), Adaptive Thinking. Rationality in the Real World, Oxford et al.: Oxford University Press

Gigerenzer, Gerd (2001), The Adaptive Tollbox, in: Gerd Gigerenzer; Reinhard Selten (Hg.), Bounded Rationality. The Adaptive Toolbox, Cambridge, MA et al.: MIT Press, S. 37–50

Gigerenzer, Gerd (2007), Bauchentscheidungen. Die Intelligenz des Unbewussten und die Macht der Intuition, München: C. Bertelsmann Verlag

Gilbert, Margaret (1989), On Social Facts, London et al.: Routledge & Kegan Paul

Gilbert, Margaret (1996), Living Together. Rationality, Sociality, and Obligation, Lanham et al.: Rowman and Littlefield Publishers

Gintis, Herbert (2000), Game Theory Evolving. A Problem-Centered Introduction to Modeling Strategic Interaction, Princeton, NJ: Princeton University Press

Goffman, Erving (1971), Interaktionsrituale. Über Verhalten in direkter Kommunikation, Frankfurt am Main: Suhrkamp Verlag

Goffman, Erving (1981), Strategische Interaktion, München et al.: Carl Hanser Verlag

Goldstein, Leon J. (1976), Historical Knowing, Austin et al.: University of Texas

Goldthorpe, John H. (1998), Rational Action Theory for Sociology, in: The British Journal of Sociology 49, S. 167–192

Grafstein, Robert (1992), Institutional Realism. Social and Political Constraints on Rational Actors, New Haven et al.: Yale University Press

Granovetter, Mark (1978), Threshold Models of Collective Behavior, in: American Journal of Sociology 83, S. 1420–1443

Granovetter, Mark (1985), Economic Action and Social Structures. The Problem of Embeddedness, in: American Journal of Sociology 91, S. 481–510

Grathoff, Richard (1989), Milieu und Lebenswelt. Eine Einführung in die phänomenologische Soziologie und die sozialphänomenologische Forschung, Frankfurt am Main: Suhrkamp Verlag

Green, Donald; Ian Shapiro (Hg.) (1994), Pathologies of Rational Choice Theory. A Critique of Applications in Political Science, New Haven et al.: Yale University Press

Greif, Avner (1994), Cultural Beliefs and the Organization of Society: A Historical and Theoretical Reflection on Collectivist and Individualist Societies, in: Journal of Political Economy 102/5, S. 912–950

Greshoff, Rainer (1999), Die theoretischen Konzeptionen des Sozialen von Max Weber und Niklas Luhmann im Vergleich, Opladen: Westdeutscher Verlag

Greshoff, Rainer (2006), „Soziales Handeln" und „Ordnung" als operative und strukturelle Komponenten sozialer Beziehungen, in: Klaus Lichtblau (Hg.), Max Webers ‚Grundbegriffe'. Kategorien der kultur- und sozialwissenschaftlichen Forschung, Wiesbaden: VS Verlag für Sozialwissenschaften, S. 258–291

Greshoff, Rainer; Georg Kneer; Uwe Schimank (Hg.) (2003), Die Transintentionalität des Sozialen. Eine vergleichende Betrachtung klassischer und moderner Sozialtheorien, Wiesbaden: VS Verlag für Sozialwissenschaften

Greshoff, Rainer; Uwe Schimank (Hg.) (2006), Integrative Sozialtheorie? Esser – Luhmann – Weber, Wiesbaden: VS Verlag für Sozialwissenschaften

Greve, Jens (2003), Handlungserklärung und die zwei Rationalitäten? Neuere Ansätze zur Integration von Wert- und Zweckrationalität in ein Handlungsmodell, in: Kölner Zeitschrift für Soziologie und Sozialpsychologie 55, S. 621–653

Greve, Jens; Annette Schnabel; Rainer Schützeichel (Hg.) (2008), Das Mikro-Makro-Modell der soziologischen Erklärung. Zur Ontologie, Methodologie und Metatheorie eines Forschungsprogramms, Wiesbaden: VS Verlag für Sozialwissenschaften

Grice, H. Paul (1979a), Intendieren, Meinen, Bedeuten, in: George Meggle (Hg.), Handlung, Kommunikation, Bedeutung, Frankfurt am Main: Suhrkamp Verlag, S. 1–15

Grice, H. Paul (1979b), Sprecher-Bedeutung und Intention, in: George Meggle (Hg.), Handlung, Kommunikation, Bedeutung, Frankfurt am Main: Suhrkamp Verlag, S. 16–51

Gumplowicz, Ludwig (1885), Grundriß der Sociologie, Wien: Manz Verlag

Guttman, Joel M. (1978), Understanding Collective Action: Matching Behavior, in: American Economic Review 68, S. 251–255

Habermas, Jürgen (1981), Theorie kommunikativen Handelns, 2 Bände, Frankfurt am Main: Suhrkamp Verlag

Habermas, Jürgen (1984), Vorstudien und Ergänzungen zur Theorie des kommunikativen Handelns, Frankfurt am Main: Suhrkamp Verlag

Hall, Peter (1987), Presidential Address: Interactionism and the Study of Organization, in: Sociological Quarterly 28, S. 1–22

Haller, Max (1999), Soziologische Theorie im systematisch-kritischen Vergleich, Opladen: Leske + Budrich

Handwörterbuch der Wirtschaftswissenschaften (HdWW) (1982), 9. Band, Stichwort „Wohlfahrtsökonomik", zugl. Neuaufl. des „Handwörterbuchs der Sozialwissenschaften", hrsg. von Willi Albers et al., Stuttgart et al.: Fischer et al., S. 494–502

Hannerz, Ulf (1992), Cultural Complexity. Studies in the Social Organization of Meaning, New York et al.: Columbia University Press

Hardin, Garrett (1968), The Tragedy of the Commons, in: Science 162, S. 1243–1248

Hardin, Russell (1971), Collective Action as an Agreeable n-Person's Dilemma, in: Behavioral Science 16, S. 472–479

Hardin, Russell (1982), Collective Action, Baltimore: The Johns Hopkins University Press

Hardin, Russell (1995), One for All. The Logic of Group Conflict, Princeton, NJ: Princeton University Press

Hardin, Russell (1999), Liberalism, Constitutionalism, and Democracy, Oxford: Oxford University Press

Hardin, Russell (2002), Trust and Trustworthiness, New York: Russell Sage Foundation

Hardin, Russell (2003), Indeterminacy and Society, Princeton et al.: Princeton University Press

Harding, Sandra (Hg.) (1976), Can Theories Be Refuted? Essays on the Duhem-Quine Thesis, Dordrecht: D. Reidel Publishing Company

Harré, Rom; Edward H. Madden (1975), Causal Powers. A Theory of Natural Necessity, Oxford: Basil Blackwell

Harré, Rom; Paul F. Secord (1972), The Explanation of Social Behaviour, Oxford: Basil Blackwell

Harsanyi, John C. (1964), Messung der sozialen Macht, in: Martin Shubik (Hg.), Spieltheorie und Sozialwissenschaften, Frankfurt am Main: S. Fischer Verlag, S. 190–215

Harsanyi, John C. (1977), Rational Behavior and Bargaining Equilibrium in Games and Social Situations, Cambridge: Cambridge University Press

Hayek, Friedrich A. von (1972), Die Theorie komplexer Phänomene, Tübingen: J.C.B. Mohr (Paul Siebeck)

Hayek, Friedrich A. von (1994a), Der Wettbewerb als Entdeckungsverfahren, in: Friedrich A. von Hayek, Freiburger Studien. Gesammelte Aufsätze, Orig. 1968, Tübingen: J.C.B. Mohr (Paul Siebeck), S. 249–265

Hayek, Friedrich A. von (1994b), Rechtsordnung und Handelnsordnung, in: Friedrich A. von Hayek, Freiburger Studien. Gesammelte Aufsätze, Orig. 1968, Tübingen: J.C.B. Mohr (Paul Siebeck), S. 161–198

Heath, Joseph (2001), Communicative Action and Rational Choice, Cambridge, MA et al.: MIT Press

Hechter, Michael (1984), When Actors Comply: Monitoring Costs and the Production of Social Order, in: Acta Sociologica 27, S. 161–183

Hechter, Michael (1987), Principles of Group Solidarity, Berkeley et al.: University of California Press

Hechter, Michael (1990a), On the Inadequacy of Game Theory for the Solution of Real-World Collective Action Problems, in: Karen S. Cook; Margaret Levi (Hg.), The Limits of Rationality, Chicago et al.: The University of Chicago Press, S. 240–249

Hechter, Michael (1990b), The Attainment of Solidarity in Intentional Communities, in: Rationality and Society 2, S. 142–155

Hechter, Michael (1992), The Insufficiency of Game Theory for the Resolution of Real-World Collective Action Problems, in: Rationality and Society 4, S. 33–40

Hechter, Michael (1994), The Role of Value in Rational Choice Theory, in: Rationality and Society 3, S. 318–333

Hechter, Michael (1997), Religion and Rational Choice Theory, in: Lawrence A. Young (Hg.), Rational Choice Theory and Religion. Summary and Assessment, New York et al.: Routledge, S. 147–159

Hechter, Michael (2001), What Have We Learned About the Emergence of Norms, in: Michael Hechter; Karl-Dieter Opp (Hg.), Social Norms, New York: Russell Sage Foundation, S. 394–415

Heckathorn, Douglas D. (1988), Collective Sanctions and the Creation of Prisoner's Dilemma Norms, in: American Journal of Sociology 94, S. 535–562

Heckathorn, Douglas D. (1989), Collective Action and the Second-Order Free-Rider Problem, in: Rationality and Society 1, S. 78–100

Hedström, Peter (1998), Rational Imitation, in: Peter Hedström; Richard Swedberg (Hg.), Social Mechanisms. An Analytical Approach to Social Theory, Cambridge: Cambridge University Press, S. 306–327

Hedström, Peter (2005), Dissecting the Social. On the Principles of Analytical Sociology, Cambridge: Cambridge University Press

Hedström, Peter; Charlotta Stern (2008), Rational Choice and Sociology, in: Steven N. Durlauf; Lawrence E. Blume (Hg.), The New Palgrave Dictionary of Economics, 2. Aufl., Basingstoke et al.: Palgrave Macmillan, S. 872–877

Hedström, Peter; Richard Swedberg (1996), Rational Choice, Empirical Research, and the Sociological Tradition, in: European Sociological Review 12/2, S. 127–146

Hedström, Peter; Richard Swedberg (Hg.) (1998), Social Mechanisms. An Analytical Approach to Social Theory, Cambridge: Cambridge University Press

Heelan, Paul A. (1981), Verbandstheoretische Betrachtung des Erkenntnisfortschritts, in: Gerard Radnitzky; Gunnar Andersson (Hg.), Voraussetzungen und Grenzen der Wissenschaft, Tübingen: J.C.B. Mohr (Paul Siebeck), S. 339–346

Heiner, Ronald A. (1983), On the Origins of Predictable Behavior, in: American Economic Review 73, S. 560–595

Heiner, Ronald A. (1988), The Necessity of Imperfect Decisions, in: Journal of Economic Behavior and Organization 10, S. 29–55

Heintz, Bettina (2004), Emergenz und Reduktion. Neue Perspektiven auf das Mikro-Makro-Problem, in: Kölner Zeitschrift für Soziologie und Sozialpsychologie 56, S. 1–31

Held, Martin; Gisela Kubon-Gilke; Richard Sturn (Hg.) (2007), Ökonomie und Religion. Jahrbuch Normative und institutionelle Grundfragen der Ökonomik. Band 6, Marburg: Metropolis

Held, Martin; Hans G. Nutzinger (1999), Institutionen prägen Menschen – Menschen prägen Institutionen, in: Martin Held; Hans G. Nutzinger (Hg.), Institutionen prägen Menschen. Bausteine zu einer allgemeinen Institutionenökonomik, Frankfurt am Main et al.: Campus Verlag, S. 7–29

Hempel, Carl G. (1962), Deductive-Nomological vs. Statistical Explanation, in: Herbert Feigl; Grover Maxwell (Hg.), Minnesota Studies in the Philosophy of Science. Band 3: Scientific Explanation, Space, and Time, Minneapolis: University of Minnesota Press, S. 98–169

Hempel, Carl G. (1963), Explanation and Prediction by Covering Laws, in: Bernard Baumrin (Hg.), Philosophy of Science. The Delaware Seminar I, New York et al.: Interscience Publishers, S. 107–133

Hempel, Carl G. (1965), Aspects of Scientific Explanation. And Other Essays in the Philosophy of Science, New York et al.: The Free Press et al.

Hempel, Carl G. (1967), Scientific Explanation, in: Sidney Morgenbesser (Hg.), Philosophy of Science Today, New York et al.: Basic Books, Inc. Publishers, S. 79–88

Hempel, Carl G. (1968), Rational Action, in: Norman S. Care; Charles Landesman (Hg.), Readings in the Theory of Action, Bloomington et al.: Indiana University Press, S. 218–305

Hempel, Carl G. (1970), On the ‚Standard Conception' of Scientific Theories, in: Michael Radner; Stephen Winokur (Hg.), Minnesota Studies in the Philosophy of Science. Band 4: Analyses of Theories and Methods of Physics and Psychology, Minneapolis: University of Minnesota Press, S. 142–163

Hempel, Carl G. (1974a), Philosophie der Naturwissenschaften, München: dtv

Hempel, Carl G. (1974b), Formulation and Formalizations of Scientific Theories, in: Frederick Suppe (Hg.), The Structure of Scientific Theories, Urbana et al.: The University of Illinois Press, S. 244–254

Hempel, Carl G.; Paul Oppenheim (1948), Studies in the Logic of Explanation, in: Philosophy of Science 15, S. 137–175

Herder-Dorneich, Philipp (1992), Vernetzte Strukturen. Das Denken in Ordnungen, Baden-Baden: Nomos Verlag

Hernes, Gudmund (1989), The Logic of the Protestant Ethic, in: Rationality and Society 1/1, S. 123–162

Hernes, Gudmund (1993), Hobbes and Coleman, in: Aage B. Sørensen; Seymour Spilerman (Hg.), Social Theory and Social Policy. Essays in Honor of James S. Coleman, Westport, CT et al.: Praeger, S. 93–104

Hirsch, Fred (1980), Die sozialen Grenzen des Wachstums. Eine ökonomische Analyse der Wachstumskrise, Reinbek bei Hamburg: Rowohlt Verlag

Hirschman, Albert O. (1974), Abwanderung und Widerspruch. Reaktionen auf Leistungsabfall bei Unternehmungen, Organisationen und Staaten, amerik. Orig. 1970, Tübingen: J.C.B. Mohr (Paul Siebeck)

Hirschman, Albert O. (1980), Leidenschaften und Interessen. Politische Begründungen des Kapitalismus vor seinem Sieg, amerik. Orig. 1977, Frankfurt am Main: Suhrkamp Verlag

Hirschman, Albert O. (1991), The Rhetoric of Reaction, Cambridge, MA: The Belknap Press

Hirschman, Albert O. (1992), Abwanderung, Widerspruch und das Schicksal der Deutschen Demokratischen Republik, in: Leviathan 7, S. 330–358

Hirschman, Albert O. (1996), Selbstbefragung und Erkenntnis, München et al.: Carl Hanser Verlag

Hirshleifer, David; Eric Rasmusen (1989), Cooperation in a Repeated Prisoner's Dilemma with Ostracism, in: Journal of Economic Behavior and Organization 12, S. 87–106

Hirshleifer, Jack (1987), On the Emotions as Guarantors of Threats and Promises, in: John Dupré (Hg.), The Latest on the Best. Essays on Evolution and Optimality, Cambridge, MA: MIT Press, S. 309–326

Hobbes, Thomas (1966/1651), Leviathan oder Stoff, Form und Gewalt eines bürgerlichen und kirchlichen Staates, Neuwied et al.: Luchterhand Verlag

Hodgson, Geoffrey M. (1993), Economics and Evolution. Bringing Life Back into Economics, Cambridge et al.: Polity Press

Hodgson, Geoffrey M. (2006), What are Institutions, in: Journal of Economic Issues 40, S. 1–25

Holland, John H.; Keith J. Holyoak; Richard E. Nisbett; Paul R. Thagard (1986), Induction. Processes of Inference, Learning, and Discovery, Cambridge, MA: MIT Press

Holländer, Heinz (1990), A Social Exchange Approach to Voluntary Cooperation, in: American Economic Review 89, S. 1157–1167

Holler, Manfred J. (1992), Ökonomische Theorie der Verhandlung, 3. Aufl., München et al.: Oldenbourg Verlag

Holler, Manfred J.; Barbara Klose-Ullmann (2007), Spieltheorie für Manager, 2. Aufl., München: Verlag Franz Vahlen

Homann, Karl; Andreas Suchanek (2000), Ökonomie. Eine Einführung, Tübingen: J.C.B. Mohr (Paul Siebeck)

Homans, George C. (1967a), The Nature of Social Science, New York: Harcourt, Brace & World

Homans, George C. (1967b), Soziales Verhalten als Austausch, Orig. 1958, in: Heinz Hartmann (Hg.), Moderne amerikanische Soziologie. Neuere Beiträge zur soziologischen Theorie, Stuttgart: Ferdinand Enke Verlag, S. 173–185

Homans, George C. (1972), Grundfragen soziologischer Theorie, Opladen: Westdeutscher Verlag

Homans, George C. (1974), Social Behavior. Its Elementary Forms, 2. Aufl., New York: Harcourt, Brace & Janowitch

Hondrich, Karl Otto (2002), Enthüllung und Entrüstung. Eine Phänomenologie des politischen Skandals, Frankfurt am Main: Suhrkamp Verlag

Hooker, Clifford A. (1987), A Realistic Theory of Science, New York: New York State University Press

Hörisch, Jochen (2004), Eine Geschichte der Medien. Von der Oblate zum Internet, Frankfurt am Main: Suhrkamp Verlag

Horne, Christine (2001), Sociological Perspectives on the Emergence of Norms, in: Michael Hechter; Karl-Dieter Opp (Hg.), Social Norms, New York: Russell Sage Foundation, S. 3–34

Hübner, Kurt; Nikolaus Lobkowski; Herrmann Lübbe; Gerard Radnitzky (Hg.) (1976), Die politische Herausforderung der Wissenschaft. Gegen eine ideologisch verplante Forschung, Hamburg: Hoffman und Campe Verlag

Hume, David (1973/1739–1740), Ein Traktat über die Natur des Menschen, Buch I–III, Hamburg: Felix Meiner Verlag

Hume, David (1988/1742), Über den ursprünglichen Vertrag, in: David Hume, Politische und ökonomische Essays. Teilband 2, Hamburg: Felix Meiner Verlag, S. 301–324

Iannaccone, Laurence R. (1992), Sacrifice and Stigma: Reducing Free-Riding in Cults, Communities, and Other Collectivities, in: Journal of Political Economy 100, S. 271–291

Iannaccone, Laurence R. (1994), Why Strict Churches Are Strong, in: American Journal of Sociology 99, S. 1180–1211

Iannaccone, Laurence R. (1998), Introduction to the Economics of Religion, in: Journal of Economic Literature 35, S. 1465–1496

Iannaccone, Laurence R. (2003), The Market for Martyrs, Lecture Presented at the 2004 Meetings of the American Economic Association, San Diego

Iannaccone, Laurence R.; Roger Fiske; Rodney Stark (1997), Deregulating Religion: The Economics of Church and State, in: Economic Inquiry 35, S. 359–364

Kron, Thomas (2005), Der komplizierte Akteur – Vorschlag für einen integralen akteurtheoretischen Bezugsrahmen, Münster: LIT Verlag

Kron, Thomas (2010), Zeitgenössische soziologische Theorien. Zentrale Beiträge aus Deutschland, Wiesbaden: VS Verlag für Sozialwissenschaften

Kron, Thomas; Peter Dittrich (2002), Doppelte Kontingenz nach Luhmann – ein Simulationsexperiment, in: Thomas Kron (Hg.), Luhmann modelliert. Sozionische Ansätze zur Simulation von Kommunikationsprozessen, Opladen: Leske + Budrich, S. 209–251

Kron, Thomas; Thomas Grund (Hg.) (2010), Die analytische Soziologie in der Diskussion, Wiesbaden: VS Verlag für Sozialwissenschaften

Kuipers, Theo A. F. (1984), Utilitistic Reduction in Sociology. The Case of Collective Goods, in: Wolfgang Balzer; David A. Pearce; Heinz-Jürgen Schmidt (Hg.), Reduction in Science. Structures, Examples, Philosophical Problems, Dordrecht: D. Reidel Publishing Company, S. 239–267

Kuipers, Theo A. F. (2000), Form Instrumentalism to Constructive Realism. On Some Relations between Confirmation, Empirical Progress, and Truth Approximation, Dordrecht et al.: Kluwer Academic Publishers

Kuipers, Theo A. F. (2001), Structures in Science. Heuristic Patterns Based on Cognitive Structures. An Advanced Textbook in Neo-Classical Philosophy of Science, Dordrecht et al.: Kluwer Academic Publishers

Kunz, Volker (2004), Rational Choice, Frankfurt am Main et al.: Campus Verlag

Kunz, Volker (2005), Die Konflikttheorie der Rational Choice Theorie, in: Thorsten Bonacker (Hg.), Sozialwissenschaftliche Konflikttheorien, Wiesbaden: VS Verlag für Sozialwissenschaften, S. 461–484

Kuran, Timur (1995), Private Truths, Public Lies. The Social Consequences of Preference Falsification, Cambridge, MA et al.: Harvard University Press

Lahno, Bernd (1995), Versprechen. Überlegungen zu einer künstlichen Tugend, München et al.: Oldenbourg Verlag

Lakatos, Imre (1970), Falsificationism and the Methodology of Scientific Research Programmes, in: Imre Lakatos; Alan Musgrave (Hg.), Criticism and the Growth of Knowledge, Cambridge: Cambridge University Press, S. 91–195

Lane, Frederic C. (1979), Profits from Power. Readings in Protection Rent and Violence-Controlling-Enterprises, Albany: The State of N. Y. University Press

Latsis, Spiro J. (1983), The Role and Status of the Rationality Principle in the Social Sciences, in: R. S. Cohen; M. W. Wartofsky (Hg.), Epistemology, Social Methodology and the Sciences, Dordrecht et al.: D. Reidel Publishing Company, S. 123–151

Lazear, Edward P. (2000), Economic Imperialisms, in: Quarterly Journal of Economics 115, S. 99–146

Leites, Nathan; Charles Wolf (1970), Rebellion and Authority. An Analytic Essay on Insurgent Conflict, Chicago: Markham Publishing Company

Lenk, Hans (Hg.) (1977a), Handlungstheorien – interdisziplinär. Band 4, München: Wilhelm Fink Verlag

Lenk, Hans (1977b), Einleitung, in: Hans Lenk (Hg.), Handlungstheorien – interdisziplinär. Band 4, München: Wilhelm Fink Verlag, S. 8–16

Lenski, Gerhard (1977), Macht und Privileg. Eine Theorie der sozialen Schichtung, amerik. Orig. 1966, Frankfurt am Main: Suhrkamp Verlag

Lepsius, M. Rainer (1990), Interessen, Ideen und Institutionen, Opladen: Westdeutscher Verlag

Lepsius, M. Rainer (2003), Die Soziologie ist eine Dauerkrise. Gespräch mit Georg Vobruba, in: Soziologie 32/3, S. 20–30

Levi, Margaret (1988), On Rule and Revenue, Berkeley et al.: The University of California Press

Lewis, David (1975), Konventionen. Eine sprachphilosophische Abhandlung, Berlin et al.: Walter de Gruyter Verlag

Lichbach, Mark I. (1990), When Is an Arms Rivalry a Prisoner's Dilemma?, in: Journal of Conflict Resolution 34/1, S. 29–56

Lichbach, Mark I. (1995), The Rebel's Dilemma, Ann Arbor: University of Michigan Press

Lichbach, Mark I. (1996), The Cooperator's Dilemma, Ann Arbor: University of Michigan Press

Lichbach, Mark I. (2003), Is Rational Choice Theory All of Social Science?, Ann Arbor: University of Michigan Press

Lichbach, Mark I.; Adam Seligman (2000), Market and Community. The Basis of Social Order, Revolution, and Relegitimation, University Park, PA: The Pennsylvania State University Press

Lindenberg, Siegwart (1975), Three Psychological Theories of a Classical Sociologist, in: Mens en Maatschappij 50, S. 133–153

Lindenberg, Siegwart (1977), Individuelle Effekte, kollektive Phänomene und das Problem der Transformation, in: Klaus Eichner; Werner Habermehl (Hg.), Probleme der Erklärung sozialen Verhaltens, Meisenheim am Glan: Hain Verlag, S. 46–84

Lindenberg, Siegwart (1985a), An Assessment of the New Political Economy. Its Potential for the Social Sciences and for Sociology, in: Sociological Theory 3/1, S. 99–114

Lindenberg, Siegwart (1985b), Rational Choice and Sociological Theory. New Pressures on Economics as a Social Science, in: Zeitschrift für die gesamte Staatswissenschaft 141, S. 244–255

Lindenberg, Siegwart (1989), Social Production Functions, Deficits, and Social Revolutions. Revolutionary France and Russia, in: Rationality and Society 1, S. 51–77

Lindenberg, Siegwart (1990), Rationalität und Kultur. Die verhaltenstheoretische Basis des Einflusses von Kultur auf Transaktionen, in: Hans Haferkamp (Hg.), Sozialstruktur und Kultur, Frankfurt am Main: Suhrkamp Verlag, S. 249–287

Lindenberg, Siegwart (1991), Die Methode der abnehmenden Abstraktion. Theoriegesteuerte Analyse und empirischer Gehalt, in: Hartmut Esser; Klaus G. Troitzsch (Hg.), Modellierung sozialer Prozesse. Neuere Ansätze und Überlegungen zur soziologischen Theoriebildung. Ausgewählte Beiträge zu Tagungen der Arbeitsgruppe ‚Modellierung Sozialer Prozesse' der Deutschen Gesellschaft für Soziologie, Bonn: Informationszentrum Sozialwissenschaften, S. 29–78

Lindenberg, Siegwart (1992), The Method of Decreasing Abstraction, in: James S. Coleman; Thomas J. Fararo (Hg.), Rational Choice Theory. Advocacy and Critique, Newbury Park, CA: Sage Publications, S. 3–20

Lindenberg, Siegwart (1994), Homo Socio-Oeconomicus. The Emergence of a General Model of Man in the Social Sciences, in: Zeitschrift für die gesamte Staatswissenschaft 146, S. 727–748

Lindenberg, Siegwart (1996), Die Relevanz theoriereicher Brückenannahmen, in: Kölner Zeitschrift für Soziologie und Sozialpsychologie 48/1, S. 126–140

Lindenberg, Siegwart; James S. Coleman; Stefan Nowak (Hg.) (1986), Approaches to Social Theory, New York: Russell Sage Foundation

Little, Daniel (1998), Microfoundations, Method, and Causation, New Brunswick et al.: Transaction Publishers

Lloyd, Christopher (1986), Explanation in History, Oxford et al.: Basil Blackwell

Lomborg, Björn (1996), Nucleus and Shield. The Evolution of Social Structure in the Iterated Prisoner's Dilemma, in: American Sociological Review 61, S. 278–307

Louch, A. R. (1966), Explanation and Human Action, Oxford: Basil Blackwell

Luce, R. Duncan; Howard Raiffa (1957), Games and Decisions. Introduction and Critical Survey, New York et al.: John Wiley & Sons

Luhmann, Niklas (1964), Zweck – Herrschaft – System. Grundbegriffe und Prämissen Max Webers, in: Der Staat 3/1, S. 129–294

Luhmann, Niklas (1971), Sinn als Grundbegriff der Soziologie, in: Jürgen Habermas; Niklas Luhmann, Theorie der Gesellschaft oder Sozialtechnologie. Was leistet die Systemforschung?, Frankfurt am Main: Suhrkamp Verlag, S. 25–100

Luhmann, Niklas (1987), Soziale Systeme. Grundriß einer allgemeinen Theorie, Frankfurt am Main: Suhrkamp Verlag

Luhmann, Niklas (1995), Soziologische Aufklärung 6. Die Soziologie und der Mensch, Opladen: Westdeutscher Verlag

Luhmann, Niklas (1997), Die Gesellschaft der Gesellschaft, 2 Bände, Frankfurt am Main: Suhrkamp Verlag

MacIntyre, Alasdair C. (1987), Der Verlust der Tugend. Zur moralischen Krise der Gegenwart, Frankfurt am Main/New York: Campus Verlag

Mackert, Jürgen (Hg.) (2004a), Die Theorie sozialer Schließung. Tradition, Analysen, Perspektiven, Wiesbaden: VS Verlag für Sozialwissenschaften

Mackert, Jürgen (2004b), Die Theorie sozialer Schließung. Das analytische Potential einer Theorie mittlerer Reichweite, in: Jürgen Mackert (Hg.), Die Theorie sozialer Schließung. Tradition, Analysen, Perspektiven, Wiesbaden: VS Verlag für Sozialwissenschaften, S. 9–24

Mackert, Jürgen (2005), Sozialtheorie oder Theorien mittlerer Reichweite? Ein Scheingefecht der erklärenden Soziologie, in: Uwe Schimank; Rainer Greshoff (Hg.), Was erklärt die Soziologie? Methodologien, Modelle, Perspektiven, Münster: LIT Verlag, S. 149–169

Macneil, Ian R. (1980), The New Social Contract. An Inquiry into Modern Contractual Relations, New Haven et al.: Yale University Press

Macy, Michael W. (1991), Chains of Cooperation. Treshold Effects in Collective Action, in: American Sociological Review 56, S. 730–747

Macy, Michael W.; Andreas Flache (2002), Learning Dynamics in Social Dilemmas, in: Proceedings of the National Academy of Sciences of the United States of America 99, S. 7229–7236

Macy, Michael W. und Robert Willer (2002), From Factors To Actors: Computational Sociology and Agent-Based Modeling, in: Anual Review of Sociology 28, S. 143–166

Malho, Ian (1997), The Economics of Information. Lying and Cheating in Markets and Organizations, Oxford et al.: Blackwell

Mandelbaum, Maurice (1957), Societal Laws, in: The British Journal for the Philosophy of Science 8, S. 211–224

Mandelbaum, Maurice (1973), Social Facts, in: John O'Neill (Hg.), Modes of Individualism and Collectivism, London: Heinemann, S. 221–245

Mandeville, Bernard de (1968/1714), Die Bienenfabel oder private Laster, öffentliche Vorteile, Frankfurt am Main: Suhrkamp Verlag

Manicas, Peter T. (2006), A Realist Philosophy of Social Science. Explanation and Understanding, Cambridge: Cambridge University Press

Mansbridge, Jane J. (1990), Expanding the Range of Formal Modelling, in: Jane J. Mansbridge (Hg.), Beyond Self-Interest, Chicago: The University of Chicago Press, S. 254–263

Mansbridge, Jane J. (1992), On the Relation of Altruism and Self-Interest, in: Mary Zey (Hg.), Decision Making. Alternatives to Rational Choice Models, Newbury Park et al.: Sage Publications, S. 112–128

March, James G.; Johan P. Olsen (1989), Rediscovering Institutions. The Organizational Basis of Politics, New York et al.: The Free Press et al.

Marwell, Gerald; Pamela Oliver (1993), The Critical Mass in Collective Action. A Micro-Social Theory, Cambridge: Cambridge University Press

Marx, Karl (1965/1867), Das Kapital. Kritik der politischen Ökonomie. Erster Band, Berlin: Dietz Verlag

Marx, Karl (1965/1894), Das Kapital. Kritik der politischen Ökonomie. Dritter Band, Berlin: Dietz Verlag

Marx, Karl (1974/1857–1858), Grundrisse der Kritik der Politischen Ökonomie, Berlin: Dietz Verlag

Marx, Karl (1990/1848), Der achtzehnte Brumaire des Louis Bonaparte, in: Karl Marx; Friedrich Engels, Studienausgabe. Band IV: Geschichte und Politik 2, 2. Aufl., hg. von Iring Fetscher, Frankfurt am Main: Fischer Taschenbuch Verlag, S. 33–119

Marx, Karl; Friedrich Engels (1990/1848), Das Manifest der Kommunistischen Partei, in: Karl Marx; Friedrich Engels, Studienausgabe. Band III: Geschichte und Politik 1, hg. von Iring Fetscher, Frankfurt am Main: Fischer Taschenbuch Verlag, S. 59–87

Maurer, Andrea (1998), Herrschaft als Verteilung von Rechten. Die Herrschaftstheorie von James S. Coleman im Spiegel der individualistischen Theorietradition, in: Hans-Peter Müller; Michael Schmid (Hg.), Norm, Herrschaft und Vertrauen. Beiträge zu James S. Colemans Grundlagen der Sozialtheorie, Opladen: Westdeutscher Verlag, S. 103–116

Maurer, Andrea (1999), Herrschaft und soziale Ordnung. Kritische Rekonstruktion und Weiterführung der individualistischen Theorietradition, Opladen: Westdeutscher Verlag

Maurer, Andrea (2001), Organisationssoziologie versus Organisationsökonomik? Oliver Williamson und die Analyse formalhierarchischer Organisationsformen, in: Ingo Pies; Martin Leschke (Hg.), Die Transaktionskostentheorie von Oliver Williamson, Tübingen: J.C.B. Mohr (Paul Siebeck), S. 59–79

Maurer, Andrea (2004a), Herrschaftssoziologie. Eine Einführung, Frankfurt am Main et al.: Campus Verlag

Maurer, Andrea (2004b), Elend und Ende der Arbeits- und Industriesoziologie? Einige Anmerkungen zu Erkenntnisprogrammen, Theorietraditionen und Bindestrichsoziologien, in: Forum der DGS 33/4, S. 7–19

Maurer, Andrea (2006a), Die Rationalität sozialer Ordnung. Die Ordnungskonzeptionen von Max Weber und Hartmut Esser im Vergleich, in: Rainer Greshoff; Uwe Schimank (Hg.), Integrative Sozialtheorie? Esser – Luhmann – Weber, Wiesbaden: VS Verlag für Sozialwissenschaften, S. 337–361

Maurer, Andrea (2006b), Wirtschaftssoziologie als soziologische Analyse ökonomischer Felder? Bourdieus Beitrag zur Wirtschaftssoziologie, in: Frank Hillebrandt; Michael Florian (Hg.), Pierre Bourdieu. Neue Perspektiven für die Soziologie der Wirtschaft, Wiesbaden: VS Verlag für Sozialwissenschaften, S. 127–146

Maurer, Andrea (2006c), Grenzüberschreitungen zwischen Soziologie und Ökonomie?, in: Ingo Pies; Martin Leschke (Hg.), Albert Hirschmans grenzüberschreitende Ökonomik, Tübingen: J.C.B. Mohr (Paul Siebeck), S. 67–85

Maurer, Andrea (2007a), Der Geist des Kapitalismus. Eine institutionentheoretische Interpretation der Protestantischen Ethik, in: Martin Held; Gisela Kubon-Gilke; Richard Sturn (Hg.), Normative und institutionelle Grundfragen der Ökonomik, Marburg: Metropolis, S. 63–88

Maurer, Andrea (2007b), Verhaltensmodelle und Handlungstheorien in der Soziologie. Möglichkeiten einer interdisziplinären Verständigung, in: Martin Führ; Kilian Bizer; Peter H. Feindt (Hg.), Menschenbilder und Verhaltensmodelle in der wissenschaftlichen Politikberatung, Baden-Baden: Nomos Verlag, S. 180–191

Maurer, Andrea (2008), Institutionalismus und Wirtschaftssoziologie, in: Andrea Maurer (Hg.), Handbuch der Wirtschaftssoziologie, Wiesbaden: VS Verlag für Sozialwissenschaften, S. 63–85

Maurer, Andrea (2009), Richard Swedberg und die Wirtschaftssoziologie – Leidenschaft und Augenmaß, in: Richard Swedberg, Die Grundlagen der Wirtschaftssoziologie, hg. und eingel. von Andrea Maurer, Wiesbaden: VS Verlag für Sozialwissenschaften, S. viii-xxx

Maurer, Andrea (Hg.) (2010a), Wirtschaftssoziologie nach Max Weber, Wiesbaden: VS Verlag für Sozialwissenschaften

Maurer, Andrea (2010b), Die Analytische Soziologie Peter Hedströms und die Tradition der rationalen Sozialtheorie, in: Thomas Kron; Thomas Grund (Hg.), Die analytische Soziologie in der Diskussion, Wiesbaden: VS Verlag für Sozialwissenschaften, S. 167–194

Maurer, Andrea; Michael Schmid (2002a), Die ökonomische Herausforderung der Soziologie?, in: Andrea Maurer; Michael Schmid (Hg.), Neuer Institutionalismus. Zur soziologischen Erklärung von Organisation, Moral und Vertrauen, Frankfurt am Main et al.: Campus Verlag, S. 9–38

Maurer, Andrea; Michael Schmid (Hg.) (2002b), Neuer Institutionalismus. Soziologische Beiträge zur Erklärung von Organisation, Moral und Vertrauen, Frankfurt am Main et al.: Campus Verlag

Maurer, Andrea; Michael Schmid (2004), Raymond Boudon. Ein Vertreter der erklärenden Soziologie, in: Stephan Moebius; Lothar Peter (Hg.), Einführung in die französische Soziologie, Konstanz: UVK, S. 111–137

Maurer, Andrea; Michael Schmid (2008), Mechanismen in der erklärenden Soziologie. Zur Logik und Forschungspraxis mechanismischer Erklärungen am Beispiel des Machtmechanismus, in: Karl-Siegbert Rehberg (Hg.), Verhandlungen des 33. Soziologiekongresses in Kassel 2006, Frankfurt am Main et al.: Campus Verlag, S. 2881–2895

Mauss, Marcel (1968), Die Gabe. Form und Funktion des Austausches in archaischen Gesellschaften, franz. Orig 1924, Frankfurt am Main: Suhrkamp Verlag

Maynard Smith, John (1982), Evolution and the Theory of Games, Cambridge et al.: Cambridge University Press

Maynard Smith, John; G. R. Price (1990), Die Logik des Konflikts, amerik. Orig. 1973, in: Ulrich Müller (Hg.), Evolution und Spieltheorie, München: Oldenbourg Verlag, S. 15–23

Mayntz, Renate (1997), Soziale Dynamik und politische Steuerung. Theoretische und methodologische Überlegungen, Frankfurt am Main/New York: Campus Verlag

Mayntz, Renate (Hg.) (2002), Akteure – Mechanismen – Modelle. Zur Theoriefähigkeit makrosozialer Analysen, Frankfurt am Main et al.: Campus Verlag

Mayntz, Renate (2009): Einladung zum Schattenboxen: Die Soziologie und die moderne Biologie, in: Renate Mayntz, Sozialwissenschaftliches Erklären. Probleme der Theoriebildung und Methodologie, Frankfurt am Main: Campus, S. 51–66

Mayntz, Renate, Birgitta Nedelmann (1987), Eigendynamische soziale Prozesse. Anmerkungen zu einem analytischen Paradigma, in: Kölner Zeitschrift für Soziologie und Sozialpsychologie 39, S. 648–668

Mayntz, Renate; Fritz W. Scharpf (Hg.) (1995), Gesellschaftliche Selbstregelung und politische Steuerung, Frankfurt am Main et al.: Campus Verlag

McAdams, Richard H. (1992), Relative Preferences, in: The Yale Law Review 192, S. 1–104

McAdams, Richard H. (1995), Cooperation and Conflict. The Economics of Group Status Production and Race Discrimination, in: Harvard Law Review 108, S. 1005–1084

McAdams, Richard H. (2000a), An Attitudinal Theory of Expressive Law, in: Oregon Law Review 79, S. 339–390

McAdams, Richard H. (2000b), A Focal Point Theory of Expressive Law, in: Virginia Law Review 86, S. 1649–1729

McAdams, Richard H. (2005), The Contribution of Coordination and Esteem, in: The Monist 88, S. 238–259

McAdams, Richard H. (2008), Beyond the Prisoners' Dilemma. Coordination, Equity, and the Law, http://works.bepress.com/richard_mcadams/1

McCall, George J.; Jerry L. L. Simmons (1978), Identities and Interactions. An Examination of Human Associations in Everyday Life, New York et al.: The Free Press et al.

McIntyre, Lee C. (1996), Laws and Explanations in the Social Sciences. Defending a Science of Human Behavior, Boulder et al.: Westview Press

Mead, George H. (1968/1934), Geist, Identität und Gesellschaft. Aus der Sicht des Sozial-behaviorismus, Frankfurt am Main: Suhrkamp Verlag

Meckling, William H. (1976), Values and the Choice of the Model of the Individual in the Social Sciences, in: Schweizerische Zeitschrift für Volkswirtschaft und Statistik 112, S. 545–559

Medina, Luis Fernando (2007), A Unified Theory of Collective Action and Social Change, Ann Arbor: The University of Michigan Press

Meltzer, Bernard; John W. Petras; Larry T. Reynolds (1975), Symbolic Interactionism. Genesis, Varieties and Criticism, London et al.: Routledge & Kegan Paul

Menell, Stephen (1974), Sociological Theory. Uses and Unities, London et al.: Thomas Nelson & Sons

Merton, Robert K. (1936), The Unanticipated Consequences of Purposive Social Action, in: American Sociological Review 1, S. 894–904

Merton, Robert K. (1948), The Position of Sociological Theory, in: American Sociological Review 13, S. 164–168

Merton, Robert K. (1964), Social Theory and Social Structure, London: The Free Press of Glencoe

Merton, Robert K. (1974), Funktionale Analyse, in: Claus Mühlfeld; Michael Schmid (Hg.), Soziologische Theorie, Hamburg: Hoffmann und Campe Verlag, S. 199–234

Merton, Robert K. (1976), On Sociological Theories of Middle Range, in: Robert K. Merton, On Theoretical Sociology. Five Essays, Old and New, New York/London: The Free Press/Collier Mcmillan, S. 39–72

Merton, Robert K. (1988), The Matthew Effect in Science II. Cumulative Advantage und the Symbolism of Intellectual Property, in: ISIS 79, S. 606–623

Messick, David M.; Marilynn Brewer (1983), Solving Social Dilemmas. A Review, in: Ladd Wheeler; Philip Shaver (Hg.), Review of Personality and Social Psychology 4, Beverly Hills: Sage, S. 11–44

Meyer, John W.; Ronald L. Jepperson (2000), The ‚Actors‘ of Modern Society. The Cultural Constitution of Social Agency, in: Sociological Theory 18, S. 100–120

Meyer, John W.; Brian Rowan (1977), Institutionalized Organization. Formal Structures as Myth and Ceremony, in: American Journal of Sociology 83, S. 340–363

Michalos, Alex C. (1970), The Costs of Decision-Making, in: Public Choice 9, S. 53–65

Michels, Robert (1989/1910), Zur Soziologie des Parteienwesens in der modernen Demokratie. Untersuchungen über die oligarchischen Tendenzen des Gruppenlebens, Stuttgart: Kröner Verlag

Miebach, Bernhard (2006), Soziologische Handlungstheorie. Eine Einführung, 2., aktual. Aufl., Wiesbaden: VS Verlag für Sozialwissenschaften

Millar, John (1967/1771), Vom Ursprung des Unterschieds in den Rangordnungen und Ständen der Gesellschaft, Frankfurt am Main: Suhrkamp Verlag

Miller, David (1976), Social Justice, Oxford: Clarendon Press

Moebius, Stephan (2008), Handlung und Praxis. Konturen einer poststrukturalistischen Praxistheorie, in: Stephan Moebius; Andreas Reckwitz (Hg.), Poststrukturalistische Sozialwissenschaften, Frankfurt am Main: Suhrkamp Verlag, S. 58–74

Molnar, George (2006), Powers. A Study in Metaphysics, Oxford: Oxford University Press

Montgomery, James D. (1996), Dynamics of the Religious Economy. Exit, Voice and De-
    nominational Secularization, in: Rationality and Society 8, S. 81–110
Moore, Barrington (1966), The Social Origins of Dictatorship and Democracy. Lord and
    Peasant in the Making of the Modern World, Boston: Beacon Press
Moore, Barrington (1978), Injustice. The Social Bases of Obedience and Revolt, White
    Plains, NY: M. E. Sharpe
Muchlinski, Elke (1998), Konventionen im Rahmen der Neuen Institutionenökonomik –
    eine Kritik, in: Gerhard Wegner; Josef Wieland (Hg.), Formelle und informelle Insti-
    tutionen. Genese, Interaktion und Wandel, Marburg: Metropolis, S. 279–308
Mueller, Dennis C. (1989), Public Choice II. A Revised Edition of Public Choice, Cam-
    bridge et al.: Cambridge University Press
Mühlmann, Wilhelm E. (1962), Homo Creator. Abhandlungen zur Soziologie, Anthropolo-
    gie und Ethnologie, Wiesbaden: Otto Harrassowitz
Münch, Richard (1982), Theorie des Handelns. Zur Rekonstruktion der Beiträge von Tal-
    cott Parsons, Emile Durkheim und Max Weber, Frankfurt am Main: Suhrkamp Verlag
Münch, Richard (1992), Die Struktur der Moderne. Grundmuster und differentielle Ge-
    staltung des institutionellen Aufbaus der modernen Gesellschaft, Frankfurt am Main:
    Suhrkamp Verlag
Münch, Richard (2003), Soziologische Theorie. Band 2: Handlungstheorie, Frankfurt am
    Main et al.: Campus Verlag
Münch, Richard (2004), Soziologische Theorie. Band 3: Gesellschaftstheorie, Frankfurt am
    Main et al.: Campus Verlag
Münkler, Herfried (2002), Die neuen Kriege, Reinbek bei Hamburg: Rowohlt Verlag
Murnighan, J. Keith (1991), The Dynamics of Bargaining Games, Englewood Cliffs, NJ:
    Prentice Hall
Musgrave, Alan (1979), Theorie, Erfahrung und wissenschaftlicher Fortschritt, in: Hans
    Albert; Kurt Stapf (Hg.), Theorie und Erfahrung. Beiträge zur Grundlagenproblematik
    der Sozialwissenschaften, Stuttgart: Klett Verlag, S. 21–54
Musgrave, Alan (1980), Stützung durch Daten, Falsifikation, Heuristik und Anarchismus,
    in: Gerard Radnitzky; Gunnar Andersson (Hg.), Fortschritt und Rationalität der Wis-
    senschaft, Tübingen: J.C.B. Mohr (Paul Siebeck), S. 199–220
Musgrave, Alan (1993), Alltagswissen, Wissenschaft und Skeptizismus. Eine historische
    Einführung in die Erkenntnistheorie, Tübingen: J.C.B. Mohr (Paul Siebeck)
Myerson, Roger B. (1991), Game Theory. Analysis of Conflict, Cambridge, MA et al.: Har-
    vard University Press

Nagel, Bernhard (2006), Die Eigenarbeit der Zisterzienser. Von der religiösen Askese zur
    wirtschaftlichen Effizienz, Marburg: Metropolis
Nagel, Ernest (1961), The Structure of Science. Problems in the Logic of Scientific Expla-
    nation, London et al.: Routledge & Kegan Paul
Nash, John (1950), The Bargaining Problem, in: Econometrica 18, S. 155–162
Nash, John (1953), Two-Persons Cooperative Games, in: Econometrica 21, S. 128–140

Nee, Victor (2005), The New Institutionalism in Economics and Sociology, in: Neil J. Smelser; Richard Swedberg (Hg.), The Handbook of Economic Sociology, Princeton: Princeton University Press, S. 49–74

Neimann, Susan (2004), Das Böse denken. Eine andere Geschichte der Philosophie, Frankfurt am Main: Suhrkamp Verlag

Nelson, Philip (1970), Information and Consumer Behavior, in: Journal of Political Economy 78, S. 311–329

Nelson, Richard R.; Sydney G. Winter (1982), An Evolutionary Theory of Economic Change, Cambridge. MA et al.: The Belknap Press

Neumann, John von; Oskar Morgenstern (1947), Theory of Games and Economic Behavior, 2. Aufl., Princeton, NJ: Princeton University Press

Neusüß, Arnhelm (Hg.) (1968), Utopie. Begriff und Phänomen des Utopischen, Darmstadt et al.: Luchterhand Verlag

Nisbet, Robert A. (1969), Social Change and History. Aspects of the Western Theory of Development, New York et al.: Oxford University Press

Nisbet, Robert A. (1970), The Social Bond. An Introduction to the Study of Society, New York: Alfred A. Knopf

Norkus, Zenonas (2001), Max Weber und Rational Choice, Marburg: Metropolis

Norkus, Zenonas (2003), Die situationsbezogene und prozedurale Sicht von Handlungsrationalität in Max Webers Begriffsbildung, in: Gert Albert; Agathe Bienfait; Steffen Sigmund; Claus Wendt (Hg.), Das Weber-Paradigma. Studien zur Weiterentwicklung von Max Webers Forschungsprogramm, Tübingen: J.C.B. Mohr (Paul Siebeck), S. 125–152

North, Douglass C. (1988), Theorie des institutionellen Wandels. Eine neue Sicht der Wirtschaftsgeschichte, amerik. Orig. 1981, Tübingen: J.C.B. Mohr (Paul Siebeck)

North, Douglass C. (1990a), Institutions, Institutional Change and Economic Performances, Cambridge: Cambridge University Press [deutsche Übersetzung 1992]

North, Douglass C. (1990b), A Transaction Cost Theory of Politics, in: Journal of Theoretical Politics 2, S. 355–367

North, Douglass C. (1992), Institutionen, institutioneller Wandel und Wirtschaftsleistung, amerik. Orig. 1990, Tübingen: J.C.B. Mohr (Siebeck)

North, Douglass C.; John J. Wallis; Barry R. Weingast (2009), Violence and Social Orders. A Conceptual Framework for Interpreting Recorded Human History, Cambridge et al.: Cambridge University Press

Oberschall, Anthony; Eric M. Leifer (1986), Efficiency and Social Institutions. Uses and Misuses of Economic Reasoning in Sociology, in: Annual Review of Sociology 12, S. 233–253

Ockenfels, Axel (1999), Fairness, Reziprozität und Eigennutz, Tübingen: J.C.B. Mohr (Paul Siebeck)

Offe, Claus; Helmut Wiesenthal (1980), Two Logics of Collective Action, in: Political Power and Social Theory 1, S. 67–115

Oliver, Pamela (1980), Rewards and Punishments as Selective Incentives for Collective Action: Theoretical Investigations, in: American Journal of Sociology 85, S. 1356–1375

Oliver, Pamela (1984), „If You Don't Do It, Nobody Else Will": Active and Token Contributors to Local Collective Action, in: American Sociological Review 49, S. 601–610

Olson, Mancur (1968), Die Logik kollektiven Handelns. Kollektivgüter und die Theorie der Gruppen, amerik. Orig. 1965, Tübingen: J.C.B. Mohr (Paul Siebeck)

Olson, Mancur (1985), Aufstieg und Niedergang von Nationen. Ökonomisches Wachstum, Stagflation und soziale Starrheit, Tübingen: J.C.B. Mohr (Paul Siebeck)

Olson, Mancur; Richard Zeckhauser (1991), Eine ökonomische Theorie des Bündnisses, in: Mancur Olson, Umfassende Ökonomie, Tübingen: J.C.B. Mohr (Paul Siebeck), S. 266–296

O'Neill, John (Hg.) (1973), Modes of Individualism and Collectivism, London: Heineman

Opp, Karl-Dieter (1991), DDR '89. Zu den Ursachen einer spontanen Revolution, in: Kölner Zeitschrift für Soziologie und Sozialpsychologie 43, S. 302–321

Opp, Karl-Dieter (2005), Methodologie der Sozialwissenschaften. Einführung in Probleme ihrer Theorienbildung und praktischen Anwendung, 6. Aufl., Wiesbaden: VS Verlag für Sozialwissenschaften

Opp, Karl-Dieter; Peter Voss; Christiane Gern (1993), Die volkseigene Revolution, Stuttgart: Klett-Cotta

Orbell, John; Robyn M. Dawes (1981), Social Dilemmas, in: Geoffrey M. Stephenson; James M. Davis (Hg.), Progress in Applied Social Psychology 1, Chichester et al.: John Wiley & Sons, S. 37–65

Ostrom, Elinor (1990), Governing the Commons. The Evolution of Institutions for Collective Action, Cambridge: Cambridge University Press

Ostrom, Elinor (2005), Understanding Institutional Diversity, Princeton et al.: Princeton University Press

Ott, Notburga (1998), Der familienökonomische Ansatz von Gary S. Becker, in: Ingo Pies; Martin Leschke (Hg.), Gary Beckers ökonomischer Imperialismus, Tübingen: J.C.B. Mohr (Paul Siebeck), S. 63–90

Parfit, Derek (1984), Reasons and Persons, Oxford: Clarendon Press

Parsons, Talcott (1951), The Social System, New York et al.: The Free Press et al.

Parsons, Talcott (1953), The Theory of Symbolism in Relation to Action, in: Talcott Parsons; Robert F. Bales; Edward Shils, Working Papers in the Theory of Action, New York et al.: The Free Press, S. 31–62

Parsons, Talcott (1964a), Beiträge zur soziologischen Theorie, hg. und eingel. von Dietrich Rueschemeyer, Neuwied et al.: Luchterhand Verlag

Parsons, Talcott (1964b), Social Structure and Personality, London: The Free Press

Parsons, Talcott (1967), Some Reflections on the Place of Force in Social Process, in: Talcott Parsons, Sociological Theory and Modern Society, New York et al.: The Free Press et al., S. 264–296

Parsons, Talcott (1968/1937), The Structure of Social Action. 2 Bände, New York: The Free Press of Glencoe

Parsons, Talcott (1976), Grundzüge des Sozialsystems, in: Talcott Parsons, Zur Theorie sozialer Systeme, hg. von Stefan Jensen, Opladen: Westdeutscher Verlag, S. 161–274

Parsons, Talcott (1977), Social Systems and the Evolution of Action Theory, New York et al.: The Free Press et al.

Parsons, Talcott (1986), Aktor, Situation und normative Muster. Ein Essay zur Theorie sozialen Handelns, Frankfurt am Main: Suhrkamp Verlag

Parsons, Talcott; Robert F. Bales (1955), Family, Socialization and Interaction Process, New York et al.: The Free Press et al.

Parsons, Talcott; Robert F. Bales (1967), Prinzipien des Aktions-Systems, in: Heinz Hartmann (Hg.), Moderne amerikanische Soziologie. Neuere Beiträge zur soziologischen Theorie, Stuttgart: Ferdinand Enke Verlag, S. 289–291

Parsons, Talcott; Edward Shils (1951), Toward a General Theory of Action, New York: Harper & Row

Pies, Ingo (1993), Normative Institutionenökonomik. Zur Rationalisierung des politischen Liberalismus, Tübingen: J.C.B. Mohr (Paul Siebeck)

Platon (o. J.), Der Staat. In der Übertragung von Friedrich Schleichermacher, eingel. von H. M. Endres, München: Wilhelm Goldmann Verlag

Platt, John (1973), Social Traps, in: American Psychologist 28, S. 641–651

Popitz, Heinrich (1980), Die normative Konstruktion von Gesellschaft, Tübingen: J.C.B. Mohr (Paul Siebeck)

Popitz, Heinrich (1992), Phänomene der Macht, 2., erw. Aufl., Tübingen: J.C.B. Mohr (Paul Siebeck)

Popitz, Heinrich (1997), Wege der Kreativität, Tübingen: J.C.B. Mohr (Paul Siebeck)

Popper, Karl R. (1958), Die offene Gesellschaft und ihre Feinde, 2 Bände, Bern: Francke Verlag

Popper, Karl R. (1961), The Poverty of Historicism, London: Routledge & Kegan Paul

Popper, Karl R. (1963a), Über die Unwiderlegbarkeit philosophischer Theorien einschließlich jener, welche falsch sind, in: Gerhard Szcesny (Hg.), Club Voltaire. Jahrbuch für kritische Aufklärung, München: Szcesny Verlag, S. 271–279

Popper, Karl R. (1963b), Conjectures and Refutations. The Growth of Scientific Knowledge, New York et al.: Harper Torchbooks

Popper, Karl R. (1966), Logik der Forschung, 2. Aufl., Tübingen: J.C.B. Mohr (Paul Siebeck)

Popper, Karl R. (1969), Die Logik der Sozialwissenschaften, in: Theodor W. Adorno; Ralf Dahrendorf; Harald Pilot; Hans Albert; Jürgen Habermas; Karl R. Popper (Hg.), Der Positivismusstreit in der deutschen Soziologie, 4. Aufl., Darmstadt/Neuwied: Luchterhand Verlag, S. 103–124

Popper, Karl R. (1972), Objective Knowledge. An Evolutionary Approach, Oxford: Clarendon Press

Popper, Karl R. (1979), Die beiden Grundprobleme der Erkenntnistheorie, Tübingen: J.C.B. Mohr (Paul Siebeck)

Popper, Karl R. (2000a), Vermutungen und Widerlegungen. Das Wachstum der wissenschaftlichen Erkenntnis, Orig. 1963, Tübingen: J.C.B. Mohr (Paul Siebeck)

Popper, Karl R. (2000b), Das Rationalitätsprinzip, in: David Miller (Hg.), Karl R. Popper: Lesebuch. Ausgewählte Texte zur Erkenntnistheorie, Philosophie der Naturwissenschaften, Metaphysik, Sozialphilosophie, Orig. 1967, Tübingen: J.C.B. Mohr (Paul Siebeck), S. 350–359

Posner, Eric A. (1997), Standards, Rules, and Social Norms, in: Harvard Journal of Law and Public Policy 21, S. 101–117

Posner, Eric A. (1998), Symbols, Signals, and Social Norms on Politics and the Law, in: Journal of Legal Studies 27, S. 765–798

Posner, Eric A. (2000), Law and Social Norms, Cambridge et al.: Harvard University Press

Posner, Richard (1981), The Economics of Justice, Cambridge, MA et al.: Harvard University Press

Přibram, Karl (1912), Die Entstehung der individualistischen Sozialphilosophie, Leipzig: Verlag von C. L. Hirschfeld

Priddat, Birger P. (2005), Unvollständige Akteure. Komplexer werdende Ökonomie, Wiesbaden: VS Verlag für Sozialwissenschaften

Prosch, Bernhard (2000), Praktische Organisationsanalyse. Ein Arbeitsbuch für Berater und Führende, Leonberg: Rosenberger

Psillos, Stathis (2002), Causation and Explanation, Chesham: Acumen Publishing Limited

Raiffa, Howard; John Richardson; David Metcalfe (2002), Negotiation Analysis. The Science and Art of Collaborative Decision Making, Cambridge, MA et al.: The Belknap Press of Harvard University Press

Railton, Peter (1981), Probability, Explanation, and Information, in: Synthese 48, S. 233–256

Rambo, Eric H. (1999), Symbolic Interests and Meaningful Purposes. Conceiving Rational Choice as Cultural Theory, in: Rationality and Society 11, S. 317–342

Rammstedt, Otthein (1978), Soziale Bewegungen, Frankfurt am Main: Suhrkamp Verlag

Rapoport, Anatol (1976), Kämpfe, Spiele und Debatten. Drei Konfliktmodelle, Darmstadt: Verlag Darmstädter Blätter

Rapoport, Anatol; Albert M. Chammah (1965), Prisoner's Dilemma. A Study of Conflict and Cooperation, Ann Arbor: University of Michigan Press

Raub, Werner; Vincent Buskens (2006), Spieltheoretische Modellierungen und empirische Anwendungen in der Soziologie, in: Andreas Diekmann (Hg.), Methoden der Sozialforschung. Sonderheft 44 der Kölner Zeitschrift für Soziologie und Sozialpsychologie, Wiesbaden: VS Verlag für Sozialwissenschaften, S. 560–597

Raub, Werner; Thomas Voss (1981), Individuelles Handeln und gesellschaftliche Folgen. Das individualistische Programm in den Sozialwissenschaften, Darmstadt et al.: Luchterhand

Raub, Werner; Thomas Voss (1986), Conditions for Cooperation in Problematic Situations, in: Andreas Diekmann; Peter Mitter (Hg.), Paradox Effects and Social Behavior. Essays in Honor of Anatol Rapoport, Heidelberg: Physica-Verlag, S. 85–103

Rawls, John (1979), Eine Theorie der Gerechtigkeit, Frankfurt am Main: Suhrkamp Verlag

Reckwitz, Andreas (2000), Die Transformation der Kulturtheorie. Zur Entwicklung eines Theorieprogramms, Weilerswist: Velbrück Wissenschaft

Reckwitz, Andreas (2004), Die Entwicklung des Vokabulars der Handlungstheorien. Von den zweck- und normorientierten Modellen zu den Kultur- und Praxistheorien, in: Manfred Gabriel (Hg.), Paradigmen der akteurszentrierten Soziologie, Wiesbaden: VS Verlag für Sozialwissenschaften, S. 303–328

Reckwitz, Andreas (2008), Unscharfe Grenzen. Perspektiven der Kultursoziologie, Biele-
feld: transcript

Reisch, Lucia (1995), Status und Position. Kritische Analyse eines sozioökonomischen
Leitbildes, Wiesbaden: DUV

Rescher, Nickolas (1970), Scientific Explanation, New York et al.: The Free Press et al.

Ribhegge, Hermann (1993), Ökonomische Theorie der Familie, in: Bernd-Thomas Ramb;
Manfred Tietzel (Hg.), Ökonomische Verhaltenstheorie, München: Verlag Vahlen,
S. 63–87

Richardson, Lewis F. (1960), Arms and Insecurity, Pittsburgh: Boxwood Press

Richter, Rudolf; Eirik G. Furubotn (1999), Neue Institutionenökonomik. Eine Einführung
und kritische Würdigung, Tübingen: J.C.B. Mohr (Paul Siebeck)

Rieck, Christian (2009), Spieltheorie. Eine Einführung, 2. Aufl., Eschborn: Christian Rieck
Verlag

Riesman, David; Reuel Denny; Nathan Glazer (1956), Die einsame Masse. Eine Untersuchung der Wandlungen des amerikanischen Charakters, Darmstadt et al.: Luchterhand
Verlag

Riker, William H. (1962), The Theory of Political Coalitions, New Haven/London: Yel
University Press

Ripperger, Tanja (1998), Ökonomik des Vertrauens. Analyse eines Organisationsprinzips,
Tübingen: J.C.B Mohr (Paul Siebeck)

Roberts, Simon (1981), Ordnung und Konflikt. Eine Einführung in die Rechtsethnologie,
Stuttgart: Klett-Cotta

Robinson, Joan (1968), Doktrinen der Wirtschaftswissenschaft. Eine Auseinandersetzung
mit ihren Grundgedanken und Ideologien, amerik. Orig. 1962, München: C.H. Beck

Roemer, John E. (1986), ‚Rational Choice‘ Marxism. Some Issues of Method and Sub-
stance, in: John E. Roemer (Hg.), Analytical Marxism, Cambridge: Cambridge University Press, S. 191–201

Roemer, John E. (1996), Theories of Distributive Justice, Cambridge, MA: Harvard University Press

Rogers, Everett M. (1983), Diffusion of Innovations, 3. Aufl., New York et al.: The Free
Press

Rössel, Jörg (2005), Plurale Sozialstrukturanalyse. Eine handlungstheoretische Rekonstruktion der Grundbegriffe der Sozialstrukturanalyse, Wiesbaden: VS Verlag für Sozialwissenschaften

Rössel, Jörg (2008), Radikale Mikrosoziologie versus soziologische Erklärung: Der Ma-
kro-Mikro-Makro-Link in der Theorie des rationalen Handelns und in der Theorie
der Interaktionsrituale, in: Jens Greve; Annette Schnabel und Rainer Schützeichel
(Hg.), Das Mikro-Makro-Modell der soziologischen Erklärung. Zur Ontologie, Methodologie und Metatheorie eines Forschungsprogramms, Wiesbaden: VS Verlag für
Sozialwissenschaften, S. 285–310

Roth, Gerhard (2003), Fühlen, Denken, Handeln. Wie das Gehirn unser Verhalten steuert,
Frankfurt am Main: Suhrkamp Verlag

Rott, Hans (1991), Reduktion und Revision. Aspekte des nichtmonotonen Theorienwan-
dels, Frankfurt am Main et al.: Peter Lang Verlag

Rousseau, Jean-Jacques (1959/1762), Staat und Gesellschaft. Contract Social. Grundlegende Gedanken zu einer neuen Gesellschaftsordnung, hg. von Kurt Weigand, München: Wilhelm Goldmann Verlag

Rousseau, Jean-Jacques (1988/1755), Aufgabe der Akademie zu Dijon: Welches ist der Ursprung der Ungleichheit unter den Menschen, und ist sie durch das natürliche Gesetz gerechtfertigt?, in: Jean-Jacques Rousseau, Schriften, Band 1, Frankfurt am Main: Fischer Taschenbuch Verlag, S. 189–302

Rubinstein, Ariel (1982), Perfect Equilibrium in a Bargaining Model, in: Econometrica 50, S. 97–110

Rueschemeyer, Dietrich (1986), Power and the Division of Labour, Cambridge: Polity Press

Saage, Richard (1991), Politische Utopien der Neuzeit, Darmstadt: Wissenschaftliche Buchgesellschaft

Saam, Nicole J. (2002), Prinzipale, Agenten und Macht. Eine machttheoretische Erweiterung der Agenturtheorie und ihre Anwendung auf Interaktionsstrukturen in der Organisationsberatung, Tübingen: J.C.B. Mohr (Paul Siebeck)

Salmon, Wesley C. (1984), Scientific Explanation and the Causal Structure of the World, Princeton: Princeton University Press

Salmon, Wesley C. (1989), Four Decades of Scientific Explanation, in: Philip Kitcher; Wesley C. Salmon (Hg.), Minnesota Studies in the Philosophy of Science. Band 13: Scientific Explanation, Minneapolis: University of Minnesota Press, S. 3–219

Sanderson, Stephen K. (1992), Social Evolutionism. A Critical History, Oxford et al.: Blackwell

Sandler, Todd (1992), Collective Action. Theory and Application, Ann Arbor: University of Michigan Press

Sandler, Todd (2001), Economic Concepts for the Social Sciences, Cambridge: Cambridge University Press

Sandler, Todd; John Tschirhart (1980), The Economic Theory of Clubs. An Evaluative Survey, in: Journal of Economic Literature 18, S. 1481–1521

Savage, Leonard J. (1954), The Foundations of Statistics, New York: Wiley

Sawyer, Keith (2005), Social Emergence. Societies as Complex Systems, Cambridge: Cambridge University Press

Sayre-McCord, Geoffrey (1989), Deception and Reason to be Moral, in: American Philosophical Quarterly 26, S. 113–121

Scharpf, Fritz W. (2000), Interaktionsformen. Akteurzentrierter Institutionalismus in der Politikforschung, Opladen: Westdeutscher Verlag

Scharpf, Fritz W. (2002), Kontingente Generalisierungen in der Politikforschung, in: Renate Mayntz (Hg.), Akteure – Mechanismen – Modelle. Zur Theoriefähigkeit makrosozialer Analysen, Frankfurt am Main et al.: Campus Verlag, S. 213–235

Schelling, Thomas C. (1960), The Strategy of Conflict, Cambridge, MA et al.: Harvard University Press

Schelling, Thomas C. (1966), Arms and Influence, New Haven et al.: Yale University Press

Schelling, Thomas C. (1978), Micromotives and Macrobehavior, New York et al.: Norton & Company

Schelling, Thomas C. (1984), Choice and Consequence. Perspectives of an Errant Economist, Cambridge, MA et al.: Harvard University Press

Schelling, Thomas C. (2006), Strategies of Commitment and Other Essays, Cambridge, MA et al.: Harvard University Press

Schick, Frederic (1984), Having Reasons. An Essay on Rationality and Sociality, Princeton: Princeton University Press

Schick, Frederic (1997), Making Choices. A Recasting of Decision Theory, Cambridge: Cambridge University Press

Schick, Frederic (2003), Ambiguity and Logic, Cambridge: Cambridge University Press

Schimank, Uwe (1992), Erwartungssicherheit und Zielverfolgung. Sozialität zwischen Prisoner's Dilemma und Battle of the Sexes, in: Soziale Welt 43/2, S. 182–200

Schimank, Uwe (1998), Funktionale Differenzierung und soziale Ungleichheit: Die zwei Gesellschaftstheorien und ihre konflikttheoretische Verknüpfung, in: Hans Joachim Giegel (Hg.), Konflikt in modernen Gesellschaften, Frankfurt am Main: Suhrkamp Verlag, S. 61–88

Schimank, Uwe (2002), Handeln und Strukturen. Einführung in die akteurtheoretische Soziologie, 2. Aufl., Weinheim et al.: Leske + Budrich

Schimank, Uwe (2003), Das Wechselspiel von Intentionalität und Transintentionalität im Institutionalismus und in der Organisationsforschung, in: Rainer Greshoff; Georg Kneer; Uwe Schimank (Hg.), Die Transintentionalität des Sozialen. Eine vergleichende Betrachtung klassischer und moderner Sozialtheorien, Wiesbaden: Westdeutscher Verlag et al., S. 246–277

Schimank, Uwe (2005), Differenzierung und Integration der modernen Gesellschaft. Beiträge zur akteurzentrierten Differenzierungstheorie 1, Wiesbaden: VS Verlag für Sozialwissenschaften

Schimank, Uwe (2006), Teilsystemische Autonomie und politische Gesellschaftssteuerung. Beiträge zur akteurzentrierten Differenzierungstheorie 2, Wiesbaden: VS Verlag für Sozialwissenschaften

Schimank, Uwe (2007), Neoinstitutionalismus, in: Arthur Benz; Susanne Lütz; Uwe Schimank; Georg Simonis (Hg.), Handbuch Governance. Theoretische Grundlagen und empirische Anwendungsfelder, Wiesbaden: VS Verlag für Sozialwissenschaften, S. 161–175

Schimank, Uwe; Rainer Greshoff (Hg.) (2005), Was erklärt die Soziologie? Methodologien, Modelle, Perspektiven, Münster: LIT Verlag

Schlicht, Ekkehart (1985), Isolation and Aggregation in Economics, Berlin: Springer Verlag

Schlicht, Ekkehart (1998), On Custom in the Economy, Oxford: Clarendon Press

Schmid, Michael (1979a), Handlungsrationalität. Kritik einer dogmatischen Handlungswissenschaft, München: Wilhelm Fink Verlag

Schmid, Michael (1979b), Handlungstheorie, in: Horst Reimann; Bernhard Giesen; Dieter Goetze; Michael Schmid (Hg.), Basale Soziologie. Theoretische Modelle, 2., verb. Aufl., Opladen: Westdeutscher Verlag, S. 121–145

Schmid, Michael (1993), Verhaltenstheorie versus Nutzentheorie. Zur Systematik einer theoretischen Kontroverse, in: Journal for General Philosophy of Science 24, S. 275–292

Schmid, Michael (1994), Idealisierung und Idealtyp. Zur Logik der Typenbildung bei Max Weber, in: Gerhard Wagner; Heinz Zyprian (Hg.), Max Webers Wissenschaftslehre. Interpretationen und Kritik, Frankfurt am Main: Suhrkamp Verlag, S. 415–444

Schmid, Michael (1996), Rationalität und Theoriebildung. Studien zu Karl Poppers Methodologie der Sozialwissenschaften, Amsterdam et al.: Rodopi Verlag

Schmid, Michael (1997), Niklas Luhmanns ‚Soziologische Aufklärung‘. Rekonstruktion eines Erkenntnisprogramms, in: Helmut Reinalter (Hg.), Die neue Aufklärung, Thaur et al.: Thaur Verlag, S. 135–165

Schmid, Michael (1998), Soziales Handeln und strukturelle Selektion. Beiträge zur Theorie sozialer Systeme, Opladen: Westdeutscher Verlag

Schmid, Michael (2001), Theoriebeobachtungen. Zur Rekonstruktion und Kritik der skeptizistischen Tendenzen der System- und Erkenntnistheorie Niklas Luhmanns, in: Dariusz Aleksandrovicz; Hans Günter Ruß (Hg.), Realismus – Disziplin – Interdisziplinarität, Amsterdam et al.: Rodopi Verlag, S. 153–195

Schmid, Michael (2004), Rationales Handeln und soziale Prozesse. Beiträge zur soziologischen Theoriebildung, Wiesbaden: VS Verlag für Sozialwissenschaften

Schmid, Michael (2005), Soziale Mechanismen und soziologische Erklärungen, in: Hans-Jürgen Aretz; Christian Lahusen (Hg.), Die Ordnung der Gesellschaft. Festschrift zum 60. Geburtstag von Richard Münch, Frankfurt am Main et al.: Peter Lang Verlag, S. 35–82

Schmid, Michael (2006), Die Logik mechanismischer Erklärungen, Wiesbaden: VS Verlag für Sozialwissenschaften

Schmid, Michael (2008a), Individuelle Entscheidungsrationalität und soziale Einbettung. Zum Verhältnis von Ökonomie und Wirtschaftssoziologie, in: Andrea Maurer (Hg.), Handbuch der Wirtschaftssoziologie, Wiesbaden: VS Verlag für Sozialwissenschaften, S. 87–108

Schmid, Michael (2008b), Theorien, Modelle und Erklärungen. Einige Grundprobleme des soziologischen Theorienvergleichs, in: Gerhard Preyer (Hg.), Neuer Mensch und kollektive Identität in der Kommunikationsgesellschaft, Wiesbaden: VS Verlag für Sozialwissenschaften, S. 323–359

Schmid, Michael; Andrea Maurer (Hg.) (2003a), Ökonomischer und soziologischer Institutionalismus. Interdisziplinäre Beiträge und Perspektiven der Institutionentheorie und analyse, Marburg: Metropolis

Schmid, Michael; Andrea Maurer (2003b), Institution und Handeln, in: Michael Schmid; Andrea Maurer (Hg.), Ökonomischer und soziologischer Individualismus, Marburg: Metropolis, S. 9–46

Schmidt, Susanne; Raymond Werle (1994), Die Entwicklung von Kompatibilitätsstandards in der Telekommunikation, in: Manfred Tietzel (Hg.), Ökonomik der Standardisierung, München: Accedo-Verlags-Gesellschaft, S. 419–448

Schmidtchen, Dieter (2000), Ökonomik der Religion, in: Zeitschrift für Religionswissenschaft 8, S. 11–43

Schmoller, Gustav (1968/1890), Das Wesen der Arbeitsteilung und der sozialen Klassenbildung, in: Bruno Seidel; Siegfried Jenker (Hg.), Klassenbildung und Sozialschichtung, Darmstadt: Wissenschaftliche Buchgesellschaft, S. 1–69

Schotter, Andrew (1981), The Economic Theory of Social Institutions, Cambridge et al.: Cambridge University Press

Schuessler, Alexander A. (2000), A Logic of Expressive Choice, Princeton/London: Princeton University Press

Schulz-Schaeffer, Ingo (2007), Zugeschriebene Handlungen. Ein Beitrag zur Theorie sozialen Handelns, Göttingen: Velbrück

Schulz-Schaeffer, Ingo (2010), Eigengesetzlichkeit, Spannungsverhältnis, Wahlverwandtschaft und Kausalität. Zum Verhältnis von Religion und Wirtschaft bei Max Weber, in: Andrea Maurer (Hg), Wirtschaftssoziologie nach Max Weber. Wiesbaden: VS Verlag für Sozialwissenschaften, S.248–278

Schumpeter, Joseph A. (1993), Kapitalismus, Sozialismus und Demokratie, amerik. Orig. 1942, 7. Aufl., Tübingen: UTB

Schurz, Gerhard (Hg.) (1988), Erklären und Verstehen in der Wissenschaft, München: Oldenbourg Verlag

Schüßler, Rudolf (1986), The Evolution of Reciprocal Cooperation, in: Andreas Diekmann; Peter Mitter (Hg.), Paradox Effects and Social Behavior. Essays in Honor of Anatol Rapoport, Heidelberg: Physica-Verlag, S. 105–121

Schüßler, Rudolf (1990), Kooperation unter Egoisten. Vier Dilemmata, München: Oldenbourg Verlag

Schütz, Alfred (1971), Das Problem der Relevanz, Frankfurt am Main: Suhrkamp Verlag

Schütz, Alfred (1974/1932), Der sinnhafte Aufbau der sozialen Welt. Eine Einleitung in die verstehende Soziologie, Frankfurt am Main: Suhrkamp Verlag

Schütz, Alfred; Thomas Luckmann (1975), Strukturen der Lebenswelt, Neuwied et al.: Luchterhand Verlag

Schweizer, Urs (1999), Vertragstheorie, Tübingen: J.C.B. Mohr (Paul Siebeck)

Schwemmer, Oswald (1976), Theorie der rationalen Erklärung. Zu den methodischen Grundlagen der Kulturwissenschaften, München: C.H. Beck

Schwinn, Thomas (2001), Differenzierung ohne Gesellschaft. Umstellung eines soziologischen Konzepts, Weilerswist: Velbrück Wissenschaft

Schwinn, Thomas (Hg.) (2004), Differenzierung und soziale Ungleichheit. Zwei Soziologien und ihre Verknüpfungen, Frankfurt am Main: Humanities Online

Scriven, Michael (1975), Truismen als Grundlage für historische Erklärungen, in: Bernhard Giesen; Michael Schmid (Hg.), Theorie, Handeln und Geschichte. Erklärungsprobleme in den Sozialwissenschaften, Hamburg: Hoffmann und Campe Verlag, S. 103–129

Searle, John R. (1997), Die Konstruktion der gesellschaftlichen Wirklichkeit. Zur Ontologie sozialer Tatsachen, Reinbek bei Hamburg: Rowohlt Verlag

Sen, Amartya K. (1977), Rational Fools. A Critique of the Behavioral Foundations of Economic Theory, in: Philosophy and Public Affairs 6, S. 317–344

Sened, Itai (1997), The Political Institution of Private Property, Cambridge: Cambridge University Press

Sherkat, Darren E.; John Wilson (1995), Preference Constraints, and Choices on Religious Markets: An Examination of Religious Switching and Apostacy, in: Social Forces 73, S. 993–1026

Sherwood, Michael (1969), The Logic of Explanations in Psychoanalysis, New York: Academic Press

Sigrist, Christian (1967), Regulierte Anarchie. Untersuchung zum Fehlen und zur Entstehung politischer Herrschaft in segmentären Gesellschaften, Olten et al.: Walter-Verlag

Simmel, Georg (1968/1908), Soziologie. Untersuchungen über die Formen der Vergesellschaftung, Berlin: Duncker & Humblot Verlag

Simon, Herbert A. (1957), Models of Man. Social and Rational. Mathematical Essays on Rational Human Behavior in a Social Setting, New York: Wiley

Simon, Herbert A. (1959), Administrative Behavior. A Study of Decision-Making Processes in Administrative Organization. With a foreword by Chester I. Barnard, New York: The Mcmillan Company

Simon, Herbert A. (1983), Reason and Human Affairs, Stanford, CA: Stanford University Press

Skyrms, Brian (1996), Evolution of the Social Contract, Cambridge: Cambridge University Press

Skyrms, Brian (2004), The Stag Hunt and the Evolution of Society, Cambridge: Cambridge University Press

Smelser, Neil J. (1968), Essays in Sociological Explanation, Englewood Cliffs, NJ: Prentice Hall

Smelser, Neil J. (1972), Theorie des kollektiven Verhaltens, Köln: Kiepenheuer & Witsch

Smelser, Neil J. (1992), Culture. Coherent or Incoherent, in: Richard Münch; Neil J. Smelser (Hg.), Theory of Culture, Berkeley et al.: University of California Press, S. 3–28

Smith, Adam (2001/1776), Der Wohlstand der Nationen. Eine Untersuchung seiner Natur und seiner Ursachen, engl. Orig. 1776, 9. Aufl. der deutschen Taschenbuchausgabe, München: dtv

Smith, Charles W. (1989), Auctions. The Social Construction of Value, Cambridge: Cambridge University Press

Snow, David A.; Richard Machalek (1984), The Sociology of Conversion, in: Annual Review of Sociology 10, S. 167–190

Sofsky, Wolfgang; Rainer Paris (1994), Figurationen sozialer Macht, Frankfurt am Main: Suhrkamp Verlag

Solge, Heike; Peter Berger; Justin Powell (Hg.) (2009), Soziale Ungleichheit. Klassische Texte zur Sozialstrukturanalyse, Frankfurt am Main et al.: Campus Verlag

Sousa, Ronald de (1990), The Rationality of Emotion, Cambridge, MA/London: MIT Press

Spence, Michael (1973), Job Market Signalling, in: Quarterly Journal of Economics 87, S. 355–374

Spencer, Herbert (1897a), The Principles of Sociology. Band II, New York: D. Appelton and Company

Spencer, Herbert (1897b), The Principles of Sociology. Band III, New York: D. Appelton and Company

Spinner, Helmut (1973), Science without Reduction, in: Inquiry 16, S. 16–94

Stark, Rodney (1987), How New Religious Movements Succeed, in: David G. Bromley; Jeffrey K. Hadden (Hg.), The Future of New Social Movements, Macon, GA: Mercer University Press, S. 11–29

Stark, Rodney (1996), The Rise of Christianity. A Sociologist Reconsiders History, Princeton, NJ: Princeton University Press

Stark, Rodney (1999), Micro Foundation of Religion: A Revised Theory, in: Sociological Theory 17, S. 264–289

Stark, Rodney; William Sims Bainbridge (1980), Network of Faith: Interpersonal Bonds and Recruitment to Cults and Sects, in: American Journal of Sociology 85, S. 1376–1395

Stark, Rodney; William Sims Bainbridge (1996), Religion, Deviance and Social Control, New York et al.: Routledge

Stark, Rodney; Laurence R. Iannaccone (1993), Rational Choice Propositions About Religious Movements, in: David G. Bromley; Jeffrey K. Hadden (Hg.), Religion and Social Order. The Handbook of Cults and Sects in America, Greenwich, CT et al.: JAI Press, S. 241–261

Stark, Rodney; Laurence R. Iannaccone (1994), A Supply-Side Reinterpretation of the ‚Secularization‘ of Europe, in: Journal for the Scientific Study of Religion 33, S. 230–252

Stegbauer, Christian (Hg.) (2008), Netzwerkanalyse und Netzwerktheorie. Ein neues Paradigma in den Sozialwissenschaften, Wiesbaden: VS Verlag für Sozialwissenschaften

Stegmüller, Wolfgang (1969), Probleme und Resultate der Wissenschaftstheorie und der Analytischen Philosophie. Band 1: Wissenschaftliche Erklärung und Begründung, Berlin et al.: Springer Verlag

Sugden, Robert (1986), The Economics of Rights, Co-operation & Welfare, Oxford et al.: Basil Blackwell

Sugden, Robert (1989), Spontaneous Order, in: Journal of Economic Perspectives 3, S. 85–97

Sugden, Robert (1995), A Theory of Focal Points, in: The Economic Journal 105, S. 533–550

Sugden, Robert (1996), Rational Co-Ordination, in: Francesco Farina; Frank Hahn; Stefano Vannucci (Hg.), Ethics, Rationality and Behaviour, Oxford: Clarendon Press, S. 244–262

Sumner, William G. (1992), On Liberty, Society, and Politics. The Essential Essays of William Graham Sumner, hg. von Robert C. Bannister, Indianapolis: Liberty Fund

Suppe, Frederick (1974), The Search for Philosophic Understanding of Theories, in: Frederick Suppe (Hg.), The Structure of Scientific Theories, Urbana et al.: The University of Illinois Press, S. 3–241

Swedberg, Richard (1998), Max Weber and the Idea of Economic Sociology, Princeton, NJ: Princeton University Press

Swedberg, Richard (2001), Sociology and Game Theory. Contemporary and Historical Perspectives, in: Theory and Society 30, S. 301–335

Swedberg, Richard (2003), Principles of Economic Sociology, Princeton: Princeton University Press

Sztompka, Pjotr (1999), Trust. A Sociological Theory, Cambridge: Cambridge University Press

Taylor, Michael (1976), Anarchy and Cooperation, New York: John Wiley

Taylor, Michael (1982), Community, Anarchy and Liberty, Cambridge: Cambridge University Press

Taylor, Michael (1987), The Possibility of Cooperation, Cambridge: Cambridge University Press

Taylor, Michael (1988), Rationality and Revolutionary Collective Action, in: Michael Taylor (Hg.), Rationality and Revolution, Cambridge: Cambridge University Press, S. 63–97

Terberger, Eva (1994), Neo-institutionalistische Ansätze. Entstehung und Wandel – Anspruch und Wirklichkeit, Wiesbaden: Gabler Verlag

Tillmann, Klaus-Jürgen (2007), Sozialisationstheorien. Eine Einführung in den Zusammenhang von Gesellschaft, Institution und Subjektwerdung, 15. Aufl., Reinbek bei Hamburg: Rowohlt-Taschenbuch-Verlag

Tilly, Charles (1984), Big Structures, Large Processes, Huge Comparisons, New York: Russell Sage Foundation

Tilly, Charles (1986), War Making and State Making as Organized Crime, in: Peter B. Evans; Dietrich Rueschemeyer; Theda Skocpol (Hg.), Bringing State Back in, Cambridge et al.: Cambridge University Press, S. 169–191

Tilly, Charles (1999), Die europäischen Revolutionen, engl. Orig. 1993, München: C. H. Beck

Tocqueville, Alexis de (1976/1835–1840), Über die Demokratie in Amerika, München: dtv

Tönnies, Ferdinand (1972/1887), Gemeinschaft und Gesellschaft. Grundbegriffe der reinen Soziologie, Darmstadt: Wissenschaftliche Buchgesellschaft

Tönnies, Ferdinand (1981/1931), Einführung in die Soziologie, Nachdruck, 3. Aufl., Stuttgart: Dr. Müller Verlag

Trigg, Roger (1985), Understanding Social Science. A Philosophical Introduction to the Philosophy of Social Science, Oxford et al.: Basil Blackwell

Tuck, Richard (2008), Free Riding, Cambridge, MA et al.: Harvard University Press

Tullock, Gordon (1974), The Social Dilemma. The Economics of War and Revolution, Blacksbury, VA: University Publications

Tullock, Gordon (1987), Autocracy, Dordrecht et al.: Kluwer Academic Publishers

Tuomela, Raimo (1984), A Theory of Social Action, Dordrecht et al.: D. Reidel Publishing Company

Tuomela, Raimo (1993), Corporate Intention and Corporate Action, in: Analyse & Kritik 15, S. 11–21

Turner, Jonathan H. (1974), The Structure of Sociological Theory, Homewood et al.: The Dorsey Press

Turner, Jonathan H.; Alexandra Maryanski (1979), Functionalism, Menlo Park et al.: The Benjamin/Cummings Publishing Company

Udéhn, Lars (2001), Methodological Individualism. Background, History and Meaning, London/New York: Routledge

Uhlaner, Carole Jean (1989), Relational Goods and Participation: Incorporating Sociability into a Theory of Rational Action, in: Public Choice 62, S. 253–285

Ullmann-Margalit, Edna (1977), The Emergence of Norms, Oxford: Clarendon Press
Ullmann-Margalit, Edna (1978), Invisible Hand Explanations, in: Synthese 39, S. 263–291

van Gennep, Arnold (1986), Übergangsriten, Frankfurt am Main et al.: Campus Verlag
Van Parijs, Philippe (1981), Evolutionary Explanation in the Social Sciences. An Emerging Paradigm, London et al.: Tavistock Publications
Vanberg, Viktor (1975), Die zwei Soziologien. Individualismus und Kollektivismus in der Sozialtheorie, Tübingen: J.C.B. Mohr (Paul Siebeck)
Vanberg, Viktor (1982), Markt und Organisation. Individualistische Sozialtheorie und das Problem korporativen Handelns, Tübingen: J.C.B. Mohr (Paul Siebeck)
Vanberg, Viktor (1984), Unsichtbare-Hand Erklärungen und soziale Normen, in: Horst Todt (Hg.), Normgeleitetes Verhalten in den Sozialwissenschaften, Berlin: Duncker & Humblot, S. 115–146
Vanberg, Viktor (1994), Rules and Choices in Economics, London et al.: Routledge
Vanberg, Viktor (2000), Rational Choice and Rule-Based Behavior. Alternative Heuristics, in: Regina Metze; Kurt Mühler; Karl-Dieter Opp (Hg.), Normen und Institutionen. Entstehung und Wirkungen, Leipzig: Leipziger Universitätsverlag, S. 17–33
Vanberg, Viktor; Roger D. Congelton (1992), Rationality, Morality, and Exit, in: American Political Science Review 86, S. 418–431
Veblen, Thorstein (1956), Theorie der feinen Leute, Köln: Kiepenheuer & Witsch
Vobruba, Georg (2009), Die Gesellschaft der Leute. Kritik und Gestaltung der sozialen Verhältnisse, Wiesbaden: VS Verlag für Sozialwissenschaften
Voss, Thomas (1985), Rationale Akteure und soziale Institutionen. Beitrag zu einer endogenen Theorie des sozialen Tauschs, München: Oldenbourg Verlag

Wallace, Walter L. (1971), The Logic of Science in Sociology, Chicago: Aldine Publishing Company
Wärneryd, Karl (1990), Economic Conventions. Essays in Institutional Evolution, Stockholm: School of Economics, The Economic Research Institut
Watkins, John W.N. (1973), Ideal Types and Historical Explanation, in: John O'Neill (Hg.), Modes of Individualism, London: Heinemann, S. 143–165
Watkins, John W.N. (1975), Metaphysics and the Advancement of Science, in: The British Journal of the Philosophy of Science 26, S. 91–121
Weber, Max (1956), Soziologie – Weltgeschichtliche Analysen – Politik, Stuttgart: Alfred Kröner Verlag
Weber, Max (1980/1922), Wirtschaft und Gesellschaft. Grundriß einer verstehenden Soziologie, 5. Aufl., Tübingen: J.C.B. Mohr (Paul Siebeck)
Weber, Max (1981/1920), Die protestantische Ethik I. Eine Aufsatzsammlung, 6., durchgesehene Auflage, hg. von Johannes Winckelmann, München et al.: Siebenstern Taschenbuch Verlag
Weber, Max (1988/1903–1906), Roscher und Knies. Und die logischen Probleme der historischen Nationalökonomie, in: Max Weber, Gesammelte Aufsätze zur Wissenschaftslehre, 7. Aufl., Tübingen: J.C.B. Mohr (Paul Siebeck), S. 1–145

Weber, Max (1988/1904), Die ‚Objektivität' sozialwissenschaftlicher und sozialpolitischer Erkenntnis, in: Max Weber, Gesammelte Aufsätze zur Wissenschaftslehre, 7. Aufl., Tübingen: J.C.B. Mohr (Paul Siebeck), S. 146–214

Weber, Max (1988/1913), Über einige Kategorien der verstehenden Soziologie, in: Max Weber, Gesammelte Aufsätze zur Wissenschaftslehre, 7. Aufl., Tübingen: J.C.B. Mohr (Paul Siebeck), S. 427–474

Weber, Max (1988/1917), Der Sinn der ‚Wertfreiheit' der soziologischen und ökonomischen Wissenschaften, in: Max Weber, Gesammelte Aufsätze zur Wissenschaftslehre, 7. Aufl., Tübingen: J.C.B. Mohr (Paul Siebeck), S. 489–540

Weber, Max (1988/1920), Gesammelte Aufsätze zur Religionssoziologie I, 9. Aufl., Tübingen: J.C.B. Mohr (Paul Siebeck)

Weber, Max (1988/1921), Soziologische Grundbegriffe, in: Max Weber, Gesammelte Aufsätze zur Wissenschaftslehre, 7. Aufl., Tübingen: J.C.B. Mohr (Paul Siebeck), S. 541–581

Weber, Max (1988/1922), Gesammelte Aufsätze zur Wissenschaftslehre, 7. Aufl., Tübingen: J.C.B. Mohr (Paul Siebeck)

Weber, Max (1991/1923), Wirtschaftsgeschichte. Abriß einer universalen Sozial- und Wirtschaftsgeschichte, Berlin: Duncker & Humblot

Weede, Erich (1986), Konfliktforschung. Einführung und Überblick, Opladen: Westdeutscher Verlag

Weede, Erich (1992), Mensch und Gesellschaft. Soziologie aus der Perspektive des methodologischen Individualismus, Tübingen: J.C.B. Mohr (Paul Siebeck)

Wehler, Hans-Ulrich (1996), Deutsche Gesellschaftsgeschichte. Erster Band: Vom Feudalismus des Alten Reiches bis zur Defensiven Modernisierung der Reformära 1700–1815, 3. Aufl., München: C.H. Beck

Weise, Peter (1989), Homo oeconomicus und homo sociologicus. Die Schreckensmänner der Sozialwissenschaften, in: Zeitschrift für Soziologie 18/2, S. 148–161

Weise, Peter (1999), Moral. Die Handlungsbeschränkung für den Deppen?, in: Eberhard K. Seifert; Birger P. Priddat (Hg.), Neuorientierungen der ökonomischen Theorie. Zur moralischen, institutionellen und evolutorischen Dimension des Wirtschaftens, Marburg: Metropolis, S. 73–105

Werle, Raymund (1995), Rational Choice und rationale Technikentwicklung. Einige Dilemmata der Technikkoordination, in: Jost Halfmann; Gotthard Bechmann; Werner Rammert (Hg.), Technik und Gesellschaft. Jahrbuch 8: Theoriebausteine der Techniksoziologie, Frankfurt am Main et al.: Campus Verlag, S. 49–76

Wiese, Harald (1994), Ökonomie des Lügens und Betrügens, in: Kölner Zeitschrift für Soziologie und Sozialpsychologie 46, S. 65–79

Wiesenthal, Helmut (1997), Methodologischer Individualismus als Akteurstheorie, in: Arthur Benz; Wolfgang Seibel (Hg.), Theorieentwicklung in der Politikwissenschaft – eine Zwischenbilanz, Baden-Baden: Nomos Verlag, S. 75–99

Wiesenthal, Helmut (2000), Markt, Organisation und Gemeinschaft als ‚zweitbeste' Verfahren sozialer Koordination, in: Raymund Werle; Uwe Schimank (Hg.), Gesellschaftliche Komplexität und kollektive Handlungsfähigkeit, Frankfurt am Main et al.: Campus Verlag, S. 44–73

Wildavsky, Aaron (1998), Culture and Social Theory, New Brunswick, NJ et al.: Transaction Publishers

Williams, Paul D. (Hg.) (2008), Security Studies. An Introduction, London et al.: Routledge

Williamson, Oliver E. (1974), Exit and Voice. Some Implications for the Study of the Modern Corporation, in: Social Science Information 13/1, S. 61–72

Williamson, Oliver E. (1990), Die Institutionen des Kapitalismus, amerik. Orig. 1985, Tübingen: J.C.B. Mohr (Paul Siebeck)

Williamson, Timothy (1992), Inexact Knowledge, in: Mind 102, S. 217–242

Wilson, James Q. (1995), Political Organizations, Princeton, NJ: Princeton University Press

Winch, Peter (1958), The Idea of a Social Science, London: Routledge & Kegan Paul

Wippler, Reinhard (1978a), Nichtintendierte soziale Folgen individueller Handlungen, in: Soziale Welt 29, S. 155–179

Wippler, Reinhard (1978b), The Structural-Individualistic Approach in Dutch Sociology. Towards an Explanatory Social Science, in: The Netherland Journal of Sociology 14, S. 135–155

Wippler, Reinhard (1981), Erklärung unbeabsichtigter Handlungsfolgen. Ziel oder Meilenstein soziologischer Theoriebildung?, in: Joachim Matthes (Hg.), Lebenswelt und soziale Probleme, Verhandlungen des 20. Soziologentages, Frankfurt am Main et al.: Campus Verlag, S. 246–261

Wippler, Reinhard; Siegwart Lindenberg (1987), Collective Phenomena and Rational Choice, in: Jeffery C. Alexander; Bernhard Giesen; Richard Münch; Neil J. Smelser (Hg.), The Micro-Macro-Link, Berkeley et al.: University of California Press, S. 135–152

Wittek, Rafael (2006), Abnehmende Abstraktion, Idealtypen, Erklärungslogik und Theorieverständnis bei Weber und der erklärenden Soziologie, in: Rainer Greshoff; Uwe Schimank (Hg.), Integrative Sozialtheorie? Esser – Luhmann – Weber, Wiesbaden: VS Verlag für Sozialwissenschaften, S. 421–443

Wolf, Dorothea (2005), Ökonomische Sicht(en) auf das Handeln. Ein Vergleich der Akteursmodelle in ausgewählten Rational-Choice-Konzeptionen, Marburg: Metropolis

Woodcock, Alexander; Monte Davis (1980), Catastrophe Theory, Harmondsworth et al.: Penguin Books

Wright, Georg H. von (1971), Explanation and Understanding, London: Routledge & Kegan Paul

Wrong, Dennis (1994), The Problem of Order. What Unites and Divides Society, New York et al.: The Free Press et al.

Yamagashi, Toshio (1986), The Provision of a Sanctioning System as a Public Good, in: Journal of Personality and Social Psychology 51, S. 110–116

Young, H. Peyton (1993), The Evolution of Convention, in: Econometrica 61, S. 57–84

Young, H. Peyton (1996), The Economics of Convention, in: Journal of Economic Perspectives 10, S. 105–122

Young, H. Peyton (1998), Individual Strategy and Social Structure. An Evolutionary Theory of Institutions, Princeton et al.: Princeton University Press

Young, H. Peyton (2003), The Power of Norms, in: Peter Hammerstein (Hg.), Genetic and Cultural Evolution of Evolution, Cambridge: MIT Press et al., S. 389–399

Young, H. Peyton (2004), Strategic Learning and Its Limits, Oxford: Oxford University Press

Zafirovski, Milan (1999), What is Really Rational Choice?, in: Current Sociology 47, S. 47–113

Zafirovski, Milan (2000), The Rational Choice Generalization of Neoclassical Economics Reconsidered: Any Theoretical Legitimation for Economic Imperialism?, in: Sociological Theory 18, S. 448–471

Ziegler, Rolf (2007), The Kula Ring of Bronislaw Malinowski. A Simulation Model of the Co-Evolution of Economic and Ceremonial Exchange System, München: Verlag der Bayerischen Akademie der Wissenschaften in Kommission beim Verlag C. H. Beck

Zintl, Reinhard (1993), Clubs, Clans und Cliquen, in: Bernd-Thomas Ramb; Manfred Tietzel (Hg.), Ökonomische Verhaltenstheorie, München: Verlag Franz Vahlen, S. 89–117

Zintl, Reinhard (1997), Methodologischer Individualismus und individualistische Theorie, in: Arthur Benz; Wolfgang Seibel (Hg.), Theorieentwicklung in der Politikwissenschaft – eine Zwischenbilanz, Baden-Baden: Nomos Verlag, S. 33–43

Zucker, Lynne G. (1977), The Role of Institutionalization in Cultural Persistence, in: American Sociological Review 42, S. 726–743

Zürn, Michael (1992), Interessen und Institutionen in der internationalen Politik. Grundlegung und Anwendung des situationsstrukturellen Ansatzes, Opladen: Leske + Budrich

Index